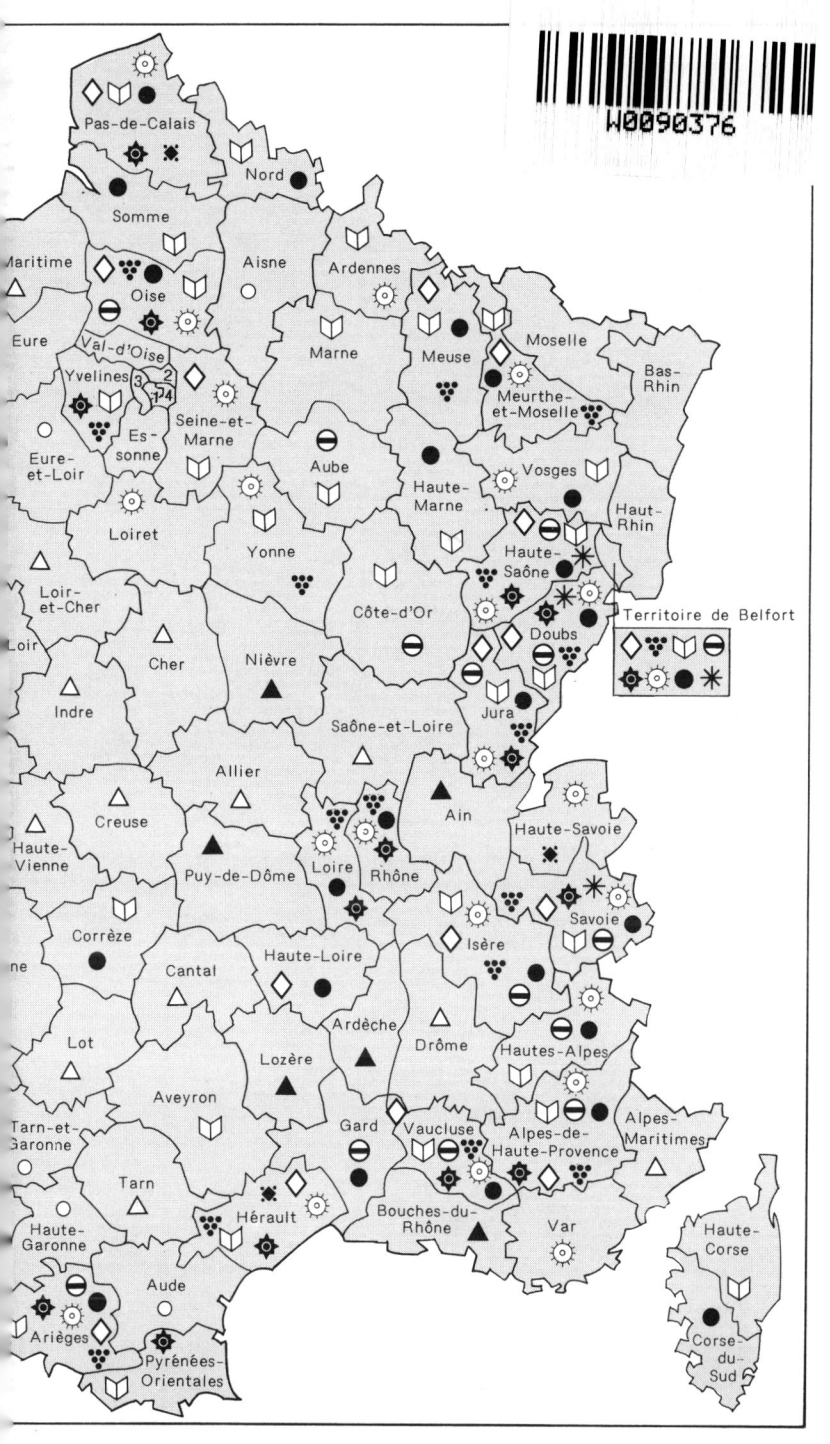

Pas-de-Calais

Nord

Somme

Maritime

Oise

Aisne

Ardennes

Eure

Val-d'Oise

Yvelines 3 2
4

Eure-et-Loir

Es-sonne

Seine-et-Marne

Marne

Meuse

Moselle

Bas-Rhin

Meurthe-et-Moselle

Loiret

Yonne

Aube

Haute-Marne

Vosges

Haut-Rhin

Loir-et-Cher

Loir

Cher

Nièvre

Côte-d'Or

Haute-Saône

Territoire de Belfort

Doubs

Indre

Saône-et-Loire

Jura

Creuse

Allier

Ain

Haute-Savoie

Haute-Vienne

Puy-de-Dôme

Loire

Rhône

Savoie

Corrèze

Cantal

Haute-Loire

Isère

Lot

Ardèche

Drôme

Hautes-Alpes

Aveyron

Lozère

Gard

Vaucluse

Alpes-de-Haute-Provence

Alpes-Maritimes

Tarn-et-Garonne

Tarn

Hérault

Bouches-du-Rhône

Var

Haute-Corse

Haute-Garonne

Aude

Arièges

Pyrénées-Orientales

Corse-du-Sud

W0090376

Alain Corbin

Die Sprache der Glocken

Ländliche Gefühlskultur
und symbolische Ordnung
im Frankreich
des 19. Jahrhunderts

Aus dem Französischen von
Holger Fliessbach

S. Fischer

Die französische Originalausgabe erschien 1994
unter dem Titel »Les cloches de la terre. Paysage sonore
et culture sensible dans les campagnes au XIXᵉ siècle«
im Verlag Albin Michel, Paris
© 1994 Editions Albin Michel S.A.

Für die deutsche Ausgabe:
© 1995 S. Fischer Verlag GmbH, Frankfurt am Main
Vorsatzkarte: Harald und Ruth Bukor, Eltville
Gesetzt aus der Korpus Aldus-Antiqua von
Fotosatz Reinhard Amann, Aichstetten
Druck und Bindung: F. Spiegel Buch, Ulm
Printed in Germany
ISBN 3-10-010210-X

Gedruckt auf chlor- und säurefreiem Papier

Inhalt

Die Sprache der Glocken

Die Erforschung des Unzeitgemäßen

*A*m 4. Frimaire des Jahres VIII (25. November 1799) ließ die Gemeindeverwaltung des Kantons Brienne (Aube) ihren Sekretär an den Ort eines »skandalösen Geschehens schaffen«.[1] Gesetzwidrigerweise hatten die Gemeindeglocken »mehrmals und sehr lange« geläutet. Dreimal schloß der Sekretär die Turmtür, nachdem er die Menge hatte vertreiben lassen. »Dreimal auch wurde sie von einer Schar übertrieben *ausgelassener* Mädchen aller Altersstufen wieder aufgebrochen, mit der Begründung – so wurde uns berichtet –, es gehe um die Erinnerung an einen *alten Brauch*, der *aus Fanatismus* dem sogenannten Katharinenfest gewidmet ist. Da der Glockenlärm mit Unterbrechungen bis drei Uhr nachmittag anhielt, ohne daß die Abordnung seinen Fortgang *von Amts wegen* hatte verhindern können, obwohl sich der Gemeindevertreter zusammen mit seinem Adjunkten – *beide an ihrer Schärpe kenntlich* – zum Versammlungslokal der Bürger begeben hatte und auf den Turm gestiegen war, wo sich besagte Glocken befinden, forderte besagter Beauftragter die anwesenden, läutenden Bürgerinnen und anderen Kinder im Namen des Gesetzes und unter Strafandrohung auf, mit dem Läuten auf der Stelle aufzuhören.«

Nun war aber noch am gleichen Tag der sich »wiederholende Ton einer Glocke« erneut »abends um dreiviertel acht« zu hören, »zur großen Verwunderung der Mitglieder der endesunterzeichneten Behörde [...]. Nachdem sich die Verwaltung beeilt hatte, die *Ursache des Läutens zu erkunden* und dessen Fortgang sofort zu unterbinden, begab sie sich zu besagtem Turm und fragte einige läutende Kinder, wer sie bei dieser *außerordentlichen Tat* angeführt habe.« Es ging nach Aussage der Kinder darum, armen Soldaten aus dem Corrèze, die sich in der Nachbarschaft verirrt hatten, eine Wegorientierung zu geben. »Diese Bürger [die Kinder] haben ihr unrechtes Handeln eingesehen und ihr tiefstes Bedauern darüber ausgedrückt, in so übertriebener Weise den Regungen ihres Herzens gefolgt zu sein.«

Am 14. Frimaire (5. Dezember) begaben sich infolge dieses skandalösen Vorfalls der Gemeindevertreter und sein Adjunkt, »begleitet vom Sekretär der Verwaltung und von einer Abteilung der Nationalgarde – voran der Tambour –, in die Rue de l'Egalité, und es wurde in gewissen Abständen der Erlaß vom 8. Frimaire verlesen«, der das Verbot des Glockenläutens bekräftigte; was bei »den Umstehenden ebensoviel *Aufsehen* wie *Verwunderung* erregte«.

Diese Textstellen, die den Beratungsprotokollen der Stadtverwaltung entnommen sind, bringen deutlich den Kern der Angelegenheit zum Ausdruck, nämlich das gegenseitige Unverständnis. Die Verwalter beklagen das Fortbestehen des alten Brauches, den sie dem Fanatismus zuschreiben. Sie sind entrüstet über die Zuwiderhandlungen gegen das Gesetz. Sie wundern sich über die Unwirksamkeit des republikanischen Zeremoniells und mehr noch über die Machtlosigkeit der »Abordnung« gegenüber dieser »Ausgelassenheit«. Diesem Nichtverstehen des »Außerordentlichen«, mag es geheuchelt, theatralisiert oder echt sein, setzen die Mädchen und Kinder ihre Frechheit entgegen. Die übrigen Bürger nehmen ihrerseits mit Verwunderung auf, was tatsächlich seit mehr als vier Jahren Gesetz ist.

Folgen wir nun dem Gang der Geschichte bis 1830. Die Gesetzgebung hat sich geändert. Seit dem Jahre X ist das Läuten bei den wichtigsten Zeremonien des Gottesdienstes erlaubt. Doch dauert das Unverständnis an. Am 6. Dezember 1830 bekundet der Bürgermeister von Brienne – das nun wieder Brienne-le-Château heißt – die Absicht, dem Wunsch des Unterpräfekten von Bar-sur-Aube nach Ausrüstung und Bewaffnung der Nationalgarden seines Kreises zu entsprechen. Gleichwohl lehnt der Magistrat die Bewilligung einer zusätzlichen

Steuer dafür ab: Die Mehrheit der 1800 Gemeindebewohner sind »wenig bemittelte Weinbergbesitzer«[2], und die Ernte war in diesem Jahr sehr schlecht. Brienne-le-Château besitzt drei Glocken, in gutem Zustand. Die vierte – die »große« – hat einen Sprung. Durch Verkauf dieses Instruments, das »seit mehreren Jahren schon außer Dienst ist« und dessen Wert auf vier- bis fünftausend Francs geschätzt wird, könnte man die Garde ausrüsten und bewaffnen, ein Schulgebäude errichten und eine »Uhr für die Kirche« bekommen. Der Gemeinderat beschließt eine Versteigerung. Die Entscheidung macht den Wunsch nach Modernität deutlich, der die Stadtväter aus der Provinz beim Anbruch der Julimonarchie beseelt.[3]

Die Verwaltungsbeamten der Gemeinde konstatieren verwundert, daß sie das Echo auf den Verkauf schlecht vorausgesehen haben. Im Dezember 1832, am Tag der Versteigerung, kommt es zu einem »Aufruhr«. Dem Bericht des Bürgermeisters zufolge besetzen »Fanatiker«, »Zeternde [sic]«, sein Zimmer[4] – ihrer achtzig nach Aussage des Unterpräfekten. Es handelt sich um die erste Unruhe in Brienne-le-Château seit Errichtung der Julimonarchie. In der Folge macht eine Petition die Runde, die die Annullierung der Versteigerung verlangt.

Nach den Worten des Bischofs von Troyes ist diese Bewegung die Tat von »braven Leuten«, die von der »großen Not«, die sie erfahren, umgetrieben werden.[5] Sie lehnen es ab, daß eine zwei Tonnen schwere Glocke verkauft wird, die der ganze Stolz und die Freude ihrer Väter gewesen ist und ihre Geburt gefeiert hat. In den Augen des Bürgermeisters dagegen handelt es sich um den »Pöbel« – nach dem Unterpräfekten um »die niederste Schicht des Volkes«[6] –, um »alles, was es an *Krawall- machern* im Lande« gibt. Diese Leute, »abstoßend durch ihre grobe Art«, »bevölkern die Kneipen«. Sie lehnen die »parlamentarischen Formen« ab, die das neue Regime kennzeichnen. Die Unruhestifter sind in Wirklichkeit die blind Ergebenen des »Mannes in Schwarz« (des Pfarrers), der sie in seiner frisch gegründeten Ordensbruderschaft des hl. Vinzenz um sich geschart hat. Diese »Fanatiker« planen, am Tag der »Entführung« der Glocke eine neue »Forumsszene« zu inszenieren. Sie sind zu allem bereit, um die vierte Glocke zu behalten, die »zu nichts anderem gut ist, als die Ohren zu *betäuben*«.

Der Bürgermeister ist beunruhigt. Er verlangt, daß an dem fraglichen Tag die Nationalgarde ihn beschützt und der Unterpräfekt ihm durch seine Anwesenheit den Rücken stärkt. Lassen wir letzteren von dem Ereignis berichten: »Am 30. [Januar] verwandte man den ganzen Tag darauf, die Glocke abzunehmen und durch ein Turmfenster zu stürzen [...]. Als dann am Abend die Glocke in die Tiefe fiel, war die ganze Bevölkerung um die Kirche versammelt. [...] In dem Moment, als die Glocke aufschlug, stürzten sich die Menschen scharenweise auf sie. Die Männer fluchten und umarmten sie; die Frauen riefen alle Heiligen des Paradieses an, sie vor der Vernichtung zu bewahren, gaben ihr weinend die zärtlichsten Namen, ließen sie von ihren kleinen Kindern küssen. Ich gestehe, daß ich diese Szene des Fanatismus, die mich weit vor das 19. Jahrhundert zurückversetzte, *nicht im entferntesten erwartet hatte.*« Dann ist der Tumult zu Ende, das Befremdende dieses Winterabends verfliegt. »Nach und nach ging die Menge auseinander, und wir konnten nur noch die flackernden Lichter einiger Andächtiger wahrnehmen, die im Schatten der Nacht ihre fromme Neugierde befriedigten.«[7]

Der Unterpräfekt weiß sehr wohl, daß der kirchliche Einfluß allein diese kollektive Erregung nicht erklären kann. »In eben dieser Gemeinde«, fügt er hinzu, »wagte es 1830 derselbe Priester nicht, aus dem Haus zu gehen, weil er die Exzesse der Bevölkerung fürchtete [...]. Dieselben Menschen, die heute an der Spitze der Bruderschaft des hl. Vinzenz stehen, haben 1793 die Kreuze zerbrochen und die Kirchen geschändet!« Mit einem Wort, die politische Interpretation der Ereignisse ist reine Bequemlichkeit. Das Erstaunen des Unterpräfekten resultiert aus der schockhaften Erfahrung einer Hingabe, die einem ihm fremden Wertesystem entspringt.

Dieser gebildete Mann hätte anders reagieren können. In den Memoiren Bourriennes erscheinen ebendiese gleichen Klänge vom Turm von Brienne wie das Symbol der Verführung durch die dörflichen Glocken, welche die Romantiker nicht müde wurden zu rühmen. Sie sind es, die Napoleon zu hören glaubte, wenn er bei seinen Spaziergängen im Park von Rueil ein Läuten vernahm [vgl. u. S. 391 f.]. Die Gefühlskultur der Eliten konnte damals also durchaus mit den Emotionen der »niedersten Schicht« des Volkes übereinstimmen.

125 Jahre später spaltet eine Glockenaffäre Lonlay-l'Abbaye, eine Landgemeinde in der Hügellandschaft der Normandie, am Fuße des Contentin.[8] Der Kirchturm, Überrest einer bedeutenden Benediktinerabtei inmitten eines Wäldchens, wurde 1944 von den Deutschen stark beschädigt. Jahrelang verkündete deshalb die auf dem Dach der Bürgermeisterei angebrachte Sirene den Landarbeitern der Gemeinde die Mittagsstunde. 1958 wird dann der Glockenturm vollständig restauriert. Die Mehrheit des Gemeinderates beschließt, daß fortan das alte Angelusläuten genügen muß. Die Sirene soll nur noch bei Bränden und Feuerwehrübungen verwendet werden.

Der Beschluß bringt die Gemeinde in Wallung. In jenem Jahr bewegt diese *Glockenaffäre* die Gemüter in Lonlay-l'Abbaye mehr als der 13. Mai*, de Gaulles Rückkehr an die Macht oder der Volksentscheid über die neue Verfassung. Die »Dörfler« – das heißt die Bewohner der Weiler und Einödhöfe – verlangen die Beibehaltung der Mittagssirene. Das Läuten der Glocken, behaupten sie, sei in größerer Entfernung von den Arbeitern nur sehr schwer wahrnehmbar. Die »Städter« wie auch die Mehrheit des Gemeinderates sind hingegen von der ästhetischen Qualität der Glocken angetan. Vor allem jedoch vertragen sie das tägliche Jaulen der Sirene nicht.

In dieser brodelnden Gemeinde, im Herzen einer Region, die André Siegfried als das Land der »klerikalen Demokratie«

---

* Putsch französischer Offiziere in Algerien (Anm.d.Lektorats)

empfand, zeigen sich die »Bauern«[9] stärker mit dem bürgerlichen Klang des Gemeindeinstruments verbunden – das vor
allem das des Feuerwehrhauptmanns ist – als mit den Glocken,
die religiöse Veranstaltungen ankündigen (an denen sie gleichwohl in großer Zahl teilnehmen).

Der Streit reißt alte Gräben wieder auf. Er zeugt von der
Heftigkeit der lokalen Leidenschaften. Die »Leute vom Lande«
kriegen sich mit den »Leuten aus der Stadt« in die Haare, die
Gaullisten mit den alten Pétainisten. Enthüllungen aus dem
privaten Leben werden zu einer Taktik, die den Ablauf des Kon-
fliktes beeinflußt. Alte Haßgefühle erwachen wieder. Empfindlichkeiten, die man verborgen gehalten hatte, geraten aneinander. Die »Bauern« gehen »in die Stadt« hinunter, werfen
mit Schimpfwörtern um sich – und auch mit Steinen. Sie legen
sich mit dem Pfarrer, dem Notar, dem Arzt an.

Der Erzpriester von Domfront, der kleinen Nachbarstadt,
predigt bei einer sonntäglichen Großmesse – erfolglos – Versöhnung. Die restliche Gesellschaft des Landes reagiert wieder
einmal mit dem Erstaunen, das Unverständnis verrät, mit
Hohn und Spott. Gut zwanzig Jahre zuvor, 1934, ist *Cloche-
merle* erschienen, der Roman von Gabriel Chevallier. Er hat
einen Riesenerfolg gehabt. Don Camillo und Peppone haben
die Schlacht des Bürgermeisters mit dem im Glockenturm verschanzten Pfarrer im Volk berühmt gemacht. Der *France Soir*
und der Radiosender *Europe numéro 1* nehmen sich der Sache
an. Sie endet dramatisch. Der Bürgermeister, seit Wochen ver-
höhnt und verspottet und gewiß innerlich zerrissen, erleidet
einen Herzinfarkt. Die kleinen Notabeln des Gemeinderates
bilden daraufhin eine Delegation und begeben sich zu einem
ehemaligen – sozialistischen – Abgeordneten, der in Lonlay-
l'Abbaye, seiner Heimatgemeinde, lebt. Sie flehen ihn an, das
Bürgermeisteramt zu übernehmen, um einen Konflikt zu lösen, der unlösbar geworden ist.

Seit 35 Jahren denke ich über diesen Vorfall nach, dessen
verwunderter Zeuge und, in gewisser Weise, zweitrangiger

Mitwirkender ich war. Heute weiß ich, daß diese paradoxe Verbundenheit einer frommen Bevölkerung mit dem bürgerlichen und kommunitarischen Gebrauch der Sirene im Grunde genommen nichts Überraschendes hatte. Die »Bauern« von Lonlay-l'Abbaye fanden 1958 spontan zu den Gesten ihrer Vorfahren aus dem Orne zurück, jener inbrünstigen Verteidiger eines bürgerlichen Glockengebrauchs zu Beginn der Julimonarchie [vgl u. S. 240]. Es bleibt festzustellen, daß die Vorliebe für das Heulen der Sirene von einer unsicher gewordenen Kultur der Sinne zeugt, von einem Wandel der Wertsysteme und der kollektiven Emotion. Dies ist das Thema des vorliegenden Buches.

Wie sollen wir zum Verständnis einer vergangenen Welt gelangen, genauer gesagt: einer Welt, die wir gerade erst verloren haben? Wie soll man erforschen, was – entgegen der zeitlichen Nähe – geradezu paradox weit entfernt scheint? Hierzu bedarf es einer besonderen Aufmerksamkeit für das Unzeitgemäße, das Ungewohnte – für das, was als lächerlich gilt. Und man muß es wagen, die Genese des Bedeutungslosen und der Entwicklung wie der Verbreitung von Formen des Unverständnisses zu untersuchen.

Aus dieser Sicht scheinen mir die ländlichen Glocken, einst Quelle so vieler unbeachteter Konflikte und vergessener Leidenschaften, ein sehr aufschlußreicher Forschungsgegenstand zu sein.

Die ländlichen Glockengeläute des 19. Jahrhunderts, heute ein Klang aus einer anderen Zeit, wurden *gehört* und nach einem Affektsystem bewertet, das es heute nicht mehr gibt. Sie zeugten von einer anderen Beziehung zur Welt und zum Heiligen, von einer anderen Art des Menschen, sich in Zeit und Raum einzufügen, und auch von einer anderen Art, dies zu zeigen. Das Lesen der klanglichen Umwelt war damals Teil des Prozesses, in dem die Identität, die individuelle wie die kommunitarische, hergestellt wurde. Das Glockenläuten war die Sprache eines Kommunikationssystems, das nach und nach zerfallen ist. Es regelte nach einem heute vergessenen Rhythmus die Beziehungen zwischen den Menschen sowie die zwischen den Lebenden und den Toten. Es ermöglichte, in heute verschwundenen Formen Freude und Lust am gemeinschaftlichen Beisammensein auszudrücken.

Die Glockenaffären, die damals so zahlreich waren, offenbaren eine – ebenfalls verschwundene – Art der Verbundenheit mit symbolischen Dingen. Sie verraten das Spiel von Leidenschaften, die unbegreiflich geworden sind. Über die Glocke als die Stimme einer Zentralgewalt zu gebieten, die vom Zentrum des Landes nach allen Seiten ausstrahlte, war eine umkämpfte Form der Herrschaft, auch wenn sie uns heute marginal vorkommt. Die Wegnahme dieses Privilegs, das mit manchem Risiko verbunden war, verursachte auf lokaler Ebene zahlreiche Konflikte.

Der Untersuchungsgegenstand legt noch zwei andere Ziele nahe. Er bietet Gelegenheit, nach den Ursachen der Geschichtsblindheit zu fragen, nach den Mechanismen des Beiseiteschiebens, nach dem Zustandekommen jener schlafenden Dokumentenmassen, jener dunklen Kontinente, die noch in den Archiven verborgen sind. »Wir sehen uns heute einem enormen Bestand an Spuren gegenüber, den wir nicht verstehen und in dem wir nicht zu Hause sind«, hat Pierre Nora einmal bemerkt.[10] Das gilt ganz besonders für unsere Untersuchung der Glocken – daß im Französischen das Adjektiv »campanaire« [Glocken-], das einst zur Umgangssprache gehörte, heute praktisch außer Gebrauch gekommen ist, ist an sich schon verräterisch. Das Wesentliche ist hier nicht, gegen den Verlust, das Auslöschen anzukämpfen. Aber es ist nur vernünftig, zur Kenntnis zu nehmen, daß es Dokumente über rund zehntausend französische Glockenaffären im 19. Jahrhundert gibt. Ungeachtet der ostentativen Verachtung wurde der Brauch des Glockenläutens damals von den Behörden sehr ernst genommen. Er war Gegenstand aufmerksamer Überwachung und ein Objekt der allgemeinen Reglementierung, die für jene Zeit so typisch war.

Die tausend Konflikte um Getreide und Brot, die es im letzten Jahrhundert gab, haben eine beachtliche Anzahl von historischen Arbeiten bewirkt; die Glockenaffären haben bestenfalls zu einigen unbekannt gebliebenen Artikeln angeregt. Die Verweigerung jener Demut, die darin besteht, den Menschen der Vergangenheit zuzuhören, um ihre Leidenschaften zu begreifen und nicht zu dekretieren, paßt zum Verschwinden dieses Lesens von Tönen, das einst eine klingende Landschaft ergab.

Die Geschichte der Glocken bereitet dem Forscher darüber hinaus das besondere Vergnügen, etwas zu untersuchen, wovon die handelnden Personen glaubten, daß es nie wieder ans Tageslicht kommen könne. Die Landbewohner des 19. Jahrhunderts haben gewiß nicht geahnt, daß der Reglementierungswahn es einst den Historikern erlauben würde, von den Ambitionen ihres Glöckners, den Klagen ihres Feldhüters, den Anmaßungen ihres Uhrmachers zu erfahren; daß er mit einem Wort das Vergnügen ermöglichen würde, das Erstaunen der Toten durch Imagination zu genießen.

Teil I VERTEIDIGUNG
EINER KLANGIDENTITÄT

Kapitel 1 Unmögliche Revolution
einer Sinneskultur

*D*ie Revolution hat uns die wesentlichen Streitpunkte vor Augen geführt, um welche die Geschichte der Glocken im 19. Jahrhundert sich drehte. Die Machthaber der Republik versuchten, dem Instrument das Sakrale zu nehmen, seinen religiösen Gebrauch zu beschränken, seine sensorische Präsenz zu mindern und seine Feierlichkeit zu monopolisieren. Sie bemühten sich gleichzeitig, die Geläute zu säkularisieren und zu kommunalisieren und sie nationalen Bezügen und dem Rhythmus staatsbürgerlicher Betätigung unterzuordnen. Alle diese Ziele veranlaßten sie, den Gemeinden das *Recht auf Lärm* abzusprechen, ihr Bedürfnis nach Sakralisierung von Zeit und Raum zu bestreiten und also das System der Sinneskultur selbst zu verändern.

Die republikanische Politik wollte den Ausdruck dessen, was zum privaten Leben[1] gehört, eindämmen, der wachsenden Aufmerksamkeit für die Unterschiede der Lebensphasen entgegenwirken und den lebhaften Wunsch nach klanglicher Untermalung jener *rites de passage* bekämpfen, die die Existenz des Einzelnen wie die der konstitutiven Zellen der territorialen Gemeinschaften akzentuieren. Diese Politik führte vor allem dazu, die Ausübung jenes Totenkults zu behindern, dessen Ausbreitung Philippe Ariès ausführlich beschrieben hat.[2]

Die Dichte des Klangnetzes

Um den anfänglichen Schock zu verstehen und die Entwicklung zwischen 1793 und 1914 richtig einzuschätzen, ist es zuvörderst nötig, die Phantasie zu bemühen. Es fällt tatsächlich schwer, sich die emotionale Gewalt der Glocken am Ende des Ancien Régime vorzustellen. Die Häufigkeit der Geläute, die Intensität ihres Klangvolumens, verstärkt durch die multiplizierende Wirkung des »schwingenden Läutens«, die Komplexität der Läutordnungen, die Unterschiedlichkeit der Reglements in jedem Bistum widersetzen sich jeder exakten Rekonstruktion. Deshalb beschränke ich mich hier auf eine knappe Skizze – um so mehr, als dieses Thema nicht unbedingt das Gebiet meiner Untersuchungen berührt.

Dieser mentale Vorgang stößt im übrigen auf ein zusätzliches Hindernis: Das objektive Messen von Häufigkeit, Form und Intensität der Klangbotschaften genügt nicht, um ihre Wirkung auf das Individuum zu rekonstruieren. Die Rezeption ist oft auch abhängig von der Textur der sensorischen Umwelt, den Modalitäten der Aufmerksamkeit und den Methoden der Dechiffrierung sensorischer Botschaften.[3]

Das 19. Jahrhundert ist hier unser Observatorium: Es ist für uns die Periode der Quellenproduktion. Was jedoch damals die Rückbesinnung bestimmte, war die Erinnerung an Verlust oder Raub und der Wunsch nach Rekonstruktion. Die Rückbesinnung erfolgte also meist im Zeichen einer bewußten Nostalgie. Schon die Natur der campanologischen Forschung und Literatur bestimmt die retrospektive Einschätzung; denn Menschen, die im Hinblick auf Glocken gleichgültig waren, hatten wenig Anlaß, sich für die sinnliche Macht der Geläute des Ancien Régime zu interessieren. Das Maß vergangener Fülle und Feierlichkeit wird in gelehrten Kreisen eruiert, die von den klanglichen Trouvaillen aus der Zeit des Konsulats und von der raffinierten Gefühlskultur der Romantiker fasziniert sind [vgl. u. S. 388 ff.]. Außerdem ereignete sich diese retrospektive Besinnung in einer

anderen Klangumgebung, die, zumindest in den Städten, durch
das Keuchen der Dampfmaschine etwas Aggressiveres erhalten
hatte, was die Nostalgie nur verstärken konnte. Endlich fügt sich
die campanologische Literatur in eine leicht durchschaubare diskursive Strategie, die darauf abzielt, die Vergangenheit der
Christenheit als Goldenes Zeitalter hinzustellen.[4] Diese Skizze
hat zunächst die Darstellungen der alten Läutweisen zum Gegenstand; diese geben uns über die Bewertungssysteme Auskunft, die im 19. Jahrhundert wirksam waren und das Verhalten
prägten. Diese Darstellungen stützten sich immerhin auf materielle Daten, die uns über die physische Beschaffenheit der sensorischen Botschaften gegen Ende des Ancien Régime unterrichten.

Die Fachleute des 19. Jahrhunderts wiederholten unermüd-
lich, was für sie als unumstößliche Wahrheit galt: »Die gegenwärtigen Türme unserer Kirchen können uns keine Vorstellung von den alten Geläuten vermitteln, die manchmal aus
zwölf oder gar achtzehn Glocken bestanden. Die Erschütterung der Atmosphäre durch das Erschallen all dieser Glocken
[…] verursachte in den Köpfen eine *Art Schwindelgefühl*, das
den Geist alle anderen Sorgen vergessen ließ.«[5] Die Beschwörung dieser »Erschütterung« resultierte aus der starken
Empfindung der zeitlichen Distanz und des verblassenden
sinnlichen Eindrucks. Am Beginn dieser Beschwörung standen
einige Stereotypen: Das erste knüpft an die alte Überlieferung
an, wonach die Vielzahl der Glocken einstmals ein Element
französischer Identität gewesen sei; immer wiederkehrende
Verweise auf die *Satyre Menippée*, die *Gallia Christiana* und,
noch zahlreicher, auf die feierliche Ansprache des Meisters
Janotus de Bragmardo stützen diese Behauptung: »Eine Stadt
ohne Glocken ist wie ein Blinder ohne Stock, wie ein Esel ohne
Schwanzriemen und eine Kuh ohne Schellen.«[6] Seit dem Mittelalter definierte die Metapher von den »klingenden Städten«
so manche urbane Identität; im 19. Jahrhundert gebräuchliche
Redensarten bewahrten offenbar noch Spuren davon.

Die campanologische Literatur, darauf bedacht, die emotionale Gewalt der Glocken von einst zu preisen, kolportierte damals zwei weitere Stereotype, die der Gefühlskultur der Romantiker noch mehr entsprachen. Die Glocken von einst besaßen etwas von der poetischen Kraft der Rhetorik des Volkes; zahlreiche Geschichten und Legenden rankten sich um sie; der Glöckner trug, wie der Dorfgeiger, seit jeher zu dieser Ästhetisierung des kollektiven Alltags bei, der damals viele Schriftsteller faszinierte, die die Begegnung mit dem Volke suchten [vgl. u. S. 392 f.]

Die Fachwelt ist sich darin einig, daß am Ende des Ancien Régime die konziliären Normen, die die Klanggewalt der Glocken nach der Rangfolge der kirchlichen Bauten einschränkten, nicht mehr beachtet wurden; die Anzahl der Glocken blieb von nun an dem Belieben der einzelnen Gemeinde überlassen. Bereits im 17. Jahrhundert besaßen zahlreiche Kirchen im Bray vier oder fünf dieser Instrumente, was nach den Vorschriften eigentlich nur Kathedralen zustand.[7]

Die Abteien woben inmitten mancher grünen Einöde ein Netz von Geläuten, deren Wirkung man nur noch erahnen kann. Im Jahre 1784 richtete der Meistergießer aus Tournai, L. Barbieux, seine Öfen in der Abtei von Saint-Amand-les Eaux ein; er goß dort 38 für die Gemeinde bestimmte Glocken.[8] Die Abteien in der Normandie waren ein extremes Beispiel für diese Schallgewalt.[9] In dieser ländlichen Gegend hat sich die klingende Landschaft zwischen dem 18. und dem 19. Jahrhundert zweifellos am tiefsten umgestaltet, hier war das Gefühl von Verlust und Raub wohl am intensivsten. Die ältesten Leute erinnerten sich nach Aussage von Dr. Billon, dem Initiator der Glockenatlanten, noch um 1850 an die Gewalt der Glocken von Saint-Évroult [vgl. u. S. 396 f.]. Die dicksten Maschen dieses Klanggewebes bildeten die Abtei Troarn, die Abtei im Val-Richer – sie hatte im 17. Jahrhundert nicht nur neun Glocken (darunter eine 3700 Pfund schwere), sondern beherbergte auch eine Glöcknerschule –, die Abtei Conches, deren sieben

Glocken, wie man sich erinnerte, im Umkreis von mehr als zwei Meilen zu hören waren, und die Abtei Jumièges mit ihrer 5500 Pfund schweren großen Glocke.

Zur Zeit des Ancien Régime waren die »klingenden« Städte keineswegs große städtische Ballungsgebiete. Am Vorabend der Revolution erschollen an Festtagen dreizehn Glocken in dem kleinen Marktflecken Saint-Pierre-sur-Dives. Verschiedene Bischofssitze zeichneten sich ebenfalls durch eine Klanggewalt aus, die in keinem Verhältnis zu ihrer Bevölkerungsstärke stand. Im Jahre 1789 besaßen die Kirchen von Lisieux 42 Glocken. »Sie kommen aus Langres? Was macht man dort? – Man läutet«, hieß eine volkstümliche Redensart. Tatsächlich beherbergten die Glockentürme der Kathedrale von Saint-Mammès 1789 siebzehn Glocken. Ein weiteres Beispiel für diese Disproportion bot Cambrai: Das Geläute der Metropolitankathedrale wog damals 65 000 Pfund. Aus neun Glocken bestand dieses gewaltige Instrument, nicht gerechnet die 23 des Turmglockenspiels (Carillon), die chromatisch aufeinander abgestimmt waren.[10] Anführen lassen sich auch die fünf sehr schönen Glocken im Nordturm der Kathedrale von Châlons-sur-Marne, die von weiteren sechzig kleineren begleitet wurden, welche das Carillon bildeten und im südlichen Glockenturm hingen. Michelet versichert, Rouen habe bis zu fünfhundert Glocken besessen; die Übertreibung ist mit Händen zu greifen, aber die Aussage verweist doch auf die Bedeutung, die dieser einstigen Klanggewalt beigemessen wurde – Symbol einer sensorischen Umwelt, die für immer verschwunden ist.[11]

Verschiedene Kenner der Glockengeschichte bemühten sich im vergangenen Jahrhundert, die Klanggewalt der Glocken innerhalb eines bestimmten Raumes zu schätzen. Die Forschungsanstrengungen zur Rekonstruktion der klingenden Umwelt der Vergangenheit belegen ein historisches Faktum, das für unsere Zwecke von großer Bedeutung ist. Nach Dieudonné Dergny besaßen die 161 Pfarreien, die später das Arron-

dissement Neufchâtel-en-Bray (Seine-Inférieure) ausmachen
sollten, 1738 nicht weniger als 231 »bewohnte« Glockentürme –
161 Pfarrkirchen, 54 Kapellen, 7 Abteien und 9 Priorate. Verglichen mit dem 19. Jahrhundert war die klangliche Durchdringung dieses Raumes damals dichter, zumal das Netz der
Pfarreien enger war. Zahlreiche Kapellen und mächtige Abteien füllten die klanglichen Lücken dünn besiedelter Zwi-
schengebiete. Derselbe Fachmann errechnete, daß man vor
1793 in einem Umkreis von sechs Kilometern von Grandcourt
50 Glocken gleichzeitig hören konnte, die sich auf 19 Pfarreien
verteilten.[12] Allein die 17 Pfarrkirchen der Region Condat-
Murat, im Herzen der Auvergne, büßten durch die Revolution
51 Glocken ein; wenn man diejenigen berücksichtigt, die den
Gemeinden zur Verfügung gestellt wurden, und solche, die
nicht den Pfarrkirchen gehörten, kann man wohl sagen, daß
die Klanggewalt in dieser kleinen Region von mehr als 68
Glocken entfaltet wurde.[13]

Die Verteilung der Geläute variierte damals je nach dem
Ausmaß der Zerstörungen in früheren Zeiten und nach der
Intensität der in der zweiten Hälfte des 18. Jahrhunderts unternommenen Anstrengungen, die Instrumente zu vervoll-
ständigen, zu modernisieren und zu harmonisieren. In den
Jahrzehnten vor der Revolution wurden von den Einwohner-
versammlungen und den Gemeindegliederversammlungen
zahlreiche Neugüsse beschlossen, um die Geläute der neuen
Empfindsamkeit anzupassen, von der die Geschichte der Gefühlskultur zu berichten weiß.[14] Veuclin bestätigt die Zunahme dieses »Glockenehrgeizes«. Im Laufe zweier aufeinan-
derfolgender Kampagnen, in den Jahren 1778–1779 und
1784, gelang es so den Einwohnern von Bernay (Eure), Anzahl und Klanggewalt der Glocken zu vermehren, sie zu harmonisieren, ihre Sichtbarkeit zu erhöhen und sie die Uhrzeit
schlagen zu lassen. Im Haut-Maine gab es zu der gleichen
Zeit zahlreiche Einschmelzungen und Neugüsse.[15] Es wäre
wünschenswert, diese Modernisierungsbemühungen syste-

matisch zu untersuchen, um die späteren Meinungen während der Revolution besser verstehen zu können. Bis in den Juli 1791 hinein setzte sich diese Modernisierungsbewegung fort, freilich in einem anscheinend verlangsamten Rhythmus und mit verändertem Prozedere – so mußten seit 1789 die mit dem Glockengießer geschlossenen Verträge den neuen Bezirks- und Départementsbehörden vorgelegt werden. Am 14. Juli 1790, dem Festtag der Fédération, kündeten die schwingenden Glocken gleichzeitig und über dem ganzen Land mit einer wohl für immer verschwundenen Gewalt, Dichte und Eindringlichkeit von der kollektiven Freude.

Die Zeit des Glockentauschs

Kennzeichnend für die Geschichte der Glocken zur Zeit der Revolution sind die Vielfalt, das Oszillieren oder das Ineinandergreifen der verfolgten Ziele. Die Komplexität der Gesetzgebung, die Schwierigkeiten bei der Durchführung der höheren Ortes beschlossenen Maßnahmen sowie die von Region zu Region variierenden Einstellungen zwingen zur Schematisierung. Außerdem ist dies der einzige Aspekt unserer Arbeit, mit dem sich auch andere zeitgenössische Historiker beschäftigt haben.[16] Wir können uns hier also mit einer Bestandsaufnahme begnügen.

Das Abhängen und das Zerstören von Glocken hatte 1791 bereits eine lange Geschichte, und es wurde noch lange nach der Revolution fortgesetzt. Bereits im 16. Jahrhundert – und bestimmt auch schon früher – kam es vor, daß man das Einschmelzen von Glocken beschloß, wenn sich an den Grenzen des Landes eine Gefahr abzeichnete. Sehr viel später wurde dieses Opfer von Napoleon I. angeordnet, nämlich am Tag nach der Völkerschlacht von Leipzig (1813). Im Jahre 1870 erlaubte Monseigneur Lavigerie, damals Bischof von Nancy, jeder Gemeinde seiner Diözese, alle Glocken bis auf eine abzuhängen, um daraus Kanonen zu gießen. Die Beschlüsse von 1793 sind also Bestandteil der *longue durée*.[17]

Die Konfiskation von Glocken gehört zu einer ebenso fest verankerten Tradition. Der Chef der Artillerie hatte im neuzeitlichen Europa Anspruch auf die Glocken der eroberten Stadt (das sogenannte Glockenrecht); er konnte über sie verfügen, entweder um sie nach seinem Gutdünken zu verteilen oder um aus ihnen Kanonen gießen zu lassen. Manchmal wurde es den Bürgern erlaubt, ihre Glocken zurückzukaufen. Die Historiker des 19. Jahrhunderts verweisen hierzu auf die Einnahme Konstantinopels durch Mehmed II. und auf die Praktiken Karls des Kühnen. Diese Praxis setzte sich auch noch lange nach der Revolution fort. So kauften im Jahre 1807 die Bürger Danzigs ihre Glocken zurück. Während des Zweiten Kaiserreichs blieb ein in Sewastopol erbeutetes Bronzeinstrument von 5000 Pfund Gewicht jahrelang auf dem Gelände von Notre-Dame gelagert; 1863 bemächtigte sich General Galliffet der Glocken Pueblas. Dieses Glockenrecht wurde auch im 20. Jahrhundert ausgeübt. Zwischen 1914 und 1918 beschlagnahmten die Deutschen zahlreiche Glocken in den von ihnen besetzten Gebieten. Im Zweiten Weltkrieg waren die Beschlagnahmungen noch umfangreicher.

Die Alarm- und Sammlungsglocke war für die Obrigkeit stets eine Bedrohung. Nach einer Unbotmäßigkeit mochte es den Machthabern ratsam erscheinen, das Instrument zu zerstören und so die aufsässigen Gemeinden zu bestrafen [vgl. u. S. 270 f.]. Am 26. Oktober 1548 ließ der Konnetabel von Montmorency die Glocken von Vars (Charente) und die der benachbarten Pfarreien zerschlagen, um die Einwohner dafür zu bestrafen, daß sie sich gegen die Salzsteuer aufgelehnt hatten.[18]

Die Assoziationskraft der Erinnerung hielt also schon 1791 die Möglichkeit bereit, mit dem Verlust der Glocke freiwilliges Opfer, feindlichen Einmarsch, Niederlage oder Bestrafung zu verbinden.

Nach langem Schwanken über die Verwendungsmöglichkeiten für die Glocken säkularisierter Kirchen und Klöster und nach verschiedenen Experimenten, deren Ergebnisse von Gutachtern beurteilt wurden, beschloß die Konstituierende Versammlung *endlich,* im Frühsommer 1791, auf den Verkauf der Glocken zu verzichten und das Erz in Scheidemünze zu konvertieren.[19] Diese zunächst auf Paris begrenzte Maßnahme wurde dann auf das gesamte Land ausgedehnt und blieb bis zum Sommer 1793 offizielle Politik. Ab April 1792 unterstrich der Krieg die Dringlichkeit dieses Einschmelzens, und man ermächtigte interessierte Gemeinden, die Anzahl ihrer Glocken gegen ein gleichwertiges Gewicht Scheidemünze zu verringern.

Am 10. August 1791 befahl Minister Tarbé den Stadtverwaltungen, eine Liste aller in ihrem Zuständigkeitsbereich verfügbaren Glocken und ihres vermutlichen Gewichtes zu erstellen. In Metz machte man sich sogleich an die Arbeit, und die ganze Operation war Ende August abgeschlossen: 188 Glocken – einschließlich der Mutte – mit einem Gewicht von 192 000 Pfund wurden auf diese Weise inventarisiert.[20]

Alsdann schritt man zum gerichtlichen Verkauf vor dem Bezirksdirektorium. Die Aufträge zum Abnehmen oder auch Zerlegen der Glocken sowie zu deren Abtransport wurden versteigert und dann unter Aufsicht der Behörden ausgeführt. Um eine durchschnittliche Glocke abzuhängen, genügten meistens zwei Mann, ein Zimmermann oder Stellmacher und ein Schlosser oder Schmied. Wenn es sich um eine große Glocke handelte, sah die Sache freilich anders aus; dieser Vorgang verlangte die Mitwirkung eines Fachmanns, zumeist eines Glockengießers. Das Zerschlagen der 25 000 Pfund schweren zweiten großen Glocke von Notre-Dame zu Paris im Jahre 1792 und der *Georges d'Amboise* von Rouen im folgenden Jahr erforderten angeblich die Anwesenheit einer ganzen Arbeitskolonne.[21]

Die abgehängte Glocke wurde nun in Anwesenheit von Vertretern der Stadtverwaltung gewogen und dann in ein

Glockenlager geschafft. Die Handwerker erhielten ihre Bezahlung und bekamen die zu Anfang geleistete Kaution zurückerstattet. Bei diesem Arbeitsgang begnügte man sich nicht mit der Verwertung der Glocken selbst; auch die ebenfalls abgenommenen Halterungen aus gleichem Metall, die Holzteile und Eisenbeschläge wurden sofort verkauft. (Für die Seile interessierten sich die Behörden hingegen erst ab 1794.)

Die Reaktionen auf diese Glockenpolitik waren widersprüchlich; viele Menschen gerieten in tiefe Gefühlsverwirrung. Die Beschlagnahme fand hingegen Zuspruch bei all denen, die es zuließen oder sogar gerne sahen, daß die Klöster geplündert wurden, sowie bei denen, die prinzipiell billigten, was die Volksvertretung beschloß. Doch die Freude ging über den Kreis der Patrioten hinaus. Die partielle Konfiskation zog damals eine breite *Umverteilung* von Glocken nach sich. Sie befriedigte so manche Begehrlichkeiten der Gemeinden, machte alten Eifersüchteleien ein Ende und erlaubte es, Risse auszubessern oder Geläute besser aufeinander abzustimmen. Unter der einzigen Bedingung, daß sie für jede Gewichtsüberschreitung dreißig Sou pro Pfund bezahlten, konnten die Gemeinden tatsächlich einige ihrer Glocken gegen andere austauschen, die für die Münze bestimmt waren. Sie fanden so die unerwartete Gelegenheit, eine im Laufe der vorangegangenen Jahrzehnte begonnene Modernisierung fortzuführen.

Diese Praxis lag den meisten Glockentransfers zugrunde, die zu Beginn des folgenden Jahrhunderts soviel Entrüstung hervorrufen sollten. 24 Gemeinden aus der Region Reims, mindestens 23 aus der Moselregion und elf aus dem Bezirk Amiens nutzten diese Gelegenheit.[22] Mit der Erlaubnis des Direktoriums der Sarthe tauschten 24 Gemeinden dieses Départements insgesamt 33 Glocken aus.

Am 16. Dezember 1791 begab sich der Pfarrer Lelardeux auf Drängen der Gemeindebeamten und der Einwohner von Moncé-en-Belin trotz eines Gichtanfalls nach Le Mans, um, wie er schreibt, »unsere zerbrochenen Glocken gegen andere

klangvolle und gut aufeinander abgestimmte einzutauschen«:
»Schon vor einem Jahr«, verrät er uns, »wünschte ich mir die
drei Glocken von Saint-Nicolas aus Le Mans.« Bei seiner Ankunft mußte der Pechvogel erfahren, daß die begehrten Instrumente schon der Gemeinde von Ballon versprochen worden
waren. Nach »langem, unerquicklichem Streit« erreichte er,
daß diejenige der beiden Gemeinden den Zuschlag erhalten
sollte, der es als erste gelänge, ihre zerbrochenen Glocken her-
beizuschaffen.[23]

Pfarrer Lelardeux begab sich sodann in den Innenhof der
Abtei Couture, wo mehr als 40 Glocken zwischengelagert
waren und kunterbunt durcheinanderlagen. »Es gab«, schreibt
er weiter, »zehn oder zwölf Pfarreien, die am Nachmittag
einige Glocken fortschaffen wollten; aus Furcht vor einem heil-
losen Wirrwarr ließ ich diejenigen, die ich ausgewählt hatte, in
einem Schuppen der Abtei verschließen.« Dann schickte Lelardeux einen Boten voraus, um die Glocken von Moncé-en-Belin
schleunigst abhängen zu lassen. Bei seinem eigenen Eintreffen
in der Pfarrei, schreibt er mit dem gleichen Bemühen um
Selbstheroisierung, »ließ ich sie sofort verladen. Am nächsten
Tag morgens um sechs waren sie in Le Mans [...]. Aus Ballon
war kein Mensch da.« Nach Moncé transportiert, wurden die
Glocken noch am selben Tag »hochgehievt«. Am Heiligen
Abend »flöteten« sie »ganz melodiös«. »Vierzehn Tage später
ging das ziemlich häßliche *Gerücht* um, daß fünf- oder sechshundert Männer aus Ballon kommen würden, um uns die
Glocken wieder wegzunehmen, die man ihnen versprochen
hatte. Eine leere Drohung!«

Der Widerstand, der damals dem Abhängen und Abtransport der Glocken entgegengesetzt wurde, lastet schwer auf den
Vorstellungen des 19. Jahrhunderts von dem Instrument.
Mehr als die Häufigkeit dieser Verbundenheitsbekundungen
zählt für uns hier die Häufigkeit der Erinnerung daran. Die
Glocken der Revolution haben Legenden geschaffen. Die zahlreichen Berichte, die durch sie inspiriert worden sind, haben,

ob wahrheitsgetreu oder der Phantasie entsprungen, dazu beigetragen, den Zusammenhalt bestimmter territorialer Gemeinschaften symbolisch zu festigen und das Zusammen-
gehörigkeitsgefühl zu stärken. Vielleicht hatten diese Berichte
auch die Funktion, die unheilvollen Konsequenzen des Sakrilegs zu exorzieren oder zumindest das schlechte Gewissen zu
besänftigen, das man hatte, weil man Angriffen auf das Heilige, die man eigentlich für unerträglich hielt, untätig zuge-
sehen hatte.«[24]

Die Hauptform des Widerstands in dieser ersten Etappe war
die bewußte Verschleppung der Anordnungen der Zentralgewalt. Angesichts des Gewichts der Glocken war es schwierig,
ihrer Konfiskation durch Vergraben zuvorzukommen, wie dies
mit den liturgischen Gefäßen bisweilen geschah [vgl. jedoch u.
S. 41 f.]. Es blieb also nur eine Verweigerungshaltung. Auf Be-
zirksebene versuchte man zuweilen, Zeit zu schinden. Wie wir
sahen, begann der Bezirk Amiens erst am 18. September 1791
mit den einschlägigen Maßnahmen und agierte trotz der Ord-
nungsrufe das Départementsdirektoriums nur sehr langsam.
Zahlreiche Gemeinden versuchten, sich gleichsam totzustel-
len. So geschah es z. B. im Bezirk Boulay (Moselle). Der Erfolg
der Requirierungen variierte je nach Entfernung von Paris
oder der nächsten größeren Stadt als dem Sitz der Volksgesellschaften [»societés populaires«], je nach Zugänglichkeit der
Gegend und dem Eifer der aufeinanderfolgenden Verwalter.[25]

Die Zögerlichkeit der Abnahme- und Transportarbeiten
wird durch die Beschwerden des Ministers für Steuern, Tarbé,
bezeugt und durch eine Deklaration des Königs vom 20. November 1791 bekräftigt, der die Beschleunigung der Lieferungen an die verschiedenen Münzstätten anmahnte. Zu diesem
Zeitpunkt waren Abnahme und Abtransport der Glocken in
keinem einzigen der Départements abgeschlossen. Lediglich in
24 Départements hatten ein oder mehrere Bezirke mit ihren
Lieferungen begonnen. 59 Départements hatten noch nicht
einmal ihr Glockeninventar ans Ministerium geschickt. Vier

Tage später drohte Tarbé, die Ausgabe von Münzen an diejenigen Départements, die die Anordnungen nicht befolgt hätten, auszusetzen.[26]

Reduktion der sinnlichen Präsenz

Vom Sommer 1793 bis zum Sommer 1795 knüpfte die Revolution an die Tradition des Glockenopfers an, um sich gegen die Invasion des Feindes zu wappnen. Die Machthaber des neuen Regimes ordneten noch nicht gleich das Verstummen der religiösen Signale an, doch sie versuchten, die bislang dem Klerus übertragene Gewalt der Seelenerschütterung und Sinnesbetäubung zu reduzieren und die Sakralisierung von Raum und Zeit zu behindern.

Bereits im Laufe des Jahres 1792 forderte eine Reihe von Erlassen die Verringerung der Geläute, und gleich nach dem 10. August 1792 reihte sich das Glockenopfer in eine große Spendenbewegung der Staatsbürger ein, die lange anhielt. Am 23.–25. Februar 1793 ermächtigte der Konvent auf Bitten der Gemeindeverwaltung von Lisieux die Gemeinden, einen Teil ihrer Glocken zu Kanonen umgießen zu lassen.[27] Auf Vorschlag des Vertreters des Gard, François Aubry, forderte das Gesetz vom 23. Juli 1793 nachdrücklich dazu auf, das Geläute erhaltener Kirchen auf eine einzige Glocke zu reduzieren. Die anderen Instrumente sollten in den Bezirksstädten gesammelt werden. Das Gesetz vom 3. August 1793 sprach der Artillerie die Bronze aus den requirierten Glocken zu. Am 13. und 15. September 1793 bestimmte der Wohlfahrtsausschuß, daß Kupfer, Blei und Glocken zur Herstellung von Waffen verwendet werden sollten. Weitere Maßnahmen vervollständigten diese Gesetze. Im März 1794 wurde die Requirierung der Seile beschlossen. Am 26. Messidor des Jahres II (14. Juli 1794) wies der Wohlfahrtsausschuß die Gemeindeverwaltungen an, die große Glocke ihrer Kirche abzuliefern, wenn die kleine für zivile Zwecke genügte.

Dieses Bündel von Maßnahmen war ein entschiedener Angriff auf den kommunitarischen Wert des Geläutes; es implizierte jedoch – um es noch einmal zu sagen – eine Einschränkung und nicht die vollständige Unterdrückung der religiösen
Nutzung der Glocke. Diese Politik erforderte eine pädagogi-
sche Anstrengung; die Beamten bemühten sich auf allen Ebenen, die neue Gesetzgebung zu erläutern. Der traditionelle Gebrauch des Geläutes verletzte in ihren Augen das Prinzip der
Gleichheit und der republikanischen Tugend. »Diese Monumente des *Luxus* unserer Gemeinwesen und der Eitelkeit ihrer
Bewohner«, erklärte zum Beispiel der *procureur* der Gemeinde
Aumale (Seine-Inférieure) am 23. September 1793, »können
besser dazu genutzt werden, Tod und Schrecken zu verbreiten«, nämlich unter den Feinden der Republik. Bescheidene
Schlichtheit konnte allein die vom Gesetz vorgesehene Gleichheit herstellen. Der Gemeinderat forderte nicht nur dringend
dazu auf, nur eine einzige Glocke zu behalten, sondern ordnete
auch an, nur eine einzige Person mit dem Kirchendienst zu beschäftigen. Die Glocke galt darüber hinaus als Instrument des
Aberglaubens. Dieses bloße Metallstück, das, so der *procureur*,
»nichts als Materie ist«, könne keinerlei Beziehung zur Religion haben, »die ganz und gar spiritueller Natur ist«.[28] Es war
zudem ratsam, die Verwendung eines Erzes, das sich überall,
wo die Feinde der Revolution triumphierten, in ein Instrument des Fanatismus verwandelte, so weit wie möglich einzuschränken.

Die Metamorphose der Glocke zur Kanone, eine symbolische Fusion, die die Entschlossenheit der Nation bezeugte,
gewährte Teilnahme am patriotischen Opfer; sie bedeutete
Reinigung, Heilung, sie fügte sich in eine weitergehende »Liturgie der Genesung«. Ergebenheitsadressen aus den Bezirken
Chambéry, Villefort, Beaucaire verkündeten es um die Wette.
»Diese lärmenden Glocken, die uns mit ihrem grausigen,
mißtönenden Schall betäuben«, liest man in einem dieser
Texte, der aus Carpentras kommt, »werden von nun an nur

noch die Ruhe der Vaterlandsfeinde stören.«[29] Es war nurmehr nötig, daß die erhaltene Glocke bei Bedarf bereit war, Alarm zu schlagen, zur Sammlung zur rufen und die Freude der Bürgergemeinschaft zu verkünden. Es galt in der Tat, sie in ein Instrument der Staatsbürgerschaft umzuwandeln, sie zur Botschafterin der Nation, zur Stimme der städtischen Autorität zu machen.

Die Gemeinden hatten es viel weniger eilig, ihre Glocken abzuliefern als ihr Silberzeug. Das zeigt sehr deutlich eine unter der Leitung von Michel Vovelle vorgenommene Analyse der Ergebenheitsadressen, die beim Konvent zwischen Vendémiaire und Thermidor des Jahres II (September 1793 bis Juli 1794) eingingen. Wohl ist in 2027 von 3728 dieser Dokumente von Silberzeug die Rede; doch das Glockenopfer ist nur 350mal, also in nicht einmal 10 Prozent dieser Schreiben erwähnt, und zwar durchweg in den späteren.[30] Der zweite Teil dieses Buches wird diese Asymmetrie der Opferbereitschaft ausführlich erläutern.

Das Abhängen und Abtransportieren der Glocken geschah fast überall im Winter 1793/94. Die von Michel Vovelle geleitete Untersuchung zeigt, wie wirkungsvoll die diesbezüglichen Gesetze waren, und präzisiert den zeitlichen Ablauf der Operationen. In sehr vielen Gegenden verwandelte sich die Abnahme der Glocken in eine revolutionäre Kundgebung, die auf die »Pädagogik des Sakrilegs« setzte. Mit ausdrücklicher Ermutigung durch nationale Funktionsträger wurde sie – z.B. im Bezirk Loudéac (Côte-du-Nord) – von einer Plünderung der religiösen Bauten begleitet. Bei dieser Gelegenheit entwendete der Nationalagent der Gemeinde Mayeux die Statuen und »arretierte sie im Glockenturm«, der seines Geläutes bereits beraubt war.[31]

Der Erfolg der Requirierung im allgemeinen bedeutet nicht, daß es nicht Widerstand in vielfältigen Formen gegeben hätte. Passiver Ungehorsam war die erste Stufe der Verweigerung. Es kam vor, daß die Bewohner sich weigerten, bei den Versteigerungen zugegen zu sein. Am 20., 21. und 23. September 1793 wurden in Boulay, einer Bezirksstadt im Moselgebiet, drei Sitzungen ohne jeden Erfolg abgehalten. Manchmal fanden die Behörden keinen einzigen Freiwilligen für die Arbeit des Abhängens und Abtransportes der Glocken; dann mußten sie Zuflucht zu »fremden« Fuhrleuten nehmen. In manchen Gegenden wurde die Teilnahme an solchen Arbeiten als Sakrileg betrachtet. In Echallon (Ain) mußte der Unternehmer aufgeben.[32]

In der Stadt nahm der kollektive Widerstand zuweilen krassere Formen an. Dafür ein frühes Beispiel: Die vier Glocken der Abtei von Beaulieu, die am 21. Juni 1791 heruntergenommen wurden, wurden von sieben Bürgern beschlagnahmt, die behaupteten, der Pfarrei anzugehören. Die Nationalgarde weigerte sich, der Gemeindeverwaltung von Le Mans zu Hilfe zu kommen, die sie angewiesen hatte, die strittigen Objekte zu beschlagnahmen. Am 26. Juni waren eine Frau Lebœuf und die sie begleitenden Männer »drauf und dran«, die von der Obrigkeit geschickten Leute »zu ermorden«. Die Szene wiederholte sich am folgenden Tag. Die Arbeiter mußten die Flucht ergreifen, um nicht umgebracht zu werden. Die Glocken wurden schließlich erst am 28. Juni »freigegeben«. In Bernay (am 8. August 1792) und dann auch in Lisieux versuchten Menschenmassen, ungeachtet der ursprünglichen revolutionären Begeisterung der Stadtverwaltung die Glockenabnahme zu verhindern. Die im Rathaus gelagerten Glocken der Pfarrei von Saint-Germain wurden von der Menge zurückgeholt und wieder im Glockenturm angebracht. In derselben Stadt eilte das Volk zum Turm der Kirche Saint-Jacques, um aus Trotz mehrere Tage und Nächte hintereinander das Carillon spielen zu lassen.[33]

Auf dem Lande fand die Verweigerungshaltung oft subtileren Ausdruck. Hier gründete sich die Zurückhaltung der Gemeinschaft auf das Gefühl, Opfer eines veritablen Diebstahls zu sein. Wir haben an anderer Stelle betont, daß die Republik im Kopf jener Landbewohner, die ihr feindlich gesonnen waren, im 19. Jahrhundert mit der Vorstellung von Beraubung identifiziert wurde.[34] Die Geschichte der Glocken hat zur Verfestigung dieses Stereotyps beigetragen. Die Beschlagnahme einer neuen Glocke, einst durch Subskription finanziert, an Ort und Stelle gegossen und Gegenstand des allgemeinen Stolzes wegen der Ausgewogenheit ihres Klanges, rief selbstverständlich besonders heftigen Widerstand hervor.

Der Widerstand gegen die Glockenabnahme äußerte sich in Unmut oder lautem Protest. Betrachten wir das Verhalten der Gemeinden des Bezirks Bernay (Eure) im Sommer 1792. In dieser Region ging die Requirierungswelle tatsächlich dem Votum des Gesetzes voran. Aber sie stieß auf die ausgeprägte Verweigerungshaltung der Bevölkerung. Am 10. Juni beschloß die Gemeindeverwaltung von Saint-Léger-du-Bosdel, die beiden Glocken der Gemeinde zu erhalten. Am 24. Juni haben die Mitglieder der Gemeindeverwaltung von Plainville »einmütig beschlossen, daß sie beabsichtigen und daran festhalten, ihre Glocken zu beschützen«. Am selben Tag sind der Generalrat der Gemeinde Bec-Hellouin »und die Mehrheit der Bewohner der Meinung, daß sie ihre Glocken behalten wollen«. Dieselben Beschlüsse finden sich in den Beratungsprotokollen des Gemeinderats von Les Jonquerets (29. Juni) und von Saint-Clair-d'Arcey (25. September).

Im Januar 1793 verschickte die Départementsverwaltung, in der Absicht, die Glocken zu erfassen, einen Fragebogen an die Gemeindeverwaltungen im Aisne. Einige Dörfer antworteten überhaupt nicht, andere äußerten sich zurückhaltend. Im Département Charente gelang es einer Anzahl von Gemeinden, darunter namentlich den kleinsten, sich der Entführung ihrer Glocken erfolgreich zu widersetzen. Im Bezirk Amiens erfolgten die Lieferungen ungleichmäßig. In Bezannes (Marne), in Cernay, in der Region Reims veranlaßte der Widerstand der Bevölkerung die Behörden, Festnahmen vorzunehmen. In einem Dutzend Gemeinden der Sarthe weigerten sich die Be-

wohner, die vom Konvent angeordnete Maßnahme durchzuführen. In Marolles-les-Braults mußten 250 Soldaten und ein
Artilleriegeschütz aufgeboten werden, um am 7. Oktober 1793
zu erreichen, daß die beiden Glocken der Gemeinde abgehängt
wurden.

In Homblières (Aisne) verwehrte die Menge den Bezirks-
kommissaren, die gekommen waren, um die Glocken zu beschlagnahmen, den Zutritt zur Kirche; anschließend verjagte
man die »Eindringlinge«. Die aus Saint-Quentin gekommenen
Soldaten zogen sich angesichts der Entschlossenheit der Aufrührer notgedrungen zurück. Diese nahmen vorsichtshalber
die Glocken vom Turm ab und lagerten sie im Gemeindehaus;
dann beschlossen sie, sie zu vergraben. Es bedurfte des Eingrei-
fens einer Kompanie Dragoner, um die Rebellion niederzu-
schlagen. Kurzum, es wäre nützlich, die territoriale Basis der
Untersuchung zu erweitern, um die verstreuten Zentren eines
Widerstandes besser erkennen zu können, der zumeist vergeblich war – wobei Racheakte nicht übersehen werden dürfen. So
verwüstete zum Beispiel in Bourg-Saint-Andéol die Bevölkerung die Maulbeerbäume des Bürgers, der die Gemeindeglocken abgenommen hatte.[35]

Die später verfaßten, den Widerstandshandlungen gewidmeten Berichte dokumentieren, auf welche Eigenschaften sich
das Ansehen im Dorf stützte: Bei denjenigen, die nicht über
Macht verfügten, war dies meistens List. Die Gemeinde Saint-Cornier-des-Landes (Orne) brüstete sich das ganze
19. Jahrhundert hindurch damit, daß sie es verstanden hatte,
ihre kostbaren Glocken über die gesamte Revolutionszeit zu
behalten. Der Abbé Berthout, Priester einer benachbarten
Pfarrei, berichtete 1887 von diesem siegreichen Kampf.[36] Werfen wir einen Blick in seine Erzählung: Nach den mündlichen
Zeugnissen, die der Autor gesammelt hat, namentlich der
Aussage des 1842 verstorbenen Pierre Duchesnay, der ein halbes Jahrhundert lang »so stolz darauf war, *zur Rettung der
Glocken* der Pfarrgemeinde beigetragen zu haben«, hingen die

Bewohner von Saint-Cornier sehr an ihrem Geläute. Die drei Glocken, aus denen es bestand, waren in der »Stadt« gegossen worden, die kleinen 1784, die große 1789. Ihre Herstellung hatte große »Opfer« gekostet. Man sagte, es seien »die schönsten und harmonischsten der ganzen Gegend«. Ihre Weihe war Anlaß zu Festen gewesen, die sich der Erinnerung unvergeßlich einprägten. Die kleine Glocke hatte den in der Pfarrgemeinde ansässigen Arzt zum Paten.

Im November 1793 beschloß der Bürgermeister, ein Republikaner, das Gesetz anzuwenden und die Glocken abnehmen zu lassen. Die Arbeit zog sich in die Länge; die in der Herberge zu Tische sitzenden Patrioten kümmerten sich nicht darum; dem einstigen »Kustos« der Kirche – sein Beruf war in seiner Familie seit nahezu zweihundert Jahren erblich – gelang es, die Beamten der Gemeindeverwaltung zu überreden, sich mit an den Tisch zu setzen, Birnenschnaps zu trinken – Cidre wurde in dieser Gegend noch wenig getrunken –, und die Arbeit zu verschieben, weil die Nacht hereinbrach. Pierre Duchesnay, der Hausdiener der Tante des Bürgermeisters, der zu der Fuhre verpflichtet worden war, holte freudig seinen nunmehr überflüssig gewordenen »Karren« wieder ab, den er zu dem Transport hatte zur Verfügung stellen müssen.

In den folgenden Tagen prahlten die Einwohner von Saint-Cornier damit, dort erfolgreich gewesen zu sein, wo die Nachbargemeinden kläglich versagt hatten. Einige Wochen später kam ein Kommissar des Revolutionskomitees von Domfront, eskortiert von einem auf die Verfassung vereidigten Priester (*jureur*) und einem Fuhrmann, um die widerspenstigen Glocken zu beschlagnahmen. Er schien in Eile zu sein. Er machte den Bürgermeister darauf aufmerksam, daß er den Glockenturm, der die Gleichheit verletze, dem Erdboden hätte gleichmachen müssen. Da geschah es, daß ein alter Gerichtsdiener, der in der Gemeinde zu Hause war, beschloß, den Behörden in der Stadt »einen Streich zu spielen«. Er führte den Glöckner Gabriel Duchesnay, einen Holzfäller und Tagelöhner, in den Glockenturm und bat ihn, dort, mit einer Axt bewaffnet, den Verrückten zu spielen. Als der Kommissar nach einem kleinen Trunk zur Tat schritt und den Turm erstieg, befahl ihm der Holzfäller, wieder hinunterzusteigen: »Wenn du raufkommst und hier was anfaßt, schlag' ich dir den Schädel ein!« Der Bürgermeister, der den Streich durchschaut hatte, bezeugte dem Kommissar, daß man es in der Tat mit einem gefährlichen Irren zu tun habe; der Kommissar mußte sich zurückziehen.

Für drei Jahre kamen die Ländereien des Kantons unter die Herrschaft der Royalisten, und Saint-Cornier behielt seine Glocken. Am 2. Mai 1817, als Gabriel Duchesnay starb, läuteten sie einen ganzen Tag lang. Von 1807 bis 1843 wurde Pfarrer Patry nicht müde, seinen Pfarrkindern diese erbauliche Geschichte zu erzählen.

Der von Pfarrer Berthout verfaßte Text offenbart – oder suggeriert – die Anhänglichkeit der Gemeinde an ihre Glocken, die dörfliche Solidarität – trotz aller sonstigen Differenzen –, den wirkungsvollen Gebrauch von List, Trotz und Prahlerei, die Bedeutung der Trinkkultur, die Langsamkeit der zeitlichen Abläufe, die Rolle des Küsters, die Feindschaft gegen die aus der Bezirksstadt gekommenen Eindringlinge, die Heroisierung der handelnden Personen, die Wiederholung der erbaulichen Geschichte durch den Pfarrverweser. Diese Feier der *uneinnehmbaren Glocken* vermittelte dem Leser ein Gefühl der *Entsprechung* zwischen Liebe zur Glocke, individuellen Einstellungen, lokalen Bräuchen und den Strukturen einer Dorfgemeinschaft, die nur ein paar Dutzend Kilometer von Lonlay-l'Abbaye entfernt war, dem Epizentrum des Buches.

Über die Gewandtheit der Darstellung und den Willen zur Erbaulichkeit hinaus verrät der Text Berthouts implizit die untergründigen Spannungsfelder der Episode und vor allem das Problem ihres Eingehens in die Erinnerung. Die langjährige Vertrautheit mit seinen Pfarrkindern ermöglichte es ihm, eine Logik der Verhaltensweisen in akademische Schreibweise zu transkribieren, die sich damals nur verbal aussprach.

Berichte über Glocken, die während der Revolution versteckt oder vergraben wurden, sind im 19. Jahrhundert sehr zahlreich. Dennoch scheinen solche Initiativen insgesamt die Ausnahme gewesen zu sein. Diese Berichte feiern die Rettung der Signale einer Gemeinschaftsidentität durch Rückkehr des Erzes in sein tellurisches, mütterliches Reich. Für unseren Zusammenhang ist wesentlich, daß die Geste des Vergrabens eine gewisse Vorstellung von der Zukunft offenbart; sie bezeugt die Gewißheit oder doch die Hoffnung, daß die Maßnahmen der Requirierung, der Zerstörung und des Verstummenlassens nur vorübergehende Schikanen sein mögen.

Bis zum Transport ins Glockenlager ließen die Behörden die Glocken vor der Kirchentür zwischenlagern; solange waren die Gemeindeverwaltungen dafür verantwortlich. In einigen Gemeinden nutzte man diese Gelegenheit, um das Instrument zu entführen. Aktionen, die manchmal ganz unbedeutend waren, wurden in den einschlägigen Berichten, die im ganzen folgenden Jahrhundert entstanden, zu wahren Heldenepen hochstilisiert. In Ladinhac (Cantal) wurde die abgehängte Glocke beim Bürgermeister versteckt. In Haute-Rengen (Moselle) vergrub man die kleine Glocke in einer Scheune, zusammen mit einem steinernen Kreuz. Die Einwohner von Chémery-lès-Faulquemont verscharrten ihre Glocke in einem Acker. Im Jahre 1793 vergruben die Bewohner von Plappeville die große Glocke auf dem Friedhof; 1796 gruben sie sie wieder aus und hängten sie erneut im Turm ihrer Kirche auf. Samuel Bour zufolge gelang es einer ganzen Reihe von Grenzgemeinden, ihre Geläute im Ausland zu verkaufen. So geschah es auch in der Nähe der Schweiz.[37]

Die Einwohner von Le Fleix (Dordogne) vergruben ihre Glocken an den Ufern der Charente; 1801 gruben sie sie wieder aus. In der Gegend von Bernay erzählte man, die Bewohner von La Goulafrière (Eure) hätten ihre Glocke heimlich im Heideboden der Gemeinde vergraben. Es ist jedoch fraglich, ob man dieser Anekdote Glauben schenken darf.[38]

Im Cantal war die Anzahl der vergrabenen Glocken ebenfalls geringer, als vielfach behauptet wird. Antoine Trin führt gleichwohl zwei Beispiele an. Die alten Glocken von Vieillevie, in den Jahren 1582, 1678 und 1718 gegossen, wurden in den Sandbänken des Lot vergraben und am Ende der Revolution wieder hervorgeholt. Carlat rettete zwei seiner Glocken, die 1512 und 1633 gegossen worden waren. Wieder einmal kolportiert der Bericht aus dem 19. Jahrhundert den Gebrauch einer List. Die Kirche besaß vier Glocken; der Bürgermeister ordnete also an, drei von ihnen abzunehmen. In der Nacht versteckte eine Gruppe von Einwohnern die erste Glocke im Keller des Glöckners; die zweite nahm der Sekretär des Bürgermeisters zu sich in die Wohnung; die dritte wurde im Dachstuhl der Kirche verborgen. Tags darauf forderte der Bürgermeister einen Karren an; er belud ihn mit irgendwelchen Gegenständen und bedeckte ihn mit einer Plane. Dann begab er sich in die Bezirksstadt. In dem Wirrwarr und Durcheinander, das im Glockenlager von Aurillac herrschte, gelang es ihm sogar, sich für diese Scheinlieferung eine Empfangsbestätigung ausstellen zu lassen.[39]

Der Abtransport von Glocken bot auch die Gelegenheit zu Auswechselungen. Die Versuchung für die am Weg gelegenen Gemeinden war groß, ihre einzige Glocke gegen eine andere, mächtigere einzutauschen. Manchmal nutzte man den Transport zu veritablen »Entführungen«. Manche Glocken wurden von den Fuhrleuten einfach unterwegs stehengelassen. So entdeckten die Einwohner von Montsaugeon (Haute-Marne), angenehm überrascht, die Glocke von Til-Châtel (Côte-d'Or) auf ihrem Gemeindegebiet und hängten sie unverzüglich in ihren Kirchturm. In Illhäusern (Haut-Rhin) wurden so über 60 Glocken am Ufer eines Flusses zurückgelassen, und 26 blieben in Gerstheim (Bas-Rhin) auf der Reede, obwohl sie nach Sélestat (Schlettstadt) geschafft werden sollten. Die Glocken der Region Beaumont (Haut-Garonne) waren Anfang 1794 zu beiden Seiten der Rue des Cordeliers gelagert worden. Im Dezember 1795 holten sich die Bewohner auf Karren wieder, was sie als Gemeingut ihres Dorfes betrachteten. Allein in der Nacht vom 21. zum 22. Dezember 1795 wurden auf diese Weise 35 Glocken entführt.[40]

Die bei der Rettung ihrer Glocken angewandte List war also im 19. Jahrhundert der ganze Stolz so mancher Gemeinde. Die Berichte über verscharrte Glocken trugen im übrigen zu einer raumbezogenen Legendenbildung bei. Sie begründeten den sakralen Charakter mancher Orte im Gemeindegebiet. Vor allem ermutigten solche Episoden zur Verwegenheit. Sie legten Unterschlagungspraktiken nahe, auf die man im Eifer der Glockenstreitigkeiten spontan verfallen war. Es bliebe genauer zu ergründen, was solche Aktionen in eine besondere *longue durée* rückt, sie zum Beispiel mit der Tragödie der Religionskriege verbindet.

Bevor sie in die Zentren zur Herstellung von Scheidemünze und, später, in Kanonengießereien kamen, wurden die requirierten Glocken in Arsenalen gestapelt. Von diesen gab es in Paris rund fünfzehn. Die Glocken, die der Denkmalsausschuß wegen ihres archäologischen Wertes zu erhalten beschloß, wurden im Kreuzgang und in den Gärten des ehemaligen Klosters der Petits-Augustins gestapelt, dann, ab August 1793, im Rathaus von Nesle, in der Rue de Beaune. Die zum Einschmelzen bestimmten Objekte sammelte man vor allem in der Kirche Saint-Barthélemy mitten im Stadtzentrum und dann in der Kirche Saint-Pierre-des-Arcis.[41]

Die Glocken des Bezirks Amiens wurden in der alten Abtei Saint-Jean zwischengelagert, die des Bezirks Reims nach Épernay verbracht, von wo aus sie dann marneabwärts in die Hauptstadt gelangten. Die Glocken aus dem Mosel- und dem Maasland, aus den Vogesen und den Ardennen wurden damals in Metz konzentriert; die aus dem Haute-Marne lagerte man im Hof des ehemaligen Bischofssitzes in Langres. Die Glocken des Cantal wurden in Saint-Flour, in Aurillac und in Saint-Thomas-près-Bort gesammelt, bevor sie teils nach Limoges, teils nach Clermont-Ferrand transportiert wurden. Im Bezirk Roanne verfuhr man anders. Die Glocken von aufgehobenen Kirchen wurden in einer Werkstatt eingeschmolzen, die Münzplatten herstellte; diese wurden dann nach Lyon gebracht, wo sie ihre Prägung erhielten.[42]

Es war selten, daß der ganze Transport in einer Etappe zurückgelegt wurde. Ein Netz von Zwischenlagern überspannte das gesamte Land. Einige davon befanden sich in einfachen Dörfern. Ab Herbst 1793 wechselte der Bestimmungsort der Glocken, nicht aber die Art ihrer Lagerung. Es ging nunmehr darum, die Bronze tonnenweise in die Kanonengießereien zu schaffen.[43] Samuel Bour hat versucht, eine minuziöse Bilanz der im Mosel-Département vorgenommenen Requirierungen zu ziehen; er räumt gleichwohl ein, daß ein solcher Versuch nur zu annähernden Ergebnissen führen kann. Am 22. Juli 1794 hat das Département ihm zufolge 854 Glocken im Gesamtgewicht von 596164 Pfund an die Gießerei geliefert. Darüber hinaus befanden sich am 19. Februar 1795 noch 542659 Pfund Bronze im Magazin, was den Schluß zuläßt, daß mehr als 1138823 Pfund Metall in die Départementshauptstadt transportiert worden waren.[44]

Eine solche Kalkulation macht die allgemeine, im 19. Jahrhundert gewöhnlich genannte Schätzung glaubwürdig, wonach während der Revolution 100000 Glocken – von 60000 Glockentürmen stammend – eingeschmolzen worden sind.[45] Zweifellos handelt es sich hier um eine etwas übertriebene Bilanz. Tatsächlich birgt die am Beispiel des Mosel-Départements vorgenommene Extrapolation die Gefahr einer Überschätzung der Gesamtmenge der eingeschmolzenen Bronze. Bekanntlich liegt dieses Département im nördlichen Frankreich, das an Glocken reicher ist als der Süden. Wie dem auch sei, es wurden ungefähr 50000 Tonnen Metall von den Glockentürmen heruntergeholt, abtransportiert, eingeschmolzen oder verkauft. Die Städte verloren mehr als die ländlichen Gebiete. Die klangliche Umwelt der Städter sah sich am tief-

sten verändert. In der Tat verloren diejenigen ländlichen Gemeinden, die am Vorabend der Revolution nur eine einzige
Glocke besaßen, gar nichts; denen, die zwei besaßen, scheint es
häufiger als den anderen gelungen zu sein, der Requirierung
zu entgehen.[46]

Die zwischen Sommer 1791 und Sommer 1794 durchgeführten Maßnahmen haben die Sinneskultur des modernen
Frankreichs tief geprägt. In weniger als drei Jahren erfolgte
die völlige Zerrüttung der vertrauten klanglichen Umwelt, des
gewohnten Informationssystems, der bekannten Sprache der
Befehle und der überkommenen Weisen des Ausdrucks kollektiver Gefühle.

Bevor wir zur dritten Etappe der revolutionären Politik kommen, jener Etappe, die von dem Willen beherrscht war, die
Glocken zum Schweigen zu bringen, muß man sich kurz die
heute wohlbekannte Tatsache der Dechristianisierung ins Gedächtnis rufen. Die Schließung der Kirchen sowie die zwischen
Pluviôse und Floréal oder Prairial des Jahres II (Januar – Juni
1794) – von Ort zu Ort unterschiedlich scharf praktizierte –
Politik der Ersetzung des katholischen Kultus durch den Kult
der Vernunft und später des Höchsten Wesens, des Zelebrierens neuer Liturgien, der Umwandlung mancher Kirchen in
Hospitäler, in Gefängnisse, in Versammlungsorte von Volksgesellschaften währte zu kurz, als daß sie sich dauerhaft auf die
Vorstellungen vom Geläute und die einschlägigen Gebräuche
hätte auswirken können, auch wenn die autoritäre Dechristianisierung hier und da Widerstand provozierte, der sich der
Glocken als Instrument bediente. Im Monat Nivôse des Jahres
II (Dezember 1793 – Januar 1794) läuteten die Einwohner von
Condrieu (Rhône) Sturm, weil sie fürchteten, ihre Kirche solle
geschlossen werden. Am 21. Frimaire des Jahres II (11. Dezember 1793) riefen die Glocken des Kantons Meymac (Corrèze)
das Volk zum Widerstand auf.[47]

Interessanter für unser Vorhaben – zumal er die Haltung
mancher Stadtväter Ende des 19. Jahrhunderts vorwegnimmt –

ist der Versuch verschiedener Repräsentanten des Staates, namentlich Dartigoeyte und Mallarmé in Toulouse, Châteauneuf-Randon im Lozère und Albitte im Südosten, die Denkmäler des Fanatismus zu zerstören. Da er sich nicht mit den widerspenstigen Priestern anlegen konnte, die sich versteckt hatten, ließ Châteauneuf-Randon zur Strafe einige Glockentürme des Département Lozère dem Erdboden gleichmachen. Albitte, der schon 1791 die vollständige Zerstörung von Schlössern und Festungen gefordert hatte, versuchte, die Politik des Konvents konsequent zu exekutieren. Er unternahm es, die Glockentürme einzureißen, weil sie durch ihre Masse und Höhe die Vormachtstellung der Anhänger des Fanatismus verkörperten und die Verletzung des Gleichheitsprinzips symbolisierten. Es kam in den Augen Albittes darauf an, »diese stolzen Monumente des Aberglaubens auf das *Siedlungsniveau der Bürger* herabzubringen«. Dieser Wille, die politische und soziale Revolution in die Architektur der Dörfer zu tragen, ergänzte auf logische Weise die Reduktion des sensorischen Eindrucks der Glocke und ihrer Machtbefugnis. Albitte, der zwischen Marseille und Lyon, zwischen Nizza und den Hochebenen des Jura unterwegs war, scheint diese *Nivellierung* jedoch lediglich in den Départements des Mont-Blanc und vor allem des Ain erreicht zu haben.[48]

In mehreren anderen Regionen wurden analoge Projekte geplant und manchmal auch realisiert, allerdings mit weniger Verbissenheit. Am 12. Vendémiaire des Jahres II (3. Oktober 1793) verfügte der Generalrat des Départements Oise: »Die Glockentürme der einstigen Kirchen, die nicht mehr der Ausübung des katholischen Glaubens dienen, sind unverzüglich abzureißen.« Dasselbe sollte mit dem »großen« Glockenturm der Kathedrale geschehen. Am 4. Frimaire des Jahres II (24. November 1793) schlug Téterel, Kommunalbeamter der Gemeinde Straßburg, der Volksgesellschaft und dann dem Rat vor, die Turmspitze des Münsters zu zerstören, da sie gegen die Gleichheit verstoße. Um das Baudenkmal zu retten, wiesen seine Kollegen darauf hin, daß das Unternehmen zu kostspielig werden würde. Ein Erlaß des Bezirks Toulouse vom 21. Pluviôse des Jahres II (9. Februar 1794) hatte die Zerstörung der Glockentürme angeordnet. In der Bezirksstadt wurde die Maßnahme – sehr partiell – befolgt. Andernorts begnügte man sich damit, die über die Türme ragenden Kreuze durch Freiheitsfahnen zu ersetzen.[49]

Desakralisierung von Raum und Zeit

In ihrer dritten Etappe zielte die von den verschiedenen revolutionären Regierungen betriebene Glockenpolitik nicht mehr darauf ab, die Zahl der Instrumente zu reduzieren, sondern ihre Nutzung zu reglementieren. Es ging nicht mehr um einen Angriff auf die Bronze als Symbol einer Gemeinschaft. Die neue Politik hatte es vielmehr auf eine Entzauberung der Welt abgesehen. Sie tangierte zuvörderst die Geschichte der Affektivität und der Gefühlskultur.

Daß der Konvent und dann das Direktorium unmittelbar nach Wiedereröffnung der Kultstätten die Glocken zum Schweigen verurteilten, entsprach republikanischer Logik. Das Läutemonopol (Mitteilungs-, Sammlungs-, Stunden-, Freuden-, Feiertagsläuten) auf die zivile Gewalt zu übertragen, entsprach dem Wunsch, das Gemeindeleben von der sensorischen Beeinflussung und den Klangbotschaften der kirchlichen Gewalt zu befreien. Dies wurde begleitet von Maßnahmen, die darauf abzielten, auch die sichtbaren Signale dieser Beeinflussung aus dem öffentlichen Raum zu verbannen. Die Verlegung der Kulthandlungen ins Innere der Kirche, die Zerstörung der Kruzifixe, das Verbot von Prozessionen und Geläuten paßten in dieses Bild. Die Desakralisierung der Zeit und des Raumes, die Gebietsreform, die Einführung des Revolutionskalenders und der nationalen und revolutionären Symbolik sowie der Wille zur Disziplinierung von Geräuschen und Klängen bedeuteten die autoritär verfügte Zerrüttung althergebrachter Bezugsgrößen und Praktiken.

Ungefähr sieben Jahre lang bemühte sich die Zentralgewalt, das Verbot des Läutens zu religiösen Zwecken durchzusetzen. Umgekehrt scheint sie, der beschwörenden Macht der Glocke und der Sakralität ihres Klanges mißtrauend, kaum versucht zu haben, den zivilen Gebrauch dieses Instruments zu befördern, das doch als einziges in der Lage war, jene Simultaneität von Gesten und Emotionen zu erzeugen, in welcher Mona Ozouf zu Recht einen bis zur Besessenheit verfolgten revolutionären Ehrgeiz erblickt. Die Administratoren sahen sich nämlich einem schwierigen Problem gegenüber: Das Klangsymbol der Republik war nicht die Glocke, sondern die Trommel. Die Trommel aber hat, im wörtlichen wie im übertragenen Sinne, nicht dieselbe Tragweite wie ihre Konkurrentin. Es galt daher, nicht nur den religiösen Gebrauch der Glocken zu verbieten, sondern auch die Glockensignale selbst zu entsakralisieren und die Natur der durch sie geweckten Emotionen zu verändern.

Diese Aufgabe erwies sich als schwierig. »Das Volk hat stets das Symbol einer Religion mit dieser Religion selbst verwechselt, den Gottesdienst mit dem Instrument, das früher die gottesdienstlichen Handlungen verkündete«, beklagt die Gemeindeverwaltung des Kantons Neuville-sur-Vamse (Aube) am 21. Germinal des Jahres V (10. April 1797). Die Patrioten hätten es nicht verstanden, »dem Volk klarzumachen, daß *die Glocke vormals* den Aristokraten zu Tisch rief wie den Katholiken zur Messe und daß man heutzutage auch ohne Lärm die Messe hören und zu Mittag essen kann«. Mit Rücksicht auf dieses Versäumnis verfügte die Verwaltung, daß die Glocke natürlich weiterhin »die Kinder zur Schule rufen« werde; »aber was Bekanntmachungen, Proklamationen, Nationalfeiertage, Vergnügungen und sonstige republikanische Zeremonielle angeht, so werden diese zum Klang der Trommel verkündet«.[50]

Wie dem auch sei, die lange Dauer des Unternehmens hätte

eigentlich seinen Erfolg garantieren müssen. Diese dritte Periode ist für uns die wichtigste. Sie markiert den Zeitraum, in dem am energischsten darauf hingearbeitet wurde, die klangliche Beeinflussung der Menschen ihres traditionellen Ursprungs zu berauben, sie neu zu orientieren und jene räumlichen und zeitlichen Bezüge und Merkmale zu entsakralisieren, durch welche sich individuelle wie kollektive Identität konstituierte. Die genannte Etappe stand andererseits für den Willen, auf dem gesamten Territorium Frankreichs die Zeichen zu vereinheitlichen. Sieben Jahre lange war es den Kindern verwehrt, diese komplexe Glockensprache zu lernen, die die Reduzierung der Geläute erst seit dem Jahre III wirklich zerstört hatte. Das revolutionäre Vorhaben ist jedoch gescheitert; der Raub der Zeichen hat es in zahlreichen ländlichen Gemeinden nicht vermocht, die Erinnerung an Emotionen, die Sehnsucht nach der sinnlichen Erfahrung des Glockenschlags und an das Feierliche einer zeremoniellen Zeit auszulöschen.

Zwei grundlegende Gesetze hatten zum Ziel, religiöse Geläute zu untersagen. Das Gesetz vom 3. Ventôse des Jahres III (21. Februar 1795) behielt in Artikel 7 die Glocken den Nationalfeiertagen und den Feierlichkeiten des Dekadenkults vor und verbot ihren Gebrauch für jeden anderen Kult. Das Gesetz vom 22. Germinal des Jahres IV (11. April 1796) präzisierte die Sanktionen, mit denen Zuwiderhandelnde zu rechnen hatten. Ihnen drohte nun eine Gefängnisstrafe zwischen drei Dekaden und sechs Monaten bei der ersten Übertretung und von einem Jahr im Wiederholungsfall. Geistliche wurden noch härter bestraft: Sie riskierten ein Jahr Gefängnis bei der ersten Übertretung und im Wiederholungsfall die Deportation. Das Gesetz vom 19. Fructidor des Jahres V (5. September 1797) erlegte den Munizipalagenten die Pflicht auf, den Zugang zu den Glockentürmen zu verschließen, an den Eingangstüren neue Schlösser anzubringen und die Schlüssel bis zu ihrer Übergabe an den mit dem zivilen Läuten beauftragten Bürger in Verwahrung zu nehmen.

In seinem wichtigen Rundschreiben vom 29. Frimaire des Jahres VI (19. Dezember 1797), auf das sich die Administratoren in der Folge unaufhörlich bezogen, zählte der Polizeiminister die Anlässe auf, bei denen die Benutzung der Glocke erlaubt war, und präzisierte die Anordnungen der Zentralgewalt. Er verwahrte sich vor allem gegen das Anläuten der Arbeitszeit. Schon der Klang der Glocke sei »ein machtvolles Vehikel des Fanatismus«. Eine Reihe weiterer Texte bekräftigte diese Verbote, enthielt aber kaum etwas wirklich Neues. Am 7. Pluviôse des Jahres VIII (27. Januar 1800) präzisierte der Polizeiminister: Wenn die Gemeindeverwaltung sich trotz des Einbehaltens der Schlüssel außerstande zeige, den Klerus oder seine Freunde am Läuten zu hindern, so sei als erstes der Glockenklöppel zu entfernen, bevor die Verstöße verfolgt würden.

Diese ganze Litanei von Vorschriften ist für uns sehr lehrreich. Mit der Liste der erlaubten, ja sogar empfohlenen zivilen Nutzungen der Glocke begründeten in der zweiten Hälfte des 19. Jahrhunderts die Gemeindeverwaltungen ihre Ansprüche in den lokalen Glockenstreitigkeiten. Um die Forderungen der Präfekten und Bürgermeister zu Beginn der Julimonarchie wirklich zu verstehen [vgl. u. S. 256 ff.], muß man die Glockennutzungen kennen, die im Laufe der Jahre durch die Kampagnen des Direktoriums sanktioniert worden waren. Man darf nämlich vermuten, daß die über Fünfzigjährigen – also unter anderem die meisten Bürgermeister[51] – die Praktiken aus jener Zeit im Gedächtnis behalten hatten.

In welchem Umfang wurde das verordnete Schweigen der Glocken eingehalten? Dieser Aspekt ist meines Wissens wenig untersucht worden. Für unsere Zwecke ist er jedoch äußerst wichtig. Die Geschichte der Durchlöcherung des Klangteppichs legt den Blick in die Primärquellen nahe. Leider handelt es sich jedoch um etwas schwer Quantifizierbares. Ob Zuwiderhandlungen überhaupt eine Spur in den Akten hinterließen oder nicht, hing gewiß eher davon ab, ob Delikte den Patrioten überhaupt zu Ohren kamen und wie tolerant die örtlichen Behörden waren, als von der Anzahl und Schwere der Gesetzesverstöße. Von daher ist die Gefahr groß, nicht die Häufigkeit religiös motivierter Geläute zu messen, sondern im Gegenteil die Heftigkeit des durch sie ausgelösten Skandals.

Aus den wenigen Spuren, die in etwa dreißig Départements gefunden wurden, können wir also kaum Schlußfolgerungen ziehen. Die geographische Verteilung der Delikte – natürlich außerhalb der wenigen Gebiete, die sich republikanischer Kontrolle entziehen – steht kaum in einem direkten Verhältnis zu der Intensität der Frömmigkeit, wie man sie in der Folge hat messen können. Das religiöse Schweigen der Glocke zu brechen, verriet ein Gefühlsbedürfnis, das mit der früheren Klanggewalt des Instruments und der Zunahme seiner lokalen Verwendungen zusammenhing. Wir müssen auf jede Territorialisierung der Untersuchung verzichten; sie würde lediglich für uns undurchdringliche anthropologische Daten ergeben.[52]

Das Studium dieser Vorgänge führt nichtsdestoweniger zu einer klaren Schlußfolgerung: Trotz aller pädagogischen Bemühungen von seiten der Behörden zeigt sich in vielen über das ganze Land verteilten Regionen ein lebhaftes Verlangen nach dem Läuten der Glocke. »Was das Volk während der Revolution am meisten geschmerzt hat, ist unbestreitbar der Verlust seiner Glocken«, schlußfolgert der Kommissar des Départements Somme.[53] Und so wurden sie vielerorts weiterbenutzt, sporadisch oder kontinuierlich.

Noch wertvoller als die Zeugnisse über solche Verstöße sind vielleicht jene, die von dem – sei es auch gedämpften – *Verlangen* einer Gemeinde nach ihrer Glocke Rechenschaft ablegen. Gleichwohl finden sich nur wenige Spuren von Anträgen auf Ausnahmeregelungen. Nach der Wiederzulassung des Gottesdienstes verlangten die Bürger von Sancerre von den Départementsbehörden die Läuteerlaubnis (23. Messidor des Jahres III / 11. Juli 1795). Am 26. Frimaire des Jahres IV (17. Dezember 1795) baten sechzig Bürger aus Aumale (Seine-Inférieure)

darum, zumindest wieder die kleine Glocke für den Gottesdienst benutzen zu dürfen; sie fanden jedoch kein Gehör. Am
7. Prairial des Jahres V (26. Mai 1797) übermittelte der Bürgermeister von Saint-Pierre (Eure) dem Präfekten vergeblich den
einhelligen Wunsch der Einwohner seiner Gemeinde nach
einer Glocke.[54]

Hier und da benutzte der Klerus Glockensubstitute. In Ca-
stries (Hérault) lief an Sonn- und Feiertagen – trotz der Gesetze über den Dekadenkult – ein Kind durch den Marktflecken
und kündigte die Gottesdienste mit einem »Horn« an, »in das
es nach Leibeskräften stieß«. Andernorts ließen die Priester
»Kinder durch die Straßen laufen, mit kleinen Schellen in der
Hand, die das Läuten von oben ersetzen«.[55]

Betrachten wir nun – unter den genannten Vorbehalten – die
geographische Streuung der aktenkundig gewordenen Delikte,
Denunziationen oder einfachen Beobachtungen! Es ist auf diesem Gebiet schwierig, den Wahrheitsgehalt der Aussagen zu
überprüfen. Im Pluviôse des Jahres III (Januar – Februar 1795)
läutete man in Ladinhac (Cantal) zum Angelus Domini. Besonders wenig scheint das Läuteverbot im Limousin beachtet
worden zu sein. In Maissonnais und in Cieux (Haute-Vienne)
bemächtigten sich bereits am 16. und 23. Germinal des Jahres
III (5. und 12. April 1795), als das Öffnen der Kirchen noch
nicht wieder erlaubt war, mehrere Bürger der Glockenstränge,
um zum Angelus Domini zu läuten. Am 8. Frimaire des Jahres
IV (29. November 1795) ließ der Munizipalagent den Klöppel
der Glocken von Rochechouart (Haute-Vienne) aushängen. Es
kam zu einem Aufruhr. Die Nationalgarde wurde bedroht. Fast
überall im Département Creuse wurde im Jahre IV geläutet.
Es scheint, als hätten hier die Administratoren im Jahre V
den Kampf gegen die ständige Mißachtung des Verbots aufgegeben.[56]

Im Haute-Garonne erwies sich der Widerstand zahlreicher
Landbewohner als noch heftiger.[57] In Caraman verlangte am
3. Brumaire des Jahres IV (25. Oktober 1795) eine aufgebrachte

Menschenmenge die Wiederherstellung der Geläute. Während die Gemeindebeamten zur Verlesung des Gesetzestextes schritten, entwendeten die Aufrührer die Glockenkette. Dann begaben sie sich zur Kirche, drückten die Tür zum Glockenturm ein und begannen zu läuten. Die Gemeindebeamten mit ihren Schärpen begannen, der Menge Vorhaltungen zu machen. Sie mußten sich unter Buhrufen zurückziehen. Im selben Monat entstand eine Volksbewegung in Lavalette, die dem gleichen Wunsch nach einer Glocke entsprang.

In diesem Département mußten sogar die Streitkräfte in Aktion treten, vor allem am 5. Pluviôse des Jahres IV (25. Januar 1796) in der Region Cadours. Einen Monat später, am 2. Ventôse des Jahres IV (21. Februar 1796), verlangten zweihundert Frauen lautstark, die Benutzung der Glocken von Saint-Nicolas-de-la-Grave (Tarn-et-Garonne) wieder zuzulassen. Sie besetzten die Kirche und den Glockenturm und bespuckten den Munizipalagenten. Einhundert Infanteristen mußten ausrücken, um die Ordnung wiederherzustellen. Bei der anschließenden Untersuchung hielt die Bevölkerung wie Pech und Schwefel zusammen. Daraufhin wurden im Département Haute-Garonne mehrere Kantonsverwaltungen suspendiert, weil sie die Benutzung der Glocken geduldet hatten.

Im Messidor des Jahres IV (Juni – Juli 1796) läuteten in einer ganzen Anzahl von Gemeinden im Mosel-Département zu religiösen Zeremonien die Glocken. Ebenso geschah es im Ventôse des Jahres VI (Februar – März 1798). Im Nivôse des Jahres VII (Dezember 1798 – Januar 1799) scheute man sich in vielen Orten dieses Départements nicht, bei Begräbnissen, Wallfahrten und Prozessionen die Glocken zu läuten. Im Marne-Département scheinen, wie wir sehen werden, die Verstöße gegen das Läuteverbot noch viel zahlreicher gewesen zu sein. Im Floréal des Jahres V (20. April – 19. Mai 1797) läutete man überall im Kanton Piney (Aube). Der Präfekt des Département Eure behauptete am 25. Brumaire des Jahres VI (15. November 1797), daß die öffentlichen Beamten hier und da das

Kirchenläuten gestatteten. Der Munizipalagent der Gemeinde
Le Sap, Kantonsstadt im Département Orne, signalisierte dem
Präfekten am 5. Pluviôse des Jahres V (24. Januar 1797) den
Unmut der Einwohner. Er hatte ihnen verboten, zu läuten; nun
»ziehen sie den Glockenstrang« in den Nachbargemeinden.[58]

Während der Jahre IV und V vernahm man fast überall
in den ländlichen Gegenden des Départements Sarthe das
Angelusläuten; in vielen Gemeinden dieses Départements läutete man auch zur Taufe und bei Beerdigungen. In Cherré begehrten am 3. Messidor des Jahres IV (21. Juni 1796) die Frauen
dagegen auf, daß man ihnen dieses Läuten verbieten wollte. Im
Mai und Juni 1797 meldete man wiederholtes Läuten aus
Pavilly (Seine-Inférieure). Am 6. Frimaire des Jahres VI
(26. November 1797) wurden die Gendarmen, die versuchten,
in La Chapelotte (Cher) das Läuten zur Messe zu verhindern,
von der Menge beschimpft. Im Juni 1798 kam es im Kanton
Châteaumeillant zu einem regelrechten kleinen Aufstand. Die
Bevölkerung, die eine Wetterglocke haben wollte, beschimpfte
und bedrohte die Nationalgarde, die sich daraufhin zurückzog.
Sogar der Pfarrer, der sich der Meute entgegenstellte, wurde
angespuckt. Die versammelten Bauern, die ihre Ernte nicht
noch einmal vom Hagel vernichtet sehen wollten, erklärten
ihm, daß »sie sich einen Dreck um ihn und seine Messe sche-
ren«. Die Départementsverwaltung mußte fünfzehn Gendarmen und die Nationalgarde entsenden, um in Bourges die
Glockenschwengel zu beschlagnahmen und zurückzuschaffen,
die bei der Gelegenheit geläutet hatten. Im Pluviôse des Jahres
IV (Januar – Februar 1796) meldete auch der Präfekt des Départements Hautes-Pyrénées den unerlaubten Gebrauch der
Glocke.[59]

In einigen Regionen schürte der Brauch des »Tagläutens«
die Unsicherheit; wer dieses Läuten hörte, konnte glauben, es
handele sich um das Angelusläuten. Hierfür ist der Fall des
Départements Ariège aufschlußreich. Von Pluviôse des Jahres
IV bis Nivôse des Jahres V (Januar 1796 – Januar 1797) mußte

sich die Zentralverwaltung dieses Départements immer wieder von Paris vorhalten lassen, unerlaubterweise zu den Arbeitsstunden und Ruhepausen die Glocken zu läuten.[60] In eben dieser Region haben, wie wir sehen werden, die Bürgermeister zu Beginn der Julimonarchie mit größter Erbitterung das ganze Spektrum ziviler Geläute verteidigt. Dies zeigt ganz deutlich, daß die Intensität der Glockenaffären weniger vom Grad der Frömmigkeit als von dem Wunsch abhing, die lokalen Bräuche zu verteidigen.

Man hat nicht ohne Grund diesen Wunsch nach dem Glockenläuten mit dem Willen der ländlichen Gemeinden in Verbindung gebracht, gegenüber einem geschwächten Klerus ihre kulturelle Autonomie zu stärken. Es verdient festgehalten zu werden, daß manchmal die Priester selbst – die freilich besonders exponiert waren – sich dem von den Gläubigen geforderten, aber verbotenen Läuten widersetzten. Am 8. Germinal des Jahres IV (28. März 1796) vernahm man unerlaubtes Läuten in Brouennes (Meuse). Der Kantonskommissar versuchte, es zu unterbinden. Daraufhin wurde er von den Einwohnern der Gemeinde angegriffen und drangsaliert. Der Pfarrer, ein auf die Zivilkonstitution des Klerus vereidigter Priester, mißbilligte das Verhalten seiner Schäflein. Er beschlagnahmte den Glockenstrang und verschloß die Tür zum Glockenturm mit einem Schlüssel. Der Geistliche von Saint-Satur (Cher) schnitt, um dem Druck seiner Pfarrkinder wirksam zu begegnen, den Glockenstrang ab und versteckte ihn dann. So gesehen, drückt der Wunsch nach der Glocke mehr den »Willen nach Rückeroberung des dörflichen Raumes« als das »Bemühen um Wiederherstellung des Priesteramtes« aus. Er zeugt von der »spontanen Wiederbelebung volkstümlicher Bräuche im Widerspruch zum Geist der Aufklärung«.[61]

Diese ganzen sieben Jahre hindurch gab sich die Verwaltung zumindest verbal sehr unnachgiebig. Als die Behörden des Départements Maine-et-Loire im Pluviôse des Jahres IV (Januar – Februar 1796) erfuhren, daß in einem größeren Teil des Arrondissements Saumur die Glocken geläutet wurden, verfügten sie die Entfernung und Zerstörung aller Glocken mit Ausnahme der Läutwerke von Turmuhren. Am 25. Ventôse des Jahres IV (15. März 1796) stellte die Zentralverwaltung des Marne-Départements fest, daß im *größten Teil* des Départements geläutet wurde. Sie ordnete an, den Zugang zu den Glockentürmen verschlossen zu halten. Trotzdem wurde im Jahre V (September 1796 – September 1797) weitergeläutet; zu Beginn des darauffolgenden Jahres, im Vendémiaire (September – Oktober 1797), war der Gebrauch der Glocken in den *ländlichen Gegenden* dieses Départements wieder fast allgemein üblich geworden.[62]

Ein weiteres Beispiel von Festigkeit, wenn auch nicht von Durchsetzungsvermögen boten die Behörden des Départements Saône-et-Loire. Am 12. Brumaire des Jahres VII (2. November 1798) verfügten sie, daß die Glocken der Kantone, in denen geläutet wurde, innerhalb von zehn Tagen zu vernichten seien; das Metall sollte in das Gießhaus von Le Creusot transportiert werden. Für die Durchführung dieser Maßnahmen wurde den Gemeindeverwaltungen die Gendarmerie zur Verfügung gestellt. Am 1. Messidor des Jahres VI (19. Juni 1798) ordnete die Départementsverwaltung des Hérault an, die Glocken von Ferrières und Saint-Chinian abzunehmen und nach Montpellier zu bringen, da beide Gemeinden sich nicht an die Gesetze hielten. In manchen aufsässig gestimmten Regionen zeigte sich die Verwaltung dagegen weniger streng: Hier und dort ließ man die auf die Zivilkonstitution des Klerus vereidigten Priester läuten, um deren Position gegenüber dem widerspenstigen Klerus zu stärken. So war es zum Beispiel im Département Finistère. Da nach den Worten des Bischofs das Läuten hier fast überall weiterhin üblich war (5. Frimaire des Jahres VI / 25. November 1797), waren die Konterrevolutionäre (anläßlich des Verfahrens gegen fünf von ihnen) boshaft genug, die patriotischen Priester zu denunzieren und der Bestrafung zuzuführen.[63]

Auch die politische Großwetterlage beeinflußte die Beachtung der Vorschriften. Nach der Wiederzulassung des Gottesdienstes, deren Zeitpunkt bekanntlich von Ort zu Ort verschieden war, scheinen der Klerus und mehr noch die Gläubigen in manchen Regionen gemeint zu haben, die Benutzung der Glocken gehe mit der Wiedereröffnung der Kirchen einher und sei deren feierlicher Ausdruck. So verhielt es sich nach Aussagen der Behörden beispielsweise im Département Charente. Die Gemeindeverwaltungen dieses Départements glaubten, diese Restauration nicht verhindern zu müssen (Nivôse des Jahres IV / Dezember 1795 – Januar 1796). Die Administratoren des Kantons Saint-Germain fragten beim Innenminister an, welche Haltung in dieser Hinsicht einzunehmen sei. Am 21. Nivôse des Jahres IV (11. Januar 1796) befiel den Direktoriumskommissar bei der Kantonalverwaltung von Lucy (Meurthe) die gleiche Unsicherheit.[64]

Am 29. Prairial des Jahres V (17. Juni 1797) trug der junge Camille Jordan dem Rat der Fünfhundert den Bericht der Kommission vor, die sich mit den Obliegenheiten der Kultuspolizei befaßt hatte. Der Redner stellte ganz offen die Frage: »Soll man die Glocken zulassen?«[65] Er beantwortete sie positiv, nachdem er mit den Kommissionsmitgliedern über die Bedeutung der Zeichen nachgedacht hatte. Die Glocke, die das Hörorgan reizt, ist seiner Ansicht nach nicht unerträglicher als der Tempel, der sich dem Blick darbietet. Mehr noch: Dieses »Zeichen ist das ungefährlichste von allen«; denn es ruft und »reizt unaufhörlich« die Wachsamkeit der Obrigkeit. Wer die Glocke verbieten will, müßte logischerweise auch »die Trommeln, die Kanonen, die Instrumente, die menschliche Stimme verbieten, kurzum alles, was dazu dient, *geschwind einen Gedanken mitzuteilen*«.

Der Berichterstatter nahm im Namen der Kommission die Nichtbeachtung der Glockengesetze auf dem Lande zu Protokoll. Sie war das Unerträgliche, das man nicht dulden durfte. Dieser Skandal einer permanenten Gesetzesverletzung mußte aufhören, der Skandal, daß es nicht gelang, dem Gesetz Geltung zu verschaffen. »Die Glocken sind dem Volk nicht nur nützlich«, erklärt Camille Jordan, »sie sind ihm auch lieb und teuer.« Sie seien dem Volk ein *sinnlicher Genuß*. Die Rede stülpte den Diskurs über den Aberglauben um wie einen Handschuh. »Wie erfreulich ist es doch für die menschlichen Gesetzgeber, die Wünsche der Menge so leicht zufriedenstellen zu können! Wieviel Größe liegt doch in solchem Nachgeben! Und welch ein philosophischer Aberglaube wäre es doch, der uns gegen die Glocken einnähme, fast wie der Aberglaube des Volkes die Weiber unserer Dörfer an sie fesselt!«

Die Rede Camille Jordans fand großen Widerhall; sie brachte dem Verfasser ungeheure Popularität ein, aber auch Hohn und Spott. Gewiß, der Rat folgte dem Redner nicht. Aber der Einfluß seiner Ausführungen machte sich sogleich bemerkbar. Er wurde verschiedentlich, in den entlegensten Gegenden, bezeugt, bis der Staatsstreich vom 18. Fructidor, der Camille Jordan nötigte, das Land zu verlassen, die Behörden zu einer strikten Anwendung des Glockengesetzes anhielt.

Die Lobrede, die Camille Jordan auf die Glocken gehalten hatte, nährte Gerüchte über die Wiederzulassung der Geläute, so etwa in den Départements Lot und Cher. In den ländlichen Gemeinden des Kantons Meaux (Seine-et-Marne) »hatten die Glocken, die glücklich zum Schweigen gebracht worden waren, seit Jordans berühmter Verteidigung des Läutens wieder zu tönen begonnen«, doch seit dem 18. Fructidor »haben die öffentlichen Beamten noch mehr Macht bekommen, um Mißbräuche auszuschalten«.[66] In diese Periode neuer Härte fielen das Eingreifen von Gendarmen und die Beispiele von abgehängten, zerstörten oder eingeschmolzenen Glocken, die wir erwähnt haben.

Triumph der Dissidenz

Der Druck des Volkes verstärkte sich daraufhin. Vor allem in den Pyrenäen, jenem Randgebiet, das sich so schon vielen Maßnahmen der Revolution heftig widersetzt hatte, scheint man sich fortan besonders wenig um die Glockengesetze geschert zu haben. General Desenfant, der eine Inspektionsreise in die Region unternommen hatte, schrieb am 18. Germinal des Jahres VII (7. April 1799) an General Augereau: »*Ich habe gehört*, wie man fast überall, wo ich durchkam, zum Angelus Domini, zum Mittag und zur Messe geläutet hat, *fast wie vor zwölf Jahren*«, und zwar hauptsächlich in den Kantonen »hart an der Grenze«.[67]

Zwischen Anfang des Jahres VIII (September 1799) und dem Gesetz über die Erarbeitung einer Regelung des Glockenläutens (18. Germinal des Jahres X / 8. April 1802) schritt trotz der – nicht nur verbalen – Unnachgiebigkeit der Behörden[68] die Wiederzulassung der Glocken weiter voran. Betrachten wir genauer den Weg zum Sieg dieser Dissidenz sowie die Freudenbekundungen, als das Ziel endlich erreicht war. Vom Pluviôse des Jahres VIII an (Januar – Februar 1800) werden die Zeugnisse immer zahlreicher. In diesem Monat wurde in mehreren Gemeinden der Ostpyrenäen zum Gottesdienst geläutet, und zahlreich waren die Verstöße im Kanton Souillac (Lot). Im Nivôse (13. Januar 1800) entschloß sich der Kommissar des Départements Sarthe, hier das Läuten zum Gottesdienst zu dulden. Etwas anderes war auch kaum möglich. In Saint-Maixent hat eine Volksmenge Miene gemacht, einen Bürger kahlzuscheren, weil sie ihn im Verdacht hatte, den Klöppel der Glocke entwendet zu haben. Nachdem dieses Stück Bronze wiedergefunden worden war, »versammelten sich die Bauern und brachten den Klöppel wieder an«; dann läuteten sie gegen den Widerstand der Gemeindeverwaltung die Vesper.[69]

»Seit der Wiedergeburt der Freiheit am 18. Brumaire«, schreibt die Gemeindeverwaltung von Arsonval (Aube), »er-

laubt sich das Volk, gegen das Gesetz vom 22. Germinal zu ver-
stoßen, und läutet in mehreren Gemeinden dieses Kantons die
Glocken.« In Moutiers-en-l'Isle wurde an Allerheiligen »die
Glocke unter großem Lärm und Aufsehen von ungefähr zwei
Uhr nachmittags bis sechs Uhr abends ohne Unterbrechung
geläutet«. Dem Bürgermeister von Piney »wird von seiner Ge-
meinde zugesetzt; jeder verlangt von ihm, daß er läutet«. »Ich
kann Ihnen nicht verhehlen«, schreibt er am 15. Prairial des
Jahres VIII (4. Juni 1800) an den Präfekten des Départements
Aube, »daß ich in den meisten Gemeinden am Vorabend von
Feiertagen, an den Feiertagen selbst und an Sonntagen die
Glocken in einem Maße habe läuten sehen und hören, wie es
das unter dem Regime des vorherrschenden Kultes kaum gegeben hat.«

Im Mai 1800 wurden in Chaumont (Loir-et-Cher) die Ge-
betsstunden und die Gottesdienste durch den Klang der Glocke
angekündigt. Ein Jahr später, am 28. Germinal des Jahres IX
(18. April 1801), akzeptierte der Präfekt dieses Départements
das Läuten zur Feldarbeit. Im Floréal des Jahres IX (April – Mai
1801) läutete man in mehreren Gemeinden der Départements
Tarn und Eure-et-Loire zu den Gottesdiensten. Durch Eifersüchteleien angestachelt, nahmen nun die Verstöße immer
mehr zu. Im Département Ille-et-Vilaine schützten manche
Gemeindeverwaltungen die geringe Reichweite der von einem
Hammer angeschlagenen Turmuhr vor, um das Angelusläuten
mit der Glocke zu legitimieren. Das Läuten der Glocke zu wagen wurde in dieser Gegend, wie wir sehen werden, für jede
Gemeinde zur Ehrensache.[70]

Am 24. Vendémiaire des Jahres VIII (16. Oktober 1799) erkannte die Zentralverwaltung des Départements Eure an, daß
man in Sainte-Colombe und in Beaumont-le-Roger die morgendlichen Stundengebete läutete. Die Bürgermeister dieser
Gemeinden waren tolerant geworden. Über das Département
Orne brach im Messidor des Jahres VIII (Juni – Juli 1800) die
Wiedereinführung der religiösen Geläute wie eine Sturmflut

herein. In der Region Argentan läutete man zu Gottesdiensten und sogar zu Prozessionen. »Die Verletzung des Gesetzes pflanzt sich von Gemeinde zu Gemeinde fort«, bestätigte der Unterpräfekt. Einige Zeit später (13. Ventôse des Jahres IX / 4. März 1801) mußte der Unterpräfekt von Domfront dieselbe Feststellung treffen. Am 2. Nivôse des Jahres IX (23. Dezember 1800) berichtete der Unterpräfekt von Dinan (Ille-et-Vilaine) seinem Vorgesetzten, daß in Pleslin, Le Plessix-Balisson und Tréméreuc geläutet werde.[71]

Wir können uns weitere Beispiele sparen: Die Wiedereinführung der Glocken erfolgte nicht schlagartig, an einem bestimmten Tag, wie es sich die Romantiker des 19. Jahrhunderts vorgestellt zu haben scheinen. Es handelte sich durchaus nicht um eine jähe Restauration, sondern um einen allmählichen Anstieg wie in Kapillarröhren, entlang von Achsen, die noch auf Jahre hinaus für eine große geographische Diskontinuität sorgten. Die Wiederherstellung des religiösen Gebrauchs der Glocken erinnert eher an das Steigen der Flut. Wichtig wäre es zu wissen, welchem Schema die Erfüllung des Verlangens nach der Glocke auf kommunaler Ebene gehorchte. In welcher ersten Geste – des Protests, der Provokation, der List –, in welchem ersten Schritt drückte sich der Wille der Mehrheit der Gemeinschaft aus? Aus dem fortan von den Bürgermeistern benutzten Vokabular kann man heraushören, daß sie die Revolution als beendet ansahen. Die Modalitäten der Verbreitung einer solchen Überzeugung zu ergründen ist ein historischer Gegenstand von allerhöchstem Interesse. Die Untersuchung der Art und Weise, wie das Schweigen der Glocken gebrochen wurde, könnte in dieser Hinsicht zu wertvollen Aufschlüssen führen.

Am 26. Thermidor des Jahres IX (14. August 1801) klagte der Bürgermeister von Saint-Aubert (Orne) dem Unterpräfekten sein Leid: Jean Sorel, der »Pulvermacher« der Gemeinde, hatte es von sich aus unternommen, die *»für die«* Revolution zerstörten Statuen zu »flicken«. Am 23. Messidor (12. Juli) besorgte er sich den Schlüssel zur Kirche, der in der Bürgermeisterei lag (was wieder einmal die Bedeutung unterstreicht, die dem Besitz des Schlüssels zukam; vgl. u. S. 332 ff.). Von da an und bis der Bürgermeister es ihm untersagte, erlaubte er es sich, »morgens und abends die Glocke zu ziehen«.[72] In diesem speziellen Falle ging die Restauration nicht direkt vom guten Willen der Gemeindeverwaltung oder vom Zorn des Pfarrverwesers aus; es war die Tat eines einzelnen, die den Prozeß in Gang setzte.

Am 28. Germinal des Jahres X (18. April 1802), dem Ostersonntag, läutete nach etwa zehnjährigem Schweigen zum erstenmal wieder die große Glocke von Notre-Dame und begrüßte den Abschluß des Konkordats sowie die Unterzeichnung des Friedens von Amiens. Einige Minuten später fielen alle anderen Glocken der Hauptstadt ein. Immer wieder wurde in der Folge die Erinnerung an den Gefühlssturm jenes Tages beschworen, der symbolisch das Ende der Revolution bedeutete.[73] Aber das rührende Klischee verdeckt die komplizierten Hintergründe der Wiedereinführung der Geläute.

Es wird klargeworden sein, daß es nicht um die Rückkehr zum Alten ging. Der Klang der Pariser Glocken an jenem Ostersonntag war schwach, verglichen mit dem gewaltigen Glockengeläute am 14. Juli 1790. Der Klerus konnte die Botschaft der Glocken nicht mit derselben feierlichen Macht verkünden wie einst. Eine einzelne Glocke kann nicht die gleiche sinnliche Erregung erzeugen wie der terrassenartige Aufbau eines harmonisch gestimmten Großgeläutes.

Im Gegensatz zu dem, was Chateaubriand an einer berühmten Stelle seines *Génie du christianisme* [vgl. u. S. 392] zu verstehen gibt, erhielt der Klerus an jenem 18. April 1802 nicht die unumschränkte Freiheit des Läutens zurück. Vielmehr sah das Gesetz vom 18. Germinal des Jahres X (8. April 1802) folgende Regelung vor: Präfekten und Bischöfe mußten sich jeweils in ihrem Zuständigkeitsbereich auf die Modalitäten der Glockenbenutzung einigen.[74] Jahrelang blieb die Situation von Ort zu

Ort sehr unterschiedlich; überall muß man *neue Läuteordnungen konstituieren* und darf sich nicht damit begnügen, einfach die alten zu übernehmen.

In manchen Pfarreien läutete der Klerus in seinem Siegesbewußtsein geradezu hemmungslos, vor allem bei der Rückkehr emigrierter Geistlicher. Diese Haltung, eine Mischung aus Provokation, Freude und Dankbarkeit, wurde von der Administration als übertrieben betrachtet. So begann nach der Verkündung des Gesetzes vom 8. April 1802 eine Zeit, die der Präfekt des Départements Gers in einem Brief an Portalis vom 26. Floréal des Jahres X (16. Mai 1802) als die Zeit der Ungeduld und der Vorwegnahme einer künftigen Freiheit definierte.[75] Am 12. Prairial des Jahres XI (1. Juni 1803) beklagte sich ein ehemaliger Notar beim Präfekten des Départements Eure-et-Loir über das Verhalten des Klerus von Bonneval. »Unser ehemaliger Pfarrer«, schreibt er, habe, »aus London zurückgekehrt«, die drei übrigens »sehr mißtönenden« Glocken des Ortes in Gang gesetzt, von denen zwei bei der Bestandsaufnahme durch die republikanische Regierung verschwiegen worden waren. »Aus einer Affektiertheit heraus, die schon nach Trotz riecht, läutet man diese drei Glocken zum dreimaligen Angelus Domini der beibehaltenen Kirchenfeste und auch der nicht beibehaltenen, aber begangenen Kirchenfeste, und schließt daran jedes Mal eine halbe Stunde lang ein dreimaliges volles Geläute, das zweimal bei der Messe und zweimal bei der Vesper wiederholt wird, dergestalt, daß *der halbe Tag* mit Läuten vergeht.«[76]

In sehr vielen Gemeinden herrschte Unklarheit über den rechtmäßigen Gebrauch der Glocke. Diese Unsicherheit rief hier und dort schon die ersten jener nicht endenwollenden Konflikte hervor, die im 19. Jahrhundert die dörflichen Gemeinschaften zerrissen und zugleich strukturierten. In einigen Fällen zeigte sich die Gemeindeverwaltung bereits sehr streng und war nicht gewillt, allzu schnell ihre Vorrechte aufzugeben. Am 12. Germinal des Jahres XI (2. April 1803) klagte der Bür-

germeister von Montchevrel (Orne) dem Präfekten sein Leid:
Der Pfarrer hatte abends um halb neun zu einer Kindstaufe
läuten lassen. Außerdem hatte er die Glocke »durchgezogen«,
was normalerweise nur geschah, um die Bürger zusammenzurufen. Dieser Verstoß gegen den auditiven Code des Staatsbürgertums hatte die Nachtruhe gestört und bei den Menschen
»Sorge« ausgelöst; die Gemeinde wurde in Aufregung versetzt; die Männer begaben sich teils zur Kirchenpforte, teils
zum Bürgermeister. Diesem Bürgermeister zufolge rechtfertigte der Vorfall die Beschwerde der Gemeindeverwaltung, ja
sogar das Eingreifen der übergeordneten Behörde – um so
mehr, als der Pfarrer behauptete, von nun an das Recht zu
haben, abends zu läuten, und zwar mit voller Kraft.[77]

Andernorts zog es der Klerus vor, vorsichtig und respektvoll
die Entscheidung der Verwaltung abzuwarten. Am 26. Bru-
maire des Jahres XI (17. November 1802) bat der Klerus von
Saint-Malo und von Saint-Servan den Unterpräfekten um die
Erlaubnis, zur Sonntagsmesse und zu den drei morgendlichen
Stundengebeten läuten zu dürfen, was beweist, daß in dieser
Gemeinde das sonstige tägliche und sonntägliche Läuten noch
nicht wieder eingeführt war. Man läute die Glocken in Rennes
und in fast allen Landgemeinden des Départements, fügten die
Bittsteller hinzu. Aus diesem Grunde »ist der Landmann von
Saint-Malo der einzige, der ziemlich oft die Messe versäumt,
weil man sie ihm nicht laut und klar ankündigt«.[78]

Der Grundsatz der *konzertierten Regelung*, den das Gesetz
vom 10. Germinal des Jahres X festgelegt hatte, bestimmte die
Glockenpolitik der nächsten Regierungen bis zur Abstimmung
über die Separation. Er liegt fast allen Konflikten zugrunde,
die mehr als ein Jahrhundert lang die Präfekten gegen die
Bischöfe, die Bürgermeister gegen die Pfarrer und Pfarrverweser aufbrachten. Der Grundsatz der konzertierten Regelung
zielte darauf ab, eine gewisse Einheitlichkeit der Praktiken,
unter Beachtung der lokalen Bräuche, zu erzwingen; wofür die
Präfekturen und die Diözesen gemeinsam die erlaubten Läute-

arten festlegten sowie die Häufigkeit und Dauer des Läutens begrenzten.

Nun wurde dieses Gesetz mehrere Jahrzehnte lang kaum respektiert. Das beweist die geringe Zahl von Regelungen, die in den ersten Jahren des 19. Jahrhunderts zwischen Präfekten und Bischöfen ausgehandelt worden sind. Wir haben denn auch nur dreizehn derartige Dokumente ausfindig machen können (aus den Départements Côtes-du-Nord, Sarthe, Manche, Eure, Loir-et-Cher, Seine-et-Oise, Aube, Pas-de-Calais, Hautes-Alpes, Drôme, Hérault, Hautes-Pyrénées, Tarn).[79]

Mehrere Punkte verdienen hervorgehoben zu werden: Zunächst die Zurückhaltung, ja das Schweigen der Glocken bei allem, was das private Leben betraf: Die feierliche Untermalung von *rites de passage* durch Glockengeläut wurde in diesen Regelungen eingeschränkt. Nirgends außer im Département Seine-et-Oise war das Hochzeitsläuten erlaubt. Nur vier Texte (aus den Départements Manche, Sarthe, Seine-et-Oise und Loir-et-Cher) konzedieren das Läuten zur Kindstaufe – im Département Manche deshalb, weil diese Zeremonie den Eintritt eines Bürgers, nicht nur eines Christen ins Lebens markierte. Im Loir-et-Cher erlaubte man zu diesem Anlaß allenfalls das Durchziehen *einer* Glocke, und auch das höchstens fünf Minuten lang. Länger durfte die Totenglocke läuten, aber auch hier zeigt sich deutlich der Wille, traditionelle Gepflogenheiten einzuschränken. In der Manche »soll man für die Verstorbenen nur läuten, um den Geistlichen und den Verwandten die Stunde der Beisetzungsfeier anzuzeigen, aber höchstens eine Viertelstunde lang«. In den Hautes-Pyrénées durfte man die Glocke vor der Aussegnung des Toten fünfzehn Minuten lang läuten lassen. Bei der letzten Ölung beschränkte man sich auf ein einfaches Anschlagen der Glocke und das traditionelle Läuten mit der Schelle. Die Regelung in den Hautes-Alpes war allerdings liberaler; in diesem Département durfte beim Segen und bei den Gebeten für Sterbende sowie zur Anzeige des Ablebens, der Beisetzung und der Totenmesse geläutet werden.

Im Hérault erlaubte die Regelung neben dem Läuten zur Beisetzung auch das zehnmalige Anschlagen einer Sterbeglocke.

Diese – abgeschwächte – Fortschreibung älterer Restriktionen, der Versuch, die Signalisierung der großen Einschnitte im Leben des einzelnen wie der Familie zu beschränken, muß hervorgehoben werden. In der Tat erwies sich eine solche Haltung auf die Dauer als undurchführbar. Die anfängliche, von Portalis geforderte Strenge wich bald dem Druck der Gemeinden.

Die ersten konzertierten Regelungen lassen übrigens klar die Absicht erkennen, die Anzahl der religiösen Geläute zu begrenzen und also eine vollständige Wiederherstellung der klanglichen Einflußmöglichkeiten des Diözesanklerus zu verhindern. Unumstritten war das Recht zum Läuten bei den drei Angelus Domini, bei der Messe, am Vorabend von Feiertagen und bei den von der Regierung angeordneten öffentlichen Gebeten. Aber das war fast schon alles. In den Diözesen Blois und Saint-Brieuc war das Läuten zum Erstkommunionsunterricht erlaubt, durfte fünf Minuten jedoch nicht überschreiten.

Der Gebrauch der großen Glocke – sofern es mehrere gab – war ebenfalls streng eingeschränkt. So durfte sie nicht benutzt werden, um die stillen Messen anzukündigen. Überall wurden Anzahl und Dauer der erlaubten Geläute genau festgelegt. Im Département Manche, in der Diözese Bayonne, durfte beim Hochamt dreimal geläutet werden; im Département Eure nur einmal. Noch strenger waren die Regelungen beim vollen Läuten. In den Hautes-Alpes wurde der Sonntagsgottesdienst eine halbe Stunde vor Beginn durch ein »einfaches Durchziehen« von fünf Minuten Dauer, dann durch ein »kurzes Anschlagen« der Glocke unmittelbar vor Beginn der Messe angekündigt. Die Regelung der Diözese Blois untersagte das nächtliche Läuten und das Wetterläuten.

Unter dem Konsulat hatte sich also ein System von Normen, wo nicht von Gewohnheiten, herausgebildet, das von den späteren Regimen schnell wieder aufgegeben wurde. Diese Resignation ist leicht zu erklären: Die Regionalbehörden, die sich auf solche Regelungen eingelassen hatten, waren bald überfordert. Bereits am 18. Ventôse des Jahres XI (9. März 1803) beklagte sich der Präfekt des Département Eure darüber: »In manchen Kirchen«, schreibt er, »läutet man zu Begräbnissen, Taufen, Hochzeiten und sehr lange am Vorabend von Festtagen und Sonntagen und an diesen selbst.« Kurzum, eine »einheitliche, unverrückbare gute Ordnung« erwies sich auf diesem Gebiet als nicht herstellbar. Am 18. Thermidor des Jahres XII (6. August 1804) hielt sich derselbe Beamte für überflüssig: Die Regelung, bekennt er, wird einfach nicht eingehalten. Überall läutet man ohne Hemmungen: »Das Volk will es, und die Bürgermeister stimmen zu.« Angesichts dieses offensichtlichen Mißerfolgs gab der Präfekt nach und bereitete eine Rückzugsposition vor; man müsse, schreibt er an den Bischof von Evreux, das Läuten zu Kindstaufen, Hochzeiten und Beerdigungen gestatten, aber die Modalitäten in einer vom Bischof und vom Präfekten gemeinsam zu erarbeitenden Läuteordnung präzisieren. So werde ermöglicht, fügt er hinzu, »eine Übung in geordnete Bahnen zu lenken, die heute von Ort zu Ort schwankt, *je nach der Laune der Bürger* und der größeren oder geringeren Willfährigkeit der Pfarrverweser«. Im Pas-de-Calais hatte man in Erwartung der im Jahre 1807 unterzeichneten konzertierten Regelung die alten Bräuche wiederhergestellt, und wir werden sehen, daß sich sowohl die Administration des Konsulats als auch die des Kaiserreichs als unfähig erwies, das Läuteverbot am Vorabend abgeschaffter Festtage und an diesen selbst durchzusetzen.[80]

Die Wiederzulassung der religiösen Geläute, vor allem der Glocken, welche die *rites de passage* feierlich begleiten, erfolgte abwechselnd zügig oder gemessen, hier streng kontrolliert, dort praktisch ungehindert, blieb aber überall behindert durch den Mangel an Instrumenten. Der Wille zur Reglementierung und Vereinheitlichung, den vor allem die zivilen Behörden bekundeten, stieß sich am Wunsch der Bevölkerung, die einzelnen Lebenseinschnitte, die Gottesdienste und die Patrozinien feierlich zu begehen. Auch auf diesem Gebiet erwies sich das große Projekt des Jahrhundertbeginns, den Ausdruck kollektiver Gefühle und Freuden an die reglementierende Kette zu legen, sehr bald als reine Utopie. Wir finden auch hier, was wir früher schon in bezug auf die käufliche Liebe und auf Dinge wie das Theater, den Tanz, das Spiel, das Trinken und Rauchen festgestellt haben. In Sachen Läuten gab es überdies die große Schwierigkeit, die Praktiken auf dem gesamten französischen Territorium zu vereinheitlichen. Die unterschiedliche Nutzung und Semantik der Glocke, die Fülle ihrer Informationsweisen, die regionale Vielfalt ihrer ästhetischen Schätzung und die Verdichtung der Gefühle in der privaten Sphäre ließen eine Politik der Nivellierung und Restriktion scheitern, die noch von dem Versuch inspiriert war, republikanisches Staatsbürgertum zu fördern. Die Peripetien in der Restauration der Geläute künden auf ihre Weise von der Schwierigkeit, eine neue Ordnung zu errichten.

Durch eine Vielzahl von Konflikten hindurch erweiterten sich seit dem Konsulat das Spektrum und die Dauer der Geläute, die Arten des Läutens wurden vielfältiger, die Praxis des Durchziehens wurde alltäglicher und verbreiteter. So stellte sich allmählich die Wirkungsmacht der Glocken wieder her und vertiefte sich noch – in einem nicht-linearen Prozeß, der von der politischen Konjunktur abhängig war und durch eine Reihe von Faktoren beeinflußt wurde, die es zu analysieren gilt.

Betrachten wir vorderhand, um darauf nicht mehr zurückkommen zu müssen, die *Wiederherstellung der Gemeindegeläute.* Diese ist nicht als bloße Rekonstruktion anzusehen. Es handelt sich vielmehr um die Fortsetzung jener Modernisierungsbewegung, die in der zweiten Hälfte des 18. Jahrhunderts begann. In dem Maße, wie seither *auf dem Lande* die Gemeinde, die Pfarrei und das einzige Geläute zu fast völliger Deckung gelangten, gehört die Zusammensetzung der alten Instrumente auch zur Wiederentdeckung der Pfarrei und zu dem großen kollektiven Erneuerungsbemühen der ländlichen Gemeinden im 19. Jahrhundert.

Im Jahre 1802 verfügte die Mehrheit der Pfarreien nur über eine einzige Glocke. Eines der ersten Ziele dieser Gemeinden war es, ihrem Geläute die emotionale Ausstrahlung wiederzugeben, ihr wieder die Macht zu verleihen, den Alltag zu ästhetisieren. Dieses Bemühen ging mit einem nie gekannten Lokalpatriotismus und einer wachsenden Neugierde der gelehrten Eliten einher.[81] Der Wunsch nach Verschönerung der Gemeinde, die Heftigkeit lokaler Zwistigkeiten und viele andere Gegebenheiten rechtfertigten oder stimulierten das Modernisierungsunternehmen. Dieses Bemühen, das in Gang kam, noch bevor sich das kollektive Augenmerk auf den Ausbau des Wegenetzes, die Renovierung und Verlagerung der Friedhöfe, die Errichtung von Schulen und die Einführung von Märkten und Messen richtete, vollzog sich unter der Kontrolle der Administration.[82] Für jeden Neuguß ebenso wie für jede Anschaffung einer Glocke war von nun an die Erlaubnis der Präfektur erforderlich.[83]

Die Vorgehensweise bei der Modernisierung war unterschiedlich. In erster Linie versuchten die Gemeinden, die während der Revolution verlorengegangenen Glocken zurückzuerwerben. Seit dem Konsulat brach eine wahre Jagd los, besser gesagt, es entbrannten regelrechte Kriege, die wir untersuchen müssen [vgl. u. S. 79 ff.] Manche Gemeinden verlangten, zumeist erfolglos, die in den Glockenlagern deponierten Glocken zurück. Einigen bretonischen Pfarreien gelang es auf diese Weise, eines der auf den Kais oder im Arsenal von Brest zwischengelagerten Instrumente wiederzubekommen. In Langres veränderte man die Aufhängung der Glocke in der Kathedrale Saint-Mammès, um ihre Reichweite zu erhöhen.[84]

Das wesentliche Modernisierungsbemühen bestand in den zahlreichen Neugüssen von Glocken. Einige wurden damit gerechtfertigt, daß die alte Glocke gesprungen oder zerbrochen war; andere entsprangen dem Wunsch, etwas Neues zu besitzen oder über unterschiedliche Glocken zu verfügen, um deren Klangrhetorik in ihrer ganzen Komplexität wiederherzustellen; wieder andere hatten eine bessere Klanganpassung zum Ziel: Man scheint sich nicht mehr so leicht wie früher mit einer falsch tönenden Glocke abgefunden zu haben. Das Bemühen um Wiederherstellung des alten Geläutes ging eng mit dem Wunsch nach klanglicher Harmonie einher. Dieser Wunsch führte beispielsweise 1822 zum Neuguß des Geläutes der Kathedrale von Quimper.[85]

Einige Gemeindeverwaltungen bemühten sich bei der Regierung um finanzielle Unterstützung. Die Archive quellen über von solchen Gesuchen, die jedoch nur selten Gehör fanden. Die neue Monarchie weigerte sich, das Prinzip der Umkehrbarkeit zu praktizieren, das dazu geführt hätte, Kanonen einzuschmelzen, um daraus Glocken zu gießen. Aufschlußreich ist in dieser Hinsicht die Weigerung der Regierung – und Ludwigs XVIII. selbst –, auf diese Weise der Kathedrale von Bayonne ihre Glocke zu ersetzen, die beim Fronleichnamsfest 1816 zerbrochen war.[86]

Das Tempo der Wiederherstellung zu ermitteln stößt auf eine große Schwierigkeit. Der Neuguß sowie der Zusatz von Metall, kurzum, die vielen Metamorphosen einer Glocke erschweren die Registrierung der einzelnen Operationen beträchtlich und zwingen dazu, sich an die von den Kennern der Glockenforschung in der zweiten Hälfte des 19. Jahrhunderts erstellten Berechnungen zu halten. Letztere veranschlagen die von den Gemeinden unternommenen Anstrengungen jedoch zu gering, weil sie zwischenzeitliche Neugüsse unbeachtet lassen. Diese Unterschätzung gilt ganz besonders für die Zeit zwischen 1820 und 1855. In diesen Jahren waren die ambulanten Gießer, die gezwungen waren, ihre Arbeit nach einem Jahrzehnt der Untätigkeit wieder aufzunehmen, tatsächlich oft nur mittelmäßig begabt. Das Zerbrechen zahlloser Glocken erklärt sich auch aus der ungenügenden Wartung der Glocken und der Glockentürme, dem erbitterten Wettläuten der Glöckner am

Totensonntag oder am Tag des Kaisers sowie aus den häufigen Glockenstuhlbränden, die vor allem auf das Fehlen von Blitzableitern zurückzuführen waren.

Die Ergebnisse der Untersuchungen zu den Glockenaktivitäten in den Ardennen, im Moselgebiet, in den Départements Seine-Inférieure und Isère [vgl. S. 489 und Quellenverzeichnis S. 490 f.] zeigen einen je nach Region ganz verschiedenen Bestand an alten Glocken. Diese Disparität ergab sich aus der unterschiedlichen Gründlichkeit der vorangegangenen Zerstörungen, vor allem aus der ungleichen Anwendung der revolutionären Maßnahmen. Das Arrondissement Roanne besaß Ende des 19. Jahrhunderts[87] vierunddreißig alte Glokken, das Département Dordogne 208. Im Haut-Comminges im Département Charente gab es ziemlich viele alte Instrumente. Nur eine sehr geringe Zahl von Glocken aus der Zeit vor der Revolution fanden sich dagegen in den Landstrichen des Bray, ziemlich wenige auch nur in den Ardennen.

In der Zeit des Konsulats und des Kaiserreichs erhöhte sich der Glockenbestand nur langsam. Die dringend notwendigen Reparaturen an den Kultgebäuden und den Pfarrhäusern, der Wunsch der Verwaltung nach Regelung der Läuteordnung und die Natur des Regimes selbst haben zweifellos dazu beigetragen, die Bemühungen um Wiederherstellung der alten Geläute zu bremsen.

Sehr stark zeigten sich diese Bemühungen dagegen überall zur Zeit der Restauration, was nicht verwundern kann. Die Sehnsucht nach den vorrevolutionären Zeiten, die die Spendenfreudigkeit der Honoratioren anspornte, der zunehmende Einfluß des Klerus auf die ländlichen Pfarreien, sein Bestreben, festliche Aktivitäten in kirchliche Bahnen zu lenken, die neue Läutefreiheit, die man den Pfarrern ließ, die Häufigkeit der Missionen und das lebensfrohe folkloristische Treiben in vielen Gegenden Frankreichs begünstigten die Bestrebungen zur Neuanschaffung von Glocken. Sie deckten sich zeitlich mit der Resakralisierung der ländlichen Gebiete, die Philippe Boutry

im Département Ain festgestellt hat.[88] Erwerb, Guß oder Neuguß von Glocken hatten damals für viele Gemeinden oberste
Priorität.

Die Bemühungen um Glockenbeschaffung setzten sich während der Julimonarchie und der Zweiten Republik im gleichen
Tempo fort. Im Mosel-Département entsprach die Regierungszeit Louis-Philippes I. der Periode der intensivsten Glockenaktivitäten. Man muß diese zahlenmäßige Zunahme der Instrumente in einem Regime unterstreichen, das dem Wirken
des Klerus alles in allem nicht gerade wohlgesonnen war. Das
Zweite Kaiserreich war die Zeit der Konsolidierung. Zu diesem
Zeitpunkt waren die meisten Glocken modernisiert worden,
und die Beschaffungsbemühungen galten nun anderen Zielen.

Aufgrund der Entstehungszeit der von uns benutzten Untersuchungen fällt es schwer, die Glockenaktivitäten während der
Dritten Republik zu messen; doch alles läßt vermuten, daß sie
sich damals verlangsamten, zumindest nach 1880.[89] Die Desakralisierung des Raumes und der Zeit, die Revolutionierung
der Kommunikationstechniken, die Destrukturierung der
ländlichen Gesellschaft durch die Landflucht und ihr Wieder-
erstehen nach neuen Gewichtungen sowie das Aufkommen
unerhörter neuer ästhetischer Codes bewirkten, daß die Wertschätzung der Glocke allmählich kein verläßlicher Indikator
mehr für die kollektive Gefühlskultur war.[90]

Versuchen wir, Bilanz zu ziehen. Zum Ende des 19. Jahrhunderts gab es zweifellos weniger Glocken als am Ende des
Ancien Régime; dennoch darf man diese quantitative Verringerung nicht überbewerten. Angesichts der seit dem Konsulat unternommenen Anstrengungen resultierte die Vermin-
derung des Glockenbestandes hauptsächlich aus der kleineren
Anzahl von Glockentürmen. Jean Nanglard schätzt, daß trotz
der vielen im 19. Jahrhundert gebauten Kirchen die Anzahl der
Glockentürme zwischen dem Ende des Ancien Régime und
dem Ende des Ersten Weltkrieges von 60 000 auf 45 000
zurückgegangen ist.[91]

Die Glocken waren nunmehr in ihrer überwiegenden Mehr-
heit im Glockenturm einer einzigen Pfarrkirche konzentriert.
Während die Desakralisierung der zeitlichen und räumlichen
Merkmale des Alltagslebens der Gemeinschaft schon im
Gange war, symbolisierte der Glockenturm stärker denn je die
Grundzelle der ländlichen Gesellschaft. Die späte und paradoxe
Symbolkraft dieses Monuments aus Stein verdient hervorgehoben zu werden. Im Département Ain, das Philippe Boutry
untersucht hat, kam zwischen 1850 und 1880 eine kollektive
Sehnsucht nach Vertikalität auf. Der Bau von Kirchtürmen
drückte den Willen aus, den »Ruhm des Landes zu verkünden«. Er bewies die Gewalt des Lokalgeistes. Die Gemeinden
rivalisierten damals miteinander und suchten, sich gegenseitig
auszustechen. Die Restaurierung der alten – romanischen oder
gotischen – Bauwerke war nur eine Notlösung. Zu leidenschaft-
lichen Maurern geworden, gaben die Pfarrer Stampfbau, Ziegel
oder Mörtel auf und bevorzugten den Stein. Die *Verbesserung
der Qualität* der Geläute war Teil dieses Elans, dem etwas andere Wünsche zugrunde lagen als den Rekonstruktionsbemü-
hungen des frühen 19. Jahrhunderts.

Die am Vorabend des Ersten Weltkrieges benutzten Glocken
waren im Durchschnitt schwerer als die früheren. Sie waren
auch solider gebaut und harmonischer im Klang. Fast alle
Vierergeläute aus der zweiten Hälfte des 19. Jahrhunderts
haben eine perfekte Klangübereinstimmung. Zu dieser Zeit
war der Glockenbestand in manchen Regionen beachtlich. So
erreichte er Anfang des 20. Jahrhunderts seinen Höhepunkt im
Mosel-Département. Dreiergeläute waren hier in den ländlichen Gebieten überaus häufig, aber auch Vierer- und sogar
Fünfergeläute waren keine Seltenheit. Die Glockentürme der
Dörfer Bettviller und Freyming beherbergten damals sechs
Glocken, der von Montigny hatte sieben, der von Saint-Vincent acht, der von Morhange neun. Einige Gemeinden von be-
scheidener Größe besitzen moderne Großglocken von einem
Gewicht, das, wie man glauben möchte, in keinem Verhältnis

zur Bedeutung ihrer Kirche steht. Die große Glocke von Montigny wiegt 4,568 Tonnen, die von Saint-Vincent 6,120 Tonnen, was diese Instrumente auf das Niveau der großen Glocken in den Kathedralen des Ancien Régime hebt.[92]

Bei einer solchen Bilanz begreift man, welche Werte und Interessen in jenen Glockenstreitigkeiten auf dem Spiel standen, die die ländlichen Gemeinden das ganze 19. Jahrhundert hindurch begleiten sollten.

Kapitel 2 Die »Glockenentführer«

Lokale Selbstachtung

*D*ie »Entführung«[1] der Glocke einer Gemeinde durch Angehörige einer Nachbargemeinde weckte ganz andere Emotionen
als die Requisition des Instruments während der Revolution.
Diese – vom Nationalstaat veranlaßt – war zumeist als an-
onyme Beraubung, ja Schändung empfunden worden, aber
auch als Angriff der fernen Zentralgewalt auf die Herrschaft
eines einst privilegierten Systems über Raum und Zeit. Dagegen entsprang die »Entführung« einer Glocke vor allem dem
Wunsch, an Reichtum, Ansehen und Macht einer anderen
Gruppe zu partizipieren, und sie bereitete den Beteiligten offen-
kundiges Vergnügen. Sich die Insignien der sakralen Macht
des Nachbarn, der immer auch Rivale war, anzueignen stillte
den Neid, der vor allem durch Glocken erregt wurde, um die
sich Legenden rankten. Das war mitunter bei alten Instrumenten der Fall, die für ihre heilbringende Macht oder für die
ästhetische Qualität ihres klingenden Gebetes berühmt waren.[2] Insofern unterschied sich der lokale Glockenstreit radikal
von der »Glockenaffäre« innerhalb einer Gemeinde, die durch
die verhaßten Forderungen des Staates ins Rollen gekommen
war.

Der Raub der Glocke entfachte Haß. Er führte zu Konflikten,
die sich in das Muster jener blutigen Territorialrivalitäten im
ersten und zweiten Drittel des 19. Jahrhunderts einfügen lassen, deren Heftigkeit François Ploux unlängst gezeigt hat.[3] In
diesem Bereich brachten, wie in vielen anderen auch, die
1860er Jahre eine entscheidende Wende. Bis zu diesem Zeitpunkt war der Schaden erheblich, der den Betroffenen aus

einer solchen »Entführung« erwuchs. Die Entfernung der Glocke bedeutete Unglück.[4] Sie war ein Anschlag auf Ansehen, Ruf und Ehre der Gemeinde. Sie *stellte die kollektive Identität in Frage*. Sie störte das individuelle Bewußtsein territorialer Zugehörigkeit. Kurzum, der Raub einer Glocke weckte Emotionen, die weit heftiger waren als der Ärger über einen normalen Diebstahl. Die Wegnahme wurde als *Erniedrigung* empfunden. Der Verlust der Glocke wurde übrigens von jenen Leuten, die in der damaligen Amtssprache »Einwohner« hießen, weit schmerzhafter erlitten als von den Vertretern des Klerus. Nachdem wir im vorigen Kapitel den Verlauf einiger solcher Konflikte im Gefolge einer Glocken-»Entführung« nachgezeichnet haben, gilt es nun, den Ursachen für die Heftigkeit der kollektiven Reaktionen nachzuspüren.

Der lokale Glockenstreit wurde meistens durch einen Vorstoß ausgelöst, den die kirchliche Obrigkeit unternommen hatte oder den man ihr zuschrieb. Die Entführung der Glocke einte deshalb die Mitglieder der betroffenen Gemeinde in der Verteidigung eines Instruments, das nach alter Tradition vor Gefahren schützte, bei Bedarf den lokalen Anspruch bündelte und den Emotionen des Volks ihre Lautgestalt gab. Verlust und Unglück, die der Glockenraub für die Menschen bedeutete, waren nicht von der Inbrunst und Intensität ihrer religiösen Praxis abhängig. Es handelt sich um etwas ganz anderes. Der lokale Glockenstreit war auch in sogenannten »dechristianisierten« Regionen anzutreffen; es kam sogar vor, daß er die Menschen zum Abfall vom Glauben ihrer Väter verleitete.

Der Groll, den eine Glockenentführung hervorgerufen hatte, blieb vielfach unvergessen. Das Studium der Dokumente erweist in diesem Zusammenhang die *longue durée* des Ressentiments. Im übrigen zwang die Verteidigung des Instruments dazu, mit der Historie zu argumentieren. In diesem Punkt prallten zwei verschiedene diskursive Logiken, zwei unterschiedliche Argumentationsreihen aufeinander. Die ihrer Glocke beraubten Gemeinde berief sich auf die Glockeninschrift, auf das Datum der Glockenweihe, auf die Titel des Paten und der Patin, auf die Annalen der Pfarrei, auf den heldenhaften Widerstand, den sie während der Revolution bewiesen hatte. Ihre Waffen waren das Pfarrarchiv und die unauslöschliche Erinnerung an den Vorfall. Die Schriftstücke, in denen die Beschwerde gegen den Glockenraub formuliert wird, lesen sich wie Seiten aus einer Gemeindechronik. Dagegen verwiesen die zur Schlichtung des Streits angerufenen Behörden immer wieder lediglich auf das geltende Recht, wonach juristischer Ausgangspunkt der ganzen Sache die *Konfiskation* der Glocke und damit der völlige Verlust des alten Rechtstitels auf sie zu sein hatte. Dem lokalen Glockenstreit liegen also zwei gegensätzliche politische Auffassungen zugrunde. In dieser Hinsicht könnte man ihn mit den Streitigkeiten um die nationalen Güter vergleichen, wenn man davon absieht, daß die umstrittene Glocke nicht als individuelles Eigentum, sondern als Gemeinschaftsbesitz empfunden wurde.

Diese Hartnäckigkeit des Ressentiments behinderte und verzögerte zwar einen »Vergleich«[5], der in diesen Dingen viel schwerer zu erzielen war als in vielen anderen. Sie spornte aber den Wunsch an, das Gotteshaus restauriert zu sehen, womit sich die Hoffnung auf Rückgabe der geraubten Glocke und Wiederherstellung des verlorenen Ansehens verband. Die Vehemenz der vorgebrachten Beschwerde und des geltend gemachten Anspruchs stand in einem direkten Verhältnis zum Gelingen des Versuchs, die Geläute zu rekonstruieren und durch Reparatur oder Wiederaufbau der Kirche beziehungsweise Erhöhung ihres Glockenturms den Raum der Gemeinde zu *modernisieren.*

Die Beamten in den Präfekturen erkannten die Bedeutung dieser Streitigkeiten. Sie verstanden weder deren Ursachen noch die Hintergründe, und sie mokierten sich über die Gerichtsverfahren; in ihren Augen waren das alles Lappalien. Aber sie wußten genau, daß derartige Streitigkeiten wahre Erdbeben auslösen konnten.

Drei Arten von Konflikten – je nach Epoche von unterschiedlicher Intensität – ziehen unsere Aufmerksamkeit auf sich. Gegen Ende des Kaiserreichs und zur Zeit der Restauration waren Auseinandersetzungen zwischen zwei oder mehreren Nachbargemeinden häufig. Es herrschte der Wunsch nach Heimholung der »Insignien«, die früher in der Gemeinde aufbewahrt worden waren. Damals waren noch nicht überall die Geläute wiederhergestellt, und so standen diese Konflikte noch im Zeichen des Mangels. Nach 1830 wurden sie selten.

Als langwieriger erwiesen sich die Streitigkeiten, die mit der administrativen Veränderung von Pfarrei- und Gemeindegrenzen zusammenhingen. Diese Verwaltungsmaßnahmen hatten nämlich eine zweite Welle von Glockentransfers nach sich gezogen. Sie bewirkten *auf lokaler Ebene* Traumata, die ohne Zweifel schmerzhafter waren als die Wunden, welche einst die revolutionären Maßnahmen geschlagen hatten. Diese hatten das gesamte nationale Territorium betroffen und waren an sich nicht geeignet, dörfliche Rivalitäten anzuheizen. Die Gebietsreform von Gemeinden und Pfarreien hingegen, die zu Beginn des Kaiserreichs, zwischen 1806 und 1808, beschlossen worden war und dann nach und nach in die Tat umgesetzt wurde, tangierte Hunderte von kleinen Gemeinden. Sie erzwang die Umorientierung territorialer Bezüge und bewirkte ein Verblassen der kommunalen Identität, dessen spektakulärster Ausdruck eben *die Abnahme der Glocke* war. Die Sehnsucht nach dem alten Instrument, das einem nun verstummten Glockenturm entrissen und im Kirchturm einer – oft als Rivalin empfundenen – Nachbargemeinde aufgehängt worden war, verweist auf die *Schwierigkeit dieser Neuorientierung* oder, wenn man will, Identitätsübertragung. Der lokale Glockenstreit gibt auf seine Weise Auskunft über die psychischen Prozesse, die bei der Integration des Menschen in den Nationalstaat ablaufen.

Seltener begegnet der Glockenstreit innerhalb einer Gemeinde. Dennoch kam es vor, daß sich die lokalen Spannungen in Gemeinden mit mehreren Kirchen am Geläute entzündeten. Solche Differenzen offenbaren die Verkapselung des Identitätsbewußtseins[6] in diesem Jahrhundert, wo im Herzen ein und desselben Individuums der Wunsch nach Integration in ein größeres Ganzes oft im Widerstreit lag mit dem Willen zur Bewahrung des immateriellen Erbes, das den Kitt der territorialen Gemeinschaft bildete.

Der Glockenstreit der Gemeinden

Die Glockenpolitik der Jahre 1791 bis 1802 führte nicht nur zu umfangreichen Zerstörungen von Glocken – durch Einschmelzen und Zerschlagen –, sondern auch zu vielen Glockentransfers. Sie berührte also nicht nur die Anzahl der Glocken, sondern auch deren Verteilung. Vom Glockentausch des Jahres 1791 und so manchem dabei vorgefallenen Glockenraub war bereits die Rede. Doch bot der Bürgerkrieg auch Gelegenheit zu echten Glockenentführungen,[7] namentlich in Gegenden, die vom Aufstand der Vendée, den Kämpfen um den Föderalismus oder der Bewegung der Chouans erschüttert wurden. In einem solchen Kontext wuchs dem Glockenraub eine symbolische Bedeutung zu, die ihn nur um so verführerischer machte. Nach den Beobachtungen des Kultusministers hatten mehrere Gemeinden der Vendée während der Revolution ihre Glocken versteckt. »Im Verlauf der Unruhen entdeckten die Aufständischen die Glockenlager und verteilten die Glocken an solche Gemeinden, welche auf sie Anspruch erhoben, ohne zu prüfen, ob sie ihnen wirklich gehörten, während andere Gemeinden sich in den Besitz von Glocken brachten, die sie zufällig gefunden hatten.« Dieser illegale Glockentransfer löste in der Folge eine Welle von Rückforderungen aus. Die Gemeinden, die von den Transfers profitiert hatten, behaupteten nämlich, »daß diese Glocken der Ersatz für jene seien, welche ihnen entführt worden waren, und weigerten sich, sie herauszugeben«.[8]

Nach der Wiederzulassung der Geläute drangen die Opfer von Glockenentführungen manchmal in die Örtlichkeiten ein, an denen man ihre Glocke gelagert hatte, und holten sich gewaltsam ein Instrument zurück. Die Leute von Brié (Charente) gingen im Jahre X, nachdem ihre Kirche wieder geöffnet worden war, »nach La Rochefoucauld und kamen von dort mit einer Glocke zurück«, die 600 Pfund wog. Die Einwohner von Croix-Dalle (Seine-Inférieure), die während der Revolution alle Glocken eingebüßt hatten, bemächtigten sich eines Instruments von der Kirche Sainte-Agathe. Letztere Gemeinde scheint sich mit dem Verlust abgefunden zu haben.[9]

Es kam auch vor, daß der Kampf um den Besitz des Instruments sich zu einem circulus vitiosus der Racheakte fügte. Am 30. September 1819 forderte der Kirchenrat von Argenton-Château (Deux-Sèvres) die Glocke zurück, die 1794 durch die Einwohner von Les Aubiers entführt worden war. Die Leute von Les Aubiers gaben zwar den Raub zu, »versicherten aber zugleich, daß sie dabei lediglich Vergeltung geübt hätten; daß in den Unruhen der Jahre 1792 bis 1795 die Einwohner Argentons häufig in ihr Gemeindegebiet eingedrungen seien, um Getreide zu entwenden; daß sie bei einigen dieser Raubzüge einige Bauernhöfe völlig ausgeplündert und sogar einige Männer erschlagen hätten; sie setzten hinzu, die Einwohner Argentons hätten ihnen auch die heiligen Gefäße und das Silberzeug entführt, das sie versteckt hatten. Um endlich den Übeln, die man ihnen zufügte, ein Ende zu bereiten und um sich zu *rächen*, schlossen sie sich einem Armeekorps der Vendée an, das die Stadt Argenton angriff, einnahm, plünderte und in Brand steckte. Bei dieser Gelegenheit bemächtigten sie sich der Glocke, die sie jetzt noch haben.« Wie man sieht, artikulierte sich hier – aus taktischen Gründen? – territoriale Rivalität als politisches Engagement.[10]

Der Präfekt durchschaute das; während der Unruhen, so präzisierte er, hatten sich die Gemeinden einen »grausamen Krieg« geliefert und wurden wechselweise geplündert und ein-

geäschert, je nachdem, »ob die Seite, auf welche sie sich geschlagen hatten, im Vorteil war«; auch gab es ihm zufolge »wenige Kantone, Gemeinden und sogar Privatpersonen, die nicht
in ihrer Nachbarschaft die Auswirkungen hiervon zu spüren
bekamen«. Besondere Hervorhebung verdient die tagtägliche
Wahrnehmung dieser Relikte, dieser »Insignien« des Dramas.
Die akustische Konfrontation mit der alten Glocke ließ den
lokalen Glockenstreit des 19. Jahrhunderts zum Symbol des
Grolls gegen jenes große revolutionäre Unternehmen des
Glockentransfers werden, das durch eine Bestimmung im Vertrag von La Jaunaye (1795) eigentlich der Vergessenheit hatte
anheimfallen sollen.

Die Auswirkungen der Revolution auf die territorialen Ri-
valitäten waren höchst komplex. Die Ereignisse jener unruhigen Zeit haben immer wieder interkommunale Konflikte ausgelöst. Umgekehrt hat die Revolution auch *das Begraben alten
Hasses* ermöglicht. Sie hat mancherorts den Verlust der Erinnerung an alte Fehden bewirkt und den Mechanismus der
Rache zum Stillstand gebracht. Die Politik der revolutionären
Regierungen hat den Verlauf sozialer Spaltungen verändert,
Solidaritäten und Oppositionen neu verteilt und territoriale
Interessen in die Konfrontation mit nationalen Belangen gezwungen; damit hat sie gewisse Konflikte auf die gleiche Art
ausgelöscht, wie eine Explosion das Feuer brennender Bohr-
löcher erstickt. Der Unterpräfekt von Mauriac hat 1815 diesen
eingreifenden Aspekt der Revolution auf den Begriff gebracht:
»Indem sie den Sinn der Menschen auf Wichtigeres lenkte«,
habe sie die Erinnerung getilgt und »dem Haß Einhalt geboten«.[11] Die Gemeinde Trizac (Cantal) forderte eine Glocke von
der Gemeinde Lanobre zurück. Der Unterpräfekt bedauerte
das; denn eigentlich gab es zwischen diesen einst verfeindeten
Gemeinden keine Rivalitäten mehr, und ihre Einwohner begegneten einander oft auf den Märkten in Bort. Aber immer
wieder konnten auf einer Kirmes oder bei einer Dorfhochzeit
uralte Wunden wieder aufbrechen. Zehn oder zwölf Jahre zu-

vor waren bei einem Streithandel zwischen Lanobre und Ba-
gnols (Puy-de-Dôme) drei oder vier Menschen getötet worden,
und der Unterpräfekt befürchtete durch die Glocken die Neu-
auflage von Tragödien, die glücklich vergessen schienen.

Während der Restauration führte der lokale Glockenstreit
nur selten zum Ausbruch kollektiver Gewalt. Sich auf das Territorium einer rivalisierenden Gemeinde zu wagen und dort eine
Glocke abzunehmen war im 19. Jahrhundert kein leichtes Unterfangen mehr und versprach nur dann Erfolg, wenn man sich
vorher der Unterstützung des Bürgermeisters oder des Pfarrverwesers versichert hatte. Dafür war die Zahl der Beschwerden, Forderungen und Gesuche Legion. 1810 gab es zwischen
den Einwohnern Lencloîtres und der Pfarrei Saint-Jacques de
Châtellerault Streit um den Besitz zweier kleiner Glocken von
300 Pfund Gewicht. 1824 forderten die Einwohner Waillys
(Pas-de-Calais) die Glocke zurück, die in Montreuil hing. In
demselben Jahr verlangten die Pfarrgemeindeglieder von Saint-
Martin-de-Teillet (Tarn) von denen der Pfarrei Saint-Michel in
der Gemeinde Dourgne ihre Glocke zurück. 1825 ließen die
Kirchenräte von Chaillac den Wunsch nach Rückgabe »ihrer«
Glocken durchblicken, die im Glockenturm von Saint-Gaultier
(Indre) aufgehängt worden waren. Im folgenden Jahr forderte
die Gemeinde Saint-Malo ihre Glocke in Saint-Servan zurück,
und der Bürgermeister von Trévérien erhob Anspruch auf die
Glocke, die die Hafenarbeiter zur Arbeit rief. Im Département
Cher wurde 1827 ein »Vergleich« zwischen Assigny und Sub-
ligny erwogen. Die strittige Glocke war 1806, mitten im Kaiserreich, von den Einwohnern Assignys entführt worden. Eine im
Département Gers erhobene Stichprobe hat gezeigt, daß damals diese Art von Konflikten hier besonders häufig war. Zehn
lokale Glockenstreitigkeiten aus der Zeit von 1806 bis 1824
haben ihren Niederschlag in den Archiven der Präfektur gefunden.[12]

Dramatischer verlief die Sache zwischen Meauzac und Castelsarrasin (Tarn-et-Garonne). Hier dauerte der Glockenstreit

fast vierzig Jahre (von 1801 bis 1839) und wurde mit großer Erbitterung geführt. Nach der Wiederzulassung der Geläute im Jahre 1801 hatten die Einwohner von Castelsarrasin sich beeilt, die Glocke von Meauzac, die damals auf dem Territorium ihrer Gemeinde gelagert worden war, in ihrem Kirchturm aufzuhängen. Die Opfer des Raubes vermochten ungeachtet ständiger Petitionen und Reklamationen 38 Jahre lang nichts auszurichten: Die verschiedenen Präfekten, die einander in der Départementshauptstadt von Tarn-et-Garonne ablösten, lehnten sämtliche Eingaben ab.[13]

Komplizierter wirkt der Streitfall, der für gut ein halbes Jahrhundert Herbilly und Courbouzon (Loir-et-Cher) entzweite. Die Angelegenheit gehört zu einem Konflikttypus, der uns weiter unten beschäftigen wird; wir fassen sie als eine Ausdrucksform des Übergangs auf. Im Jahre 1802 wurde die Pfarrei Herbilly an die Pfarrei Courbouzon angeschlossen. Einige Jahre später ging die ganze Gemeinde Herbilly in der Nachbargemeinde auf. Seither nahmen die Animositäten zwischen beiden Gemeindeteilen kein Ende. Das Verschwinden Herbillys von der administrativen Landkarte vermochte das Bewußtsein von seiner territorialen Identität nicht auszulöschen. Die Eingliederung in die rivalisierende Pfarrei Courbouzon führte zu einem drastischen Rückgang der Kirchenfrömmigkeit in Herbilly. Ab 1840 schlug sich die Feindschaft in einem Glockenstreit nieder. Am 27. Dezember 1840 begab sich der Bürgermeister von Courbouzon – Herbilly hatte keinen Bürgermeister und keinen Pfarrer mehr –, gestützt auf seine Gendarmerie und zwei Hundertschaften der Garnison in Blois sowie begleitet vom Friedensrichter des Kantons, nach Herbilly. Dort veranlaßte er, unbeeindruckt von der feindseligen Haltung der Bevölkerung, die Abnahme der Glocke. Seither »mieden fast alle Einwohner Herbillys den Gottesdienst in Courbouzon, ja nicht wenige von ihnen holten einen protestantischen Geistlichen oder suchten sein Gotteshaus auf, das nicht weniger als fünf oder sechs Kilometer entfernt lag«.[14]

Die Einwohner der aufgelösten Gemeinde und Pfarrei verwarfen einen »Ausgleich«, den der Pfarrer angeregt hatte, um dem kollektiven Abfall von der Kirche ein Ende zu machen. 1847 wurde das Gemeindegebiet von Herbilly von Courbouzon getrennt und an die Stadt Mer angeschlossen. Zwei Jahre später wurde darüber hinaus die kleine Kirche von Herbilly zur Filialkirche erhoben, so daß dort fortan wieder Gottesdienst gehalten werden konnte. Was ursprünglich ein interner Konflikt in Courbouzon gewesen war, geriet von nun an zu einer Dreieckskonstellation.

Am 6. Juli 1851 forderte Herbilly von Courbouzon seine Glocke zurück und entfachte damit den Streit aufs neue. Indessen hatten die Bewohner Courbouzons, dem Bischof zufolge, »die Erhaltung dieser Glocke zu einer *Sache der lokalen Selbstachtung* gemacht. Die Gebietsabtretung zugunsten der *kleinen Stadt* Mer erschien ihnen als unerträgliche *Erniedrigung*.« Die Glocke gab Gelegenheit, den Groll in Worte zu kleiden. »Sie drohen, sollte die Obrigkeit letztlich obsiegen, bis zum Äußersten zu gehen, die Kirche zu schließen, ein protestantisches Gotteshaus zu errichten usw.« Der Gemeinderat und der Kirchenrat von Courbouzon sahen zwar ein, daß es notwendig sei, »diesem beklagenswerten Kampf, der die Gegend spaltet und für immer spalten wird, ein Ende zu setzen«,[15] lehnten es aber trotz der dringenden Appelle des Pfarrers ab, die Glocke an Herbilly zurückzugeben. Zumindest verlangten sie eine stattliche Entschädigung. Der Bischof erkannte nun, daß man den Dingen nicht ihren Lauf lassen konnte, ohne »die Bevölkerung von Herbilly zu erzürnen«, die sich standhaft weigerte, »ihre« eigene Glocke zurückzukaufen.

Nur 720 Meter trennten beide Glockentürme, und doch blieb dieser enge Raum während der ganzen ersten Hälfte des 19. Jahrhunderts Schauplatz des Streites. Am 4. Mai 1852 mußten sich der Präfekt und der Bischof entmutigt eingestehen, daß nach fünfzig Jahren Kampf eine Versöhnung noch immer unmöglich war. Der Prälat wiederum befürchtete den

Ausbruch von Unruhen. Das neue Ordnungs- und Autoritäts-
gefüge erlaubte es indessen, klare Entscheidungen zu fällen.
Am 10. Mai trug der Präfekt die Angelegenheit dem Prinz-
Präsidenten vor; zugleich ordnete er an, die Glocke aus der
Kirche von Courbouzon abzunehmen und in die Kirche von
Herbilly zu bringen. Nachdem der Staatsrat am 1. Juli seine
Stellungnahme abgegeben hatte, wurde die Entscheidung des
Präfekten durch ein Dekret des Präsidenten vom 16. Juli 1852
bestätigt. Ob dieser obrigkeitliche Akt ausgereicht hat, einen
fünfzigjährigen Konflikt zu beenden, entzieht sich unserer
Kenntnis.

Entfernung der Glocke und Beschädigung der Identität

Die Wut, mit der die Menschen auf die Neugliederung der Gemeinden, Pfarreien und Filialkirchen (28. August 1808) sowie
auf die Durchführung des Dekrets vom 30. Mai 1806 reagierten, welches den Kirchenräten der nicht aufgehobenen Kirchen
die Verfügung über die Güter der »angeschlossenen« Kirchen
und Pfarrhäuser einräumte – diese Wut spricht für die Festigkeit der alten Bindungen.[16] Anläßlich eines lokalen Glockenstreits zeigte sich das kollektive Unbehagen über das Mißverhältnis zwischen einer erhaltenen territorialen Identität[17] und
einem nach übergeordneten administrativen Gesichtspunkten
neu gegliederten Raum, in welchem Zentrum und Peripherie
sich dramatisch verschoben hatten. Das neue System, das ent-
wurzelnd, oder besser gesagt: *desorientierend* wirkte und die
Geographie des Gebets und der spirituellen Zuflucht verwandelte, veränderte auch die Wege des Alltags und mehr noch des
Sonntags.

Die Gebietsreform ließ, wie das Beispiel Herbilly gezeigt
hat, schmerzlich das Trauma der »*Erniedrigung*« erfahren. Die
Schließung der Kirche, die Entfernung der Glocke – die die Un-

wiederbringlichkeit des Verlustes bekräftigte –, der Abtransport des Kirchenschatzes, der liturgischen Gefäße oder des
heiligen Linnens sowie der Meßgewänder und des Altar-
schmuckes und nicht zuletzt das Ende der Bestattungen in dem
aufgelassenen Friedhof waren für die betroffenen Gemeinden
Ereignisse, und zwar Ereignisse von erheblicher Tragweite. Es
ist begreiflich, daß das Entfernen der Glocke(n) als Symbol
dieser administrativen Auslöschung oder, wenn man will,
Zurückstufung oft als wirkliche »Entführung« empfunden
worden ist. Die Entfernung des Geläutes zerrüttete die Modalitäten der *Evokation*; sie tangierte die sensorische Erinnerung
an die Zeichen und damit die Art der Erfahrung des umgebenden Raumes und der Rhythmisierung der Zeit. In der Umgebung des – inzwischen aufgelassenen – Friedhofs[18] nicht mehr
den Allerseelentag einzuläuten bedeutete, den autonomen
Dialog zwischen der Gemeinschaft und ihren Toten abzubrechen. Dennoch fuhr man bis weit ins 19. Jahrhundert fort, auf
solchen Friedhöfen anonym Bestattungen vorzunehmen.

Jahrzehntelang hielt der Klang der entführten Glocke den
Schmerz lebendig. Auf den Glockenstreit, der Monclar und
Cucassé (Gers) entzweite, werden wir noch zu sprechen kommen. Wir wollen aber schon an dieser Stelle die Formulierung
einer Eingabe aufgreifen, welche die »wichtigsten Einwohner«
Cucassés am 27. Dezember 1830 an den Kultusminister richteten. Jeder von ihnen, so wird betont, empfinde lebhaft »den
Verdruß, tagtäglich die eigene Glocke von einem fremden
Glockenturm läuten zu hören«. Nun datierte aber diese »Entführung« auf das Jahr 1811, das heißt, sie lag fast zwanzig Jahre
zurück. In einem Brief vom 14. Januar 1831 an den Unterpräfekten bringt der Bürgermeister von Monclar, der von dem
Anschluß profitierenden Gemeinde, den Vorgang mit schnei-
dender Schärfe auf den Punkt, wenn er abschließend konstatiert: »*Die Staatsmacht hat eben gewollt, daß der Ruf der
Glocke von dem einen und nicht von dem andern Turm
käme.*«[19]

Verschiedene Fallstudien aus einem Dutzend Départements, die hier als Vignetten ihren Platz finden mögen, erleichtern die Einsicht in Interessen und Verfahrensweisen. Im Zuge dieser Auseinandersetzungen sparten die Opfer nicht mit Eingaben.[20] Sie verwiesen auf die Widrigkeiten der Topographie, auf die Wölfe, die die Gegend unsicher machten, ja auf die Gefahr der Vergewaltigung ihrer Frauen und Töchter, die nun durch dunkle Wälder zu einer weit entfernten Kirche gehen müßten. Die Erstkommunikanten konnten ihnen zufolge im Winter nicht pünktlich zum Religionsunterricht kommen. Bestimmte Kirchen des Hauptortes erwiesen sich jetzt als zu klein. Vor allem wußten die Gläubigen der »angeschlossenen« Pfarreien nicht mehr, wo sie die Zeit zwischen Messe und Vesperläuten verbringen sollten. So waren sie nachgerade gezwungen, die Zeit im Wirtshaus totzuschlagen. In der Diözese Grenoble waren die Einwohner vierer solcher Pfarreien zu dem Schluß gelangt, daß sie auch ohne Priester auskommen könnten, und ließen künftig von einfachen Beichtkindern ihre Glocke läuten, die Messen singen und ihre Toten begraben.

Saint-Christophe-de-Valains war auf den Status eines Anhängsels von Saint-Ouen (Ille-et-Vilaine) reduziert worden. Zu Beginn der Restauration lebte die Gemeinde, die Opfer dieser »Erniedrigung« geworden war, in Furcht und Angst und rüstete zum Widerstand. *Die Einwohner* Saint-Ouens, schreibt der Bürgermeister von Saint-Christophe im Mai 1819, wollten sich »der Schlüssel zu *unserer* Kirche bemächtigen und sie [die Kirche] *vor uns verschließen*«. Die Wortwahl verrät, daß die Konfrontation als die zweier territorialer Gemeinschaften empfunden wurde und nicht als Resultat eines Verwaltungsaktes. Dem Bürgermeister von Saint-Christophe zufolge wollten »die Einwohner Saint-Ouens« ihnen außerdem die Meßgewänder wegnehmen und sich der Glocke bemächtigen.[21]

Auch die von den Beteiligten angewandten Taktiken waren für die Natur der Konfrontation bezeichnend. Am 19. Dezember 1818, »abends um sieben Uhr«, begaben sich der Pfarrer, der Vikar, der zweite Bürgermeister, die Gemeinderäte und der Kirchenrat von Saint Ouen »*auf getrennten Wegen*«, um nicht die Aufmerksamkeit ihrer Widersacher zu erregen, zum Bürgermeister von Saint-Christophe; dieser war jedoch zum Glück »auf den Feldern«. Es dauerte eine ganze Weile, bis man ihn gefunden und aufgefordert hatte, den Schlüssel zur Kirche herauszugeben – was er übrigens »ungemein höflich« ablehnte –, und so hatten die Einwohner von Saint-Christophe genügend Zeit, um sich zu versammeln. Sie hatten begriffen, daß man es auf *ihren* Bürgermeister abgesehen hatte. Obwohl von der Zentralgewalt eingesetzt, erschien er bei dieser Gelegenheit als Repräsentant der Gemeinde. Gegenüber dem Pfarrklerus wurde er zum Verteidiger der örtlichen Kirche und ihrer sakralen Gegenstände. Beleidigungen flogen hin und her; »es fehlte nicht viel, und man wäre tätlich geworden«. Die Einwohner von Saint-Christophe ereiferten sich: »Ihr wollt uns unsere Glocke entführen!« Sie beschworen die Tragödien der Revolution und das Blut, das sie zur Verteidigung der Heiligen Kirche vergossen hatten. Sie beschimpften den Pfarrer – der jetzt in ihren Augen nur noch der Pfarrer von Saint-Ouen war – und schrien ihn an: »Ihre Moral ist auch nicht mehr das, was sie mal war!« Mit einem Wort, sie machten ihrem Unmut Luft, sich durch die Restauration um das betrogen zu sehen, was sie zur Zeit der Republik erbittert verteidigt hatten. »Für nichts und wieder nichts« hatten sie also einst »ihr Blut, ihre Zeit, ihren Schweiß« gegeben. Ihren christlichen Glauben mit der Verteidigung ihrer angestammten Andachtsorte verquickend, hielten die Einwohner von Saint-Christophe ihren Gegnern vor: »Niemals werden wir uns unsere Religion und *unsere* Kirche wegnehmen lassen!« Aber in Wirklichkeit richteten sie nichts aus. Der Präfekt und der Bischof entschieden gegen sie und skizzierten lediglich einen »Vergleich«: Der Präfekt ordnete die Inventarisierung der »angeschlossenen« Kirchenschätze an – für den hypothetischen Fall einer späteren Rückführung.

Erfolgreicher widersetzten sich in demselben Jahr 1819 die Einwohner von Les Landes (Seine-Inférieure) den Forderungen der Gemeinde Richemont, an die sie angeschlossen worden waren. Dank eines Vergleichs, den der Präfekt mit Billigung des Ministers ausgearbeitet hatte, durften sie ihre Glocke behalten. Freilich war es auch dabei nicht ohne einige »tumultartige Szenen« abgegangen. Anders die Einwohner von Mervilliers (Eure-et-Loir): Der ehemalige Bürgermeister der 1821 aufgehobenen Gemeinde entschloß sich, die Glocke in seiner Wohnung aufzubewahren, und weigerte sich, sie dem Gemeinderat von Allaines auszuliefern, wohin Mervilliers eingemeindet worden war. Die Bewohner des Weilers Cuigny (Orne) – ebenfalls eine eingemeindete Pfarrei – protestierten 1822 vehement, aber ohne Erfolg gegen die »Entführung« ihrer Glocke durch den Bürgermeister von Moulins-sur-Orne.[22]

Verweilen wir nun einen Augenblick bei dem Streit, der 1831 Vitot und Vitotel (Eure) entzweite. Die Sache hatte eine derartige Brisanz angenommen, daß sie zuletzt mehrere Minister beschäftigte. Die Gemeinde Vitotel hatte, wie der Präfekt 1831 festhielt, »zu mehreren Malen« die Rückgabe einer alten Glocke gefordert, »die infolge der Eingemeindung nach Vitot zu gottesdienstlichen Zwecken dorthin verbracht worden war«.[23] 1825 hatte eine Reihe von Bränden die Nützlichkeit der Glocke unterstrichen: In Vitot löste das Sturmläuten rechtzeitig Alarm aus, während Vitotel von dem Feuer in Schutt und Asche gelegt wurde. Im September 1830 zeigte der Präfekt, wie zuvor schon sein Vorgänger, kein Verständnis für diese Reklamation. Zwei Monate später wandten sich die Einwohner von Vitotel an den Justizminister. Die Antwort ließ auf sich warten. Diese lange Verzögerung wurde als »Rechtsverweigerung« gedeutet. »Mehrere Einwohner begaben sich [daraufhin] auf eigene Faust nach Vitot, um die Glocke an sich zu nehmen, und brachten sie in die Kirche von Vitotel zurück.« Der Präfekt war gesonnen, Nachsicht zu üben: Vitot besaß noch eine weitere Glocke, und die Einwohner von Vitotel hatten bei der Instandsetzung ihrer Kirche große Opfer auf sich genommen. Die Richter sahen das in erster Instanz anders: Sie verurteilten die Glockenentführung und verdonnerten die Missetäter zu schweren Geldstrafen. »Die Einwohner von Vitotel sind überaus erzürnt«, betonte der Unterpräfekt von Louviers am 28. März 1831 und prophezeite »Tätlichkeiten unter den Leuten«.[24] Das ist alles, was wir über diesen Fall wissen.

Ein ganz ähnlich gelagerter Konflikt brachte in demselben Jahr 1831 (am 29. März) die Bewohner des Weilers Neuville-de-Vitotel gegen die Gemeinde Les Mousseaux auf. Die Glocke des Weilers war 1803 in die Kirche von Les Mousseaux transferiert worden. Später hatten die Einwohner Neuvilles ihre Kirche zurückgekauft und dann instandgesetzt. Sie verlangten daher »die Glocke, die für sie der kostbarste Gegenstand ist«, ebenso zurück wie ein Kruzifix und sieben Statuen von *Heiligen*. Der Präfekt nahm diese Auseinandersetzung zum Anlaß, den Minister von der Gefährlichkeit dieses Lokalstreits zu unterrichten: »Der Verlust eines Gegenstandes, der *ihnen* [den Angehörigen der aufgehobenen Pfarreien] *so wichtig ist*, weckt in den Leuten *Haßgefühle* gegen die Gemeinden, denen sie zu gottesdienstlichen Zwecken angeschlossen worden sind, und kann zu schweren Krawallen führen.«[25]

Kommen wir nun noch einmal auf den Konflikt im Département Gers zurück, der gleich drei Orte gegeneinander aufbrachte: Cucassé, Mauléon – die angegliederte Gemeinde – und Monclar, die angegliederte Pfarrei. Der Fall gibt vor allem über die bereits ansprochene Störung der Identität durch den Verlust der Glocke Aufschluß. 1811 war die Glocke von Cucassé nach Monclar geschafft worden, möglicherweise hinter dem Rücken der Einwohner und jedenfalls »gewissermaßen handstreichartig« auf einem eigens zu diesem Zweck herangeschafften Karren. Zusammen mit der Glocke wurden ein Speisekelch, ein Abendmahlskelch, ein Chorhemd, ein Meßgewand, zwei Altartücher und sechs Mundtücher mitgenommen und abtransportiert. »Sobald diese Entführung der Öffentlichkeit zur Kenntnis gelangte, erregte sie allgemeine Empörung. [...] Es hätte mehrmals nicht viel gefehlt, und die Einwohner von Cucassé wären in hellen Scharen über die Leute von Monclar hergefallen und hätten sich zurückgeholt, was man ihnen entführt hatte.« In Cucassé war nämlich der Gottesdienst wieder aufgenommen worden, nachdem die Einwohner ihre Kirche instand gesetzt und ausgeschmückt hatten. Monclar besaß seitdem zwei Glocken, während Cucassé und Mauléon ihrer Geläute beraubt worden waren. Für den Wandel der Machtverhältnisse in der zweiten Hälfte des Jahres 1830 war der Verfall der Autorität kennzeichnend; entsprechend unverhüllt waren die Drohungen, man werde sich die Glocke gewaltsam zurückholen. Aber es half nichts: Für den Präfekten und den Bischof blieb das Recht auf seiten Monclars.[26]

1839 spaltete ein etwas anders gelagerter Glockenstreit die Gemeinde Moncorneil-Grazan (Gers), die aus dem Zusammenschluß dreier früherer Pfarreien entstanden war. Eines der Opfer dieses »Anschlusses« war die Pfarrei Grazan, die aber trotzdem als einzige in der Gemeinde einen Friedhof besaß und die Toten zur letzten Ruhe läuten konnte. Die Einwohner der beiden anderen Gemeindeteile, Moncorneil-devant und Moncorneil-derrière, glaubten, in diesem Punkt über ein unbestrittenes Mitbenutzungsrecht zu verfügen. 1839 zersprang die Glocke von Grazan, so daß es keine Totenglocke mehr gab. Daraufhin ließ eine reiche Grazaner Familie mit dem Einverständnis des Pfarrers eine neue Glocke gießen, im Vertrauen darauf, daß sämtliche Einwohner der Gemeinde sich an den Kosten beteiligen würden. Das lehnten jedoch die Einwohner der beiden Moncorneil ab; sie wollten weiterhin unentgeltlich von ihrem Nutzungsrecht an der Grazaner Glocke Gebrauch machen.

Jetzt brach ein regelrechter Krieg aus. Der – partielle – Stifter der neuen Glocke ließ aus ihr den Klöppel entführen, was die »Leute von Moncorneil« als unerträgliche *Herausforderung* empfanden. Wortwechsel, Beschimpfungen, Drohungen lösten sich ab. Sogar der Bürgermeister wurde angepöbelt. In der Präfektur häuften sich die Beschwerden und Eingaben. Jeder »Vergleich« schien ausgeschlossen, obwohl man sich bei einer *Versammlung* von Einwohnern aller drei alten Pfarreien beim Bürgermeister entschuldigt hatte. An der Glocke entzündeten sich »alle Animositäten« und »Eifersüchteleien« zwischen den Pfarreien, die sich mit der Zeit angestaut hatten.[27]

Manche Konflikte bezeugen noch deutlicher die Existenz einer langen Erinnerung. Man denke an die Hartnäckigkeit des Hasses, die der 41 Jahre während Kleinkrieg zwischen Texon, Lavignac und Flavignac im Département Haute-Vienne verrät – auch dies eine Dreieckskonstellation[28], aber von den bisher besprochenen Streitigkeiten insofern verschieden, als in diesem Fall jede der drei beteiligten Seiten nur die eigenen Interessen vertrat, ohne daß Bündnisbildungen zu erkennen wären. 1806 wurde die kleine Gemeinde Texon aufgehoben und kam als Kommune zu Lavignac, als Pfarrei zu Flavignac. Zwei Jahre später wurde sie ganz nach Lavignac eingemeindet. Die Glocke von Texon wanderte in den Kirchturm von Lavignac. 1829 wurde Texon als Verwaltungseinheit, 1836 als Pfarrei wieder von Lavignac getrennt und an Flavignac angeschlossen ... 1829 und 1830 verfaßten die Einwohner von Texon, die ihre Glocke zurückhaben wollten, rund ein Dutzend Bittschriften, die sie – erfolglos – an den Präfekten, den Bischof, den Kultusminister und den Staatsrat richteten.

1847 hatten die Einwohner von Texon die Instandsetzung ihrer Kirche abgeschlossen. Am 5. Oktober verlangten sie mit Nachdruck *ihre Glocke* zurück; dann »fielen sie mit allen Arten von Waffen in der Hand in Lavignac ein und bemächtigten sich unserer Kirche, wo sie eine Glocke entführten«[29] – so der Vorsitzende des Kirchenrats von Lavignac, der freilich verschweigt, daß es sich um die alte Glocke von Texon gehandelt haben dürfte.

Der Bischof und der Präfekt standen auf seiten Flavignacs. Um eine Lösung zu erzwingen, beschlagnahmte letzterer kur-

zerhand die Glocke von Texon und deponierte sie – in der Präfektur. Das Gericht in Saint-Yrieix verurteilte »die Leute« von
Texon zu Ordnungsstrafen. Danach versuchte jede Seite, die
endgültige Entscheidung in ihrem Sinne zu beeinflussen. Am
28. Dezember 1848 versuchte der Bürgermeister, den großen
Wahlsieg des Prinz-Präsidenten in der Region Limousin für
seine Zwecke zu nutzen, und wandte sich direkt an »Monsieur
Louis-Napoléon Bonaparte, Präsident der vollziehenden Gewalt und der Nationalversammlung [sic]«.[30] Die Glocke be-
finde sich seit über vierzig Jahren in Lavignac, erklärte er, um
sich sodann geschickt auf »diverse kaiserliche Gesetze und
Dekrete«, die durch die Republik nicht geändert worden seien,
sowie auf den Artikel der »republikanischen Verfassung« zu
berufen, der die Unantastbarkeit des Eigentums garantiere. Er
fand jedoch kein Gehör.

Anfang 1849 gestand der Bischof von Limoges seinen Pessimismus: Es schien ihm unmöglich, »die Gemüter der Einwohner von Texon zu besänftigen, die niemals das Recht eines anderen Ortes auf ihre Glocke anerkennen und ihre Beraubung
immer einem Akt des Unrechts zuschreiben werden«.[31] Er befürchtete Ausschreitungen.

Am 19. Mai 1849 entschied der Minister zugunsten Flavignacs. Die Glocke von Texon verließ die Präfektur und erlebte
ihren dritten Turm. Die Maßnahme, so bemerkt der Minister,
werde zumindest den Vorzug haben, die Unruhen zu beenden,
»welche die alte Glocke von Texon zwischen den Einwohnern
dieser Gemeinde [verräterischer Lapsus!] und denen Lavignacs
ausgelöst hat«.[32] Ob seine Entscheidung, wie zu vermuten,
neuen Haß zwischen Lavignac und Flavignac säte, verrät er
nicht. Man darf nämlich Zweifel an der »Besänftigung der
Gemüter« in diesem Dreieck hegen, das, wie so viele andere
auch, ein halbes Jahrhundert lang von einem lokalen Glockenstreit erschüttert wurde.

Dieser Konflikttypus blieb auch während des Zweiten Kaiserreichs erhalten. 1856 protestierte die Gemeinde Morainville

(Eure-et-Loir), die nach Denonville eingemeindet worden war, gegen den Transfer ihrer Glocke. 1858 machte nach einer Reihe von Bränden die »tobende« Bevölkerung von Goupillières-Renfeugères (Seine-Inférieure) »Miene, in Fresquienne einzufallen, *um sich selbst die Glocke zurückzuholen«*, die einige Jahre zuvor »entführt« worden war.[33]

Sehr bezeichnend für die Zählebigkeit des Gedächtnisses und des Ressentiments dürfte auch der langwierige Konflikt sein, der zwischen 1868 und 1872 die beiden Gemeinden Aize und Buxeuil (Indre) entzweite. »Vor vierzig oder fünfzig Jahren«, so gaben die Gemeinderäte von Aize am 27. Mai 1868 zu Protokoll – in Wahrheit datierte der Vorfall sogar auf das Jahr 1809 zurück –, seien »gegen den erbitterten Widerstand einiger betagter Personen aus dem Ort« die Kirche von Aize verkauft und ihre Glocke nach Buxeuil gebracht worden.[34] Die Präzisierung verdient hervorgehoben zu werden: Nur »die Personen aus dem Ort« hatten die Möglichkeit und damit die Pflicht, den Übergriffen etwaiger Glockenentführer zu wehren. Eine der beiden Glocken von Buxeuil gehörte also »offenkundig« nach Aize: Diese Gemeinde hatte ihre Kirche wieder instandgesetzt und begehrte nun ihre Glocke zurück.

Zu Beginn der Dritten Republik wurde man konkreter. Aize war im November 1871 zur Filialkirche erhoben worden, und so forderte der Gemeinderat Anfang 1872 erneut sein Hab und Gut zurück und lehnte den vom Präfekten vorgeschlagenen Vergleich ab. Der Konflikt nahm also die gewohnte Gestalt an. Eine Untersuchung durch die Diözese ermöglichte es, die Fakten zu präzisieren und die Version des Gemeinderats etwas zurechtzurücken. Die bischöfliche Autorität pflegte sich damals an der langen Erinnerung und einer mündlichen Untersuchung zu orientieren. Die Schlußfolgerung lautete: »Die *Lokaltradition* hat über *diese entscheidende Tatsache* die genauesten und *umständlichsten* Erinnerungen bewahrt: daß nach einstimmiger Aussage der ältesten Einwohner von Aize die Glocke im Jahre 1809 auf Anordnung des Abbé Dessards, seinerzeit Pfarrer der dortigen Pfarrei, nach Buxeuil verbracht worden ist, und zwar auf einem Wagen, der durch die Domäne Fontenaux im Burgfrieden von Buxeuil gestellt worden ist; daß die Einwohner von Aize nicht ohne Widerstand eingewilligt haben, die Glocke von ihrem Glockenturm abnehmen zu lassen; daß der Transport während der kurzen Tage und auf Wegen in sehr schlechtem Zustand stattgefunden hat und daß man infolge dieser beiden Umstände genötigt war, die Glocke während der Nacht in Bois-Moulins zu deponieren – ein Umstand, welcher durch die Gemeindeverwaltung von Buxeuil bestätigt worden ist, die in ihrem Beschluß vom 31. März letzten Jahres den besagten Danois als den Grundbesitzer aus Bois-Moulins bezeichnet hat, der die Glocke abtransportiert habe, welche schließlich seit ihrer Installation im Glockenturm zu Buxeuil dazu dient, die Stunde des Religionsunterrichts zu schlagen.«[35]

Das Zitat veranschaulicht verschiedene Aspekte jener kompakten Erinnerung an alle auf Glocken bezogenen Ereignisse, die uns bei unserer Untersuchung auf Schritt und Tritt begegnet. Noch 63 Jahre nach dem Vorfall waren alle seine Begleitumstände den Menschen unauslöschlich präsent. Die Untersuchung erweist die chronologische Genauigkeit in bezug auf Jahr und Jahreszeit, die Identifikation der Beteiligten, die Erinnerung an Einstellungen und vor allem an die Nutzung der Glocke für den Religionsunterricht – eine Anamnese, die freilich durch den Umstand begünstigt wurde, daß die »alten Leute« von 1872 als Kinder das Jahr 1809 noch miterlebt hatten. Das lokale Ereignis prägte sich dem Gedächtnis dauerhafter ein als das Ereignis in einer Fremdgruppe, weil die Erinnerung daran durch die Protokollierung der Umstände und Einzelheiten gestützt wurde.[36] Auf Anraten des Bischofs und des Präfekten ordnete der Präsident der Republik am 21. November 1872 per Dekret an, daß die strittige Glocke – deren materieller Wert übrigens damals die bescheidene Summe von 150 Francs nicht überstieg – definitiv an die Pfarrei Aize zurückzugeben sei.

Die Entscheidung war ungewöhnlich; denn fast immer endeten derartige Auseinandersetzungen damit, daß die Behörden sich auf den Wortlaut des Dekrets von 1806 beriefen und zugunsten derjenigen Kommunen und Kirchenräte entschieden, die von den Gemeindezusammenlegungen profitiert hatten. Sie zögerten, die Glocken den wiederhergestellten Pfarreien zuzusprechen. Die Verfolgung dieser Linie, die von allen Ministern und den meisten Präfekten vertreten wurde, resultierte aus der Befürchtung, andernfalls endlose Konflikte zu provozieren. Man wollte vermeiden, »eine Vielzahl von *kleinen* unangefochtenen Interessen aufzustören«,[37] und sich davor hüten, »Begehrlichkeiten zu wecken«.[38] Dies führte dazu, daß der Status quo nicht angetastet wurde. »Ich bin«, schreibt Argout weiter an den Unterrichts- und Kultusminister, »wie Sie der Ansicht, daß es besser ist, die Dinge zu lassen, wie sie sind.«[39] Zu demselben Schluß kam übrigens auch die Ministerrunde, die in diesem Jahr über die Auseinandersetzung zwischen Vitot und Vitotel zu befinden hatte.

Paris erkannte damals die Gefahr, die darin liegen mußte, lokale Empfindlichkeiten zu verletzen. Der lokale Glockenstreit unterstrich wie viele andere Affären die Unmöglichkeit, eine einheitliche Taktik zu verfolgen. Es sei ratsam – so wiederum Argout –, sich »auf die spezielle Lösung jedes einzelnen Problems zu beschränken«. Das führte freilich dazu, daß dann viele Hoffnungen begraben werden mußten, die in der Zeit des Konsulats und des Kaiserreichs geweckt worden waren.

Die Präfekten scheinen sich ein Vergnügen daraus gemacht zu haben, den Minister mit immer neuen, verblüffenden Einblicken in den Ärger, die Erbitterung und die unermüdlichen Forderungen der Lokalbevölkerung zu konfrontieren. Der damals von der Verwaltung geführte Schriftwechsel zeugt von einer Haltung, die dem Historiker des 19. Jahrhunderts wohlbekannt ist: In den für Paris bestimmten Schriftsätzen unterstrichen diese Beamten noch einmal die Geringfügigkeit von Konflikten, die sie aus Gründen der Selbsterhöhung als offenkundige Lappalien hinstellen mußten. Gleichzeitig machte es den Präfekten aber auch Freude, gegenüber dem Minister die Bedeutsamkeit von Konflikten zu betonen, deren Erfassung von ihnen ethnographische Kompetenz erforderte, eine volkskundliche Neugier, deren Pendant die damals beginnende »Entdeckung« Frankreichs durch die Pariser Eliten war, die Erschließung seiner regionalen Mannigfaltigkeit, die Sichtung seines gewaltigen Erbes und die Mode des Heimatromans. In gewisser Weise verfolgt die vorliegende Untersuchung eine ähnliche Zielsetzung: Sie gründet ihre Kompetenz auf die Entzifferung der Bedeutung von Ereignissen, die aus Unwissenheit oder aus Überheblichkeit nicht ernst genommen werden.

Am Abgrund von Neid, Haß und Groll

Der aufschlußreichste Untersuchungsgegenstand bleibt, so gesehen, der innergemeindliche Glockenstreit, dem keinerlei Verwaltungsmaßnahme vorangegangen ist. Es kam nämlich vor, daß in ein und derselben Verwaltungseinheit ein Streit um zwei Glockentürme ausbrach und die Spannungen kristallisierte, die die Gemeinde zerrissen. Zur analytischen Vertiefung, aber auch zur Vermeidung jener Monotonie, die zu viele Wiederholungen stets mit sich bringen, wollen wir uns diesmal ausführlicher mit einem einzelnen Fall befassen. Der Glockenstreit, der zwischen 1845 und 1850 Mirmande im Département Drôme zerriß, erlaubt nämlich einen besonders deutlichen Blick auf die Vielschichtigkeit der Rivalitäten und auf die Verflechtung der Interessen, die bei einem derartigen Konflikt auf dem Spiel standen. Im Laufe dieser fünf Jahre bestimmte die Begehrlichkeit nach der Glocke die lokale Auseinandersetzung und teilte die Bevölkerung in territorial geschiedene Lager – und zwar in einem Augenblick, in dem sich in diesem ländlichen Gebiet die politischen Gegensätze von nationaler Dimension verschärften, Geheimgesellschaften ge-

gründet wurden und die sozialdemokratische Agitation ebenso
zunahm wie ihre Unterdrückung durch die Ordnungsmacht.

Beginnen wir mit einer Skizze des Schauplatzes: »Das Gebiet der Gemeinde Mirmande«, schreibt der Präfekt am 3. November 1849, »erstreckt sich vom Kamm eines Höhenzuges bis
zum Rhônefluß, dergestalt, daß es in zwei deutlich unterschie-
dene Teile zerfällt, das obere Dorf und das untere Dorf. Der Gemeindeteil im Tal bildet eine Pfarrei mit dem Namen Saulce[s],
der Gemeindeteil auf dem Berg bildet eine weitere Pfarrei, die
unter dem Namen Mirmande bekannt ist.«[40] Nach den Worten
des Pfarrers von Mirmande war die erstgenannte Pfarrei immer darauf aus, »*die andere zu schädigen*, um auf deren Kosten
sich zu vergrößern und an Einfluß zu gewinnen«.[41] In dieser
bewegten Zeit waren es nicht nur die Nationalstaaten, die nach
Machtzuwachs durch Gebietsgewinne gierten.

1834 baute die Pfarrei Saulces eine Kirche und versah sie mit
einer Glocke, die aus Geldspenden aus der eigenen Bevölkerung angeschafft wurde, aber aus einer alten Kirche – das heißt
aus der ihrer Widersacher – stammte. In den folgenden Jahren
spielte sich der Streit auf zwei Ebenen ab: Der traditionelle Gegensatz zwischen den beiden Pfarreien der Gemeinde Mirmande – der auf dem Berg und der im Tal – wiederholte sich
im Herzen der Pfarrei Mirmande selbst. Der unternehmungs-
lustige – nach Auskunft seiner Gegner größenwahnsinnige –
Pfarrverweser Belle, der es darauf anlegte, mit der Pfarrei Saulces zu wetteifern, beschloß, ebenfalls eine neue Kirche zu
bauen. Er ließ sie an der Flanke des Höhenzuges, halbwegs
über dem Tal, errichten. Dieser Standort schien ihm trefflich
geeignet für den Wettstreit mit dem Pfarrer von unten. In seinen Augen bildete das Bauwerk damit ein Gegengewicht zu der
Anziehungskraft, die von der neuen Kirche im Tal ausging.

Der Kirchenrat seiner Pfarrei erläuterte die Entscheidung:
Die alte Kirche »steht am höchsten Punkte des Dorfes, ganz auf
dem Gipfel, und ist nur auf Wegen mit einer Steigung von bis
zu 28 Zentimetern pro Meter zu erreichen. Ihre Einfriedung

mißt nur 257 Meter, einschließlich der drei Kapellen und der Empore. Die Kirche ist [...] offenkundig zu klein für eine Bevölkerung von 1800 Seelen, von welchen wenigstens 1700 an einer Kirche weiter unten interessiert sind.«[42] Der Entschluß des Pfarrverwesers zum Neubau einer Kirche fügte sich nahtlos in die Modernisierungsbestrebungen, die vom staatstragenden Klerus der Julimonarchie vertreten wurden.

Fortan zerfiel die Gemeinde Mirmande in drei Lager: die Leute des unteren Dorfes (Pfarrei Saulces), die Leute am Fuß des Höhenzuges (die neue Kirche der Pfarrei Mirmande) und die Leute vom Bergdorf.

Die Gemeindeverwaltung hatte sich gegen den Bau einer neuen Kirche ausgesprochen. Sie hatte keinen Baugrund zur Verfügung gestellt und jede Finanzhilfe verweigert. »Sie sah voraus, daß die alte Kirche, die im oberen Teil des Dorfes und *inmitten der Einwohnerschaft* stand, verlassen werden würde, was sich auf diesen Teil des Dorfes verderblich auswirken und *zu Spaltungen führen* müsse. Diese Befürchtungen haben nicht getrogen. Jetzt, wo der Gottesdienst in der neuen Kirche gefeiert wird, finden sich die Interessen nicht weniger Einwohner mißachtet, weil der obere Teil des Dorfes bei weitem nicht mehr so oft frequentiert wird wie früher. Daraus resultiert eine mißliche *Rivalität* zwischen den Einwohnern und vor allem ein nicht geringer *Groll* gegen den Pfarrverweser, dem man vorwirft, um jeden Preis den Erwerb eines neuen Pfarrhauses neben der neuen Kirche durchsetzen zu wollen.«[43] Der Bau einer Kirche veränderte den Gehalt und zugleich die Topographie des sozialen Umgangs in der Gemeinde; er erzeugte »Groll«, »Spaltungen«, »Rivalität«.

Gegen den Widerstand des Gemeinderats war es dem Pfarrverweser nämlich gelungen, sein Vorhaben in die Tat umzusetzen, wobei er die Schulden nur so anhäufte. Im Juli 1845 übertrug der Bischof von Valence, der nicht müde geworden war, die Initiative seines Priesters zu loben, die gottesdienstlichen Funktionen auf die neue Kirche und untersagte –

folglich – die Feier des Gottesdienstes in der »oberen« Kirche (September 1845). Die Glocke dieses Gotteshauses wurde in den neuen Turm verfrachtet. Das war eine schlimme Entscheidung; denn mit dieser Glocke *wurde in der Gemeinde die Zeit geschlagen*. Die vom Bischof angeordnete Maßnahme brachte diese Stundenglocke zum Verstummen.

Zu Beginn der Zweiten Republik scheint die obere Kirche, die seit drei Jahren ihre einstige Bestimmung eingebüßt hatte, in Verfall geraten zu sein. Vergessen wir nicht, daß der Bürgermeister und sein Stellvertreter sowie die meisten Gemeinderäte – lauter Männer der Ordnungspartei, wie der Präfekt zu melden wußte – in Saulces wohnten, das heißt in der Pfarrei im Tal. Unter dem Schutz des Gemeinderats verbündeten sich nun die Leute vom Tal und die vom Berg gegen den Pfarrer Belle und die Parteigänger der Hangkirche. Die Gemeindeglieder der Pfarrei Saulces verlangten, daß die Glocke wieder in der Oberkirche aufgehängt werde, »weil sie sagen, daß sie als kommunale Stundenglocke der ganzen Gemeinde gehört; wenn diejenigen, welche die neue Kirche in [der Pfarrei] Mirmande haben bauen lassen, dort eine Glocke haben wollen, müssen sie eine solche eben kaufen, wie es auch die Gemeindeglieder der Pfarrei Saulces getan haben, als sie sich eine Kirche bauten«.[44] Die Einwohner, vor allem die Händler im Oberdorf, waren derselben Ansicht, wenn auch aus anderen Gründen. Kurzum: »Es hat dies zu *großer Gereiztheit* auf beiden Seiten geführt.«

Der Streit spielt sich daraufhin in vier Etappen ab. *Erster Akt*: Am 27. November 1848 dringt eine Gruppe von Leuten aus dem Oberdorf – nach Auskunft des Pfarrers von Mirmande 15 bis 20 Personen, nach Auskunft der Gegenseite die gesamte Einwohnerschaft – in die neue Kirche am Hang ein. Mit Billigung der Einwohner von Saulces und der meisten Gemeinderäte entführen sie die Glocke und hängen sie in der Oberkirche auf.

Der Pfarrer, von Gesetzes wegen als einziger mit der Regelung des Läutens betraut, unterläßt es fortan, zum Gottes-

dienst zu läuten, und über die Pfarrei Mirmande senkt sich das
Schweigen der Glocken. Der Kultusminister, bei welchem der
Pfarrer und der Kirchenrat ihre Beschwerde vorgebracht haben, ordnet am 7. Mai 1849 – sechs Tage vor den Wahlen zur
gesetzgebenden Versammlung – die Rückführung der Glocke
in die neue Hangkirche an.

Zweiter Akt: Der Präfekt, von dieser Weisung unterrichtet,
lehnt es ab, sie am Vorabend einer so entscheidenden Abstimmung zu vollziehen. Er mag sich nicht den Unwillen der Männer von der Partei der Ordnung zuziehen, die im Gemeinderat
von Mirmande die Mehrheit haben. Der Bürgermeister, den er
von der Weisung des Ministers erst am 16. Juni in Kenntnis
setzt, teilt ihm nämlich mit, daß er die Absicht habe, die Sache
vor den Staatsrat zu bringen. Sechs Monate lang bedrängen
Kirchenrat und Minister den Präfekten vergeblich, die Weisung zu vollziehen. Am 3. November erklärt sich der Präfekt
dann dem Minister: Seiner Ansicht nach ist die Situation in der
Gemeinde Mirmande außerordentlich ernst. Die Gemeinde
zerfalle inzwischen in zwei Lager: die Partei der »Glockenentführer« und die Gegenseite. Hier wie dort sei die Erbitterung
groß. »Diejenigen, welche die Glocke in dem Glockenturm der
alten Kirche belassen wollen, sind in der Überzahl und haben
fast alle Gemeinderäte auf ihrer Seite. Diejenigen, welche wollen, daß die Glocke im Glockenturm der neuen Kirche aufgehängt wird, scharen sich um den ehemaligen Bürgermeister
und den Pfarrverweser der Pfarrei Mirmande.«[45] Er vergaß die
Mitglieder des Kichenrats – bis auf den Bürgermeister ...

Dem Präfekten zufolge ist vorderhand wegen der Heftigkeit
der Leidenschaften jeder Schlichtungsversuch zum Scheitern
verurteilt. Außerdem will es niemand auf sich nehmen, die
Entscheidung des Ministers durchzusetzen: Der Bürgermeister
will lieber zurücktreten, als sich mit ihr abzufinden, und die
Mitglieder des Kirchenrats fürchten um ihre Sicherheit, sobald
sie eine derartige Verantwortung auf sich geladen haben. »Soll
man um einer so unbedeutenden Sache willen in dieser Ge-

meinde einen Konflikt schaffen, bei dem vielleicht Blut fließen
wird?« fragt der Präfekt. »Soll man zum Schutze dieser Operation gar Truppen einsetzen?«[46] Er selbst zieht es vor zu warten,
bis die Gemüter sich beruhigt haben.

Dritter Akt: Am 13. Februar 1850 wiederholt der Minister
seine Vollzugsanweisung. Die Leute vom Oberdorf haben herausfordernd begonnen, entgegen dem Verbot des Pfarrers ihre
Glocke zu läuten. Der Präfekt, stets auf Zeitgewinn bedacht,
betraut den Bürgermeister der Kantonsstadt, den ehemaligen
Deputierten Arbalastier, mit einer Vermittlungsmission. Nach
Prüfung der Sachlage gibt Arbalastier diesen Auftrag aus
Angst vor »unheilvollen Konsequenzen« zurück.[47] Der Bischof
spricht von Blutvergießen und droht mit dem Schwurgericht;
der Präfekt »sieht ein wirkliches Unglück kommen«.

Am 27. März wendet er sich an Bérenger de la Drôme, den
Präsidenten des Kassationsgerichts; er äußert seine tiefe Besorgnis und bittet ihn, Druck auf den Präsidenten auszuüben
und einen Aufschub von sechs Monaten zu erwirken. »Der jetzige Bürgermeister und die Gemeinderäte«, versichert er,
»sind Männer der Ordnung; auch die Einwohner, die auf ihrer
Seite stehen, sind im allgemeinen Männer der Ordnung. Sie
sind jedoch dermaßen von der Vorstellung besessen, man wolle
ihnen ihre Glocke entführen, daß sie imstande sind, sich zu Ex-
zessen hinreißen zu lassen, die der Bürgermeister bei aller
Umsicht nicht wird verhindern können.«[48] Offensichtlich ist
die Konstellation des Konflikts, der diese Männer der Ordnung
und den Pfarrer entzweit, einzig und allein mit den lokalen Gegebenheiten zu erklären. Bérenger kann den Präfekten beruhigen: Er hat den gewünschten Aufschub erwirkt.

Sechs Monate lang gibt sich die »Partei der Glockenentführer«[49] – die Bevölkerung des Oberdorfs – herausfordernd und
anmaßend. Sie läuten »ungestraft« zu den gottesdienstlichen
Funktionen – trotz des täglichen Einspruchs durch den Pfarrverweser. Sie »brüsten sich öffentlich« der Einigung mit dem
Minister (Mai). Im Juli haben »die Unruhen zugenommen«.[50]

Der Kirchenrat hatte »das Fenster, durch welches man jeden Tag in den Glockenturm eingestiegen ist, verriegeln lassen, um künftig das irreguläre und ungesetzliche Läuten zu verhindern, welches in der Pfarrei so oft *Anstoß erregt* hat; besagte Verriegelungen sind durch Eindringlinge und Einbrecher beseitigt worden«. Das Läuten geht weiter. Die »Glockenentführer« sind nach den Worten des Kirchenrats »so weit gegangen, sich der ganzen Kirche zu bemächtigen, über die sie nach Belieben verfügen und in die sie sich jeden Tag durch Einbruch Eintritt verschaffen. Um nämlich dem Kirchenrat und dem Pfarrverweser den Zugang zu verwehren, haben sie jüngsthin mit Fleiß das Schlüsselloch der einzigen Tür zur Kirche beschädigt.«

Der Bischof beschwert sich beim Minister: Das sei »der Triumph der Willkür und des Aufruhrs«.[51] Man muß dabei die Ungeheuerlichkeit der Herausforderung bedenken: Einen Frühling und einen Sommer lang tanzen die Angehörigen einer Gemeinde den kirchlichen Autoritäten auf der Nase herum, betätigen in eigener Regie das Geläute und verwehren zu allem Überfluß dem Pfarrverweser den Zugang zu seiner Glocke! Eine unerhörte Situation, ein beispielloses, nie dagewesenes Verhalten, das aber den Vorzug hat, die Tragweite dessen zu demonstrieren, was auf dem Spiel stand. Es gelingt den Leuten des Oberdorfs, das heißt den Repräsentanten der ehemaligen Gemeinde, den Verfechtern des Alten und Lokalen, über Monate hinweg die geweihte Bronze in ihre Gewalt zu bringen. Der Bischof sieht ein, daß die Durchsetzung der ministeriellen Entscheidung Krawalle auslösen werde, aber er glaubt, es würden lediglich ein paar Steine geworfen – vor allem von den Frauen.

Vierter Akt: Im Herbst begünstigt paradoxerweise gerade der Ausbruch der großen politischen Kontroversen in der Nation die Beilegung des Glockenstreits. Während die »Glockenentführer« das Oberdorf mit seiner Kirche halten und, von den Männern der Ordnung unterstützt, dem Pfarrer trotzen, haben einige Talbewohner, insbesondere von den Boix-Inseln, Geheimgesellschaften gegründet. Ihre politischen Aktivitäten haben etwas von dem »Komplott von Lyon«, dessen Verlauf und dessen Auswirkungen bis in den Kanton Loriol hinein Philippe Vigier rekonstruiert hat.[52] Am 10. September greift die Truppe ein und verhaftet die Rädelsführer. Ein kleiner Teil der Talbewohner ergreift Partei für die Verhafteten und zettelt eine Erhebung an, die jedoch von den Ordnungskräften mühelos niedergeworfen wird. Alle Einwohner der Pfarrei Saulces müssen daraufhin ihre Waffen abgeben.

Der Präfekt wagt es unter diesen Umständen nicht, die Anwesenheit der Soldaten zu nutzen, um die im Oberdorf verschanzten »Glockenentführer« in die Knie zu zwingen. Zweifellos fürchtet er zusätzliche Konfusion und den Groll von Menschen, die, wie er noch einmal schreibt, »zu uns gehören«. »In der Pfarrei Mirmande ist es jetzt still und ruhig«, ergänzt der Kirchenrat und wird ironisch: »Der Herr Präfekt indessen, der an jenem Tag über ein Détachement von zweihundert Mann gebot, um in einem 600-Seelen-Dorf die Waffen einzusammeln, befürchtete, durch ein Abnehmen der Glocke die öffentliche Sicherheit zu gefährden!!! [sic]«[53]

Hierauf ändert sich das Klima. Die Zeit der politischen Repression, der demonstrativen Ordnung ist gekommen. Künftig wird es schwerer sein, sich den Entscheidungen der Obrigkeit zu widersetzen. Das neue politische Kräfteverhältnis dringt auf die Lösung der Konflikte. Der Kultusminister erinnert den Präfekten am 17. September, daß die gewährte Sechsmonatsfrist abgelaufen sei. Seiner Ansicht nach schürt der Glockenstreit »nur die schlimmen Leidenschaften in der Gemeinde Mirmande«,[54] die für ein paar Tage in die Schlagzeilen der französischen Presse geraten. In Paris vermeidet man eine allzu differenzierte Sicht der einzelnen, lokalen Konflikte. Aus dieser Entfernung und bei dem vom Minister angelegten Maßstab scheint die Gefahr eines übergreifenden Flächenbrandes evident zu sein, auch wenn das dem Präfekten zufolge alles andere als sicher ist. Die Angst vor einer Instrumentalisierung der Glockenstreitigkeiten durch die »Roten« gebietet Festigkeit.

Am 2. November erleidet der Unteroffizier der Gendarmerie von Loriol, der mit dem Transfer der Glocke beauftragt worden ist, im ersten Anlauf mit seinem Vorhaben Schiffbruch. Der zweite Bürgermeister – »ein sehr braver Mann«, wie der Präfekt bemerkt – hat dem Unteroffizier seine Amtshilfe verweigert und ist zurückgetreten. Der Pfarrverweser ist nicht bereit gewesen, Arbeiter und Instrumente »beizubringen«. Mit einem Wort, so klagt der Unteroffizier: »Niemand wollte mit Hand anlegen.« »Ich hatte mir«, berichtet er weiter, »vier oder fünf Männer verschafft, die mir gehorchten, weil sie glaubten, von Gesetzes wegen dazu verpflichtet zu sein, aber sie wurden mir abspenstig gemacht – durch wen, weiß ich nicht –, so daß es uns unmöglich war, einen einzigen Menschen aufzutreiben, der bereit gewesen wäre, die Glocke abzunehmen. Alle Einwohner Mirmandes fürchten in dieser Sache den Haß und wagen nicht, sich durch eine solche Tat zu exponieren. Wir beschlossen daher, uns Arbeiter zu verschaffen, die in diesem Ort fremd waren. [...] Ich gedenke, morgen, Montag, *bei Tagesanbruch* nach Mirmande zurückzukehren.«[55] Und mit Rücksicht auf die Gefahr, der er sich ausgesetzt hat, bittet er um seine Beförderung...

Der zweite Anlauf ist von Erfolg gekrönt. Der Präfekt triumphiert. Es sei ihm gelungen, den Transfer der Glocke durchzuführen, erklärt er dem Minister, indem er »*einen gewissen Schrecken ausgenutzt* habe, welchen energische Maßnahmen im Kanton Loriol im Anschluß an eine dort vorgefallene Art von Empörung verbreitet haben«.[56] Danach zieht er es vor, die Arbeiten aus eigener Tasche zu bezahlen – aus Furcht, durch die Belastung der Gemeindekasse neue Emotionen zu wecken.

Die Diskussionen, die auf nationaler Ebene geführt wurden, ermöglichten also die Beilegung eines Lokalstreits, der unentwirrbar schien. Der Präfekt nutzte die Repression gegen die

»Roten«, um die Männer der Ordnung zum Nachgeben zu bewegen, die sich mit den »Glockenentführern«, den Verteidigern des Alten und Lokalen in ihrem Bergdorf, verbündet hatten. Das Nebeneinander von Konflikten läßt keinerlei Wechselwirkung zwischen den verschiedenen Konfliktebenen erkennen. Niemand behauptet in der Unmenge von Schriftstücken, die in dieser Angelegenheit verfaßt worden sind, daß die »Roten« in dem Lokalstreit das Feuer geschürt hätten; niemand unterstellt die Beteiligung der »Glockenentführer« oder der unzufriedenen Pfarrgemeindeglieder an dem linkssozialistischen »Komplott«. Nur der Minister in Paris erwog diese Möglichkeit.

Der Streit – um es noch einmal zu sagen – erwuchs aus tiefen territorialen Rivalitäten. Zu der traditionellen Feindschaft zwischen der Pfarrei im Tal und der Pfarrei auf dem Berg trat der ausgesprochene Haß des Bergdorfes auf die Hangkirche. Der Bau der neuen Kirche provozierte die Spaltung in einem sozialen Raum, dessen Bewohner bis dahin solidarisch zusammengelebt hatten. Zwei Jahre lang, von November 1848 bis zum November 1850, bereitete die Glocke von Mirmande dem Präfekten schlaflose Nächte und trug ihm heftige Rüffel des Ministers ein. In dieser unruhigen Zeit kündete die Glocke durch ihren Transfer, ihr Schweigen, ihr herausforderndes Läuten von der Entschlossenheit der Menschen im Oberdorf: Sie bewiesen den Willen, sich das symbolische Instrument einer territorialen Dominanz nicht nehmen zu lassen. Schmerzlich empfanden sie die Bedrohung, die für sie von der neuen Kirche ausging; denn deren isolierte und leicht zugängliche Lage brachte die Berggemeinde um ihre einstige Machtposition gegenüber dem Pfarrer. Während des gesamten Glockenstreits kämpften die »Leute vom Berg« um die Erhaltung einer »sakralen Macht«.[57] Dabei fanden sie Verbündete in den Männern der Ordnung im Gemeinderat, die im Tal wohnten, wo sie es mit der Gegenwart von »Roten« zu tun hatten, die ihrerseits in einen Kampf ganz anderer Größenordnung verwickelt waren.

Die Reihe von Beispielen, die uns in den bisherigen Kapiteln begegnet sind, veranschaulicht die verschiedenartigen Gestalten dieses oft verkannten Sturms, der von 1791 bis zum Anfang der 1860er Jahre über die ländlichen Gebiete Frankreichs hinwegfegte. Die Ziele der Revolutionsführer und die Interessen, die durch ihre Glockenpolitik zwischen 1791 und 1801 berührt wurden, stehen uns klar vor Augen. Unübersehbar ist der hinhaltende, erbitterte Widerstand der Gemeinden, ihre Wut über das Abhängen der Glocken und ihr sehnlicher Wunsch nach Glocken – ein Wunsch, der sie zu größten Opfern befähigte, wenn es galt, ihr Geläute zu rekonstruieren, und sie, wenn nötig, in endlose Fehden verwickelte. Doch neben den Gefühlen, die durch den Glockenkampf ausgelöst oder suggeriert wurden, sind auch die Quellen zu ergründen, aus denen die Intensität der Bindung an die Glocke und die Gewalt der durch sie geweckten Emotionen sich speisten.

Teil II   DIE KIRCHTURM-PERSPEKTIVE

Kapitel 1 Die Gemeinde und ihr Geläute

Die Glocke als Identitätsmerkmal

*A*m Vorabend der Revolution ging die Initiative zur Anschaffung von Glocken von der Gemeinschaft der Einwohner aus.[1] Sie maßen dem Geläute – der Gesamtheit der Bronzeglocken eines Kirchturms – große Wichtigkeit bei. 1781 schmerzte es die Gläubigen von Herpy, einer Pfarrei im Hochland der Ardennen, ihre beiden Glocken zerbrochen zu sehen; dem Dorfältesten zufolge zeigten sie »den glühenden Wunsch, sie als erstes wiederherzustellen«. Denn die Glocken schmeichelten der Selbstachtung und lagen ihnen »mehr am Herzen als alles andere«.[2]

Die Lebhaftigkeit dieses Wunsches war erklärlich. Die ländliche Gesellschaft war besessen davon, Gemeindeidentität zu markieren, sie war auf der Jagd nach spezifischen Merkmalen, die die einzelnen Gruppen voreinander auszeichneten, ihre Sorge galt dem Kapital der Ehre, sie gierte nach Herausforderungen, und da reihte sich die Glocke, dieses einzigartige Objekt, ganz natürlich ein in das Arsenal der Symbole des Selbst. Das Bedürfnis nach einer Glocke entsprang verschlungener Logik. Es richtete sich zunächst nach der Hierarchie der Pfarreien und später nach der der Gemeinden.[3] Kein Geläute zu besitzen, erschien Gemeinden von einer bestimmten Größenordnung an undenkbar. Im 19. Jahrhundert gehörte die Glocke zur Grundausstattung der Gemeindeverwaltung. 1809 richtete der Pfarrer von Lencloître ein Gesuch an den Bischof von Poitiers. Seine Gemeinde, Kantonsstadt, Sitz eines Friedensrichters, eines Rekrutierungsbüros und einer »Gendarmeriestation«, besaß darüber hinaus »drei gute Messen«; jeden Montag wurden in Lencloître gut besuchte Märkte abgehalten. Die Kirche des Ortes wurde »gerühmt«.[4] Ein Geläute erwies sich daher als unumgänglich.

Die Glocke war Objekt des Stolzes. Am anderen Ende der Gemeindehierarchie empfanden es die Einwohner Maintrus als große Ehre, ein solches Instrument zu besitzen, weil der Weiler, den sie bewohnten, nur ein einfacher Gemeindeteil war. Der Stolz der Pfarrkinder von Sigy (Seine-et-Marne) war die 1500 Kilogramm schwere Glocke, die sie 1858 auf Subskription angeschafft hatten; die Einwohner der Region, verwundert über die Macht und Schönheit ihres Klanges, gaben ihr den Beinamen »die Schöne des Tals«.[5]

Die Anzahl der Glocken mußte auch der Stärke des Klerus entsprechen. Am 18. April 1821 beschloß der Gemeinderat von Gahard, einer kleinen, »armen« Gemeinde im Département Ille-et-Vilaine, den Erlös aus dem Verkauf eines Teils der Gemeindegüter für den Kauf einer Glocke zu verwenden. »Angesichts dessen, daß es nur eine Glocke in Gahard gibt [...], haben alle, auch der Herr Bürgermeister, diesen sehnlichen Wunsch, nun, da wir zwei Priester am Ort haben; wir sind sehr zufrieden, aber es wäre sehr gut, eine zweite Glocke zu besitzen.«[6]

Kräftiger läuten zu können als die Nachbargemeinde, über die Grenzen des Stadtviertels oder der Pfarrei hinaus vernehmbar zu sein war eine ständige Sorge. Die Klanggewalt der Glocke stellte eine Herausforderung dar. Man wünschte, auf dem Lande ein Geläut zu besitzen, das dem der Stadt nicht allzusehr nachstand.[7] Diese Klangkonfrontation wurde Teil des Spiels der Gegensätze und Zwistigkeiten zwischen Gemeinden. Die Campanographen des 19. Jahrhunderts beklagten bitter diesen Wettstreit, weil er zu unnötigen Glockenneugüssen führte, die in ihren Augen lauter Akte des Vandalismus waren. Jede Gemeinde strengte sich an, »es der Nachbargemeinde gleich zu tun, die ein neues Geläut erhalten hatte«.[8] Einer vergessenen Logik zufolge entsprach dieser Neuguß dem Wunsch nach Verbesserung der Gemeindeausstattung.

Wo Katholiken und Protestanten aufeinandertrafen, konnte die Stärke des Geläuts zum Zankapfel innerhalb ein und derselben Gemeinde werden. 1845 veranstalteten die Katholiken von Aubais (Gard) eine Subskription, um ihre alte Kirchenglocke zu ersetzen, die während der Revolution entführt worden war. Die Protestanten erhoben Einwände und beschlossen, ihrerseits ihr Gotteshaus auszurüsten. Um über ihre Konkurrenten symbolisch die Oberhand zu behalten, bemühten sich die Katholiken nunmehr um das »doppelte Geläut«: Der Kirchenrat reklamierte für sich das Recht, die neue Glocke zu bedienen, welche die Gemeinschaft der Einwohner, Anhänger beider Konfessionen, zur Gemeindeuhr bestimmt hatte. Die Katholiken waren in dieser Sache zu keinem »Vergleich« bereit, wie ihn der Präfekt vorschlug; sie weigerten sich, »die völlige Gleichheit der beiden Konfessionen« zuzugeben. Vergleichbare Konflikte spielten sich in mehreren Nachbargemeinden ab. 1854 und 1856 stritten sich Katholiken und Protestanten um die Bedienung der Uhr, die im Uhrturm von Vabre (Tarn) angebracht worden war. Nach den Worten des Kirchenrates hielt die Angelegenheit »alle Herzen in Erregung«.[9]

Die Harmonie der Glocken war für die Menschen der damaligen Zeit ein wahrer Ohrenschmaus, wie zahlreiche Zeugnisse bekunden. Am 1. Juni 1845 schrieb der Rektor von Publier (Diözese Annecy) an seinen Bischof, die drei Glocken seiner Pfarrei seien »vollkommen aufeinander abgestimmt«. Sie schlügen »die Dur-Terz«. »Die Leute sind stolz auf sie«, fügte er hinzu, »und werden nicht müde, ihr zuzuhören.« Die Einwohner von Pommereux, einer Gemeinde im Bray, empfanden es als Ehre, die Glocke zu besitzen, die 1833 an Ort und Stelle, gegenüber der Schmiede unweit der Gemeindeschule, gegossen worden war; denn diese Glocke hatte »einen besonderen Klang [...], ihre bebende Stimme spricht unwillkürlich zum Gefühl«.[10]

Hubert Dameras, ansässig zu Hannogne im Herzen der Ardennen, führte Tagebuch über die Lokalereignisse. Auch die Glockenneugüsse und die Glockenweihen in seiner Hörweite

registrierte er. Am 24. November 1821 wurde die Glocke seiner
Pfarrei, die zwei ungeschickte Zimmerleute zerbrochen hatten,
neu gegossen, »auf Kosten der Einwohner, die alle eine freiwil-
lige Spende gegeben hatten«. Man hatte beschlossen, mit Hilfe
der alten Bronze ein Geläute, bestehend aus drei neuen
Glocken, zu gießen. Einige Tage später waren sie zum erstenmal zu vernehmen. »Die ganze Gemeinde«, vermeldet Hubert
Dameras mit Genugtuung, »freut sich, unsere drei neuen
Glocken zu hören, weil sie gut aufeinander abgestimmt sind.«[11]

Qualvoll war das Schweigen der Glocke. Seine Androhung
stellte, wie wir sehen werden, eine fürchterliche Waffe in den
Händen des Klerus dar. Gegen Ende des Direktoriums und zu
Beginn des Konsulats lockerte sich allmählich das Verbot, dem
die religiöse Benutzung der Glocken unterlag [vgl. o. S. 59 ff.];
die Einwohner der Gemeinden, die nicht läuteten, fühlten sich
jetzt gedemütigt durch die Unerschrockenheit von Nachbargemeinden, die sich nicht fürchteten, ihre Glocke zu benutzen.
Am 10. Fructidor des Jahres VIII (28. August 1800) richtete der
stellvertretende Bürgermeister von Louvigné-près-Bais seine
Klagen an den Präfekten des Départements Ille-et-Vilaine. Er
übermittelte, gestützt auf den Friedensrichter und den Kommandanten der Nationalgarde, »die wiederholte, tägliche Bitte,
die alle Einwohner einmütig an mich richten, nämlich *sich des
Klangs ihrer Glocken wieder erfreuen zu dürfen*«. Er bat
darum, es machen zu können wie in anderen Gemeinden, »die
sich ihres Läutens rühmen und des Verbots spotten«. Er signalisierte »zwischen den Gemeinden Murren, ja sogar Beleidigungen, die blutig ausarten könnten«. Waren es doch oft gerade jene, die ehedem zur »Sammlung der Briganten« geläutet
hatten, welche nun Mut zeigten und andere demütigten, die
»für die Freiheit den Kopf hingehalten« hatten. Ein interessan-
tes Zeugnis insofern, als es vermuten läßt, daß hier der
Wunsch nach der Glocke sich über Parteigrenzen hinweg-
setzte. Diese Art von Widerstand, schrieb am 15. Prairial des
Jahres VIII (4. Juni 1800) der Präfekt an den Polizeiminister,

zwinge zu strenger Unterdrückung, damit »auf einheitlichem Wege diese *Eifersüchteleien* erstickt« würden.[12]

Im ganzen 19. Jahrhundert wurden die Klangschwäche des Geläutes und mehr noch die geringe Anzahl seiner Glocken als Quellen der Demütigung empfunden. Dasselbe galt für die fehlende Harmonie des Geläutes. Die gesprungene Glocke – natürlich –, aber auch die verstimmte Glocke, die »zu hohe« Glocke, die Glocke »mit barockem Klang«, der »schlechte Zusammenklang« waren Ursache kollektiver Qual. Sehr schnell zeigte sich die Notwendigkeit einer »Umstimmung«. 1832 beschlossen die Einwohner von Commana (Finistère) den Neuguß ihrer Glocke, weil diese »auf ziemlich lächerliche Weise zum Gottesdienst läutet«. In demselben Jahr veranstalteten die Einwohner von Saumont-la-Poterie (Seine-Inférieure) eine Subskription, um drei neue Glocken gießen zu lassen. Leider »erlaubt ihr mißtönender Klang es nicht, sie zu erhalten«, und schon 1834 beschloß man einen Neuguß. Viel später, 1873, zersprang eine der drei Glocken von Noyers (Oise). Aus Gründen der Klangharmonie beschloß der Kirchenrat, das ganze Geläute neu gießen zu lassen.[13]

Bewegt von denselben Gefühlen des Stolzes und der Treue zum Symbol der kollektiven Identität, zogen die Mitglieder der Gemeinde den Neuguß der Glocke einem Glockentausch bei weitem vor. 1857 waren die Einwohner von Neuville-au-Pont, einer Pfarrei und Gemeinde, die am Vorabend der Revolution aufgelöst worden war, stolz darauf, daß es ihnen gelungen war, ihre Glocke zu bewahren. Sie planten den Neuguß des Instruments und wollten von einem Glockentausch nichts wissen. Sie wollten mehr haben als bloß »den Schrott der anderen«.

Die Gemeinden des 19. Jahrhunderts sahen sich mit einem Dilemma konfrontiert: Sie mußten oft wählen zwischen der Anzahl der Glocken und ihrer Reichweite. Das Vorhandensein eines veritablen Geläutes erlaubte die Andeutung eines Carillons; es ermächtigte zur Ästhetisierung des Signals, zur künstlerischen Überhöhung des täglichen Lebens. Eine einzige, aber machtvolle Glocke erlaubte es hingegen, den Umkreis der Mitteilung zu erweitern und das Prestige der Gemeinde zu versinnbildlichen. Generell bevorzugten Kirchenräte und Gemeindeverwaltungen eher eine Vielzahl von Glocken. In den ersten beiden Dritteln des 19. Jahrhunderts beschlossen sie häufig, die einzige Glocke, die ihnen die Revolution gelassen hatte, einzuschmelzen und sich durch eine leichte Vermehrung der Metallmasse ein Geläute aus drei kleineren Glocken zuzulegen. Die Administration hingegen war besorgt über die Minderung der Klangpräsenz und die Schrumpfung ihres akustischen Einzugsbereichs. Besorgt vor allem um die zivilen Geläute, hatten die Präfekten die Befürchtung, daß die Ästhetisierung des religiösen Signals die anderen Funktionen der Glocken beeinträchtigen könnte.[14]

Bezeichnend war in dieser Hinsicht der langwierige Streit, der während des Zweiten Kaiserreichs Saint-Jacques-de-Darnétal (Seine-Inférieure) entzweite.[15] Diese komplizierte Geschichte verdient nähere Betrachtung. Da die einzige Glocke der Gemeinde einen Sprung hatte, wurden Gemeinderat und Kirchenrat nach Befragung der Pfarrkinder im Anschluß an die Messe am 26. Dezember 1804 einig, das außer Gebrauch befindliche Instrument durch drei neue Glocken zu ersetzen, »die ein Geläute bilden sollen«. Lange Zeit später, im Mai 1863, stiftete der Bürgermeister, der auch der Wohltäter der Gemeinde war, die Summe von 2500 Francs für den Ankauf einer 700 Kilogramm schweren Glocke; nach seinem Wunsch sollte sie »mit jedem Widerhall [seine] Freude und [seine] Anerkennung« anläßlich der Genesung seiner Gattin verkünden. Dennoch bestimmte er, daß *seine* Glocke die »erste« des Geläutes zu sein habe. Am 5. Juli beschloß der Kirchenrat, der sich zu der Großzügigkeit des Spenders gratulierte, den Neuguß der drei vorhandenen Glocken. Durch Zusatz von Metall würde dies die Herstellung einer großen Glocke erlauben. Der Pfarrer seinerseits veranstaltete eine Subskription zum Ankauf eines dritten Instruments, das fast eine Tonne wiegen sollte; er garantierte die Restzahlung aus seiner eigenen Tasche. Die Gemeinde würde also über ein prachtvolles Geläute von 2200 Kilogramm Gewicht verfügen, gestimmt auf eine Dur-Terz, was »seit langem gewünscht« worden war. Dieses Geläute würde »in besserem Verhältnis zu der Größe der Kirche und vor allem den Bedürfnissen der Pfarrei« stehen. Um in allen Weilern vernommen zu werden, mußten die Glocken nach den Regeln der Kunst folgendes Gewicht haben: »die erste« 925 Kilogramm, »die zweite« 694 Kilogramm und »die dritte« 462 Kilogramm. Unter diesen Umständen würde die Glocke des Bürgermeisters nicht mehr »die erste im Ensemble« sein.

Verärgert über die Einbuße seiner Überlegenheit, setzte der Unglückliche »die Inbetriebnahme seiner Stiftung« aus. Die Einwohner protestierten. »Sie hatten immer ein Geläute aus drei Glocken besessen«; es auf zwei Glocken zu reduzieren würde einen Bruch bedeuten mit »allen traditionellen Gewohnheiten im Lande«. Die Gemeinderäte, um das Banner des Bürgermeister geschart, schlossen sich dieser Position an. Sie verlangten die Wiederherstellung eines Geläutes aus drei Glocken, deren »erste« die Glocke der Gemeindeverwaltung sein sollte. Der Pfarrer seinerseits lehnte es ab, die beiden anderen Instrumente aufzuhängen, die bereits gegossen und der Obhut des Feldhüters übergeben worden waren.

Über fünf Monate lang litten die Einwohner von Saint-Jacques-de-Darnétal unter der Unterbrechung ihres Geläutes. Die Arbeiter, die in den umliegenden Fabriken beschäftigt waren, beschwerten sich. Sie hörten die Fünf-Uhr-Glocke nicht mehr, die sie zur Wiederaufnahme ihrer Arbeit rief. Am 30. Januar 1864 teilte der Präfekt dem Kultusminister mit, daß die Angelegenheit »eine gewisse Bedenklichkeit gewinnt«. Er tüftelte dann einen »Vergleich« aus, um weder den Bürgermeister noch den Pfarrer zu kränken und gleichzeitig dem Wunsch der Einwohner nach einem dreistimmigen Geläut Rechnung zu tragen. Bezeichnend an der Angelegenheit war die Unentwirrbarkeit des klassischen Konflikts zwischen dem Bürgermeister und dem Pfarrer bei der Aufstellung von Forderungen, die sich auf die Sinneskultur der Gemeinschaft bezogen.

Auf diesem Gebiet trieb die Sorge um die kollektive Ehre die Menschen jener Zeit in den Exzeß. Sie veranlaßte sie manchmal zum Erwerb von Glocken, für deren Gewicht ihr Glockenturm nicht gerüstet war.[16] Auch die verbale Übertreibung in Glockendingen war an der Tagesordnung; die Fachleute wußten davon ein Lied zu singen. Schon 1750 vermutete der berühmte Glockengießer Philippe Cavillier, daß man, wenn man die Glocken wöge, »nicht auf eine einzige träfe, die das wiegt, was man sagt«.[17] Die Unsichtbarkeit der Glocke, und damit ihr Geheimnis, erleichterte Übertreibungen in bezug auf ihr Gewicht und ihren Durchmesser. In demselben Sinne ist die Anzahl der Glockentürme Legion, zu denen nach Auskunft der Einheimischen genau 365 Stufen hinaufführen sollen.[18]

Die Aufmerksamkeit für das Geläute entsprach einer anderen, diesmal rein symbolischen Logik: Die Harmonie der Glocken erschien als Garant für die Harmonie in der Gemeinde. 1884 sprach sich die Kommunalverwaltung von La Croix-aux-Mines (Vogesen) gegen die kleine Glocke aus, die der Pfarrer im Schulhof hatte anbringen lassen, um nicht mehr das Geläute der Kirche zur Gliederung des Unterrichts benutzen zu müssen. »Von dieser *fremden Glocke*«, schreibt der Bürgermeister, »wollen wir nichts wissen. Sie gehört nicht in die Gemeinde und erregt mit ihrem aufreizend grellen Klang nur Unzufriedenheit und einmütiges allgemeines Murren […] Durch das Läuten der passenden Glocke, die unser Eigentum ist, können wir die alte Übung wieder beleben, *daß während ihres Läutens alle Menschen in La Croix einig waren*.«[19]

Das Geläute proklamierte, wie wir sehen werden, die Nahtstellen und Hierarchien, die die Gruppe strukturierten; es sorgte zugleich für eine gewisse symbolische Gleichheit unter den Individuen, deren Dasein es gliederte und deren *rites de passage* es signalisierte und begleitete. Das Recht, »in den Genuß des Erzes zu kommen«, stellte daher einen unverzichtbaren Anspruch dar; wir werden weiter unten seine Erscheinungsformen bei den Freidenkern der Jahrhundertwende studieren. In den campanologischen Texten hat diese Forderung ihre Spuren hinterlassen. In der Auvergne »tragen bestimmte Glocken eine Inschrift, die den formellen Willen der Stifter bezeugt, die Glocke möge Armen wie Reichen läuten«.[20] »Ich läute aller Welt ohne ein Entgelt«, liest man auf der 1838 gegossenen Glocke von Cussac (Cantal). In Brezons verzeichnet eine Tafel im Chor der Kirche die Namen der 32 Subskribenten; am Schluß wird der Wunsch ausgedrückt: »Die Glocke soll dem armen wie dem reichen Mann läuten.« Auf der Glocke von Tagenac (1862) wie auf derjenigen von Saint-Martin-sous-Vigouroux (1868) ist zu lesen: »Die Armen wie die Reichen soll mein Klang begleiten.« Die Kirchenräte bemühten sich unter Billigung der Administration, eine Gebührenordnung einzuführen, um aus der Eitelkeit des Standes Profit zu schlagen; diese Politik brachte manchmal die Gemüter in Wallung.

Am 11. Februar 1866 richteten der Bürgermeister und die Gemeinderäte von Réty (Pas-de-Calais) eine Petition an den Justiz- und Kultusminister. Im Jahr zuvor hatten die Einwohner des Ortes mit Hilfe einer »spontanen Sammlung« den Erwerb einer zweiten Glocke für ihre Kirche getätigt. Nun waren die Subskribenten zum größten Teil »arme Arbeiter« gewesen. »Eine einzige Bedingung hatten sie gestellt: daß diese Glocke beim Tode eines jeden, des Armen wie des Reichen, des Großen wie des Kleinen, des Jungen wie des Alten, geläutet werde wie die alte Glocke, und zwar unentgeltlich.« Denn so wurde es auch in den benachbarten Gemeinden gehandhabt, »wo beim Tode eines Gläubigen alle Glocken umsonst geläutet werden«. Heute indessen, so klagten die Bittsteller, »sehen sich alle diese braven Menschen getäuscht«; das Reglement des Präfekten und des Bischofs von 1862, erst kürzlich von der Kanzel verkündigt, sah vor, daß man für das Erklingen *beider* Glocken bezahlen mußte. »Niemand als die Reichen, die dieses Recht bezahlen können, würden in den Genuß des Erzes kommen, das doch das Eigentum aller ist und zumal des Armen.« So gab es Murren und »unaufhörliche Beschwerden«.[21]

Um die Bindung der Menschen an das Geläute der Glocken und die Lebhaftigkeit der aus ihr hervorgehenden gemeindlichen Reaktionen besser verstehen zu können, muß man sich die Vorgänge beim Guß und beim Neuguß einer Glocke – beide Arbeitsgänge bedurften der Genehmigung durch die Präfektur – vor Augen führen. Die Symbolik des Neugusses erweist sich als besonders reich. Die Verwendung des alten, einst geheiligten Materials erlaubt es, die Vergangenheit in die Praxis der Erneuerung zu integrieren. Der Neuguß zerreißt nicht die Kette der Zeiten; genaugenommen ist er kein Ersatz, keine Nachfolge durch Eliminierung. In der Stadt wie auf dem Dorf kam es übrigens vor, daß man auf der neuen Glocke die Inschrift der alten reproduzierte.[22] Der Neuguß eines oder mehrerer Elemente des Geläutes erlaubte es, den Namen der herrschenden Souveräne, der Obrigkeiten, der derzeitigen Magistratsbeamten mit auf die Liste derjenigen zu setzen, die ihnen vorangegangen waren; zumindest bot er Gelegenheit, sie auf dieselbe Bronze zu schreiben. Die Redaktion der Glockeninschrift zwang zu einer Erinnerungsarbeit, bei welcher der Wunsch nach Modernität sich verband mit dem Wunsch nach Treue und historischem Rückbezug. In einer subtilen symbolischen Mischung perpetuierte die Glocke die Erinnerung und war zugleich selbst die Neuerung; denn ihre akustische Botschaft, gebieterischer als die optische Botschaft des Standbildes, war auch mit stärkerer emotionaler Gewalt begabt.[23]

Glockenguß im Dorf

Der Glockengießer kam im Frühling. Er machte sich erbötig, die Wünsche der Gemeinden zu erfüllen. Griff man auf seine Dienste zurück, konnte man sich den Transport des schweren und zerbrechlichen Objekts ersparen. Vor allem garantierte der Guß vor Ort, daß die bekannten Vorzüge des Metalls der alten Glocke erhalten blieben. Er bedeutete – ohne Verlust der Identität – die Verwandlung eines sakralen Gegenstands, dem man oft magische Kräfte zuschrieb. Für denjenigen, der die Glocke der Pfarrei die Stationen seines Lebens hatte schlagen hören, bedeutete der Neuguß vor Ort das Vermeiden eines symbolischen Bruches und jener Entwurzelung, die irgendwie mit dem Erwerb eines fremden Objekts einherging. Die lokale Glockenfabrikation überwog bis zur Mitte des 19. Jahrhunderts. Das folgende Jahrzehnt stellte in dieser Hinsicht einen entscheidenden Wendepunkt dar. Im Mosel-Département datiert der letzte Glockenguß vor Ort, in Boulange, aus dem Jahre 1855. In der Charente hörte diese Praxis 1860 auf;[24] im Périgord um 1855. Ende des Jahrhunderts war das lokale Glockengießen nur mehr auf Korsika üblich. Anscheinend ohne großen Erfolg unternahm es ein junger nostalgischer Glockengießer, die alte Praxis im Aude und im Hérault wieder zum Leben zu erwecken: Sein Versuch erwuchs bereits aus einer Archäologie der Gebräuche.[25]

Die meisten Glockengießer waren Wanderhandwerker, die aus Lothringen stammten, genauer gesagt aus der Region Bassigny.[26] Eine ganze Reihe von ihnen wohnten in Breuvannes, einer kleinen Gemeinde in der Haute-Marne. Die Kirchenbänke tragen noch, ins Holz geschnitzt, die Namen der wichtigsten Glockengießerdynastien. Andere kamen, weniger zahlreich, aus der Picardie, der Normandie, der Auvergne, dem Limousin. Ganz wenige waren Italiener, Schweizer oder Belgier.

Generell arbeitete der Glockengießer auf eigene Rechnung. Oft war er im Rahmen eines Familienverbandes tätig. Vater und Sohn, Schwiegervater und Schwager, Onkel und Neffe verständigten sich miteinander, bevor sie durch eine Gegend ihrer Wahl zogen. Zwischen 1822 und 1832 »bereisten« die Cauchois' und die Barrards aus Bassigny das Arrondissement Château-Thierry.[27] Barrard »der Pockennarbige« und François Barrard, genannt »die Eselshaut«, begleiteten ihren Onkel

Nicolas Cauchois-Barrard. Zwischen 1835 und 1867 kam Barrard-Morlet, ein anderes Mitglied der Familie, jedes Jahr in Begleitung seines Sohnes Jean-Baptiste und manchmal auch seines Vetters, um in La Chapelle-Monthodon in der Aisne Glocken zu gießen. Er war berühmt genug, um seinen Ältesten mit der Tochter des örtlichen Bürgermeisters verheiraten zu können. Aus seiner mobilen Werkstatt, die er auf dem Dorfplatz aufzuschlagen pflegte, wurde ab 1842 ein festes Gießhaus unter Leitung seines Sohnes Barrard-Bertin. Ein Vierteljahrhundert lang fabrizierte dieser hier acht bis zehn Glocken jährlich. Sein Vater Barrard-Morlet setzte sein ambulantes Gießen in den Départements Marne und Seine-et-Marne fort, kam aber in regelmäßigen Abständen nach La Chapelle-Monthodon zurück, um seinem Sohn zu helfen.

Vom Frühling bis zum Herbst zog der Gießer durch die Lande, mitunter zu Pferd, meistens zu Fuß, befrachtet mit seinem Notizbuch, seiner Spindel und einigen Ziermodeln. Er hörte sich Geläute an, um Sprünge in der Glocke oder einen »Mißklang« aufzuspüren.[28] Er untersuchte Glockentürme, um unausgenutzten Raum festzustellen. Er bemühte sich, mehrere Gemeinden, deren Rivalität er anstachelte, von der Zweckmäßigkeit eines Simultangusses zu überzeugen, um Kosten zu sparen. Der Glockengießer war eine geachtete Persönlichkeit, reich an Wissen, Geheimnissen und magischen Kräften, die man ihm gerne nachsah. Obwohl die Fortschritte der Akustik seit dem 17. Jahrhundert – namentlich auf Betreiben Pater Mersennes – die Glockengießerkunst in aufgeklärten Gegenden ihrer Mysterien beraubt hatten, fuhr der ambulante Glockengießer fort, sich der prestigeträchtigen Geheimnisse zu rühmen, die auf ihn gekommen waren. Jeder Gießer besaß seine eigenen Schablonen; das erlaubt es dem Glockenkenner, in einer Gegend, die er durchwandert, die Urheber der einzelnen Glocken allein am Klang zu unterscheiden. Diese Rigidität der Rezepte ebenso wie die ikonographische und epigraphische Starrheit verlieh allem, was mit der Glockenkunst zusammenhing, etwas Archaisches. Diese zeitliche Kluft stand im Gegensatz zu dem Wunsch nach Modernität, der die Gemeinden zum Neuguß ihrer Glocken bewog.

Der Handel – oder »Vertrag« –, der mit den Abgesandten des Kirchenrates und / oder des Gemeinderates geschlossen wurde, war eine heikle Angelegenheit.[29] Der Glockengießer legte die »Zufriedenheitsbescheinigungen« vor, die ihm seine früheren Kunden ausgestellt hatten; bei Bedarf bezahlte er seinen Gesprächspartnern ein Draufgeld, um etwaige Mitbewerber aus dem Felde zu schlagen. Die Verhandlungen erforderten mitunter mehrfache Reisen, wobei die Gefahr bestand, daß sie letztlich vergeblich waren. Im günstigsten Falle führten die Gespräche zu einem Vertrag, der im allgemeinen im Wirtshaus geschlossen wurde. Die Abmachung konnte auch mündlich getroffen werden. Im 19. Jahrhundert jedoch wurde sie meistens durch den Akt der persönlichen Unterschrift besiegelt. Das Resultat der Gespräche war eine hochkomplizierte »Abmachung«. Abgesehen von den wesentlichen Vertragsklauseln sah sie manchmal auch Entschädigungen für Handlanger, den Lehrling und den Wächter vor, der am Ort des späteren Glockengusses die Nachtwache halten sollte.

Die campanologische Literatur kennt eine Fülle solcher Verträge, deren Aufzählung sehr schnell monoton werden würde. Begnügen wir uns mit einem einzigen Beispiel: Am 31. Oktober 1825 unterzeichnete die Gemeindeverwaltung von Saint-Sulpice-de-Mareuil (Dordogne) einen Vertrag über den Guß einer Glocke von 731 Kilogramm Gewicht.[30] Abgesehen von den 614 Kilogramm Metall der zu gießenden Glocke waren dem Glockengießer zur Verfügung zu stellen: 1500 Ziegelsteine, 5 Kilogramm Hanf, 4 Kilogramm ausgelassenes Talg, 2 Kilogramm neues Wachs, ein Kilogramm Kälberhaare und 16 bis 20 Dutzend Eier oder 2 Kilogramm Gummi arabicum zur Vorbereitung der Gußform sowie Eichenholz für den Gußtrichter. Es war vorgesehen, daß der Guß sich »im Dorf« abspielen sollte und daß das Tuch, mit dem die Glocke am Tag

ihrer Weihe geschmückt werden würde, in der Pfarrei verblieb.
Der Glockengießer sollte 300 Francs als Lohn für seine Arbeit
erhalten sowie vier Francs pro Kilogramm guten Metalls, das
er zusätzlich benötigen würde und das er sich bei dem Kessel-
schmied zu besorgen hatte, dessen regelmäßiger Kunde er war.

Dem Glockengießer oblag es, den geeigneten Ort für den
Guß auszuwählen.[31] Das Gelände durfte weder feucht noch
nachgebend noch steinig sein, weil vor dem Glockenofen der
Graben gezogen werden mußte, der das ausgeschmolzene
Wachs aufnehmen sollte. Außerdem mußte eine Abdeckung
errichtet werden, um diesen Abzugsgraben vor Regen zu
schützen. Obwohl es von den Kirchenbehörden untersagt war,
arbeitete der Glockengießer gerne auf dem die Kirche umgebenden Friedhof; so war es 1824 in Londinières im Bray.[32]
Sonst wählte der Gießer den Ort, der ihm am meisten zusagte:
die Markthalle – sie schätzte er besonders –, den Hauptplatz
des Dorfes, den Zier- oder Obstgarten des Pfarrhauses, eine
Wiese bei der Kirche, ein Stück Ödland, eine alte Befestigungs-
anlage, eine Ziegelei, das Gelände eines öffentlichen Backhau-
ses, den Schuppen oder die Scheune eines Privatmannes oder –
so geschehen 1866 in Chérisey (Moselle) – den Schloßhof.[33]
Wenn es sein mußte, quartierte er sich beim Schankwirt ein
oder in dem überdachten Schulhof. Dank der Archäologie der
Glockenkunde trifft es sich, daß wir den Ort des Glockengusses
sehr genau kennen. Im Juli 1846, belehrt uns Jean Nanglard,
wurde die Glocke von Saint-Cybardeaux (Charente) »beim
Friedhof« gegossen, »zur Linken, unter den Nußbäumen des
Monsieur Léopold Guilhot«.[34]

Manchmal bestritten der Kirchenrat, die Gemeindeverwaltung, beide gemeinsam oder auch ein reicher Einzelspender die
Kosten für den Glockenguß. Meistens, und sei es nur, um die
Ausgaben wenigstens teilweise zu decken, war mit dem
Glockenguß eine Subskription verbunden oder das, was der
stellvertretende Bürgermeister von Marigné (Maine-et-Loire)
eine »Sammlung« nannte. Bei dieser Gelegenheit war Großzü-

gigkeit Ehrensache. Es kommt übrigens vor, daß auf der Glocke, in der Reihenfolge ihrer Bedeutung, die Summen eingraviert sind, die die Subskribenten gespendet haben – für diese eine angenehme Art, in die Nachwelt einzugehen. Der Gemeinderat beschloß manchmal, einen Schlag Holz oder eine Parzelle Gemeindeland zu verkaufen, um die Ausgaben für die Glocke zu decken. 1828 trat der Gemeinderat von Luppy (Moselle) zwölf Bäume aus seiner Holzgerechtigkeit ab, um den Guß der Glocke bezahlen zu können. Genauso verfuhren 1850 die Gemeinde Foulcrey und 1857 die Gemeinde Launstroff.[35]

Zahlreiche Dokumente in den Archiven von Gers bezeugen die intensiven Bemühungen, die man gerade in diesem Département in puncto Glocken unternahm. Manche Gemeinden gaben den letzten Sous, um sich ihren Glockenwunsch zu erfüllen: Die einen verkauften Gemeindegüter (Cadeilhan, Mauroux, Espaon, Puylausic), andere schritten zum Fällen ihrer Holzbestände (Monlaur-Bernet, Caupenne) – Termes entschloß sich, zweihundert Eichen zu opfern – oder verpfändeten den Erlös aus ihren Holzungsrechten (Montegut-Arros). Wieder andere verkauften staatliche Liegenschaften (Pujaudran), oder sie verlangten von der Präfektur die Genehmigung zur Erhebung von Sonderabgaben. Die meisten beschlossen, eine Subskription zu veranstalten (zum Beispiel Maumusson). Einige Gemeindeverwaltungen verschuldeten sich beim Glockengießer (Traversères-l'Hôpital). Verschiedene Gemeinden beschlossen sich zusammenzutun, um die Kosten zu senken. In jedem Falle sprechen die Dokumente von einer Ausgabe, die einhellig als »unumgänglich« und daher als »sehr dringend« angesehen wurde; man empfand es nämlich als unerträglich, »aufs Geratewohl zum Gottesdienst gehen zu müssen«.[36]

Wer sich der Subskription verweigerte, hatte gegebenenfalls mit Sanktionen zu rechnen. In Saint-Louis-de-Phalsbourg (Moselle) hing an der Kirchentür ein Blatt Papier mit den Namen aller Bürger, die etwas zum Kauf der Glocke beigesteuert hatten – samt Angabe der Summe, die sie bis zum 1. Juli 1845 gespendet hatten. Die Gaben bewegten sich zwischen einem Franc und hundert Francs; die meisten lagen bei fünf bis zehn Francs. Ausdrücklich wird mitgeteilt, daß diejenigen, die nichts gegeben haben, nicht in den Genuß der neuen Glocke kommen können. In Saint-Jean-Kourtzerode (Moselle) wird im Taufbuch festgehalten, daß neun Pfarrkinder – unter ihnen der Bürgermeister und der Lehrer – sich geweigert haben, ihr Scherflein zum Glockenguß von 1872 beizutragen. »Die große Glocke«, so lesen wir in diesem Dokument, »wird [für sie] nicht geläutet werden, es sei denn, sie hätten spätestens acht Tage vor Ablauf der Subskription die bei der Messe festgelegte Summe von 50 Francs dem Herrn Pfarrer persönlich übergeben.«[37]

Nicht immer war es die gesamte Gemeinde, die den Glockenguß finanzierte. Manche Instrumente wurden von Gruppen gestiftet. So trägt die kleine Glocke von Leucamp (Cantal), die 1806 gegossen wurde, den Hinweis: »Mich hat die Jugend gemacht«; dann folgen die Namen von 19 Jungen (»Statthaltern«) und 17 Mädchen (»Statthalterinnen«).[38] In dieser Region wurden mehrere Glocken von den reisenden Handwerkern bezahlt, die sich vorübergehend – oder für immer – im Ort niederließen. 1837 spendeten »die Einwohner von Bordeaux, die aus Cézens stammten«, eine große Glocke für ihre Kirche. 1840 wurde eine der Glocken von Saint-Clément gestiftet »von den Kindern der Pfarrei, die in Paris leben«; genauso war es 1844 in Brezons und 1868 in Saint-Martin-sous-Vigouroux. Vier Jahre zuvor war eine Glocke mit dem Namen »Eugénie la Parisienne« in der Kirche von Pierrefort geweiht worden. Sie ist nicht das einzige Zeugnis der Verbundenheit der Wanderarbeiter aus dem Cantal mit dem kaiserlichen Regime. Die große Glocke von Lieutadès, 1863 auf einer Gemeindewiese von einem Glockengießer aus Rodez gefertigt, war bezahlt worden durch eine Kollekte unter den »Parisern«, die der Kaiser mit einem Geschenk aufgerundet hatte. Solche Gesten der Freigebigkeit weisen voraus auf – oder gemahnen an – gewisse paternalistische Praktiken in der zweiten Hälfte des Jahrhunderts.[39] Die Bruderschaften in der Normandie pflegten die Glocke, die sie im Glockenturm ihrer Kirchen aufhängen ließen, selbst zu bezahlen, doch war das Verfahren in diesem Falle ein anderes, weil diese Vereinigungen anschließend das Eigentum an dem Instrument und die freie Verfügung darüber beanspruchten.

Nicht selten kam es vor, daß eine Gemeinde an die Großzügigkeit der benachbarten Pfarreien appellierte, welche in Hörweite der zu gießenden Glocke lagen; so verfuhren 1835 die Einwohner von Berg (Moselle).[40] Manche Gemeinden verständigten sich, wie gesagt, darauf, gemeinsam gießen zu lassen, um die Kosten zu senken. So gossen 1833 in Maizy in der Aisne der Gießer Antoine Antoine, sein Sohn und sein Schwager dreizehn Glocken auf einmal. 1838 fertigten Vater und Sohn Decharme in Les Trois-Moutiers in der Vienne 16 oder 17 Glocken mit einem Guß. Allerdings zogen es die Glockengießer, wenn sie derartige Sammelaufträge hatten, im allgemeinen vor, die Glocken einzeln und nacheinander zu gießen.

In der überwiegenden Mehrzahl der Fälle und unabhängig vom gewählten Verfahren nahm die Gemeinschaft der Einwohner in der einen oder anderen Weise Anteil am Entstehen der neuen Glocke. Die Erinnerung an diese Solidarität begründete später die Wut über die Verweigerung des Geläutes. An wichtigen Lebensstationen mit dem Glockengeläute bedacht zu werden stellte ein Recht dar in den Augen all derer, die den Guß der Glocke miterlebt und an ihrem Entstehen mitgewirkt oder mitgearbeitet hatten.

Dabei war die Beteiligung an der »Sammlung« nicht die einzige Möglichkeit der Einwohner, zum Guß der Glocke beizutragen. Dieser verlangte vielmehr noch eine Fülle weiterer Bittgänge. Die Eier, die mitunter zur Zubereitung der inneren Glockenform notwendig waren, wurden vom Glöckner eingesammelt. Die weißen Eier sollten der Formerde Schmiegsamkeit und Leichtigkeit verleihen; die gelben vertilgte der

Glockengießer in Gestalt üppiger Omelettes. In Saint-Martial-de-Valette (Dordogne) wurden 1839 anläßlich eines Glockengusses »mehr als fünfzig Dutzend Eier dem Glockengießer übergeben«.[41]

Als ernsthafter und bedeutsamer erwies sich das Einsammeln von Gegenständen, die das Gewicht des zu gießenden Metalls erhöhen sollten. Jeder gab alte Kupferkessel, Zinngeschirr, abgenutzte Tiegel, verbogene Kerzenleuchter, Kaminroste, Mörser und Bronzemünzen und wirkte so nach Kräften an der Herstellung der Glocke mit, die einmal bei seinem eigenen Begräbnis oder bei der Taufe seiner Nachkommen läuten würde; die kunterbunte Herkunft der Metalle erklärt die unorthodoxen Legierungen und die häufigen Glockenbrüche. Der prozentuale Anteil von Kupfer und Zinn an der Zusammensetzung der Glocken blieb in der ersten Hälfte des 19. Jahrhunderts unbestimmt. Die Landleute zeigten sich in dieser Hinsicht weniger anspruchsvoll als die Städter. In der zweiten Jahrhunderthälfte jedoch sahen die Verträge ausdrücklich einen Kupferanteil von 78 Prozent und einen Zinnanteil von 22 Prozent vor.

Die stupende Erinnerung an alle Ereignisse rund um die Glocke [vgl. o. S. 94] zeugt von der historischen Bedeutung der Spenden, die man anläßlich des Gusses oder Neugusses eines Geläutes gab. 1917 war Samuel Bourg damit beschäftigt, die Glocke von Basse-Vigneulles (Moselle) aufzunehmen: »Die Menschen, die mir dabei halfen«, schreibt er, »bestätigten mir, daß ihre Vorfahren 1710 dem Glockengießer Poitier de Créhange alles an Silber-, Kupfer- und Zinngerät gebracht hatten, was sie im Ort auftreiben konnten.« Mit der Erinnerung an Feierlichkeiten verhielt es sich genauso. Im Jahre 1900 befragte Joseph Berthelé die ältesten Leute des Kantons Château-Thierry. Viele erinnerten sich, wie Berthelé versichert, noch an Glockengüsse und »Taufen« vom Beginn des 19. Jahrhunderts. Ein Greis bestätigte aus der Erinnerung, daß 1834 in der Gemeinde Courboin ein Dreiergeläute geweiht worden war.[42]

Ohne Berücksichtigung dieser langen Erinnerung – die auf einem ganz anderen Gebiet zur Neustrukturierung von Bündnissen zwingt – bliebe die Heftigkeit der Reaktionen im Zusammenhang mit Glockenangelegenheiten ebenso unbegreiflich, wie man tendenziell die ganze Tragweite der lokalen Glockenstreitigkeiten unterschätzen würde.

Der Arbeitsplatz des ambulanten Handwerkers, meistens mitten im Ort aufgeschlagen, zog die Aufmerksamkeit auf sich. Der Glockengießer erzeugte in jedem »undefinierbare Eindrücke. Die Neugierigen scharen sich um ihn, aber in respektvoller Entfernung, wie von einer frommen Scheu zurückgehalten.«[43] Wie andere Männer, die mit Metall arbeiten, zeichnete sich der Glockengießer durch einen unbändigen Durst aus. Er war Stammkunde in der Schenke oder im Wirtshaus; das ermöglichte es ihm, nach und nach Bekanntschaft mit verschiedenen Mitgliedern der Gemeinde zu schließen. Es kam vor, daß er von den Einwohnern der Gemeinde verpflegt wurde. Der Pfarrer verkündete nach der Sonntagspredigt die Namen derjenigen, die in der folgenden Woche die Pflicht hatten, »dem Glockengießer Lebensmittel zu liefern, und den Tag, an dem sie ihn an ihrem Mittagstisch empfangen mußten«.[44]

Sobald der Ofen stand, mußte der Glockengießer den Abzugsgraben ausheben, glatt stampfen und mit Steinen auslegen. Nachdem er den Ton gemischt hatte, mußte er die Gußformen herstellen, seine Schablone anlegen und die Inschriften vorbereiten, welche die Glocke zieren sollten. Die Gußform mußte bis zur völligen Entwässerung erhitzt werden, um später der Hitze des geschmolzenen Metalls standhalten zu können. Während dieser ganzen Prozedur mußte das Feuer unterhalten werden, um Tag und Nacht den Kern, die falsche Glocke, die Haube und die Krone kochen zu können, das heißt alle Bestandteile der Gußform.

Während all dieser Arbeiten ließen die Dorfbewohner dem Glockengießer ihre Hilfe zuteil werden. Sie führten die im »Vertrag« vorgesehenen Transporte aus und halfen beim Zer-

sägen und Aufschichten des Holzes, beim Handhaben und Ver-
kleiden der Gußform(en), beim Heranschaffen, Zerkleinern
und Wiegen des Metalls der alten Glocke oder des von den
Spendern kommenden Metalls. Sie bedienten die Blasebälge.
Sie leisteten Beistand, sobald der Augenblick gekommen war,
die Gußformen abzunehmen. Lauter Arbeiten, die geeignet
waren, die mit dem Handwerker angebahnten Bande allmählich enger zu knüpfen und die kollektive Beteiligung am Guß
der neuen Glocke zu manifestieren.[45]

Endlich kam der hochsymbolische Augenblick, da das flüs-
sige Metall in die Hohlform gegossen wurde. Dies geschah in
der Regel nachts. In Hannogne (Ardennes) spielte sich der Guß
am 28. Juli 1790 um acht Uhr abends (bei Sonnenschein) ab,
das heißt kurz vor Einbruch der Nacht; in Londinières (Seine-
Inférieure) 1824 gegen ein Uhr mittags.[46] Der Vorgang, bei
dem der Ofen mit prestigeträchtigem Eichenholz geheizt werden mußte, spielte sich in Gegenwart aller Dorfbewohner ab.
Namentlich waren viele Kinder zugegen, um ein Schauspiel
mitzuerleben, das ihnen lange in Erinnerung bleiben sollte.
Nach einem von Ethnologen oft überlieferten Aberglauben
fürchteten gewisse Glockengießer, das Blut der weiblichen Regel könne den Ausgang des Unternehmens ungünstig beeinflussen; aus diesem Grunde hatte beispielsweise François Peigney in den 1850er Jahren die Angewohnheit, Frauen und
Mädchen von der Gußstätte zu verjagen.[47] In diesem feierlichen Augenblick, schreibt Joseph Berthelé, »stellte man das
Zechen ein, und der Blasebalg wurde nicht mehr betätigt. Ein
Priester im Chorgewand kam herbei, das Metall zu segnen,
während die Menge in die Knie sank.« Man rezitierte die Gebete, die das Ritual der Diözese für einen erfolgreichen
Glockenguß vorsah.

In diesem Augenblick, so wird uns versichert, ohne daß wir
den Kern des Legendären greifen könnten, wurden mitunter
Goldstücke oder Familienschmuckstücke in den Guß geworfen, die der Glocke einen kristallklaren Klang verleihen sollten.

Manche Glockengießer, die zwar wußten, daß diese Metalle nicht in die Legierung eingehen durften, die aber darum besorgt waren, sich diesen veritablen Glücksfall um keinen Preis entgehen zu lassen, schafften es irgendwie – so wird behauptet –, daß Goldstücke und Geschmeide dem Einschmelzen entgingen und am Ende der Prozedur wohlbehalten geborgen werden konnten. Wie dem auch sei, an vielen Orten bleiben die Einwohner überzeugt, daß dies die Erklärung für den silberhellen Klang ihrer Glocke ist.[48] Manche glaubten darüber hinaus, daß dieser Zusatz von Edelmetall das Vereisen des Instruments verhindere. Wesentlich für uns ist die Erkenntnis, wie diese Zugabe von Gold oder Silber aus Familienbesitz im Augenblick des eigentlichen Glockengusses symbolisch die Beteiligung der Gemeinschaft der Lebenden und der Toten betonte und die Bindung an den im Entstehen begriffenen heiligen Gegenstand begründete.

Die Gebete um das Gelingen des Gusses waren um so angebrachter, als die Gefahr eines Scheiterns groß war: Es kam vor, daß die Gußform nachgab, daß die Haube sich hob, daß Luftblasen ins Metall drangen, daß das Gewicht der Glocke nicht den Berechnungen entsprach, daß die Stimmung nicht so war, wie man sie sich gewünscht hatte. In Issac (Dordogne) gelang die Glocke, die 1851 im Hof der Bürgermeisterei gegossen wurde, erst im dritten Anlauf.[49] Aus allen diesen Gründen besprengte der zelebrierende Priester nach dem Gebet das geschmolzene Metall mit Weihwasser. Sobald die Gußform zerbrochen war und der Erfolg des Unternehmens gesichert schien, stimmte der Priester ein *Te Deum* an. Oft klang der Abend mit einem nächtlichen Besäufnis aus. Man feierte im Wirtshaus, im Pfarrhaus oder auch in der Wohnung des Bürgermeisters. In der Glockengießergemeinde Breuvannes nannte man das »den Hund zur Strecke bringen«.

Jetzt galt es nur noch, die Glocke mit feinem, feuchtem Sand von Unebenheiten zu glätten, zu schleifen und zu polieren und sie dann zu wiegen. Auf dem Lande verließ man sich meistens auf den Augenschein, zumal die wenigsten Gemeinden eine Waage besaßen. Diese Ungenauigkeit öffnete jeder Übertreibung Tür und Tor, führte aber auch zu folgenschweren Fehleinschätzungen. Wo es angängig war, wog man die Glocke im nächstgelegenen Eichamt.

Bevor das Instrument aufgehängt wurde, hielt ein Gutachten seine Eigenschaften fest. In Bourges spaltete 1842 die Expertise über das neue Geläute die Bevölkerung und entfachte eine Pressekampagne. Das Büro des Kirchenrats beschloß, »das Urteil des Publikums« einzuholen.[50] Zwölf Tage hintereinander, jeden Abend um fünf, ließ man das volle Geläut erklingen. Schließlich wurde die große Glocke, »Guillaume-Étienne«, akzeptiert, während die neue Caroline keine Gnade fand: Sie hätte das hohe F läuten sollen, ließ aber das E vernehmen. Wenn die Kirchenvorsteher, der Glöckner und auch die zu diesem Zweck aufgebotenen Experten zu einem einmütigen Befund gelangten, wurde dem Glockengießer eine »Zufriedenheitsbescheinigung« ausgestellt. Andernfalls mußte er die Glocke noch einmal machen. Am 27. August 1827 wurde die Glocke von Espaon (Gers) am Ende eines ausführlichen Gutachtens aufgrund ihrer »beklagenswerten Klangqualität« abgelehnt; der Fehlschlag war um so bedauerlicher, als die andere Glocke der Kirche einen »silberhellen Klang« aufwies. Dafür stellte der Bürgermeister von Nastringues (Dordogne) am 3. Oktober 1844 dem Meister Martin aus Breuvannes eine Bescheinigung für eine Glocke aus, »über die allgemeine Zufriedenheit herrscht«, wie er schreibt. Manchmal schien sogar der anschließende Jubel der Erwähnung wert. »Am 25. November 1821, dem Tag der hl. Katharina, um zehn Uhr abends sind sie nach Wunsch gelungen«, notierte sich Hubert Dameras über die Glocken in sein Tagebuch, die an diesem Tag in der Gemeinde Hannogne gegossen worden waren.[51]

Wenn alles vorüber war, schritt man zur Begleichung der Rechnungen. Die Bezahlung in Naturalien in Form von Holz-, Kohle- oder Weinlieferungen, die am Vorabend der Revolution

noch häufig gewesen war, scheint im 19. Jahrhundert abgekommen zu sein. Dafür war es nicht selten, daß die Gemeinschaft[52] den Glöckner auf Raten bezahlte, was diesen
nötigte, sich neue Tätigkeitsfelder zu suchen.

Die Kirche erachtete die Weihe der Glocke nicht als notwendig. Dennoch handelte es sich um eine fast überall verbreitete Praxis. Im Laufe einer Zeremonie, deren Symbolik
von den Liturgikern ausgiebig analysiert worden ist, machten
Oblationen, Lustration, Salbungen und Räucherwerk aus der
Glocke einen sakralen Gegenstand. Diese Herauslösung der
Glocke aus dem Bereich des Profanen zu übersehen hieße, die
Interessen und die Konfliktkonfiguration zu verkennen, die
bei den Glockenstreitigkeiten des 19. Jahrhunderts im Spiel
waren. Seit langem verglich das Publikum, das es liebte, die
Glocke zu personifizieren, den Akt der Glockenweihe spontan
mit einer Taufe, was das Vorhandensein eines Paten und einer
Patin implizierte.

Im Dezember 1868 befand sich die Gemeinde Sougé-le-
Ganelon (Sarthe) in hellem Aufruhr. Der Bürgermeister und
der Pfarrer konnten sich nicht auf die beiden Taufpaten der
Glocke einigen. Das Eingreifen des Pfarrers und Dekans von La
Fresnaye hatte die Gemüter nicht zu besänftigen vermocht.
Der Pfarrvikar hatte »geglaubt, eines Sonntags die Weihe der
neuen Glocke nach der Formel des katholischen Rituals vornehmen zu sollen, in Gegenwart der versammelten Gläubigen,
aber ohne Paten und Patin. Aus diesem Grunde behaupten die
Einwohner, sie hätten eine *Bastard-Glocke*, ohne die Inschriften, die sie sich gewünscht hatten, und weigern sich, sie anzunehmen.«[53]

Wohlgemerkt: die Wahl des Paten und der Patin durch die
Gemeinschaft war mit vielen Risiken behaftet; wir werden darauf zurückkommen müssen. An dieser Stelle sei nur nachgetra-
gen, daß sie vom Kirchenrat oder vom Gemeinderat getroffen
wurde, sofern nicht, einfacher, der Pfarrer und/oder der Bürgermeister darüber entschieden hatten. Die Bronze zahlreicher

Glocken tut keiner besonderen Namen Erwähnung, sondern nur der Gesamtheit der Einwohner der Gemeinde.[54]

Die Glockeninschrift registriert soziale Hierarchien und zeugt mitunter von den Machtkämpfen, die sich in der Gemeinschaft abgespielt haben. Wir werden dies weiter unten noch sehen. Sie enthält aber auch, je nachdem, eine Anrufung, eine Widmung und / oder einen Taufnamen. Diese Methoden einer Personifizierung der Glocke, die, wie gesagt, immer als sakraler Gegenstand mit besonderen Merkmalen und typischen Vorzügen wahrgenommen wurde, verdient unsere Aufmerksamkeit, insofern sie im Zusammenhang stehen mit dem Repräsentationssystem der Gemeinschaft. Im 19. Jahrhundert rief man auf der Bronze der Glocken nur selten Gott, die Hl. Dreifaltigkeit oder Christus an. Die Glockenepigraphik bestätigt vielmehr die vielen Untersuchungen, die von einem damals auf dem Lande weitverbreiteten Kult wohltätiger Heiliger und vom Aufschwung der Marienverehrung in ganz Frankreich sprechen. Das Wichtigste ergab sich aus dem Willen zur Bewahrung der Gemeinschaft; die Vermittlung der Jungfrau Maria und der Heiligen aber schien damals das wirksamste Rettungsmittel zu sein. Ebenso verhält es sich im Département Moselle und in der Dordogne, wenn man den genauesten campanologischen Untersuchungen glauben darf, die durchgeführt worden sind. Betrachten wir den Fall des Périgord. Henri Brugière und Joseph Berthelé haben festgestellt, daß nur dreimal Gott angerufen wird, dreimal die Hl. Dreifaltigkeit und zweimal Christus, wenn man absieht von den acht Anrufungen des Allerheiligsten Herzens, die alle nach 1870 zu datieren sind, und den vier Bezügen auf die Heilige Familie, ebenfalls späteren Datums. Die Formel »*Jesus Maria*«, die einst sehr häufig war, ist hier seit der Revolution völlig verschwunden. Dafür ist die Zahl der Widmungen und Anrufungen Legion, die die Jungfrau Maria zum Ziel haben; ihre Zahl nimmt im Laufe des 19. Jahrhunderts sogar noch zu. Im Gegensatz zu dem, was man angesichts der Bedeutung des Angelusläutens für die Gebräuche auf dem Lande erwarten könnte, taucht die Anrufung der Engel nur sehr selten auf. Die Jungfrau Maria wird hier angerufen mit den Formeln *Ave Maria, Sancta Maria ora pro nobis,* sofern sie nicht mit dem Vokabular der Unbefleckten Empfängnis bezeichnet wird (13 Vorkommnisse), was in den letzten vierzig Jahren des Jahrhunderts, nach der Verkündigung des Dogmas, sehr häufig der Fall ist.

Aber das alles sind nur Nebensächlichkeiten, verglichen mit der überreichen Anzahl von Verweisen auf die Heiligen. Die weite Verbreitung der Hinwendung zu ihnen scheint unbestreitbar. Auf den Glocken des Périgord werden im 19. Jahrhundert vierzig Heilige erwähnt, allerdings keiner besonders häufig. Am häufigsten wird Petrus angerufen, und auch das nur achtmal. Johannes der Täufer kommt fünfmal vor, der hl. Fronto, der hl. Rochus und der hl. Martin jeweils dreimal. Die 35 übrigen Namen des Katalogs figurieren also nur ein- oder zweimal auf den Glocken der Region. Die Liste der Heiligen, deren Namen die Geläute des Périgord zieren, ist seit dem 18. Jahrhundert bedeutend länger geworden. Die Ausweitung der Anrufung der Heiligen um Hilfe und Vermittlung unterstreicht die Verbreitung ihrer Namen. Die Glockenepigraphik spiegelt hier die großen Bewegungen der Geschichte der Vornamen und die Ausweitung ihrer Wirkung auf das soziale Gefüge wider. Wir lesen auf den Glocken des Mosel-Départements, die im 19. Jahrhundert gegossen worden sind, 47 Vornamen, die auf der Bronze vorangegangener Jahrhunderte noch nicht vorgekommen sind.[55] Die Zunahme der Hilfesuche bei Heiligen findet sich hier in der Glockenepigraphik bestätigt: Auf den Moselglocken, die im 19. Jahrhundert gegossen worden sind, finden sich 28 Heilige, die es bis dahin nie gewesen waren.[56]

Gleichwohl darf man die Tragweite dieser epigraphischen Funde nicht überschätzen. Im Volk bezog man sich bei der Bezeichnung der Glocken nur selten auf ihren »Taufnamen« oder den Namen ihres Heiligen. Vereinfachend pflegte man auf

dem Lande von der »großen«, der »mittleren«, der »kleinen«
Glocke zu sprechen oder auch von der »ersten«, der »zweiten«,
der »dritten«. In Städten von einiger Bedeutung hielt sich
darüber hinaus der Brauch, den Glocken Spitznamen zu geben.
Mitunter bezogen sich diese auf eine Legende, die dazu
beitrug, den Ruf der Glocke zu begründen. Die meisten großen
Glocken in den Kathedralen wurden mit solchen Übernamen
versehen.[57]

Eine Glockenweihe bot Gelegenheit zu festlicher Ausschmückung des öffentlichen Raumes. In Forges-les-Eaux
(Seine-Inférieure) wurde die Zeremonie 1853 mit einer Prozession durch die Straßen des Dorfes eingeleitet. In Guernes
(Seine-et-Oise) wurde 1864 aus diesem Anlaß am Ortseingang
ein Triumphbogen errichtet; ein weiterer schmückte das Innere der Kirche. Gegen Ende des Jahrhunderts, als eifernde
Christen ihre Umwelt durch demonstrative Festlichkeiten zu
provozieren liebten, bekamen die Glockenweihen zumal in der
Stadt etwas Prunkvolles, was die Antiklerikalen in Wut versetzte und zu Diskussionen in der Lokalpresse Anlaß gab.[58]

Im Verlauf der Zeremonie wurde die Glocke, eingehüllt in
ein Spitzentuch, das an ein Taufgewand erinnerte, zwischen
den Girlanden aufgehängt, die den Chor der Kirche schmück-
ten. Es war üblich, daß die Gläubigen beim Verlassen der Kirche mit Bonbons überschüttet wurden.[59] Schließlich kam es
auch oft vor, daß Lustbarkeiten des Volkes den Tag beendeten
und mit dem Festbankett der Notabeln im Anschluß an die
Glockenweihe einhergingen. Mit einem Wort, die »Taufe«
einer Glocke bot Gelegenheit zu einem offiziellen Fest, dessen
Ablauf für gewöhnlich demjenigen aller sonstigen öffentlichen Freudenbekundungen entsprach.

Das Wesentliche ist für uns die Erkenntnis dessen, was die
Sakralisierung der Glocke implizierte. Pater Remi Carré hatte
das Mitte des 18. Jahrhunderts sehr klar ausgeführt. Seither
hielt sich der Klerus in allen Punkten an seine Vorschriften.
Die Weihe der Glocke verlangte vor allem, daß das Instrument

unter keinen Umständen dem Vergnügen oder der Zerstreuung diente. Es war verpönt, sie »ohne Regel und Unterschied« zu verwenden, auf dem Carillon »laszive und profane Weisen« zu spielen, die für das Schauspiel bestimmt waren, und »die Glocken von Frauen läuten zu lassen, ausgenommen in den Nonnenklöstern«.[60] Die Weihe der Glocke bewirkte, daß man sich, so weit es ging, jeden profanen Geläutes zu enthalten hatte. Wir stoßen hier auf die Wurzel zahlreicher Konflikte, deren Konstellation zu untersuchen sein wird. Die Verweigerung der Glockenweihe stellte lange Zeit eine furchtbare Waffe in den Händen des Klerus dar. Sie brachte nämlich die Gefahr mit sich, die Erhaltung der Gemeinschaft zu stören und eine offene Bresche zu schaffen, durch welche die mannigfachen sie bedrohenden Übel einfallen konnten.[61]

Nach 1860 – und in manchen Gegenden schon viel früher, wie wir sahen – wurden die Glocken nur noch in Gießereien hergestellt. So errang die Glockengießerfamilie Bollée im mittleren und westlichen Frankreich fast eine Monopolstellung; auch die Glockengießer von Villedieu-le-Poêles (Manche) und die Familie Farnier in Rambervillers (Vosges) behaupteten einen wichtigen Teil des Marktes. Der industrielle Glockenguß war schwerpunktmäßig konzentriert, wozu die Revolution der Transportmittel ebenso beitrug wie die Seßhaftigkeit der bedeutendsten Glockengießer. Er führte zur Vereinfachung und Vereinheitlichung der Verfahren. Er ließ die Praxis der »Abmachungen« zurückgehen. Er erlaubte es dem Pfarrer oder dem Bürgermeister, die Entscheidung über einen Neuguß der Glocke allein zu treffen und sich der Kontrolle durch die Gemeinschaft leichter zu entziehen. Gleichzeitig ermöglichte die fabrikmäßige Herstellung der Glocke eine Verbesserung ihrer Qualität und die Verfeinerung der Glockenzier. Sie verbürgte die Langlebigkeit des Instruments. Das Verschwinden des ambulanten Glockengießers, das Fehlen jeden Risikos und das Ausbleiben der kollektiven Emotion beim nächtlichen Glockenguß wirkten zusammen und machten die Glocke zu einem Gegenstand des Alltags. Was auf diesem Gebiet zur Geschichte der Gefühlskultur gehört hatte, erfuhr im letzten Drittel des 19. Jahrhunderts offensichtlich eine brutale Verarmung.

Die Erste Republik hat unbestreitbar eine Zerstörungskampagne gegen die Glocken geführt, deren Umfang beispiellos war. Sie hat ein Unternehmen der Desakralisierung, der Ausrottung von »Fanatismus« und »Aberglauben« und sodann der strikten Trennung von Säkularem und Religiösem betrieben, dem nichts Vergleichbares an die Seite zu stellen ist. Aber den symbolischen Wert und die emotionale Gewalt der Glocke hat sie nicht wirklich verringert, ja vielleicht sogar durch Entzug gestärkt. Nicht einmal die Rolle der Glocke beim Aufbau der individuellen wie der kollektiven Identität hat sie gemindert. Im Gang dieser Geschichte ist es das Ende der 1850er Jahre, das den entscheidenden Bruch markiert.

Bis zum Beginn des 20. Jahrhunderts, trotz seines markanten Rückgangs in den letzten Jahrzehnten, hat der »Geist des Glockenturms« nach wie vor mehr als nur metaphorische Bedeutung. Bis zu diesem Zeitpunkt war die Stimme der Glocken beteiligt an jenen von Pierre Laurence angesprochenen »Klangeindrücken, die konstitutiv waren für das Sein der Menschen und für die Gemeinschaft der Arbeit«.[62] Um dies richtig zu verstehen, müssen wir nämlich abstrahieren von unserer sensorischen Gedankenlosigkeit und uns das damals noch aufmerksame Hören auf unablässig wiederholte akustische Botschaften vergegenwärtigen. Die Geschichte der Glocken ist eng verknüpft mit der Geschichte der Modalitäten der Aufmerksamkeit.

Um das Schwinden und Verklingen jener Bronzebotschaften recht zu erfassen, die eine Seite im Geschichtsbuch unserer Sinneskultur ausmachen, müssen wir zunächst untersuchen, welche Bedeutung die Glocke für die Konstruktion der räumlichen, zeitlichen und sozialen Orientierung hatte, die das in Hörweite der Glocke existierende Individuum vornahm.

Kapitel 2 Akustische Orientierungen
für die Landbevölkerung

Glocke, Raum, Territorium

Z ENTRUM UND PERIPHERIE   Der Klang der Glocke und das durch
ihn erregte Gefühl trugen bei zur Konstruktion der territorialen Identität der Menschen, die auf ihn warteten und ihn dann
erkannten. Dorfbewohner, Bürgersleute und die »Leute vom
Fach«, die im Zentrum der alten Kleinstädte lebten, konnten
dank des Glockenklanges leichter jene räumliche Verwurzelung empfinden, deren das im Entstehen begriffene großstäd-
tische Proletariat noch entraten mußte.[1] Das Geläute gesellte
sich zu dem Spektrum von Orientierungshilfen, die den Menschen jener Suche nach Identität überheben, welche konstitutiv ist für die proletarische Existenz[2] und ihre Isolation in einer
nur allzuoft dem Exil verwandten Wanderungsbewegung.

Der Glockenturm bezeichnete einen Klangraum, der einer
bestimmten Konzeption von Territorialität entsprach: der Ob-
session vom Wissen voneinander. Die Glocke bekräftigte
die Teilung in ein Drinnen und ein Draußen. Das meint die
Umgangssprache, wenn sie den »esprit de clocher«, die Kirch-
turmperspektive beklagt. Marcel Maget hat einst jene konzen-
trischen Kreise unterschieden – Raum des Wissens voneinander, Raum des ehelichen Tausches, Raum der Praxis des Müßig-
ganges, *Raum des Renommees* –, nach denen sich das soziale
Wissen in ländlichen Gesellschaften gliedert. Der Klangbereich
der Glocke ist unter diesem Gesichtspunkt zu analysieren.[3]

Der so definierte Raum war nicht von jener Beschleunigung
erfüllt, die das 19. Jahrhundert mit sich riß. Seine Gestalt ent-

sprang nicht dem Wunsch nach Mobilität und nach Schnelligkeit; die Glocke suggerierte dem Hörer vielmehr einen Raum
der Langsamkeit und der Bewahrung, der aus der Archäologie
der Geschwindigkeiten hervorging.[4] Er entsprach dem ge-
mächlichen Schritt des Landmanns.

Das durch den Klang der Glocke umschriebene Territorium
war ein Echo auf den klassischen Code des Schönen, auf das
Schema von Wiege, Nest und Zelle. Es schrumpfte zu einem
geschlossenen Raum, in welchem die Klangmacht des Zen-
trums regierte. Es war in dieser Hinsicht nämlich wichtig, daß
der Glockenturm in der Tat im Herzen seines Klangterritori-
ums stand. Man hat es oft wiederholt, daß diese Konservierung
der Geschwindigkeiten im Widerspruch stand zur Kohärenz
eines nationalen Raumes, des Raumes eines republikanischen
Staatsbürgertums;[5] daß der Triumph eines demokratischen
Regimes die Konstruktion einer neuen Territorialität implizierte. Das Raum-Imaginäre jedoch, auf dem die Republik
ihren Triumph errichtete, nötigt zu einer Nuancierung dieser
Behauptung. Im Bild der offiziellen Ideologie der Jahrhundertwende war das flache Land von klassischer Harmonie; es setzte
sich zusammen aus dörflichen Zellen, die durchwoben waren
vom Klang der Glocken. Die Republik hat es verstanden, in ihr
Bild von sich selbst diese beruhigende Territorialität hineinzu-
nehmen. Im Hinblick auf die sich damals entspinnende Debatte ist es zweifellos richtiger, von der Konstruktion eines
Raumes zu sprechen, in dem man zwar die Struktur bewahrte,
jedoch nach Kräften die Orientierungsmarken desakralisierte:
den Glockenturm, den öffentlichen Platz, die Kreuzwege und
überhaupt alle Orte der Information und der Versammlung.

Der Klangbereich der Glocke, eingebettet in ein klassisches
Bild von Harmonie, markierte ein Territorium, das umgetrieben wurde vom Gedanken an seine Grenze und die Gefahr von
deren Verletzung. Alarm und Schutz waren die zwei wesentlichen Funktionen des Glockenturms. So stellte sich ein Zusammenhang her zwischen Glocke und Grenze, zwischen

Geläut und Prozession. Jene wie diese definierten einen Raum und machten dessen Grenze spürbar.[6] Gleichzeitig entstand eine Äquivalenz zwischen der Reichweite der Glocke und der Erstreckung des Pfarr- oder Gemeindeterritoriums. Es galt zu verhindern, daß sich territoriale Waben abkapselten, in denen Glockensignale – Information, Alarm, Ruf – nicht zu vernehmen waren: isolierte Teilräume von verschwimmender Klangidentität, die Gefahr liefen, aus allen Mechanismen einer raschen Verständigung und Sammlung herauszufallen.

Die Glocke prägte den Habitus oder, wenn man so will, die Sinneskultur der Gemeinden. In ihr ankerte der Lokalismus,[7] sie vertiefte den Wunsch nach Verwurzelung, die Sehnsucht nach dem Frieden der engen, sorgsam begrenzten Horizonte. Aufschlußreich in dieser Hinsicht ist der offenkundige Zusammenhang zwischen der Beschaffenheit der historischen Arbeiten über Glocken und der Struktur des durch deren Reichweite definierten Raumes. Die Glockengeschichten sind ausnahmslos das Werk lokaler Privatgelehrter, deren Neugier allem galt, was mit ihrem kleinen »Land« zu tun hatte; sie präsentieren sich in Form von Fragmenten, von mageren Artikeln, die auf die Bedeutung der Ereignisse und ihre Alltäglichkeit zugeschnitten sind. Diese Forschungen, deren Zahl groß ist (wie allein schon die Lektüre der *Bibliographie annuelle de l'Histoire de France* beweist), fügen sich zu einer Geschichte des Kleinen; die Beschränktheit ihrer Aussage begründet die zwangsläufige Bedeutungslosigkeit von Arbeiten, deren Verzettelung jeden Versuch vereitelt, sie auf das Niveau einer umfassenderen, achtbareren Geschichte zu heben.[8]

Im 19. Jahrhundert steckte das Geläute zumindest auf dem Lande einen Raum ab, innerhalb dessen das Ohr nur fragmentierte, diskontinuierliche Geräusche vernahm, von denen sich keines wirklich gegen die dominierende Stimme des Glockenturmes behaupten konnte.[9] Vergessen wir nicht, daß die damalige Zeit das Flugzeug nicht kannte, das heute mit dem Klang der Glocke zu konkurrieren, ja ihn zu übertönen und vor allem

zu *neutralisieren* und damit die Klangfülle in der Luft zu desakralisieren vermag. Seit Beginn des 20. Jahrhunderts sind die
Glocke und die Kanone nicht mehr die einzigen Klangquellen,
die es mit dem Krachen des Donners aufnehmen können.

Jene Gesellschaft, die das kontinuierliche Geräusch des Ex-
plosionsmotors, des elektrischen Motors und des Verstärkers
nicht kannte, liebte es, sich sporadisch die Ohren vollzudröh-
nen. Vor allem das Geläute der Glocken, aber auch das Geräusch der Kanone und die Explosion der Knallfrösche waren
unentbehrliche Hilfsmittel öffentlicher Freude. Das Charivari, das plötzliche Loslärmen, das wir heute gern als bloßen
Radau abtun, wurde um so mehr geschätzt, als es die habitu-
elle Stille durchbrach und der Klangstruktur der Landschaft
entsprach. Aber um es noch einmal zu sagen: in einem solchen Milieu vermochte nichts wirklich dem Klang-Imperia-
lismus der Glocke zu widerstehen.

Letztere leistete durch die Regelmäßigkeit ihres Läutens
einen Beitrag zur periodischen »sakralen Wiederaufladung des
umgebenden Raumes«.[10] Wie es auch um die Frömmigkeit der
Bevölkerung bestellt sein mochte, die Kirche definierte im
Herzen des Dorfes einen Mikroraum, der meistens respektiert
wurde [vgl. u. S. 286 f.]. Von diesem Mittelpunkt einer wattier-
ten Stille aus wurden die Klangwellen hinausgesandt, die ihre
»sakralisierende« Wirkung über einen Luftraum erstreckten,
der vor jedem anderen Krach bewahrt war.

Seit Beginn der Gegenreformation wirkte die Kirche darauf
hin, Ordnung in diese klangliche Bemeisterung der Lüfte zu
bringen. Sie bemühte sich, wenngleich ohne völligen Erfolg,
um eine Hierarchisierung der Geläute. Nach den von Karl Borromäus im 16. Jahrhundert festgelegten Normen[11] zeichnete
sich eine Kathedrale durch den Besitz von fünf bis sieben
Glocken aus, eine Stiftskirche konnte deren drei ihr eigen nennen und eine Pfarrkirche höchstens zwei bis drei. Die Glocken
von Klöstern durften die Glocken der Pfarrkirche nicht übertönen. Die Glöckner waren gehalten, die durch die Hierarchie

der Gebäude gegebenen *Regeln der Ehrerbietung* zu beachten. So verbot das Konzil von Toulouse (1590), »die Glocken einer beliebigen Kirche zu läuten, bevor die Glocken der Kathedrale oder die Mutterkirche das Zeichen dazu gegeben haben«.[12] Zuvor war dem Mittelalter eine derartige Abstufung der Ehrerbietung unbekannt gewesen, nicht aber die Existenz von einschlägigen Normen. Wenn eine Kirche gegründet wurde, durfte sie nicht mehr als eine Glocke besitzen, damit ihre Eigenschaft als Filialkirche demonstriert wurde.[13]

Im Grunde genommen war im modernen Frankreich die Zahl der Glockentürme so groß und der Wunsch nach Geläuten so ausgeprägt, daß es damals sehr schwer war, eine strenge Ordnung für die Glockenbotschaften zu errichten. Dr. Billon, Initiator der französischen Glockenatlanten [vgl. u. S. 396 f.], schätzt, daß es im 18. Jahrhundert mehr oder weniger üblich war, den Vorrang der Kathedralen zu respektieren. Im folgenden Jahrhundert scheint das Prinzip der Ehrerbietung beim Läuten in den Bischofsstädten beobachtet worden zu sein; und der reisende Romantiker konnte, vom Hügel ins Tal hinunterschauend, noch leicht die Musik der Lüfte lesen, welche diese einst als »klingend« bezeichneten Städte verströmten.

Die Glocke mußte innerhalb der Grenzen des Territoriums, das ihr zugeteilt war, überall zu vernehmen sein;[14] das bedeutete, wie wir gesehen haben, die Klanggewalt des Geläutes auf Oberfläche und Relief der Pfarrei oder der Gemeinde abzustimmen. »Man hat beobachtet«, schreibt Remi Carré 1757, »daß die Glocken in der Ebene weiter reichen als im Bergland und daß sie in einem Flußtal noch weiter zu vernehmen sind als in einer [flußlosen] Ebene.«[15] Ein zerklüftetes Relief erforderte eine klangmächtige Glocke und zugleich ein frühzeitiges Läuten. Das Reglement von 1837 sah vor, daß in den Tälern der Pyrenäen die Glocken eine Stunde vorher beginnen durften, zum Gottesdienst zu rufen.[16] Nach dem Reglement von 1885 galt in der Haute-Savoie sogar diese Frist als noch zu kurz.

Die Aktenstöße in den Archiven quellen über von Beschwerden über die Unzulänglichkeit des Geläutes im Hinblick auf die Erstreckung des Territoriums. Betrachten wir hierzu nur das Département Finistère. Am 19. Juni 1808 richteten die Einwohner von Ouessant – erfolglos – eine Bittschrift an den Präfekten, in der sie um Zuteilung einer Glocke ersuchten, »deren Ton an jedem Punkt der Insel zu vernehmen ist«. Drei Jahre später erinnerte der Bürgermeister von Plouider denselben Beamten daran, daß es in seiner Gemeinde während der Revolution vier Glocken gegeben habe, darunter »die schönste der ganzen Gegend«, die »sehr weit zu vernehmen war«. Seither besaß Plouider nur eine einzige, schwache Glocke, deren Klang jene Teile des »Gebirges« und des *Meeres* nicht erreichte, die in ihren Klangbereich gehörten. Noch 1892 beschwerten sich die Einwohner von Plounéour-Lanvern, daß sie ihre einzige Glocke schon in einem Kilometer Entfernung vom Ort nicht mehr vernahmen; außerdem beklagten sie sich, daß diese Glocke das G schlug, während es »der Wunsch der Bevölkerung« sei, ein F zu hören.[17]

Eine große Anzahl von Klagen in Verbindung mit der ungenügenden Reichweite der Glocken betrifft das zivile Läuten. Der Klerus reservierte nämlich die Feierlichkeit der klangstärksten Instrumente für die Ankündigung der Gottesdienste; für anderes Läuten konzedierte er nur die kleine Glocke, die zu den stillen Messen rief. Das führte manchmal dazu, daß die Einwohner den Gebrauch der größten Glocke zu jedem Anlaß verlangten.

1880 weigerte sich der Pfarrverweser von Ceffonds (Haute-Marne), mit der großen Glocke die Sperrstunde zu läuten, wie es der Gemeinderat gewünscht hatte. Er behauptete, herkömmlicherweise werde dieses Signal von der »zweiten« Glocke gegeben. Der Streit spaltete die Gemeinde mehrere Jahre lang. Zunächst führte die Opposition gegen den Pfarrvikar dazu, daß der Gemeinderat sich weigerte, den Glöckner zu bezahlen, so daß das Läuten der Sperrstunde ganz unterblieb. Im November 1884 jedoch beabsichtigte der Gemeinderat mit Rücksicht auf die neue politische Konjunktur, den Brauch wieder einzuführen, und zwar diesmal »mit Hilfe der größten Glocke«. Der Bürgermeister benannte einen Glöckner, und die Gemeindeverwaltung entschied, ihn für genau diese Aufgabe zu entlohnen. Der Pfarrer beschwerte sich höheren Orts. An dem Streit entzündete sich ein Disput zwischen dem Unterpräfekten und dem Bischof von Langres. Auf Wunsch des von dem Prälaten alarmierten Kultusministers gab der Präfekt sich alle Mühe, den Standpunkt des Bürgermeisters zu rechtfertigen. Er betonte, die »zweite« Glocke sei »klangarm« und die ganze Angelegenheit sei vor nunmehr fünf Jahren auf die wiederholten Bitten der vom Zentrum Ceffonds' weiter entfernten Weiler ins Rollen gekommen. Heute werde die große Glocke »zur allgemeinen Zufriedenheit« benutzt. Seiner Ansicht nach rechtfertige der Zuschnitt der Gemeinde die Neuerung vollauf. Die Affäre endete im Mai 1886 mit dem Sieg der Gemeindeverwaltung.[18]

Im Jahre 1900 war es die Gemeinde Lagrave (Tarn), die von einem derartigen Konflikt zerrissen wurde. Nach den Worten des Bürgermeisters verlangten ein Teil der Tagelöhner und Grundbesitzer, daß der Feierabend um sechs Uhr abends mit der *großen Glocke* geläutet werde. Der Bischof bestärkte den Pfarrer in der Ablehnung des Wunsches, mit diesem Instrument zu läuten. Es gab in Lagrave eine Gemeindeuhr, deren Glocke die Stunden schlug und sogar repetierte; in den Augen der beiden Kirchenmänner schien das zu genügen. Diese Glockenaffäre erhitze die Gemüter, betonte der Prälat. Sie sei Wasser auf die Mühlen der Antiklerikalen. Der Bürgermeister wiederum erbat vom Kultusminister die Ermächtigung zum Läuten der großen Glocke. Eine Ablehnung seiner Bitte werde unfehlbar seine eigene Position sowie die des Gemeinderats schwächen und damit den Republikanern bei den nächsten Wahlen schaden.[19]

Zu den Aufgaben der Glocke gehörte die akustische Orientierung des Reisenden und des Seefahrers in ihrer Reichweite. Die lokalen Gebräuche im Gebirge wie entlang den Küsten,

aber auch in gewissen unwegsamen Regionen, am Rande eines
Forstes und manchmal sogar in der flachen Ebene bestätigen
diese Schutzfunktion. Die Mönche auf dem Großen Sankt
Bernhard unterhielten eine Glocke in vierzig Minuten Entfernung vom Kloster, die für verspätete Reisende bestimmt war.
Im Bergland der Auvergne »ist es Brauch, die Glocken von fünf
bis sechs Uhr abends, bis um elf Uhr oder Mitternacht zu läuten, wenn das Land unter einer Schneedecke liegt«. Die Glocke
von Aubrac erklang zu diesem Zweck jeden Abend. In gewissen
Gemeinden des Puy-de-Dôme »läutet man das Angelus um
acht Uhr abends, und zwar sehr lange«. Im Kanton Saint-Béat
(Haute-Garonne) betätigte man aus demselben Grund die
Glocke im Winter um zehn Uhr abends. Dieser Brauch findet
sich auch in Haudricourt (Seine-Inférieure), einer bewaldeten
und »sehr unwegsamen« Gemeinde.[20] Die Bürgermeister der
Meuse, die 1852 dem Präfekten den Wunsch abschlugen, im
Sommer um zehn Uhr abends läuten zu lassen [vgl. u. S. 405],
räumten ein, daß es im Winter üblich sei, um neun Uhr abends
die Glocke zu läuten, um dem Reisenden, der sich in den Wäldern zu verirren drohte, Orientierungshilfe zu geben.[21]

An den Küsten war es, sofern es keinen Leuchtturm gab –
und vor allem bei Nebel – der Klang der Glocken, der den vom
Kurs abgekommenen Schiffern als Anhaltspunkt diente – sie
freilich manchmal auch in die Irre führte, wie behauptet wird.
In Dieppe, in Saint-Valéry-en Caux, in Le Bourg-d'Ault (Seine-
Inférieure) wurde an Tagen mit schlechtem Wetter geläutet.
1864 ließ die Stadtverwaltung von Le Tréport eine Glocke an
der Mole installieren. In Les Sables-d'Olonne gibt es eine Ret-
tungsglocke. Sie befindet sich »in der Kuppel des Glockenturms« und »läutet bei Sturm und Unwetter«. 1881 bat die
Pfarrei Ile-Tudy (Finistère) um eine zweite Glocke, »um den
Seeleuten bei dichtem Nebel, der die Sicht auf die nächsten
Leuchtfeuer behindert, besser die Richtung und Nähe der
Küsten anzuzeigen«. Das Ministerium bewilligte die notwendige Summe für diese Anschaffung.[22]

Der Weg der guten Engel Die Glocke mußte dazu beitragen, den Raum der Gemeinschaft vor allen eventuellen Gefahren zu schützen. Ohne Zweifel war es diese prophylaktische Funktion, die die Gemüter am lebhaftesten bewegte; sie genügte, um die starke Anhänglichkeit an die Glocke zu rechtfertigen, aus der sich das symbolische Band zwischen dem Geläut und der Gemeinschaft der Einwohner zu entwickeln begann.

Diese Funktion hatte solide theologische Wurzeln, die einst der Abbé Jean-Baptiste Thiers im *Traité des cloches* aufgezeigt hat, einem seiner nachgelassenen Werke. Nach Hinweisen auf die Kirchenväter, namentlich Johannes Chrysostomus, und auf die Gründungstexte der Gegenreformation gelangt Thiers zur Unterscheidung zwischen dem legitimen Glauben an die schützende Wirkung der Glocken und dem Wust von Aberglauben, den er verurteilt, um die christlichen Überzeugungen zu reinigen.[23] In seinen Augen gestatten es die Segensformeln, an die schützende Wirkung der geweihten Bronze zu glauben.

Die bösen Geister wohnen in der Luft. Sie sind verantwortlich für die Ausbreitung von Plagen und Viehseuchen. Sie verursachen Insekteneinfälle, entfachen Stürme und Gewitter, bewirken Überschwemmungen, lassen Fröste entstehen. Ihre Gegenwart in der Luft hindert vor allem am Beten.

Die bösen Geister verabscheuen aber den Klang der Glocken; kaum vernehmen sie ihn, so lassen sie die Hexen an ihrem Sabbat fallen und ergreifen die Flucht. Die Glocken haben also die Macht, Donner, Blitz und Sturm zu vertreiben und die Luft von jeder höllischen Gegenwart zu reinigen. »Solches aber geschieht nicht auf natürliche Weise«, erläutert Jean-Baptiste Thiers, »sondern durch die göttliche Kraft, die ihnen [den Glocken] zuteil wird, wenn man sie weiht oder wenn man sie gegen diese Lufterscheinungen läutet.«[24]

Gleichzeitig – und das ist das Wesentliche – besitzen die Glocken die Macht, die Engel zu rufen. Der Glaube an diese Kraft geht auf den für die Gegenreformation bezeichnenden Prozeß der Bevölkerung des Universums mit Engeln zurück.

Diese »heiligen Klangwogen des geweihten Erzes«, wird viel später der Abbé Sauveterre schreiben, haben vor allem das Ziel, »einen Weg zu den guten Engeln freizumachen«. Man läute die Glocken, so wiederum Jean-Baptiste Thiers, »um die Engel zu bitten, in die Gebete der Gläubigen einzufallen«. Die Kirche, der »Palast des Himmels«, ist naturgemäß »der Wohnsitz der Engel«, wie Johannes Chrysostomus und viel später Karl Borromäus nicht müde wurden zu betonen.[25]

Die Glocken haben die Macht, die schädlichen Wolken aufzulösen, welche den unablässigen Kreislauf der Engel stören und den Kontakt zwischen Himmel und Erde behindern. Von daher hat die beharrliche Einseitigkeit der Glocken-Epigraphik nichts Verwunderliches. Mitten im 19. Jahrhundert kündet die Bronze der Glocken noch immer von ihren schützenden Kräften. Sie sind auf die alten Instrumente geschrieben und werden in die neuen Glocken eingraviert. »*Fugo fulmina*« (ich vertreibe die Blitze) liest man auf der Glocke des Ortes Vebret (Cantal), dem die Einwohner vertrauensvoll den Beinamen »Saouque Terre [geschützte Erde]« gegeben haben. Diese Vokabel *Sauveterre* ist in der Gegend häufig; man begegnet ihr auch in Marcillac-la-Croizille und in Concèze im Département Corrèze. Die große Glocke von Forcalquier (Basses-Alpes) hat den Beinamen »Maria Sauvaterra«. »Soweit meine Stimme reicht, wird nichts im Sturm zerstört«, liest man auf den beiden Glocken von Montain (Tarn-et-Garonne). In Saccourvielle in der Haute-Garonne und in Sulac (Gironde) vergleichen zwei Inschriften die Stimme der Glocken mit der Stimme Gottes, der die Stürme besänftigt. Im Périgord ist die Zahl der Anspielungen auf diese schützende Kraft Legion. Die Formeln »*pestem fugo*« und »*nubem fugo*« sind anzutreffen in Sarlande, in Coulaures, in Bergerac, in Faux; übrigens sind alle diese Glocken zwischen 1864 und 1883 gegossen worden. Nicht vergessen seien daneben die Formeln »*fulgura pello*«, »*fulgura frango*«, »*fulgura compello*«, »*nimbum fugo*«, »*impetusque tempestatum pello*«. Eine große Glocke, die 1863 für die

Kirche Saint-Étienne in Périgueux hergestellt worden ist, trägt die Inschrift »*daemones fugo*«. Schließlich wird auch die allgemeine Schutzfunktion angesprochen, namentlich mit der Formel »*tuba salutaris*«.[26]

1868 wurde die große Glocke der Kathedrale Saint-Mammès in Langres neu gegossen. Die neue Glocke erlaubte noch den Vermerk »*nimbum fugo*«,[27] was den Astronomen Camille Flammarion auf den Plan rief und zu einem Protest in *Le Siècle* veranlaßte. Zwei Jahre zuvor hatte Edmond About in seinen *Causeries* ironisch von dem drohenden Verlust an Sinngehalt gesprochen, der mit der Wiederholung der alten Formeln verbunden sein mochte, und sich gefragt, ob der Archäologe des Jahres 1965 beim Lesen solcher Inschriften vielleicht zu der naiven Vorstellung verführt werde, im Zweiten Kaiserreich hätten noch alle Franzosen an die magische Kraft der Bronze geglaubt.[28] Womit wir wieder bei der Untersuchung der Praxis wären.

Die mit den genannten Überzeugungen verbundenen Gebräuche sind im 18. Jahrhundert bald da, bald dort bezeugt; wir brauchen dem nicht nachzugehen. In Ambert im Puy-de-Dôme pflegten die Landbewohner an Gewittertagen von sechs Uhr früh bis sechs Uhr abends zu läuten, und die Stadtbewohner lösten sie des Nachts ab; »der Pfarrer gab bei der Sonntagspredigt die Reihenfolge für das Läuten bei schlechtem Wetter bekannt«.[29] Diejenigen Pfarrkinder, die ihre Aufgabe nicht erfüllen konnten, mußten durch die Zahlung von 15 bis 20 Sous Ersatz stellen. In manchen Dörfern oblag es dem Volksschullehrer, für dieses Läuten zu sorgen. In Sennely-en-Sologne »läutete man dreimal täglich jeweils für mehrere Stunden«, vor allem zwischen dem 25. März [Mariä Verkündigung] und Christi Himmelfahrt, um sich vor Unwetter und Hexenwerk zu schützen.

1772 war der Bischof von Metz genötigt, das von ihm ausgesprochene Verbot des Läutens bei Sturm oder Frühlingsfrösten teilweise zurückzunehmen, so groß war der Zorn der Bevölkerung. Eine solche Praxis berührte auch die Pflichten der Glöckner. Im »Reglement für das Läuten der Glocken zu Cormicy« von 1767 kann man lesen: »Die Glöckner sind gehalten, bei allen Arten von Wolken zu läuten, sei es bei Tage oder bei Nacht.« Noch 1792 verpflichtete sich ein Monsieur Vinot beim Gemeinderat von Plappeville (Moselle), bei Unwetter zu läuten. 1789 beklagten sich die Pfarrkinder von Auzouer in ihrer Eingabe an den König: »Seitdem der Pfarrer das Läuten der Glocken bei Unwetter untersagt hat, ist die arme Pfarrei ganz und gar vom Hagel verwüstet.«[30] Wir haben gesehen, daß die Anhänglichkeit an das Wetterläuten oft den Ausgangspunkt bildete für den Widerstand gegen das von der Ersten Republik verordnete Schweigen der Glocken [vgl. o. S. 54].

Solche Praktiken paßten zu jener »profunden Temporalität«, die durch den täglichen Kampf gegen den Teufel geboten war. Aber sie störten den aufgeklärten Episkopat. Der Rationalismus der Aufklärung und der Wille der Eliten, sich von dem System der Glaubensüberzeugungen des Volks zu unterscheiden, verleiteten dazu, ungeachtet der Thesen Jean-Baptiste Thiers' die schützende Kraft der Glocken als einen Aberglauben zu betrachten, wie er – so dachte man – nicht selten sogar der dogmatischen Reinheit von Glaubenssätzen innewohnen konnte.[31]

Zwei Entwicklungen verrieten dieses neue Mißtrauen. Die eine bestand darin, daß man nach natürlichen Erklärungen für eine so oft bezeugte Wirkung suchte. Die neu-hippokratische Lehre von den krankmachenden Stoffen in der Luft, die Theorie der Infektionskrankheiten und in gewisser Weise die aus der Analyse der Luftbestandteile hervorgegangene neue pneumatische Chemie machten sich anheischig, die heilsame Kraft der Glocke zu erklären. Der Klang der Glocke, räumte der gute Abbé Pluche ein, sei vielleicht imstande, die Wolke *mechanisch zu durchdringen*[32] – eine naturwissenschaftliche Erklärung, die seit langem vorgebracht worden war und der Jean-Baptiste Thiers jeden Wert absprach. Immerhin hatte ein Vorfall in Illiers diese Hypothese gestützt. Am 17. Mai 1703 – berichtet Parent 1710 im *Journal des Savants* – hatte ein schweres Hagelunwetter die Beauce [im Südwesten von Paris] verwüstet. Die Einwohner von Illiers nun »hatten mit solcher Kraft geläutet, daß die Hagelwolke über ihrer Pfarrei sich teilte und in zwei Teile spaltete, die sich zu beiden Seiten des Ortes zerstreuten; dergestalt, daß diese Pfarrei, als einzige unter dreißig anderen, die keine so guten Glocken besaßen, fast keinerlei Schaden nahm«.[33] Vergleichbare Vorfälle, versichert Blavignac, würden immer wieder berichtet.

Der Klang der Glocke mochte, in den Augen mancher Gelehrter der Aufklärungszeit, vielleicht die Eigenschaft haben, die Luft zu »verdünnen«; sie würde damit heilsame Strömungen auslösen, die geeignet wären, die atmosphärische Masse zu bewegen und daher zu *korrigieren*. Mit einem Wort, die Klangwellen der Glocke besäßen Eigenschaften, die manche Menschen der Kanone zuschrieben. Wir haben an anderer Stelle ausführlich die innere Kohärenz solcher Theorien dargestellt.[34] Was jedoch die Glocken betraf, war eine derartige Erklärung weit davon entfernt, die Mehrheit der aufgeklärten Geister zu überzeugen.

Diese zogen es in der zweiten Hälfte des 18. Jahrhunderts im Gegenteil vor, die Risiken des Läutens bei Unwetter hervorzuheben und entsprechende Vorfälle aufzuzählen. Die Warnung vor der Gefahr einer elektrischen Entladung war entschieden lauter als die Begeisterung über die reinigenden Wirkungen der Glocke. Abbé Pluche leugnet zwar nicht gänzlich die Fähigkeit des Glockenklanges, durch die Wolke zu dringen, versichert aber zugleich, daß er fünfmal den Blitz in Glockentürme habe einschlagen sehen, in denen gerade geläutet wurde. Man habe ihm, wie er versichert, von zwanzig ähnlichen Fällen berichtet; und die vom Blitz erschlagenen Glöckner zähle man schon gar nicht mehr. Die Kirchen, die für die Dauer des Unwetters stumm blieben, schienen besser vor der Katastrophe geschützt zu sein als die läutenden Kirchen. Einige Leute betonten darüber hinaus, daß im Gebirge durch das Läuten der Glocken furchtbare Lawinenabgänge verursacht werden könnten.[35]

So erklärt sich das Insistieren auf zum Teil sehr alten Läuteverboten. Schon im 16. Jahrhundert gab es verschiedene Reglements, die das Wetterläuten untersagten; so war es beispielsweise in Lausanne und im Wallis. Eine bischöfliche Weisung von 1768 untersagte, wie wir gesehen haben, in der Diözese Metz das Läuten bei Sturm oder Frühlingsfrösten. Am 15. Mai 1781 forderte ein Rundschreiben, das die Unterschrift eines Richters von Nancy trug, alle Pfarrer auf, ihre Pfarrkinder in diesem Sinne aufzuklären. Und nach einer Entscheidung des Pariser Gerichtshofs vom 29. Juli 1784 »ist jedermann das Läuten von Glocken bei Unwetter untersagt«; diese Anordnung wurde 1787 bekräftigt. Die konzertierten Reglements, die Anfang des 19. Jahrhunderts von Präfekten und Bischöfen herausgegeben wurden, wiederholten das Verbot.[36]

Der Episkopat seinerseits begnügte sich seither damit, dem Klang der Glocke die Eigenschaft eines *Gebetes* zu Gott um Fernhaltung des Blitzes zuzuerkennen. Während man früher, entrüstet sich 1859 Abbé Sauveterre, zu allen Zeiten geglaubt habe an diese »geheimnisvollen Signale ihres [der Glocke] Metalls, die dessen Wirkung auf Gott befestigen mußten«, wolle man heutzutage bei dieser Gelegenheit im Klang der Glocke nicht mehr erblicken als eine »nüchterne Einladung zum Gebet«.[37] Der Abbé hatte nicht unrecht, wenn er den beachtlichen Rückgang des Wetterläutens hervorhob.

Nachgerade Legion ist die Zahl der Zeugnisse, welche die Opposition der Bevölkerung gegen diese disziplinarischen Maßnahmen festhalten. Sogar im Klerus selbst und im Kreise von Theologen regte sich heftiger Widerstand. Der Bischof von Rodez, Monseigneur Giraud, schrieb zwar in einem Hirtenbrief über die Glocken, der im November 1841 verlesen wurde und dem es beschieden war, zum Referenztext zu avancieren, ausdrücklich, das Läuten als Gebet zu betrachten und den Gebrauch der Glocke beim ersten Donner einzustellen. Andere Kirchenmänner jedoch, gestützt auf die Rituale der Glockenweihe und auf das Studium der Glockensymbolik, rechtfertigten das Festhalten an den alten Glaubensüberzeugungen: Sie sahen in ihnen Manifestationen des Widerstandes gegen den modernen Rationalismus. 1838 erhielten sie unverhoffte Schützenhilfe durch den Gelehrten François Arago: »Nach dem gegenwärtigen Stand der Wissenschaft«, schreibt Arago in *L'Annuaire du bureau des Longitudes,* »ist es nicht erwiesen, daß der Klang der Glocken den Blitzschlag anzieht und ihn gefährlicher macht; es ist nicht erwiesen, daß ein lautes Geräusch jemals einen Blitz ausgelöst hätte.«[38]

Wie dem auch sei, überall glaubte man noch ein wenig an die schützende Wirkung der Glocke – die bekannte Diskrepanz zwischen tradierten Glaubensüberzeugungen und herrschenden naturwissenschaftlichen Erkenntnissen. Es komme häufig vor, schreibt Blavignac, daß man Landleute sagen höre: »In dem und dem Jahr, an dem und dem Tag um soundsoviel Uhr haben wir erlebt, wie der Hagel sich verzog, sobald unsere Glocke anfing zu läuten.« Der Gebrauch der Wetterglocke sei noch im 19. Jahrhundert sehr weit verbreitet, namentlich im Midi, versichert seinerseits Dieudonné Dergny im Jahre 1865. Das Studium der Dokumente in den Archiven bestätigt diese Anhänglichkeit. Ein Einwohner der Gemeinde Courlon behauptete 1834 sogar, der Brauch des Wetterläutens habe sich »seit 1807 mehr und mehr verstärkt; am 23. August 1807 hatten nämlich ein schreckliches Unwetter und ein furchtbarer Hagelsturm alle landwirtschaftlichen Erzeugnisse der Gegend vernichtet, mehrere Häuser überschwemmt und Dächer abgedeckt; die Einwohner hatten an diesem Tag nicht geläutet und dies danach sehr bereut. Seit dieser Zeit benachrichtigen sich die Einwohner gegenseitig, daß sie bei Tag und bei Nacht läuten, wenn sich ein Unwetter ankündigt,· und keine Behörde würde es wagen, diese Art von Geläut abschaffen zu wollen, ohne den Zorn der Bevölkerung zu fürchten.«[39]

In Labrousse (Cantal) entzweite 1831 eine blutige Fehde die Einwohner des oberen und des unteren Dorfes: »Die einen wollen die Glocken läuten, die anderen behaupten, daß sie [deswegen] alle Unwetter abbekommen.« Es floß Blut. Die Kirche war bestürzt. 1837 vertraute der Bürgermeister dem Präfekten an, ihm graue bei dem Gedanken, ein solches Drama könnte sich wiederholen. In diesem Département hielt sich die Praxis des Wetterläutens bis ans Ende des Jahrhunderts. Am 10. und 11. Juli, schrieb 1896 der Bürgermeister von Roannes-Saint-Mary, seien Unwetter in der Gegend niedergegangen; »um sie aufzuhalten oder *abzulenken*, hat man die Glocken geläutet«. Unter demselben Datum rügte der Präfekt den Bürgermeister von Leucamp, weil er die Wetterglocke läuten ließ. Auch diejenigen, die nicht läuteten, wie einst die Einwohner des Unterdorfs von Labrousse, glaubten an die Wirksamkeit der Übung; denn sie beklagten sich darüber, Opfer ihrer Nachbarn zu sein, die läuteten. 1897 richtete der Bürgermeister von Marcolès Beschwerden an den Präfekten, die bezeugten, daß er diesen Glauben teilte.[40]

Im Puy-de-Dôme schien der Brauch des Wetterläutens 1846 unausrottbar zu sein. In der Gemeinde Chauriat-par-Vertaizon wurde das 1817 vom Kirchenrat ausgesprochene Verbot zu keiner Zeit beachtet. In dieser Region, bemerkte M. du Miral, »gibt es nur ganz wenige Pfarrer, die diesem ungesetzlichen Läuten wehren, weil sie glauben, daß es eine Huldigung an die Religion ist«.[41] Unterdessen, setzte er hinzu, »glauben sehr viele von diesen Störenfrieden selber nicht an Gott«.

1839 brandmarkte der Präfekt des Gers die Gefahren des Wetterläutens und bedauerte ebenfalls, »daß in den meisten Gemeinden ein beklagenswertes Vorurteil diesem Brauch zur Geltung verhilft«. Der Pfarrer von Lavardens weigerte sich, dieses Läuten zu unterbinden: »Früher, als in der Pfarrei von den Départementsbehörden ein ähnliches Verbot verhängt worden war, sind die Menschen bei einem Unwetter scharenweise zum Glockenturm geströmt und haben trotz des Verbots geläutet, nachdem sie zuvor die Türen aufgebrochen haben.« Er befürchtete neue Unruhen und schlug vor, in solchen Fällen nur die kleine Glocke anzuschlagen.[42]

Die Ergebnisse einer Umfrage, die Monseigneur Rendu 1845 unter den Pfarrern Nord-Savoyens veranstaltete, unterstrichen die Anhänglichkeit der Bevölkerung an das Wetterläuten. In dieser Region wurde der Glaube an die schützende Kraft der Bronze noch verstärkt durch die eifrige Verehrung des hl. Theodul, dessen wichtigstes Atrribut die Glocke ist. In Flumet »sagte« nach den Worten des Pfarrers das Motto auf der Bronze, daß die Wetterglocke »die Reliquien ihres Namenspatrons, des hl. Theodul, enthält. Es gibt in der Kirche eine Bildtafel vom hl. Theodul, auf der man ihm zu Füßen den bösen Geist sitzen sieht, den Kopf unter eine Glocke gebeugt...«[43] Wenn man in Savoyen die Bronze goß, bemühte man sich seit Jahrhunderten, ein Stück von der Glocke Zions mit einzuschmelzen, die der Teufel auf Geheiß des Heiligen nach Savoyen hatte schaffen müssen.

In La Chapelle-d'Abondance sowie in zahlreichen anderen Gemeinden verlangten die Einwohner vom Pfarrer, daß er das Läuten der Wetterglocke durch seine Gebete verstärke. Diese Praxis wurde als eine Art Exorzismus verstanden. Sobald er das erste Donnergrollen vernehme, schreibt der Pfarrer dieser Pfarrei, müsse der Priester »im Chorhemd und mit dem Weihwasserwedel in der Hand zum Kirchenportal laufen«.

Die Antworten der befragten Pfarrer auf eine von Monseigneur Dupanloup veranlaßte bischöfliche Umfrage ergaben, daß die Gewohnheit, »bei Unwetter die Glocken läuten zu lassen«, damals in der Diözese Orléans weit verbreitet war. Auch hier verband man das Läuten mit Gebeten. Sobald es anfing zu donnern, eilten die Pfarrer in die Kirche und lasen den Passionsbericht, während der Glöckner läutete.[44]

Bei Bedarf hakte sich die Politik in den verbotenen Brauch ein und bereicherte die Tragweite des Wetterläutens. In der Gemeinde Vahl-lès-Faulquemont (Moselle) bestand bis 1845 die

Gewohnheit, den ganzen Mai hindurch jeden Abend nach dem Angelus die Glocken zu läuten, um Kulturen und Obstgärten vor Frühlingsfrösten zu schützen. Der Aufgabe unterzogen sich die jungen Burschen zwischen zehn und fünfzehn Jahren, die bei der Gelegenheit, so der Pfarrer, großen Radau im Glockenturm veranstalteten. In jenem Jahr 1845 entschloß sich der Priester, das Läuten zu untersagen. Diese harte Maßnahme wurde daraufhin vom Bürgermeister als politische Entscheidung gebrandmarkt. Der 1. Mai – Tag des hl. Philippus – sei nämlich ein Feiertag, und Pfarrer und Pfarrverweser seien verpflichtet, am Vorabend des 1. Mai alle Glocken zu läuten und den Morgen des Tages auf dieselbe Weise zu begehen. Der Pfarrer von Vahl-lès-Faulquemont wies natürlich jede politische Absicht weit von sich.[45] Es ist daher nicht möglich, den Grund für seine Härte anzugeben. Vielleicht sollte sie weniger den König ärgern, als hauptsächlich dem Bürgermeister eins auswischen, der es liebte, dem Pfarrer »den Volksschullehrer als Kantor aufzuzwingen«.

In Choiseul (Haute-Marne) wurde, dem Bürgermeister zufolge, der diese Übung 1862 scharf kritisierte, das Wetterläuten vom Pfarrer getreulich beobachtet, weil es für ihn eine namhafte Einnahmequelle darstellte. Er »ist sehr daran interessiert, diesen Brauch beizubehalten, für den er, wie für das Verlesen des Passionsberichts, bei jedem Landwirt vorweg eine Garbe Weizen abholt«.[46] Für einen solchen heimlichen Zehnten gibt es keinerlei anderweitige Belege.

Bis 1870, als das Gebiet an Deutschland fiel, glaubte die Bevölkerung des Mosel-Départements unverändert an die schützende Kraft der Glocken bei Unwetter, wie Samuel Bour, der Verfasser der wissenschaftlichsten Untersuchung zur Geschichte der Glocken, bestätigt.[47] Die Menschen schrieben dem Läuten sogar Fähigkeiten zu, die über das rein Meteorologische weit hinausgingen: Die Einwohner des Mosel-Départements glaubten, daß die Glocken mit therapeutischer Kraft begabt seien. In Breidenbach blieb man überzeugt, daß jemand, der von Warzen befallen war, gesund wurde, wenn er sich beim Klang der Totenglocke mit Schlamm einrieb. Ein Arzt aus dem Mosel-Département hatte sich das Bein gebrochen, und man mußte es amputieren; »während der Operation ließ man sämtliche Glocken von Forbach läuten«. Allerdings könnte man in dieser Geste auch nur die Aufforderung sehen, für den Patienten zu beten.

Jean Nanglard bezeugt seinerseits den Glauben der Menschen aus der Charente an die heilsame Kraft der Glocken. In Saint-Amant-de-Bonnieure hieß es von der alten Glocke, daß sie »durch ihr Seil die Kraft mitteilt, Kinder vor der Rachitis zu schützen, die von dieser Krankheit bedroht waren. Darum hängte die Mutter ihren kleinen Patienten für einen Augenblick unter den Achseln an diesem Seil auf und betete dabei zum hl. Amant, er möge für das Kind bitten.«[48] Eine Aussage, die beweist – sofern es des Beweises noch bedarf –, wie stark die Verknüpfung zwischen der Bronze der Glocke und dem Kult der Heiligen war, deren heilspendende Kraft in diesem Département allgemein anerkannt war.

Die bösen Geister haben panische Angst vor den Glocken; daher, so noch einmal Samuel Bour, »der Glaube, von dem ich in meiner Jugend oft habe sprechen hören, daß man Milch nicht ins Freie tragen darf, sobald die Abendglocke geläutet hat, weil man sie sonst den Hexen preisgäbe«.[49] In Réding glaubte man, daß die Milch Gefahr lief, schwarz und verdorben zu werden. »Ebenso mußte man, wenn man nach der Abendglocke noch etwas Sauerteig zur Nachbarin trug, ein kleines Stück davon fallenlassen, um den Teig dem Einfluß der Hexen zu entziehen.« Samuel Bour hat oft erzählen hören, »daß man, nachdem die Abendglocke geläutet hat, niemals die Stalltüren offenstehen lassen darf«, weil sonst die bösen Geister die Milch der Muttertiere verderben könnten. »Für viele Menschen bezeichnete nämlich die Abendglocke die Stunde, wo es den bösen Geistern und Phantomen erlaubt war, in dunkler Nacht umherzuschweifen und Böses zu tun.«

Aber hier kommen wir von unserem Thema ab;[50] diese Gebräuche verfolgten gewiß das Ziel, den Klangraum zu schützen, aber gleichzeitig bietet sich auch eine neue Funktion der Glocke der Untersuchung dar: jene nämlich, die mit den zeitlichen Orientierungspunkten der Gemeinschaft zusammenhängt.

Verquickte Rhythmen

Die Beziehungen zwischen dem Läuten der Glocke und dem Verrinnen der Zeit sind geprägt von miteinander verquickten Zwecken, Bedeutungen, Interessen und Konflikten, die aufmerksamer Untersuchung bedürfen. Man muß sich in diesem Zusammenhang die diffizile Organisation der Klangsignale im 19. Jahrhundert und die Mannigfaltigkeit der Zeiterfahrungen bewußt machen. Zeitliche Architektur des Lebens, Habitus und Sinneskultur haben sich seither dermaßen verändert, daß wir Gefahr laufen, den Sinn dieser Geschichte des Klanges zu verkennen.

Eine der eklatantesten Entwicklungen, seit langem ans Licht gebracht, berührt uns dabei nur indirekt: Es handelt sich um die Ausbreitung einer »quantitativen Zeit« auf Kosten einer »qualitativen Zeit«[1] und damit um die Rivalität zwischen dem Signalisieren des Verrinnens der kontinuierlichen, gemessenen, präzisen Zeit der Uhr und dem durch das Läuten erzeugten Skandieren bestimmter privilegierter Momente des Jahres, der Woche und des Tages, deren Wiederholung das Gefühl von der Unbeweglichkeit der Zeit verfestigt. Wir werden noch zurückkommen auf die tiefgreifenden und heftigen Konflikte zwischen dem Läuten der Glocke und dem Schlagen der Uhrzeit, bei denen die uralten Privilegien des Glöckners auf die neuartigen Ansprüche des »Uhrenaufziehers« prallen. Die Bemeisterung der Zeit verleiht diesem zunehmende Vollmachten, namentlich in den Uhrmachergebieten, etwa im

Nordosten und in der östlichen Mitte Frankreichs.[2] Diese Vollmachten führen zu mancherlei lokalen Zwistigkeiten, bei denen es um den Schutz des Allerheiligsten, den Besitz der Schlüssel und den freien Zugang zu den Glockenseilen geht [vgl. u. S. 332 ff.]. Der Klerus bestreitet zwar nicht die Nützlichkeit der Uhr und des Schlagens der Stunden, doch vor allem auf dem Lande verfolgt er mißtrauisch die Einführung dieser gemessenen Zeit, deren unerbittliches Regelmaß hinterrücks zur Desakralisierung des Tages führt.

Fürs erste interessiert uns nur die Rolle des Glockenläutens in der zeitlichen Architektur der Gemeinschaften zu einem Zeitpunkt, da öffentliche Uhr und private [Groß-]Uhr eine Seltenheit waren und der tägliche Blick auf die Taschenuhr nur einer kleinen Elite vorbehalten blieb. »Die meisten Einwohner haben keine Uhr«, vermerkt der Bürgermeister von Velaines (Meuse) am 28. März 1852; dabei handelt es sich um eine Gegend, in der diese Instrumente weiter verbreitet waren als in den meisten anderen Regionen Frankreichs. »Die überwiegende Mehrheit [der Landwirte] besitzt keine Taschenuhr«, schreibt andererseits der Bürgermeister von Recoubeau (Drôme) noch 1890. Außerdem darf man vor allem in dieser sozialen Schicht Besitz nicht mit Benutzung verwechseln. Der Landarbeiter, der Anfang des 20. Jahrhunderts eine Taschenuhr besaß, pflegte sie meist nur am Sonntag »anzulegen«. »Die Erntearbeiter tragen im allgemeinen ihre Taschenuhr nicht bei sich, weil sie fürchten, sie auf dem Feld zu verlieren«, betonte demgemäß der Bürgermeister von Les Bottereaux (Eure) am 25. August 1907. Umgekehrt – auf diesem Gebiet ist alles Nuance – war es gar nicht erwünscht, daß viele Feldarbeiter eine Taschenuhr bei sich hatten, an der sich die anderen orientieren konnten. 1866 schreibt der Pfarrer von Autrécourt (Meuse) in bezug auf die »landwirtschaftlichen Arbeiter«: »*Mehrere von ihnen* leisten sich heute den gewiß erlaubten Luxus einer tragbaren Uhr; seither brauchen sie [um elf Uhr] nur *eine* Frau nach Hause gehen sehen – die das Mittagessen vorbereitet –, und schon treten alle anderen Frauen auch den Heimweg an«; um so mehr, als »die Gruppen von Frauen in Sichtweite voneinander arbeiten«.[3]

Die Untersuchung der Rolle der Glocke bei der Konstruktion der zeitlichen Orientierung des Individuums und der Gemeinschaft ist eine Seite im Buch der Geschichte des Habitus und der Art, wie dieser sich an biologische Rhythmen anpaßt. Sie trägt bei zum Begreifen von Existenzen. Der Klang der Glocke bewirkte damals das Gefühl einer Frist, die Empfindung einer Verfrühung oder Verspätung, die Modalitäten der Beeilung. Die Toilette am Sonntag morgen, die Zurüstung für das Auftreten in der Öffentlichkeit wurden von den Glocken skandiert und einer diskontinuierlichen Beurteilung des Verrinnens der Zeit unterworfen. Die konzertierten, also zwischen dem Bischof und dem Präfekten ausgehandelten Glocken-Reglements fixierten mit einer Präzision, die uns erstaunlich dünken könnte, die räumliche und zeitliche Erstreckung sowie die Intensität des Läutens. Die Prälaten bemühten sich bis zum Ende des Jahrhunderts darum, zu erreichen, daß am Sonntag und an Feiertagen mehrere Male hintereinander sowie mindestens eine halbe Stunde vor dem Vormittags- und dem Nachmittagsgottesdienst geläutet werden durfte. Die Präfekten wiederum versuchten, alle Bekundungen kirchlicher Läutkompetenz zu begrenzen.

Der solcherart umrissene Untersuchungsgegenstand impliziert, daß wir nicht in die Falle einer univoken Interpretation tappen. Das Hören der Glocken und die Modalitäten der Aufmerksamkeit, zu denen es nötigte, waren kaum wahrnehmbaren Bedeutungsverschiebungen und beinahe ungreifbaren Substitutionen unterworfen, die zusammenhingen mit der verwirrenden Überlagerung durch neue Rhythmen, welche der zunehmenden Notwendigkeit entsprachen, die kontinuierliche Zeit der Uhr zu registrieren. Der Hörer, der das Schlagen der Stunden und das – feierlichere – Einläuten von Fristen vernahm, die ihn vom Gottesdienst oder einer Zeremonie trenn-

ten, war gezwungen, zwei Zeitsysteme zu registrieren und
miteinander zu koordininieren. Der allmähliche emotionale
Transfer von einer zyklischen Zeit, deren Heiligkeit durch die
wechselnden Farben der Priestergewänder symbolisiert wurde,
zu einer unerbittlichen, kontinuierlich verrinnenden Zeit ist
für uns heute sehr schwer nachzuvollziehen. In jedem Falle
aber waren es die Klangsignale des Glockenturms, die diesen
fast ungreifbaren Prozeß registrierten und gleichzeitig deter-
minierten.

Der Glöckner mußte jede mögliche Verwechslung vermeiden zwischen dem Wiederholen von Signalen, die die für den
sakralen Bereich konstituierende, unbewegliche Zeit symbolisierten, dem Skandieren der Stundenglocke und dem allfälli-
gen Informations- oder Alarmläuten, das das materielle Leben
der Gemeinschaft betraf. Mit einem Wort, das Läuten der
Glocken wahrte im 19. Jahrhundert seine traditionelle Architektur, während es gleichzeitig auf die wachsenden Erforder-
nisse der Moderne reagierte, die seiner Einbeziehung in das
neue, umfassende System der Zeitmessung und -bewertung
entsprangen.

PRÄZISIERUNG DER ZEITANGABE   Wir werden unsere Untersuchung in zwei Etappen vornehmen. In einem ersten Schritt betrachten wir die Einbindung der Glocke in die Präzisierung der
Zeitangabe und ihre lange bewahrte Treue zu einer kosmischen
Zeit, die durch die wahrnehmbare Dauer von Tag und Nacht
und die hartnäckige Verschiedenheit der lokalen Gebräuche ge-
gliedert wurde. In Gemeinden, die keine Uhr besaßen – das waren bis Ende des Jahrhunderts die meisten –, richtete sich der
Glöckner nach der Sonnenuhr, bis der Uhrmacher schließlich
präzisere Angaben machte. In gewissen – freilich wenigen – Regionen legte man, zumindest in der ersten Hälfte des Jahrhunderts, keinen Wert darauf, den Zeitpunkt des Läutens mit allzu
großer Präzision zu fixieren. Das Wesentliche war, daß die
sinnlichen Eindrücke respektiert wurden. Das konzertierte Re-

glement, das 1804 im Département Tarn unterzeichnet wurde, schrieb vor, das abendliche Angelus »bei Sonnenuntergang« zu läuten. 1834 bestimmte der Bischof von Aire, man solle »bei Einbruch der Nacht« die kleine Glocke läuten.[4]

Generell legten die Einwohner damals Wert auf den Zusammenhang zwischen kosmischem Rhythmus und dem Rhythmus des Läutens. Am 24. Februar 1806 legte der Bischof von Montpellier durch eine Anweisung das abendliche Angelusläuten in der Osterzeit auf fünf Uhr, im Sommer auf halb sechs, in der Übergangszeit auf sechs Uhr und im Winter auf halb sieben. Seine Absicht war, daß genau zu dem Zeitpunkt zum Angelusgebet geläutet würde, wo die Kirchen öffneten bzw. schlossen. Die Maßnahme löste jedoch einen Proteststurm aus; in der Gegend war man gewohnt, sich nach der Sonne zu richten. So verlangte der Bürgermeister von Montagnac (Hérault), gestützt auf den Präfekten des Départements, das morgendliche Angelus im Sommer um drei Uhr zu läuten und im Winter um vier Uhr. Im Dezember 1844 klagte der Bürgermeister von Breuvannes, der Heimat der Glockengießer, dem Präfekten der Haute-Marne sein Leid: »Der Pfarrverweser«, schreibt er, »läßt am Morgen und am Abend das Angelus auf ungehörige Weise läuten; denn es wird am Morgen zwei Stunden vor Tag und am Abend ebenso zwei Stunden nach Einbruch der Nacht geläutet. Dieser Sachverhalt macht den Einwohnern *viel Verdruß.*«[5]

Früher sei es Brauch gewesen, bemerkt der Bürgermeister von Berthouville (Eure) im Jahre 1901, den Wechsel des Zeitplans für das Läuten im Frühjahr wie im Herbst unmerklich zu vollziehen; in diesem Jahr jedoch habe sich der Glöckner entschlossen, die Reglements zu befolgen und den Übergang abrupt, von einem Tag auf den anderen, vorzunehmen. Die Gemeinde tobte: Die Brutalität einer die Zeit betreffenden Maßnahme, die nicht im Einklang mit dem Sinneseindruck stand, störte ihre Gewohnheiten. Untersuchen wir diese höchst bezeichnende Debatte etwas genauer. Es war also »seit *unvor-*

denklicher Zeit« – das entspricht dem »Immer« der unbeweglichen Zeit – Brauch gewesen, den Zeitplan für das Läuten »gegen Oktober« umzustellen. »Die Verzögerung am Morgen und die Verfrühung am Abend wurden nach und nach gesteigert, dergestalt, daß um den 15. oder 20. Oktober herum das Läuten am Morgen *gegen* fünf Uhr dreißig und am Abend *gegen* sechs Uhr dreißig erfolgte«, gemäß dem Gesetz vom 17. Messidor des Jahres IX, das die Arbeitsstunden für die Feldarbeit festlegte. In derselben Weise verfuhr man in den benachbarten Gemeinden (Arrondissement Bernay), und zwar noch lange nach dem Inkrafttreten des Reglements von 1885. In jenem Jahre 1901 nun wurde »der *Versuch einer abrupten Umstellung*« unternommen; »von sieben Uhr abends am 30. September wurde das Läuten am 1. Oktober auf sechs Uhr abends vorgezogen. Entsprechend am Morgen.« »Dieser Vorstoß traf auf Proteste.« Der Bürgermeister unterstrich »die üblen Folgen dieser abrupten Umstellung«; auch hatte er irgendwie »dafür gesorgt, daß man zu den alten Gepflogenheiten zurückkehrte«. Die Gemeinderäte hatten *einmütig* seine Entscheidung gebilligt, »nichts zu verändern«.[6]

Diese Episode – Reflex einer Minderheitenmeinung, sofern man sich an den Text der Reglements hält – zeigt deutlich, daß noch zu Beginn des 20. Jahrhunderts das Territorium Frankreichs ein Fleckenteppich von Gebräuchen und Systemen der zeitlichen Orientierung war; sie erweist die *Widerstände* gegen das heimlich eingeführte Mißverhältnis zwischen der kosmischen Zeit und der Zeit der globalen Gesellschaft, die seit kurzem (1891) auch die rechtsverbindliche Zeit[7] war.

Die verschiedenen Zwischenfälle im 19. Jahrhundert, die ihren Grund im Auseinanderklaffen zwischen dem Läuten des Tagesrhythmus und dem subjektiven Sinneseindruck hatten, waren das Ergebnis vielhundertjähriger Konflikte, deren Vielzahl verrät, wieviel auf dem Spiel stand. Bezeichnend war in dieser Hinsicht die Situation der Gemeinden in der Nachbarschaft von Auxerre. Seit dem 14. Jahrhundert gab es einen

Streit um die Stunde des Vesperläutens zwischen den Grundbesitzern in der Stadt einerseits und den Winzern und »Pflügern« andererseits, die sich tageweise verdingten und auf dem Lande wohnten. Die Herren verlangten, daß die Tagelöhner im Sommer bis zum Sonnenuntergang arbeiteten. Winzer und Pflüger waren darauf aus, mit ihrer Arbeit lange vor Ende des Tages aufzuhören. Im Laufe der Jahrhunderte waren aus diesem Streit »hartnäckige Feindschaften« entstanden.[8]

Im März 1392 hatte ein Reglement Karls IV. in Gestalt eines königlichen Privilegs, das 1393 und noch einmal 1447 durch Entscheidungen des Pariser Gerichtshofs bestätigt worden war, Winzer und Pflüger dazu verpflichtet, bis Sonnenuntergang zu arbeiten. Diese Maßnahme hatte sich jedoch schon bald als undurchführbar erwiesen. Als erstes hatten die Arbeiter erreicht, daß sie mit ihrem Tagewerk um so viel früher vor Sonnenuntergang aufhören durften, wie sie brauchten, um im Hellen nach Hause zu kommen, »ohne sich unterwegs zu verweilen«. Danach war der Zeitraum zwischen dem Glockenläuten der Kathedrale, das den Zeitplan der Arbeiter regelte, und dem Sonnenuntergang immer größer geworden. Im 18. Jahrhundert wurde im Sommer um sechs Uhr abends Feierabend geläutet, das heißt volle zwei Stunden vor Sonnenuntergang, dem ursprünglich vorgeschriebenen Zeitpunkt.

Bis 1887 hatte sich an dieser Übung nichts geändert. Die Glocke ertönte »bei Sonnenuntergang, wenn das Gestirn vor sechs Uhr hinter dem Horizont verschwindet, und unfehlbar um sechs Uhr, wenn sie später untergeht, was zwischen dem 13. März und dem 21. September der Fall ist«. In entsprechender Weise hatten es die Arbeiter im Laufe der Jahrhunderte erreicht, die Ankündigung der Frühmesse hinauszuzögern, zu der eigentlich geläutet werden sollte, »sobald der erste Strahl der Morgensonne die Kapelle Notre-Dame-des-Vertus trifft«. Das Ende dieses Gottesdienstes bezeichnete nämlich den Beginn der Arbeitszeit.

An allen Orten – dies verdient festgehalten zu werden – läutete man zum Angelusgebet im Sommer und im Winter zu unterschiedlichen Zeiten. Wir haben nur ein einziges Beispiel für den Verzicht auf diesen Zeitunterschied entdecken können, der durch sämtliche Reglements gedeckt war. Am 20. April 1891 äußerte der Bürgermeister von Domloup (Ille-et-Vilaine) sein Bedauern, daß das Angelus nicht im Sommer wie im Winter zu derselben Zeit geläutet werde; »dieser Sachverhalt«, schreibt der Präfekt an den Erzbischof von Rennes, »verursache [dem Bürgermeister zufolge] eine gewisse Verwirrung bei den Landwirten, die gewöhnt seien, den Arbeitstag der bei ihnen beschäftigten Hilfskräfte nach dem fraglichen Läuten zu berechnen«.[9] Der Bürgermeister wünschte, daß ein einheitlicher Zeitpunkt festgesetzt und zum Angelusgebet morgens wie abends um sechs Uhr geläutet werde, unabhängig von der Jahreszeit. Wie man sieht, entsprang dieses Ansinnen einem Erfordernis der Moderne und nicht der Sorge um die Beibehaltung eines Brauches. Der Erzbischof von Rennes gab eine interessante Umfrage in Auftrag und stellte fest, daß die Landwirte in dieser Gemeinde geteilter Meinung waren. Die einen befürworteten den einheitlichen Zeitpunkt; die anderen blieben *der uralten Übung treu*, die darin bestand, einen Unterschied zu machen zwischen dem sommerlichen und dem winterlichen Angelusläuten.

Hier drängt sich eine Präzisierung auf. Die jahreszeitliche Umstellung des Angelusläutens war Tradition; sie hatte den Zweck, das Läuten den Bewegungen der Sonne anzupassen und ihnen nicht zuwiderlaufen zu lassen. Die Doppelung des Zeitplans war nicht, wie heute üblich, darauf angelegt, die vitale Wahrnehmung des Zeitunterschiedes abzuschwächen oder gar unmöglich zu machen; im Gegenteil, die Umstellung des Angelusläutens veränderte die Dauer des Arbeitstages nach Maßgabe des astronomischen Tages. Es handelte sich um eine jahreszeitlich bedingte Maßnahme im Einklang mit den Sinnesdaten, die eine genauere Anpassung an den kosmischen

Rhythmus erlaubte und die Übereinstimmung der Sonnenbewegung mit der Empfindung von Morgen und Abend herstellte.[10]

Nach Maßgabe der Ergebnisse vorangegangener Erhebungen verbanden die ersten Läutreglements, die nach Absprache
zwischen den Präfekten und den Bischöfen veröffentlicht
wurden, die Zeitumstellung mit der Feier des Oster- beziehungsweise des Allerseelenfestes. Die Reihe von konzertierten
Reglements aus den Jahren 1884/85[11] legte den Schnitt mehrheitlich auf den 31. März und den 30. September. Es verdient
Beachtung, daß der Episkopat diese Entsakralisierung der Zeitsignale in Kauf nahm, um das Datum der Zeitumstellung
näher an das der Tagundnachtgleiche zu rücken.

Die Analyse aller konzertierten Reglements aus dem
19. Jahrhundert liefert noch weitere Erkenntnisse. Das ganze
Jahrhundert hindurch behauptete sich die Gewohnheit, das
morgendliche Angelusgebet im Sommer um vier Uhr und im
Winter um fünf Uhr zu läuten, das abendliche im Sommer um
neun Uhr und im Winter um acht Uhr. Diesen Zeitplan sehen
vierzehn von sechzehn konzertierten Reglements vor, die
während der Julimonarchie veröffentlicht worden sind und den
Zeitpunkt des Angelusläutens präzisieren.[12] Von den 63 konzertierten Reglements aus den Jahren 1884/85, die wir ausfindig machen konnten – nicht gerechnet neun Reglements
von Amts wegen, die erlassen wurden, wenn Präfekt und Bischof sich nicht einigen konnten, und die identische Vorschriften enthalten –, bestimmen 34 für das morgendliche Angelusläuten denselben Zeitplan; fünfzehn weitere lassen die Wahl
zwischen vier Uhr und fünf Uhr. 42 von 63 Reglements schreiben das abendliche Läuten um neun Uhr im Sommer und um
acht Uhr im Winter vor.

Gleichwohl gibt es einige regionale Besonderheiten, deren
Logik nicht ohne weiteres ersichtlich ist. Es heben sich Inseln
des *morgendlichen Läutens* ab, die zum Teil Gebirgsregionen
entsprechen (drei Uhr dreißig im Sommer im Département

Haute-Savoie), zum Teil aber auch in flacherem Gelände liegen (Départements Côte-d'Or und Tarn: drei Uhr oder vier Uhr im Sommer, vier Uhr oder fünf Uhr im Winter); die im Département Nord zu finden sind (1843), aber auch in der östlichen Mitte (Reglements in den Départements Haut-Rhin und Territoire de Belfort, Gepflogenheiten im Départment Meuse) und in der Mitte (Départements Nièvre und Corrèze).

In einigen über das ganze Staatsgebiet verstreuten Départements läutet man später als anderswo, ohne daß man einen Grund hierfür entdecken könnte. In den Départements Deux-Sèvres, Vienne, Marne, Loire und Rhône verlangen die Reglements von 1884/85 das Angelusläuten im Sommer um fünf Uhr und im Winter um sechs Uhr. In den Départements Vaucluse und Savoie ist das Angelusläuten im Winter auf fünf Uhr dreißig festgesetzt. In zehn ebenfalls über das ganze Staatsgebiet verteilten Départements verlangt das Reglement das abendliche Angelusläuten im Sommer um zehn Uhr und im Winter um neun oder zehn Uhr.

Oft variieren die Gepflogenheiten von Gemeinde zu Gemeinde, und man entdeckt in ein und demselben Département Inseln mit früherem und späterem morgendlichem Rhythmus. Das Reglement von 1884 hält ausdrücklich fest, daß im Département Charente-Inférieure einige Gemeinden im Unterschied zu ihren Nachbarn die Gewohnheit haben, das Angelusgebet im Sommer vor vier Uhr zu läuten. In demselben Jahr ermächtigt das Reglement für das Département Loire-Inférieure die Gemeinden dazu, den Zeitplan auf ihren Zuschnitt und die Größe der Bevölkerung abzustellen; in einigen Dörfern des Départements ist es erlaubt, am Morgen wie am Abend früher zu läuten. Die in den Jahren 1907 und 1910, am Vorabend des Separationsgesetzes, in den Départements Eure und Eure-et-Loir gefaßten Gemeinderatsbeschlüsse zeugen ungeachtet ihres geringen juristischen Wertes von diesen Diskrepanzen zwischen den einzelnen Gemeinden.[13]

Es wäre ohne Frage möglich, die Zeit zu eruieren, die dem

Schlaf oder wenigstens der Nachtruhe gewidmet wurde, indem man die Zeitspanne zwischen dem Läuten der Abendglocke – nicht zu verwechseln mit dem abendlichen Angelusläuten [vgl. u. S. 192 ff.] – und dem Läuten der Morgenglocke berechnet. Das ergäbe eine Frist von sechs bis (am häufigsten) *sieben* Stunden im Sommer (von zehn oder neun Uhr abends bis vier Uhr morgens) und acht bis neun Stunden im Winter. Diese Rechnung muß, was den Sommer betrifft, der Realität ziemlich nahe kommen. Umgekehrt gab es Gegenden, in denen eine Art Winterwache üblich war, bei der die Nachbarn bis gegen neun, zehn oder *elf* Uhr beisammen blieben.[14] In diesem Falle beschränkte das die Dauer der Nachtruhe auch im Winter auf sechs, sieben oder acht Stunden. Eine große Zahl von Zeugnissen läßt nämlich vermuten, daß man auf dem Lande im Sommer früher zu Bett ging als im Winter, was mit der Anstrengung der Feldarbeit zusammenhing.

In gewissen Fällen waren die jahreszeitlichen Zeitunterschiede beträchtlich. Wenn man einer Gemeindeverfügung des Bürgermeisters von Verdun vom 14. Oktober 1907 glauben will, so war zwischen dem 1. Mai und dem 1. Oktober das Läuten von drei Uhr früh bis neun Uhr abends erlaubt, in den übrigen Monaten von morgens fünf Uhr dreißig bis abends acht Uhr dreißig, was darauf hinauslief, die Dauer der nächtlichen Ruhepflicht und Rücksichtnahme auf den Schlaf im Sommer auf sechs Stunden und im Winter auf neun Stunden festzulegen.[15] Hieraus den Schluß zu ziehen, dies habe eben dem 24-Stunden-Rhythmus der Bevölkerung entsprochen, wäre freilich gewagt.

Am Ende unserer Untersuchung drängen sich einige Schlußfolgerungen auf. 1. Die Vereinheitlichung der Gebräuche und Rhythmen erfolgte nur langsam; sie war noch am Vorabend des Ersten Weltkriegs keineswegs überall abgeschlossen. 2. Schon lange vor der Definition der rechtsverbindlichen Zeit (1891) war auf dem Lande eine wachsende Sorge um die zeitliche Präzisierung der Glockenbotschaften zu beobachten.

3. Der jahreszeitliche Unterschied beim Angelusläuten blieb gleichwohl bestehen; wir wissen ja, daß dieses Läuten am Morgen, am Mittag und am Abend den täglichen Lebensrhythmus der Landbevölkerung gliederte. Zu Beginn des 20. Jahrhunderts weisen die einschlägigen Gebräuche noch nicht jene Gleichgültigkeit in bezug auf die Sonnenbewegungen auf, die unsere heutige Zeiteinschätzung prägt.

Das Wesentliche unserer Forschungen spielt sich dennoch auf einer anderen Ebene ab: Das analytische Bemühen gilt, am Beispiel des Glockenläutens, dem Versuch einer Verbindung – oder ganz im Gegenteil der mehr oder minder lebhaften Spannung – zwischen den Signalen einer »sakral-organischen Zeit und dem, was in der modernen Epoche als zivile Zeit Raum griff«; wir trachten danach, »die gelungene Durchdringung wie die festgehaltene Trennung« zu markieren.[16]

Der Kampf – denn um einen solchen handelt es sich in den meisten Fällen – und die Versuche einer Aussöhnung spielen sich auf drei Ebenen der Zeitlichkeit ab: auf denen der liturgischen Zeit, der zeremoniellen Zeit und des täglichen Rhythmus der Stunden.

SKANDIERUNG DES LITURGISCHEN JAHRES   Die erste Debatte betraf die Zeit, die auf dem regelmäßigen Zyklus des liturgischen Jahres beruhte: die Zeit »einer ihrer eigenen Vollkommenheit kaum mehr bewußten Entsprechung zwischen dem Drama der Heilsgeschichte und dem jährlichen Astralzyklus«, die Zeit, die ganz fundamental »die Verwerfung der kontinuierlichen, homogenen Zeit der Uhr und des Kalenders« erzwang.[17]

Die Wiederkehr des kultischen Läutens zu Beginn des 19. Jahrhunderts ging offiziell einher mit der Beschränkung des Läutens auf die Sonntage – einschließlich des Oster- und des Pfingstsonntags – und auf die vier beibehaltenen Feste: Allerheiligen, Weihnachten, Christi Himmelfahrt und Mariä Himmelfahrt.[18] Die anderen Feiertage, die einst durch das Ruhen der Arbeit sanktioniert worden waren – Epiphanias, Fronleichnam, Peter und Paul (das Fest der hl. Apostel Petrus und Paulus), das Fest des Namenspatrons jeder Diözese und jeder Pfarrei[19] sowie Mariä Geburt – sahen sich seither auf den Status sogannter »Andachtsfeste« reduziert, deren Feier auf den nächstfolgenden Sonntag verschoben werden mußte. Der Administration zufolge handelte es sich bei ihnen seither um »aufgehobene Feste«, im Unterschied zu obligatorischen Festen. Diese Neuordnung des Festkalenders verfolgte ein doppeltes Ziel: Sie verrät den listigen Willen, den Einfluß des Klerus zurückzudrängen, und entspricht dem Wunsch, die Anzahl der arbeitsfreien Tage zu reduzieren. »Das Volk muß arbeiten«, schreibt Pourtalis 1806 in einem Brief zur Rechtfertigung der neuen Politik, »Arbeit ist für das Volk das beste Fundament seiner Tugend.« Die »aufgehobenen Feste« waren Arbeitstage. »An diesen Tagen dürfen auf keinen Fall die Glocken geläutet werden wie an arbeitsfreien Feiertagen.« Andernfalls »wird das Volk daraus [aus dem Läuten] schließen, daß es die Arbeit einstellen müsse, was ein Trugschluß wäre und den Absichten Seiner Majestät direkt entgegenwirken würde«.[20] Halten wir fest, daß allein dem Klang der Glocke schon die Fähigkeit zugeschrieben wurde, die Masse zur Einstellung ihrer Aktivitäten zu verleiten.

Genau das geschah denn auch. Die Priester, so versichert der Präfekt des Départements Haut-Rhin am 19. Juni 1812 in einem Brief an den Polizeiminister, lenken an den aufgehobenen Festtagen das Volk von seiner Arbeit ab: »Vorwände gibt es immer; unablässig rufen Jahrestage, Weihen, Oktavgebete das Volk in den Tempel, und *wer beim Läuten der Glocke weiter seiner Beschäftigung nachgeht, gilt als gottlos.*«[21] Was im übrigen den damals verbindlichen Charakter des Läutens bestätigt – falls es einer Bestätigung noch bedarf.

Die Texte waren daher ganz eindeutig, und sie wiederholen sich unablässig. Der Klerus hatte es sich zu versagen, die aufgehobenen Feste feierlich zu begehen. Er durfte an diesen Tagen *die Glocken nicht schwingend läuten*. Bestenfalls konnte er die kleine Glocke benutzen, die zu den stillen Messen rief. Ebenso hatten Pfarrer und Pfarrverweser darauf zu verzichten, in der Predigt das feierliche Begehen der »Andachtsfeste« anzukündigen.

Wie die Erfahrung zeigte, war diese Position damals unhaltbar. Im Nivôse des Jahres XII (Dezember 1803/Januar 1804) legte der Präfekt des Départements Loir-et-Cher große Entschlossenheit an den Tag; er war bestrebt, die Mißbräuche abzustellen, die ihm gemeldet wurden. 1812 ermahnte der Präfekt des Finistère im Einvernehmen mit dem Bischof von Quimper die Bürgermeister und Pfarrer seines Départements, sich miteinander abzusprechen und dem Gesetz Geltung zu verschaffen. Eine Anzahl von Bürgermeistern suchten bei solchen Verhandlungen die Gelegenheit, die Ansprüche des Klerus zu beschneiden. 1806 nahm der Bürgermeister von Saint-Chinian (Hérault) den Kampf auf gegen den Gebrauch »des großen Glockengeläutes« an den Tagen der »aufgehobenen Feste« und der Feste der Bruderschaften. »Das Volk war [nämlich] der Überzeugung, die Aufhebung der Feste sei gegenstandslos, weil die Kirche diese Feste weiter feierte [...], und glaubte daher, zur Beobachtung der an diesen Tagen vorgeschriebenen *frommen Regungslosigkeit* verpflichtet zu sein.« »Das Volk murrt«, bemerkten ihrerseits die Kirchenvorsteher der Pfarrei, »weil die Feier [der aufgehobenen Feste] in den benachbarten Départements und in mehreren Gemeinden unseres eigenen erlaubt ist.« Ein Beweis dafür – falls es dessen noch bedurfte –, daß diese Vorschriften mitten im Ersten Kaiserreich bereits wirkungslos waren. 1807 respektierte der Pfarrverweser von Saint-Juéry (Tarn) zwar das Verbot, zu den »aufgehobenen Festen« zu läuten, konstatierte aber, daß in sämtlichen Nachbargemeinden sehr wohl geläutet werde. Seine Pfarrkinder warfen ihm daraufhin vor, er wolle »sich hervortun«.[22]

Zur Zeit der Restauration machte die Ausweitung des feierlichen Läutens die repressiven Anwandlungen der Administration zunichte. Während der Julimonarchie konzentrierten sich,

zumindest in einigen Regionen, die Konflikte im Zusammenhang mit Glocken auf die dornige Frage der »aufgehobenen
Feste«. Der Klerus erblickte hierin die Gelegenheit zu einer
Herausforderung der gemeindlichen Autoritäten, die für seinen
Geschmack zu anmaßend und frech geworden waren. So inter-
pretierte jedenfalls der Präfekt des Mosel-Départements den
Wunsch des Bischofs und des Klerus von Metz, die Anlässe zu
feierlichem Läuten zu vermehren, namentlich um die »aufgehobenen Feste«. »Am 8. dieses Monats«, schreibt ihm am
11. September 1845 ein Denunziant, »an Mariä Geburt, einem
abgeschafften Fest, sind alle Glocken von Metz den ganzen Tag
lang geläutet worden.« »Hochmütig«, behauptet der Bürgermeister von Saint-Georges-sur-Eure 1836, lasse der Pfarrer die
aufgehobenen Festtage einläuten. Am Morgen des 9. Dezember 1836, gibt Louis le grand [sic] zu Protokoll, sei »die Glocke
schwingend geläutet« worden; außerdem stellt er fest, daß am
Nachmittag *zwei* Glocken die Bevölkerung zur Vesper gerufen
haben. Der Streit um das Läuten an aufgehobenen Festtagen
erregte die Gemeinde fast ein Jahr lang. Die bedenklichsten
Ausmaße nahm die Debatte jedoch in Rugles an. 1834 beschwerte sich der Bürgermeister, daß die jungen Priester, im
Unterschied zu den alten, die Amtsgewalt der Gemeinde herauszufordern liebten, indem sie an den bewußten Tagen läuteten, was, im Land der Kirchenstiftungen, zur »Einstellung der
Arbeit« und damit zur »*Ausschweifung*«, zur »Störung in den
Haushalten« verführe – eine unerwartete Konsequenz des
Glockengebrauchs. Der Pfarrer verteidigte sich: Er läute feierlich, wie es in der ganzen Gegend Brauch sei, zu den Festtagen
der Bruderschaften; wie es sich traf, fielen diese freilich
manchmal mit den aufgehobenen Festtagen zusammen.[23]

Im Juni 1831 gerieten der Bürgermeister und der Pfarrer von
Landivisiau (Finistère) ob des verbotenen Läutens aneinander.
Der Küster läutete in jenen Tagen das »*große Angelus*« mit der
größten Glocke. Der Bürgermeister räumte ihm konzilianter-
weise das Recht ein, »schwingend, aber nur einmal, die Abend-

glocke zu läuten«. Der Pfarrer wandte ein, daß man »in Morlaix alle Glocken läutet«, und weigerte sich, nachzugeben.
Überhaupt, fügte er hinzu, sei es immer Brauch gewesen, daß
die Glocken von Landivisiau an den Tagen der aufgehobenen
Feste läuteten. Der Präfekt, der jede Kollision vermeiden
wollte, verbot allen Bürgermeistern, in dieser Sache Anweisungen zu erteilen. Ein weiteres Beispiel für die Ohnmacht der
Administration bei derartigen Vorfällen: Am 3. Februar 1832
weigerte sich der Bischof von Saint-Dié, sich dem Präfekten
zu beugen, der ihn darauf hingewiesen hatte, daß man in
Neufchâtel an den aufgehobenen Festtagen läute. Der feierliche Gebrauch der Glocke schien dem Bischof unentbehrlich
zu sein für den angemessenen Ablauf der Zeremonien.[24]

1831, 1832, 1836 und 1840 waren die Mitteilungen, die von
der Regierung kamen, eindeutig: Ob es sich um das Département Finistère handelte, um Seine-et-Marne, Orne, Sarthe
oder Mayenne,[25] die ministeriellen Schreiben mahnten zur
Toleranz und zur *Achtung vor bestehenden Gebräuchen.* Es
komme lediglich darauf an, daß die beibehaltenen Feste und die
»Andachts«-Feste auf unterschiedliche Weise angekündigt
und daß letztere nicht vom Klerus in obligatorische Feste ver-
wandelt würden. Die realistische Politik der Julimonarchie war
vor allem bestrebt, »Kollisionen zu vermeiden«. »Während des
ganzen Kaiserreichs *hat die Erfahrung gelehrt*«, bemerkt der
Justizminister am 28. Februar 1839, »daß es unmöglich ist, die
in Rede stehenden Feste restlos aufzuheben; der Wunsch und
die Gewohnheiten der Masse haben ständig über die Interven-
tion der Regierung obsiegt.«[26] Verspätete Einsicht, daß die
liturgische Zeit fest in den Praktiken des Volkes verankert war.

Es gab dafür noch andere Beweise. Gleichgültig, wie es um
den Grad der Frömmigkeit in der Bevölkerung beschaffen sein
mochte, das Läuten anläßlich der großen Einschnitte im liturgischen Jahr gliederte den Lebensrhythmus der Gemeinschaften. Obgleich sie mitunter das Mißtrauen, ja die Feindseligkeit
des Klerus erregten, scheinen diese Gepflogenheiten fest ver-

ankert gewesen zu sein. Leider erschwert auch auf diesem Gebiet die Unterschiedlichkeit der Praktiken einen direkten Vergleich.

Arnold van Gennep zufolge war der Brauch des Adventläutens – in gewissen Regionen wurde der Advent auch »Petit Noël«, Kleines Weihnachten, genannt – auf dem Lande weit verbreitet. In seinen Augen war für diese Zeit des Jahres eine Art von »verselbständigtem Brauchtum« kennzeichnend. In der Charente war »zu allen Zeiten« der Advent Abend für Abend wahlweise durch das Anschlagen oder das schwingende Läuten der Glocken angekündigt worden.[27] Mancher sprach diesem Läuten eine Schutzfunktion zu, da der Advent als gefährliche Jahreszeit galt. Diese Praxis war besonders in der Gegend um die Départementshauptstadt Angoulême verbreitet. »Beim ersten Glockenton verstummte überall das Gespräch. [...] Dann kam allmählich Antwort von den Glockentürmen der Nachbardörfer. Es waren die jungen Leute aus dem Dorf, welche die Glocken eine halbe Stunde lang betätigten; dann war ebenfalls eine halbe Stunde lang Ruhe, und dann ging das Läuten bis zum Morgen weiter. Man läutete nicht in allen Dörfern auf dieselbe Weise, und die alten Leute konnten es unterscheiden.«

Genau datierte Zeugnisse bestätigen das Vorhandensein einer solchen Praxis im 19. Jahrhundert. So war es im Cantal Tradition, an den neun, zehn oder elf Tagen vor Weihnachten schwingend zu läuten. In Chaudes-Aigues verzögerte man das Läuten jeden Tag um eine halbe Stunde, bis es zuletzt mit dem Läuten zur Christmette zusammenfiel. Die Glöckner verlängerten dieses Läuten nach Kräften und unterbrachen es durch Pausen, in denen sie tranken und Karten spielten. Am 14. Dezember 1841 um acht Uhr dreißig abends wurde in Tourniac auf diese Weise geläutet, und zwar gegen die ausdrückliche Anordnung des Pfarrverwesers. »Von diesem Lärm entnervt, wußte [der Pfarrverweser] sich keinen anderen Rat, als zwei Pistolenschüsse in Richtung der Glöckner abzufeuern. Glücklicherweise wurden nur die Glocken getroffen.« 1822 weigerte sich der Pfarrverweser von Aiguines (Var), die Christmette zu feiern, und verschob die Feier auf sieben Uhr am Weihnachtsmorgen. In der Nacht erkletterten junge Leute das Kirchendach, zerbrachen einige Ziegel und versetzten die Glocken in Schwung; sie läuteten von elf Uhr nachts bis zwei Uhr früh.[28]

Mancherorts läutete man am Silvesterabend, um das Ende des Jahres anzuzeigen. In Blangy (Seine-Inférieure) läutete man am Fastnachtsabend um elf Uhr dreißig, um anzukündigen, daß »nun bald die Zeit der Buße beginnen wird«. In der Diözese Amiens wurde 1865 jeden Freitag um drei Uhr nachmittags geläutet, um an das Leiden und Sterben Christi zu erinnern. Wenige Jahre zuvor läuteten in Roncherolles-en-Bray und in Sommery (Seine-Inférieure) am Karsamstag kurz vor Mitternacht die Glocken, um die Auferstehung zu verkünden. 1841 verwahrte sich der Bürgermeister von Parnes (Oise) dagegen, daß der Pfarrer das mitternächtliche Läuten in der Osternacht untersagt hatte, das doch in der Pfarrei »seit Jahrhunderten« im Schwange gewesen sei.[29]

Vor allem in der Nacht vom 1. auf den 2. November zeigte sich der Einfluß des Brauchtums auf das Läuten der großen Einschnitte im liturgischen Kalender. Dieser folkloristische Vorwitz erregte den Zorn mancher Kleriker, und zwar seit dem 17. Jahrhundert und dem Erstarken der Gegenreformation. Die Kirche fürchtete nämlich, es würden in dieser Nacht die Glocken zerbrochen und der Glockenturm zu einem Ort der Ausschweifung umfunktioniert. Sie war bestrebt, den Tanzveranstaltungen, Zechgelagen und Festessen sowie allen »Ungehörigkeiten« am Abend des Allerheiligentages ein Ende zu machen.[30] Dieser Kampf nun wurde im 19. Jahrhundert fortgesetzt. Vergessen wir nicht, daß diese Epoche sich in mancherlei Hinsicht als eine Zeit der siegreichen Verbreitung und Verinnerlichung des gegenreformatorischen Gedankens erwies.

Die Gemeinschaft war bestrebt, nach ihren Gebräuchen das Glockenläuten zu gestalten, das ihre Verstorbenen bei deren jährlicher Wiederkehr begrüßte und besänftigte. Eine Anzahl von Kirchenverwesern befürchtete freilich, daß sich hinter diesem Lärm nur ein alter Aberglaube verberge. Trotz dieser Mißbilligung durch den Klerus war jedoch das lange Läuten am Abend des 1. November, dem Vorabend des Allerseelentages, ein damals weitverbreiteter Brauch. »Das nächtliche Läuten«, versichert ein Einwohner von Courlon (Yonne) 1834, »findet am 1. November von sechs Uhr abends bis um acht statt [...] und am [Allerseelen-] Tag von fünf Uhr früh bis um neun Uhr.« In vielen Dörfern des Mosel-Départements pflegte man noch zu Beginn des 20. Jahrhunderts in der sogenannten »Totennacht« die Glocken zu läuten. Es begann damit, daß man am Abend des Allerheiligentages »die Leiche« läutete, und zwar je nach Gemeinde bis um neun Uhr oder zehn Uhr. Am nächsten Morgen setzte dann das Läuten um vier oder fünf Uhr früh wieder ein. In manchen Gegenden läutete man sozusagen die ganze Nacht. So versicherte man im Seille-Tal, dieses Läuten »erleichtere den Eingang der Seelen in den Himmel«. In gewissen Pfarreien wurde die Glocke während der ganzen Oktave betätigt. Das Läuten am 2. November übernahmen im allgemeinen die jungen Leute. Nachdem sie »die Glocke gezogen« hatten, machten sie die Runde durch das Dorf und bekamen in jedem Haus etwas zu essen und zu trinken oder ein wenig Geld.[31]

Gegen Ende des Jahrhunderts ist in der Normandie der Brauch des Läutens für die Toten bezeugt: »Die Bevölkerung hängt außerordentlich daran«, versichert der Bischof von Évreux. Zu derselben Zeit stellte dieses Läuten auch auf Korsika einen »allgemeinen Brauch« dar; hier erlaubte das Reglement das Läuten am Allerheiligentag bis um zehn Uhr abends.[32]

Manche Konflikte im Zusammenhang mit dem »Läuten für die Toten« entsprangen dem Wunsch der Administration, die Dauer einer als übertrieben beurteilten Praxis einzudämmen. »Es war Brauch [in der Gemeinde]«, schreibt der Unterpräfekt von Gourdon (Lot) am 2. November 1808, »am Vorabend des Allerseelentages die Glocken drei oder vier Stunden lang läuten zu lassen. Dieses viel zu sehr ausgedehnte Läuten störte die Ruhe der Lebenden.« Der stellvertretende Bürgermeister hatte »derartigem Mißbrauch Einhalt tun« wollen und verfügt, daß nicht länger als von acht bis neun Uhr abends geläutet werden dürfe. Der Glöckner hatte sich jedoch taub gestellt und seine Arbeit schon vor dem festgesetzten Zeitpunkt aufgenommen. Daraufhin hatte der stellvertretende Bürgermeister ihn »für einige Stunden ins Gefängnis werfen lassen«. Der Unterpräfekt gab der Gemeindeverwaltung recht – um so mehr, als das Allerseelenfest ein »aufgehobenes Fest« war.[33]

Der Kirchenvorstand konterte: Das Läuten »nach Einbruch der Dunkelheit bis neun Uhr abends« sei »seit so alten Zeiten Brauch, daß man sie gar nicht mehr erinnern« könne. Der stellvertretende Bürgermeister hatte das Läuten vor acht Uhr abends untersagt. Aber »schon um sieben Uhr wurden die Glocken der anderen Pfarreien schwingend geläutet, und verschiedene Bürger bedrängten den Pächter des Geläutes von Saint-Pierre, ebenfalls zu läuten«. Was hier auf dem Spiel stand, war gleichzeitig die Ehre der Pfarrei, die sich von ihren Nachbarn gedemütigt fühlte, und die Qualität der Begrüßung für die Toten. Der Präfekt gab schließlich den dringenden Bitten des Bischofs nach; er erlaubte dem »Volk«, das so »außerordentlich an seinen Gewohnheiten hing«, die alten Bräuche zu ehren.

Gleichwohl lag den meisten Streitigkeiten der Wunsch der Bürgermeister zugrunde, solche Übung nicht zu verbieten, sondern im Gegenteil ihre Beibehaltung einem Klerus aufzuzwingen, der mißtrauisch gegen jedes nächtliche Läuten war und es gar nicht gerne sah, wenn die jungen Leute sich im Inneren der Glockentürme zu schaffen machten. Am 28. Januar 1833 beschwerte sich der Bischof von Amiens über den Bürgermeister von Bussy-lès-Daours (Somme), der mehrere Stunden lang hatte läuten lassen, »um dem Allerseelentag *feierlicher* zu

gestalten«. Die Bürgermeister von Ault und von Vignacourt
hatten »fünf Stunden hintereinander« läuten lassen, »ohne
den Pfarrer zu verständigen«. An Allerseelen 1842 entschied
der Pfarrer von Commana (Finistère), es sei »die Dauer des
schwingenden Läutens so zu begrenzen, daß die Küster die Anzahl der jungen Leute möglichst klein halten könnten, die
ihnen, meistenteils nur aus Vergnügungssucht, bei dieser Gelegenheit zu helfen pflegten«. Er hatte den Wunsch, daß in
guter Ordnung und »unter Schonung der Glocken« gewacht
würde. Der Bürgermeister hatte nämlich den Küster angewiesen, »das Läuten am Allerseelentage wie in der Vergangenheit
üblich vorzunehmen, das heißt bis um zehn Uhr abends
schwingend zu läuten«. Er rechtfertigte sich damit, er habe
»diversen Gerüchten« und dem »*Murren*« von seiten gewisser
»schätzenswerter Personen der Gemeinde« nachgegeben, die
die Änderung einer »*vom Vater auf den Sohn*« überkommenen
Übung« ablehnten. Der Bischof wies darauf hin, daß der Bürgermeister sich eines doppelten Verstoßes schuldig gemacht
habe, indem er schwingend hatte läuten lassen, während »man
sich zum Läuten für die Toten auf das Anschlagen der Totenglocke zu beschränken hat«.[34]

Einige Lokalgebräuche kannten das Läuten zwecks religiöser
Information während der Woche. In den Ardennen war es noch
1886 Brauch, jeden Samstag eine Stunde lang schwingend zu
läuten – man nannte das den »großen Mittag« –, um das Herannahen des Sonntags zu verkünden.[35] Am 10. Juli 1886 er-
teilte der Bürgermeister von Viel-Saint-Rémy den Glöcknern
eine Verwarnung, weil sie eine Gewohnheit ehrten, die er für
Mißbrauch hielt. Der Pfarrer machte vor dem Friedensrichter
geltend, es handele sich um eine uralte Praxis. Trotzdem wurden die Glöckner vom Amtsgericht Novion-Porcien zu einer
Geldbuße von 14 Francs verurteilt. Der Erzbischof von Reims,
Kardinal Langénieux, legte gegen das Urteil Berufung beim
Kassationsgericht ein. Es handele sich um eine Übung von »uralter Tradition«, die »in nahezu allen Pfarreien des Départe-

ments praktiziert« werde. Am 12. Mai 1887 fällte das Kassationsgericht seine Entscheidung in Sachen »großer Mittag«: Es kassierte das Urteil des Amtsgerichts Novion-Porcien und gab dem Prälaten recht. Die Liste der durch die Reglements autorisierten Geläute sei »exemplarisch, nicht exklusiv gemeint«.

ZEREMONIELLE ZEIT   »Die liturgische Zeit«, schreibt Alphonse Dupront, »birgt in sich eine andere Realität der Zeit, die zugleich offenkundiger und schwerer faßbar ist: die *zeremonielle Zeit* [...]. Rhythmen, Kadenzen, Figuren, Abläufe der Zeremonie erfüllen tiefste Bedürfnisse der Seele.«[36] Der Episkopat des 19. Jahrhunderts ist mit Eifer und Sorge auf die Wahrung, ja womöglich die Ausweitung dieser der Feier inhärenten Zeit bedacht gewesen. Das Aufschrecken durch Klangsignale gehörte zu dem Gefühl, das diese zeremonielle Zeit definierte; ihr Höhepunkt fiel in das Ancien Régime. Als Beispiel wollen wir das Bild betrachten, das die Geläute der Kathedrale von Bourges am Vorabend der Revolution bieten, wohl wissend, daß es sich hierbei um ein städtisches Milieu handelt.[37] Das Bauwerk besaß damals vier große Glocken und acht mittlere oder kleine. An Feiertagen läutete drei Stunden lang die »Coquée« [»Hahnin«] – wie der Name schon sagt, um die Gläubigen zu wecken. Außerdem diente sie dazu, »die Glöckner der großen Glocken herbeizurufen«, die daraufhin ein halbstündiges Geläute hören ließen, das man »langes Läuten« nannte und das dazu bestimmt war, diejenigen Pfarrkinder zu wecken, die zu weit weg wohnten, um den Ruf der »Hahnin« zu vernehmen. Daraufhin läutete man die »*Manaux*« oder »*Monaux*«, ein Carillon von kleinen Glocken im alten Turm. »Sobald dieses Glockenspiel verstummte, läutete man den ›*Einhalt*‹, der anzeigte, daß man *einhalten*, mit dem, was man gerade tat, aufhören und sich zum Kirchgang vorbereiten sollte, und den *Beginn des Gottesdienstes*, der von allen großen Glocken gemeinsam verkündet wurde.« Wie in den Reglements aus dieser Zeit üblich, waren Zeitpunkt und Dauer des Läutens jeder Glocke genau festgelegt.

Im 19. Jahrhundert erstrebte die Staatsmacht auf dem Umweg über die konzertierten Reglements Klarheit der Signale, Ordnung der Botschaften und strenge Ausgewogenheit zwischen religiösem Läuten und zivilem Läuten; überdies suchte sie das anarchische Ausufern des Glockenanschlagens und Glockenläutens einzudämmen, das für diese zeremonielle Zeit konstitutiv war. Die Lektüre der Reglements gibt Einblick in die Taktiken, die angewendet wurden, um die klangliche Entfaltung der religiösen Zeremonie nach Möglichkeit einzuschränken. Manchmal ist die Anzahl der Signale, häufiger die Art und Größe der verwendeten Glocken sowie die Weise ihres Läutens – schwingendes Läuten oder einfaches Anschlagen – und noch öfter die Dauer des Läutens streng geregelt. Betrachten wir nur diese letzte Vorschrift: Zu Beginn des 19. Jahrhunderts, am Vorabend der Wiederherstellung der religiösen Geläute, war die Dauer des offiziell erlaubten schwingenden Läutens ziemlich kurz. Um die Jahrhundertmitte wurde sie allmählich länger und erreichte nicht selten eine halbe Stunde. In der Serie von Reglements, die 1884 und 1885 gemäß den Anregungen des vom Kultusministerium vorgelegten Musterreglements ausgearbeitet wurden, wurde das Läuten dieser zeremoniellen Zeit im allgemeinen auf etwa zehn Minuten begrenzt. Am Vorabend der Trennung von Kirche und Staat in Frankreich gab es bereits viele Bürgermeister, die erwarteten, daß dieses Läuten nicht länger als fünf, drei, ja eine Minute dauere. Goujat, radikalsozialistischer Deputierter des Départements Nièvre, begrenzte 1908 das offiziell genehmigte Läuten in Cosnes, wo er Bürgermeister war, auf fünf Minuten. Der Bürgermeister von Luc (Var) verbot 1907 dem Pfarrer, länger als zwei Minuten zu läuten. In demselben Jahr beschloß sein Kollege in Montagnac (Basses-Alpes), die Dauer des religiösen Läutens auf dreißig Sekunden zu reduzieren.[38]

Manche Bürgermeister hielten die Feldhüter dazu an, vor der Kirche, den Zeitmesser in der Hand, auf der Lauer zu liegen, um den Pfarrer oder seinen Glöckner bei mißbräuchlichem Läuten in flagranti zu ertappen. So leistete die Geschichte der Glocken ihren Beitrag zur Einübung in das Gefühl für die Länge einer Minute, ja einer Sekunde, von der Eugen Weber spricht.[39] Um diese Schulung recht zu verstehen, muß man an die zunehmende Abstumpfung eines Zeitempfindens denken, das sich nicht am Gang der Uhr, sondern an der Wiederholung von Gebeten orientiert hatte. Auf diese Weise wurde einst die Länge gewisser Geläute geregelt, und es ist anzunehmen, daß dasselbe für viele Verrichtungen und viele Fristen galt. 1887 mußte in Auxerre der Küster, um die Sperrstunde anzukündigen, dreizehnmal die große Glocke anschlagen und dann, »für die Dauer eines *Vaterunsers* und eines *Ave-Maria*«, die kleine.[40]

Wie wir gesehen haben, steckte der Klang der Glocke häufig den Weg einer Prozession ab. In bestimmten Diözesen informierte mehrmaliges Läuten die abwesenden Pfarrkinder über die Höhepunkte des Gottesdienstes und lud sie ein, sich in Gedanken zu jenen zu gesellen, die anwesend waren. Sechs Reglements aus den Jahren 1884/85 erlaubten noch das Läuten bei der *Predigt* und bei der *Elevation*. Dieses Läuten konnte Anlaß zu Konflikten zwischen dem Bürgermeister und dem Pfarrer geben, ohne daß an der Frömmigkeit des ersteren Zweifel bestanden. Am 31. Januar 1838 ließ der Bürgermeister von Hestrud (Nord) beim Magnifikat die Glocke läuten, entgegen dem ausdrücklichen Verbot des Pfarrverwesers. Dieser zog sich daraufhin mitten im Gottesdienst in die Sakristei zurück. Der Bürgermeister folgte ihm, und die beiden Männer, umringt von den Chorknaben, überschütteten einander mit Beleidigungen.[41]

DER KLANGLICHE RAHMEN DES TAGES Trotzdem entluden sich, was die Markierung und Rhythmisierung der Zeit betraf, die Spannungen am massivsten anläßlich der klanglichen Rahmung des gewöhnlichen Tages. Nur wenige Praktiken haben so häufig die Leidenschaften in den ländlichen Pfarreien entfesselt und Haß gesät wie das tägliche Angelusläuten. Um dies richtig verstehen zu können, ist es wichtig, sich den jeweiligen Standpunkt der Protagonisten klarzumachen. In den Augen des Klerus, der nach dem Gesetz vom 10. Germinal des Jahres X das Läuten zu regeln hatte, war das Angelusläuten vor allem eine Einladung zum Gebet. Seit 1724 – unter Papst Benedikt XIII. – waren überdies Ablässe mit dem Beten verbunden, sofern an Wochentagen, kniend und zum Klang der Glocke gebetet wurde. Am 3. April 1884 erleichterte Papst Leo XIII. diese Bedingungen. Um in den Genuß der Ablässe zu gelangen, genügte es fortan, das Gebet »in einem dem Zeitpunkt des Läutens nahen Augenblick«[42] zu sprechen. Mit einem Wort, die Schläge der Angelusglocke fügten sich in die konsequenten Bemühungen der Kirche ein, »den Gläubigen Halt und Kraft für jeden Tag zu geben«.[43] Sie trugen damit, neben den Stundenbüchern, den *Imitationes*, den geistlichen Schriften aller Art und den Rosenkränzen, zur religiösen Aufladung der alltäglichen Zeit bei; sie offenbarten auf ihre Weise den Willen zur Bemeisterung der Stunden, um noch die geringsten Zwischenräume zwischen ihnen kontrollieren zu können.

Hierzu muß man anmerken, daß im Laufe des Tages die Glocke sich nicht darauf beschränkte, zum Angelusgebet zu mahnen; sie rief auch manchmal zum Rosenkranz. Dieses Rosenkranzläuten taucht in den Reglements des Jahres 1884 von Aveyron und Les Landes auf. Hie und da skandierte sie die eventuelle Lektüre des Pfarrkindes. In bestimmten Gegenden läutete der Glöckner zum Abendgebet. Dies war in Pin-la-Garenne (Orne) in der Fastenzeit und im Advent Brauch gewesen, bis der Bürgermeister am 4. November 1832 beschloß, es zu verbieten. Der Pfarrer, der gegen das Verbot protestierte, entschied die Sache zuletzt für sich: Dem Präfekten zufolge war diese Übung fast im ganzen Département verbreitet.[44]

Es kam vor, daß ein Pfarrer sich auf eigene Initiative entschloß, die Gläubigen mit der Glocke zum Gebet einzuladen, auf die Gefahr hin, sich eine Rüge einzuhandeln oder verurteilt zu werden. Im Frühling 1842 ließ der Pfarrverweser von Baussaine (Ille-et-Vilaine) vierzig Tage lang abends um acht Uhr für einige Minuten läuten. Seine Absicht war, »die Pfarrkinder zu ermahnen, die *Seelen im Fegefeuer* nicht zu vergessen, vor allem nicht die Seelen ihrer verstorbenen Verwandten«. Er ließ läuten, »damit man in allen Häusern, in welchen man diesen Klang vernahm, fünf *Vaterunser* und fünf *Ave-Maria* für die Verstorbenen betete, *besonders für die aus der Pfarrgemeinde*«. Noch einmal sorgte die Glocke für die Gleichzeitigkeit des Gebets; in diesem Falle half sie, das Band zwischen den Lebenden und den Toten der Gemeinschaft enger zu knüpfen. Nach dem Erscheinen der *Vie de Jésus* von Ernest Renan ordnete der Bischof von Marseille zum Zeichen der Sühne an, in allen Kirchen seiner Diözese jeden Freitagnachmittag um drei Uhr die Glocken zu läuten.[45] Doch kommen wir zurück auf den Kern der Glockenbotschaften im Alltag, das Angelusläuten.

Die größte Bedeutung maß der Klerus dem *morgendlichen Läuten* bei. Diese Glocke gehörte zu dem »Kult der Tagesfrühe« und der »Suche nach einem neuen Anfang«[46], die konstitutiv waren für die Volksfrömmigkeit. Der Mensch soll Gott genau in dem Augenblick Dank sagen, da das Tagesgestirn beginnt, durch sein Licht die Erde neu zu erschaffen. Folgt man der Symbolik des Läutens,[47] so steht das morgendliche Angelus gleichzeitig für die Verkündigung, die Fleischwerdung und den Sieg Jesu am Morgen des Osterfestes. Die Glocke lädt dazu ein, aus dem Erwachen eine Auferstehung zu machen, gleich derjenigen Christi aus dem Grabe; sie ruft zur Heiligung der neuen Zeit auf, die sie verkündet. So erklärt sich *der Wert des Morgens* in den Augen des Klerus und die Zähigkeit, mit welcher dieser ihn vor einem heimtückischen System der Zeiteinschätzung zu bewahren trachtete, das die Tendenz hatte, ihn abzuwerten. Wie wir gesehen haben, verbanden Pfarrer und Pfarrverweser die zeremonielle Freude mit dem sehr frühen Läuten der Glocke, gleichsam als impliziere die religiöse Feier ein besonders vorzeitiges Erwachen angesichts der schändlichen Sitten der Nachtschwärmer. Mehr oder weniger bewußt hatte diese moralische Lesart des biologischen Rhythmus etwas von »disziplinierender Akkulturation«[48] und von dem Kampf, den die Kirche seit Beginn der Gegenreformation gegen die gefährlichen Freiheiten des *otium* führte.

Umgekehrt warnte der Klerus vor den Fallstricken und Phantasmen der Nacht. Wie wir sahen, verlangte er generell, daß das abendliche Angelus nach Einbruch der Dunkelheit geläutet werde. Dieses Läuten, die symbolische Erinnerung an den Tod Christi, evoziert den Schmerz und die Tränen der Leidensgeschichte, wenn nicht das Ende der Zeiten.[49] Es lädt zu andächtiger Sammlung ein, und der Klerus bekundete vielerorts immer wieder den festen Willen, daß die Glocke des abendlichen Angelusläutens die letzte des ganzen Tages sei. Gerade weil es dieses Gebot der nächtlichen Stille durchbrach, war das zivile Läuten der *Sperrglocke* oder *Schlafglocke* so leidenschaftlich umkämpft, obwohl es doch das Ziel hatte, die Nacht zu versittlichen.

In Cottévrard, einer Gemeinde im Arrondissement Dieppe (Seine-Inférieure), wollte es dem Pfarrverweser zufolge ein uralter Brauch, »daß das Angelusläuten um sechs Uhr abends der letzte Klang des Tages sei« und »als eine Art Nachtglocke« aufgefaßt werde. Am 5. November 1857 aber kam Monsieur Isidore Dubos, der Sakristan, »um sechs Uhr dreißig abends, um ein Kind taufen zu lassen. Vom Pfarrverweser wurde er ersucht, nach der Zeremonie nicht mehr zu läuten, da die Glocke bereits das Angelus verkündet hatte; Monsieur Dubos schenkte diesem Ersuchen jedoch keinerlei Beachtung und machte sich daran, selbst zu läuten.«[50]

Diese halbe Stunde über die Zeit führte zu einer Klage beim Generalstaatsanwalt, der sie abwies. Der Pfarrverweser, für den die ganze Ausgewogenheit der täglichen Verrichtungen seiner Pfarrkinder auf dem Spiel stand, trug daraufhin die Sache dem Minister Rouland vor. Am 30. Juni 1858 gab Rouland, der von seinem Pariser Büro aus die Wichtigkeit der Angelegenheit kaum erkannte, dem Pfarrverweser den Rat – den Sakristan auszuwechseln.

Das mittägliche Angelusläuten – in den Augen der Landbewohner ganz wesentlich – schien den Angehörigen des Klerus von geringerem Belang. Übrigens war es in bestimmten, allerdings nur wenigen Regionen – zum Beispiel im Département Lot – überhaupt nicht üblich, zu dieser Tageszeit zu läuten. In Guindrecourt-sur-Blaise (Haute-Marne) wurde 1873 nur am Samstag zu Mittag geläutet. Die Symbolik des mittäglichen Angelus ist unscharf. Für manche Exegeten feiert das Läuten in dem Augenblick, da die Sonne im Zenit steht, die Himmelfahrt Christi. Für andere erinnert es an den Beginn seiner Todesqual.[51] Wie dem auch sei, häufig wurde das Mittagsangelus um elf Uhr dreißig geläutet, wenn nicht schon um elf Uhr. So war es fast überall im Département Eure-et-Loir der Brauch. In Blangy im Bray (Seine-Inférieure) wurde das Mittagsangelus an Markttagen um elf Uhr geläutet. An den Ufern der Bresle schlug die Glocke um elf Uhr dreißig an, und dreißig Minuten später erklang ein zweites, diesmal ziviles Läuten: Es hieß das »Zwölfuhrläuten«. In vielen Orten [vgl. u. S. 189 ff.] erlaubte nämlich die Zeitspanne zwischen der Tagesmitte und dem »Mittagsangelus« das Einschieben eines zivilen Läutens.[52]

Dieses nun entsprang einer ganz anderen Zeitvorstellung. Im Laufe der Jahrzehnte kam es zu einer Desakralisierung des Erwachens. Der Hedonismus des späten Aufstehens, eigentlich aristokratischen Ursprungs, wurde nach und nach auch in der Stadt übernommen, ja sogar eingefordert; das Betragen ihres schönen Cousins, von den Angehörigen der Familie Grandet* je nachdem als faszinierend oder skandalös empfunden, verlor nach und nach auch in der Provinz alles Anstößige. Die Forderung nach dem Recht auf Ruhe [vgl. u. S. 406 ff.] entschärfte die Schmähungen, die gegen das lange morgendliche Schlafen und

---

* In der Balzac-Novelle »Eugenie Grandet« (1833) spart der geizige Cousin durch spätes Aufstehen an Kerzen (Anm. d. Lektorats).

die Schwüle des Bettes erhoben wurden. Bei dieser Gelegenheit verbreitete sich eine andere Lesart der Morgenglocke. Von immer mehr Städtern wurde das, was frommes Läuten gewesen war, fortan als aufdringlicher Radau wahrgenommen. Zugleich profitierten spätes Zubettgehen und Nachtleben, propagiert durch die Lebensweise der Eliten und erleichtert durch die Fortschritte der Straßen- und Wohnungsbeleuchtung, von dem Prestige, das der Modernität anhaftete.

Die Konflikte, die sich am Morgen- und am Abendangelus entzündeten, resultierten aus divergierenden Konzeptionen, die von der Sinneskultur, der Ethik und der Politik abhängig waren. Die Vollmacht, die Nachtglocke nach dem Angelus zu läuten, dem Pfarrer den Gebrauch der Glocken zu einer angeblich zu frühen Stunde streitig zu machen oder ein ziviles Läuten um elf Uhr dreißig oder am Mittag anzuordnen: diese Vollmacht war für den Bürgermeister ein Machtsymbol von höchster Wichtigkeit; und seinen Bürgern signalisierte sie die Emanzipation vom Klerus. Bei allen diesen Konflikten ging es um die Bemeisterung der Biorhythmen der Gemeinschaft, der Zeiteinteilung bei Arbeit und Ruhe. (Es ist hier wohlgemerkt nicht von den Mußestunden die Rede.) Diese Querelen hatten darüber hinaus mit der sozialen Ethik zu tun; denn was letzten Endes, zumindest in den Augen des Klerus, auf dem Spiel stand, war die moralische Beschaffenheit der Pfarrei. Für das frühe Aufstehen oder die abendliche Stille zu kämpfen hieß, gegen das Wirken des Teufels zu Felde zu ziehen.

Drei Arten von Konflikten kennzeichneten diesen Krieg der Zeitrhythmen. Der erste betraf die Interpretation des Angeluslläutens und schließlich das doppelte Läuten der sogenannten »Tagespunkte«. Der zweite erwuchs aus dem Vorgehen der Gemeindeverwaltungen gegen zu frühes Glockenläuten. Der dritte resultierte aus der Abneigung des Klerus gegen das nächtliche Läuten der Sperrglocke oder der Nachtglocke.

a) In denjenigen Gemeinden, in denen man morgens, »mittags« und abends nur einmal läutete, konnte sich der Zwist an der *Interpretation des Läutens* entzünden: Was für die einen das religiöse Angelusläuten war, war für die anderen ein ziviles Signal, und zwar ehedem, zur Zeit der Ersten Republik, auf dem Höhepunkt der Dechristianisierung, das einzig legitime. Eine Anzahl von Bürgermeistern – in der Haute-Marne, der Meuse, den Vogesen, der Côté-d'Or – weigerten sich denn auch, die Polysemie dieses Läutens zuzugeben, weil eine solche Einstellung darauf hinausgelaufen wäre, die Sakralisierung der Rhythmen des Daseins unter der Ägide des Pfarrers oder des Pfarrverwesers anzuerkennen. Für diese Verwaltungsbeamten handelte es sich in erster Linie um zivile Geläute. In der Bretagne hingegen, wo die laizistische Empfindlichkeit weniger stark ausgeprägt und weniger weit verbreitet war, entzündeten sich kaum einmal Streitigkeiten an den Glockenschlägen und Glockenschwüngen, die den Tag skandierten: Sie wurden spontan als religiöse Botschaften wahrgenommen.

In der Meuse und in den Vogesen war es vor allem das Läuten zur Mittagszeit, das den Behörden unentbehrlich schien. Wenn der Pfarrverweser das Angelusläuten einstellte, richteten bestimmte Gemeinden ein ziviles »Mittagsläuten« ein. Das Fehlen des Glockensignals zu diesem Zeitpunkt stellte die gesamte Organisation des Tages in Frage. Seitdem zu Mittag nicht mehr geläutet werde, so erklärten bestimmte Pfarrkinder aus Dombrot-le-Sec (Vosges) 1891 ihrem Pfarrer, habe es viele Landwirte gegeben, »die sich aus Unkenntnis der Uhrzeit auf dem Feld *verspäteten* und denen es deswegen sogar unmöglich war, am Abend die Arbeiten nachzuholen, die eigentlich wichtiger waren als jene, bei denen sie sich am Morgen verspätet hatten«.[53]

Anderswo kam es vor, daß gerade die *Verdoppelung* der Läutsignale die Gemüter erhitzte und dauerhafte Haßgefühle wachrief. Im Januar 1810 drohte der Erzbischof von Rouen, Kardinal Cambacérès, das Interdikt über die Pfarrei Buchy (Seine-Inférieure) zu verhängen, weil der dortige Bürgermeister entschieden hatte, leicht zeitversetzt zum jeweiligen Angelusläuten »zu Beginn, in der Mitte und am Ende des Tages eine Viertelstunde lang zu läuten«. Der Pfarrer seinerseits hatte dem Sakristan bei Strafe der Entlassung verboten, »die Stunden des Bürgermeisters«[54] zu läuten. Das Ministerium gab ihm schließlich recht. Es drang darauf, daß durch eine Absprache zwischen beiden Seiten jede derartige Verdoppelung des Läutens ausgeschlossen wurde.

In bestimmten Gegenden wiederum hatte diese Dualität Tradition. Im Département Nord war es Brauch, wie das Reglement von 1843 ausdrücklich festhielt, um elf Uhr zu läuten, um die Arbeiter von den Feldern zu rufen, und zwar unabhängig vom Angelusläuten. Ebenso war es im Aube. Nach den Worten des Bürgermeisters von Les Grandes-Chapelles war es dort »eine alte Gewohnheit«, zwischen dem 1. Juni und dem 1. September um elf Uhr zu läuten. Anderswo bemühten sich die Gemeindeverwaltungen um die Verdoppelung des Läutens. Um die Jahrhundertmitte äußerten eine Anzahl von Bürgermeistern aus der Meuse den Wunsch, daß zur Zeit der Heuernte, der Getreideernte und der Aussaat um elf Uhr geläutet werde, um, wie der Bürgermeister von Autrécourt am 2. August 1866 erklärte, »alle zu benachrichtigen, die auf den Feldern sind und die nach Hause gehen müssen, um die Erntearbeiter zu verkösten«, und um den Frauen den Zeitpunkt für die Zubereitung der Mittagsmahlzeit anzuzeigen. Der Pfarrer jedoch protestierte: »Die Glocken sind nicht feierlich geweiht worden, um die Leute zur Suppe zu rufen«, argumentierte er. 1884 erweiterte der Unterpräfekt von Mirecourt (Vosges) die Forderung noch: Er reklamierte seinerseits für die Gemeindeverwaltungen seines Arrondissements das Recht, zur Getreideernte und zur Heuernte »höchstens eine Viertelstunde lang« zu läuten, und zwar »um zehn oder elf Uhr vormittags und um vier Uhr abends«.[55]

Aber die heftigsten, das ganze Jahrhundert während den Konflikte erzeugte das Problem wieder einmal in der Haute-Marne. Ein Beispiel mag genügen. Im Dezember 1843 ändert der Pfarrer von Humberville den Zeitpunkt des abendlichen Angelusläutens. Er läßt fortan um neun Uhr läuten, zur Zeit der Sperrstunde, und nicht mehr um acht Uhr, wie es bisher üblich gewesen ist. Denn traditionsgemäß »läuteten in Humberville Angelusglocke und Sperrglocke zu verschiedenen Zeiten« – wir können hinzusetzen: wie in vielen Orten. Der Bürgermeister, vom Präfekten unterstützt, beklagt die unerträgliche Konfusion, die der Pfarrer in seinem Wunsch angerichtet hat, das abendliche Monopol der religiösen Glocke zu behaupten. Beide Geläute, erklärt er nicht ohne Recht, »haben weder in ihrem Anlaß noch in ihrem Ziel etwas miteinander gemein«. »Ich würde es vorziehen«, schreibt der Präfekt an den Bischof von Langres, »wenn beide Geläute durchaus und sorgsam getrennt blieben«, wie zum Beispiel in der Umgebung von Chaumont. Er wünscht darüber hinaus, daß das Angelus die Stunde der Abendruhe anzeige – in den ländlichen Gegenden der Region im Winter um fünf Uhr – und daß ein ziviles Läuten, »festgelegt durch das englische Gesetz und aus Gewohnheit beibehalten«, die Sperrstunde anzeige, in den ländlichen Gegenden um acht oder neun Uhr und in Chaumont um zehn Uhr, wie das in dieser Stadt seit 1830 praktiziert wird.[56]

Das Département Côte-d'Or erlebte 1886 eine veritable Krise des Angelusläutens oder besser gesagt dessen, was man »das Läuten der Tagespunkte« nannte. Die Bürgermeister forderten, dieses – zivile – Läuten dort veranlassen zu dürfen, wo die Pfarrer das in den Reglements vorgesehene Angelusläuten eingestellt hatten. Das Bistum Dijon wehrte sich: Man befürchtete eine Desakralisierung dieses Läutens und das tägliche Aus- und Eingehen eines Gemeindeglöckners im Glockenturm. Außerdem hoffte man, daß die Gemeindeverwaltungen sich bereit erklären würden, die Angelusgeläute zu bezuschussen, was sie bisher abgelehnt hatten. 1886 stellte daher der Pfarrer von Coulmier-le-Sec das Angelusläuten unter dem Vorwand ein, daß die Gemeindeverwaltung sich weigere, dafür zu bezahlen. Der Bürgermeister nutzte die Gelegenheit und führte ein neues Läuten ein, mit dem er den Volksschullehrer beauftragte. Der Konflikt ging bis zum Ministerium.[57]

Am Vorabend der Abstimmung über das Separations-Gesetz [zur Trennung von Kirche und Staat] nahm die Schlacht um die Doppelung der Zeitsignale nationale Ausmaße an. In den Départements Eure und Eure-et-Loir brachte sie Antagonismen zum Ausbruch, die sich an der »Kultuspolizei« entzündet hatten. Die Standpunkte der Protagonisten hatten sich seit dem Zweiten Kaiserreich verändert. In einer Anzahl von Gemeinden hatten die Pfarrer im Laufe der Jahre das Läuten zum Angelusgebet aufgegeben. So verhielt es sich, dem Präfekten zufolge, 1884 bereits in den meisten Pfarreien des Départements Eure. Der Bürgermeister von Prouais (Eure-et-Loir) spielte seinerseits an auf »das Angelusläuten, das einst in jedem Dorfe üblich war, bei uns aber seit langem abgekommen ist«. Wie in Coulmier-le-Sec in der Côte-d'Or weigerten sich auch die anderen Gemeindeverwaltungen der Region, für die religiösen Geläute zu bezahlen. Die Aufhebung des religiösen Geläutes stellte sich für den Klerus daher als Einsparungsmaßnahme dar.[58]

Nachdem sie das Verschwinden des Angelusläutens zur Kenntnis genommen hatten, entschieden mehrere Bürgermeister des Eure-et-Loir, zu Arbeitsbeginn, zu Mittag, zur Mittagsruhe, zum Feierabend und zur Nacht läuten zu lassen. Betrübt darüber, auf diese Art ein Läuten desakralisiert zu sehen, dessen »Regulatoren« sie einst selbst gewesen waren, beschlossen daraufhin einige Pfarrer, zum großen Schaden der ihnen feindlich gesonnenen Gemeindeverwaltungen, *das Angelusläuten wieder einzuführen*. Bevor die von den Bürgermeistern gefaßten Beschlüsse über die Institution der »Tagespunkte« 1911 vom Staatsrat aufgehoben wurden, führte die Dualität der Geläute zu Aberdutzenden von Konflikten im Département. Hierfür ein Beispiel.

In Saint-Martin-de-Nigelles war das Angelusläuten seit vier Jahren »außer Gebrauch« gekommen. Der Bürgermeister entscheidet im Juni 1911 – also zu einem sehr späten Zeitpunkt, es handelte sich von seiner Seite um ein Nachhutgefecht –, die Glocke durch einen zivilen Glöckner um elf Uhr fünfzehn »schwingend« läuten zu lassen; es geht ihm darum, »den Landarbeitern die Rückkehr auf die Felder anzukündigen«. Daraufhin führt der Pfarrverweser das Angelusläuten um fünf Uhr früh, am Mittag und um acht Uhr abends wieder ein und schlägt dann dem Bürgermeister einen »Vergleich« vor: Um jede Überschneidung zu vermeiden, will er das Mittagsangelus kostenlos um elf Uhr fünfundvierzig läuten, und der Bürgermeister soll das Läuten um elf Uhr fünfzehn einstellen. Der Gemeinderat, der zusammengekommen ist, um das Problem zu erörtern, lehnt den Vorschlag ab und beschließt, an seinem eigenen Läuten festzuhalten. Der Pfarrer, in dem Wunsch, den Brauch zu resakralisieren, sorgt daraufhin dafür, daß die Angelusglocke gleichzeitig mit dem Gemeindeläuten anschlägt. Der Bürgermeister droht, ihm das zu verbieten. Ferner will er dem Pfarrer verwehren, am Morgen zu früh und am Abend zu spät zu läuten; dazu muß man wissen, daß der Seelenhirte, zweifellos aus Trotz, häufig um vier Uhr dreißig in der Frühe und nach acht Uhr dreißig am Abend läutete.[59]

In allen diesen Affären war der Standpunkt der Administration fortan klar: Die Bürgermeister hatten nicht das Recht, die Zeiten des Angelusläutens zu bestimmen. Seit 1911 war es ihnen untersagt, sogenannte »Werkglocken«, »Vesperglocken« und »Feierabendglocken« zu läuten, da diese nicht auf der gesetzlichen Liste der Signale standen, die im Geltungsbereich der »Lokalpolizei« [Gemeindeordnung] lagen.[60] Es fiel, mit einem Wort, nicht in die Befugnis des Bürgermeisters, das Leben der Gemeinschaften zu rhythmisieren, in deren Mitte er für Ordnung zu sorgen hatte.

b) Die Ablehnung eines zu frühen Weckens durch die Gemeindeverwaltungen war die Quelle einer weiteren Reihe von Konflikten, die sich an der Bemeisterung der zeitlichen Architektur des Alltags entzündeten. Die Debatte wurde zu Beginn des 20. Jahrhunderts noch einmal sehr lebhaft. Namentlich zwischen 1907 und 1910 war die Zahl der Bürgermeister Legion, die, freilich ohne großen Erfolg, versuchten, dem Pfarrer das Läuten vor der von der Gemeindeverwaltung vorgeschriebenen Stunde zu verbieten. Die Serie der in diesem Zusammenhang von den Feldhütern ausgestellten Verwarnungen gehört zu den amüsantesten Sammlungen von Dokumenten, die in den Archiven der Kultuspolizei aufbewahrt werden. Konflikte dieser Art beschäftigten nicht selten das Kassationsgericht, das im allgemeinen die Verurteilung widerspenstiger Pfarrer billigte; ebensosehr machten sie dem Staatsrat zu schaffen, der sich beeilte, sukzessive alle gemeindlichen Reglements zu kassieren, die nach seinem Dafürhalten gegen das Gesetz über die Trennung von Kirche und Staat verstießen [vgl. u. S. 358 f.]. Von diesen Vorfällen, die uns trivial erscheinen mögen, lebte eine weitläufige und leidenschaftlich Partei ergreifende Presse. Verurteilungen und Mißbilligungen, mochten sie noch so geringfügig sein, wurden als lauter symbolische Katastrophen empfunden, und die Erbitterung der Protagonisten ist frappierend.[61]

c) Die »Nachtglocke« und/oder die »Sperrglocke« waren der Ausgangspunkt für eine dritte Art von Konflikten. Genaugenommen blieb die Definition dieser Glocken im 19. Jahrhundert ungewiß; auch variierte sie von Region zu Region. Doch in jedem Fall unterschieden sich diese zivilen Geläute vom abendlichen Angelus, das mitunter »Sammlung« genannt wurde.[62] »Sperrglocke« und »Nachtglocke« zeigten ursprünglich an, daß die Zeit gekommen war, sich in seine Wohnung zurückzuziehen. Auf dieses Signal hin hatte man die Schenke, das Wirtshaus, aber auch das Haus des Nachbarn oder den Ort der gemeinsamen Nachtwache zu verlassen. Beim Klang der »Nachtglocke« schloß man die Fensterläden. Im Mosel-Département kündete diese Glocke, wie wir sahen, den Einfall der bösen Geister an; sie gab gleichsam die Nacht frei für die Hexen und ihr böses Treiben.

In der zweiten Hälfte des Jahrhunderts, als die traditionelle Unterteilung des Tages sich unter dem Einfluß anderer zeitlicher Rhythmen aufzulösen begann, breitete das Läuten der Sperrstunde sich aus; es hatte aber kaum mehr eine andere Funktion, als den gesetzlich vorgeschriebenen Zeitpunkt zum Schließen der Wirtshäuser, das heißt die Polizeistunde zu signalisieren. Der Klang dieser Glocke verlieh dem Wirt seine Autorität und erleichterte es ihm, widerspenstige Gäste zum Gehen zu veranlassen. In Gemeinden, in denen es keine Gemeindeuhr gab, konnte der Schankwirt, selbst wenn er selbst eine eigene Pendeluhr besaß, erst mit dem Ertönen dieser Glocke den genauen Zeitpunkt bestimmen, zu dem er sein Etablissement zu schließen hatte. 1859 richteten die Schankwirte von Arches (Vosges) eine Bittschrift an die Präfektur. Sie forderten das Läuten zur Nachtruhe. In Ermangelung einer öffentlichen Uhr, »die dazu dient, die Stunden des Tages *für jedermann* zu regeln«, wußten sie nicht recht, wann *genau* sie zu schließen hatten.[63] Es könne nämlich »die Polizeistunde je nach der größeren oder kleineren Abweichung zwischen den Uhren der Polizei und denen der Einwohner merklich variieren«. Außerdem seien die Unterschiede zwischen den einzelnen privaten Uhren zu berücksichtigen; und sogar zwischen den Gemeindeuhren. So schreibt der Bürgermeister von Suriauville (Vosges) am 31. Dezember 1859 an den Unterpräfekten, daß die Polizisten, die wissen, daß die Kantonsuhren nicht übereinstimmen, es irgendwie schaffen, durch einen Rundgang »von Dorf zu Dorf« immer eine gute mittlere Zeit zu haben. Und der Präfekt des Départements Haute-Saône schreibt seinerseits 1884: »In vielen Gemeinden gibt es keine Gemeindeuhr, und häufig besitzen auch die Schankwirte keinen Zeitmesser. So kommt es zu Unschlüssigkeiten auf seiten der Behördenvertreter und *zu Diskussionen über die wirkliche Uhrzeit.*« Er wünscht ein offizielles Signal, »gegen das niemand protestieren wird«. Dieser Wunsch, die Ungewißheit über die Uhrzeit zu beenden, war charakteristisch für jene

Periode vor Einführung der gesetzlichen Zeit.[64] Die neuartige
Forderung nach Präzision legte zum erstenmal die Vermehrung der Geläute nahe.

Der Klerus sah sich nun mit einem Dilemma konfrontiert:
Zwar wünschte er, wie wir gesehen haben, daß nach dem
abendlichen Angelus nicht mehr geläutet werde. Trotzdem
mußte er anerkennen, daß die Nachtglocke dazu beitrug, die
Ausschweifung einzudämmen. Sie war der Garant der moralischen Ordnung in der Pfarrei. Diese Funktion zeigte sich besonders deutlich in Gemeinden, in denen man nur an Festtagen
läutete. Zu Beginn des Zweiten Kaiserreichs erkannten die
Bürgermeister der Meuse, die an sich gegen das tägliche Läuten waren, dessen Notwendigkeit außerhalb der Arbeitstage
an. Im Juni 1862 beschloß der Gemeinderat von La Martyre
(Finistère) das Läuten zur Sperrstunde, am Abend sowie am
ersten Donnerstag jeden Monats, der in einer Nachbargemeinde Markttag war. Diese Maßnahme, versicherte der stellvertretende Bürgermeister, liege im Interesse »der öffentlichen Ordnung und Moral, da auf dem Heimweg vom Markt
zu La Roche, der an diesem Tage stattfindet, eine große Zahl
von erregten Individuen noch zu vorgerückter Stunde die
Schenken belagern, wobei sie ihre Tiere vor der Tür dieser
Kneipen leiden lassen, und ihre Familien in Unruhe versetzen«. Ein beiläufiger Hinweis, der daran erinnert, daß in diesem Land der Viehzucht der Rhythmus des Alltags von der
Biologie der Tiere geprägt ist. Wer sein Pferd an der Tür der
Schenke stampfen läßt, stört außerdem die Nachtruhe der Einwohner des Ortes.[65]

Es wäre ausgeschlossen, an dieser Stelle eine Geschichte der
Sperrstunde zu schreiben; zu alt ist diese Praxis. Blavignac läßt
ihre Anfänge auf das 11. Jahrhundert zurückgehen, und wir
haben gesehen, daß dieses Läuten damals in der Normandie
üblich war. In Rouen und in der Gascogne bezeichnete man es
mit einem Ausdruck, der sinngemäß »Lüstlings«- oder »Lum-
penglocke« bedeutet (»Cache-Ribaud«, »Chasse aux Ribauds«).

Oft blieb dieses Läuten der Bannglocke vorbehalten. In Paris läutete man im 18. Jahrhundert jeden Tag um sieben Uhr abends die »Domherrenstunde«; hier verschmolz dieses Läuten allerdings mit dem Angelusläuten. In Straßburg war es eine diesem Zweck vorbehaltene Glocke, die zur Nachtruhe läutete. In vorrevolutionärer Zeit herrschte ein logischer Zusammenhang zwischen Stadtglocke und Stadtmauer, zwischen dem Signal zur Heimkehr und dem Schließen der Stadttore.[66]

Im 19. Jahrhundert war die Sperrstunde eine fest verwurzelte Tradition. 1901 läutete man sie in Sarlat im Périgord jeden Tag mit einer Glocke, die 1825 zu diesem Zweck gegossen worden war. Bezeugt ist dieser Brauch auch 1844 für die Drôme und 1852 für das Aisne. Zu diesem Zeitpunkt läutete man, wie gesagt, in fast allen Gemeinden der Meuse zur Nachtruhe, ungeachtet gewisser Widerstände im Sommer; die Anordnung hierzu hatte übrigens der Präfekt gegeben. Die Einwohner von Consigny (Haute-Marne) ersuchten 1848 in einer Bittschrift darum, dieses Läuten beibehalten zu dürfen; es stelle »eine Maßnahme im Interesse der öffentlichen Sicherheit dar, da die Gemeinde von Wäldern und Felsbildungen umgeben ist und die langen Winternächte häufig dunkel und widrig sind«. 1867 war das Läuten zur Nachtruhe auch in Ploudaniel im Finistère üblich. In Grand in den Vogesen wurde 1873 die Dauer des Läutens den Wetterverhältnissen angepaßt: Der Ersteigerer des Läutens war gehalten, zwischen dem 1. Oktober und dem 1. März um acht Uhr abends »bei trübem Wetter und Schneefall eine halbe Stunde lang und bei Mondschein eine Viertelstunde lang« zu läuten. Für 1896 ist das Läuten der Sperrstunde auch für die Côtes-du-Nord bezeugt. Dies sind nur Beispiele. Die 1884, 1885 und 1886 unterzeichneten Reglements sanktionierten offiziell den Gebrauch der Sperrglocke oder Nachtglocke in 41 Départements.[67]

Es hat, wie gesagt, den Anschein, als habe die Nachtglocke in der zweiten Jahrhunderthälfte weitere Verbreitung gefunden.[68] Sie entsprach, wie wir sahen, den neuen Erfordernissen

einer präzisen Zeitangabe. »Die allzu rasche Zunahme der Anzahl von Cafés und anderen Spielhäusern«, schreibt Dergny
im Jahre 1865, »ist der Grund dafür, daß der Brauch der Sperrglocke, der in unserer Gegend [Bray] fast ganz abgekommen
war, *vielerorts* wieder aufgenommen worden ist.«[69] In den
Gegenden, wo »Nachtglocke« und »Sperrglocke« üblich waren, entzündeten sich an diesen Geläuten fast ebenso viele
Konflikte wie am Angelusläuten. In jedem Falle war es die
Bemeisterung der kollektiven Rhythmen, die für die Beteiligten auf dem Spiel stand.

Nach einer »seit langem eingeführten« Praxis wurde in Senon (Meuse) die Nachtruhe im Sommer um neun Uhr abends
und im Winter um acht Uhr abends geläutet, »mit Ausnahme
der Sonn- und Feiertage, an denen«, wie der Bürgermeister
verdeutlicht, »die Nachtruhe während des ganzen Jahres um
neun Uhr geläutet« wurde. 1849 beschließt der Pfarrer, gegen
dieses Neun-Uhr-Läuten zu opponieren, das er im Winter zu
spät findet. Eines Sonntags »verbarrikadiert« er die Kirchentür, um den Küster am Läuten zu hindern; »an den drei folgenden Sonntagen«, meldet der Bürgermeister, »hat der Herr
Pfarrer selbst um acht Uhr die Nachtruhe geläutet, und am
vierten hat er nicht mehr geläutet, sondern erneut die Kirchentür verbarrikadiert«. Der Pfarrer behauptet, nach acht Uhr
abends dürften die Glocken nicht mehr benutzt werden. Dieser
»bedauerliche Konflikt bringt Unruhe in eine Bevölkerung von
achthundert Seelen«. »Die Kinder hören ständig das Klagen
und Murren ihrer Eltern«; aus diesem Grund haben sie keinen
Respekt mehr vor dem Herrn Pfarrer. Der Bürgermeister seinerseits wünscht im Winter um neun Uhr zur Nachtruhe zu
läuten, »mit Rücksicht auf die Menschlichkeit, die Ordnung
und die Polizei«. Im übrigen verfahre man in der Nachbarschaft ähnlich. Eine »einst so friedliche Gemeinde« ist jetzt
gespalten. Am 20. Januar gesteht der Pfarrer seine Besorgnis:
»Wäre es angesichts der Erregung der Gemüter nicht gut«,
fragt er den Bürgermeister, »für morgen wegen der zu be-

fürchtenden Unruhen Gendarmerie anzufordern?« Die Angelegenheit wird schließlich vom Ministerium entschieden, das
die beiden Streithähne auffordert, sich zu einigen.[70]

In der Haute-Marne war die Nachtglocke ein heißes Eisen.
Dasselbe galt in diesem Département für alles, was mit den
Einschnitten der Zeit zusammenhing. 1860 fordert der Bürgermeister von Giey-sur-Aujon für sich die Vollmacht, den Zeitpunkt des Läutens selbst bestimmen zu können. Er verlangt,
daß die Nachtglocke im Winter um acht Uhr und nicht erst um
neun Uhr geläutet werde. Zwischen 1880 und 1886 wurde, wie
wir sahen [vgl. o. S. 144 f.], die Gemeinde Ceffons von einem
Konflikt erschüttert, der die Modalitäten des Läutens der
Sperrstunde betraf; damals handelte es sich allerdings nicht
um die Läutezeiten, sondern um die Größe der Glocke.[71]

Im November 1867 beschließt der Pfarrer von Chatonrupt
(Haute-Marne), das Läuten der Schulglocke einzustellen, das
einen »uralten Brauch« darstellt. Der Bürgermeister verlangt
nämlich, daß dieses zivile Signal »schwingend« geläutet werde,
während der Pfarrer darauf besteht, daß es nur angeschlagen
wird. Der Gemeinderat seinerseits erteilt dem Volksschullehrer – dem bereits die Betreuung der Gemeindeuhr anvertraut
ist – die Anweisung, morgens um sieben Uhr fünfundvierzig
und »eine Dreiviertelstunde nach Mittag« zu läuten. Um dieser Entscheidung Nachdruck zu verleihen, finden sich beim ersten Mal fünf oder sechs Gemeinderäte in Begleitung des stellvertretenden Bürgermeisters ein, um »die Schulglocke zwei bis
drei Minuten lang schwingend zu läuten«.

In der Gemeinde schlagen die Wellen hoch. Der Zeitpunkt
des Schulbeginns und der der Messe differieren nur um wenige
Minuten; daher besteht die Gefahr der Verwechslung, wenn
beide durch »schwingendes« Läuten angezeigt werden. Der
herbeigerufene Kommissar der Kantonspolizei Joinville stellt
Ermittlungen an. Ihm zufolge »wünschen die Einwohner, daß
zur Schule schwingend geläutet wird«, jedoch mit einer *anderen Glocke* als jener, die zum Gottesdienst ruft, um jede Gefahr

der Verwechslung auszuschließen. Leider stellt sich heraus, daß die beiden in Frage kommenden Glocken »nahezu denselben Ton erzeugen« ... Dieser Konflikt, so der Kommissar, »*zerrüttet* die Gemeinde Chatonrupt und versetzt die Einwohner in bedauerliche Aufregung [...]. Seitdem diese Frage nunmehr fast ein Jahr lang diskutiert wird, [...] wächst die Feindseligkeit von Tag zu Tag und stürzt die Gemüter *alle Augenblicke* in einen immer *verbisseneren* Streit.« »Häufig und fortwährend« wird diskutiert; um so mehr, als der Pfarrer am liebsten auch die Sperrglocke – die ebenfalls uralter Brauch ist – auf ein einfaches Anschlagen reduzieren würde.

Der Kommissar schlägt dem Präfekten einen »Vergleich« vor: Der Bürgermeister könnte sich damit begnügen, die Schulglocke »anschlagen zu lassen«, und der Pfarrer könnte sich einverstanden erklären, daß die Sperrglocke »schwingend« geläutet wird, wie es in der Gegend Brauch ist. Um so mehr, als ein bloßes Anschlagen der Sperrglocke die Gefahr einer Verwechslung mit der Alarmglocke heraufbeschwören würde und die Einwohner der Nachbargemeinden herbeirufen könnte.

Der Präfekt entscheidet den Fall: »Diese Angelegenheit«, schreibt er am 17. Januar 1868, »muß unbedingt aufhören, die Gemüter zu erhitzen und die Einwohner zu spalten.« Er verlangt, daß der Pfarrer seine Neuerungen zurücknimmt und daß die Beibehaltung der alten Bräuche sichergestellt wird. Er zeigt sich um so unnachgiebiger, als der Priester anläßlich des Nationalfeiertages am 15. August eine sehr ablehnende Haltung gegenüber dem kaiserlichen Regime an den Tag gelegt hat.[72]

Es wäre ermüdend, sich weiter über dieses Thema zu verbreiten. Man wird sagen, die Anzahl der Querelen sei doch im Verhältnis zur Anzahl der Gemeinden bescheiden. Dieser Einwand ist indiskutabel. Nach aufmerksamer Lektüre der in den Archiven liegenden Dokumente kann man nur staunen über die Mannigfaltigkeit der Diskussionen, die Erbitterung der

Konflikte, die Hartnäckigkeit der Rivalitäten, ja der Haßgefühle – mit einem Wort, über die Tragweite der Klangbotschaften, welche die zeitliche Orientierung der Gemeinschaft markieren. Eine solche Feststellung zeugt von der *Intensität des Hörens,* die sich dem *Gefühl für die Notwendigkeit des Läutens* verdankt. Um diese Zwistigkeiten richtig einzuschätzen, muß man sich, wie gesagt, vor dem psychologischen Anachronismus hüten, der unserer heutigen Nonchalance gegenüber den Glocken entspringt.

Ausdruck sozialer Abstufungen

GLOCKENINSCHRIFTEN Die Bronze der Glocken und die Ehrengeläute künden von Hierarchien. Sie sanktionieren die soziale Mobilität. Sie registrieren schleichende Veränderungen der herrschenden Werte und die Verlagerung von Autorität.[1] Dem Historiker der gesellschaftlichen Machtverhältnisse liefert die Glockenepigraphik überreiches Anschauungsmaterial. Weder im Dorf noch im Raum des Stadtviertels gab es eine Inschrift, die so häufig, so überlegt, so ausdiskutiert und oft auch so umstritten war wie die Inschrift auf den Glocken. Aber es gibt auch keine Formeln, die geheimnisvoller wären; denn der Glockenturm bleibt der Mehrheit der Bevölkerung unzugänglich, und die so sorgsam austarierten Texte verharren in einem Halbdunkel, das sie unleserlich macht.

Die Lektüre des reichen Korpus von Inschriften auf dem Relief der Glockenbronze erlaubt es gleichwohl, für jede Region die Stufenleiter von Prestige und Einfluß sowie die relative Wirksamkeit der diversen Machtinhaber zu ermessen. Man muß sich in diesem Zusammenhang klarmachen, daß die Ansprüche des Klerus und die Ambitionen der Gemeindeverwaltungen sich nicht im schlichten Gegenüber von Glaube und Unglaube artikulieren, vor allem nicht vor der Entstehung der Dritten Republik. Die schwankende Balance zwischen ziviler

Autorität und kirchlicher Macht, zwischen dem Profanen und dem Heiligen, dem Laikalen und dem Religiösen unterliegt unaufhörlichen, mitunter heimlichen Neubestimmungen, und zwar auch in den frömmsten Gemeinschaften, deren Mitglieder alle dieselben Glaubensüberzeugungen teilen. Die Glockenepigraphik trägt zur Erkundung dieses oft sehr subtilen Gleichgewichts bei.[2]

Die Gesamtheit der Widmungen, der Erwähnungen einer Taufpatenschaft und der »Taufnamen«, die im 19. Jahrhundert als Glockeninschriften auftreten, wurden inventarisiert in den Ardennen, im Mosel-Département, im Bray (Seine-Inférieure), im Isère, im Cantal, in der Charente und in der Dordogne, spezielle Untersuchungen sind in der Normandie und in den Pyrenäen durchgeführt worden.[3] Die Gesamtheit der Daten ist zu groß, als daß ein einzelner Forscher sie zum Gegenstand einer quantitativen Untersuchung machen könnte. Ohnedies stünde infolge der Glockenvernichtungen während der Französischen Revolution und wegen der im 19. Jahrhundert vorgenommenen Glockenumgüsse und -neugüsse ein derartiges Unternehmen wissenschaftlich auf schwachen Füßen. Wir werden uns hier damit begnügen, die offenkundigsten Feststellungen zu treffen, welche die Lektüre der einschlägigen Arbeiten nahelegt, und die von den Autoren selbst gekennzeichneten Prozesse herauszuarbeiten.

Auf keinem anderen offiziellen Monument erscheint der direkte (nicht symbolhafte) Hinweis auf die Frau derartig nachdrücklich wie auf der geweihten Bronze. Zumeist figuriert die Frau dort in einer Position der Unterordnung. Der Name der Taufpatin folgt auf die Inschrift mit dem Namen des Taufpaten, der *sie ausgewählt hat*. Die meisten Frauen, die in den Genuß dieser Ehre kommen, verdanken sie außerdem ihrer Eigenschaft als Gattin, Tochter oder – seltener – Mutter des Taufpaten.

Noch erstaunlicher ist die – späte und spärliche – Erwähnung von Kindern. Ende des Jahrhunderts, kurz vor Einführung der privaten Kommunion, sanktionierte die Aufmerksamkeit, welche die Kirche den ersten Lebensjahren des Menschen entgegenbrachte, reichlich verspätet den Aufstieg einer Empfindung, die Philippe Ariès schon vor langer Zeit gekennzeichnet hat. Damals entstand der Brauch der kollektiven Taufpatenschaft aller Kinder einer Pfarrei. So war es zum Beispiel in der Dordogne. Eine der im Jahre 1882 gegossenen Glocken trägt die Inschrift: »Ich bin die Glocke der Engel. Die ein- bis siebenjährigen Kinder Nontrons sind meine Taufpaten und Taufpatinnen.« In Champagne hat die ebenfalls den heiligen Engel geweihte Glocke 1890 »zu Taufpaten alle Buben der Pfarrei und zu Taufpatinnen alle Mädchen«. Auf der neuen Glocke von Eygurande (Dordogne) kann man lesen: »Taufpaten und Taufpatinnen [sind] die Kinder der Erstkommunion am 1. Juni 1899.« Auf dieselbe Art erfährt man, daß die Glocke von Cabans auf Betreiben der Kinder der Pfarrei umgegossen worden ist. Zur selben Zeit werden – selten – auch »Ehrentaufpaten« erwähnt: ein bequemer Weg, die Liste der Personen zu verlängern, denen man eine Ehre erweisen will. Auf den Glocken des Bray, die aus der zweiten Jahrhunderthälfte stammen, liest man nicht selten die Namen der Söhne oder Töchter des Taufpaten oder der Taufpatin, die als »kleine Taufpaten« und »kleine Taufpatinnen« figurieren – ein Weg, um den Fortbestand der Notabeln-Sippen zu verheißen.[4]

Die beharrliche Präsenz der traditionellen Eliten auf der Glockenbronze ist nämlich unübersehbar; sie ist auch nicht überraschend. Namentlich zwischen 1814 und 1830, als man die alten Formeln wieder aufgriff und auf den Glocken Adelstitel und Ehrenerwähnungen überhandnahmen, kam es auch in diesem Bereich zu dem Versuch einer sozialen Restauration von regional sehr unterschiedlicher Intensität. Im Bray war er unübersehbar, im Périgord ziemlich deutlich, in den Ardennen kaum wahrnehmbar. Er bewirkte jene Generosität des Adels in bezug auf das Erbe der Gemeinschaften, die Michel Denis für die Mayenne und Claude Brelot für die Franche-Comté beschrieben haben.[5]

Kurz vor Jahrhundertende hörte die Glockenbronze auf, ein veritables Statussymbol zu sein; die zivilen Autoritäten hatten kaum noch den Ehrgeiz, sich auf ihr zu verewigen. Die Glockenepigraphik wurde Sache eines nostalgischen Adels und einer kleinen Elite von eifernden Klerikern. Man darf sich daher nicht von der zunehmenden Präsenz von Gruppen täuschen lassen, die mehr und mehr in der ländlichen Gesellschaft verwurzelt waren und einer Prozedur der sozialen Auszeichnung verhaftet blieben, die im Grunde genommen an Bedeutung verloren hatte.[6]

Madame Armande Félicité Barbetet, die Taufpatin der 1858 gegossenen Glocke von Saint-Lucien (Seine-Inférieure), bewohnt das Schloß La Hallotière, das ihr Eigentum ist. Sie ist »die Wohltäterin der *Gegend* im allgemeinen und ihrer Pfarrei im besonderen«.[7] Die Gemeinde La Hallotière hat ihr auf Lebenszeit eine Parzelle auf dem Friedhof und an der Kirche überlassen. Dort ist ihr Mann beigesetzt. »Die fromme Stifterin hat eine Kapelle errichten lassen, die ihr Privatbesitz ist. Durch ein Mauerstück, das man herausgebrochen hat, verfolgt sie den Gottesdienst in der Kirche, von welcher das kleine Oratorium ein Stück zu sein scheint.« In diesem Falle komplettierte und verlängerte die Patenschaft über die Glocke die prominente Präsenz, die sich im Pfarrgebäude selbst festgesetzt hatte. Die Glockenpatenschaft bezeugte und verstärkte zugleich die ersehnte Geltung jener großen Familien der Region, deren Genealogien und Wappen Dieudonné Dergny, besessen von dem Wunsch, das Band der Zeiten zu knüpfen, mit wohlgefälliger Ehrfurcht vor dem Kleinen beschreibt.[8]

Es kam vor, daß die Bevölkerung den dringenden Wunsch verspürte, diesen Wohltätern die Ehre der Glockenpatenschaft zukommen zu lassen. 1869 protestieren dreihundert Einwohner von Marignié (Maine-et-Loire) gegen den Kirchenrat von Saint-Sulpice, der als Taufpaten und als Taufpatin Personen ausgewählt hat, »die der Gemeinde nichts Gutes erwiesen haben« – eine Entscheidung zum Nachteil der *Familie* Carrier, die zu allen Zeiten die größte Aufopferung für die Gemeinde bewiesen hat. Die Unterzeichner der Petition erklären: »*Wir wollen, anerkennen und wählen Monsieur Joseph Carrier und Madame Philomène Carrier zum Taufpaten und zur Taufpatin unserer Glocke*«: ein Weg für die meisten Mitglieder der Gemeinschaft, ihre Entscheidungsbefugnis einzufordern, aber auch ein Weg, die Wichtigkeit zu demonstrieren, die sie der Wahl derjenigen Personen beimessen, denen die Ehre anvertraut wird, bei der »Taufe« der Glocke zu präsidieren.[9]

Im Laufe des Jahrhunderts erscheinen neue Paten. Die Dynastie der Bonapartes wachte darüber, auf der geweihten Bronze vertreten zu sein. 1809 widmeten die Gemeinderäte von Lombez (Gers) auf Vorschlag des Bürgermeisters die Hauptglocke der Pfarrkirche »dem großen Napoleon«, um ihm »ihre Liebe, ihre Anerkennung, ihre Unterwerfung, ihre Achtung« zu bezeigen. Die Gemeinderäte freuten sich bei der Vorstellung, daß die Bronze über Generationen hinweg mit jedem Widerhall tönen werde: »Vive Napoléon le Grand.«[10] Zur Regierungszeit Ludwigs des Heiligen gegossen, zerbrach die Glocke, als sie feierlich den Einmarsch der Franzosen in Wien verkünden sollte. Im Zweiten Kaiserreich wurden reihenweise kaiserliche Glocken gegossen, die man danach großzügig an die einzelnen Départements verteilte.[11] Die Maßnahme fügt sich in die Selbstinszenierung der imperialen Macht, die derzeit Gegenstand verschiedener Untersuchungen ist. Parallel dazu erstreckt sich die Präsenz der Repräsentanten der Administration bis in die Glockentexte. Im Ersten Kaiserreich ist dieser Vorgang evident. 1807 hat die Glocke von Brioux (Deux-Sèvres) zum Taufpaten den Unterpräfekten und zur Taufpatin die Gattin des Präfekten. In Secondigné (Deux-Sèvres) ist 1811 der Unterpräfekt von Melle Taufpate der Glocke und die Gattin des Bürgermeisters Taufpatin.[12]

Wir haben bereits die Inschriften angesprochen, die der Gemeinschaft der Einwohner oder auch einem Zusammenschluß von Migranten den Besitz oder die Patenschaft der Glocke zuschreiben. Unter diesem Gesichtspunkt einer Demokratisierung der Glockentexte ist die Häufigkeit zu betonen, mit der Taufpaten als »Landwirte« bezeichnet werden, und zwar seit dem Ersten Kaiserreich und der Restauration. Auf der kleinen Glocke von Compainville (Seine-Inférieure) ist zu lesen: »Im Jahre 1824, am 25. August [dem Tag des hl. Ludwigs und damit dem Namenstag des Königs], wurde ich geweiht [...] und Joséphine getauft von Étienne Legoix, Landwirt, und Joséphine Leclerc, Gattin des J.-B. Duputel, Grundbesitzer zu Compainville, in Gegenwart von François Cauchois, Bürgermeister und Landwirt allda, und der Mitglieder des Gemeinderates und des Kirchenrates. Ich danke mein Dasein der Mühe und dem Eifer der Einwohner Compainvilles.«[13]

In den Ardennen kommt diese Art von Glockeninschrift häufiger vor als im Bray. Nach Henry Jadart überwiegt hier die Bezugnahme auf »treffliche Grundbesitzer- und Landwirtsfamilien« bei weitem die Erwähnung von Angehörigen des Adels, für die es auf den Glocken im Kanton Asfeld lediglich zwei Beispiele gibt. Auf der »mittleren« Glocke von Hannogne, »getauft« 1850, wird festgehalten, daß der Taufpate ein »Landwirtssohn« und die Taufpatin eine »Landwirtstochter« ist. In Taizy sind der Taufpate und die Taufpatin der 1823 gegossenen Glocke »Weinbauern«. Die Glockenepigraphik verrät die Geltung des demokratischen Geistes innerhalb dieser Region; es gäbe dafür noch weitere Beispiele. Jean-Pierre Jessenne zufolge dokumentiert die Glockenpatenschaft seit Ende des 18. Jahrhunderts und mehr noch in nachrevolutionärer Zeit die gesellschaftliche Macht der Bauern im Artois.[14]

Am interessantesten bleibt jedoch die Glockeninschrift zu Ehren der lokalen Autoritäten. Über die häufige namentliche Erwähnung des Pfarrers können wir rasch hinweggehen, so alltäglich ist sie. Dafür ist es von nun an selten, daß auf der neuen Glocke der Name des Küsters, des Glöckners oder des Vorsängers erscheinen. Samuel Bour ist der einzige, der einige Gegenbeispiele aus dem Mosel-Département bringt. Der Name des Vorsängers figuriert auf der 1811 gegossenen Glocke von Landroff, der Name des Leiters der Singschule auf der 1832 gegossenen Glocke von Lidrezing.[15]

Im Ancien Régime war es Brauch, neben den Namen des Pfarrers und des Küsters auch den Namen der Konsuln, der Syndici und des Bürgermeisters zu schreiben; im 19. Jahrhundert ist die Nennung des obersten Gemeindebeamten sehr häufig. Mitunter dient er als Referenzpunkt bei der Datierung. Die Amtszeit des Bürgermeisters figuriert neben der Regierungszeit des Papstes und / oder des Königs. Die Glocke von Nanteuil-de-Bourzac (Dordogne) weist zu jeder Inschrift die folgende Formel auf: »Gegossen 1817, *unter Bürgermeister* M. E. Modenel.« Häufiger erscheint der Name des Bürgermeisters allein, ohne zeitlichen Bezug: so etwa bei einem Dutzend Glocken des Périgord. Es kommt auch vor, daß der Eintrag des Namens des Beamten um eine kurze biographische Notiz verlängert und speziell der Beginn seiner Amtszeit mitgeteilt wird. »M. Joseph Aubry, Bürgermeister seit 1818«, liest man auf der 1865 gegossenen Glocke von Mauzac (Dordogne). Auf der Glocke von Bassing (Moselle), die 1829 umgegossen wurde, wird das genaue Alter des Bürgermeister angegeben: 51 Jahre.[16]

Mitunter wird der Name des obersten Gemeindebeamten in Verbindung gebracht mit den übrigen Mitgliedern der Gemeinde. Auf die große Glocke von Saint-Loup-en-Champagne (Ardennes) schrieben die Glockengießer 1840: »Dieser Neuguß ist der Großzügigkeit der allermeisten *Familienoberhäupter* der Gemeinde zu verdanken. *Ihre Wahl fiel* auf M. Étienne Batteux, Bürgermeister, als meinen Taufpaten. Er wählte Madame Jeanne Trichet, seine Gemahlin, zu meiner Taufpatin.«[17] In diesem konkreten Fall erlaubt die Glockenepigraphik einen anschaulichen Einblick in den Prozeß der Entscheidungsfindung im Dorf zur Zeit der Julimonarchie.

Aufschlußreich für das Ansehen des Gemeindebeamten ist auch die Erwähnung der vollständigen Liste aller Gemeinde-

ratsmitglieder. Sie findet sich zum Beispiel auf der 1806 gegossenen Glocke von Jussy (Moselle), auf jeder der drei 1847 umgegossenen Glocken von Saint-Fergeux (Ardennes) und 1841
auf der Glocke von Grumesnil. Ab 1830 ist auch der stellvertretende Bürgermeister, in Gesellschaft des Bürgermeisters, auf
den Inschriften sehr präsent. Das ist eine der evidentesten
Feststellungen, die sich bei der Lektüre der von den Glocken-
kundlern vorgenommenen Aufstellungen aufdrängen. Dafür
ist es selten, daß der Name des zweiten Bürgermeisters allein,
ohne den des obersten Gemeindebeamten auftritt. Die Formel
auf der Glocke von Gomont (Ardennes), gegossen »Im Jahre
1831, dem 1. Jahr der Regierungszeit Louis-Philippes I., Königs
der Franzosen«, verrät einen bemerkenswerten Willen, der
Persönlichkeit des stellvertretenden Bürgermeisters Reverenz
zu erweisen. Der Taufpate wird als »Rentier« bezeichnet, die
Taufpatin ist die Gattin des Bürgermeisters; es wird ausdrücklich festgehalten, daß diese beiden der Glocke ihren Namen
»in Gegenwart des stellvertretenden Bürgermeisters« gegeben
haben.[18]

Mitunter erscheint auf der Glocke die Liste der Mitglieder
des Gemeinderats, ohne daß der Bürgermeister oder der stellvertretende Bürgermeister erwähnt würden. Es kommt auch
vor, daß sozialer Rang und Grad der Generosität in Wechselwirkung stehen. Auf der 1854 umgegossenen Glocke von
Rouvray-Catillon (Seine-Inférieure) hält eine Inschrift den
genauen Betrag der Subskriptionen fest: Der Pfarrer hat
260 Francs gespendet, der Bürgermeister 110 Francs, der stellvertretende Bürgermeister 100 Francs usw.

Nicht ohne Verwunderung entdeckt man hie und da auf der
Glocke den Namen und den Vornamen des *Volksschullehrers*;
vielleicht verdankte er diese Ehre der Funktion des Glöckners,
die er ziemlich häufig versah. Die Inschrift auf der 1816 gegossenen Glocke von Avaux (Ardennen) vereinigt die Namen des
Bürgermeisters, des stellvertretenden Bürgermeisters und des
Volksschullehrers. Auf der Glocke von Guessling (Moselle) aus

dem Jahre 1848 steht der Name des Schulmeisters neben dem des Pfarrers. Auf der Glocke von Thil (Seine-Inférieure) ist zu lesen: »Gegossen 1815 auf Betreiben und *unter den Auspizien* des M. Boulanger, Volksschullehrers zu Thil, mit Hilfe der Einwohner dieser Pfarrei.«[19]

Man spürt hinter der Trockenheit dieser Inschriften den brennenden Ehrgeiz, den quälenden Durst nach Anerkennung, die bohrende Sorge um das – individuelle und familiäre – Kapital der Ehre. Beim Lesen der Bronze ahnt man die Genese der Konflikte. Die Redaktion der Glockeninschrift war für die lokalen Autoritäten die Gelegenheit, ihr Prestige zu steigern durch Integration in die Unzahl von Referenzen, in die Pyramide der Macht und Prominenz. Man kann sich vorstellen, daß es so auch für den Bürgermeister von Saulx-Saint-Rémy (Ardennes) gewesen sein mag. Auf der Glocke, die – in der Gemeinde – 1817 gegossen wurde, finden sich die folgenden Zeilen: »Zum Ruhme Gottes 1817 [...] unter Pius VII. Papst, Ludwig XVIII. König, François Cassiaux, von Saint-Thomas-en-Argonne Pfarrer, P. Guilhaume Riflart Bürgermeister, Maurice Badu stellvertretender Bürgermeister.«[20]

Die Inschrift auf der Glocke kann den Willen zu einer harmonischen Verbindung aller Prätentionen spiegeln: »Ich ward gegossen 1834«, liest man auf der mittleren Glocke von Thour (Ardennes), »*auf Betreiben* von M. Jean-Baptiste Nivelle, Pfarrer, Joseph Fergeux Sorlet, Bürgermeister, Nicolas-Catherine-Olive Philippot, stellvertretender Bürgermeister [man beachte die Aufzählung sämtlicher Vornamen], Pierre Malhomme, Gemeinderat der Gemeinde Thour, und auf Kosten der Einwohner und des Kirchenrates.«[21] Taufpaten waren der Vicomte de Virieu und seine Frau.

Mitunter erlaubte die Vielzahl der Glocken die Befriedigung mehrerer Ambitionen zugleich. Ein bezeichnender Fall in dieser Hinsicht ist 1826 Rethel. Die erste Glocke hat den Erzbischof von Reims zum Taufpaten, die zweite den Unterpräfekten, Ritter des königlichen Ordens der Ehrenlegion, die dritte den Bürgermeister, einen Chirurgen, die vierte einen Fabrikanten, Mitglied des Provinzialrats – eine hierarchisch gegliederte Versammlung, wie sie typisch war für die Restauration.[22]

Natürlich kam es auch vor, daß die Redaktion der Glockeninschrift die Gemeinde entzweite. In Haudricourt (Seine-Inférieure) veranstaltet 1858 jede der an dem Tauziehen beteiligten Parteien am Tag der Glocken-»Taufe« ihr eigenes Festbankett. 1864 ist die Gemeinde Magny-en-Vexin (Seine-et-Oise) zutiefst zerstritten. Der Bürgermeister verlangt, daß der Taufpate und die Taufpatin der neuen Glocke aus Familien kämen, »die den jüngsten Wahlkämpfen ferngestanden haben«. Aber der Pfarrer entscheidet sich für Maurice Richard, den Wahlkreisabgeordneten, und für die Gattin eines Spinnereibesitzers, der für die Opposition zum Provinzialrat kandidiert. Kurzum, die jeweiligen Präferenzen sind dem Unterpräfekten zufolge »ein Reflex der Kämpfe, die seit acht Monaten die Gegend zutiefst gespalten haben«. »Die Glockenaffäre«, fügt er hinzu, »ist zu einem Politikum geworden.« Es sei »gravierend«, urteilt er abschließend; »würde der Herr Pfarrer obsiegen [...], wären hinter der beiläufigen Frage der Glocke [...] die Freunde der Regierung und die ganze Partei der Administration die Verlierer; dann würde auch der Einfluß des Bürgermeisters hinter dem des Pfarrers verschwinden«. Die Angelegenheit gelangt bis in die nationale Presse. Der Präfekt in seiner Bedrängnis schlägt vor, selbst den Taufpaten und die Taufpatin zu benennen oder aber jede Inschrift zu verbieten.[23]

Acht Jahre später kommt es in Libaros (Hautes-Pyrénées) zu einem Eklat. Der Bürgermeister und der Gemeinderat wollen die Inschrift für die neue, durch Subskription finanzierte Glocke verfassen. In diesem Sinne geben sie dem Gießer entsprechende Instruktionen. Der neue Pfarrer und der Kirchenrat verwahren sich gegen diese Initiative; sie wollen nicht, daß auf der neuen Glocke eine Anspielung auf die Gemeinde erscheine. Sie verlangen, daß der Text respektiert werde, den einst der Pfarrer als »Leiter der Geldsammlung« –

das heißt als Hauptspender – vorgeschlagen und den »das in der Kirche vereinigte Volk« gebilligt habe, und fordern daher, daß auf der Glocke die Inschrift angebracht werde: »Diese Glocke ist die Frucht der Mildtätigkeit der Einwohner der Pfarrei Libaros, Kanton Galan, Hautes-Pyrénées.« Die Mitglieder des Kirchenrats und der Pfarrer dulden zwar die neue Glocke im Kirchenraum, wehren sich aber dagegen, daß sie aufgehängt wird, bevor nicht die Inschrift der Gemeinde getilgt ist; andernfalls drohen sie damit, »die Glocke hinauszuwerfen«. Schließlich gibt der Kultusminister dem Bürgermeister unrecht: Die Gemeinde hat sich, ihm zufolge, nicht in die Redaktion der Glockeninschrift einzumischen.[24]

EHRENGELÄUTE Noch zu Lebzeiten »geläutet zu werden« stillte den Durst nach Prestige noch mehr, als seinen Namen im Halbdunkel des Glockenturms geschrieben zu wissen. Auch die Ehrengeläute waren Gegenstand eifersüchtiger Wachsamkeit. Unter dem Ancien Régime war es, unabhängig von dem Läuten, das zum barocken Pomp der Begräbnisfeierlichkeiten gehörte, üblich, für den Lehnsherrn und die Angehörigen seiner Familie sowie für den Bischof und den Pfarrer zu läuten. Das Gericht von Toulouse verurteilte 1743 den Pfarrer von Saint-Martin-Gimois (Gers) dazu, sowohl beim Tod des Lehnsherrn als auch bei dem seiner Gattin vierzig Tage lang läuten zu lassen.[25] Am 3. Juli 1703 vermachte der Pfarrer von Herpy dem Sakristan drei Pfund, damit er »nach seinem Hinscheiden drei Monate lang abends einen Lessus [Totenklage, Klageläuten]« mit der großen Glocke und »ein Jahr lang an allen guten Tagen beim ersten Schlag des Morgens mit allen Glocken, den großen und den kleinen, für die Zeit einer Viertelstunde« läuten ließ.

Am Vorabend der Revolution hielten Städte und Dörfer an diesem Läuten fest, das die Dauerhaftigkeit einer ständischen Gesellschaft bekundete. Artikel 48 des Gesetzes vom 10. Germinal des Jahres X brachte diese hartnäckigen individuellen

Prätentionen zum Schweigen. Von den Sozialhistorikern ist die Tragweite dieser massiven und drastischen Reduktion des sozialen Diskurses, den das Läuten bedeutet, nur ungenügend erkannt worden. Die konzertierten Reglements zwischen dem Bischof und dem Präfekten zogen dann dem *Ehrengeläut* enge Grenzen. Aber nicht wenige Pfarrer und Bürgermeister überschritten in dem Wunsch, jeden zu feiern, der ihnen beliebte, ihre Befugnisse und lösten damit wiederum Glockenstreitigkeiten aus.

Das Läuten gehörte zu einer ganzen Reihe von Verfahren der sozialen Unterscheidung. Die Aufstellung des Trauerzuges und vor allem die Ehrenbänke haben das ganze Jahrhundert hindurch immer wieder Gemeinden entzweit [vgl. u. S. 290 ff.]. Oft brachten sie die Bürgermeisterei gegen das Pfarrhaus auf. In dem Fall knüpfte sich zwischen der Bank und der Glocke ein enges Band. Im Turm der Kirche zu La Chapelle-d'Alagnon (bei Murat im Cantal) ist folgende Inschrift aus dem Jahre 1828 zu lesen: »M. Pierre Valeri de Saurret aus Le Jarousset, Priester und Ehren-Kanonikus von Saint-Flour, hat diese Glocke bezahlt unter der Bedingung, daß die Besitzer des Schlosses von Le Jarousset das Recht auf eine Bank in der Kirche zu La Chapelle erhalten.«[26]

Betrachten wir zunächst das gesetzlich erlaubte Ehrengeläute. Ein solches empfängt den Bischof oder den Generalvikar, wenn er zu Visite in der Pfarrei weilt; und es feiert die Rückkehr des Prälaten in die Bischofsstadt. Das Reglement vom 6. November 1806 legt fest: »*Alle Glocken* werden geläutet bei der Ankunft S. Exz. des Bischofs in Quimper nach wenigstens einmonatiger Abwesenheit von seiner Kapitale.« So hatte unter dem Ancien Régime eine der Glocken der Kathedrale zu Avranches die einzige Aufgabe, bei der Heimkehr des Bischofs feierlich zu läuten.[27]

Napoleon liebte den Klang der Glocken über alles [vgl. u. S. 392 f.]; so ist es nicht verwunderlich, daß das Dekret vom 24. Messidor des Jahres XII verlangte, daß beim Einzug des ersten Konsuls bzw. später des Kaisers in einer Gemeinde *alle* Glocken geläutet würden. Während des ganzen Jahrhunderts bestand die Verpflichtung – die anscheinend auch befolgt wurde –, bei der Durchreise des Souveräns und der Angehörigen seiner Familie alle Glocken schwingend zu läuten. Dasselbe galt zur Zeit der beiden Republiken für den Präsidenten. Die 1884 und 1885 auf Départementsebene durchgeführte Umfrage unter den Bürgermeistern, ob sie ein Ehrengeläut für Jules Grévy billigten oder nicht, ergab, daß dies auf wenig Widerstand stieß, sondern höchstens hie und da auf eine gewisse Zurückhaltung. Auch das Dekret vom 16. Juni 1907, das den »zivilen Ehrenbezeigungen« galt, bestimmte: »Beim Einzug des Präsidenten der Republik sind in *jeder* Gemeinde *alle* Glocken *schwingend* zu läuten.« Die Beachtung dieser Anordnung anläßlich der zahlreichen Reisen Raymond Poincarés in den Jahren 1913 und 1914 forderte die Kritik der Zeitung *L'humanité* heraus. Die Redaktion sah darin ein Symbol für das Wiedererstarken der »Reaktion«.[28]

Beim Kommen des Souveräns scheint man sich nicht damit begnügt zu haben, nur in den unmittelbar betroffenen Gemeinden zu läuten. Die Einwohner von Saint-Riquier-en-Rivière (Seine-Inférieure), die »eine der klangvollsten Glocken der ganzen Gegend« besaßen, »fanden bei der Rückkehr Ludwigs XVIII. nichts Besseres zu tun, als einen ganzen Tag lang zu läuten«, und zwar so heftig, daß die Glocke zerbrach, woraufhin die Lustbarkeit ein Ende hatte. Diese Gemeinde aber befand sich gar nicht auf der Reiseroute des Königs. 1829 wurden anläßlich der Reise Karls X. in die ostfranzösischen Départements alle Glocken der Region Nancy gleichzeitig geläutet.[29]

Die anderen, nicht mehr zulässigen Ehrengeläute warfen allerlei Probleme auf. Zwar ließ der Pfarrer, den Dokumenten in den Archiven zufolge, nur selten einfach darum läuten, weil er die Gegenwart einer Persönlichkeit zu ehren wünschte, die ihm dieser Auszeichnung würdig schien. Trotzdem ist es nicht möglich, die Häufigkeit einer Praxis zu messen, die nur durch

Denunziation aktenkundig wurde. 1835 wurde der Pfarrer von Cerizay (Deux-Sèvres) beschuldigt, das Carillon geläutet zu haben, und zwar »zur Feier der *Ankunft* und der *Durchreise* der Gattin von M. de Chauvelin, Schwager von M. de La Rochejaquelein«. Der Pfarrer gab zu, es sei ihm »sehr wohl bei dem Gedanken« gewesen, daß »Madame de Chauvelin den Klang einer Glocke vernahm, deren Taufpatin sie gewesen war und die sie zum Teil mitfinanziert hatte«. Eine interessante Bemerkung zu der symbolischen Identifikation und der gefühlsmäßigen Bindung, welche die Gattin des Notabeln mit der nach ihr benannten Glocke verband.[30]

Samuel Bour berichtet beiläufig von einem Vorfall, von dem schwer zu sagen ist, ob er einer gewohnheitsmäßigen Übung entsprach. Um die Mitte des Jahrhunderts mußte Dr. Guthmann, ein Arzt im Mosel-Départment, der bei seinen Patienten sehr beliebt war, nach Metz transportiert werden, weil er schwer erkrankt war. Jedes Dorf, durch das er kam, wollte ihm durch das Läuten der Glocken seine Sympathie ausdrücken.[31]

Um das Läuten, das die Ankunft des Präfekten oder des Unterpräfekten ankündigte und feierte, gab es Diskussionen, zumal in den Reglements nicht vorgesehen war, daß diesen Angehörigen der Administration eine solche Ehrenbezeigung zuteil werden müsse. In den Vogesen ist dieses Geläut bis zur Abfassung des Reglements von 1840 Brauch. Im August 1859 geben die Bürgermeister der beiden Kantone Maure und Pleurtuit (Ille-et-Vilaine) die Anweisung, bei der Ankunft und bei der Abfahrt des Präfekten die Glocken zu läuten. Die Pfarrer, die dies ablehnen, müssen sich dem Erzbischof zufolge »Drohungen, ja fast Gewalttätigkeiten« von seiten der Gemeindebamten gefallen lassen. Minister Rouland erteilt seinem Präfekten eine strenge Rüge und bedauert »diese beklagenswerten Konflikte«. »Keine zivile Autorität«, erläutert er, »darf dulden, daß ihr Ehrenbezeigungen zuteil werden, die in der weltlichen Ordnung allein Seiner Majestät dem Kaiser vorbehalten sind.« Am 11. Mai 1869 zeigen die Gemeinderäte von

Fontaine-l'Abbé (Eure) den Pfarrer an, der sich geweigert hat, bei der Ankunft des Präfekten von Bernay läuten zu lassen, wie der Bürgermeister es ihm befohlen hatte. Selbstverständlich muß der Präfekt, auf die dringende Anfrage des Bischofs von Évreux hin, dem Kirchenmann recht geben.[32]

Merkwürdigerweise scheint diese Art von Konflikten in der Dritten Republik seltener geworden zu sein, während das Läuten am 14. Juli, das Angelusläuten sowie das Läuten bei zivilen Begräbnissen unzählige Meinungsverschiedenheiten auslösten. Halten wir immerhin fest, daß im Jahre 1901 der Pfarrer von Parnes (Oise) das Glockenseil hochziehen ließ, um den Bürgermeister daran zu hindern, bei der Ankunft republikanischer Würdenträger zu läuten. Bei dem Versuch, das Seil mit einem Sprung zu erhaschen, glitt der unglückliche Stadtvater aus und trug Blessuren davon. Im Reglement, das 1885 in der Manche unterzeichnet wurde, ist zu lesen, daß es dort, wo dieser Brauch bereits bestehe, zulässig bleibe, beim ersten Besuch des Präfekten zu läuten; das legt den Schluß nahe, daß in bestimmten Gemeinden des Départements dieses Ehrengeläut in der Tat Usus war. Wieder einmal präsentiert sich, was die Glocken betrifft, das französische Territorium als Fleckenteppich lokaler Gebräuche.[33]

Für unseren Zweck von unmittelbarerem Interesse sind die Streitigkeiten, deren Anlaß das Ehrengeläut für lokale Autoritäten war. Die Kirchenmänner des Finistère ließen aufgrund ihrer Macht und ihres Prestige in übertriebener Weise für sich läuten. Im Oktober 1831 gibt der Bürgermeister von Pont-Croix gegenüber dem Präfekten seiner Beschwerde Ausdruck: »Der Glöckner hat sich erlaubt, von sechs Uhr morgens an mindestens eine halbe Stunde lang *schwingend* zu läuten, um die Rückkehr des Herrn Pfarrers zu läuten, und zwar auf Anweisung des Herrn Vikars, wie er mir sagte.« In Créancey (Haute-Marne) läßt der Pfarrer im September 1876 anläßlich seiner Abreise läuten. Er befiehlt dem Sakristan, viermal einen Lessus von »schmerzlichem Klang« zu läuten, was, wie der

Bürgermeister behauptet, »die ganze Gemeinde in Alarm versetzte«.[34]

1860 ist der Bürgermeister von Lannilis (Finistère) darüber verärgert, jegliches Ehrengeläut verboten zu sehen, und weist darauf hin, daß man früher bei der Ankunft des Gemeindepfarrers zu läuten pflegte. »Alle die Jahre her«, setzt er hinzu, »hat man am Vorabend seines Namenstages [Yves = Ivo] für ihn das *große Angelus* geläutet.« In den Départements des bretonischen Westens und in der Basse-Normandie scheinen die Pfarrverweser praktisch geläutet zu haben, wann sie es für gut befanden, ohne sich groß um die Reglements zu kümmern. Am 2. Mai 1817 ließ der Pfarrer von Saint-Cornier-des-Landes (Orne) beim Tode seines heldenmütigen Sakristans *den ganzen Tag* die Glocken läuten [vgl. o. S. 38 f.].[35]

Die Eitelkeiten der Gemeindeautoritäten standen in diesem Punkte denen des Klerus in nichts nach. In einer Anzahl von Regionen war es üblich, die Amtseinsetzung des Bürgermeisters oder des Gemeinderates durch ein Ehrengeläut zu feiern. So war es dem Präfekten zufolge 1833 im Orne. 1884 waren diese Geläute noch in den Vogesen und in achtzehn Gemeinden der Manche gebräuchlich. Manche Pfarrer sträubten sich freilich gegen diese Praxis und lösten damit Konflikte aus, die zur Zeit der Julimonarchie besonders zahlreich waren.[36]

Am 24. April 1845 beschwert sich der Bürgermeister von Brasparts (Finistère) beim Unterpräfekten von Châteaulin. Entgegen der Gepflogenheit hat sich der Pfarrverweser geweigert, »bei der jüngsten Amtseinführung des stellvertretenden Bürgermeisters« die Glocken läuten zu lassen. Viele Jahre später, am 12. Januar 1875, beklagt sich der Bürgermeister von Milizac beim Unterpräfekten: »Am Sonntag, dem 10. dieses Monats«, schreibt er, »hat mich ein gewisser Vorfall zum Gespött der ganzen Einwohnerschaft der Gemeinde gemacht.« Der Pfarrer ist dem Küster in den Arm gefallen, der begonnen hatte, zur Amtseinführung des Gemeinderats die Glocken zu läuten. In seiner Predigt hat der Pfarrer seine Handlungsweise erklärt;

seine Worte »haben einen Teil der Einwohner *zum Lachen ge-bracht*«. Der Bürgermeister aber ist ein prominenter Mann, der sich dem Tierhandel widmet. Den Worten des Präfekten zufolge belaufen sich seine Einkünfte auf über 25 000 Francs; er ist ein »standhafter und treu ergebener Konservativer«. Er ist seinem Vater im Amt nachgefolgt, der 46 Jahre lang Bürgermeister der Gemeinde war.[37]

1881, nach dem Triumph der Republik, brachen gleich drei Konflikte dieser Art in ein und demselben Département auf. Wenn wir dem Bürgermeister von Kernével glauben dürfen, hatten die dortigen Pfarrer die Angewohnheit, bei der Amtseinführung jener Männer zu läuten, die sie »die Bürgermeister des Herrgotts« nannten, und das Geläut denen zu verweigern, die in ihren Augen die Bürgermeister des Teufels waren. So hatte der Pfarrer von Sizun persönlich und ohne sich auf den frisch Gewählten zu berufen, zur Amtseinführung des Bürgermeisters die Glocken der Pfarrei läuten lassen; der Pfarrer von Kernével jedoch hatte dem Beschwerdeführer jedes Ehrengeläut verweigert.[38]

Am 25. Januar 1881 setzt der Bürgermeister von Esquibien den Präfekten davon in Kenntnis, daß er beabsichtige, am folgenden Sonntag anläßlich seiner und des stellvertretenden Bürgermeisters »Ernennung« läuten zu lassen. Er weiß, daß der Pfarrer entschieden hat, den Glockenturm zu versperren, um dieses Ehrengeläut zu verhindern. Daher bittet er den Präfekten um die Erlaubnis, »eine Leiter aufstellen zu lassen, um an die Glockenseile zu gelangen«. In demselben Jahr zeigt der Pfarrer von Saint-Uniac (Ille-et-Vilaine) die Gemeindeverwaltung an, die »zu Ehren eines Altbürgermeisters die Totenglocke hat läuten lassen«, ohne ihn vorher um Erlaubnis zu fragen. »Am Sonntag, dem 17. dieses Monats«, schreibt der stellvertretende Bürgermeister von Landudal in einem Brief an den Präfekten vom Mai 1896, »haben wir angeordnet, *uns zu Ehren die Glocken zu läuten, wie das hierzulande der Brauch ist*«; der Küster jedoch »hat jedermann vom Glockenturm ver-

trieben«. In dieser Gemeinde, so der Beschwerdeführer, pflegt
der Pfarrer beim Ableben von Personen zu läuten, deren kon-
servative Gesinnung ihm bekannt ist, während er dieselbe
Ehre Gemeinderäten aus dem republikanischen Lager versagt.
Am anderen Ende des französischen Staatsgebietes, in den
Vogesen, beschließt der Bürgermeister von Moyemont im Juli
1884 das Ehrengeläut zu seiner eigenen Amtseinführung,
ohne den Pfarrverweser auch nur zu informieren.[39]

Das ganze Jahrhundert hindurch gab die Administration
den Gemeindeautoritäten unrecht und erinnerte sie daran,
daß Ehrengeläute für den Bürgermeister, den stellvertretenden Bürgermeister und die Gemeinderäte gegen das Reglement verstießen. Im übrigen pflegte man, wie erinnerlich, in
eine Reihe von Gemeinden trotzdem weiter zu läuten. In allen
diesen Fällen, wie auch in der Frage der Ehrenbank, waren die
Bürgermeister und die stellvertretenden Bürgermeister letzten Endes gezwungen, sich zu beugen. Wie wir sehen werden
[vgl. u. S. 245], verwehrte man ihnen sogar, zu Sitzungen des
Gemeinderats zu läuten, weil auch dies als Ehrenbezeigung
aufgefaßt werden konnte.

Um das Individuum bzw., bei Bedarf, Macht und Hierarchie
zu feiern, mußte der Glöckner den Gebrauch der Glocken mo-
dulieren, die sonst die *rites de passage* feierlich begleiteten
oder die Erinnerung an Verstorbene verherrlichten. Es handelte sich nun um ein *Prunkgeläute*, das von den Familien gefordert wurde. Dieses von allen Glocken der Stadt ertönende
Totengeläut gehörte wie das wappengezierte Bahrtuch im
18. Jahrhundert zu jenem barocken Gepränge, das Michel
Vovelle und François Lebrun untersucht haben. Freilich war
dieses Schaugepränge bereits am Vorabend der Revolution bei
Eliten umstritten, die auf Diskretion bedacht waren und mit
dem Brauch der spektakulären Leichenbegängnisse brechen
wollten. Der Präfekt des Haut-Rhin zeichnet 1812 in klaren
Worten die Geschichte dieser Übung. »*Diese Art von Ehrenbezeigung*, die einst *Personen von Rang und Stand* vorbehalten

war, wird heute jedermann zuteil, der bereit ist, die Kosten dafür zu tragen. Die Priester sind höchst beflissen, das Totengeläut als eine religiöse Pflicht hinzustellen, dergestalt, daß der Arme wie der Reiche, jener aus Fanatismus, dieser aus Prahlerei, sich dieser Tributleistung unterwirft.« Der Präfekt für seinen Teil ist der Ansicht, »daß die Glocken eine *öffentliche Trauer* nur dann verkünden sollten, wenn die Gesellschaft eines ihrer Mitglieder verliert, das durch die Verdienste, welche es dem Staate geleistet hat, hervorragt; daß es unpassend ist, wenn der Tod des unbekanntesten Menschen mit demselben Pomp verkündet wird wie der eines Staatsdieners; und daß man den ganzen Tag lang alle Augenblicke die Organe einer zahlreichen Bevölkerung belästigt, um ihr anzuzeigen, daß wieder ein Handwerker, der oft selbst seinen nächsten Nachbarn unbekannt war, aufgehört hat zu existieren«.[40] Der Text verdiente es, in extenso zitiert zu werden; er verrät gleichzeitig den Willen, eine egalitäre Nutznießung der Glocken zu verhindern, die Ablehnung von Geburts- und Geldprivilegien, den Kult des großen Mannes, der sich um das Gemeinwesen verdient gemacht hat, und ein Gespür für den Unterschied zwischen dem Öffentlichen und dem Privaten.

Auf jeden Fall, setzt der Präfekt des Haut-Rhin hellsichtig hinzu, erschwere die Zerstörung der Glocken die einst vorgenommenen Ranges- und Standesunterscheidungen. Im Ancien Régime sei es leicht gewesen, »großes Geläut« und »kleines Geläut« voneinander zu unterscheiden. Doch seit der Wiederherstellung des Kultes verfüge beispielsweise Colmar nur über zwei Glocken; »so kann kein großer Unterschied bestehen zwischen dem Geläut, das Personen von Rang und Stand vorbehalten ist, und dem Geläut für jene, die man zu den Privatleuten rechnet«.

Die alten Bräuche, die sich hie und da erhalten hatten, wirkten allmählich wie Relikte. 1872 schreibt der Bürgermeister von La Roche (Haute-Savoie), einer Region, die erst 1860 dem französischen Staatsgebiet einverleibt worden war: »Nach

einem alten Brauch verkünden die Glocken unserer kleinen
Stadt das Ableben von Angehörigen des Adels und des Klerus
durch *Klagegeläute*, die sich am Tag der Beisetzung mehrmals
wiederholen«; indessen, beeilt er sich hinzuzufügen, »hat diese
Übung, die von den Grundsätzen, welche unsere Gesellschaft
leiten, verurteilt wird, heutzutage keine Daseinsberechtigung
mehr, und das öffentliche Empfinden verlangt ihre Abschaffung«. Er fordert, wie auch der Kirchenrat, die Abschaffung
des »Klageläutens« als eines »eigenen Geläutes«.[41]

Verschiedene dieser Rang- und Standesgeläute – nicht zu
verwechseln mit den Geläuten, die im einfachen Preis des
Offertoriums enthalten sind – behaupteten sich hie und da in
ländlichen Gebieten, denen unsere Untersuchung ja gilt. 1886
wünschen sich die Einwohner von Poumarous (Hautes-Pyrénées), die in diesem Punkt anderer Meinung sind als der
Pfarrer, das schwingende Läuten der großen Glocke anläßlich
der Beisetzung eines Erwachsenen und das Läuten *beider*
Glocken bei der Beerdigung »eines Erwachsenen, der Gemeinderat war oder früher einmal gewesen ist«; dies sei, so
setzen sie hinzu, in mehreren Nachbargemeinden der Brauch.
Im übrigen handele es sich lediglich um einen Akt der Restauration, da man früher beim Ableben von Gemeinderäten in
Poumarous zu läuten pflegte.[42]

Ungeachtet solcher Relikte verzeichnet die Geschichte der
Glocken eine Demokratisierung der Gebräuche, die derjenigen
entspricht, welche wir bei der Untersuchung der Taufpatenschaften angesprochen haben. Die Kirchenräte jedoch, begierig, auf der Klaviatur der sozialen Eitelkeiten und Ambitionen
zu spielen, um ihre allzu mageren Einkünfte aufzubessern,
ließen sich die Wiedereinführung solcher Rang- und Stan-
desunterschieden angelegen sein, die allein vom Wohlstand
abhingen. So verbreitete sich im Laufe des Jahrhunderts die
Gewohnheit, den Umfang und die Dauer des Läutens abzustimmen auf die finanzielle Großzügigkeit der Familien. Von
dieser Politik zeugt das konzertierte Reglement von 1885 zwi-

schen dem Erzbischof von Rennes und dem Präfekten von Ille-et-Vilaine. Eine Beisetzung erforderte nun sechsmaliges Läuten: die ersten beiden »am Vortag, nach dem Mittags- und dem Abendangelus, das dritte am Tag [der Beisetzung] selbst nach dem Morgenangelus und die drei übrigen vor, während und nach der Zeremonie« – wir werden darauf anläßlich der *rites de passage* zurückkommen [vgl. u. S. 228 ff.]. Anzahl der Glocken und Dauer des einzelnen Läutens variierten je nach »Klasse«.[43] In den Depots der Archive werden Hunderte solcher Tariflisten aufbewahrt, die von den Kirchenräten beschlossen und von den Präfekturen genehmigt worden sind. Sie sind von unendlicher Monotonie.

Bleibt zu erwähnen, daß diese Politik der Rang- und Standesunterscheidung hie und da auf Widerstand stieß [vgl. o. S. 119 f., insbesondere zu Réty]. 1865 entzweit eine Meinungsverschiedenheit die Gemeinde Void in der Meuse. Der Gemeinderat wünscht in seiner Beratung vom 14. März 1865, daß Arm und Reich dasselbe Begräbnis bekommen sollen. Namentlich fordert er für alle den Gebrauch der drei Glocken. Die Einheimischen betrachten nämlich die Unterscheidung in dieser Hinsicht »als eine Beleidigung ihrer Not«. Am 4. November hat der Pfarrer von Void seine Sache in einem langen Brief an den Bischof von Verdun vertreten. Als man am 5. März für einen Einheimischen mit zwei Glocken läutete, ließ der Bürgermeister durch den Feldhüter die Anweisung bekanntgeben, daß mit drei Glocken zu läuten, das heißt »das große Geläute« zu betätigen sei. Der Pfarrer, zu diesem Zeitpunkt am Altar stehend, hatte nach kurzem Sträuben dem Glöckner geraten, dem Gemeindebeamten zu gehorchen. Das ist der Vorfall, der den Konflikt ausgelöst hat. Der Pfarrer macht sich zum Verteidiger der »Unterscheidung beim Läuten«. Er erklärt, daß es den Familien frei stehe zu wählen; so verlangen viele nur eine Glocke, wenn es sich um die Beisetzung eines Kindes handelt. Seit 36 Jahren läute man für die Einheimischen nur mit zwei Glocken. Die anderen Gläubigen optieren für das »Luxusläuten«. Wenn man dem Pfarrer glauben darf, so halten die Reichen an diesen Unterscheidungen fest. Seiner Ansicht nach dürfe man »natürliche Gleichheit und zivile Gleichheit nicht mit sozialer Gleichheit« verwechseln, worin er »die Leugnung jeder Unterscheidung, jeder Hierarchie und infolgedessen jeder Gesellschaft« erkennt. Der Pfarrer von Void behauptet, nicht zu verstehen, wie der Gemeinderat von einer »beleidigenden, demütigenden, ärgerniserregenden Maßnahme« sprechen kann, während in Wirklichkeit der generelle Gebrauch der dritten Glocke »die Grundlagen der Gesellschaft untergraben« würde.[44]

Das Läutreglement der Pfarreien berücksichtigt dort, wo solche existieren, häufig auch die Zugehörigkeit zu Bruderschaften. Auf diesem Umweg zeichnet sich eine Hierarchie innerhalb der Gemeinschaft ab. Nach dem Reglementstext, den der Kirchenrat von Loubressac (Lot) verfaßt hat, ist bei allen Toten die große Glocke zu läuten. Hat der Verstorbene der Bruderschaft zum Hl. Sakrament gehört, »zieht« man auch die zweite Glocke. Hat er jedoch der Rosenkranzbruderschaft angehört, ist es die kleine Glocke, welche die große begleitet. War der Tote Mitglied in beiden Bruderschaften, hat er das Recht auf das Läuten aller drei Glocken. – 1855 beschloß der Pfarrer, den jährlichen Beitrag zu erhöhen, der von den Brüdern vom Hl. Sakrament zu entrichten war. Er forderte nunmehr einen Franc anstatt wie bisher 25 Centimes. Die Maßnahme hatte den Effekt, eine Anzahl von Pfarrkindern aus der Bruderschaft auszuschließen, und erregte lebhafte Unzufriedenheit.

Am Sonntag, dem 2. September 1860, begräbt man Adeline Bombezy. Die Verstorbene hat nur der Rosenkranzbruderschaft angehört. Aus diesem Grund hat sie keinen Anspruch auf die zweite (mittlere) Glocke. Einige Frauen, die über diese Zurücksetzung ihrer Freundin empört sind, begeben sich daraufhin in die Kirche und läuten mit Macht alle drei Glocken. Die Autorität des Pfarrers vermag es nicht, ihnen Einhalt zu gebieten. Dem Feldhüter und dem Schutzmann gelingt es dann doch, die Frauen aus dem Gotteshaus zu vertreiben. Verstärkt um eine junge Bäuerin, dringt die Gruppe erneut in die Kirche ein und beginnt, wieder zu läuten. Der Pfarrer weigert sich, mit der Bestattung fortzufahren, solange das Reglement derartig mißachtet wird. In der folgenden Nacht werden aus dem Gemüsegarten des Pfarrhauses Krautköpfe herausgerissen, die üblichste Form der Kriegserklärung an den Pfarrklerus.[45]

Es muß hervorgehoben werden, wie lebhaft der Wunsch nach dem *Ehrengeläut* war, ungeachtet der Widerstände, die sich ihm entgegenstellten, und namentlich in Gesellschaften, in denen jeder jeden kannte; zugleich muß man die tiefe Enttäuschung betonen, welche die Zurückweisung jeglichen Ehrgeizes in dieser Hinsicht auslöste. Die Glocke gehörte zu jenen »Statussymbolen«, auf welche die neuen Eliten des 19. Jahrhunderts versessen waren. Dem Fabrikanten, dem Stammvater einer neuen Sippe, aber auch dem wohlhabenden Landwirt oder dem reichen »Arbeiter« verhieß die Glockeninschrift den Fortbestand seines Namens – um so mehr, als die Geschichte der Glocken, wie wir wissen, eng mit den Mechanismen jener langen Erinnerung verknüpft war, welche zumindest auf dem Dorf die sozialen Repräsentationen beherrschte. Die Angehörigen ländlicher Gemeinschaften, mitunter die Bewohner einfacher Weiler, die Bürgermeister, die stellvertretenden Bürgermeister, die Gemeinderäte, die Notabeln kraft Geburt oder kraft Geldes wurden von Emotionen übermannt, wenn sie eine Glocke symbolisch ihren Rang, ihr Ansehen, ihre Ehre verkünden hörten.

Von den symbolischen Gratifikationen des »schwingenden« Läutens ausgeschlossen zu sein konnte grausam, ja demütigend erscheinen, vor allem in Regionen, in denen diese Art des feierlichen Begängnisses die Herzen erhob, weil es in alten Gepflogenheiten wurzelte; das scheint damals im Westen, Norden und Osten Frankreichs noch der Fall gewesen zu sei. Uns Heutigen fällt es schwer, die soziale Tragweite des Läutens und mehr noch des Schweigens der Glocken recht zu erfassen. Dieser kurze Streifzug lenkt vielleicht, so hoffe ich wenigstens, neue Aufmerksamkeit auf jenes schwingende Läuten, das zur Quelle so vieler Konflikte und tiefsitzender Ressentiments gerade darum werden konnte, weil es erheblich dazu beitrug, gegensätzliche Systeme der sozialen Repräsentation in den Herzen zu verankern.

Die Glocke erleichterte es dem einzelnen, die Identität mit der Gruppe zu empfinden, der er angehörte. Sie half ihm, seinen Platz in Raum und Zeit zu finden. Sie verkündete seinen Ohren die Ordnung der Gesellschaft, in welcher sich sein Leben abspielte. Sie machte ihm die Autorität der etablierten Mächte faßbarer. Doch damit sind ihre Funktionen nicht erschöpft. In den ländlichen Gebieten war die Glocke damals das wichtigste aller Medien. Ihre Geschichte hat vor allem zu tun mit der Geschichte der Kommunikation.

Kapitel 3 Verdichtete Wahrheit

Das Leben einer Gemeinschaft bestimmten nicht nur akustische Signale der Zeitgliederung, der Gebietssicherung, des Verkündens einer Hierarchie oder der Ehrerbietung gegenüber bestimmten Personen. Informieren, zum Sammeln rufen, alarmieren, Freude zum Ausdruck bringen, auch hierfür waren Glocken da. Während des Ancien Régime gab es in den Pfarrgemeinden derart viele unterschiedliche Läutearten, daß die Bewohner die jeweils für sie gültigen lernen mußten.[1] Obwohl sich im 19. Jahrhundert die Behörden um eine gewisse Vereinheitlichung bemühten, blieb im einzelnen Département jede Gemeinde weiter bei ihrem Läutcode, der von jedem ihrer Mitglieder beherrscht wurde; dieser Code war dem »Auswärtigen« zumindest teilweise unverständlich. Denn die jeweiligen Regierungen duldeten die Beibehaltung jener »uralten Bräuche«, um deren Registrierung sich Prälaten und Präfekten wiederholt bemüht hatten, wobei sie gleichzeitig den Versuch unternahmen, ihre jeweilige Herkunft zu ermitteln. An dieser Stelle soll die »Sprache der Glocken« nun in groben Zügen beschrieben werden.

Dem Glöckner fiel eine entscheidende Aufgabe zu. Die Zeiteinteilung des Tagewerks und des Sich-Versammelns sowie von Freudenbekundungen, das Funktionieren der Gemeinde eben, hing von dem mehr oder weniger deutlichen System des Läutens ab. Klare akustische Signale und vor allem *keinerlei Verwechslung* waren oberstes Gebot. Es gab zahlreiche leidenschaftliche Auseinandersetzungen um inkohärente Läutsignale und die sich daraus ergebende Störung der zeitlichen Architektur.

Überall, wo die Sprache der Glocken Information und Kommunikation innerhalb der Gemeinde ordnete, war sie gewissen internen Regeln unterworfen. Kirchliches Läuten hatte den Vorrang vor jedem anderen. Über den zivilen Gebrauch der Glocke mußten der Pfarrer oder der Pfarrverweser unterrichtet werden. Wir haben gesehen, daß man, bis auf einzelne Ausnahmefälle, nicht vor dem Morgenangelus und nicht nach dem Abendangelus läutete. Der zivile Glöckner mußte – damit er nicht mit dem kirchlichen Glöckner verwechselt wurde – jedes *simultaneum* vermeiden; schwingendes Läuten im Intervall der verschiedenen Sequenzen des religiösen Läutens war ihm nicht erlaubt. Er durfte auch nicht während des Gottesdienstes läuten. Die Verordnung in der Dordogne (1884) sah aufgrund dieser prinzipiellen Unterordnung vor, »ziviles Läuten von Gründonnerstag neun Uhr morgens bis Karsamstag mittag zu unterlassen«. Genauer gesagt: kein ziviles Läuten durfte mit einem kirchlichen Läuten verwechselt werden [vgl. den o. S. 197 f. erwähnten Konflikt in Chatonrupt]. In jedem Fall sollte vom Glöckner eine bestimmte Frist eingehalten werden. Bei den Feiern zum 100. Jahrestag des Zusammentritts der Generalstände am 5. Mai 1889 verweigerten mehrere Pfarrer des Départements Loir-et-Cher das Einläuten der Veranstaltungen »unmittelbar nach dem Angelus«. Der Bischof von Blois stand zu ihnen. Er »wäre [höchstens] dann damit einverstanden, wenn ein Zeitraum von einigen Minuten zwischen dem Angelusläuten und dem zivilen Läuten gelassen würde«. Der Kultusminister pflichtete dem bei und bat den Präfekten, »darauf zu achten, daß sich die mögliche Verwechslung, auf welche die Diozösanbehörde hingewiesen hat, nicht einstellen kann, zumal nicht anläßlich des Nationalfeiertages«.[2]

Die Glockensprache wurde von einem weiteren Prinzip strukturiert: Das »*schwingende Läuten*« und häufig auch der Gebrauch der großen Glocke waren allein öffentlichen Ankündigungen vorbehalten, die in die unmittelbare Zuständigkeit des Pfarrers oder Pfarrverwesers fielen. Dieser besaß das Monopol auf die Signale der Feierlichkeit. Deshalb reagierte der

Klerus – auch wenn er diese nicht ausdrücklich mißbilligte –
immer empfindlich bei Festlichkeiten anläßlich des Nationalfeiertages, handelte es sich dabei doch um Klangbotschaften,
die zivil und feierlich zugleich waren. Der Bürgermeister, der
die örtliche Polizeigewalt innehatte, war befugt, in bestimmten
Fällen das Läuten anzuordnen. Doch durfte er nur *eine* Glocke
benutzen; er mußte sich im allgemeinen an die kleinste halten
und sich darauf beschränken, sie anschlagen zu lassen. Man
müsse sich insbesondere davor in acht nehmen, betont man auf
der Präfektur des Départements Orne im Jahre 1840, den
»Klang der Glocke« und den »Klang der Glocken« nicht zu verwechseln. So »können die öffentlichen Versammlungen [...]
durch den Klang *einer* Glocke angekündigt werden, die man
nur anschlagen läßt, aber nicht im Schwung läutet«, präzisiert
die am 6. März 1832 im Département Haute-Marne unterzeichnete Verordnung.[3]

Die Sorge um die Unterscheidung zwischen Ankündigung,
Signal und Sammlung hatte Vorrang vor dem Bestreben, jeg-
liche Verwechslung von zivilem und kirchlichem Läuten zu
vermeiden. Monseigneur Parisis, damaliger Bischof von Langres, erinnert an dieses doppelte Erfordernis in dem Läuteplan,
den er dem Präfekten des Département Haute-Marne im Jahre
1846 unterbreitet. Er sieht vor, dreimal schwingend zu läuten,
um die Gläubigen zu versammeln, einmal, »wenn es nur
darum geht, bestimmte Teile eines Gottesdienstes zu unterscheiden, eine kirchliche Zeremonie *ohne Einberufung anzukündigen* oder das *Signal* zu einem gesondert zu vollziehenden
Glaubensakt«[4] zu geben – einem Gebet zum Beispiel –, und
ziviles Läuten an der Glocke nur anzuschlagen.

Um die Feinheiten der Glockensprache zu erfassen, muß
man daher genau wissen, worin sich die verschiedenen Läutearten unterscheiden. Beim Anschlagen soll der Klöppel mittels
eines Seils direkt an die Glocke gezogen oder die Glocke so in
Bewegung versetzt werden, daß der Klöppel den Glockenrand
immer nur an einer Seite trifft. Es gibt noch eine weitere Art,

dem Hörer den Eindruck des Anschlagens zu vermitteln: Sie besteht darin, mit einem Holzhammer oder einem einfachen Hammer an die Außenwandung der ruhenden Glocke zu schlagen – eine nicht ganz ungefährliche Methode, da das Instrument dabei zerspringen kann. In Guerville (Seine-Inférieure) kombinierte der Glöckner je nach Bedarf diese Arten des Anschlagens; stand eine Hochzeit oder eine Taufe an, so »schlägt er immerzu mit der einen Hand die Glocke mit dem Klöppel an und mit der anderen mit einem Holzhammer«.[5]

Schwingend läuten heißt, den Klöppel abwechselnd die beiden Seiten der bewegten Glocke treffen zu lassen. Der Glöckner zieht vorsichtig am Seil, bis der Klöppel das Metall trifft. Dann, »während des [eigentlichen] Schwunges, muß [er] im rechten Winkel ziehen, das Seil im Halbkreis vor sich herunterkommen lassen oder es zwischen seinen Händen gleiten lassen, ohne es festzuhalten«.[6] Er muß vor allem darauf achtgeben, sich nicht von dem Seil in die Höhe reißen zu lassen; denn dann besteht die Gefahr, daß er sich am Turmgebälk den Schädel einschlägt.

Von Carillons (Turmglockenspielen) spricht man, wenn mit dem Läuten ein Lied hervorgebracht wird; das setzt das Vorhandensein mehrerer Glocken voraus – Antoine Trin zufolge mindestens vier –, was nur in den wenigsten Kirchen der Fall ist. Einigen Glöcknern aus der Gegend von Bray indessen gelang die Vortäuschung eines Glockenspiels. Sie banden die Klöppel ihrer Glocken fest und hängten in letzteren »entsprechend angeordnete Eisenringe« auf; »dadurch erzielt man genügend Töne, um einige Lieder kleineren Umfangs zu spielen«, verrät Dieudonné Dergny.[7]

Festzustellen bliebe noch, daß im Norden anders geläutet wird als im Süden. In manchen südlichen Ländern, wie Spanien und Italien, bringt man die Glocken zum Überschlag. Sie sind im allgemeinen klein und so aufgehängt, daß sie eine Kreisbewegung vollführen können, wodurch sie auch mit dem Auge besser wahrgenommen werden.[8]

Man wird sich denken können, daß die Grundsätze, die den Gebrauch der Glocken regelten, längst nicht in allen Fällen respektiert wurden. In welcher Weise geläutet werden durfte, war Gegenstand eines erbitterten Ringens und ebenso bedeutsam wie der Zugriff auf die Glocken selbst. Die Gemeindebehörde, der Bürgermeister, dessen Stellvertreter, die Ratsmitglieder, der zivile Glöckner – dies war häufig der Lehrer –, sie alle bemühten sich so oft wie nur möglich um ein Läuten; außerdem versuchten sie, lange und mit mehreren Instrumenten zu läuten. Ihr besonderer Ehrgeiz aber galt der großen Glocke.

Der Klerus der Gemeinde wiederum versuchte, soweit es machbar war, die Gemeindebehörde am Läuten zu hindern. Er sah es lieber, wenn jene sich an die »Trommel« und den Ausrufer hielten. Auf jeden Fall wollte er ihnen den Zugriff auf die große Glocke verwehren und ihnen verbieten, schwingend zu läuten. Er erwartete, daß der Bürgermeister nur in der Zeit zwischen dem morgendlichen und dem abendlichen Angelusläuten von seinen Amtsbefugnissen Gebrauch machte. Er forderte, daß dieser es unterließ, während des Gottesdienstes läuten zu lassen. Wie wir noch sehen werden, besaß der Pfarrer zu seiner Genugtuung zwei Privilegien: Nur er allein hatte den Schlüssel zum Glockenturm, und er wußte, wie er sich bei dem angestellten Glöckner Gehorsam verschaffen konnte [vgl. u. S. 327 ff.].

Wie dem auch sei, auf jeden Fall war eindeutiges Läuten geboten. Verwirrung konnte einen unnötigen Auflauf verursachen, wenn nicht gar zur Katastrophe führen. Am 26. Floreal des Jahres XIII (16. Mai 1805) war der Sohn des »Sakristans« von Appenay eifrig darum bemüht, Sturm zu läuten, um das Zeichen zu geben, daß im Anwesen des einstigen Bürgermeisters Feuer ausgebrochen war. Nach einigen Minuten kam jedoch der Vikar auf den Turm gesprungen; er »befiehlt ihm statt dessen, schwingend zu läuten, und zwar mit der Begründung, daß in seiner Gegend durch schwingendes Läuten Alarm gegeben werde«. Erwähnt werden muß, daß der Priester aus einer zwanzig Kilometer entfernten Ortschaft stammte. Alle, die auf den Feldern gearbeitet hatten und schon auf das Dorf zuliefen, waren infolgedessen davon überzeugt, daß es sich um eine Taufe handele, und gingen beruhigt wieder an ihr Tagewerk. Das gesamte Anwesen des ehemaligen Bürgermeisters wurde durch das Feuer vernichtet. Einige Zeit später versicherte der Pfarrverweser dem Sohn des Opfers, »weil sein Vater zum Bau seines Hauses einige Steine der Kirche verwendet hatte, habe das Feuer auf sein Anwesen übergegriffen«. Die Vewirrung in der Sprache der Glocke hatte hier die Strafe Gottes begünstigt.[9]

In einem umgekehrten Fall läutete der Sakristan von Rétiers (Ille-et-Vilaine) am 4. Dezember 1821 eine Taufe derart ein, daß die Bewohner des Ortes und bald darauf auch die Bewohner der Nachbargemeinden herbeieilten. Sie hatten gemeint, Sturmgeläut zu hören. Ein weiterer Fall einer solchen Verwechslung ist uns vom Ende des vorigen Jahrhunderts überliefert: Die achtzehnjährige Tochter des Glöckners von Clinchamp (Haute-Marne) schlug im Januar 1893 mit Unterstützung mehrerer Freundinnen anläßlich einer Hochzeit die drei Glocken an. Von diesem Verstoß gegen das Läutreglement in die Irre geführt, glaubten die »Feldarbeiter«, es handele sich um Sturmgeläut, und »kehrten hastig ins Dorf zurück«; das fanden die Glöcknerinnen sehr zum Lachen. Der Präfekt war äußerst ungehalten und befahl dem Bürgermeister, den Feldhüter zum »Sakristan« zu schicken und ihm seine Entlassung zuzustellen (was im übrigen gesetzlich nicht zulässig war).[10]

Das alte System der Information

SIGNALE DES ZIVILEN STAATES Die Glocke verkündet den Vollzug der *rites de passage*; dies ist das häufigste und das wahrscheinlich am meisten vernommene Informationsläuten. Das Sich-Kennen als Grundbedingung einer Gemeinschaft setzte ständige Aufmerksamkeit voraus, unaufhörlich angepaßtes Wissen über den anderen und die genaue Kenntnis der einzelnen Familiengeschichten. Das Vernehmen der Glocke, die die *rites de passage* anzeigte, und die »Lesbarkeit« ihrer Mitteilungen waren für die Aufarbeitung des Alltags unerläßlich, ohne die sich die Gruppe wahrscheinlich im Undefinierbaren aufgelöst hätte.[11]

In der Zeit nach der Revolution galt das Läuten zur Ankündigung von *rites de passage* weiterhin als zivil und religiös zugleich. Artikel 4 des am 14. Prairial des Jahres XI (3. Juni 1803) im Département Manche vereinbarten konzertierten Reglements lautet wie folgt: »Bei der Taufe eines Kindes darf man die Glocken nur einige Minuten lang läuten, um die Freude zum Ausdruck zu bringen, die man in der Republik über die Geburt eines Bürgers empfindet und in der *Ecclesia militans et triumphans* über die Aufnahme eines Kindes in die Familie Jesu Christi.«[12]

Später wandelte sich das Taufgeläut zu einer ausschließlich religiösen Praxis, bis gegen Ende des Jahrhunderts die Freidenker versuchten, dem Läuten zu den *rites de passage* ihren sakralen Charakter zu nehmen. (Bei dieser Gelegenheit sei angemerkt, daß man im 19. Jahrhundert von dem Brauch abgekommen zu sein scheint, die Glocke zu läuten, um der Gemeinschaft anzuzeigen, daß eine Frau »in gefährlichen Wehen« lag.) Die Taufglocke, so steht es in einer von ungefähr hundert Einwohnern aus Longny-au-Perche (Orne) unterzeichneten Bittschrift aus dem Jahre 1840, ist Ausdruck der »Freude, eine Seele vor der Herrschaft des Teufels bewahrt zu haben«; ein Text, der uns, falls es dessen noch bedürfte, vor der anachronistischen Vorstellung bewahren könnte, dieses Läuten entspräche allein dem Wunsch, die Freude über eine Geburt zu zelebrieren.[13]

Arnold van Gennep kommt am Ende seiner Studie zu der Schlußfolgerung – leider ohne nähere Datierung der von ihm untersuchten Bräuche –, daß man zur Taufe von Jungen länger läutete als bei Mädchen, daß man für Jungen die große Glocke benutzte, bei Mädchen die kleine, und daß sich auch die Läutearten unterscheiden. In den meisten Fällen kündigte man die Taufe der Jungen durch dreimaliges Läuten an, eine Mädchentaufe nur durch zweimaliges. Außereheliche und uneheliche Kinder oder Findelkinder kamen nicht durch das Hauptportal in die Kirche; mitunter wurde ihnen nur die Sakristei zugestanden. Bei ihrer Taufe wurden die Glocken nicht geläutet, unabhängig davon, welchen Geschlechts sie waren. Es gehöre sich, daß ihre Taufe unbemerkt vor sich ging und diese Kinder nicht »auf eine Weise in die Gemeinschaft aufgenommen werden, wie sie Christen geziemt«.[14]

Die im Jahr 1845 von Bischof Rendu in der Diözese Annecy angeordnete Befragung bestätigte, daß derlei Praktiken noch bis zur Mitte des 19. Jahrhunderts existierten. In Cuvat läutete man nicht zur Taufe außerehelicher Kinder. In dieser Pfarrgemeinde, aber auch in Publier und Ballaison schwieg die Glocke bei jenen Kindern, die »vor dem sechsten, selbst dem siebten Ehemonat zur Welt« kamen. In Publier wurde die Hochzeit eines »Mädchens, das einen Fehltritt begangen hat«, »still«, das heißt ohne Glockengeläut gefeiert. Demzufolge stellte es eine »große Schande« dar, wenn zu Taufen und Hochzeiten nicht geläutet würde, schreibt der Pfarrer von Cercier. Die außergewöhnliche Bedeutung der Glocke bei der Verwaltung des symbolischen Kapitals des einzelnen und der Familie wird durch eine Vielzahl von Zeugnissen belegt.[15]

Nichts wurde wahrscheinlich aufmerksamer gehört als die Sterbe- oder die Totenglocken. Kein anderes Läuten war derart deutlich. Während des Ancien Régime war diese Ankündigung in manchen Kirchengemeinden einer bestimmten Glocke vorbehalten, die von den Bewohnern immer mit einem unheimlichen Namen belegt wurde. In Reims nannte man sie »Todeshatz« oder »Kläffetot«[16], anderswo hieß sie manchmal »Tränenglocke«.

Diese Trauerglocke informierte die Gemeindemitglieder

darüber, daß einer der Ihren *im Sterben lag.* Die Glocke rief zum »Sterbesegen« oder dazu, wenigstens das Sterbegebet zu sprechen, »um die Augenblicke jenes furchtbaren Übergangs zu lindern«. Das Glöckchen, das während der letzten Kommunion, dem Viatikum, ertönte, bekräftigte fast allerorten die Botschaft der Glocke. Das Läuten forderte dazu auf, den Todgeweihten vor der Qual eines Sterbens in Einsamkeit zu bewahren; es steht in der Tradition des barocken Todes.[17] Darauf folgte – möglicherweise – das *Totengeläut*, am entsprechenden Tag dann die *Ankündigung der kirchlichen Feier*, die der Bestattung vorausging. Die Glocke erfüllte in solch traurigen Fällen nacheinander drei Aufgaben: sie verkündete das Sterben, dann den Tod; sie rief zum Gebet; etwas später gebot sie den Gläubigen, sich in Ehrfurcht zu versammeln. Gegen Ende des 19. Jahrhunderts [vgl. u. S. 354 f.] forderten die Freidenker den Zugriff auf die Glocke, um damit den Tod ihrer Freunde *anzukündigen,* was jedoch nicht etwa die vermeintliche Bekehrung des Sterbenden bedeuten sollte. Das damals geforderte Glockenläuten entsprach von seinem Sinn her nicht mehr dem vom Klerus geregelten polysemischen Läuten.

Kein Läutecode war so vervollkommnet wie der Hinweis auf Sterben und Tod. In einem solchen Moment kam es darauf an, jede Verwechslung auszuschließen. Der Klang der Glocke war ausdrucksvoller, gefühlsbetonter als das Lesen der Todesanzeige in der Zeitung, vor allem dann, wenn es sich um einen plötzlichen Tod handelte. Denn auf dem Land wartete man meistens schon auf das Totengeläut. In diesen Gesellschaften eines gegenseitigen Sich-Kennens wußte man im allgemeinen schon im voraus, wer sterben würde. Deshalb hatte die tönende Mitteilung eines unerwarteten Todes, die von allen Gemeindemitgliedern zugleich wahrgenommen wurde, eine erhebliche Wirkung.

In der Zeit, die zwischen dem Ertönen der Sterbeglocke und dem der Totenglocke verging, konnten man sich ergriffen und in trauriger Erwartung des Unglücks sammeln. In manchen Gemeinden des Mosel-Départements läutete man unmittelbar nach dem Tod »zur Trauer«; in anderen wiederum erst nach »dem nächsten Angelus«, was die Menschen auf die Kunde warten ließ und zu allen möglichen Gerüchten Anlaß gab; anderswo wurde dieses Läuten nach jedem Angelus wiederholt.

Die Art zu läuten war von Gemeinde zu Gemeinde verschieden. In Morhange wurde bei einem Todesfall nach jedem Angelus dreimal angeschlagen. In anderen Gemeinden des Mosel-Départements schlug man mit dem Klöppel dreimal an die große Glocke, um mitzuteilen, daß ein verheirateter Mann gestorben war, dreimal an die zweite Glocke, wenn es sich um eine verheiratete Frau gehandelt hatte. Wenn die verstorbene Person nicht verheiratet gewesen war, verfuhr man ebenso, benutzte aber die dritte Glocke. Der Code mancher Gemeinden war, auf diese Weise neun-, sechs- oder dreimal zu läuten. In anderen mit etwas liberaleren Traditionen wurde bei allen Verstorbenen die große Glocke neunmal angeschlagen. In wiederum anderen schlug man einmal auf die große Glocke, einmal auf die mittlere, danach einmal auf die kleine, wenn es sich um einen Mann handelte, und bei einer Frau in umgekehrter Reihenfolge. Mancherorts wurden einfach drei »Stränge« bei einem Mann geläutet und zwei bei einer Frau. Diese Art der Ankündigung im Totenläuten diente manchmal als Vorspiel zum schwingenden Läuten, das wiederum je nach Geschlecht und Alter des Verstorbenen abgewandelt erklang. Für Kinder, die vor der Erstkommunion gestorben waren, wurde generell nur eine Glocke benutzt, und zwar die kleine; nicht geläutet wurde für ungetaufte Kinder.[18]

In der Gegend von Bray (Seine-Inférieure) war dieser Code gleichermaßen kompliziert, aus Gründen der Übersichtlichkeit jedoch soll er für den Leser etwas vereinfacht wiedergegeben werden. »In Neufchâtel verkündet man den Tod eines Mannes mit fünfzehn Glockenschlägen, den einer Frau mit zwölf, mit sechs den eines Jungen oder Mädchens. In Bully, Esclavelles und in Bures schlägt man dreizehnmal für einen Mann an, elfmal für eine Frau und [...] siebenmal für Kinder. In Gournay wird der Tod eines Mannes mit zwölf Schlägen verkündet, der einer Frau mit acht.«[19]

Auch die Arten des Läutens, die »Klinger«, die »Tränen« und die »Klagen«, wurden später wiederum je nach Geschlecht und von Ort zu Ort variiert. Nach der Lektüre der während des Zweiten Kaiserreichs von Dergny durchgeführten Untersuchung begreifen wir, wie außerordentlich kompliziert dieser Code war und daß er erlernt werden mußte. Jenseits der Grenzen des Gemeindegebiets geraten die Zeichen durcheinander. »In Neuf-Marché und einem Teil des Kantons Argeuil schlägt man dreimal hintereinander jeweils dreimal für einen Mann an und zweimal hintereinander mit jeweils drei Schlägen für eine Frau [...]; in Dancourt für einen Mann neun ›Klinger‹, auf jeder der drei Glocken einen, und dies dreimal hintereinander; für eine Frau nur sechs, mit einem Schlag auf jede Glocke, zweimal voneinander abweichend [...]; in Grandcourt schlägt man neun Schläge für einen Mann an, die gleiche Zahl für eine Frau, aber für diese werden die letzten drei ununterbrochen nacheinander angeschlagen. In Vieux-Rouen und in Fry wird die Glocke für einen Toten schwingend geläutet, wobei gleichzeitig eine im Glockenturm befindliche Person mit einem Holzhammer an diese Glocke schlägt. Dieser Brauch wird noch in einer Vielzahl Gemeinden der Grafschaft [sic] Eu gepflegt. [...] In Croisy-sur-Andelle schlägt eine Person die Glocke zweimal mit dem Holzhammer an, mit dem Klöppel in der anderen Hand danach ein drittes Mal.«

Das Läuten für Kinder, die vor ihrer Erstkommunion gestorben waren, war auch an jedem Ort anders. »In Dancourt schlug man die kleine Glocke dreimal mit drei Schlägen für einen Jungen an, dreimal mit zwei Schlägen für ein Mädchen. In Neuf-Marché nur drei ›Klinger‹ für ein Mädchen, vier für einen Jungen. [...] In Grandcourt neun abwechselnde ›Klinger‹ hintereinander für ein Mädchen [...]; in Monchaux läutet man die mittlere Glocke für einen Jungen und die kleine für ein Mädchen.«

In der Gegend von Bray wurde der Tod des Pfarrers durch das »*Klageglöckchen*« verkündet; dieses wurde in den ersten fünfundvierzig Minuten einer jeden Stunde des Tages geläutet; während der letzten Viertelstunde wurde dann jeweils die dritte Glocke schwingend geläutet. 1831 wurde das während des Ancien Régime übliche Läuten wieder eingeführt, um den Bewohnern den Tod des Dechanten von Gournay mitzuteilen.

Diese Mitteilungsfunktion hatte das Läuten bei Trauerfeiern und Beisetzungen nicht, daher war es einförmiger. Normalerweise war es nur den Regeln unterworfen, die den Preis für die verschiedenen Klassen von Feiern bestimmten. Dem Hörer war die Identität des Verstorbenen bekannt, er besaß also schon die wesentlichen Informationen über das Vermögen und den Rang des Toten oder darüber, wie freigiebig dessen Familie war. Wie schon beschrieben, führte ja diese Ungleichbehandlung manchmal zu Verbitterung. Es kam sogar vor, daß der Klerus mittellosen Menschen jegliches Läuten verweigerte. Gegen diese Rechtsverweigerung protestierten 1840 die Einwohner von Longny-au-Perche in ihrer Bittschrift [vgl. o. S. 229]. Denn die Armen dieser Gemeinde »mußten mitansehen, daß die Ihrigen still beerdigt werden«.

Üblich war, die Kinder »*non sono lugubri, sed festivo*« beizusetzen. Im Mosel-Département wurde die Zeremonie im allgemeinen durch eine schwingend geläutete kleine Glocke angekündigt; manchmal läutete man die kleine bei einem Mädchen und eine größere bei einem Jungen

Im Vergleich zu den mannigfaltigen Varianten bei der Ankündigung eines Sterbefalles waren die Signale für eine Beerdigung ziemlich einförmig; trotzdem hatte manche Gemeinde ihr besonderes »Geläut zum Trauerzug«. So wiederum in der Gegend von Bray. Ein bestimmtes Läuten hieß dort »*das Hinkende*« , ein anderes wurde *Schweizermarsch* genannt. In mehreren Pfarrgemeinden [...] gab man dem Schwunggeläut der Glocken beim Trauerzug den Namen »*Ausschmückung*«.

In Gournay praktizierte man das sogenannte Läuten der »verlorenen Glocke«.

Das 1886 zwischen dem Präfekt der Ardennen und dem Erzbischof von Reims vereinbarte Reglement sah vor, daß auf
Wunsch der Familie »das gemeinhin *Lessus* genannte Läuten«
vorgenommen werden konnte. Es sollte den Tod »auswärtiger
Verwandter« bekanntgeben. Denn dies sei in der Diözese ein
»uralter« Brauch.[20]

Das Ankündigen von Sterben und Tod, das je nach Alter und
Geschlecht variiert wurde, entsprach genau der Vorstellung,
die man vom Mann, der Frau oder dem Kind in der ländlichen
Gesellschaft hatte. Beinahe überall ist ein Unterschied festzustellen; fast überall war die Ankündigung kürzer und/oder
weniger feierlich, wenn es sich um eine Frau handelte. Die
Größe der Glocke entsprach der Bedeutung, die das Geschlecht
und das Alter hatte. Das erklärt, warum so viele Kirchengemeinden ihre einzige Glocke eingeschmolzen haben, um
daraus drei Instrumente unterschiedlicher Größe zu gießen.
Was im allgemeinen dem Stolz zugeschrieben wird, ergab sich
auch aus der Notwendigkeit, die Sprache des Läutens klarer
und genauer werden zu lassen.

Im *Manuel du folklore français contemporain* von Arnold
van Gennep finden sich zahlreiche Angaben zu der Art des
Läutens beim Sterben, nach dem Tod und bei der Beisetzung.
»In vielen tausenden Gemeinden«, resümiert der Autor
(S. 694), wurde beim Tod eines Menschen folgendermaßen
geläutet: drei Schläge bei Männern und Jungen, zwei Schläge
bei Frauen und Mädchen und ein Schlag bei Kindern. Manchmal schlug man ohne Ansehen des Geschlechts so viele
Schläge, wie der Verstorbene Lebensjahre gezählt hatte. In
manchen Gemeinden läuteten beim Tode eines jungen Burschen die Jungen und beim Tod eines jungen Mädchens die
Mädchen. Es kam schließlich auch vor, daß man am Ende der
Trauerfeierlichkeiten außerdem »die Heimkehr in die Erde«
und das »letzte Lebewohl« läutete. Angesichts der Unbeküm-

merheit, die van Gennep in bezug auf die Chronologie an den Tag legt, haben wir es vorgezogen, uns hier an genau datierte regionale Untersuchungen zu halten.

Der im übrigen nicht sehr erfolgreiche Kampf einiger Bürgermeister um die Glocke, die die *rites de passage* ankündigte, soll etwas später genauer untersucht werden. An dieser Stelle nur ein besonders bezeichnendes Beispiel; es macht diesen Anspruch verständlich, der dem Wunsch entsprang, die Gemeinschaft auch über das kleinste Ereignis zu informieren, das das Privatleben jedes ihrer Mitglieder betraf. Am 12. Juni 1908 beschließt der Bürgermeister von Beaubray (Eu) per Verfügung, »der Öffentlichkeit die für das bürgerliche Leben des einzelnen wichtigen Akte durch Glockenläuten bekanntzugeben«. Er werde künftig läuten,»um Geburt, *Adoption*, Heirat, *Scheidung* oder Tod eines Einwohners der Gemeinde bekanntzugeben, ohne Rücksicht darauf, ob die vollzogene Handlung lediglich zivilen oder ausgesprochen religiösen Charakter hat«.[21]

Die »Bürgermeisterpredigt« Wir wissen durch das Angelusläuten und den Gebrauch der Glocke am Allerseelentag oder bei Unwettern, daß einer großen Zahl der als kirchlich eingestuften Geläute mehrere Bedeutungen zufielen. Der Wunsch, wo nicht aller Einwohner, so doch oft des Bürgermeisters, der Gemeinderäte und der Jugend war, diese Praktiken dem Monopol des Klerus zu entziehen. Im übrigen lag manches Läuten offiziell in der Zuständigkeit des Zivilen. Es wurde von der Behörde verfügt, die die örtliche Polizeigewalt ausübte. Dieser Umstand bedarf einer näheren Betrachtung.

Der Anspruch der zivilen Macht auf Benutzung der Glocke zur Information der Bürger steht am Ende einer langen geschichtlichen Entwicklung, die wiederum Bestandteil der Geschichte des Läutens ist. Wie man weiß, wirkt Gehörtes nachhaltiger als Gesehenes. Das Radio ist somit überzeugender als die Zeitung oder das stumme Bild. In den ländlichen Gebieten des 19. Jahrhunderts bedeutete der Glockenton Gewißheit. In einer von verschwommenen Gerüchten bestimmten Informationswelt war die Glocke Garant für die unverfälschte Wahrheit. Mit demselben Nachdruck, mit dem sie das Wort Gottes verkündete, wurde die Existenz oder das Kommen des Souveräns proklamiert oder in Erinnerung gebracht. Sie legitimierte die Autorität. Sie gab Risiken und Gefahren Gestalt. Sie begleitete die Verlesung von Gesetzen; sie sanktionierte Amtshandlungen und verstärkte die Wirkung des Aushangs.

Betrachten wir einmal die Mitteilungsmöglichkeiten, die den örtlichen Behörden zur Verfügung standen. Artikel 11 des Gesetzes vom 18. und 22. Mai 1791 »betraut den Bürgermeister mit der Aufgabe, die Stellen zu bestimmen, an denen die Aushänge der Gesetze und Urkunden der öffentlichen Behörden angeschlagen werden«; doch er untersagt die Plakatierung an Kirchenmauern und Kirchentüren. Diese Ankündigungen brächten nämlich Beeinträchtigungen mit sich; sie »behindern den Verkehr durch Ansammlungen und Aufläufe von Menschen, die auf sie aufmerksam werden«; »sie geben Anlaß zu lärmenden Gesprächen, zu mehr oder weniger heftigen Auseinandersetzungen, die den Priester und die Gläubigen bei der Ausübung des Gottesdienstes stören«. Mit einem Wort, die Trennung von Zivilem und Religiösem mußte respektiert werden, weil sie genau dem entsprach, worin sich das Sakrale vom Profanen unterschied.

Dennoch war es allgemein üblich, offizielle Urkunden an Kirchenmauern und -türen anzuschlagen. Das Gesetz vom 3. Mai 1841 berechtigte sogar dazu, Verordnungen des Präfekten, die Schöffenliste und Enteignungsurkunden dort anzubringen. Während der ersten zwei Drittel jenes Jahrhunderts hatten nämlich viele Landgemeinden kein eigentliches Bürgermeisteramt, womit hier das Haus des Bürgermeisters, die Bürgermeisterei, gemeint ist. Der Jurist Parieu riet den Orten ohne Gemeindehaus, »gleichwohl auf dem Kirchplatz einen Pfahl oder Pfosten« aufzustellen »und daran eine Tafel für Anschläge zu befestigen«. Diese Weisung scheint nur ziemlich zögerlich befolgt worden zu sein. Viele Bürgermeister ließen die Bekanntmachungen trotzdem am Hauptportal der Kirche anschlagen, und sei es nur, um den Pfarrer zu ärgern. Mit einem Wort, die Sakralisierung der amtlichen Mitteilung oder, wenn man lieber will, die relative Säkularisierung von Kirchentür und Kirchenmauern durch den Anschlagzettel der Gemeinde wurde ebenso zum Streitgegenstand wie die Frage, wer einen Schlüssel zum Glockenturm besitzen durfte [vgl. u. S. 332 ff.].[22]

Die siegreiche Republik brachte keine radikale Veränderung der Gewohnheit mit sich. Gemäß Artikel 15 des Gesetzes vom 29. Juli 1881 war der gegebene Platz für den Anschlag zwar das Bürgermeisteramt oder der als solches dienende Raum. Stand kein anderer entsprechender Ort zur Verfügung, war der Bürgermeister jedoch befugt, außen an der Kirche anschlagen zu lassen.

Um besser verstehen zu können, warum sich manche Gemeindebehörden nicht auf eine profane Stelle oder ein ziviles Gebäude beschränken wollten, sollte man zum Vergleich auf die ursprünglichen Verfahren bei amtlichen Bekanntmachungen zurückblicken. Zu Beginn des 14. Jahrhunderts war es üblich, die behördlichen Texte *nach der Messe* außerhalb der Kirche zu *verlesen*. Deshalb wollten viele Bürgermeister, daß sich dieser Vorgang weiter in möglichst großer Nähe zum kirchlichen Gebäude vollzog und vor allem zum *Klang einer Glocke* oder zumindest dem eines Glöckchens. Ein Grenzpfosten bei der Kirche, mitunter auch der *Sockel des Friedhofskreuzes* am Rand dieses Bauwerks diente nun der Gemeindeobrigkeit als Forum. Der Klerus wiederum zögerte nicht lange und vermehrte die Anzahl seiner Kanzelabkündigungen, womit er offensichtlich gern den Anklang dessen gemindert hätte, was man im Finistère die »Bürgermeisterpredigt« nannte. Der Konflikt entstand zuweilen da, wo beide Seiten gleichermaßen nach dem Bekanntmachungsmonopol trachteten.

Im Jahre 1812 teilt der Bürgermeister von Coësmes dem

Präfekten des Départements Ille-et-Vilaine mit, was ihn ver-
stimmt. Der Pfarrer, so beteuert er, gebe von der Kanzel herab
alles Mögliche bekannt; er verlese sogar die »Verkaufszettel
mit den Preisen für Schweine«. Dagegen dulde er nicht, daß
der Bürgermeister »in der Nähe des Friedhofs die *kleine [Ton-]
Leiter* läuten ließ, um das Volk am Grabstein zu versammeln«.
Er habe zum Sakristen gesagt, »daß alles, was Glocke oder
Glöckchen wäre, ihm gehört«. Der Bürgermeister habe beschlossen, darüber hinwegzugehen; er habe vor dem Verlesen
öffentlicher Texte läuten lassen. »Nach dieser Szene stand er
[der Pfarrer] am Kirchenportal und riß mißmutig das ange-
schlagene Dekret herunter, das ich dort vor der Sonntagmor-
genmesse hatte anbringen lassen.«

Im Januar 1851 tadelt der Präfekt des Départements Ille-et-
Vilaine die Bürgermeister: »In vielen Gemeinden«, schreibt er,
haben sich [die Bürgermeister] den Sockel des Friedhofskreuzes zum Forum gemacht«; was die Pfarrer der Kantone Dol und
Plaine-Fougères dazu veranlaßte, gemeinsam dagegen zu protestieren.

Noch bezeichnender ist der Fall, der sich in Lannilis (Finistère) ereignete. Bis 1860 war es in dieser Gemeinde Sitte, zu
läuten, um die Bewohner zur »Bürgermeisterpredigt« zusammenzurufen. Auf das Reglement gestützt, beschloß der Pfarrer
in jenem Jahr, diese Praxis zu erlauben oder zu verweigern, je
nachdem, ob ihm der Bürgermeister gefiel oder nicht. Nach
einem Streit der beiden Amtspersonen »wurde die [Bürger-
meister-] Predigt nur noch durch das Anschlagen eines
Glöckchens auf dem Marktplatz nach dem Hochamt angekündigt. In der Anwendung jenes Mittels lag etwas Kleinliches, das
in seiner ganzen Lächerlichkeit auf die Gemeindebehörde
zurückfiel und sie aller Achtung beraubte.« Deshalb hatte der
Bürgermeister den Priester ersucht, den früheren Brauch wieder einzuführen. Der Pfarrer ließ sich erweichen. »Ich bekam
die Kirchenglocken«, gab der Magistrat an, »doch anstatt mit
neun Schlägen wurde die [Bürgermeister-] Predigt nur noch

mit vielleicht sechs oder sieben Schlägen angekündigt, ich weiß es nicht mehr genau.« Der Pfarrer »legte großen Wert auf diese Beschränkung«. Der Bürgermeister erklärte, daß er nicht mehr länger in dieser Weise vom »Belieben« des Priesters abhängig sein wolle. Er fragte den Präfekten, ob es ihm erlaubt sei, nach alter Sitte wieder einzuführen, was er einmal »Ruf zur Bürgermeisterpredigt« und einmal »Ankündigung der Predigt« nannte. Im Abstand von vierzehn Tagen bestürmte der Bürgermeister von Lannilis den Unterpräfekten von Brest beinahe ein ganzes Jahr lang mit Anfragen. »Meine jetzige Position, die mir aus dieser Angelegenheit erwachsen ist, stellt in gewisser Weise eine Demütigung dar, einen Angriff auf meine Würde als Bürgermeister. Ich wünsche *um jeden Preis, mich dem zu entziehen*«, schreibt er am 11. Juni 1861.[23]

Zahlreiche Auseinandersetzungen dieser Art gab es während der Julimonarchie im Département Orne. Allein in den Jahren 1839 und 1840 forderten die Bürgermeister von Boissy-Maugis, Lonlay-le-Tesson, Montgaudry, Sainte-Honorine-la-Guillaume und Chemilly, den Brauch beibehalten zu dürfen, am Schluß der Gottesdienste »die Glocke zu ziehen«; und sei es »auch nur für ein oder zwei Minuten«, um die Verlesung der Erlasse des Präfekten, des Unterpräfekten und der Gemeindeversammlung anzukündigen, ebenso wie die Verlesung der direkten Steuern und der Gesundheitsmaßnahmen. Das Läuten der Glocke, präzisiert 1840 der Bürgermeister von Monceaux, sei eine Sparmaßnahme; es erlaube der Gemeinde, auf den Kauf einer Trommel zu verzichten. Dieser Beamte bat den Präfekten um die Erlaubnis, eine der beiden Glocken von der Kirche zu holen und sie auf »dem Gemeindehaus« anzubringen. Der Bürgermeister von Lonley-le-Tesson meinte, daß seit der Abschaffung dieser Bekanntmachungsglocke kein Mensch mehr zum Verlesen der offiziellen Urkunden erscheine; deshalb sei diese Art der Veröffentlichung »überflüssig«. Durch die Glocke »kommen sich die Leute näher«, betont seinerseits der stellvertretende Bürgermeister von Grais; »wenn Sie jene

Freiheit abschaffen, wird es folglich überflüssig sein, überhaupt noch irgend etwas bekanntzumachen«. Die Gemeinde von Verrières besitze zwar Trommeln, doch niemand könne sich ihrer bedienen, gibt der Bürgermeister im Jahre 1840 an. »Die Trommel«, erklärt das Oberhaupt von Origny-le-Butin im gleichen Jahr, »*bietet dem Marktflecken keinerlei Annehmlichkeit.*«[24]

Dagegen waren die Pfarrer, bis auf einige wenige Ausnahmen, damit einverstanden, die großen Ereignisse der Nation einzuläuten oder dafür schwingend läuten zu lassen. Im Département Hérault, aber sicher auch in allen anderen, läutete man im August 1802 das Konsulat auf Lebenszeit ein. Mit dem schwingenden Läuten aller Glocken des Mosel-Départements wurde 1804, 1830 und 1852 die Thronbesteigung verkündet. Im Jahre 1814 feierte man so die Rückkehr der Bourbonen und im Jahre 1815 die des Adlers, der sich von Glockenturm zu Glockenturm schwang. Zur Geburt des Königs von Rom im Jahr 1811, zu der des Herzogs von Bordeaux im Jahr 1820 und der des Grafen von Paris 1838 sowie zu jener des kaiserlichen Prinzen im Jahr 1856 wurde in den Gemeinden dieses Départements geläutet, wie auch zur Heirat des Herzogs de Berry. Beim Tod Ludwig XVIII. im Jahre 1824 wurde »die Glocke Marie in der Kathedrale [von Metz] an vierzig Tagen jedesmal ungefähr eine Stunde lang geläutet«. »Für den 1842 verstorbenen Herzog von Orléans wurde [die] Mutte vierzehn Tage lang jeden Abend angeschlagen.« Darüber hinaus ist uns bekannt, daß viele Bürgermeister im ganzen Land 1899 den Tod von Félix Faure durch Glockengeläut bekanntmachen ließen, beispielsweise in den Côtes-du-Nord. Die Pfarrer, die es ablehnten, aus diesem Grund zu läuten, erhielten einen Verweis.[25]

Selbstverständlich verkündeten Glocken Schlachtensiege. Die der Jahre 1805 bis 1808 wurden im Département Isère sämtlich mit Glockengeläut gefeiert. Ungeachtet der Differenzen zwischen Kaiser und Papst wurden auch nach 1809 die Waffenerfolge weiter eingeläutet. Man sollte diesen tönenden

Überschwang bedenken, wenn man das Volksempfinden bei den Kriegen des Kaisers begreifen möchte. 1814 wurde der Herzog von Angoulême von Bordeaux bis Toulouse, später dann von Toulouse bis nach Paris überall mit Glocken, Trommeln und Fanfaren begrüßt. Sämtliche Erfolge des Spanienkrieges 1823 wurden eingeläutet. Am 14. Juli 1830 läuteten im Mosel-Département alle Glocken zur Eroberung von Algier. Während des Zweiten Kaiserreichs wurden die zahlreichen Siege des Regimes mit Läuten zugleich verkündet und gefeiert.[26]

In all diesen Fällen wurden die Gemeinschaften durch den Gleichklang der Glocken in den Raum der Nation verwoben. Sie ließen Herz und Geist im Takt der ganzen Gesellschaft mitschwingen. Das Geläut im November 1918 steht am Ende einer langen Geschichte kollektiven Empfindens, die einer Kultur angehört, deren Eigenart noch nicht in ausreichendem Maße untersucht worden ist. Dem Rechnung zu tragen, sind sich die Historiker schuldig.

Sammlungsruf

Das Läuten der Glocke war auch ausdrücklicher Befehl. Das zivile Läuten gebot den Menschen, sich zu versammeln. Die ursprüngliche Aufgabe des Bronzeinstruments sei gewesen, mahnt Jean-Baptiste Thiers im Jahre 1709, die Mönche zusammenzurufen und später dann die Gläubigen zu den verschiedenen Gottesdiensten am Tag und in der Nacht. Wir haben geschildert, wie zu jenen kirchlichen Gottesdiensten gerufen wurde, die der liturgische Kalender vorschrieb, nunmehr fehlt noch ein kurzer Überblick über die Formen des zivilen Läutens, das zum Sammeln rief. Eigenartigerweise wird es von Historikern kaum erwähnt, obwohl es im 19. Jahrhundert fast das einzige Mittel war, um die Massen zu mobilisieren.

Dieser Glockengebrauch gehörte seit langem, besonders

aber in den ehemaligen Stände-Provinzen*, zur Tradition, wie auch der Präfekt der Basses-Pyrénées über sein Département schreibt. »Es gab eine Vielzahl Angelegenheiten, die nur mit der Zustimmung aller Einwohner entschieden werden konnten; dies war so bei Verkäufen, bei Verpachtungen usw. Also [...] [wurden] die *Dorfbewohner*, die Juratoren usw. durch das Läuten der Glocke zu diesen Versammlungen gerufen.« Als diese Gemeinden aufgehört hatten, »ihre Angelegenheiten *mehrheitlich* selbst zu verwalten [man bemerkt hier den Eindruck eines Rückgangs demokratischer Verfahren, der auf die Institution der Gemeinde und des Zensuswahlrechts zurückgeführt wird], hat man, um die Einwohner zu versammeln, und vor allem, um sie alle zu versammeln, die vormals gebräuchliche Form der Einberufung beibehalten«.[27]

Den jeweiligen Regierungen war bewußt, welchen Stellenwert dieser Brauch besaß. Ihn in Frage zu stellen hieß, den Zusammenbruch der Gemeinde und die Art und Weise ihres Funktionierens zu bedrohen. Das Versammlungsläuten wollte toleriert sein. Jeder Versuch zur Unterbindung dieser Praxis stieß de facto auf vehementen Widerstand, der nicht von eifernden Individuen kam, sondern auf die Kraft territorialer Identität zurückging. In vielen Regionen wurde der zivile Gebrauch der Glocke darum so nachdrücklich gefordert, weil klangliche Botschaften ein gewisses Prestige besaßen und man den Ausrufer mit der Trommel als unzulänglich empfand. Jenes Läuten, das es außerhalb des liturgischen Kalenders und der Kirchenfeste gab, wurde von den betreffenden Einwohnern immer schon als uralt empfunden; es stammte ihrer Meinung nach aus jener unbeweglicher Zeit, deren Bewahrung das Fortleben dessen gewährleistet, was die kollektive Identität ausmachte.

Der besseren Übersicht halber sollen zehn Arten zivilen Versammlungsläutens nacheinander vorgestellt werden. Das

---

* »Pays-d'Etats«: vormals Provinzen mit steuerlicher Selbstverwaltung (Anm. d. Lektorats)

erste betraf die Versammlungen des Gemeinderates. Dies war
nach Meinung der Gemeindeväter leicht zu rechtfertigen.
So schreibt der Bürgermeister von Poullaouen (Finistère) am
16. März 1853: »Seit unvordenklicher Zeiten ist es in dieser
Gemeinde schon *immer* Brauch gewesen, jedes Mal, wenn der
Gemeinderat zusammentreten muß, durch den Küster einmal
die Glocke anschlagen zu lassen, um die Ankunft des Vorsitzenden und zugleich den Beginn der Sitzung zu vermelden,
und zwar, um die Mitglieder, die unterwegs sind, zur Eile anzu-
treiben und um jene, die schon in den Häusern des Marktortes
warten, zum Betreten des Sitzungssaales zu veranlassen.« Nun
hatte aber am Tag zuvor der Pfarrer dieses traditionelle Läuten
untersagt. Eine Unterwerfung wäre nach Meinung des Bürgermeisters »erniedrigend« gewesen. Der Brauch hielt sich besonders lange in der Bretagne; in den Côtes-du-Nord ist er noch
im Jahr 1884 zu finden. Doch gab es ihn auch anderswo. Gegen
die Beeinträchtigung dieser Übung protestierten 1840 zahlreiche Bürgermeister des Départements Orne. Die Reglements
von 1884 und 1885 gestatteten in sieben Départements das
Einläuten der Sitzungen des Gemeinderates.[28]

In der frühen Zeit der Julimonarchie hatten sich in allen
Regionen Frankreichs die regimetreuesten Bürgermeister angewöhnt, die Glocke zu läuten, um die Nationalgarde zum
Aufmarsch zu rufen, die Parade abzunehmen, exerzieren zu
lassen, Offiziere zu ernennen, sie der feierlichen Pflanzung
von Freiheitsbäumen sowie »Fahnenerneuerungen« beiwohnen zu lassen oder um zur Wahl der Offiziere der Nationalgarde zu schreiten. Im Département Orne forderte man
während der Julimonarchie die Beibehaltung der Glockennutzung bei allen staatsbürgerliche Vorgängen, wozu Wahlen, der Aufmarsch der Garde und das Verlesen offizieller
Schriftstücke gehörten. In der Charente gab es so manchen,
der auch bei schlechtem Wetter läutete und die Garde dann in
der Kirche exerzieren ließ. Darüber hinaus haben damals einige liberale Bürgermeister anläßlich aller Arten »improvi-

sierter Feste« geläutet; bisweilen, um jede »Art Hausbau«, sogar »die Errichtung einer einfachen Hütte« feierlich zu begehen.[29]

Von 1835 an befaßte sich die Regierung mit diesem von ihr mißbilligten zivilen Läuten. Am 23. Juni legte Justiz- und Kultusminister Persil seine Argumente in einem Brief an Innenminister Thiers in aller Ausführlichkeit dar. Ein derartiger Gebrauch der Glocke sei zu untersagen; denn er sei »ein förderliches Mittel für die Anmaßung einiger Bürgermeister, die mit Vorbedacht die Nationalgarde justament zur Zeit des Gottesdienstes aufziehen lassen, die sie einberufen, um sie sogar auf dem Kirchenvorplatz exerzieren zu lassen, so daß die Mehrzahl der Gemeindemitglieder sich die Teilnahme an der Messe versagen muß und diejenigen, welche dennoch an ihr teilnehmen, vom Lärm der Trommel, von den Befehlen und von dem Lärm, der jeden Aufzug der Nationalgarde begleitet, abgelenkt werden. Lassen wir den Bürgermeistern das Recht, die Garde unter dem Geläute der Glocke zu versammeln, so wird sie [die Glocke] nur noch für sie [die Garde] läuten und überhaupt nicht mehr zum Gottesdienst.«

Mit einer Beschreibung dessen, was auf dem Spiel stand, verwies der Minister auf die symbolische Bedeutung des Lärms in dem damaligen Krieg zwischen ziviler und kirchlicher Obrigkeit. Dem Bürgermeister die Glocke zuzugestehen, der schon die Trommel und das Spektakel auf dem Marktplatz beherrschte, hieß seiner Ansicht nach, diesem von vornherein zum Sieg zu verhelfen. »Und je mehr man sie über die Glocken verfügen läßt«, malt Persil aus, »in desto größerem Maße neigen die Gemeindebeamten dazu, darin einen Triumph zu sehen, der aus Trotz gebührend eingeläutet werden muß«; »es fanden sich genügend Unvernünftige, welche die gesamte Bevölkerung mit zehn- bis zwölfstündigem Läuten betäubten [...] einzig, um dem Pfarrer die Stirn zu bieten.«[30] [Wir werden auf dieses »mißbräuchliche« Läuten weiter unten, S. 363 ff., zurückkommen.]

Bis zum Ende der Zweiten Republik wird anhaltend um die Kompetenz in dieser Sache gerungen. Im Januar 1851 wirft der Präfekt des Départements Ille-et-Vilaine in einem Rundschreiben seinen Bürgermeistern vor, seit 1830 dieses umstrittene Läuten mißbräuchlich zu verwenden. Seiner Aussage zufolge drohten einige von ihnen widerspenstigen Küstern mit dem Verbot der Kollekte, die diese traditionsgemäß für sich einbehalten durften, andere machten sich einen Jux daraus, mitten in der Nacht zu läuten.[31]

Mit den Fortschritten der Demokratie gelangten, zumindest anfänglich, auch bestimmte Formen der zivilen Glockennutzung vermehrt zur Anwendung. Nach der praktischen Umsetzung des im März 1831 verabschiedeten Gesetzes über die Gemeindewahlen wurde es in vielen Gemeinden üblich, den Beginn und das Ende der Abstimmung(en) einzuläuten. Bisweilen »zog« man auch die Glocke, um die Auszählung bekanntzugeben; anderswo wurden die Ergebnisse durch alle Glocken verkündet. Diese Praktiken scheinen zwischen 1831 und 1851 weit verbreitet gewesen zu sein, konnten sich in der Folgezeit dann aber nicht mehr halten. Im Jura läutete man 1840 überall die Wahlversammlung ein. Im Jahre 1839 erinnert der Bürgermeister von Saint-Honorine-la-Chardonne (Orne) daran, daß die Glocke der Gemeinde von den Einwohnern bezahlt worden sei, was seiner Meinung nach den Gemeindevorstand dazu berechtigte, zum zweiten Wahlgang läuten zu lassen. »Mit der Trommel können nicht alle Wähler verständigt werden«, fügt er hinzu. Im Jahre 1840 verlangten im gleichen Département die Bürgermeister von Saint-Opportune, Saires, Champs, Préaux, Saint-Mard-de Réno und Berjou, weiterhin die Abstimmungen einläuten zu dürfen. Diese Forderung stellt auch der Bürgermeister von La Chapelle-Montligeon, der darauf hinweist, daß zwischen den beiden Wahlgängen ein Zeitraum von drei Stunden liege.

Für die Stadt galt das gleiche. Der Bürgermeister der Départementshauptstadt Alençon wünschte, die Versammlung der

Wahlkreise für die Wahl der Deputierten, Generalräte und der Räte des Arrondissements einläuten zu dürfen. Die Glocke ging mit dem Zensuswahlrecht einher. Im Jahre 1840 beschreibt der Bürgermeister von Bellême seinerseits die Unerläßlichkeit dieses Läutens: »Zu allen Zeiten hat in Bellême die *große* Glocke den Beginnn der Sitzungen und den *zweiten Aufruf* zur Wahl [...] verkündet; in der Tat erregt der *kontinuierliche Klang* der Glocke in weit höherem Maße die Aufmerksamkeit der Wähler als die bloße Ankündigung mit der Trommel, selbst wenn diese nacheinander in den verschiedenen Stadtvierteln erfolgt.« Lauter Hinweise zur Geschichte der Modalitäten der Aufmerksamkeit und darauf, daß das Glockengeläute größere Gewalt besaß, Menschen zusammenzurufen, als die Trommel.[32]

In den Départements Manche, Orne, Eure und Sarthe führte die Wahlglocke in der Zeit der Julimonarchie und der Zweiten Republik zu äußerst heftigen Auseinandersetzungen. In dem erstgenannten Département lief die Angelegenheit auf blutige Schlägereien und auf den vorübergehenden Sieg der Bürgermeister hinaus. 1846 versuchte der Bürgermeister von Caudan (Morbihan), in seiner Gemeinde eine Wahlglocke einzuführen, was zu Protesten durch den Bischof von Vannes führte.[33]

Am 20. November 1831 setzt der Bürgermeister von Gaillon (Eure) seine Mitbürger davon in Kenntnis, daß er zur Einberufung der Wähler beim ersten und, wenn nötig, zweiten Wahlgang läuten werde. »Jeder ging also nach seiner Stimmabgabe mit dem Gedanken weg, wiederzukommen, wenn er die Ankündigung der Stichwahl hören würde.« Noch vor dem zweiten Wahlgang verbietet jedoch der Pfarrer das Läuten zur Stichwahl: Die zweite Glocke könnte seiner Meinung nach den Vespergottesdienst stören. Als sich der Küster weigert, den Anordnungen des Bürgermeisters Folge zu leisten, bindet dieser seine Schärpe um und begibt sich noch während der Messe in die Kirche. Der Pfarrer wiederholt seine Weigerung, die Glocke noch vor Ende der Vesper läuten zu lassen. Der Bürgermeister, der mit der Nationalgarde gekommen ist, beschließt nun, gewaltsam zu läuten, was den Pfarrer dazu veranlaßt, abrupt die Messe abzubrechen und die Gläubigen als Zeichen des Protestes nach Hause zu schicken. Zu einem vergleichbaren Zwischenfall, der bezeichnend ist für die Haltung der beiden Mächte, kam es einige Jahre später im Nachbardépartement Orne. Der Bürgermeister von Bellou-en-Houlme beschwerte sich beim Unterpräfekten von Domfront: Am 10. Juni 1840 habe er den zweiten Wahlgang gewaltsam einläuten müssen. Von zweiundsiebzig Wählern der Gemeinde hätten nur siebzehn im ersten Wahlgang abgestimmt; denn der Vikar habe den Glockenturm zugeschlossen und die Magd des Pfarrers sich geweigert, der Gemeindebehörde die Schlüssel auszuhändigen.[34]

Auch während der Zweiten Republik führte das Läuten bei Wahlen in diesem Département zu Auseinandersetzungen. Der Bürgermeister von Argentan forderte, aus diesem Anlaß über die *große* Glocke verfügen zu dürfen. Der Bischof von Séez protestierte. Seiner Meinung nach implizierten das allgemeine Wahlrecht und die fortschreitende Demokratisierung den Verzicht auf die Benutzung der Glocke zum Einläuten von Wahlen. Das Argument ist interessant, wenn man bedenkt, daß diese Praxis tatsächlich parallel zu den ersten Wahlen abgenommen zu haben scheint. »Früher«, so schreibt der Bischof, »gab es nicht so häufig Wahlen, die Einberufung fand an einem Wochentag statt, und angesichts der sehr begrenzten Zahl von Wählern zogen sie sich selten bis zum Sonntag hin. Künftig hingegen wird dieser Vorgang auf den Sonntag gelegt, das Gesetz ruft alle Bürger dazu auf [...] Zwangsläufig wird er den ganzen Tag in Anspruch nehmen; schließlich wird er sich noch sehr viel öfter wiederholen als in der Vergangenheit.« Wenn man sich weiterhin an diesem Tag der Glocke bediene, werde der Gottesdienst beeinträchtigt werden. So habe man bei den letzten Wahlen in Argentan »siebenundzwanzig Signale geläutet«. Aus diesem Grund war die Wahlglocke in mehreren

Gemeinden abgeschafft worden. Der Bischof fragt an, ob diese Aufhebung für das gesamte Département gelte. Es gebe noch keine besondere Form des Wahlläutens, schreibt er weiter; dieser Umstand berge eine nicht unerhebliche Verwechslungsgefahr.[35]

Dieser Glockengebrauch ist auch noch zu Beginn des Zweiten Kaiserreichs üblich. Er ist in Brest für das Jahr 1860 belegt. Im Jahr 1884 handelte es sich, dem Erzbischof von Coutances zufolge, um das einzige wirklich noch praktizierte zivile Läuten im Département Manche. Zu derselben Zeit läutete man noch zu den Wahlen von Trévérec (Côtes-du-Nord). 1884 und 1885 wird in dreiundzwanzig konzertierten Reglements ein Hinweis auf die Beibehaltung dieser Praxis aufgenommen.[36]

Seltener findet sich das Siegesläuten zu Ehren des Gewinners einer Wahl. Im Jahr 1844 ist es im Arrondissement Briey (Meurthe-et-Moselle) üblich, sogar in Großstädten. Belegt ist es auch in Tulle während der Wahlmonarchie. Am 7. Juli 1831 lieferten sich in dieser Stadt die Glocke und das Charivari-Glöckchen einen symbolischen Zweikampf. Der Bürgermeister ordnet gegen vier Uhr dreißig nachmittags an, die Glocke der Kathedrale zu läuten, um »*wie üblich*« die »Nominierung« von M. Bédoch »bekanntzumachen«. »Man hatte schon den Glöcknern durch drei Glockenschläge das Zeichen dazu gegeben. Da kamen plötzlich mehrere Leute in den Glockenturm und banden die Glockenseile ab.« Gegen acht Uhr dreißig bereitete eine »beträchtliche Ansammlung« von Personen, die mit Trompeten, Kesseln und *Schellen* ausgerüstet waren, dem Wahlsieger und seiner vermeintlichen Wählerschaft ein Charivari. Die Menge brüllte: »Nieder mit den Karlisten!« Um zehn Uhr »*schlug* die Nachtglocke, und der Tumult hörte auf«.[37]

Patrick Lagoueyte hat nachgewiesen, daß das Siegesläuten am Abend der Wahl im Zweiten Kaiserreich zur gängigen Praxis gehörte. In der Folgezeit scheint man von diesem Brauch abgekommen zu sein, denn er stand nicht in der Gunst der

Behörden. Dennoch gab es Ausnahmen. »Nach Erhalt der Depesche, die mir die Ergebnisse der [Parlaments-] Wahlen mit-
teilte«, schreibt der Bürgermeister von Celles (Vogesen) im
Jahr 1885, »ließ ich Geschützsalven abfeuern, und bei den ersten Detonationen lief die gesamte Bevölkerung von Celles
zusammen [...] ein Einwohner ist zum Glöckner – einem Blin-
den – gegangen und hat ihm gesagt: Die Glocken müssen
geläutet werden«; was dieser um so beflissener tat, da ihm Jules
Ferry, einer der Wahlsieger, zu einer Unterstützung von hundert Francs verholfen hatte. Als der Bürgermeister vom Unterpräfekten gerügt wurde, versicherte jener, daß er nichts
bereue: Er sei nämlich dagegen, daß der Zugriff auf die Gemeindeglocken allein »einem derart ekelhaften Wesen wie
dem Pfarrverweser von Celles« zustehen sollte.[38]

In zahlreichen Regionen war es üblich, die Glocke zu läuten,
wenn der Steuereinnehmer kam. Am 16. März 1836 betont der
Präfekt, daß dies im Département Loiret seit mehr als dreißig
Jahren so gehandhabt werde. Dieses Läuten war seiner Meinung nach von öffentlichem Nutzen, denn »es gibt kein anderes Signal des Appells«. Der Bischof von Orléans meinte hingegen, der Steuereinnehmer könne sein Erscheinen auch
durch sonntägliche Anschläge an der Kirchentür ankündigen.
Der Kultusminister entschied zu guter Letzt, daß dieser weit-
verbreitete Brauch toleriert werden müsse. Im Département
Eure sei jene Gepflogenheit »uralt«. Es scheint sogar, daß
während der Julimonarchie ihr Nutzen mehr denn je geschätzt
wurde. Allgemein wollte und mußte man pünktlich sein, wobei es immer notwendiger wurde, Zeit zu sparen. Da gab es
kein wirkungsvolleres Signal als den Klang der Glocke.[39]

Am 18. Juli 1835 protestiert der Generalsteuereinnehmer
der Basses-Pyrénées beim Präfekten gegen das Verbot, bei der
Ankunft der Steuereinnehmer zu läuten. Dieses Verbot, so erklärt er, beeinträchtigte das Einziehen der Steuer. Es sei für
seine Beamten schwierig, pünktlich zu sein, und die Steuerpflichtigen vergäßen den Tag, an dem sie kämen. Die Glocke

»erinnert an eine Pflicht«. Vor allem »bezweckt das Läuten [...] auch, die Steuerpflichtigen nur *in dem Moment* zu rufen, wo sie ihre Zahlungen zu leisten haben, damit sie ihre Arbeit genau nur in dem Augenblick unterbrechen müssen, wo es notwendig ist, die Steuer zu entrichten«. Es handele sich für sie, so der Finanzbeamte, um eine »Zeitersparnis«. In keinem anderen Fall wird derart deutlich, wie eng die Glocke mit der modernen Vorstellung von der Nutzung der Zeit verknüpft ist. Wenn nicht geläutet werde, schreibt der Finanzbeamte weiter, führe das dazu, daß »die versammelten Steuerpflichtigen« lange warten müßten, was ihnen Gelegenheit böte, sich dem Spiel und sonstigen Unmäßigkeiten hinzugeben. Manche »opfern das Geld«, das für den Steuereinnehmer bestimmt sei.

Der Präfekt des Départements Landes macht im Jahr 1832 zugunsten dieses Läutens ein anderes Argument geltend; es war gleichermaßen auf die Demokratisierung und die neuen Forderungen der Zeiteinteilung zurückzuführen. »Die Steuereinnehmer sind gehalten, sich zu festen Zeiten in die Gemeinden zu begeben, doch seit sie durch die Gesetze dazu berufen worden sind, bei der Aufstellung der Wahllisten der Départements, Gemeinden und der Nationalgarden mitzuwirken, kommt es vor, daß zuweilen [*sic*] ihr Weg sich ändert.« Da erlaube nur die Glocke, ihr Kommen anzukündigen, sie gewähre also eine angepaßte Nutzung ihrer Zeit.[40]

Selbstverständlich war auch dieses Läuten Gegenstand von Auseinandersetzungen. So im Juni 1828, als der Pfarrverweser von Lascazères (Hautes-Pyrénées), den es störte, daß an jedem ersten Montag des Monats mit dem Geläute von seiner Kirche der Steuereinnehmer angekündigt wurde, »das Glockenspiel zusammendreht« und es »im Kasten der Turmuhr verschließt«. Am 2. November 1837 protestiert der Gemeinderat von Urgons (Landes) auf das heftigste gegen die Abschaffung der Steuereinnehmerglocke. Die Mitbürger seien ungehalten; sie »denken nicht« an das Kommen des Beamten und »erhalten sehr häufig Ordnungsstrafen«. Es gebe »Drohungen von seiten gewisser Einwohner, nichts mehr zur Reparatur der Glocken *nachzustrecken*, falls diese zerspringen sollten«.

Zu derselben Zeit ist es in Montgaudry (Orne) der Steuereinnehmer selbst, der bei seiner Ankunft an jedem letzten Mittwoch im Monat »fünfzehn bis zwanzig Schläge zieht«, um anzukündigen, »daß Einnahmetag ist«. Der Bürgermeister forderte die Beibehaltung dieses Läutens. Wenn man davon Abstand nehme, so meinte er, könnten die Bürger leicht vergessen, sich in den Marktflecken zu begeben. In diesem Département wurde außerdem beim Kommen des Eichbeamten geläutet.

Der Brauch, die Glocke zu »ziehen«, wenn der Steuereinnehmer kam, hielt sich in manchen Gegenden bis zum Ende des Jahrhunderts. 1864 wollte ihn der Präfekt der Aube gern abschaffen. Er bat darum, der Steuereinnehmer solle doch künftig »die Dienste des Trommlers« in Anspruch nehmen. 1885 besteht diese Übung noch immer in den Pyrénées-Orientales, wo sie durch das Reglement gedeckt ist. Im Jahr 1903 wiederum führt dieses Läuten in Montcharvot zu einem Streit. In dieser Gemeinde des Départements Haute-Marne verhielt es sich folgendermaßen: »Der Ausrufer, Nachfolger seines Vaters und Großvaters in diesem Amt, ist ein Schulkind«, konnte also nicht das Zeichen geben, wenn der Steuereinnehmer kam, weshalb dieser nun »die Glocke ein- oder zweimal [selbst] anschlägt«, um anzukündigen, daß er da war, wie es traditionellerweise in den Nachbargemeinden gehandhabt wurde. Der Pfarrer aber protestiert gegen dieses Vorgehen, dessen einziges Ziel seiner Meinung nach darin bestand, ihn zu schikanieren.[41]

Es gab im zivilen Bereich noch weitaus mehr Verwendungsmöglichkeiten für das Versammlungsläuten. Im Jahre 1828 wendet sich der Kirchenvorstand von Bouilly (Aube) mit seinem Reglement dagegen, daß weiterhin »die Zusammenkunft der Prozeßparteien vor dem Tribunal des Friedensgerichts« eingeläutet wird; ein Beleg dafür, daß sich dieser Brauch noch gehalten hatte. In einigen Gemeinden der Départements Nord,

Doubs und Savoie benutzte man die Glocken, um Enteignungen bekanntzugeben und die Ersteigerer zu versammeln oder um »die Inhaber von Holzungsrechten zur Verteilung des Holzeinschlags« zu rufen. In Sarralbe war es üblich zu läuten, um »die Verteilung der Suppe für die Armen« anzukündigen. Anderswo diente die Glocke dazu, die Arbeiter öffentlicher Baustellen zusammenzuholen oder den Zeitpunkt dessen zu melden, was man in den Landes und in den Hautes-Pyrénées weiterhin »Hand- und Spanndienste« nannte, das heißt die zu erbringenden Arbeitsleistungen auf Straßen und Wegen.

Im Dezember 1849 machte der Pfarrer von Labarthe-de-Neste (Hautes-Pyrénées) den Bürgermeister darauf aufmerksam, daß es besser wäre, zum Aufruf zu den »Hand- und Spanndiensten« nicht die Glocke, sondern die Trommel zu benutzen. Der Bürgermeister zog dies aber überhaupt nicht in Betracht. Er argumentierte dem Präfekten gegenüber wie folgt: Wegen des schlechten Wetters müßten die Bauarbeiten manchmal mehrere Tage lang unterbrochen werden. Allein das Läuten der Glocke erlaube, unnötige Heimreisen der Arbeiter zu vermeiden und auf das im gesamten Gemeindegebiet zugleich vernehmbare Zeichen zur Zusammenkunft zu warten.

In manchen Gebieten kündigte der Klang der Glocke *die Beseitigung von Unrat* an. 1844 bestimmte in Epfig (Bas-Rhin) die Glocke den Zeitpunkt, an dem die Straßen zu kehren waren. Ein Läuten dieser Art führt zu der bekanntesten Glockenaffäre, die es im 19. Jahrhundert gab. Schauplatz dieser Geschichte, die monatelang das Ministerium in Atem hält, ist die Bischofsstadt Coutances (Manche). In dieser Stadt würde, den Worten des Bischofs zufolge, der zivile Glöckner den Gebrauch der Glocken »prostituieren«. Er erinnere »die Straßenkehrer, die Unrat von den Wegen räumen, an die Verrichtung ihrer Pflicht«. Dieser Anlaß zum Läuten sei »unschicklich«; vor allem, da in Coutances das Läuten der Glocke schon die »öffentliche Vergebung an die Mindestfordernden« anzeige. Also ließ der Bischof am Glockenturm eine Absperrung anbringen. Dieser Streit, den man dem Legislativausschuß des Staatsrats vorlegte, gab dieser Instanz die Möglichkeit zu einer Entscheidung, auf die sich in der Folge alle Regierungen bezogen.[42]

Das Läuten des Angelus oder der »Tagespunkte« skandierte, wie wir wissen, die Tageseinteilung der Arbeiter auf dem Land; doch wurde dort die Glocke nicht nur bei landwirtschaftlichen Arbeiten gebraucht. In Savoyen läutete man die »Almzeit« und den Abtrieb der Herden ein, anderswo zeigte die Glocke den Erntebeginn an. In zahlreichen Gegenden war es üblich, zum Aufbruch der Ährenleser zu läuten. Dies war seit 1844 auch in Lesbœufs (Somme) Tradition. Dann entschied 1872 der Pfarrer, diese Praxis einzustellen, wogegen der Bürgermeister auf das lebhafteste protestierte. Im Jahr 1884 wurde das Läuten, das die Erlaubnis zum Ährenlesen signalisierte, durch das Reglement im Oise genehmigt. Noch 1896 forderte der Bürgermeister von Froyelles (Somme), aus diesem Anlaß die Glocke anschlagen zu dürfen. In beinahe allen Weinbaugebieten verkündete die Glocke Beginn und Ende der Zeit, in der die Weinlese erlaubt war. Die Reglements von 1884 und 1885 genehmigten dieses Läuten in zehn Départements.

Bisweilen kam die Glocke auch in Handel und Gewerbe zum Einsatz. Diese Übung war während des Ancien Régime häufig anzutreffen, im 19. Jahrhundert jedoch ausgesprochen selten. Hier einige Relikte: 1832 verkündete die Glocke im Département Basses-Pyrénées den Zeitpunkt, an dem man für die Marktstände bezahlen konnte. »In einigen Gemeinden der Haute-Saône ist es üblich, den Beginn des Marktes mit Glockengeläute anzukündigen.« Der Präfekt wünschte, daß dieses nützliche Läuten beibehalten werde.[44]

Weitaus öfter findet sich der Brauch, einige Male an die Kirchenglocke zu schlagen, um die Kinder zur Schule zu rufen. 1884/1885 wurde diesem Brauch ausdrücklich in den Reglements von 38 Départements stattgegeben. Darunter waren elf, in denen sogar geläutet werden durfte, um die Preisverteilung zum Schuljahresende anzukündigen und feierlich zu begehen.

1838 war das Einläuten des Unterrichts in der Haute-Marne weit verbreitet. Der Bischof von Langres billigt es und beklagt es zugleich. »In den meisten Fällen überläßt der Lehrer, anstatt selbst zu läuten, seiner Frau diese Besorgung oder, was noch schlimmer ist, gibt sie weiter an eine Schar von Kindern – mitunter beiderlei Geschlechts –, die durcheinander in die Kirche stürzen und somit schon von klein auf an die Respektlosigkeit am heiligen Orte gewöhnt werden, man ahnt, was solche, *von ferne nicht wahrgenommenen* Mißbräuche an Verderblichem für die öffentliche Moral und an Alarmierendem für einen wachsamen und eifrigen Seelenhirten in sich bergen.« Der Bischof »fordert entweder die gänzliche Unterlassung dieser Übung oder die Aufsicht und unmittelbare Weisung durch den Pfarrer«. Indessen erwies sich die »Schulglocke« als sehr nützlich, als es darum ging, den zunehmenden Forderungen nach Pünktlichkeit gerecht zu werden.[44]

Die Schulglocke mußte folglich den örtlichen Klerus verärgern, um so mehr, da sie, wie wir wissen, mit dem Angelus konkurrierte und mit dem Läuten zur Messe verwechselt werden konnte. 1845 vermied der Lehrer von Gourzon (Haute-Marne), um acht Uhr zum Unterrichtsbeginn der Jungen zu läuten, weil der Pfarrverweser um diese Zeit die Messe hielt; der Unterricht der Mädchen hingegen wurde durch die Glocke angekündigt, da er nach dem Gottesdienst anfing. Im Dezember 1847 war das Läuten zum »Schulbeginn« in Bezancourt – wie in den Nachbargemeinden auch – ein »uralter Brauch«. Dann beschloß der Pfarrer, es zu untersagen, und die Sperrglocke auch. Der Gemeinderat widersetzte sich. Er verlangte, daß die Schulglocke geläutet werde; er betraute einen zivilen Glöckner mit dieser Aufgabe, die er um sieben Uhr morgens und ein Uhr »abends« auszuführen hatte. Der Rat verfügte, die Glocke »so zu läuten, daß sie auch an den Rändern der Gemeinde vernommen wird«. Darüber hinaus beschloß er, den Lehrer künftig von der Pflicht zu entbinden, »seine Schüler donnerstags in die Kirche zu führen« und das Amt des Kantors zu versehen, mit dem er bislang betraut gewesen war. Der Pfarrer wiederum läutete die Sperrglocke nicht mehr und verwehrte dann demjenigen, der die Gemeindeuhr aufzuziehen hatte, in diesem Fall dem Lehrer, den Zutritt. Am Ende dieses Jahres 1847 stand also die Gemeinde, wie der Bürgermeister schreibt, »ohne Ankündigung des Unterrichts, ohne Sperrglocke, ohne öffentliche Uhr« und ohne Kantor da. Die Bevölkerung »empört sich«; in einer Petition wird ein anderer Pfarrer gefordert. Auseinandersetzungen dieser Art gab es geraume Zeit später auch im Nachbardépartement Marne in Vauchamps und Bergères-les-Vertus.

Gelegentlich, und mit diesen Angaben wollen wir die Übersicht über die zivilen Geläute beenden, wurde zur Einschreibung der Rekruten geläutet, am Tag der Musterungskommission, oder man »zog die Glocke«, um den Zeitpunkt der Impfung bekanntzugeben.[45]

Wie man bemerkt haben wird, hing es von der jeweiligen Epoche ab, wie heftig um das zivile Informations- und Versammlungsläuten gestritten wurde. Klerikale Dreistigkeit ebenso wie die erbitterte Gegenwehr der Gemeinden orientierte sich an der politischen Konjunktur. In dieser Geschichte sind zwei Höhepunkte auszumachen. Der erste fällt in die Anfänge der Julimonarchie. Damals ging die zivile Macht zu einem entschlossenen Angriff über, oft ermutigt durch die Präfekten. Am 20. Dezember 1831 führt der Präfekt von Sarthe in einem Brief an den Kultusminister seine Argumente an: »Weder der Trommler noch die Bekanntmachungen von Haus zu Haus können die Glocken in jenen Landstrichen ersetzen, wo die Anwesen oft weit auseinanderliegen, wo die genaue Uhrzeit nicht bekannt ist und wo es der Gemeindeobrigkeit an den nötigen Mitteln fehlt, um die Einwohner einzeln und schriftlich zu benachrichtigen. Glocken werden von weitem gehört, ersparen den Einwohnern den Verlust kostbarer Zeit, die sie sonst mit Warten vertun würden, und sind das einzige Mittel, um auf dem Land ein schnelles und vollzähliges Erscheinen der Menschen zu bewirken.« In der Tat erfuhren erst mit der allgemeinen Einführung der Briefpost die Modalitäten des Einbestellens ebenso einen grundlegenden Wandel wie die Modalitäten der Aufmerksamkeit, die dem Klang der Glocke geschenkt wurde. Der Klerus wiederum versuchte, sich der zunehmenden Zahl der Klangbotschaften zu erwehren. Darüber hinaus stand er der Beibehaltung der Bräuche und Präjudizien ablehnend gegenüber, seiner Ansicht nach profanierte das zivile Läuten die heilige Bronze.[46]

Dem für 1830 und 1831 auf dem gesamten Territorium belegten vermehrten Gebrauch der Glocken zu zivilen Zwecken folgte ab 1835 eine vehemente Gegenoffensive von seiten des Klerus. Diese wiederum führte zu Abwehrmaßnahmen der Gemeinden, die durch die neue restriktive Politik den Weg in die Moderne versperrt sahen. Zwischen 1835 und 1845 gab es eine Vielzahl von Konflikten, die sich nicht an dieser oder jener Verwendung der Glocke entzündeten, sondern bereits an dem Bedürfnis, das Konzept eines Gemeindegeläutes abzuschaffen bzw. zu verteidigen. Bezeichnend dafür ist der Fall Frustelle, der sich 1840 in den Hautes-Alpes zugetragen hat. »Seit unvordenklicher Zeit [wie so oft: die Berufung auf eine Kategorie wahrgenommener Zeit, nämlich die unbewegliche Zeit] gab es auf dem Berg Saint-Jean, zwischen den zusammengelegten Gemeinden Saint-Jean und Saint-Nicolas, in dem noch erhaltenen Glockenturm einer zerstörten Kirche eine Glocke, die angeblich aus Frustelle stammte und die so aufgehängt war, daß der Klang dieser Glocke bis in beinahe alle Weiler des ausgedehnten Territoriums dieser Pfarrei reichte. Diese Glocke nun läutete täglich zum Beginn und zum Ende der Feldarbeiten und diente notfalls auch als Sturm- oder Alarmglocke im Falle einer Feuersbrunst oder schwerwiegender Ereignisse; endlich wurde sie auch bei der Abhaltung von Wahlen in der Gemeinde geläutet. Dieser Gang der Dinge ist nie gestört worden, bis ein junger und unbesonnener Pfarrer von Saint-Jean und Saint-Nicolas im Dezember 1838 darauf verfiel, mit der Glocke aus Frustelle das Geläute seiner Kirche zu verstärken.« Nachdem die Gemeindeobrigkeit sie ihm verweigert hatte, »faßte der Pfarrer den Entschluß, sie heimlich *bei Nacht* fortschaffen zu lassen; [er] ließ sie wegtragen und versteckte sie in seinem eigenen Pfarrhaus, wo sie bei einer Durchsuchung von der öffentlichen Behörde gefunden wurde. Ich kann Ihnen unmöglich beschreiben«, betonte der Präfekt der Hautes-Alpes, als er die Angelegenheit dem Innen- und Kultusminister berichtete, »wie aufgebracht *die ganze Gegend* war.«[47]

Der Bürgermeister erstattete Anzeige gegen den unbesonnenen Hehlerpfarrer, der auch verurteilt wurde. »Die Glocke wurde wieder in ihrem alten Glockenturm aufgehängt«, bis der Minister, amtlichen Texten zufolge, entschied, sie dem Priester zu Verfügung zu stellen. »Der junge Geistliche triumphierte über die enttäuschte Gemeinde; doch die Bevölkerung war derart aufgebracht, daß niemand es wagte, die Glocke anzurühren, die wieder an ihren ursprünglichen Ort verbracht worden war.« In dem Bestreben, »den Frieden im Land« wiederherzustellen, wollten die Generalvikare – in Abwesenheit des Bischofs – einen »Vergleich« vornehmen. »Es wurde zwischen dem Bürgermeister und dem Pfarrer vereinbart, daß die *Frustelle* in ihrem alten Domizil bleiben durfte, vorausgesetzt, die Gemeindeobrigkeit unterließ es, sie parallel zum religiösen Klang des Angelus zu läuten, daß sie ansonsten aber in allem anderen wie vorher benutzt werden sollte.« Als der Bischof in seine Diözese zurückkehrte, lehnte er jeden Vergleich ab (23. Mai); er forderte den Präfekten auf, die Entscheidung des Ministers auszuführen.[48]

Einige Tage später also konnte der Pfarrer die Glocke wiederum »entführen«, doch dieses Mal am Tage und nachdem er 24 Stunden zuvor die Gemeindebehörde offiziell davon in Kenntnis gesetzt hatte. Am 27. Mai schickte der Kommandant der Kantonsgendarmerie auf Anforderung des Bürgermeisters, der sich noch vom Präfekten unterstützt wähnte, zwei seiner Männer der Obrigkeit zu Hilfe, um »die Rückführung der Glocke durchzusetzen, von der so oft die Rede gewesen ist«. Der in Verlegenheit gebrachte Präfekt befürchtete »irgendeine schwere Kollision« unter den Einwohnern. Mehr wissen wir nicht darüber. Doch die erwähnten Zwischenfälle reichen aus, um die Entschlossenheit der Gegner beurteilen zu können, die Anhänglichkeit der Bevölkerung an das zivile Läuten und ihre Empörung über jede Glockenentführung.

Während der Gegenoffensive des Klerus sind im gesamten Land vier Zentren eines besonders vehementen Widerstandes auszumachen. Das erste lag im äußersten Südwesten des Landes, mit dem Arrondissement Orthez als Epizentrum. Im Sommer 1835 überhäuften die Gemeinderäte der Region den Präfekten mit Petitionen gegen das Reglement vom 28. Juni, durch das eine Vielzahl uralter Gepflogenheiten abgeschafft werden sollte. Öffentlicher Protest war hier an der Tagesordnung. Die Abgeordneten pochten auf die *Dringlichkeit* der Sache. Die Pfarrer, Bürgermeister und Glöckner wohnten in dieser Region oft weit von der Kirche entfernt; im Falle einer Gefahr oder eines Unglücks stiegen deshalb die Einwohner selbst auf den Glockenturm, was der junge Klerus künftig untersagen wollte. Kurzum, die Gemeinderäte des Arrondissements Orthez verteidigten nach so vielen anderen Freiheiten damals auch jene, auf ihre Weise läuten zu dürfen. Diese Praxis zu verbieten heiße, so die Bürgermeister des Kantons Sauveterre, die Einwohner dazu zu verurteilen, »sich in einer Unzahl von Gelegenheiten nicht miteinander verständigen zu dürfen«, weil ihnen ein geeignetes Signal zur Sammlung fehle. In dieser Gegend, in der es üblich war, bei so vielen verschiedenen Anlässen zu läuten, war ein Aufruhr abzusehen.[49]

Nicht weniger erbittert war der Widerstand im Département Landes. Hier wie in den Hautes-Pyrénées führte das Reglement vom 28. Januar 1837 zu zahlreichen Protesten. Am erniedrigendsten mochte wohl für das Département das Verbot gewesen sein, die Versammlungen des Gemeinderates einzuläuten. Jener von Urgons gründete seine Ansprüche auf die jüngste

Geschichte seiner Glocken: Als die Einwohner im Jahre 1801 die Rathausglocke in den Turm der Kirche verbracht hätten, hätten sie wohl – so der Hinweis der Gemeinderäte – nicht damit gerechnet, daß man ihnen eines Tages verbieten werde, die Gemeindeversammlungen einzuläuten.[50] Wie wir wissen, meinte der Bischof von Bayonne dagegen, wenn die Gemeinden läuten wollten, brauchten sie sich nur eine Glocke zum zivilen Gebrauch zu kaufen.

Das zweite Zentrum des Widerstandes war die große, strenggläubige Region der Départements Manche, Orne, Mayenne, Sarthe und Eure. Überall in diesem Gebiet gaben die Gemeindebehörden ihre Verbitterung zu verstehen und fühlten sich durch die neuen Reglements zutiefst verletzt. Wie wir wissen, kam es im Département Manche zu Schlägereien. 1834 unterstützten die Präfekten der Départements Sarthe und Mayenne die Forderungen der Gemeinden. Ihrer Ansicht nach gehörten die zivilen Geläute zu den »Landessitten«. Im Jahr 1837 aber müssen beide dem Druck des Ministeriums nachgeben. Allerdings scheint die Enttäuschung in der Orne am größten gewesen zu sein. Freilich äußerte sich in diesem zusammengestückelten Département die Unzufriedenheit sehr diffus.

Ein drittes Zentrum des Protestes gegen die Reduzierung der zivilen Geläute zeichnete sich im Norden ab. Das Arrondissement Avesnes bildete den harten Kern dieser Widerstandsbewegung. Weil sie mit dem im Vorjahr unterzeichneten Läutreglement nicht einverstanden waren, richteten 1844 die Bürgermeister der Kantone Maubeuge und Solre-le-Château eine gemeinsame Beschwerde an den Präfekten. Ihre Ansprüche seien geschichtlich begründet.

»In Maubeuge wude selbst während des Kaiserreichs und der Restauration die Ankunft der Truppen, sobald diese vom Glockenturm aus gesichtet wurden, durch ein bestimmtes Läuten bekanntgegeben; zur Sperrstunde geläutet wurde nicht nur sonntags, sondern alle Tage; die Glocken wurden zur Amtseinführung der Gemeindebeamten geläutet; zum

Beginn des Jahrmarkts wurden sie geläutet; anläßlich öffentlicher Lustbarkeiten; die Obrigkeit konnte allein über sie verfügen; der Beginn von Wahlversammlungen wurde mit
Glockengeläute verkündet, gleichermaßen wurden immer die
Versteigerungen von Gemeindebesitz, von Armenbesitz etc.
etc. angekündigt. In unseren Landgemeinden wurden die Bewohner früher [...] vom Klang der Glocke zur Verteilung von
Holzungsrechten etc. etc. gerufen; Enteignungen, Verkäufe
von Minderjährigenbesitz und solche von ungeteiltem Besitz
fanden vor Volljährigen und Schöffen statt, und man wurde
durch den Klang der Glocke dazu gerufen; ebenso war es bei
freiwilligen Versteigerungen, Tausende Protokolle unserer
Vorfahren beweisen es; in Beibehaltung jenes Brauchs wurde
auch bis zu Ihrem Erlaß vom 23. Juni 1843 geläutet, wenn die
Notare eine Versteigerungssitzung in einer Landgemeinde
eröffneten, wenn dort für die Gemeinde irgendein Geschäft
getätigt wurde.

In Fortführung des Brauches, der darin bestand, die Einwohner durch den Klang der Glocke zur Bekanntmachung der
[...] Polizeiverordnungen zu rufen, hat man sie auch zur Bekanntmachung der behördlichen Verfügungen herbeizitiert;
zur Zusammenkunft für die Ableistung von Wegarbeiten; zu
den – gegenwärtig seltenen – Übungen der Nationalgarde,
zur Entrichtung der Steuer etc. etc.«[51]

Im Osten versetzte diese Frage einige Gebiete Lothringens
in Aufruhr. 1840, kurz nach der Unterzeichnung des konzertierten Reglements durch den Präfekten der Vogesen und den
Bischof von Saint-Dié, organisierte der Bürgermeister dieser
Ortschaft den Widerstand der Gemeinden. Durch ihn kam es
zur Auflehnung gegen ein Dokument, das von den Zivilbehörden als demütigend angesehen wurde. »Die Materie« schien
ihm »äußerst schwerwiegend«. Der Bürgermeister von Ram-
berviller bedauerte seinerseits, daß er nicht mehr zum Trödel-
markt auf den Straßen läuten durfte. Daß am Vorabend der
Zweiten Republik die Regierungskommissare in diesem Fall

schleunigst den Text von 1840 außer Kraft setzten, war dem entfesselten Volkszorn zuzuschreiben.

In der Gegend von Metz beschloß der empörte Klerus, zugegebenermaßen ziemlich spät, auf die seiner Ansicht nach übertriebenen Forderungen der Gemeinden seit den Anfängen der Julimonarchie zu reagieren. 1845 teilt der Bischof von Metz dem Minister seine Entrüstung mit: Man gehe sogar soweit und läute »zum Einbringen der Herden, zum Verleih männlicher Tiere«; die Glocken stünden »dem Bürgermeister, dem Steuereinnehmer, dem Lehrer und sogar dem Hirten des Ortes zur Verfügung«; in Gros-Rederching läute man zu »Hand- und Spanndiensten und öffentlichen Verkäufen«. Der Pfarrer hatte versucht, sich dem zu widersetzen; daraufhin hatte man ihm nachts mit einer Axt die Türe und die Fenster eingeschlagen. Dem Pfarrverweser von Aboncourt zufolge läutete man die Glocken zum »Vermieten von Schweinen« und »am Pfingstsonntag zum Tanz«; »am 9. Mai hat man sie geläutet, um den Verkauf der Weiderechte auf den Gemeindewegen bekanntzugeben«. Der Vikar von Kuntzig schreibt, man ziehe die Glocke »zum Verleih des Ochsen, des Schweins, zum Bezahlen des Straßengeldes, zur Ernte, zur Ankunft des Steuereinnehmers, zum Tanzverkauf an Festtagen«. Der Unterpräfekt von Thionville hingegen unterstützte die Bürgermeister seines Arrondissements. Seiner Ansicht nach handelte es sich dabei um uralte Bräuche. Außerdem besaßen in diesem Gebiet viele Gemeinden keine Trommel.[52]

Die Auflistung dieser Widerstandszentren zeigt, wo das zivile Läuten von besonderer Bedeutung war: in den ehemaligen Stände-Provinzen (Arrondissement Orthez, Département Nord), in Gebieten mit ausgeprägten Gemeinschaftsbräuchen (Lothringen) und dort, wo die überaus fromme Landbevölkerung gegenüber allem, was ihren Zusammenhalt gefährden konnte, ausgesprochen empfindlich reagierte (Basse-Normandie, Maine und andere Gebiete der Chouanerie).

Die Informations- und Sammlungsglocke beherrschte die

beiden ersten Drittel des vorigen Jahrhunderts. Neue Anforderungen an die Pünktlichkeit, das immer lebhafter verspürte
Drängen der Zeit und der unklare Bedarf an quantitativer Zeit
waren Vorboten für die allgemeine Verbreitung der öffentlichen
Uhr, den Bau der Eisenbahn, die Massennutzung der Briefpost
und den Kauf eines Spritzenwagens, um den Ansprüchen der
Modernität zu genügen. Die hohe Zeit der Glocke waren die
Jahre bis etwa 1850. Damals wurde sie, wie wir gesehen haben,
in den meisten Fällen weiterhin an Ort und Stelle gegossen
und somit zum geeigneten Symbol territorialer Identität.

Folglich war es verständlich, daß die Staatsmacht das Läuten
reglementieren wollte. Obwohl sie unter dem maßgeblichen
Einfluß einiger Präfekten stand, die sich als glühende Verteidiger der Bürgermeisterrechte aufwarfen, entsprach die Politik
der jeweiligen Regierungen den gleichen Prinzipien wie jene,
die dann auf die »aufgehobenen Feste« folgte: Die Minister bewiesen größte Vorsicht. So brachten sie in der Tat wiederholt
vor, daß allein Pfarrern und Pfarrverwesern die Regelung des
Läutens zustehe; sie verwiesen dazu auf das 1840 im Legislativausschuß des Staatsrates erstellte Gutachten. Allmählich gelang es ihnen, wie wir noch sehen werden [vgl. u. S. 337 f.], die
Forderungen der Bürgermeister zu entkräften und in diesen
Glockenangelegenheiten den Vorrang des Pfarrhauses durchzusetzen. Doch diese Politik war gleichzeitig ausgesprochen
realitätsbezogen. Die Minister mahnten den Klerus zur Toleranz gegenüber örtlichen, oft uralten Bräuchen. Bei dieser Gelegenheit forderten sie zu deren Registrierung auf, die oft mit
Hilfe des Episkopats vollzogen wurde. Die Minister der Julimonarchie bewiesen in dieser Hinsicht ein ausgeprägtes Gespür für lokale Eigenheiten. Dies war dann auch die Zeit der
territorialen Befragungen; ihnen lag ein ausgeprägtes Gefühl
für die Historizität kollektiver Verhaltensweisen und für die
Unmöglichkeit, diese blindlings der Willkür der Zentralgewalt
anzupassen, zugrunde. Eine realistische Politik der kleinen
Schritte führte unmerklich zu einer veränderten Einstellung

des Pfarrers bzw. des Bürgermeisters, wenn es um das Läuten ging. Bei den vorbereitenden Umfragen zu den 1884, 1885 und 1886 unterzeichneten konzertierten Reglements waren auch die zivilen Glockennutzungen registriert worden. Wir haben auf der Karte (s. Vorsatzblatt) diejenigen eingezeichnet, die sowohl vom Präfekten als auch vom Bischof gebilligt wurden, wiewohl von diesem meist nur sehr zögernd. Man wird feststellen, daß sich aus der graphischen Darstellung dieses Indikators (zivile Geläute) beinahe die gleichen Schlüsse ziehen lassen wie aus den Auseinandersetzungen während der Julimonarchie, wenn man davon absieht, daß die Anzahl der Glockengebräuche in der Basse-Normandie und in Maine zurückgegangen zu sein scheint. Die Karte der genehmigten zivilen Geläute ist identisch mit jener der Solidarität der Gemeinschaften und der festverankerten Tradition des Informierens und Versammelns durch die Glocke.

Ganz deutlich sind mehrere Gebiete zu erkennen, in denen diese Geläute sich häufen: 1) vom Juragebirge bis zur elsässischen Grenze (Jura, Doubs, Gebiet um Belfort) und in den Nachbarregionen, 2) im Osten des Landes (Meuse, Meurthe-et-Moselle), 3) im Norden, von der Somme bis zur belgischen Grenze, 4) in den Alpen (Isère, Savoie, Haute-Savoie) und Pyrenäen (Ariège, Hautes- und Basses-Pyrénées). Weniger deutlich erkennbar zeichnen sich ab 1) eine Region, die dem Rhônegraben entspricht (Rhône, Vauclus, Gard) und sich bis zum Languedoc fortsetzt; 2) ein Teil der Armorikanischen Alpen (Manche, Ille-et-Vilaine) und 3) einige Départements des Mittelwestens.

Anderswo wurden die zivilen Geläute, die in dem ausgeklügelten Entwurf des Ministers figurierten, nicht beibehalten, was bedeutet, daß sie nicht gebräuchlich waren oder daß der Bischof genügend Überzeugungskraft aufbrachte, um ihre Abschaffung durchzusetzen.

Wie dem auch sei, die Konfiguration der Konflikte, die gegen Ende des Jahrhunderts um zivile Geläute entbrannten, ist eine gänzlich andere als die soeben analysierte. Zwischen 1890 und 1910, während der Jahre also, die dem Gesetz der Trennung von Kirche und Staat unmittelbar vorausgingen bzw. folgten, wurde von den Bürgermeistern, die aufgrund ihrer längeren Amtszeit[53] von der Präfektur unabhängiger geworden waren, mit Nachdruck die Befugnis zum Läuten gefordert. Tatkräftig unterstützt wurden sie dabei von den Gemeinderäten, deren kulturelles Niveau sich verbessert hatte und die sich nunmehr hinsichtlich nationaler Fragen offener zeigten. Die Beschwerden der Gemeinden waren seither argumentativ besser begründet. Aber *in Wahrheit ging es nicht mehr um den Zusammenhalt, die Führung, das Funktionieren der Gemeinschaft, sondern um die symbolische Bekundung von Macht*. Denn am Vorabend des 20. Jahrhunderts war das Läuten, bis auf einige Ausnahmen, nicht mehr unerläßlich, und eine Vielzahl ziviler Nutzungen der Bronze waren schon fast vergessen. *Die Glockenstreitigkeiten waren im wesentlichen zu Glaubensauseinandersetzungen geworden*. Sie machten Antiklerikale, Freidenker und Atheisten einerseits und Klerus, Klerikale und fromme Katholiken andererseits zu unversöhnlichen Gegnern. Die kämpferischsten unter den Bürgermeistern verlangten nach einer *Entsakralisierung* der Glocken und somit des Rhythmus, des Raums und der Signale der Gemeinschaft. Für sie ging es darum, dem Klerus das Recht zu entziehen, Lärm zu machen, was sie als demütigend, ja unerträglich empfanden.

Diese zweite Offensive der zivilen Macht richtete sich gezielt gegen das Angelusläuten und gegen das Läuten zur Verkündigung und Feier der *rites de passage*. Den Streit um das Angelusläuten haben wir bereits untersucht, und wir werden zurückkommen müssen auf die Konflikte, die aus dem Willen zum Einläuten der zivilen Akte des privaten Lebens entsprangen. Schon jetzt aber gilt es, den radikalen Unterschied der diversen Interessen, Ziele und Einstellungen aufzuzeigen; auf keinen Fall darf aus einer scheinbaren Ähnlichkeit der Gesten auf die Gleichheit der Intentionen geschlossen werden.

Keinerlei Beleg haben wir im Frankreich des 19. Jahrhunderts für einen Brauch gefunden, der an die *Schandglocke* erinnerte. Während des Ancien Régime bestand deren Aufgabe darin, die Gemeinschaft am Ort der Hinrichtung oder der Zurschaustellung zu versammeln, die Öffentlichkeit der Strafe zu dokumentieren und ihr Feierlichkeit zu verleihen. In Angers wurde im 18. Jahrhundert die Hauptglocke der Kathedrale vor öffentlichen Schuldbekenntnissen und der Hinrichtung eines Verurteilten achtmal angeschlagen, um »das Volk zu mahnen, als Zeuge einer solchen Handlung beizuwohnen«. Die Auspeitschung eines Mädchens von schlechtem Lebenswandel im Hof der Haftanstalt wurde gegen Ende des Jahrhunderts in Genf vom Läuten einer Glocke angekündigt.

Eine Ausnahme indessen gab es in dieser Stille. In der Diözese Aire läutete die Glocke bei Hinrichtungen. Doch diese Übung blieb auf die religiöse Sphäre beschränkt. Im Reglement von 1837 heißt es: »Man mahne zuvor die Gläubigen durch ein *besonderes Läuten*, sich in die Kirche zu begeben, um zu beten, aber man höre auf zu läuten, sobald der Verurteilte das Gefängnis verläßt.«[54]

Alarmruf

Von der Wiedereinführung kirchlicher Geläute bis zum Ausbruch des Ersten Weltkrieges gab es einen Glockenbrauch, der so gut wie nie in Frage gestellt wurde: die Alarmglocke. 1884/85 war er in allen Départements anerkannt. Niemand kam auf die Idee, der Glocke die Aufgabe zu verwehren, einen Brand zu melden. Auf der Rechtsgrundlage der Alarmglocke basierte der zivile Gebrauch des Läutens überhaupt. Auch dort, wo es kein anderes Zivilgeläute gab, so zum Beispiel in vielen Gemeinden der Départements Eure, Eure-et-Loir und Côtes-du-Nord, betonte man doch die *Notwendigkeit der Sturmglocke*. Diese Notwendigkeit rechtfertigte die Forderungen von aufgehobenen Pfarreien; diese wollten oft auch gegen das Gesetz eine der Glocken ihrer Kirche behalten, um vor Katastrophen warnen zu können. Das gleiche galt für die Filialkirchen, deren Pfarrhaus nicht bewohnt war.

Das Sturmgeläute gehört zur Glockensprache der westlichen Welt. Es wurde nicht überall auf die gleiche Weise oder, um genauer zu sein, im gleichen Rhythmus geläutet, doch fast überall waren die doppelt schnellen, diskontinuierlichen Schläge charakteristisch. Es handelte sich um ein heftiges, unregelmäßiges Läuten, das in gewissen Abständen erklang und, wenn möglich, mit einer kleinen Glocke ausgeführt wurde. Das Alarmläuten war hastig; es mahnte zur Eile; es verbreitete Unruhe. Man konnte dabei nicht ungerührt bleiben. Seine Unterbrechungen hielten den Hörer in Atem und veranlaßten zum erneuten Hinhören. Im Gegensatz zu anderen zivilen Geläuten ging der Alarm über die Gebietsgrenzen der Gemeinde hinaus. Man hörte auch auf die Sturmglocke benachbarter Gemeinden oder Pfarreien. Überhaupt war es kennzeichnend für dieses Läuten, daß es weithin vernehmbar war, um den Raum für potentielle Menschensammlungen oder vielmehr Menschenaufläufe zu erweitern. Die Sturmglocke war ein Instrument zur Übertragung von Wachsamkeit und Angst. Die Aufgabe der Glocke war normalerweise, von einem zentralen Punkt aus die Kunde nach allen Seiten auszustrahlen. Das Sturmgeläut wich von diesem Muster ab; die Nachricht wurde verbreitet wie ein Gerücht, dem es auch wesensverwandt war. Ihm war nicht die ruhige Gewißheit anderer Geläute zu eigen. Ihm blieb jenes Beunruhigende, das Alphonse Dupront im Hinblick auf Wallfahrten als »panische Kultur« bezeichnet hat. Die sich überstürzende kleine Sturmglocke, das Gegenstück zur feierlichen Hauptglocke, gehörte einem alten Informationssystem an, das mit der Sirene ein Ende fand.[55]

Um in der Stadt anwendbar zu sein, mußte die Sprache des Sturmgeläuts präziser werden und jene Einfachheit ablegen, die man ihr etwas vorschnell zuschrieb. Das am 2. Januar 1792

erlassene Reglement unterteilt die Stadt Metz in sechs Stadtviertel. Geläutet werden sollten bei Schornsteinbränden, so ist
dort zu lesen, »>schwingend‹ [unrichtig] sechs Paar Glockenschläge, im Abstand von zwei Schlägen angeschlagen; Feuers-
brünste mit zwanzig hastig angeschlagenen Schlägen. In beiden Fällen wird das Stadtviertel bezeichnet«, und zwar nach
einem auf der Anzahl der Schläge basierenden Code. »Im Fall
eines Brandes in der Umgebung der Stadt wird die Mutte mit
zwölf hastigen Schlägen angeschlagen.« »Die Glöckner der
verschiedenen Gemeinden, in denen das Feuer sich ausbreitet,
läuten gleichfalls und geben mit der vorschriftsmäßigen Zahl
der Schläge das Viertel an.« Dieses Reglement wurde 1802 vereinfacht. Metz zählte künftig nur noch vier Sektionen mit
jeweils drei Untersektionen, von denen wiederum jede eine
Alarmglocke besaß.[56]

Auf dem Land war leicht auszumachen, woher der Alarm
kam, sofern man wußte, wie jeder Glockenturm im vernehm-
baren Umkreis klang und auf welche Weise er läutete. So gab es
im Mosel-Département unzählige Arten des Sturmläutens. In
Languimberg »schlug man zwanzig langsame Schläge an die
Glocke, wenn es sich um einen Kaminbrand handelte, doppelt
schnelle, hastige Schläge, paarweise, wenn es sich um einen
richtigen Brand handelte«. »Mehrere *hastige und von Zeit zu
Zeit unterbrochene* Schläge verkündeten das Feuer in vielen
Dörfern des Arrondissements Sarrebourg und Forbach. In
Bouzonville nahm man […] einen Eisenhammer, mit dem man
abwechselnd und *hastig* an die beiden größten Glocken
schlug.« In Contz-les-Bains schlug man so *unregelmäßig* wie
möglich die drei Glocken an, »wobei man die Klöppel kräfig
gegen die Wandung einer jeden schlug«. »Anderswo schlug
man langsam, hintereinander, mit einer Unterbrechung nach
einer bestimmten Anzahl Schlägen. Wiederum anderswo ›fes-
selte‹ man zwei Glocken […] und läutete die große Glocke
schwingend«, – sehr unregelmäßig deshalb, um die Alarmglocke von der Totenglocke zu unterscheiden.[57]

Eben diese Vielfalt, die jeden Versuch einer genauen Definition des Sturmläutens zum Scheitern verurteilt, erleichterte die Bestimmung des Ortes, von dem die Gefahr ausging. Die Art des Alarmläutens ging ein in die Konstitution und Wahrnehmung der Identität einer Gemeinde. Es zu verstehen setzte ein geschultes Gehör voraus, was allerdings einfacher gewesen sein dürfte als das Bestimmen dessen, was die Totenglocke aussagte. Die Kenntnis dieser Glockensprache erlaubte und vertiefte die Solidarität unter den Gemeinden eines »Landes« – eine territoriale Einheit, die damals elementar war und nur allzuoft von den Historikern vergessen wird.

Das Sturmgeläut verkündete selbstverständlich Feindeinfall, Gefahr oder zu erwartende Katastrophen, mochte es sich um Feuer, Überschwemmung, Schiffbruch oder Unwetter handeln. Wir wissen, mit welcher Eile man darum bemüht war, auf diese Weise Wetterwolken und Frost anzukündigen, obgleich es in diesem Falle viele vorzogen, schwingend zu läuten, da das schwingende Alarmläuten, wie wir gesehen haben, auch als Schutzmaßnahme galt. Meinten doch viele Glöckner, daß die Wirkung des Läutens proportional zu seinem Klangvolumen steige.

Bei den Bränden in der Normandie im Jahr 1830 stellte sich heraus, wie nützlich das Sturmläuten auf dem Land war. Ein Jahr lang legte sich sein Klangrahmen über die ganze Untere Normandie. Da die Menschen auf dem Lande davon überzeugt waren, daß es Brandstifterbanden gab, die sich beim Ertönen einer Trompete versammelten, organisierten sie ihre Verteidigung. In jedem Dorf wurden Spähtruppen gebildet. Sobald ein »Fremder« gesichtet wurde, läutete man Sturm, woraufhin sich 100 bis 300 Personen versammelten. Mehrere Pfarrer, die beschuldigt wurden, zu spät Alarm gegeben zu haben, wurden beschimpft. In manchen Gemeinden verzichtete man auf jedes andere Läuten, um eine mögliche Verwechslung mit dem, das einen Eindringling ankündigte, zu vermeiden. Ein Bürgermeister riet seinen Mitbürgern, sich bei verdächtigen Geräuschen still zu verhalten. Anderswo empfahl man im Gegenteil, lautstark Spektakel zu machen, um die Brandstifter fernzuhalten. Der Gebrauch des Gehörsinnes stand im Mittelpunkt dieser eigenartigen Schlacht. Eine Person wurde zum Tode verurteilt, weil man sie an dem typischen Klappern ihres am Brandort zerbrochenen Holzschuhs wiedererkannt hatte. Bei dieser langen Geschichte wird offensichtlich, wie gern Dorfbewohner Alarm geschlagen haben.[58]

Mit Hilfe der Glocke wurde das Kommen und Gehen der Menschen in der ganzen Region genauestens überwacht. Die Beamten der Pariser Polizei – »Spione« nach Ansicht der Dorfbewohner –, die versuchten, in dieses System einzudringen, wurden schnell von den Bauern gefaßt. Nun wurde dieser auf dem Sturmgeläut beruhende Selbstschutz aber von den Präfekturen ausgesprochen ungern gesehen. Diese Reserve hat ihre Gründe. Wie zwiespältig das Sturmgeläut war, wenn es darum ging, eine Bedrohung anzuzeigen, die von Menschen ausging, ist oft betont worden. Und das ist nur logisch. Viele Aufstandsbewegungen entstanden aus einem Angst- und Abwehrreflex; die Glocke, die die Bedrohung angezeigt und eine defensive Versammlung zur Folge gehabt hatte, verwandelte sich ganz natürlich in ein Signal zum Aufstand. Keine andere Form der Information konnte unter diesen Umständen mit der *emotionalen Gewalt* des Sturmgeläuts konkurrieren. Die Alarmglocke, die das Signal von Bedrohung war, ließ an ein Komplott denken, machte Verrat öffentlich, forderte zur bewaffneten Zusammenkunft. Das Volk wurde »aufgewiegelt«. Schon zu Anfang des 18. Jahrhunderts weist Jean-Baptiste Thiers auf diese gefährliche Macht der Glocken hin und rechtfertigt präventive oder repressive Gegenmaßnahmen. Aus diesem Grund, so schreibt er, hätten die Türken sie in ihrem Reich nicht geduldet und sie den unter ihrer Herrschaft lebenden Christen weggenommen. Das Volk sei zu beschwichtigen, wenn man ihm nur die Glocken wegnähme. Deshalb seien, ihm zufolge, mit königlicher Vollmacht 1547 den Aufständischen von Marennes ihre Geläute entzogen und 1552 die Glockentürme von Bordeaux oder 1574 jene von Montpellier geleert worden. Dies vor allem, da die Glocke nur »das aufrührerische Volk« zusammenrufe. Ihre gewaltigen und dramatischen Klänge würden in einem solchen Fall »die sanften und friedfertigen Gemüter« erschrecken und »die Wahnwitzigen in Raserei versetzen«. Der Abbé Thiers erinnert daran, daß man in Bordeaux bei einem Aufruhr einen Glöckner an dem Klöppel der Glocke erhängt habe, die dieser in Schwung versetzt hatte. Karl V. ließ in Gent die Glocke zerschlagen, mit der die Versammlungen einberufen wurden, »und ließ nur ein Stück, das beim Rädern läutete« und das also die Hörer täglich an ihren gescheiterten Aufstand erinnerte. Mitten im 19. Jahrhundert, am 2. Dezember 1851 – in der Nacht des Staatsstreiches –, ließ Maupas die Kirchen von Paris besetzen, damit niemand dort Sturm läuten konnte. Um ganz sicherzugehen, befahl er sogar, die Seile abzuschneiden.[59]

Es ist eine unbestreitbare Tatsache, daß die Glocke auch zum Massaker gehört. Eine Geschichte des Alarmläutens wäre auch eine Geschichte all der großen blutigen Ereignisse der Neuzeit. Hierauf können wir uns an dieser Stelle nicht einlassen. Sehr treffend gibt Janine Garrison-Estèbe ihrem Bericht über das Drama von 1572 den Titel: *Sturmgeläut für ein Massaker*. Blavignac wiederum betont, wie wichtig Glocken am 10. August 1792 waren; und man kennt die Seiten bei Chateaubriand und bei Michelet, wo das Sturmgeläut der Septembermorde erwähnt wird. Die Gewalt der Glocke paßte damals zum Blutrausch. Ebenso nährte der Klang der Sturmglocke den Pariser Aufstand vom Juni 1848. Der *Gazette des tribunaux* zufolge habe die verkleidete Thérèse, berühmtes amazonenhaftes Symbol des Volkes, die Barrikade verlassen und »sei auf den Glockenturm von Saint-Séverin gestiegen«. Unabhängig von ihrem Wahrheitsgehalt zeigt diese Anekdote, welche Bedeutung der akustischen Herausforderung in diesem Drama zukam.[60]

Das Läuten, welches das Massaker übertönte, legitimierte

die Gewalt durch Beglaubigung der Bedrohung. Das Sturmgeläut verband Information, Alarm und Befehl; fast wäre ich
versucht, auch eine gewisse Art von Lust hinzuzufügen, die so
offensichtlich beim Massaker zum Ausdruck kommt. Kurz,
beim Sturmgeläut, der am meisten polysemischen Art des
Läutens, umfaßte die Skala der Gemütsbewegungen Angst,
Begeisterung, Panik und Entsetzen. Die Mannigfaltigkeit der
gleichzeitigen Leseweisen verdoppelt die Komplexität dieses
Hauptbestandteils einer heute vergessenen Sinneskultur.

Auch weit vom zentralen Schauplatz Paris entfernt gab es bis
in die Mitte der 1850er Jahre keinen Dorfaufruhr, der nicht
durch Sturmgeläut angekündigt und unterstützt worden wäre.
Eine Aufzählung erübrigt sich deshalb. 1789 vollzogen sich der
Landaufstand und das Schrecknis der Massenpanik zum Klang
der Alarmglocke. Das Sturmgeläut zum Beispiel läßt in jenem
Jahr zwischen dem 19. Juli und dem 20. August den Bocage*
der südlichen Normandie in Aufruhr geraten. Die »Emotionen« des Volkes, die hier wie dort, 1830 und 1848, mit dem
Wandel der Regierungsform einhergingen und das Macht-
vakuum ausfüllten, wurden überall durch das Läuten der
Glocken verkündet und verbreitet. Wir haben eben beim Limousin und dann beim Perigord darauf hingewiesen; das
Sturmläuten war damals immer mit dem Gerücht von Feuer
verbunden. Für die gewarnte oder sich erhebende Landbevölkerung verband sich mit dem Bild der Revolution oder der
Subversion immer auch die Vorstellung von Feuer. Vielleicht
kein anderer Fall kann besser veranschaulichen, was Sturmgeläut vermochte, als die Unruhen wegen der »45-Centimes-
Steuer« im Frühjahr 1848. In der Nähe von Ajain (Creuse)
reagierten zuerst einige Weiler, territoriale Zellen ohne
Glocken. Deshalb begaben sich die Aufständischen als erstes in
den Marktflecken und läuteten. Wie anders hätte sich sonst,
ohne Glocken, eine derartige Bewegung in einem Raum ohne

---

* Durch Hecken geprägte Landschaft (Anm. d. Lektorats)

bedeutende Ortschaften formieren und zu einem Sturm ausweiten können, der schließlich im Blutbad endete? Einige Tage später gab es in der Folge des Pariser Juniaufstandes erneut eine Panik in der Umgebung der Hauptstadt. In Dreux und den umliegenden Gemeinden wurde Sturm geläutet.[61]

Dieses Läuten stand auch am Anfang der schwersten Hungerrevolten. Die fieberhaft geschlagene Glocke war Impulsgeber und sammelte den Zorn der Gemeinschaften; sie proklamierte die kollektiven Forderungen. Die Alarmglocke verlieh der Bewegung eine Legitimation, die dem Schema der »moralischen Ökonomie« entsprach. Das polysemische Sturmgeläut unterstrich die Ambiguität von Erhebungen, in deren Verlauf sich gleichzeitig die Ablehnung der Wirtschaftsgesetzgebung, der Respekt vor der Verwaltungsobrigkeit und die Verteidigung der Interessen der Gemeinschaft ausdrückten.[62]

Am 4. Juni 1817, einem Markttag in Montargis, kam es wegen der hohen Kornpreise zum Aufruhr. Die Käufer fingen schon an, das Getreide aufzuteilen. Da befahl der Unterpräfekt, den Generalmarsch zu trommeln, um die Nationalgarden zu sammeln. Die Menge begriff, wie wichtig es war, das akustische Signal unter Kontrolle zu bringen. Dem Tambour, schreibt der Unterpräfekt, »wurde seine Trommel vom Volk durchlöchert«. Der Leiter des Polizeipostens berichtet, daß zahlreiche Zuhörer zögerten; er benennt somit die Ambiguität einer Klangbotschaft, die sowohl die Ordnungskräfte zusammenrufen als auch die Unruhestifter anlocken konnte. »Das Volk hat zuerst das anstelle der Trommel mögliche Sturmläuten verhindert. Dann hat es von der Kirche Besitz ergriffen und selbst die Sturmglocke geläutet«, schreibt er an den Präfekten. Der Unterpräfekt wiederum legt dar: »Ich hörte, wie die Sturmglocke geläutet wurde. Ich hatte ein Pikett Nationalgardisten an die Kirchentüren geschickt, das entwaffnet wurde. Ich ging allein in die Kirche, ich erstieg den Turm und ließ, mit dem Degen in der Hand, jene hinabsteigen, die geläutet hatten.«[63]

Die Gerüchte über Aufruhr im umliegenden Land waren zuerst Gerüchte über Sturmgeläut. Die Obrigkeit bezichtigte Bettler, Verbrecher und Schiffer, »sich der Glocken zu bemächtigen« und dann, »indem sie Sturm läuten, falschen Alarm zu geben, um die Landbevölkerung an ein und demselben Punkt zu versammeln«. Beamte und Richter des Ausnahmegerichts, die ihre Untersuchung am 9. Juni aufnahmen, beschuldigten die Bettler, »Anstifter«, zu sein und »sich über die Glocken herzumachen«. Die Gemeinde Nargis »ist von dreißig Bettlern angegriffen worden, die Sturm läuten wollten; sie sind noch da. Ich habe einen Expresser dorthin geschickt, um den Klöppel der Glocke entfernen zu lassen«, schreibt der Unterpräfekt von Montargis. Anderswo »sind das die Leute aus der Gegend«, die sich des Glockenturms bemächtigen. In Gien zwingen die Aufrührer den Glöckner, ihnen die Schlüssel herauszugeben. In Dammarie, »einer sehr kleinen Gemeinde, am Sonntagmorgen 8. Juni«, wurde von einhundert Personen Sturm geläutet, die Korn forderten. Die akustische Petition verweist auf eine Glockennutzung, die wir noch nicht erwähnt haben. In Châteaurenard verhindert der Pfarrer, daß »von einer zügellosen Menge« Sturm geläutet wird. Daraufhin beschließt die Meute, »zum Bürgermeisteramt zu ziehen«. Hervorzuheben ist die Reihenfolge der Beschwerden. Zu Beginn jenes Jahrhunderts war überall in dieser »Gegend« die erste Reaktion, zur Kirche »zu ziehen«, um Alarm zu schlagen und eine Ansammlung herbeizuführen. Beschwerde, Verhandlung, Übereinkunft setzten voraus, daß mit dem Bürgermeister Kontakt aufgenommen wurde. In Barlieu (Cher) begnügten sich die Unruhestifter damit, mit dem Sturmläuten nur zu drohen, weil sie dachten, daß dies allein die Gemeindeobrigkeit schon zum Nachgeben zwingen würde.[64]

Es kam jedoch auch vor, daß sich die Aufrührer von vornherein an das Bürgermeisteramt wandten. In der Nacht vom 5. zum 6. Juni »haben zwei oder drei Einwohner der kleinen Gemeinden Feins den *stellvertretenden Bürgermeister gezwungen*, in Abwesenheit des Bürgermeisters *Sturm läuten zu lassen* und ihnen zu folgen«, um einer geplanten Haussuchung bei den Eigentümern beizuwohnen, die verdächtigt wurden, Korn in wucherischer Absicht aufgekauft zu haben.[65] Die Weigerung, selbst zu läuten, weist eindeutig auf die Absicht hin, dem Sturmgeläut und gleichzeitig den mit ihm zusammenhängenden Aktionen die Legitimität einer Gemeindemaßnahme zu verleihen.

Die Administration setzte alles daran, um zu verhindern, daß das Sturmgeläut dem »Umsichgreifen« des Aufruhrs förderlich war. Der Unterpräfekt von Gien befahl den Bürgermeistern seines Arrondissements, die Glockentürme bewachen zu lassen; jener von Montargis forderte die gleiche Wachsamkeit. In Paris war sich der Polizeiminister der schwerwiegenden Herausforderung bewußt. Man müsse, ordnet er bereits am 5. Juni an, jene, welche die Trommel durchlöchert und jene, welche Sturm geläutet hatten, als »Unruhestifter« verfolgen. »Dieser Akt der Rebellion«, ergänzt er am 10. Juni, als er vom »wiederholten Sturmgeläut« in Montargis erfährt, »muß exemplarisch bestraft werden«. Die Glocke bot den Behörden eine bequeme Handhabe, Schuldige zu finden und einige Einzelne für die Masse haften zu lassen. Am 3. Juli erging der Schuldspruch des Ausnahmegerichts. Fünf Personen wurden zum Tode verurteilt. Vier wurden bereits am nächsten Tag hingerichtet, ohne daß man sich um eine mögliche Begnadigung durch den König gekümmert hatte. Einer von ihnen war erst sechzehn Jahre alt. Er wurde guillotiniert, obgleich eine große Zahl von Bürgern erschienen war, um zu seinen Gunsten auszusagen. »Dieses Kind«, bezeugt ein anonymer Briefschreiber, »erhielt, als Sturm geläutet wurde, von einem Bürger dreißig Sous, damit es auf den Kirchturm stieg und den anderen sagte, sie sollten keinen Lärm machen, angesichts der unheilvollen Folgen, die daraus entstehen könnten. Der Junge stieg also schleunigst nach oben und wurde auf dem Weg von einem Gendarmen verhaftet.« Zwei andere Personen wurden zur Deportation verurteilt, denn sie hatten mit dem Klang der Glocke

»die Bürger zur Verwüstung, zum Blutbad und zur Plünderung aufgereizt«.[66]

Die in der ersten Hälfte des Jahrhunderts vor allem im Département Lot so zahlreichen Dorfschlägereien fanden auch unter Sturmgeläut statt. Die Alarmglocke informierte über Provokationen, gab das Zeichen zum Beginn des lokalen Krieges, forderte Verstärkung an. Am 2. Dezember 1827 gingen etwa fünfzig junge Männer von Cornac nach Bretenoux, um die Einwohner herauszufordern. Die Schlacht wurde mit Stöcken und Steinwürfen ausgetragen. Zweimal wurde geschossen. Die angegriffene Gemeinde läutete Sturm. Am 13. Juli 1834 gab die Glocke von Gramat Alarm. Mehrere Einwohner des Marktortes waren in einem Wirtshaus von Leuten aus Rignac, einem Weiler der Gemeinde, angegriffen worden. Eine Frau bemächtigte sich der Trommel und schlug den Generalmarsch. Die Menge drang in das Bürgermeisteramt ein, um die Gewehre der Nationalgarde in ihre Gewalt zu bringen. Am 17. Februar, dem Aschermittwoch des Jahres 1836, begaben sich maskierte junge Leute aus Touzac nach Vire-sur-Lot. Um zu provozieren, hatten sie ein Pferd dabei, auf dem sie eine Strohpuppe festgebunden hatten. Zur gleichen Zeit versammelten sich die anderen Bewohner ihrer Gemeinde auf den Höhenzügen rings um Vire und brüllten Beleidigungen. Um sich der bevorstehenden Invasion zu erwehren, versammelten sich die Opfer jenes Überfalls zum Klang der Sturmglocke. Am 7. Dezember 1836 schlugen die Glocken gleichzeitig in Thégra und in Lavergne Alarm. Die Einwohner der beiden Ortschaften bereiteten sich auf den Lokalkrieg vor. Sie bewaffneten sich mit Gewehren und Sensen und begaben sich zum Weiler Bertrand, wo der Kampf stattfinden sollte. Doch in diesem Fall konnte die Gendarmerie einen Zusammenstoß verhindern. Am 29. September 1818 gab es eine Prügelei zwischen Bürgern aus Marminiac und »Leuten« aus Cazals, die zusammen auf dem Jahrmarkt in Salviac waren. Erstere fühlten sich zahlenmäßig unterlegen.

Sie schickten schnell Boten, damit in ihrer Gemeinde Alarm geläutet wurde. In ganz kurzer Zeit kamen über vierzig Personen zusammen – darunter auch Frauen –, die sich, mit Gewehren, Sensen und Stöcken bewaffnet, nach Salviac begaben.[67]

Die einzige Antwort auf Invasionen, ruft Barère 1793 aus, seien »Landesverteidigung und Sturmgeläut«. Er hob damit hervor, was die Glocke bei der landesweiten Alarmgebung vermochte.[68] In jenem Jahr und danach dreimal im 19. Jahrhundert verkündete der tragische Klang der Sturmglocke das Herannahen des Feindes. Schon vor langer Zeit hat Henry Houssaye die Rolle der Glocke zu Beginn der Kampagne in Frankreich im Jahr 1814 hervorgehoben.[69] Das gleiche gilt für das Jahr 1815. So konnte General Debelle durch das Sturmgeläut seine fünfhundert Nationalgardisten sammeln, die sich am 29. und 30. März dem Vormarsch des Herzogs von Angoulême auf Lyon siegreich entgegenstellten. Als dieser sich in Richtung Pont-Saint-Esprit zurückzog, wurde auf beiden Seiten des Flusses unablässig Sturm geläutet, wodurch es möglich wurde, die Nationalgardisten und Halbbesoldeten des Gebiets gegen ihn aufzustellen. In diesem Fall handelte es sich um eine rein militärische Nutzung der Alarmglocke.[70] Alle Gemeinden des Départements Eure-et-Loire läuteten im Winter 1870/71 nacheinander Sturm, um den Feind anzukündigen. Am 2. August 1914 und dann im September 1939 läuteten die Glocken Frankreichs anläßlich der Kriegserklärung.

In einem ganz anderen Zusammenhang erklang das Sturmgeläut 1906 vereinzelt in den Pfarrgemeinden, deren Einwohner sich einer Inventarisierung der Kirchengeräte widersetzen wollten, die unmittelbar nach dem Gesetz über die Trennung von Kirche und Staat beschlossen worden war. In Parçay-Meslay (Indre-et-Loire) verschanzten sich die Katholiken in der Pfarrkirche. Sie errichteten eine Barrikade aus Stühlen und Bänken, die sie mit Draht zusammengebunden hatten. Das

Hindernis war zwei Meter fünfzig hoch und vier Meter breit. Die Obrigkeit brauchte zwei Stunden, um sich hindurchzuarbeiten. Während des ganzen Vorganges läutete unaufhörlich die Sturmglocke.[71]

Die verschiedenen Erscheinungsformen der Angst im Umfeld von Läuten und Gerücht wären es wert, in einer umfangreicheren Dokumentation dargestellt zu werden. Ein ganzes Jahrhundert lang überhöhte die Glocke feierlich die Empfindungen der Menschen auf dem Land; sie sanktionierte die Taten der Gemeindebehörde, auch wenn diese von der Legalität abzuweichen schien; durch die Glocke wurde zufälliges Zusammenfinden zu echter Versammlung.[72] Die akustische Inszenierung des Aufstandes ließ Solidarität stärker empfinden; sie unterstrich die Tragweite der Entscheidungen. Jede Glocke der »Gegend«, die dabei akustisch zu unterscheiden war, hielt die Identität der einzelnen Gemeinde im größeren Ganzen der Aufstandsbewegung fest.

Da die Glocke in ihrer Schutzfunktion gegen Wasser, Blitzschlag und Feuer sowie beim Eindringen von Räubern und Feinden derart notwendig war, wurde zu Recht um sie gebangt. Keine Glocke mehr zu besitzen hieß für eine Gemeinde nicht nur, ohne akustisches Symbol ihrer Identität zu sein. Das nicht mehr vorhandene Alarmsignal, das fehlende Versammlungszeichen, die daraus voraussichtlich resultierende Verzögerung der Hilfeleistung, die nicht mehr mögliche Bestätigung des Gerüchts, das »stumme« Begehen der *rites de passage*, dies alles waren gefürchtete Auflösungserscheinungen. Der Glockenturm ohne Glocken war ständige Erinnerung an einen schmerzlichen Verlust; und man kann die Versessenheit nachvollziehen, mit der die Gemeinden unmittelbar nach der Revolution ihre Geläute wiederhergestellt haben [vgl. o. S. 124 ff.].

Freudengeläute und der Argwohn des Staates

Die Glocke war aber ebensosehr bevorzugte Mittlerin kollektiven Hochgefühls. Im letzten Jahrhundert gab es kein Ereignis gemeinschaftlicher Freude, das nicht mit Läuten verkündet wurde.[73] Die von uns vorgenommene Trennung zwischen der Ankündigung des Ereignisses und dem akustischen Ausdruck von Freude ist künstlich. Es liegt auf der Hand, daß die Glocke, die den Regierungsantritt des Souveräns bekanntgab, die Wiedereinsetzung einer Dynastie, die Geburt eines Fürsten, einen militärischen Sieg oder die Unterzeichnung eines Friedensvertrages, gleichzeitig auch eine Freudenbotschaft übermittelte. Die jeweiligen Regierungen im 19. Jahrhundert waren indessen auch in diesem Bereich bemüht, jeden etwaigen Überschwang zu unterbinden. Auf diese Kontrolle des Freudengeläuts muß noch einmal nachdrücklich hingewiesen werden.

Sie ging so weit, daß die beiden umstrittensten Punkte die Nationalfeiertage und die lokalen Feste waren. Erstere mußten eingeläutet werden. Wie wir noch sehen werden, weigerte sich eine Vielzahl von Pfarrern anläßlich von Ereignissen, die sie bedauerten, für ein Regime, das sie verabscheuten, oder für Souveräne, die sie nicht gern auf dem Thron sahen, die Glocken feierlich schwingen zu lassen. Das Läuten wurde wieder zu einem der strittigsten Gegenstände der Dorfpolitik [vgl. u. S. 360 ff.].

Andererseits versuchte der Klerus des 19. Jahrhunderts lange Zeit, sich der gänzlichen Verweltlichung der festlichen Aktivitäten entgegenzustellen. Dafür verfügte er über das Läuten. Wenn man einer Veranstaltung die Glocke nahm, dann war sie weniger eindringlich; das hieß, den Ausdruck von Freude zu schmälern. Nach dem Sieg der Dritten Republik galt es dann, die Wirkung des Bürgermeisterfestes zu mindern. Das gewichtige Dossier im Nationalarchiv, anhand dessen man Schritt für Schritt die Erarbeitung der konzertierten Läutreglements von 1884 und 1885 nachvollziehen kann, zeigt, daß die Gespräche sehr häufig an der Frage nach der Natur des Festes scheiterten.[74]

Der Episkopat war übereinstimmend der Meinung, man solle weiterhin, wie es schon Brauch war, die *Patronatsfeste* einläuten; er weigerte sich jedoch, die Glocken bei *lokalen Festlichkeiten* zu läuten, in diesem Fall bei Bürgermeisterfesten. Patronatsfeste einzuläuten hieß in erster Linie, einen Heiligen zu feiern, den Schutzpatron der Pfarrgemeinde, dessen Namen die Kirche auch oft trug. Der Glöckner respektierte in diesem Fall den sakralen Charakter der Glocke. Die Glocke anläßlich eines lokalen Festes zu benutzen hieße, das Instrument zu entweihen, so brachten die Bischöfe wiederholt vor.[75] Nach Ansicht des Klerus böten diese zivilen Festlichkeiten, die keinerlei Bezug zu etwas Heiligem hatten, nur Gelegenheit zu jugendlichen Ausschweifungen und Zwistigkeiten. Schlimmer noch, das Bürgermeisterfest einzuläuten hieße, dem Sieg des Antiklerikalismus Vorschub zu leisten. Es wäre denkbar, so der Hinweis des Bischofs, daß lokale Feste von einigen Bürgermeistern »Bankett am Wahlabend«, »öffentlicher Ball etc.« genannt würden.[76]

Im Jahr 1904 war sich der Bürgermeister von Tréffiagat (Finistère) sehr wohl dessen bewußt, was auf dem Spiel stand. Er beschloß, *sein laikales Fest* einzuläuten, dessen Programm wie folgt lautete: »Acht Uhr morgens: Glockengeläut (sofern möglich) [sic]. Zwei Uhr: Fahrradrennen. Vier Uhr: Wettlauf der männlichen Jugend. Den ganzen Nachmittag bretonische Tänze zum Biniou.«[77] Dieser Versuch ist insofern interessant, weil er darauf abzielt, die Glocke in das Gemeindefest zu integrieren; das Läuten erscheint dort lediglich als einfacher Programmpunkt. Mit einem Wort, der Bürgermeister von Tréffiagat versuchte, den akustischen Ausdruck der Freude von vornherein zu desakralisieren. Seine Initiative deutet überdies auf eine veränderte Vorstellung vom Gehalt des Sonntags. Denn Bankette, Turnfeste, Reitveranstaltungen, Schönheitskonkurrenzen füllten und desakralisierten seit den 1890er Jahren im ganzen Land zusehends den »Tag des Herrn«. Das Vergnügen als eine im gesamten sozialen Bereich zunehmende Größe verdrängte die für die beiden vorhergegangenen Jahrzehnte typische, vorrangig erzieherische Intention. In den Badeorten verblaßte die therapeutische Absicht hinter hedonistischen Praktiken. Dieser Prozeß führte zu einer Neuinterpretation von Fest und Freude auf dem Land. Die Glocke, deren sonntägliche Aufgabe es war, zugleich das Gebet, die Muße[78] und die Freuden einer traditionellen Geselligkeit zu verkünden, konnte nicht in legitimer Weise den neuen Vergnügungen huldigen. Vorhaben und Forderungen des armen Bürgermeisters aus Tréffiagat wurden vom Präfekten des Départements Finistère abgelehnt. Also war sein Fest dazu verurteilt, »still« zu bleiben.

Teil III   WER DARF LÄUTEN?

Kapitel 1 Lokale Streitigkeiten und ihre Motive

Furcht vor Demütigung

*D*as 19. Jahrhundert ist die Zeit der Dorfkämpfe.[1] Bestimmt niemals zuvor waren die Spannungen und die Rivalitäten auf dieser allzu oft als lächerlich abgetanen Szene so zahlreich und so dauerhaft. Eine Reihe von ineinandergreifenden Konflikten, die zuweilen simultan ablaufen, auf verschiedenen Ebenen und nach vielfachen Logiken, bewirken starke Emotionen, nähren Haß und Groll. Die sehr schwierige Analyse des Geflechts dieser Rivalitäten zeigt uns Dorfbewohner, die sich in diesen lokalen Kämpfen leidenschaftlich engagieren; sie widerspricht dem Stereotyp, demzufolge sie nur passive Individuen gewesen wären, unfähig zur Berechnung und ohne Urteilsvermögen, besessen von der Zufluchtnahme zum Vermittler, bestenfalls in archaische, unerwartete Wutausbrüchen verfallend.[2] Nun scheinen die Konflikte, welche die Modalitäten des Zugangs zum Glockenturm und der Gebrauch der Glocken hervorriefen, zumindest zeitweise die zahlreichsten dieser lokalen, heute vergessenen Kämpfe gewesen zu sein, auch wenn ihre relative Bedeutung naturgemäß von Region zu Region variiert: In der Haute-Marne waren sie sehr häufig, im Lot ziemlich selten. In diesem wie in den angrenzenden Départements entzündete sich der dörfliche Konflikt eher an der Kirchenbank als an der Glocke. Bevor wir die Konstellationen dieser Kämpfe untersuchen, wollen wir, um ihre Bedeutung besser zu begreifen, einen Augenblick verweilen bei den Streitpunkten dieser oft intensiven

Kämpfe und bei den Vorgängen, die ihre Geschichte bestimmt haben.

Die symbolische Macht und der territoriale Einfluß sowohl der Kirche als auch des Bürgermeisteramtes sind vielfach untersucht worden,[3] aber nur wenige Historiker haben versucht, sie in ihrer *Konfrontation* zu begreifen. Es hat sich nämlich, was allzu oft vergessen wird, das Bürgermeisteramt auf dem Lande unter dem Auge der Kirche und des Pfarrhauses herausgebildet. (Umgekehrt wurde die Art, wie man sich die Kirche vorstellte und sich in ihr verhielt, durch den Bau eines Bürgermeisterhauses und die Akzentuierung eines Einflusses verändert, der sich mitunter als Konkurrenz zum Kirchengebäude präsentierte.)

Die Dorfkirche liegt gewöhnlich am Schnittpunkt der Wege und Straßen; oft hat sie dem Dorf sein Gepräge gegeben. Sie ist Ausgangs- und Endpunkt der Prozessionen. Sie ist häufig das älteste Denkmal der Gemeinde, das geschichtsträchtigste.[4] Viele Ereignisse der Religions- oder Revolutionskriege hatten die Kirche zum Schauplatz. Die Sanktuarien der Pfarreien waren damals die einzigen Museen, die von den Dorfbewohnern wirklich aufgesucht wurden. Die Schatzkammer, die alten Statuen, die Votivbilder, die Reichtümer der Sakristei, die Grabsteinplatten, die Nähe des Friedhofs – in den Gemeinden, wo er noch nicht verlegt worden ist – verankern diese Erinnerungsfunktion, die Klerus und Stifter im 19. Jahrhundert durch die Errichtung von Denkmälern oder das Anbringen von Gedenktafeln zu verstärken bemüht sind.[5]

Die Umgebung der Kirche ist ein geschützter Ort; sie blieb es auch nach der Trennung von Kirche und Staat. Das Gesetz vom 29. Juli 1880 zielte darauf ab, zu vermeiden, daß profane Geräusche die Kultzeremonien stören. Lärmende Gewerbe sind in der Nachbarschaft der Kirche nicht erlaubt; das Feuer der Schmiede muß genügend weit weg sein, ebenso die Wirtshäuser, die Herbergen und die Jahrmarktsbuden. »Zur Zeit des Konkordats«, ruft Gabriel Le Bras in Erinnerung, »reservierte der Staatsrat rund um die Kirchen, auf dem Gelände der ehemaligen, nicht mehr benutzten Friedhöfe, einen Platz und einen Rundweg, die man mancherorts Prozessionsplatz oder Prozessionsweg nannte.« Die Dorfkinder wissen, daß sie diesen stillen, geheiligten Umkreis zu meiden haben; sie lernen den Respekt vor ihm gleichzeitig mit dem Bewußtsein für das Gemeindeterritorium. In den besonders frommen Gegenden – und in den anderen zumindest an den beibehaltenen »guten Feiertagen« – ist der »Messeausgang« die Zeit der großen sonntäglichen Wiederbegegnungen, der Augenblick der Umarmungen unter Verwandten. Daher rührt die Bedeutung der Kirchentüren. Die Kontrolle der Eingänge ist ein wichtiges Amt; wir werden darauf noch zurückkommen. Doch über diesen offiziellen Aspekt hinaus muß man auch die unterschiedliche Funktion der Kirchentüren untersuchen. Die Kirche durch den Haupteingang betreten zu wollen kann den Wunsch nach Feierlichkeit oder gesellschaftlicher Anerkennung andeuten; durch eine Seitentür einzutreten kann ein Beweis für Vertrautheit oder täglichen Besuch sein, kurzum das Zeichen für eine subtile Unterscheidung.[6]

Der Glockenturm darf nicht mit der Kirche verwechselt werden. Es kommt vor, daß er aus einer Holzkonstruktion besteht, die vom Kirchengebäude selbst getrennt ist. Republikanische Bürgermeister haben sich gegen Ende des Jahrhunderts sehr oft bemüht, diese Trennung vorzunehmen. In vielen Gemeinden verwechselte man trotzdem Kirchenzugang und Glockenturmzugang, was unlösbare Probleme mit den Schlüsseln aufwarf [vgl. u. S. 332 ff.]. Der Glockenturm bezeichnet und konstituiert den Mittelpunkt sowohl der Pfarrei als auch der Gemeinde. Er ist der Erkennungspunkt par excellence. Daher symbolisiert er den Bereich des Gesetzes, die Welt der Ordnung, der Zusammengehörigkeit, der sexuellen Reinheit; den Ort, von dem aus das Wort Gottes und das Wort des Souveräns zu hören sind. Der Zentralität des Glockenturms stehen die Peripherie und die trüben Zonen der Grenze, der Welt der Unreinheit, der Unordnung, der Auflösung, gegenüber. Sie vertreibt die Gefahr des Fiebers und des Aufbrausens. »Die Kräfte, die das Dasein des Dorfes beleben und seinen Ruhm preisen, finden also Rückhalt in seiner Mitte, verlaufen über den großen Platz, um wieder ins Dorf zurückzuströmen und ihm Kraft zu spenden …« [7]

Im 19. Jahrhundert ragt der Glockenturm aus einem immer dichter werdenden Netz sakralisierter Orte heraus. Nie zuvor hat man so viele Kapellen, Oratorien, Krypten, Kalvarien und auch Ruhealtäre gebaut wie in dieser Zeit des Niedergangs der religiösen Praxis. Der Glockenturm symbolisiert und manifestiert die Erhebung, den Aufschwung zum Licht. Er zwingt dazu, den Blick zu erheben. Die Katholiken – und die Freidenker – assoziieren ihn spontan mit dem Gebet. Es wird eine Homologie hergestellt zwischen der Massivität dieses steinernen Psalms und dem Rauch des Weihrauchs, der ebenfalls gen Himmel steigt. Verglichen mit anderen herzerhebenden Symbolen im Dorf wie der so schnell vergehenden Maienblüte der Jugend oder dem Rekrutenbaum hat er tatsächlich die »steinerne Dichte des Absoluten« für sich.[8]

Man würde es sich wahrlich zu leicht machen, wollte man sich nur an diese Augenscheinlichkeiten halten, deren Solidität damals dem Verrinnen der Zeit zu trotzen schien. Der Glockenturm ist im 19. Jahrhundert auch ein Monument der Modernität, Gegenstand kollektiven Stolzes. Er untersteht nicht allein der Macht des Klerus. Die territoriale Gemeinschaft will über dieses Monument, welches sie symbolisiert, ihre Herrschaft ausüben.[9] Sie ereifert sich über die Glockenaffären, so wie sie über die Bewahrung der alten Bräuche und Riten wacht.

Im Laufe der Jahrzehnte, bedingt durch das Erstarken des gemeindlichen Bewußtseins – einer der ganz großen Vorgänge in dieser Zeit –, wird dem Glockenturm eine erneute Aufmerksamkeit zuteil, welche die Debatten, die er auslöst, noch hitziger werden läßt, die Spannungen, die er erzeugt, noch größer. Diese verschärfte Anfälligkeit ist in den einzelnen »Ländern« natürlich unterschiedlich, und es kann nicht

darum gehen, hier die Geographie der campanologischen Gefühlskultur zu zeichnen. Sie ist besonders ausgeprägt in Regionen, in denen »religiöse Integration eng zusammenhängt
mit gesellschaftlicher Integration.«[10]

Die aufmerksame Lektüre der Dokumente in den Archiven
zeigt, daß bei den meisten Konflikten, die damals die Gemeinden erschüttern, die Erhaltung eines symbolischen Kapitals
auf dem Spiel steht. Die Sorge um die Ehre, *die Furcht vor der
Demütigung* stehen im Mittelpunkt fast aller dieser Kämpfe,
die zu lange als unwichtig galten. Der Bürgermeister und der
Pfarrverweser leben in der ständigen Angst, vom Unterpräfekten wie Kinder behandelt zu werden.[11] Beide fürchten perma-
nent, von ihrem Rivalen gedemütigt zu werden; und die gleichen Gefühle haben auch die Mitglieder des Gemeinderates
und die des Kirchenvorstandes. Provokationen, Beleidigungen,
Verhöhnungen, Rachegelüste sorgen für Konfliktstoff in der
Gemeinde. Der Stolz und die Achtung sind der große Einsatz
in diesem Spiel. Das ergibt sich aus der Struktur dieser Gesellschaft, in der jeder jeden kennt, und aus der Auffassung von
gutem Ruf. Die Anonymität der heutigen Großstadt nimmt
uns das Verständnis für diese große Sensibilität gegenüber allem, was die Ehre in Frage stellt oder mehr noch die Selbstachtung und also die Selbstdarstellung, die Darstellung der Familie, der Gemeinschaft.

Symbolische Flurbereinigung

Natürlich stand auch die Macht auf dem Spiel. Die Befugnis
zur Ordnung der Geräusche zeugt von der Dominanz über den
Raum, in dessen Umkreis es möglich ist, sie zu hören.[12] Die
Glocken dienen nicht nur als akustische Orientierung; sie haben, wie wir gesehen haben, teil *an jener Markierung, die das
Territorium konstituiert* und die untrennbar verbunden ist mit
dem Begriff der Kontrolle. Die Befugnis, am Glockenturm po-

litische Embleme anzubringen, ist eine weitere Facette dieser symbolischen Bemeisterung.[13]

Derjenige, der Einfluß auf das Läuten nimmt, hat auch die Macht, durch Lärm zu betäuben. Durch die Gewalt und Allgegenwart des Klangs der Glocken kann er den anderen buchstäblich zum Schweigen bringen. Über die Art des Läutens entscheiden zu können bedeutet eine Verfeinerung der Autorität. Das ganze Jahrhundert hindurch läßt dieses Privileg viele Bürgermeister ins Schwärmen geraten, die sehr wohl wissen, daß nach dem Gesetz der Pfarrer der einzige ist, der über das Läuten bestimmt. Am 25. Juli 1846 beklagt sich der Bischof von Langres beim Präfekten des Départements Haute-Marne: Der Bürgermeister von Is »hat soeben *zum Klang der Trommel* und ohne Wissen des Herrn Pfarrers einen Erlaß bekanntgeben lassen, der vorschreibt, das Angelusgebet zur Erntezeit morgens und abends *mit zwei Glocken* zu läuten«. Die Angelegenheit scheint dem Prälaten wichtig genug, um ihn zu veranlassen, vom Präfekten die Abfassung eines Reglements zu verlangen, das solche Amtsanmaßungen in Zukunft ausschließt.[14]

Über den Gebrauch der Glocken bestimmen zu können bedeutet, das Monopol auf sofortige Information und Weisungserteilung zu besitzen; ein beachtliches Privileg in einer Zeit, in der allein die Rundgänge des Postboten und des Feldwächters es erlauben, alle Gemeindemitglieder zu informieren. Derjenige, der den Schlüssel zum Glockenturm besitzt, hat die Mittel zur Aussendung der Botschaften; er ist der einzige, der die Stimme der Autorität mit ihrem ganzen Gültigkeitsanspruch erklingen läßt. Man muß diese Art der passiven Information, die von einem zentralen Punkt ausgeht, ohne daß sie zurückkehrt, von der Weitergabe von Gerüchten unterscheiden.[15] Das Gerücht entfaltet sich in der Logik des Kontakts und der Interaktion; einer ständigen Weiterverarbeitung unterworfen, entbehrt es eben darum der Kraft der Gewißheit.

Regulator des Läutens zu sein bedeutet auch, über das Schweigen der Glocken zu bestimmen und also über die Mittel individueller oder kollektiver Sanktion zu verfügen; das heißt, auf seine Weise Einschnitte in der kommunalen Gesellschaft vornehmen zu können. Im Mai 1834 reichen vier Pfarrkinder aus Saint-Martin-d'Oney (Landes) Beschwerde gegen den Pfarrer ein, »der die Glocken nicht für alle läuten läßt, und das *ganz nach Laune und Belieben*«.[16] Der Priester allein genehmigt schwingendes Läuten und entscheidet somit auch über die Feierlichkeit oder, wenn man will, über die Verteilung der Ehrenbezeigungen [vgl. o. S. 209 ff.].

Man versteht, daß die Bemeisterung der Glocken bei den Repräsentanten der Gemeinschaft sehr begehrt gewesen sein muß, ohne daß dies deshalb ein eindeutiges Zeichen von Irreligiosität gewesen wäre. Die Glockenstreitigkeiten sind den Konflikten im Zusammenhang mit dem Antiklerikalismus des Fin de siècle lange vorausgegangen. Mehr als um eine Angelegenheit von Glauben und Frömmigkeit hat es sich, um die Worte des Priesters aus Frenelle-la-Grande (Vogesen) zu gebrauchen, um einen Kampf zwischen »Stola« und »Schärpe« gehandelt. Lange Zeit und vielerorts äußerte sich das Erstarken des gemeindlichen Selbstbewußtseins in erster Linie in der Forderung nach Ehrenzeichen in der Kirche. Diesbezüglich müssen die Glockenaffären in eine umfassendere Kategorie von Konflikten eingeordnet werden. Die Patenschaft über die Glocken und der Text der Glockeninschrift können gelegentlich zu Querelen führen. Bürgermeister, Stellvertretende Bürgermeister, Gemeinderäte, Lehrer, Pfarrer, Kirchenvorsteher streiten sich manchmal, wie wir sahen, um die Formulierung der Inschrift auf der Bronze. Ebenso, wenn es um die Sitzbank geht oder, genauer gesagt, um den Platz, der den Vertretern der Gemeindeverwaltung im Inneren des Kirchenraums vorbehalten ist.[17]

Kraft des Dekrets vom 24. Messidor des Jahres XII (13. Juli 1804) dürfen der Bürgermeister und die Gemeinderäte einen besonderen Platz in der Kirche beanspruchen, wenn sie geschlossen und in Amtstracht den Gottesdiensten an den von der Regierung angeordneten Feiertagen beiwohnen. Außerhalb dieser Anlässe steht dem Bürgermeister, der kraft des Dekrets vom 30. Dezember 1809 rechtmäßiges Mitglied des Kirchenrates ist, ohne weiteres der dritte Platz – nach dem Priester und dem Präsidenten – innerhalb des Kirchenstuhls zu, der sich gewöhnlich vor der Kanzel befindet. Nun lehnen es aber viele Bürgermeister ab, neben dem Pfarrer zu sitzen – wenn dieser nicht die Messe liest – und auf diese Weise auf den dritten Platz verwiesen zu werden. Sie verlangen und erhalten oft auch eine besondere Bank, die mit rotem Samt bezogen und durch ein Schild gekennzeichnet ist. Es kommt sogar vor, daß diese Bank abgeschlossen ist. Das Wichtigste ist, daß man auf ihr gut gesehen wird.[18]

Der Klerus versucht, in Fortsetzung eines unter dem Ancien Régime unternommenen Vorstoßes, sich den Raum des Kirchenchores wieder anzueignen. Er bemüht sich, alles Hinderliche so weit wie möglich ins Kirchenschiff zu verbannen. Er will den »neuen Parochialmarkt der Ehrenbezeigungen« beherrschen.[19]

Die Forderungen der Gemeindeverwaltung und die Unnachgiebigkeit des Klerus rufen Konflikte hervor. Am 30. Vendémiaire des Jahres XIII (22. Oktober 1804) ließ der Pfarrer von Plessé (Loire-Inférieure) die »Gemeindebank mit Gewalt wegnehmen und schleuderte sie gegen den Weihwasserkessel«. Am Sonntag, dem 9. April 1809, kommt der Bürgermeister von Lacave (Lot) »wütend in die Kirche gestürmt und fragt laut schreiend die versammelte Gemeinde, wer es gewagt habe, seinen Stuhl wegzurücken. Er nimmt ihn, sucht sich einen Platz und sagt, daß er ihn trotz aller Verbote behalten wird.« Er beschimpft den Pfarrer und »bedroht ihn mit einem Knüppel, den er in seinen Händen hin und her dreht«.[20]

Der Bürgermeister von Bourg-des-Comptes (Ille-et-Vilaine) ließ 1810 nach Aussage des Pfarrverwesers in die Kirche eine solch »riesige Bank« stellen, daß die Gläubigen nicht mehr zum Altar gelangen konnten. Am 2. Mai 1834 kommt es in

Saint-Père zu Zwischenfällen. Der Pfarrer weigert sich, den Gemeinderat in den Chor zu lassen, selbst nicht am 1. Mai. Er versichert darüber hinaus, daß er die Messe nicht lesen wird, wenn er an diesem Festtag des Königs vor Beginn des Gottesdienstes den Lärm der Gemeinderatstrommel hören sollte – was in der Tat die Antwort des Bürgermeisters gewesen sein könnte.[21]

Im Dezember 1839 kommt es zu einem Konflikt zwischen dem Bürgermeister und dem Vikar von Sainte-Honorine-la-Guillaume (Orne). Letzterer will den obersten Richter des Gemeinderats auf den Kirchenstuhl verweisen, neben die Kirchenvorsteher. Nun »müßte« aber, wie der Bürgermeister sagt, »sein Platz dem gegenüber sein, den der Herr Pfarrer oder der Vikar einnimmt. Da der Herr Pfarrer den ersten Sitz auf der linken Seite des Altars einnimmt, müßte der Bürgermeister den ersten Sitz zur Rechten des Altars einnehmen, so sei es in allen Städten und in fast allen Gemeinden üblich.« Wie gewöhnlich gibt die Präfektur dem Bürgermeister, dem ewig Gedemütigten in solchen Fällen, unrecht.[22] Besonders viel Prestige steht hier in den frommen Regionen auf dem Spiel, wo die Kirche immer voll ist und jeder seinen angestammten Platz hat, so daß die soziale Inszenierung besonders elaboriert ist.

Im Tarn-et-Garonne wie auch im Lot führt das durch die Gemeindebank aufgeworfene Problem dazu, die Konflikte im Dorf zu verschärfen. »In den meisten Pfarreien«, schreibt der Bischof von Montauban 1847, »gibt es eine Bank für den Bürgermeister, aber daraus ergeben sich sehr oft Unannehmlichkeiten.« Der Kultusminister ist in der Tat der Ansicht, daß es sich hier um bloße Duldung handelt. Die Bürgermeister akzeptieren aber nur schwer, daß der Pfarrer über ihren Platz in der Kirche zu bestimmen haben soll. 1840 beklagt sich der Bürgermeister von L'Honor-de-Cos darüber, daß der Kirchenvorstand »die Gemeinderatsbank« vermietet hat. 1845 befiehlt der Bürgermeister von Saint-Loup, seine Bank, die der Pfarrer aus dem Altarraum hatte wegnehmen lassen, wieder an ihren alten Platz zurückzustellen. 1847 will der Bürgermeister von Montbéqui die Bank der Gemeindeobrigkeit ebenfalls an ihren alten Platz zurückgestellt sehen. Im August 1849 beschuldigt der Bürgermeister von Verdun-sur-Garonne den Pfarrer, das Schild mit dem Wappen der Republik auf der Bank der Obrigkeit verkratzt zu haben. Im selben Jahr läßt der Pfarrer von Durfort das Gemeindewappen zerbrechen. In den Jahren 1849, 1853 und 1854 gibt es Streitigkeiten derselben Art in Labastide-de-Penne und in Lauzerte.[23]

Baron Rendu hat das Wesen und die Bedeutung solcher Differenzen sehr gut erfaßt. In einer kurzen Mitteilung an das Ministerium vom 8. Februar 1841 schreibt er: »Man möge dort auf der Hut sein. Der Landbewohner ist eifersüchtig auf die lokale Autorität, der er untersteht, zumal, wenn er sie selbst gewählt hat; er sieht sie mit Argwohn geschwächt und behindert, besonders, wenn dies im Interesse der Kirchenmänner geschieht...« Er schlägt – als Sofortmaßnahme – vor, »in die Außenwand des Glockenturms eine Tür für die Notglocke einbauen zu lassen«, und sinnt auf Taktiken, die die »Achtung der Zivilmacht« sichern. Er legt nahe, den dem Klerus zugestandenen Vorteil »auszubalancieren durch ein spürbares Nachgeben des Pfarrers gegenüber dem Bürgermeister, wenn dieser in der Kirche seinen reservierten Platz einnimmt, *wie ja auch das Weihwasser unterschiedlich gereicht wird*«. »Oft«, fügt er hinzu, »stellen schon kleine Gesten der Nachgiebigkeit ein *Gefühl der Achtung* her.« Ihm wird jedoch kein Gehör geschenkt. Der Minister fürchtet nämlich, eine solche Höflichkeit könne zur Wiederherstellung der Lehnsherrschaft führen.[24]

Die Gemeindeverwaltung verfügt über ihre eigenen Geräusche [vgl. u. S. 321 ff.], aber sie können nicht mit den gewaltigen Schwüngen der Glocke konkurrieren. Deshalb bemüht sie sich seit dem unter der Revolution unternommenen Versuch einer »laikalen Teilung«, das kirchliche Läuten, so gut es geht, in die Verfahren der zivilen Information zu integrieren.

Als Wortführer der Gemeinschaft und der Regierung machen sich der Bürgermeister und der Gemeinderat zu Verteidigern des lokalen Brauches. Zum Schulbeginn, bei der Ankunft des Steuereinnehmers, bei der Versammlung der Rekruten, der Einladung der Wähler, zur Ratsversammlung, zu den Arbeitszeiten, den Ruhezeiten und zur Sperrstunde läuten zu können – dies sind, wie wir sahen, zumindest dort heftig verteidigte Bräuche, wo sie Tradition haben. Die Härte, mit der sie verteidigt werden, hängt nicht unbedingt mit Unglauben zusammen: 1891 wurde die Gemeinde Aigremont (Haute-Marne) von einem klassischen Konflikt um das Angelusläuten zerrissen. Der Bürgermeister opponierte aufs heftigste gegen den Pfarrer. Er wollte »nicht das Angelusgebet, sondern die Mittagsstunde« läuten lassen, und zwar durch seinen eigenen Glöckner. Alles würde also nach der Feindseligkeit eines Freidenkers aussehen, würde nicht der Pfarrer dem Präfekten ganz unbefangen schreiben: »Der Bürgermeister ist zugleich mein Titularkantor in der Kirche.«[25] Vielmehr drückt sich im Pochen auf das »kommunale Läuten« – mehr noch als im Errichten einer Bürgermeisterei – der *wachsende Wunsch nach Gemeinderatsautonomie* aus und die feste Absicht, die Machtbefugnisse des Klerus einzuschränken.

Zwei Entwicklungen markieren das Stärkerwerden dieser Forderung. Zunächst das erste Jahrzehnt der Julimonarchie: Seit dem Gesetz vom 21. März 1831, in dem festgelegt wurde, daß der Gemeinderat durch Wahl zu bestimmen sei, wurde dieser als Repräsentant der Gemeinschaft angesehen – und empfand sich auch selbst als solchen. Daher duldete er klerikale Einmischungen noch weniger als früher. Diese Stärkung der Gemeinde begünstigte *das Austragen lokaler Streitigkeiten* – und damit die »Ausbildung« der Dorfbewohner in Politik.[26] Die Konstellation dieser Streitigkeiten hat ihre Geschichte. Lange Zeit wurde der winzige lokale Schauplatz beherrscht vom Konflikt zwischen den Einwohnern und dem Bürgermeister und / oder den von der Zentralverwaltung er-

nannten Gemeinderäten. Mit der Anwendung des Gesetzes
vom 21. März 1831 geht die Tendenz immer mehr dahin, den
Bürgermeister, den Gemeinderat und die mit der Präfektur
oder dem Bistum solidarischen Einwohner gegeneinander auf-
zubringen. Auf dieser Ebene geht das Erlernen des Politischen
über die Wahrnehmung der Gemeindeinteressen. Nun wurde
aber zwischen dem Beginn der Julimonarchie und dem Ende
des Zweiten Kaiserreichs der Ruf nach Modernisierung in diesem Umfeld immer lauter: die Stadtväter begeisterten sich für
den Bau oder Ausbau von Straßen und Wegen, die Errichtung
eines Postamtes, die Schaffung eines öffentlichen Waschhau-
ses und einer Mülldeponie, die Verlegung des Friedhofes,
manchmal den Bau eines Schulgebäudes und einer Bürgermeisterei oder gar die Anschaffung eines Feuerwehrautos. Zu den
Elementen von Modernität gehören nun auch, wie wir sahen,
das neue Gefühl der Gehetztheit, das quantitative Messen der
Zeit und die Forderung nach Genauigkeit und Schnelligkeit.
Dies alles war mit der Bemeisterung der Glocken und dem Besitz einer Gemeindeuhr verbunden, welche meistens im Innern des Glockenturms installiert war. Kurzum: *mehr noch als
früher wurden Glocken zu einem Zeichen von Modernität*, um
so mehr, als ihre Qualität sich verbesserte und ihr Klang sich
zu verstärken begann. Die Gemeinschaft hatte also *neue Gründe* für ihre Anhänglichkeit an die Glocken. In diesem Sinne
kann man behaupten, daß die Rolle der Glocken zu Beginn der
60er Jahre des 19. Jahrhunderts den Höhepunkt erreicht hat.

In der Folge führten die allmähliche Verdichtung des Post-
wesens, die Verbreitung von Presse und Plakat, die steigende
Anzahl von Uhren in der Familie, die Beschleunigung des Lebensrhythmus und die Häufigkeit der Ortswechsel dazu, daß
die Bedeutung der Klangbotschaften allmählich zurückging.
Dieses Zerfallen alter Bräuche läßt nurmehr Raum für Sakralität, für Emotion und Nostalgie. Seit dem letzten Viertel des
19. Jahrhunderts fördert dieses fortschreitende Schrumpfen
der Funktionen nach und nach den Erhalt – und vielleicht gar

den Anstieg – der symbolischen Bedeutung und der Be-
schwörungsmacht. (Wir sprechen hier von dem Sinn, der dem
Gebrauch der Glocken auf dem Lande beigelegt wurde, nicht
von der romantischen Figur der Dorfglocke, die damals zu zerfallen oder jedenfalls sich zu verändern begann; vgl. u. S. 399 ff.)
Kurzum, die Glockenkonflikte des »fin de siècle«, die man zu
Recht als Zeichen der Dechristianisierung, der Laizisierung
und der Desakralisierung interpretiert, bringen auch die Entwicklung der Modalitäten des Bewußtseins und der Identitäts-
gefühle zum Ausdruck.

In dem Maße, wie die Struktur der ländlichen Gemeinschaften durch die Selektionsmechanismen der Landflucht zutiefst
erschüttert wird, tendiert der Schauplatz der Glockenaffären
dazu, sich mehr und mehr zu verengen. Aus verschiedenen
Gründen steht nicht mehr so viel auf dem Spiel wie früher,
ohne daß freilich Zahl und Stärke abnehmen. Seit der Abstimmung über die Gesetze von 1882 und 1884 wird der Bürgermeister durch den Gemeinderat gewählt. Er kommt »seinen
Bürgern« noch näher. Seine Amtszeit als Oberhaupt der Gemeinde wird verlängert. Artikel 101 des Gesetzes von 1884
gesteht ihm den Besitz eines der beiden Schlüssel zum
Glockenturm zu. Dieser Zweitschlüssel, der den Verlust eines
klerikalen Monopols manifestiert, kommt einer Desakralisierung des Bauwerks gleich. Der Glockenturm wird fortan nicht
mehr als eine der Stätten des Kultes angesehen, sondern als
ein von der Kirche unabhängiges, eigenes Gebäude, ein Acces-
soire gewissermaßen. Die Glocke, obgleich geweiht, hört
gleichsam auf, Inhalt eines heiligen Gefäßes zu sein.[27]

Gleichzeitig haben die Gemeindeverwaltungen, die oft in
den antiklerikalen Kampf verwickelt sind, den Ehrgeiz, den
Glockenturm und das Geläute, das er beherbergt, in die symbolische Flurbereinigung einzubeziehen, die etwa im Bau eines
Bürgermeisterhauses oder in der Aufstellung von Marianne-
statuen zum Ausdruck kommt. »Ihr wollet einen Glockenturm«, rief 1890 der republikanische Abgeordnete aus den Vo-

gesen, Jules Méline, bei der Einweihung des Glockenturms von Julienrupt der Menge zu, »ihr fühltet wie alle Menschen, daß eine Gemeinde erst wirklich vollständig ist, wenn sie drei Gebäude in sich vereinigt: das Bürgermeisterhaus, das Schulhaus und den Glockenturm. Der Glockenturm [...] ist auch die äußerliche Verkörperung und gleichsam der Leuchtturm der Gemeinde.«[28]

Der Klerus war hartnäckig, als es darum ging, diesen letzten seiner großen symbolischen Trümpfe im Gemeindeterritorium zu verteidigen. Er bewies dabei eine erstaunliche Intensität, woher denn auch die Heftigkeit der letzten Glockenaffären in ihrer neuen Konfiguration rührte [vgl. u. S. 373 ff.]. Olivier Ihl zeigt sich seinerseits erstaunt über den feierlichen Ernst, mit dem die Gemeindeverwaltungen, durch ihre Abordnungen, diese Streitigkeiten orchestrierten.[29] Man darf sich aber nicht täuschen lassen von dieser Schärfe und dieser ostentativen Inszenierung: Die Bemeisterung des Läutens, einst unabdingbar für das Funktionieren der Gemeinschaft, tendierte, wie gesagt, dazu, nur noch ein symbolischer Trumpf zu sein, was nicht heißt: ein sekundärer.

Es ist in der Literatur zum Gemeinplatz geworden, daß sich im Laufe des letzten Drittels des Jahrhunderts der gemeinschaftliche, territoriale, tarditionsverhaftete Standpunkt zu einem nationalen gewandelt habe, womit das Erlernen des Codes der Staatsbürgerschaft einhergegangen sei. Man kennt die These Eugen Webers, für den die Bauern erst damals Franzosen geworden sind,[30] und die Bedeutung, die Maurice Agulhon der Republikanisierung des Gemeindeschmucks beimaß. Anstatt von einem Wandel des Lokalgefühls zur nationalen Identität spräche man zweifellos besser von einer Erschleichung. Die Wahlerfolge der Republikaner und die Verwurzelung der neuen Symbolik vollzogen sich, ohne daß die Landbevölkerung das Bewußtsein der Zugehörigkeit zu ihrer Gemeinde verloren hätte. Der Geist der Gemeinschaft in seiner erneuerten Form und der Sinn für das Territoriale wurden andererseits offen von der Republik übernommen, und diese Strategie galt auch auf lokaler Ebene. Die unzähligen Bankette, die in den Jahren 1889 und 1900 von Bürgermeistern veranstaltet wurden, symbolisieren dieses Bündnis von Staat und Gemeinde; sie dienten im Dorf dem Prestige der Gemeindebeamten. »Machen wir uns also nicht lustig über diesen Kirchturmsgeist, diesen Lokalpatriotismus«, ruft Jules Méline aus, »denn er ist eines der Elemente selbst, die die Idee vom Vaterland ausmachen.« Man kann die Spaltungen in der Nation kennen und sie interpretieren und sie dennoch dem Lokalen unterordnen, wo – trotz allem – die als wesentlich empfundenen Belange der Menschen in die zentralen Orte ihres Lebens und ihres Sterbens eingetragen bleiben.

Nach dieser kurzen Rückschau auf die Problematik der Glockenstreitigkeiten und die auf sie einwirkenden Vorgänge wollen wir nun die Konstellation der Konflikte und ihre Entwicklung genauer betrachten. Das Aufziehen der Uhr, die Wahl der Glöckners, der Schlüssel zum Glockenturm, die Nutzung der Glocken, namentlich bei den *rites de passage* und den nationalen Feiertagen, sind der Gegenstand dieser Untersuchung.

Kapitel 2 Bemeisterung
der Klangbotschaften

Schlagwerk, Mechanik, Zifferblatt

*D*er Besitz der Glocke führte natürlich zu einer Vielzahl von Konflikten.[1] Jeder der Gegner versuchte, sich des strittigen Instruments zu bemächtigen, und nicht mehr zu zählen sind die Glocken, die heimlich vom Pfarrer zum Einschmelzen geschafft oder nach dem Abnehmen im Pfarrhaus oder beim Bürgermeister gelagert wurden, ganz zu schweigen von denen, die der Obhut des kirchlichen Glöckners oder seines Gegenspielers, des zivilen Glöckners, anvertraut wurden. Interessanter noch für uns – und manchmal mit den vorigen zusammenhängend – sind jene Konflikte, die sich am Besitz, an der Aufstellung, am Aufziehen oder am Schlagen der Gemeindeuhr entzündeten. Zu diesem Instrument Zugang zu haben berechtigte in der Tat zu den gleichen Ansprüchen, wie sie die Gemeindebehörden im Glockenturm hatten.

Man weiß, wie wichtig in den mittelalterlichen Städten die Einführung einer zivilen, mechanisch gemessenen Zeit durch ein Instrument war, das Macht und Herrschaft symbolisierte. Man kennt den Zusammenhang, der damals zwischen der Bekanntgabe der Zeit und der Kontrolle der täglichen Arbeitszeit der städtischen Massen bestand. Bis zur Anschaffung einer Uhr besaßen viele Gemeinden des Mosel-Départements im 19. Jahrhundert noch ihre »Stundenglocke, die die wichtigsten Stunden des Tages läutet«; und das war in den germanischen Ländern genauso. Hingegen scheint, um es zu wiederholen, die Verbreitung der öffentlichen Uhr in sehr vielen französischen

Landgebieten ziemlich langsam vor sich gegangen zu sein. Nichtsdestoweniger verdrängen im Laufe der Jahrzehnte Zifferblatt und Hammerglocke einige zivile und profane Glockenbräuche, die durch sie überflüssig geworden sind. Für die Menschen, die in Sichtweite der Uhr leben, tritt das optische Ablesen der Zeit neben die ganze Fülle der akustischen Botschaften, die das Verrinnen der Stunden anzeigen. Manchmal handelt es sich nur um eine andere Art des Ablesens der Zeit. Vor dem Aufstellen einer Uhr erlaubte manchmal eine Sonnenuhr die Zeitbestimmung. In den Gemeinden des Mosel-Départements, die über keine eigenen Uhren verfügten, konsultierten die ärmsten Einwohner die an den Kirchenmauern angebrachten Sonnenuhren.[2]

Die Mehrheit der Dorfbewohner wohnte jedoch außer Sichtweite des Zifferblatts; und ein großer Teil von ihnen konnte auch den Klang der Gemeindeuhr nicht hören. Für sie blieb das Läuten der Kirchenglocken das einzige vernehmbare Signal. So spalteten die Art der Darstellung der Zeit sowie die unterschiedlichen Anforderungen an die Zeitangabe die Bevölkerung. Die Begünstigtsten, namentlich »die Leute aus dem Marktflecken«, forderten eine größere Genauigkeit der Zeitangabe. In Auradé (Gers) beschloß die Gemeindeverwaltung aus diesem Grunde bereits 1838 die Anschaffung einer öffentlichen Uhr, die auch die halben Stunden schlug.[3] Die Landbewohner verlangten im Laufe der Jahrzehnte immer entschiedener, das Zeitsignal hören zu können. Hie und da forderten die weiter vom Marktflecken entfernt wohnenden Dörfler zum Beispiel, die große Glocke zum Schlagen der Uhrzeit zu benutzen; andere wieder verlangten die *Wiederholung* der Stundenschläge, was von veränderten Prozeduren der Wachsamkeit zeugt, entstanden aus dem gewachsenen Bedürfnis nach Genauigkeit.

Kurzum, hinter den durch die Uhr ausgelösten Konflikten zwischen dem Sakralen und dem Profanen zeichneten sich weitere Spannungen ab, die mit den Fortschritten der Zeitmessung zusammenhingen. Das Schlagen der Uhr oktroyierte nach und nach eine neutrale, kontinuierliche, leere Zeit, die im Gegensatz stand zur Zeit der Glocke, der Botschafterin einer geheiligten Zeit, der Künderin des festlichen oder dramatischen Ereignisses. Dieser langsame Übergang vollzog sich nicht ohne Probleme. Man muß hierbei an die Widerstandshaltung der Landbewohner im 19. Jahrhundert denken, die allen rigorosen Maßnahmen mit tiefer Ablehnung begegneten, ob es sich um das Zählen der Bevölkerung, um das Gewicht und den Wert der Münze oder gar um methodische Vermessungen handelte.[4] Die Verbundenheit mit dem Glockengeläute hatte etwas von der Ablehnung der abstrakten Kunst, die als Zeichen des Einsickerns neuer Normen und also als Bedrohung empfunden wird. Paradoxerweise konnte die neutrale Zeit der Uhr als Faktor der Desorganisation, der Verarmung der die Gemeinschaften tragenden Beziehungen erscheinen. Das genaue Messen, die strenge Strukturierung von Zeiten und Werten befriedigten zwar den Wunsch nach Modernität, aber sie wirkten gleichzeitig auch beunruhigend, weil sie die Usancen vereinheitlichten und heimlich in allgemeingültige Normen integrierten.

Die Gemeindeverwaltung konnte als Trägerin des Wunsches nach quantitativer Zeit stichhaltige Argumente vorbringen. Die Zeit der Uhr war die der Gemeindeordnung, zumindest dort, wo man keine Sperrglocke kannte. Gastwirte lasen am Zifferblatt der Gemeindeuhr ab, wann sie schließen mußten. Die Zeit der Uhr war hier die Zeit der Wirtschaftstätigkeit. Sie harmonisierte die Abläufe der Gemeinschaft und die der Nachbarterritorien. So vermerkt der Bürgermeister von Tillac (Gers) im Jahre 1839, daß die Anschaffung einer Glocke, die als Zeitglocke der Uhr fungiert, notwendig geworden sei, seitdem ein Postbote durch die Gemeinde kommt. Für den Bischof, den Pfarrer und die Kirchenvorsteher hat die Uhr vor allem die Funktion, pünktliche Gottesdienste zu ermöglichen. Sie verweisen darauf, daß das Instrument auf dem Glockenturm angebracht ist, um ihm so einen sakralen Charakter zu geben – um so mehr, als es allgemein mit dem Läuten assoziiert wird, da eine der Kirchenglocken als Hammerglocke fungiert. Hinzugefügt sei noch, daß die Uhr sehr häufig in das Mauerwerk oder ins Gebälk des Turms eingebaut wurde.[5]

Die Rechtslage war also klar; sie sollte genügen, um die Protagonisten zum Schweigen zu bringen: »Da die an der Fassade einer Gemeindekirche angebrachte Uhr vor allem eine zivile Bestimmung hat, obliegen ihr Betrieb und ihre Überwachung ganz besonders der Gemeindebehörde«, erklärt der Innenminister im Jahre 1858.[6]

Man ahnt die Vielfalt der Konflikte, wo so subtile Dinge auf dem Spiel standen. Einige dieser Konflikte betrafen die Placierung und den Betrieb der Uhr, andere die Eigenständigkeit ihrer Hammerglocke. In Rhétiers (Ille-et-Vilaine) kann man die Politik des Dorfes für mehr als dreißig Jahre am Schicksal der Gemeindeuhr ablesen. Das Studium dieses Falles macht die Bedeutung klar, die das Anbringen eines Zifferblatts und einer Mechanik haben konnte. Dieses heikle Problem markierte den Riß, der durch die Parteien ging; und man weiß nicht recht, ob die Uhrenaffäre die großen nationalen Debatten widerspiegelte oder ob diese im Lokalstreit zwischen Pfarrer und Gemeindebehörden bloß instrumentalisiert wurden. Von 1820 bis zum Beginn des Zweiten Kaiserreichs kristallisierten sich die herrschenden Spannungen und Animositäten am Anbringen der Uhr und verselbständigten sich danach. Der Streit schürte die Leidenschaften so sehr, daß er 1851 nach Aussage des Unterpräfekten von Vitré schlimme »Proportionen« angenommen hatte. Wenn man ihm glauben darf, ging er sogar weit über das Gemeindeterritorium hinaus; er war zum »Parteiengezänk im ganzen Kanton geworden«.[7] Es ist leider nicht möglich, die relative Bedeutung der beiden Lager zu ermessen, da sich die Quellen hier als sehr widersprüchlich erweisen.

Seit 1702 – also sehr früh – war eine Uhr in der Kirche von Rhétiers angebracht. Bei der Wiederherstellung der Glocken unter dem Konsulat wurde die Mechanik der Uhr in einer Galerie der Kirche installiert, was nach Aussage des Präfekten die Störung des Gottesdienstes vermied. 1824 nahm M. Richard, der neue Pfarrer der Pfarrgemeinde, mit Zustimmung des damaligen Bürgermeisters die Uhr von der Galerie der Kirche ab und brachte sie im Innern eines Eckflügels unter, der in der ersten Etage des Turms erbaut wurde. Der Uhrkasten entstellte die Kirche, und der Lärm störte die Gläubigen – so die Ansicht des Seelenhirten. Die Revolution von 1830 sicherte einem neuen Bürgermeister den Sieg. Dieser erreichte »aus Rachsucht« – zumindest, wenn man Pfarrer Richard Glauben schenken darf – beim Präfekten, daß die Uhr wieder in der Galerie der Kirche ihren Platz finden durfte, und schritt zwei Tage nach dem – nationalen – Feiertag des Königs am 3. Mai 1831 zur Tat.[8] Die Proteste des Bischofs und des Kirchenrates richteten nichts aus: Die politische Landschaft war nicht mehr die der Restauration, und der Antiklerikalismus triumphierte. Für den Bürgermeister war die Sichtbarkeit des Instruments der Gemeindeverwaltung – wie auch die Hörbarkeit seiner Mechanik – im Inneren der Kirche eine Sache der Ehre.

Die Julimonarchie vergaß bekanntlich allmählich ihre Ursprünge. 1842 ließ Pfarrer Richard anläßlich einer Erweiterung der Kirche die Galerie abreißen und die Uhr wieder in den Turm zurückverlegen. Dem Präfekten, bei dem sich der Bürgermeister (1843) beschwerte, gelang es, eine Versöhnung zu stiften. Aber alles läßt vermuten, daß sich der oberste Repräsentant der Gemeinde nur widerwillig dazu herbeiließ. Tatsächlich nutzte er im Januar 1848, als die Opposition an die Macht kam, die Abwesenheit des Pfarrers und ließ eine neue Uhr in der Kirche anbringen. Er warf damit seinem Widersacher förmlich den Fehdehandschuh hin. Da es inzwischen keine Galerie mehr gab, ließ der Bürgermeister die Mechanik direkt auf dem Boden neben der Kirchentür installieren. Außerdem ließ er durch ein System von Transmissionszügen die große Glocke als Hammerglocke seiner Uhr in Betrieb nehmen: die zweite Herausforderung. Die Verstärkung des Tones der Gemeindeuhr ging einher mit der größeren Sichtbarkeit des Instruments, das die zivile Macht symbolisierte.

Am 9. Februar verlangte der Kirchenvorstand die Entfernung der Uhr: Der Lärm der Mechanik störe den Ablauf der Gottesdienste; der kirchliche Glöckner habe keinen Zugang zum Glockenturm mehr, denn er verheddere sich in den Seilzügen und Zeigern, die jetzt die Treppe versperrten. Vor allem behindere der Lärm das Anhören der Beichtkinder und zwinge diese, jenen *mezzavoce*-Ton aufzugeben, der erst das Beichtgeheimnis garantiert. Einige Tage später kam es zum Sturz des Regimes. Nach eigenem Eingeständnis des Pfarrers war der Machtantritt der Republik der Beschwerde hinderlich; für ihn, wird er später einmal schreiben, »war das nicht der rechte Augenblick zu handeln«.

Die Kirchenvorsteher warteten eine günstigere Konjunktur ab. Man scheint den 10. Dezember, den Tag der Wahl Louis-Napoleon Bonapartes zum Präsidenten der Republik, als großen Wendepunkt empfunden zu haben. Am 11. Dezember beschloß der Pfarrer, ein *Te Deum* singen zu lassen. Der Bürgermeister lehnte es ab, daran teilzunehmen; er empfand die Wahl des Prinzen als einen Sieg seines Gegners. Halten wir fest, daß der Bürgermeister nichts von einem Extremisten hatte; denn der Unterpräfekt beschreibt ihn als einen »Liberalen ohne jede Arroganz«. Der Wind hatte sich in Rhétiers sichtlich gedreht. Am 6. Februar 1849 verlangte der Präfekt, dem der Unterpräfekt die Klage der Kirchenvorsteher übergeben hatte, vom Bürgermeister, die Uhr zu entfernen. Der Bürgermeister lehnte eine solche Demütigung kategorisch ab. Am 27. April 1850 verschärfte sich der Ton der Administration. Die Präfektur verfügte die Beseitigung der Uhr. Doch die Wogen der Leidenschaften gingen schon zu hoch, als daß es die Départementsobrigkeit gewagt hätte, Gewalt anzuwenden. Die Angelegenheit zog sich in die Länge. Im März 1853 beschloß der Kultusminister unter dem Eindruck der beängstigenden Ausmaße, die der Streit angenommen hatte, nach Prüfung der Sache klugerweise, dem Status quo zur Geltung zu verhelfen. Seiner Ansicht nach hätte der Pfarrer niemals die alte Galerie abreißen lassen dürfen.

Das Wesentliche für uns ist wohl, daß diese Angelegenheit von allen Beteiligten als höchst brisant angesehen wurde. In den Augen der Kirchenvorsteher ging es dabei um die Vereinnahmung der Pfarrkirche durch die Gemeindebehörde. Symptomatisch ist in dieser Hinsicht die Wahrnehmung der symbolischen Bedeutung, die der Präsenz weltlicher Gegenstände im Inneren der heiligen Stätte beigemessen wurde. Tatsächlich ging es nicht nur um die Uhr. Manch anderer Bürgermeister in der Gegend hatte ebenfalls in einer Kirche die Schaufel und die Hacke des Totengräbers lagern lassen, und die Kirchenvorsteher von Rhétiers malten sich angstvoll, nach Art eines veritablen Alptraums, den Katalog der möglichen Übergriffe ihres Widersachers aus: Schließlich könnte die Gemeindebehörde »die Uhr dort aufstellen, wo es ihr gutdünkt: im Chor, und sie zur Zeit des Gottesdienstes, während der religiösen Unterweisung, aufziehen«.[9] Der Bürgermeister könnte in der Kirche die Schaufeln und die Hacken, die Mistfuhren für die Feldwege, »die Gewichte und Maße der Markthalle« unterstellen. Man erkennt hier das Fortwirken von Erinnerungen an die Revolution. Schließlich schlugen die Kirchenvorsteher vor, die Uhr im Bürgermeisterhaus zu installieren, wie das in der Nachbargemeinde Marcillé-Robert der Fall war. Man beachte diesen Vorschlag einer Separation und damit das Aufgeben jeden Anspruchs auf die Bekanntgabe einer quantitativen Zeit, die mehr und mehr zum Monopol des Bürgermeisters wurde.

Es gibt noch eine Menge weiterer Fälle dieser Art, wenngleich von geringerer Tragweite. Das Département Haute-Marne war besonders reich an Zwischenfällen, die mit der Uhr zusammenhingen. In dieser frühzeitig alphabetisierten Region scheint das Lesen der Uhrzeit ziemlich früh mit dem Lesen-, Schreiben- und Rechnenkönnen einhergegangen zu sein. Im

Jahre 1853 hinderte der Pfarrer von Chancenay den vom Bürgermeister beauftragten Arbeiter daran, an seiner Kirche eine neue öffentliche Uhr anzubringen. Man muß sagen, daß der Zimmermann provokativ an einem Sonntag kam, um diese Arbeit auszuführen. Der Pfarrverweser, »der da Konfirmandenunterricht gab«, »tritt in Amtstracht heraus« und schalt den Mann aus, der am Tag des Herrn arbeitete. Nach Ende des Vespergottesdienstes und nachdem der Pfarrer gegangen war, ließ sich der stellvertretende Bürgermeister, der über den Streit im Bilde war, die Kirchentür von einem Schlosser öffnen und gab die Weisung, die Uhr in die Kirche zu transportieren. Wenn man dem Pfarrer glauben darf, hatte sich sein Kontrahent, »den Hut auf dem Kopf, die Pfeife im Mund und noch im Innern der heiligen Stätte blasphemische Worte äußernd«, an die Arbeit gemacht, »mitten in einer Schar von Kindern und jungen Leuten, die die Neugierde hergetrieben hatte«.

Im Jahre 1868 beschuldigte der Bürgermeister von Chaumont den Pfarrer, vorübergehend die Uhr anzuhalten – oder anhalten zu lassen –, um seine Vorrechte auf das Instrument geltend zu machen. Neun Jahre später verwahrte sich der Pfarrer von Humbécourt dagegen, daß der Bürgermeister die öffentliche Uhr abnahm, um sie reparieren zu lassen, ohne vom Kirchenvorstand dazu ermächtigt worden zu sein. 1880 brach in Andelot ein noch schlimmerer Konflikt aus, der an den von Rhétiers erinnert. Der Bürgermeister hatte in jenem Jahr eine neue Uhr im Glockenturm der Kirche anbringen lassen, ohne daß der Pfarrer die Erlaubnis hierzu gegeben hatte. Schlimmer noch, er hatte ein Fenster in das Kirchendach brechen lassen, das das Gebäude entstellte. Bei den Arbeiten hatten Staubwolken die Orgel der Pfarrei beschädigt. All das lief während der Messe *mit großem Getöse* ab, dergestalt, daß der Priester gezwungen war, den Altar zu verlassen. Wie der Pfarrer von Rhétiers verlangte auch jener von Andelot, daß die Uhr nicht das Seilspiel des Geläutes beschädige.[10]

Noch im Jahre 1899 brach ein später Konflikt dieser Art in

Estrennes in den Vogesen aus. Die alte Gemeindeuhr war auf einer Galerie der Kirche installiert. Der Bürgermeister ließ sie eine Etage höher transportieren. Der Pfarrverweser verwehrte daraufhin dem Monteur, den der Bürgermeister besorgt hatte, um das Schloß auswechseln zu lassen, umgehend den Zugang zur Galerie, wo jedoch weiterhin die Gewichte der Uhr hingen; der dafür Zuständige konnte sie also nicht überprüfen. Die Behörden gaben dem Priester recht. Er wurde zwar angehalten, dem Beauftragten des Bürgermeisters den Zugang zur Uhr zu gestatten, doch verpflichtete ihn nichts dazu, die Prüfung der Gewichte zu erlauben ...

Noch zahlreicher scheinen jene Konflikte gewesen zu sein, die die eigentliche Hammerglocke zur Ursache haben. Der Bürgermeister von Saint-Mamert-du-Gard und der Gemeinderat von Vergèze (Gard) ließen den Klöppel aus einer Glocke entfernen, um diese für die Gemeindeuhr zu reservieren. Im November 1863 spaltete ein Konflikt Saint-Gervais-d'Auvergne (Puy-de-Dôme): Da eine der Glocken durch einen Uhrenhammer gesprungen war, nutzten der Pfarrer und die Kirchenvorsteher die Gelegenheit, um die Glocke zwecks Harmonisierung ihrer einzelnen Elemente neu zu gießen. Doch lehnten sie es ab, eine der neuen Glocken als Hammerglocke zur Verfügung zu stellen. Der Bürgermeister, der einen Zweitschlüssel zum Glockenturm besaß, schlich sich in den Turm und ließ, unter Anwendung von Gewalt, den Hammer der öffentlichen Uhr auf die Flanke der *großen Glocke* aufsetzen.

Umgekehrt war es die Gemeindeverwaltung, die sich 1864 der Entfernung der alten Glocken widersetzte, die vom Pfarrer von Saint-Martin-en-Cailleux (Loire) beschlossen worden war, weil er die Glocke zu modernisieren wünschte. Die Gemeinderäte brachten ihre Argumente vor: Eine der Glocken diente der öffentlichen Uhr als Hammerglocke; die Glocke war in ihren Augen Eigentum der Gemeinde. Vor allem die »Wetterglocke« hatte so manches Mal ihre schützenden Tugenden bewiesen. Man darf annehmen, daß in dieser Sache über den Konflikt hinaus, der Bürgermeisterei und Pfarrhaus entzweite, die Furcht zum Ausdruck kam, ein Kennzeichen gemeinschaftlicher Identität zu verlieren.

Am 11. Dezember formulierte der Bürgermeister von Salmagne (Meuse) eine andere Art von Beschwerde: Er beklagte, daß der Küster die Glocke läute, während die Gemeindeuhr die Uhrzeit repetierte. Das hindere die Einwohner daran, die *Gemeindeuhrzeit* mitzubekommen, die der Bürgermeister *für genauer als die des Küsters hielt.*

Dennoch darf man sich nicht täuschen lassen von der Fülle der Quellen, die nichts als Konflikte registrieren. Berücksichtigt man die Anzahl der Gemeinden, die das Nationalterritorium ausmachen, erweist sich die Anzahl der durch Uhren hervorgerufenen Streitigkeiten als recht gering. In dieser Hinsicht überwiegen bei weitem gegenseitige Verständigung und Konzessionen. Die meisten Pfarrer und Pfarrverweser akzeptierten, daß eine der Glocken ihres Geläutes der öffentlichen Uhr als Hammerglocke diente, die im Glockenturm untergebracht war. Es kam auch vor, allerdings seltener, daß die Gemeindeverwaltung Zugeständnisse machte. So hatte in Aubais (Gard) die Gemeindeuhr ihre Hammerglocke während der Revolution behalten, wohingegen die Kirche all ihrer anderen Glocken verlustig gegangen war. Daher hatte man entschieden, auf dieser Hammerglocke einen Hammer anzubringen, dessen Seil in der Sakristei hing; das ermöglichte es, die Gottesdienste auf der Bronze der Gemeinde zu läuten. So war es noch im Jahre 1845, als die verbrauchte Glocke schließlich sprang.[11]

Glöcknerstolz

Um die Konflikte, die sich aus der Wahl und dem Gebaren der Glöckner ergeben, richtig zu verstehen, untersuchen wir zunächst die Modalitäten ihrer Rekrutierung, ihren Status, ihr Wissen und die Bandbreite der Aufgaben, die zu erfüllen sie berufen sind. Betrachten wir zunächst den kirchlichen Glöckner. Dieser ist angehalten, den Zugang zum Glockenturm zu überwachen; er muß die Treppe sauberhalten, vor allem den Schnee beseitigen, der sich dort ansammelt; er muß die Glocken warten, die regelmäßig geschmiert werden müssen, die Aufhängungen prüfen, sich vergewissern, daß keine Reibung die Triebwerke der Glocke behindert und kein Teil vom Rost befallen ist. Der Glöckner muß auch die Seile beschaffen und sie warten. Es obliegt ihm, die für das Läuten im Winter notwendige Kerze zu kaufen, vor allem am Totensonntag und bei der Mitternachtsmette. Schließlich muß er natürlich läuten.[12]

In den meisten Fällen übte der Glöckner des Pfarrhauses, selbst wenn er nicht mit dem zivilen Geläute beauftragt war, einen weiteren Beruf aus. Oft versah er Küsterarbeiten; so sehr, daß man in vielen Gegenden – zum Beispiel im Orne – die beiden Begriffe schon verwechselte. Der Sakristan – noch »custos« genannt – kümmerte sich um die Bewachung der Kirche; er mußte die Messe lesen, wenn kein Chorknabe da war, und sehr oft auch in der Kirche singen. Außerdem begleitete er den Priester, wenn dieser einem Sterbenden nachts das Viatikum brachte. Diese Funktionen waren daher ausschließlich Männern vorbehalten.[13] Im ländlichen Frankreich dieser Zeit war die Rekrutierung dieses Helfers der Kirche also keine unwesentliche Sache.

Wenn man sich an die offiziellen Texte hält, oblag es dem Pfarrer, sich seinen Glöckner auszusuchen. In der Praxis gab es die verschiedensten lokalen Bräuche für diese Ernennung. Im übrigen variierten die Modalitäten der Rekrutierung und die Ansprüche der diversen Protagonisten je nach politischer Lage und der Autorität der Zivilmacht. Es wäre also verfehlt, sich an die Norm zu halten.[14]

In den meisten Regionen wurde der Glöckner – wie auch der Küster (Sakristan) – tatsächlich vom Pfarrer rekrutiert. Doch waren die diesbezüglichen Ansprüche der Bürgermeister stellenweise hoch, vor allem vor dem Sieg der Dritten Republik, also zu Beginn der Julimonarchie, einer großen Zeit der Gemeindeobrigkeiten. So wurden damals mehrere Gemeinden des Départements Haute-Marne von Konflikten erschüttert, die sich an der Wahl des Glöckners entzündet hatten.

In den Hautes-Pyrénées wurde er tatsächlich *gewählt*. Meistens wurde er mit dem zivilen und dem kirchlichen Läuten zugleich beauftragt. So wurde der Glöckner in Souyeaux von den *Familienoberhäuptern* ausgewählt, die sich zu diesem Zweck am ersten Tag des Jahres versammelten. In Gardères lief dieser Vorgang in einem »Raum der Bürgermeisterei« ab. Freilich war in dieser Region das Verfahren komplex; denn es verband die Wahl mit der Ausschreibung. In Souyeaux, so wird präzisiert, wählten die Familienoberhäupter den »Würdigsten«, der durch Versteigerung des Amtes ermittelt wurde ...[15]

Dieses Verfahren war auch im Département Haute-Marne üblich; man nennt das eine »relaissée«, eine Versteigerung an den Mindestfordernden. Hier wie in den Hautes-Pyrénées waren Ernennung und Entlohnung des Glöckners also nicht voneinander zu trennen. Der Glöckner wurde von der Gemeinde oder vom Kirchenrat bezahlt, und zwar nach dem bei der Versteigerung an den Mindestfordernden festgelegten Betrag. Daher hatten Privatpersonen keine Auslagen, wenn sie ein Geläute übernahmen. Man versteht, daß sich die Bewohner von Consigny 1848 der Abschaffung dieser als uralt geltenden Praxis widersetzten. Dieser Widerstand hatte eine Petition und Unruhen in der Gemeinde zur Folge, bis die Administration nachgab und einen »Vergleich« akzeptierte.[16]

In Braux (Haute-Marne) organisierte seit 1850 der Kirchenrat selbst die Versteigerung an den Mindestfordernden. Sie fand am Sonntag Quasimodo statt. Dieser Brauch erwies sich als sehr langlebig in den Départements Haute-Marne und Meuse, in den Vogesen sowie in den Hautes-Pyrénées. Er bestand noch am Ende des Jahrhunderts. Er ist sogar hier und dort sehr spät wieder eingeführt worden. Im Februar 1875 legte eine Gemeinderatssitzung in Damrémont die Modalitäten der Versteigerung an den Mindestfordernden fest. In dieser Gemeinde wurde der Glöckner, der auch gleichzeitig der Totengräber war, für die Dauer von drei Jahren gewählt. Er mußte eine Kaution hinterlegen, bevor er sein Amt übernehmen konnte. In Buchey wurden 1890 und 1894 das Glockenläuten und die Bedienung der Gemeindetrommel gleichzeitig versteigert. Der Versteigerung an den Mindestfordernden, die »beim Zapfenstreich« vorgenommen wurde, waren Plakate und Veröffentlichungen von Gesetzestexten vorausgegangen. Sie fand alle fünf Jahre statt.[17]

Dieses System erzeugte ebenfalls zahlreiche Konflikte, die zuweilen sehr heftig waren. Bereits im Jahre 1840 brachte eine Meinungsverschiedenheit den Pfarrer von Montoussé (Hautes-Pyrénées) gegen die Gemeinschaft auf. Zu Ausgang der Messe an einem Sonntag im Januar hatte der Bürgermeister öffentliche Versteigerungen (an den Mindestfordernden) vorgenommen. Der ihn unterstützende Lehrer wandte sich am Ende des Gottesdienstes an das versammelte Volk. Er erklärte, daß die Ernennung des Glöckners nicht Sache des Pfarrers sei. Dieser empfand die Rede als Demütigung und beschwerte sich; um so mehr, als der Bürgermeister den Schlüssel zum Glockenturm »bei sich zu Hause hat«. Ein Jahr darauf wiederholte sich diese Szene. Am Ende der Januarwahlen intervenierten der Bürgermeister, der Lehrer und diesmal auch der Arzt öffentlich. Ersterer beschloß, beleidigt durch die feindselige Haltung des Pfarrers, von nun an dem Glöckner, den sein Widersacher eigenmächtig ernannt hatte, nicht mehr den Schlüssel zum Glockenturm auszuhändigen. Deshalb hörten in Montoussé die Glocken zu läuten auf. Gleichartige Konflikte entstanden hier und dort, wenn es darum ging, einen Glöckner abzusetzen.[18]

Kraft des Artikels 37 des Dekrets vom 30. Dezember 1809 war der Kirchenrat für die Bezahlung des Glöckners verantwortlich, »gemäß den Vereinbarungen und den örtlichen Bedürfnissen«, was einen großen Spielraum ließ. Was die von Privatpersonen betreuten Geläute betraf, setzte im Prinzip jeder Kirchenrat – gemäß Artikel 69 des Gesetzes über Staatsorgane – einen Tarif fest, dem die Administration zustimmen mußte. Das ganze Jahrhundert hindurch bemühte sich die Kirchenbehörde, oft mit wenig Erfolg, die Bräuche durch Festlegung von Tarifen für die ganze Diözese zu vereinheitlichen. In der Praxis bildeten die Formen der Entlohnung des Glöckners ein undurchdringliches Gestrüpp.[19]

Zwar hat es den Anschein, als seien die Glöckner auf dem größten Teil des Territoriums tatsächlich vom Kirchenrat und von den Pfarrkindern entlohnt worden, und zwar nach dem vom Rat festgelegten Tarif.[20] Doch kam es auch vor, daß der Glöckner von den Nutznießern der Geläute bezahlt wurde, nach einem Satz, den der Interessent nach Gutdünken, oft in Absprache mit dem Pfarrer, festlegte, was selbstverständlich zu Konflikten führen konnte. Das bezeugt das Verhalten des Glöckners der Kirche Saint-Pierre in Tarsac (Gers), den der Unterpräfekt von Lombez beschuldigte, »ein Jugenderpresser« zu sein. Am 19. Juni 1839, einem Dienstag, waren vier Hochzeiten gleichzeitig zu feiern. Der Glöckner schloß, mit Zustimmung des Pfarrverwesers, beim Herannahen der Hochzeitszüge die Kirchentür. Er erklärte, daß die Hochzeitsgesellschaften erst dann die heilige Stätte betreten dürften, wenn die Paten und Patinnen der Brautleute ihm je zwei Francs gegeben hätten. Diese übertriebene Anmaßung erhitzte die Gemüter: »Es entstand ein Tumult, der heilige Ort«, berichtet der Bürgermeister, »sollte Zeuge einer regelrechten Schlägerei werden.« »Nach langen Verhandlungen« gelang es dem obersten Gemeindebeamten, die Gäste der Hochzeitszüge zu beruhigen. Er erreichte, daß der Glöckner die Türen öffnete – für eine Gesamtsumme von zehn statt sechzehn Francs. Hier haben wir wieder das typische Umschlagen des »Tumults« in den »Vergleich«.[21]

Wie wir sahen, kam es vor, daß der Glöckner, der sich auch um die zivilen Geläute kümmerte, von der Gemeindeverwaltung oder der Einwohnergemeinschaft bezahlt wurde. In einigen Gemeinden lehnten die Pfarrkinder den Tarif des Kirchenrats tatsächlich ab, weil dieser meistens Barzahlung vorsah. Bekanntlich zogen die Landbewohner jedoch den Tauschhandel vor und zahlten lieber in Naturalien. Außerdem erschien der Tarif manchen wie eine politische Waffe in den Händen des Klerus. Im Jahre 1894 wurde der Pfarrverweser von Arthès (Tarn) beschuldigt, den Läutebetrag erhöht zu haben, um sich für den Wahlsieg der Republikaner zu rächen.[22] Schließlich warf man den Diözesen bzw. den Kirchenräten vor, durch die Tarife unterschiedliche Klassen von Zeremonien einzuführen und also mißbräuchlichen Rangdistinktionen beziehungsweise vermögensabhängigen Hierarchien Vorschub zu leisten [vgl. o. S. 124 f. und S. 219 f.].

Die Entlohnung des Glöckners durch die Einwohnergemeinschaft erfolgte auf unterschiedliche Weise. Manchmal begnügte sich der Glöckner damit, an die Freigebigkeit der Pfarrkinder zu appellieren. Er suchte sie je nachdem zwei- bis dreimal im Jahr auf. Solche Hausbesuche waren im Tarn und im Cantal noch bis gegen Ende der 80er Jahre üblich. Im Département Ille-et-Vilaine waren sie noch unter der Dritten Republik Brauch. Manche antiklerikal gesonnenen Bürgermeister wollten damals dieses Verfahren verbieten, weil es der Bettelei gleichkomme, doch mehrere Urteile des Kassationsgerichts geben ihnen unrecht.[23]

Für die Haus*be*suche (die eben doch mehr »*Ge*suche«, Ersuchen um eine Spende waren), galten teilweise bestimmte lokale Bräuche oder auch Regelungen des Kirchenrats, die die Geldsumme oder die Lebensmittelmenge festlegten. In mehreren Gemeinden des Moselandes hielt sich der Brauch des Bezahlens in Naturalien bis zum Ende des Jahrhunderts. Hier und da bestimmte der Glöckner selber die Höhe der Spende. »Mehrere Bürger klagen darüber«, schreibt der Bürgermeister von Monestiès (Tarn) im September 1893, »daß der Läuter jährlich einen Scheffel Korn pro Hornvieh *fordert* und von denen, die solches Vieh nicht haben, fünfzig Centimes.«[24] Der Pfarrer verteidigte den Glöckner: Der Scheffel, führt er an, seien hier doch nur fünf Liter; wenn man sich in der Pfarrgemeinde an die Tarife der Diözese halten wollte, wäre niemand freiwillig zur Zahlung bereit. Die Familie, die es ablehne zu zahlen, präzisierte der Bürgermeister seinerseits, habe jeden Anspruch auf das Läuten verwirkt.

In vielen Gemeinden der Hautes-Pyrénées schloß der gewählte Glöckner, wie wir gesehen haben, einen regelrechten Vertrag mit den Familienvorständen. In Souyeaux mußte 1896 jeder Eigentümer bezahlen, der Anspruch auf eine bestimmte Menge Brennholz hatte. In Burg wurde bis 1898 der Glöckner-Kantor-Totengräber in »Korn, Mais oder Kartoffeln für jeden Haushalt je nach dessen Bedeutung« bezahlt, was der Präfekt von nun an ablehnte. Im Mai 1895 legte der Gemeinderat von Layrisse den Lohn des »Läuters« fest: Dieser erhielt jedes Jahr zu Weihnachten ein Maß Mais pro Familie. Dieser Betrag wurde für die Bedürftigen, von denen man eine Liste anfertigte, um die Hälfte gekürzt. Die Pächter, die sich neu niederließen, mußten die von ihren Vorgängern hinterlassenen Schulden übernehmen. Im Jahre 1892 mußten die Familienvorstände von Calavanté zwei Francs oder »eine akzeptable Kuppe Weizen« ausgeben. In Siarrouy kam für die von den Armen zu entrichtende Entlohnung des Glöckners die Gemeinde auf. Im Département Haute-Marne ging die Versteigerung an den Mindestfordernden, die ein echter Pachtvertrag war, oft mit einem Naturalientarif einher, der die Willkür der Glöckner ausschalten sollte. Ein besonders bezeichnendes Beispiel ist der Tarif, der 1858 in der Gemeinde Manoir festgelegt wurde. Der Bürgermeister hatte seine Einführung beschlossen, um für die Zukunft zu verhindern, daß ein Glöckner »das festgelegte Entgelt verändern und nach Belieben *die Glocken im Stich lassen*« könne. Er verlangte, daß die Ersteigerung künftig mit einem Pachtvertrag verbunden sein müsse. In Damrémont mußte

1875 jeder Haushalt, »einem aus alten Zeiten stammenden Brauche folgend«, fünf Liter Wein oder 75 Centimes an den Ersteigerer abführen.[25]

Es war dennoch nicht selten, daß das Glöckneramt unentgeltlich ausgeübt wurde. Den Zugang zum Glockenturm haben und die Glocken läuten zu dürfen konnte in der Tat als Ehre angesehen werden und nicht als Bürde. Das galt zum Beispiel für viele Schulmeister.

Am Ende des Jahrhunderts wurden die eben beschriebenen Prozeduren einer dreifachen Kritik unterzogen. Einige Glöckner, so der von Siarrouy im Jahre 1899, wollten fortan mit Geld bezahlt werden. Die Bischöfe bemühten sich, wie gesagt, die Bräuche innerhalb ihrer Diözese zu vereinheitlichen. Vor allem beabsichtigte die Zentralverwaltung, eine Abgabe zu kontrollieren, die von ihr als eine Art Besteuerung angesehen wurde. Im Laufe der 1890er Jahre verlangte deshalb die Präfektur der Hautes-Pyrénées von den Bürgermeistern, den lokalen Brauch durch einen Beschluß des Gemeinderates abzuschaffen. Die von den Familienvorständen erbrachten Leistungen – oder deren geldwertes Äquivalent – mußten fortan in die Gemeindekasse fließen. Seitdem kümmerte sich der Steuereinnehmer der Gemeinde um die Einziehung.[26]

Aus allem weiter oben Gesagten geht hervor, daß das Läuten nicht einer Frau anvertraut werden durfte. Der Glöckner hatte jedoch das Recht, sich helfen zu lassen. Dies war sogar Pflicht, wenn er mehr als drei Glocken in Gang setzen mußte. Deshalb nahm das Amt des Glöckners in einigen Fällen eine familiäre Form an. Der Sohn des Glöckners lernte von seinem Vater das Handhaben der Seile. Manchmal war es die Tochter des Amtsinhabers, die ihm als Hilfe diente [vgl. o. S. 227 f.], was nicht ganz unproblematisch war. Im Mai 1816 verfaßten zwei Einwohner von Saint-Pé (Hautes-Pyrénées) eine Eingabe gegen den »Läuter«. Ihnen zufolge war der Glöckner »gezwungen, die Glocken von seiner Schwester läuten zu lassen, die, obgleich etwa achtzehn Jahre alt, diese Funktion nicht so versieht und versehen kann, wie es früher der Fall war, obwohl junge Leute auf den Glockenturm kommen, gewiß, um ihr zur Hand zu gehen«. 1894 verletzte sich die Tochter des Glöckners von Adé am Bein, als sie anstelle ihres Vaters läutete.[27]

Das ganze Jahrhundert war beherrscht von der Sorge, die Abgeschiedenheit der schwer zugänglichen Glockentürme könnte als Zufluchtsort für heimliche Vergnügungen dienen. Zu dieser Besorgnis kam die Angst, daß »*die jungen Leute* [in den Turm] *einbrechen* und sich der Glocken bemächtigen«. Wir haben gesehen, wie verlockend es für diese spektakelfreudige Altersklasse war, das mächtigste aller Klangsignale benutzen zu dürfen. Die Erwachsenen wachten darüber, die Glockentürme vor dieser jugendlichen Einmischung zu schützen. Notfalls wurde sie bestraft. Im Juli 1837 kletterte der junge Concombre, genannt Rouzy, auf den Turm von Sainte-Orse (Dordogne), läutete ohne Erlaubnis des Pfarrers und ließ eine Glocke zerspringen. Die siebzehn Mitglieder des Gemeinderats und »die Meistbesteuerten« *stimmten auf geheimen Stimmzetteln ab* – die Präzisierung ist interessant für jeden, der die Einübung der ländlichen Gesellschaft in das Wählen untersucht –; einmütig wurde entschieden, daß der Vater Concombre den Schaden zu bezahlen habe.[28]

In den Dörfern war es zu jener Zeit Tradition, den Witwen die Ämter zu übertragen, die ihre Männer innegehabt hatten, um so deren Lebensunterhalt abzusichern. Manche dieser Frauen wurden so Postbeamtin, Bahnwärterin, ja sogar Trommlerin. Das erklärt die Tatsache, daß es auch einige wenige Glöcknerinnen gab. 1841 wies der Bürgermeister von Serviès (Tarn) die Witwe Duran an, den Schlüssel zum Glockenturm zu behalten, den ihr Mann besessen hatte, weil sie dessen Nachfolgerin werden sollte. Er lehnte den neuen, vom Pfarrer benannten Glöckner ab. 1903 wurde in Rouffiac (Tarn) eine »arme Frau« mit dem Glockendienst beauftragt (was natürlich einen Konflikt auslöste).

Manchmal wurde die ganze Familie als Inhaberin des Glöckneramtes anerkannt. Im Jahre 1896 wurde in Chambroncourt (Haute-Marne) »*die Familie* Tassin« mit dem gemeinnützigen Läuten beauftragt, nach »mündlicher Absprache zwischen *ihr* und dem Bürgermeister«.[29]

Die Ausbildung des Glöckners in seiner Familie führte dazu, daß die Erblichkeit des Amtes beansprucht wurde, was einen Konflikt zur Folge haben konnte. In Colombey-lès-Choiseul (Haute-Marne) behielt im Jahre 1882 der Glöckner François Perny, unterstützt vom Bürgermeister, nur die weltlichen Geläute, wofür er von der Gemeinde bezahlt wurde. Der Kirchenrat gab ihm außerdem jährlich fünfundzwanzig Francs für das Läuten »der Mittage«. Seine zwei Söhne stritten sich um das Erbe. Der ältere, Victor, wurde vom Pfarrer zu François' Nachfolger für die kirchlichen Geläute benannt. Er erfüllte darüber hinaus die Funktionen des Küsters der Pfarrei. Von den Einwohnern wurde er in Naturalien entlohnt. Doch François Perny wünschte sehnlichst, daß sein Sohn Prosper, der sechzehn Jahre alt war und bei ihm zu Hause wohnte, alle Glocken erbe, die er selbst einst bedient hatte. Er warf Victor vor, sich ungebührlich gegen seinen Vater zu verhalten. Der Bürgermeister unterstützte ihn. Er wollte seinerseits die weltlichen Geläute Prosper anvertrauen. Der Pfarrer hingegen erkannte diesem als einziges Erbe das Läuten des Angelus und die »Betreuung« der Uhr zu. Die Sache zog sich in die Länge, denn der Vater, François, akzeptierte erst nach dreimonatigen Verhandlungen einen »Vergleich«.[30]

Läuten impliziert Wissen und also eine Lehrzeit. Die Glocke ist weder ein Spielzeug noch ein Vergnügen. Es war untersagt, profane Weisen zu läuten oder die Glocken wie Theaterinstrumente zu behandeln. Außerdem war ohne ein gewisses technisches Können die Gefahr groß, die Bronze zu beschädigen. Schlechte Glöckner standen denn auch in dem Ruf, »Glockenschlächter« zu sein. Vor allem mußte man vermeiden, die Glocken übermäßig lange zu läuten.

Der gute Glöckner leidet mit seinen Instrumenten. Er beherrscht sie ohne Gewalt, gleichsam durch Überredungskunst. Er verfügt über das Talent, die Bewegung der Glocke und die des Klöppels zu kombinieren und dabei gleichzeitig mehrere Seile zu bedienen. Einige Künstler sind meilenweit im ganzen Umkreis renommiert, so der Glöckner von Oulchy-le-Château (Aisne). Der Père Alexis, so sein Name, fesselt den Klöppel seiner Glocken, um sie sensibler zu machen. Ein Seil in jeder Hand haltend und das dritte an seinem Fuß befestigt, lehnt er sich an die Gerüste des Glockenstuhls, schließt die Augen, um besser zu hören, und »animiert« »seine Glocken«, »außer Atem, erschöpft, schweißgebadet«. »Ich bin ein Musiker, mein Herr«, erklärt er dem Maler Frédéric Henriet, der über die Qualität seines Läutens verblüfft ist, »ich habe die Fanfare dieser Gegend komponiert. Ich singe im Kirchenchor, ich spiele das Klapphorn, ich beherrsche den Kontrapunkt, und es würde mir nichts ausmachen, einen Marsch, ein Andante oder ein Allegro zu komponieren.« »Ich kenne meine Glocken« seit mehr als fünfzig Jahren, fügt er hinzu. Die Bewohner von Oulchy-le-Château sind stolz auf den Alten.[31]

Der Stolz des Glöckners ist ein komplexes Gefühl. Wie jeder Handwerker ist er stolz auf sein Können. Darüber hinaus genießt er den täglichen Besuch des Priesters. Er hat Zugang zum Glockenturm und sehr oft auch zur Sakristei. Er kann dort die Bücher und verschiedene Kultgegenstände in die Hand nehmen. Wenn nötig, hat er, wie wir gerade sahen, auch ästhetische Ambitionen, vor allem, wenn zu seiner Funktion noch die des Kantors oder des Serpent-Bläsers hinzukommt. Er ist es, der die Freude, die Trauer oder die Ängste der Gemeinschaft übermittelt. Er regelt durch den Rhythmus seiner Signale die Zeit. Er ist für Aufrufe verantwortlich; er symbolisiert die Pünktlichkeit im Dorf. Seine Person scheint von den geheimnisvollen Kräften des Glockenturms durchdrungen zu sein. Mit einem Wort, er hat etwas Sakrales.

Daß er daneben auch Holzschuhmacher, Stellmacher, Sattler oder, noch häufiger, Schulmeister ist, tut seinem Prestige keinen Abbruch. Selbstverständlich hängt sein Status vom Verfahren seiner Ernennung oder seiner Entlohnung ab, auch von seiner Enthaltsamkeit. Die Glöckner stehen in der Tat in dem Rufe, große Kneipengänger zu sein. Sie trinken nach der harten Arbeit. Das beunruhigt übrigens die Mitglieder des Klerus, die schon aus diesem Grund etwas gegen das Eindringen von Aushilfsglöcknern in die Glockentürme haben; diese verstehen es nämlich auch, sich reichlich zu betrinken. »Den Informationen zufolge, die ich in mehreren Gemeinden erhalten habe«, vermerkt der Präfekt von Ille-et-Vilaine 1885, »bringen sich die Glöckner, wenn sie sehr lange läuten müssen [es handelt sich hier um das lange Läuten anläßlich des 14. Juli], ohne jede böse Absicht Cidre mit, um sich zu erfrischen.«[32]

Die Graffiti im Glockenturm drücken zuweilen den Stolz aus, mit dem die Ausübung dieses Amtes seinen Inhaber erfüllt. Die Glöckner, die ihren Namen leider nicht, wie den des Pfarrers, des Bürgermeisters, des stellvertretenden Bürgermeisters oder des Lehrers, auf der Glockenbronze eingraviert sehen, verstehen es dennoch, hier und da eine Spur in der Nähe ihrer Glocken zu hinterlassen. So liest man zum Beispiel im Innern des Glockenturms von Herpy (Ardennen) »die Namen der Glöckner der letzten Jahrhunderte auf dem Stein eingeritzt«. Diese Inschrift beginnt im Jahre 1647. Andere Graffiti geben den Kornpreis aus den Jahren 1766 und 1801 an. Andere wieder registrieren Glockengüsse und Glockenweihen, was den Glockenturm zu einem Ort des Erinnerns macht.[33]

Der Glöckner war damals offensichtlich eine wichtige Persönlichkeit in den ländlichen Gebieten, besonders wenn diese sehr fromm waren. Sein Amt rangierte über dem des Feldhüters. Er zog die Aufmerksamkeit auf sich. Er wurde ständig beurteilt nach seiner Pünktlichkeit, seiner Exaktheit, seinem Können, der Höhe seiner Tarife. Sein Kommen und Gehen informierte an sich schon oder sorgte für Aufsehen. Er verfügte über furchtbare Waffen: die Weigerung zu läuten und *die tönende Verhöhnung*, eine schreckliche Demütigung für eine Familie bei einer Taufe und, mehr noch, bei einer Hochzeit. So verweigerte 1894 der Glöckner von Arthès (Tarn) das Läuten, oder vielmehr, noch schlimmer, »er läutet auf eine lächerliche Art«, wenn man sich nicht verpflichtete, ihn zu entlohnen, wie er es verlangte.[34]

Man begreift nun besser das Wesen der Konflikte, die zwei Glöckner gegeneinander aufbringen. Derjenige, der ausschließlich mit dem zivilen Läuten beauftragt ist, ist der Mann des Bürgermeisters und des Gemeinderates. Er erfüllt nicht dieselben Aufgaben wie sein Konkurrent. Er verfügt nicht über die Gesamtheit des Geläutes. Zudem darf er die Glocke, die der Gemeindeobrigkeit zur Verfügung steht – es ist zumeist die kleine –, nur anschlagen und nicht schwingend läuten. Wir wollen diese Glocke einmal kurz in den großen Zusammenhang stellen, in den sie gehört.

In manchen Gebirgsregionen – doch das beginnt im 19. Jahrhundert aufzuhören – übermittelte der Bürgermeister seine Botschaften durch das *Gemeindehorn*. In Orgeix (Ariège) »hatte der Lehrer die Angewohnheit, die Schulstunde ganz einfach durch Blasen des Hornes anzukündigen. Das Horn wird noch in mehreren Teilen Frankreichs zu zivilen oder religiösen Bräuchen verwendet.«[35] Manche Pfarreien kündigten so die Gottesdienste des Adventssonntags an. Im Jahre 1892 untersagt der Bürgermeister »den Gebrauch des Horns in der Gemeinde Orgeix ausdrücklich«, da seiner Ansicht nach »diese Art des Blasens zahlreiche Eltern stört«.

Tatsächlich war das eigentliche Gemeindesignal die Trommel, der *Kasten*, der demjenigen anvertraut wurde, den man, von Ort zu Ort verschieden, Feldhüter, Trommler oder »Gemeindeknecht« nannte. Wir müssen ein wenig bei diesem Instrument verweilen, um die Bedeutung des Glockengeläutes besser verstehen zu können.

Mit einer gewissen Herablassung überließ der Klerus den Besitz und den Gebrauch der Trommel der Gemeindeverwaltung. In seinen Augen handelte es sich bei der Trommel um das Instrument des Bürgermeisters. Das erlaubte es dem Pfarrer von Coësmes, zu behaupten, daß demgegenüber alles, was Glocke und Glöckchen sei, »ihm gehört«. [vgl. o. S. 238 f.] Der Ton der Trommel war das zivile Signal. Wenn 1832 der Pfarrer von Nonancourt (Eure) den Bürgermeister vom Gebrauch der Glocke abbringen wollte, so deshalb, weil diese, schreibt er, keine banale Trommel werden solle.[36]

Der Klerus protestierte gleichwohl, wenn der Trommelwirbel den rechten Ablauf der Gottesdienste störte, oder allgemeiner: wenn das Risiko einer Klangkonfrontation bestand. Einige antiklerikale Bürgermeister liebten in der Tat derartige Provokationen. Unter dem Kaiserreich hatte der Bürgermeister von Caussade (Tarn-et-Garonne) die Angewohnheit, trommelnd in die Kirche einzudringen, wenn er in Begleitung der Nationalgarde zu einem Gottesdienst erschien. Portalis hatte freilich entschieden: »Der Trommler muß vor der Kirchentür aufhören zu trommeln.«[37]

Zu Beginn der Julimonarchie ließen, wie wir sahen, zahlreiche Bürgermeister auf dem Lande die Garde sonntags auf dem Kirchplatz exerzieren, um den Pfarrer zu provozieren und den Trommelschlag im Ohr der versammelten Gläubigen widerhallen zu lassen. Der Klang der Trommel beschwor in der Tat die militärischen Erinnerungen an die Revolution und das Kaiserreich, er erinnerte an die Herrschaft der Zivilmacht. Am 30. Pluviôse des Jahres II (18. Februar 1794) schrieb die Direktion des Bezirks Trévoux (Ain), »daß jede Gemeinde sich mit einem Trommler und einem Pfeifer zu versehen habe [...] die Republikaner sind alle Soldaten; sie können ohne Trommler nicht auskommen«. Jedoch blieben sehr viele ländliche Gemeinden lange Zeit ohne solche Instrumente, so zum Beispiel im Mosel-Département und im Orne. Die Bürgermeister brachten dieses Fehlen einer Trommel übrigens als Begründung für ihre Forderung vor, eine Glocke zur Verfügung gestellt zu bekommen, vor allem bei Wahlen.[38]

Die Uhr von Rhétiers erlaubte es uns, die Politik im Dorf nachzuvollziehen. Das trifft ebenso etwa zwanzig Jahre lang für die Trommel von Saint-Aubin-du-Pavail zu. 1790 oder 1791 erwarb, wenn man dem unter der Restauration amtierenden Bürgermeister glauben darf, die Nationalgarde dieser kleinen Gemeinde von Ille-et-Vilaine eine Trommel. Ein jeder, führt er aus, bezahlte »entsprechend seinem Grad«. Die benachbarten Gemeindeverwaltungen verfuhren ebenso. Die Trommel wurde nacheinander bei den aufeinanderfolgenden Hauptleuten, dann beim Bürgermeister deponiert. Bei dessen Tod »fand sein Nachfolger [das Instrument] bei seinem Schwiegervater«. Alles läßt darauf schließen, daß die Trommel, auf solche Art einer Privatperson hinterlassen, nicht mehr benutzt wurde. 1810 oder 1811 beschlossen die jungen Leute, die berechtigt waren, ins Gewehr zu treten – und die es »so machen möchten wie in den anderen Pfarrgemeinden« –, »das Lager ihrer Vorgänger und Eltern zu übernehmen«, um in würdiger Weise »das Heilige Sakrament zum Fronleichnamsfest« zu eskortieren. Seit Begehung dieser Zeremonie wurde die Gemeindetrommel »*zur Verfügung der Bürgermeister*« in der Sakristei hinterlegt. Am 22. August 1816, drei Tage vor dem Festtag des Königs, weigerten sich der neue Bürgermeister – dessen klerikale Gesinnung man unterstellen darf – sowie sein Stellvertreter und der Glöckner, das Instrument dem alten Bürgermeister zu übergeben, der es zurückforderte. Ein solcher Verzicht einerseits und eine solche Erschleichung andererseits, beide höchst symbolisch, sind sicher nicht repräsentativ für die Situation der Mehrheit der Trommeln. Sie sind nichtsdestoweniger symptomatisch für die Machtverhältnisse in dieser bretonischen Region zu Beginn der Restauration.[39]

Überall in Frankreich bestimmte der Bürgermeister die Person, die mit der Gemeindetrommel betraut wurde. Manchmal wurde das Amt, ebenso wie das Läuten der Glocken, ersteigert. Es kam vor, daß Garde- und Trommlerfamilien stillschweigend ein Erbrecht zuerkannt wurde.

In einigen Fällen verfügte der Bürgermeister über eine oder mehrere Gemeindeglocken. Bekanntlich bestand im Mittelalter ein enger Zusammenhang zwischen dem Aufstieg der Gemeinden und dem Besitz eines mit einer Glocke ausgerüsteten Wachturms. Vom 13. bis zum 15. Jahrhundert genossen viele Städte in Flandern, im Artois, vor allem in der Picardie, aber auch in Lothringen oder in der Normandie ein solches Privileg (das sie dann manchmal wieder verloren). Im 19. Jahrhundert, und das ist nur ein Beispiel, war die berühmte *Mutte* der ganze Stolz der Einwohner von Metz. Das traf auch für die Gemeindeglocken von Douai, Arras, Abbeville, Cambrai, Amiens oder Péronne zu. »Wir haben niemals zu den Kirchenglocken greifen müssen«, um die »öffentlichen Feste, das Wecken, die Sperrstunde, den Beginn und das Ende der Wahl« und die »allgemeinen Gefahren« zu läuten, schreibt voller Stolz der Bürgermeister von Bar-le-Duc am 3. Juli 1907.[40]

Selten hingegen waren im 19. Jahrhundert Gemeindeglocken in ländlichen Gebieten. Allenfalls nach 1831, als das kommunale Selbstbewußtsein erstarkte, läßt sich eine begrenzte Verbreitung dieses Instrumententyps feststellen. Am häufigsten drang die Gemeindeglocke über den Schulunterricht in die ländlichen Gebiete ein. Anfangs entsprach sie dem Bedürfnis, die schulischen Abläufe zu regeln, dann boten sich auch andere zivile Nutzungen an. Selbstverständlich war ihr Ansehen nur gering. Der Gemeinderat von Choiseul (Haute-Marne) beschloß 1862, daß die in der Schule aufgehängte Glocke auch zu den Ratsversammlungen zu läuten sei. Im Land Bray verfügte im Zweiten Kaiserreich eine gewisse Anzahl von Gemeinden über eine Glocke, die die Sperrstunde verkündete. Das Glöckchen von Deville, einer aufgehobenen Pfarrei, wurde gegen 1840 auf dem Aussichtsturm, der die Schule von Grandcourt überragt, angebracht, um zu den Schulstunden und zu Feierabend zu läuten. 1874 ließ der Gemeinderat von Humbécourt (Haute-Marne), obwohl der Pfarrer gegen das Läuten der Schulstunden opponierte, »eine kleine Glocke

auf dem Schulgebäude anbringen«. Es war vorgesehen, daß sie
im Winter auch zu den Erwachsenenkursen läuten sollte. Der
Bürgermeister teilte dem sich ablehnend verhaltenden Präfekten mit, wenn die Administration diese Ausgabe verweigere,
würden die »Familienväter« das Geld aufbringen.[41]

Am Ende des Jahrhunderts ging die Verbreitung der Gemeindeglocken mit dem verstärkten Bau republikanischer
Bürgermeistereien einher. Im Kanton Rethel (Ardennen),
schreibt H. Jadart 1897, »wurden mehrere kürzlich erbaute
Bürgermeistereien dieserart mit Kampanilen und Glocken versehen«. Da der Pfarrer seit dem 14. Juli aufgehört hatte, zum
Angelusgebet zu läuten, beschloß der Gemeinderat von Vaubexy (Vogesen) 1894, »im Gemeindehaus eine Glocke zu
installieren«. Zu diesem Zwecke wurde eine Subskription veranstaltet, und der Rat sah vor, daß die Gemeindeverwaltung
ihrerseits »das kleine Glöckchen« bezahlen werde. Schwer zu
belegen ist hingegen die These, daß der Wunsch der Freidenker, die Bürgermeisterei solle zu weltlichen Hochzeiten und
Begräbnissen läuten, die Verbreitung der Gemeindeglocken
gefördert habe; denn diese Praxis wurde 1911 untersagt. Das
Scheitern der Gemeindeverwaltung von Rivesaltes (Pyrénées-
Orientales) in dieser Hinsicht ist bezeichnend: 1909 beschloß
die Gemeindeverwaltung von Rivesaltes, daß Glocken und die
Uhr in einem von der Kirche unabhängigen Turm untergebracht werden sollten. Mit diesem Beschluß verbunden war die
Ausarbeitung einer neuen Läutordnung. So wurde beschlossen, daß bei zivilen Beisetzungen das Läuten stattfinden werde
»am Vorabend der Beisetzung um acht Uhr, am Tag der Beisetzung selbst eine halbe Stunde vor der Zeremonie sowie bei der
Abholung des Leichnams. Für Erwachsene über sieben Jahren
ist die große Glocke der Uhr zu läuten, für Kinder die hierzu
bestimmte kleine Glocke [...] das Geläute besteht aus fünf
doppelten Glockenschlägen für Männer, fünf *dreifachen*
Glockenschlägen für Frauen und Mädchen.« Bemerkenswert
die Aufwertung des Todes von Frauen bei den Freidenkern.[42]

In Ermangelung einer Gemeindeglocke wünschte die große Mehrheit der Bürgermeister, freien Zugang zum Glockenturm zu bekommen und der mit dem zivilen Läuten beauftragten Person Anweisungen geben zu können. Wenn diese Person nicht gleichzeitig der Glöckner des Pfarrers war, handelte es sich sehr oft um den Lehrer, den Sekretär des Bürgermeisters, den Kantor oder auch um einen Feuerwehrmann, wie es in Domèvre-sur-Avière (Vogesen) der Fall war.[43] Wenn die Gemeinde eine Uhr besaß, war der Gemeindeglöckner außerdem mit ihrem Aufziehen betraut. Häufig war er auch noch der Totengräber in der Gemeinde. Die Wahl dieser Hilfskraft oblag dem Bürgermeister. Gleichwohl mußte dieser zunächst dem Glöckner des Pfarrhauses das Amt vorschlagen; wenn dieser ablehnte, mußte die Nominierung einer anderen Person dem Pfarrer zur Zustimmung unterbreitet werden.

Der zivile Glöckner hatte nicht das gleiche Können wie sein Konkurrent; es hätte ihm übrigens auch nichts genützt, zumindest nicht vor 1880. Bis dahin ließ er – normalerweise – tatsächlich nur eine der Glocken des kirchlichen Geläutes leicht anschlagen. Das schwingende Läuten war ihm untersagt. Eben dies wurde nach 1880 zum Problem. Von da an mußte der Gemeindeglöckner tatsächlich den 14. Juli in feierlicher Weise begehen, das heißt, die Glocken schwingen lassen. Hierbei riskierte er aufgrund seiner Inkompetenz, die Glocken zu Bruch gehen zu lassen, um so mehr, als er oft auch noch Aushilfskräfte heranziehen mußte. Das betonten zumindest einige Mitglieder des Klerus.[44] Durchgehend hatten sich Pfarrer und Pfarrverweser angewöhnt, diese »Eindringlinge« als wenig empfehlenswerte Individuen hinzustellen, selbst wenn es sich um den Bürgermeister oder seinen Stellvertreter handelte. Im Jahre 1880 zeigte der Pfarrer von Brillon (Meuse) den zivilen Glöckner der Gemeinde an: Es handele sich um einen Trunkenbold, der unter den Gewölben der Kirche seinen Rausch ausschlafe, einen Gewalttäter, der einst wegen der Ermordung seines Schwiegervaters im Gefängnis gesessen habe; außerdem sei er befallen von der »Glocken- und Glockenturm-Monomanie«. Wenn man dem Pfarrverweser von Relanges (Vogesen) glauben darf, war der Lehrer und Uhrenbeauftragte ein Trunkenbold und ein Dieb; vor allem hatte er Kronleuchter aus der Kirche gestohlen. 1901 bezichtigte der Pfarrer von Mazères (Hautes-Pyrénées) den zivilen Glöckner, der als gerissener Wilddieb bekannt war, die Opferstöcke seiner Kirche zu plündern und »in ungesetzlicher Weise die Vögel und Vierbeiner zu fangen, die nachts ihr Zuhause auf dem Glockenturm suchen«.[45]

Die Konflikte, die sich an der Person der Glöckner entzündeten, hatten zweierlei Ursache. Wenn ein und dieselbe Person sämtliche Glocken bediente, ging der Streit um ihre Ernennung, ihre Entlohnung oder um die Bestimmung der Autorität, die befugt sein sollte, über ihre Arbeit zu entscheiden. Diese Konflikte führten sehr oft zur Trennung der Geläute und zur Ernennung eines Gemeindeglöckners durch den Bürgermeister.

Daneben konnte eine andere Art von Konflikt ausbrechen, nämlich dann, wenn beide Glöckner in ein und demselben Glockenturm miteinander konfrontiert waren. Nur ein »Vergleich« konnte einen solchen Antagonismus beenden. 1859 überwarf sich der Lehrer aus Illoud (Haute-Marne), der Berater des Bürgermeisters geworden war, mit dem Pfarrer. Nun war er aber gleichzeitig dessen Kantor und Glöckner. Als der Pfarrer feststellen mußte, daß dieser Lehrer beschlossen hatte, mit dem Singen in der Kirche aufzuhören, entzog er ihm die Glocken, die er statt dessen seinem treuen Küster anvertraute. Der Bürgermeister und die Gemeinderäte lehnten diesen neuen Glöckner ab, der es nicht für nötig gehalten hatte, *sich ihnen vorzustellen.* Sie vertrauten die zivilen Geläute weiterhin dem Lehrer an. Der Pfarrer, der nicht verstehen konnte, daß der demissionierte Kantor weiterhin das Angelus läuten durfte, verweigerte ihm daraufhin den Zutritt zum Glockenturm. Der Konflikt endete mit einem »Vergleich«.[46]

Wenn es nicht zu einer solchen Einigung kam, konnte es geschehen, daß sich die beiden Glöckner wahre Kriege lieferten; in diesen spiegelten sich die Kämpfe um die Lokalmacht wider, in denen Bürgermeister und Pfarrer aneinander gerieten. Die Verdoppelung der Klangbotschaften ließ den Streit in der ganzen Region vernehmbar werden. Zwei Perioden waren besonders reich an solchen Zwischenfällen: der Beginn der Julimonarchie und das Jahrhundertende; was nicht verwundern kann.

Im Jahre 1833 beschließt der Bürgermeister von Lézignan (Hautes-Pyrénées), einen »Amtsglöckner« zu ernennen. Er hat natürlich einen Mann ausgewählt, der von seinem Widersacher, dem Pfarrer, entlassen worden ist. Der Pfarrer betrachtet den Mann des Bürgermeisters als »einen Eindringling«. Um den kirchlichen Glöckner am Betreten des Glockenturms zu hindern, hat die Gemeindeverwaltung eine zusätzliche Tür einbauen lassen. Der zivile Glöckner hat außerdem den Klöppel von der großen Glocke entfernt, damit sein vom Pfarrer ernannter Konkurrent sie nicht mehr von unten, mittels eines der beiden Seile, die ins Kirchenschiff herabhängen, bedienen kann. Der Bürgermeister will so auf eine Provokation antworten; tatsächlich, erklärt er dem Präfekten, »ist die Gemeindeuhr durch eine große Menge Urin beschmutzt worden, die ihrem Spiel geschadet und gleichzeitig den ganzen Glockenturm infiziert hat«. Parallel dazu haben der Bürgermeister und sein Stellvertreter das System des doppelten Läutens eingeführt, das heißt, der zivile Glöckner wiederholt morgens, mittags und abends das Angelusläuten. Auf Bitten des Präfekten kommt im Mai der Friedensrichter von Lourdes, um eine Aussöhnung zu bewirken. Aber er sieht sich dazu außerstande: Die Bevölkerung der Gemeinde ist »in zwei Parteien gespalten«, die sich erbittert bekämpfen. Drei Monate später begibt sich der Unterpräfekt von Argelès auf die Reise, um den Streit zu schlichten. Er beschließt, einen einzigen Glöckner wählen zu lassen, und zwar von *einem Gremium von Nota-*

beln, dem die Gemeinderäte und zehn weitere Personen angehören und das sich in der Bürgermeisterei versammelt. Die Partei des Pfarrers – zu der mehrere Gemeinderäte gehören – ficht die Zusammensetzung dieses Gremiums an, das sie für inkompetent hält und das in der Tat den »Eindringling« gewählt hat. Der Gipfel der Provokation: Um den 14. Juli zu feiern, sind nach Aussage von sechs Notabeln »die Männer des Bürgermeisters, welche auf der Seite des Pfarrers stehen, rund um das Dorf gezogen und haben dabei die Trommel der Nationalgarde geschlagen und schändliche Lieder gesungen«.[47]

Weitere Konflikte dieser Art brechen zu derselben Zeit weit entfernt von den Pyrenäen aus. »Es gibt manche Pfarrei«, schreibt der Bischof von Langres 1838, »in der sich *seit fünf Jahren* ein regelmäßiger Dienst für das sogenannte zivile Läuten herausgebildet hat. Die beiden Glöckner, der eine im Besitz der kirchlichen Glocke, der andere im Besitz der weltlichen, folgen einander jeden Tag, indem der eine morgens, mittags und abends zum Angelusgebet läutet und der andere zu dem, was man sich angewöhnt hat, den Arbeitsappell zu nennen, und zwar gegen Mittag und zum Feierabend. Der erste Glöckner bemüht sich jeden Morgen, seinem Gegenspieler Scherereien zu bereiten, indem er bald den Klöppel der Glocke aushängt, bald die Seile hochzieht, bald die Schlösser auswechselt usw., usf.; und, wie man sich denken kann, beschränkt sich das Übel nicht auf den Kirchenraum; die Gemüter erhitzen sich, man streitet sich und *man ergreift Partei*; und bald folgen auf Ordnung und Frieden Zwietracht und Spaltung.«[48]

Das Ende des Jahrhunderts ist noch reicher an Wirrnissen dieser Art. Im Januar 1895 beschließt der Pfarrer von Marseillan (Hautes-Pyrénées), der gegen die Versteigerung des Läutens ist, seinen eigenen Glöckner zu ernennen. Er verdächtigt den »Gemeindeläuter«, das Individuum zu sein, das zu Jahresbeginn die Toreinfahrten des Pfarrhauses mit Kot verschmiert und mit zwei in Trikoloren gehüllten Strohpuppen gekrönt hat. Man muß dazu noch wissen, daß dieser Gemeindeglöckner »sich erlaubt hat, um fünf Uhr, nachdem er die Frühmette eingeläutet hatte [es handelt sich wohl um das Einläuten der Tageszeit], die drei Glocken schwingend zu läuten; dieses Läuten hat vierundzwanzig Minuten gedauert«. Seit drei Monaten spaltet dieses Klangdurcheinander die Gemeinde. Am 27. Januar hat der zivile Glöckner von halb drei bis fünf vor drei Uhr morgens auf diese Weise geläutet. Der Bürgermeister seinerseits hat die Schlösser des Glockenturms auswechseln lassen, so daß der Pfarrer nicht an die Glocke herankommt. Letzterer ist außerdem Opfer eines Charivari geworden, das etwa zehn Tage gedauert hat. Der Bürgermeister setzt noch erklärend hinzu: Wenn der Gemeindeglöckner so lange geläutet hat, dann deshalb, weil er vom Pfarrer, der das System der Versteigerung an den Mindestfordernden nicht mehr gelten lassen will, beschimpft und dazu noch in den Glockenturm eingesperrt worden ist. Seitdem wird in dieser Gemeinde das Wiederholen des Läutens eingeführt.[49]

Der Pfarrer von Souyeaux (Hautes-Pyrénées), der diesem System der Versteigerung ebenso ablehnend gegenübersteht, vertraut 1889 die Kirchenglocken einer Person seiner Wahl an. Der alte Glöckner, der »vom Bürgermeister unterstützt und aufgestachelt« und von der Gesamtheit der Einwohner entlohnt wird, weigert sich eine Zeitlang, die Turmschlüssel zurückzugeben. In der Folge findet jener Glöckner, welchen der Pfarrer nunmehr als den alleinigen Amtsinhaber ansieht, »oft Abfälle im Inneren des Glockenturms. Eines Sonntagmorgens fand man die Plätze, die Stühle einiger Familien und die Bänke der Kinder mit Fäkalien verschmiert.« Jeder kennt den Schuldigen. Einige Monate später, nachdem er eine Zeitlang dem alten Brauch nachgegeben hat, beschließt der Pfarrer erneut, seinen Glöckner zu ernennen. Seine Wahl wird vom Bürgermeister und von den Einwohnern bestätigt. Doch ein alter, nunmehr verärgerter gewählter Glöckner erlaubt sich, eigenmächtig die Geläute zu wiederholen. Am Sonntag, »während des *Sanctus* und bei der Wandlung, als der bestallte

Glöckner diesen feierlichen Teil der Messe mit der üblichen dunklen Glocke verkündete, bemächtigte sich der alte Glöckner des Seils einer zweiten Glocke, brachte sie voll zum Schwingen und verursachte eine für die Gläubigen überaus peinliche Szene«. Werfen wir noch einen Blick auf das östliche Frankreich. Zwischen 1883 und 1889 wird die Gemeinde Marac (Haute-Marne) in regelmäßigen Abständen durch eine lange Feindschaft zwischen den beiden Glöcknern erschüttert. 1889 beklagt sich der Pfarrverweser von Tollaincourt (Vogesen), der das Läuten am 5. Mai nach zwei Minuten hat einstellen lassen, über den zivilen Glöckner: Dieser geht mit dem Hut auf dem Kopf durch die Kirche und erwartet, daß der Priester *ihn zuerst grüßt*, wenn sie einander im Glockenturm begegnen.[50]

Es gibt noch eine Menge weiterer Konflikte solcher Art, besonders in den Pyrenäen. In Pouyastruc wiederholt man im Jahre 1885 die Geläute. »*Wir machen uns bei allen unsern Nachbarn lächerlich*«, schreibt der Vorsitzende des Kirchenrates an den Präfekten am Abend eines seiner Besuche: »Noch heute morgen konnten Sie sehen, daß die Kirche nach dem zweiten Glockenschlag der Messe fast voll war, weil die Leute aufgrund der Weiträumigkeit unserer Pfarrei die Gemeindeglocke für den ersten Schlag der Messe gehalten hatten.« In Betpouy fährt 1893 der vom Pfarrer abberufene Glöckner fort, auf Anordnung des Bürgermeisters zum Angelusgebet zu läuten. Um diese Wiederholung zu vermeiden, weist der Priester seinen Küster an, die Partie aufzugeben. In Bazus-Neste hingegen werden im Jahre darauf die Geläute von beiden Glöcknern wiederholt.[51]

Prosaischer erscheinen die späten Zwischenfälle, die sich in Claracq (Basses-Pyrénées) ereignen. Am 25. Februar 1908 beschließt der Bürgermeister, die Mittagsruhe und abends den Feierabend durch einen gewissen Larroudi einläuten zu lassen. Dieser wurde von den Einwohnern gewählt, die ihn in Naturalien bezahlen. Natürlich will auch der Glöckner des Pfarrver-

wesers die Glocken benutzen. »Während die [beiden] Männer,
die etwas ruhiger waren, sich auf einen Wortwechsel be-
schränkten«, berichtet die *Gazette des tribunaux*, »waren die
Frauen nervöser und gereizter und wurden handgreiflich, so
daß eines Tages der Kirchenglöckner, als er gerade das mittägliche Angelus läuten wollte, von der Schwiegermutter des zivilen Glöckners mit Gewalt zurückgestoßen wurde.«[52]

Von Schlüsseln, Pforten und Seilen

Eine andere Serie von Glockenstreitigkeiten – und diese haben
zuweilen die Aufmerksamkeit der Historiker auf sich gezogen –
betreffen den Zugang zum Glockenturm und die Befähigung
zum Läuten; sie sorgen für lauter Schlüssel-, Türen- und Seil-
affären.[53] Um sie richtig zu verstehen, muß man zunächst einmal die Funktion des Schlosses und des Schlüssels in ländlichen
Gemeinschaften jener Zeit bedenken. Der Gebrauch dieser
Werkzeuge ist hier ebenso eingegrenzt wie durchdacht. Der
Schlüssel bezeugt das Fehlen von Vertrauen oder den Willen zur
Distanz, der immer ein wenig mit Verachtung einhergeht. Sein
Gebrauch bekommt in der Sphäre des Miteinanders schnell
etwas Beleidigendes. Er bleibt der Abwehr von Gefahren vorbehalten, die von auswärtigen Personen ausgehen können:
von Wandergesellen, Vagabunden, Kolporteuren, Gesindel. Mit
einem Wort, der Schlüssel ist Schutz vor »Fremden« – den »hor-
sains« der Normandie –, die man nicht einordnen kann, die nicht
zur vertrauten Umgebung gehören. In der Tat stellt das Bettlerunwesen, vor allem in den 1840er Jahren, eines der größten
Probleme der ländlichen Gesellschaft dar. Die Bettler »im Ver-
ein« zwingen zur Wachsamkeit, sie lassen es geraten sein, Lebensmittel und Ersparnisse *unter Verschluß zu halten.*[54]

Dennoch ist nicht weniger wahr, daß die Nachlässigkeit in
puncto Ab- und Einschließen in der Gesellschaft sehr groß ist.
Das erlaubt die unzähligen Diebstähle der »Burgout-Bande«,

die sich zu Beginn der Julimonarchie im Kastanienwäldchen von Limoges niedergelassen hat. Man kann die Kontroversen, die nach Einführung des allgemeinen Wahlrechts die Wahlurne auslöste, nicht verstehen, wenn man nicht den beleidigenden Charakter jenes Mißtrauens bedenkt, das aus Parteiengeist und Wahlkonfrontation entsteht. Vom Bürgermeister zu verlangen, daß die Wahlurne zwischen den beiden Wahltagen unter Verschluß zu halten sei, heißt doch, das Vertrauen, das man in ihn setzt, in Frage zu stellen. Die Bedeutung der mündlichen Übereinkunft, namentlich bei Darlehen und bei »Vergleichen«, gebietet jedem den Glauben an die allgemeine Ehrlichkeit; ohne ihn würden sich die Beziehungen zwischen Menschen, die ständig miteinander zu tun haben, auflösen. Als 1884 das Gesetz die Bürgermeister autorisiert, ohne Zustimmung des Pfarrers einen Nachschlüssel zum Glockenturm anfertigen zu lassen, findet man diese Praxis empörend, da sie in den Augen mancher Dorfbewohner wie die Anfertigung einer Fälschung wirkt.[55]

Das Verschließen gilt einem Gegenstand von großem Wert – einem, der eine andere Vorsichtsmaßregel verdient als die, die darin besteht, eine Tür verschlossen zu halten, damit sie nicht hin und her schlägt oder damit sie einen Raum vor Tieren und Eindringlingen schützt. Wenn die Kirchentür *mit dem Schlüssel verschlossen* ist – das kann der einzige in der Gemeinde sein –, so handelt es sich hier um die Bewachung sakraler Gegenstände und, im eigentlichen Sinne des Wortes, um den Schutz eines Schatzes, der ein Kennzeichen der gemeinschaftlichen Identität ist. Die Vorsichtsmaßnahme will nicht so sehr den Diebstahl als die Profanierung verhindern. Sie hat als weiteres Ziel, den Zugang zur Glocke und also eine eventuelle Anmaßung des Signals der Autorität zu verhindern.

Die Kirche, ein Ort, den man abschließt, ist auch ein Gebäude, das man spontan und implizit bewacht. Die Kirche ist einer der ganz wenigen Orte, zu denen man zu bestimmten Stunden keinen Zutritt hat und *wo man Gefahr läuft, eingeschlossen zu werden.* In Sorbets (Landes) werden 1883 mehrere Personen – man sagt, es handele sich um Männer –, die zur Beichte gekommen waren, aus Unachtsamkeit vom Pfarrer eingeschlossen, der fortgegangen ist, um zwei Stück Land zu kaufen. Sie beschließen daraufhin, die Glocken zu läuten, um befreit zu werden.[56]

Die Gesetzeslage in bezug auf das Verschließen der Kirche ist klar: Vor der Abstimmung über das Gesetz vom 5. April 1884 ist der Pfarrer, der für die Bewachung der Kirche verantwortlich ist, der alleinige Schlüsselbesitzer. Zwar hinterlegt er den Schlüssel zum Glockenturm oft bei seinem Glöckner oder bei seinem Küster, aber er hat doch noch einen Zweitschlüssel im Pfarrhaus. Ist er für zwei Pfarreien zuständig, vertraut er den Schlüssel zu seiner Filialkirche dem Vorsitzenden des Kirchenrates an. Wenn der Bürgermeister ein ziviles Geläute anordnet, muß er sich also zum Pfarrhaus begeben; sonst muß er den Feldhüter oder den zivilen Glöckner delegieren, was nicht unproblematisch ist, vor allem im Falle eines Brandes. Oft kommt zwar eine vorherige Absprache eventuellen Konflikten zuvor: ein Schlüssel ist beim Bürgermeister oder im Feuerwehrhaus hinterlegt. Aber der Pfarrer muß sich nicht an diese Konzession halten, sie hängt vom lokalen Brauch ab. Und in manchen Regionen empfindet es der Bürgermeister als Demütigung, zum Pfarrhaus gehen und den Pfarrer um den Schlüssel bitten zu müssen [vgl. u. S. 377 f.].

Der Artikel 101 des Gesetzes von 1884 bringt eine Umwälzung der Bräuche. Von nun an kann – und muß – der Bürgermeister einen Schlüssel zum Glockenturm besitzen, um ungehindert das zivile Läuten durchführen zu lassen.[57] Zu dem Zweck muß er um den Schlüssel des Pfarrers oder des Pfarrverwesers bitten, um einen Nachschlüssel anfertigen zu lassen. Wird ihm der Schlüssel verweigert, kann er einen Abdruck des Schlosses vornehmen. Wenn das die Anfertigung eines passenden Schlüssels nicht erlaubt, ist er befugt, die Tür von einem Schlosser öffnen zu lassen und das ganze Schloß auszuwechseln.

Diese Maßnahme des Gesetzgebers stellt für den Klerus ein wahres Trauma dar. Sie ist von sehr großer symbolischer Tragweite. Wie ein Blick in die Dossiers zeigt, die der Umsetzung des Gesetzes in den Départements gewidmet sind,[58] ist das Problem des Schlüssels die Hauptursache für Streitigkeiten. Papst Leo XIII. ist gegen den Artikel 101. Nach Ansicht von Monseigneur Freppel, dem Erzbischof von Angers, ist dieses Gesetz der erste Schritt auf dem Wege zur Profanierung. Was er als eine Maßnahme zur Laizisierung der Kirchen empfindet, erscheint ihm als schlimmer denn eine eventuelle Trennung von Kirche und Staat. Der Erzbischof von Avignon seinerseits schreibt am 26. Juni 1884: »Wir werden alles erdulden, aber dieses niemals.« »Wir werden niemals hinnehmen, daß ein anderer als der Priester der Kirche mit diesem die Obhut über das Sanktuarium, den Altar, die Eucharistie teilt. Das ist Unsere Rolle, allein Unsere Aufgabe, und Wir können in diesem Punkte nicht nachgeben; dies wäre Verrat an der Kirche, dies wäre für Uns Selbstmord.« Drei Kardinäle schreiben an den Präsidenten der Republik, um ihn um Aufschub zu bitten. Der Erzbischof von Rouen, der dem Präfekten des Départements Seine-Inférieure im konzertierten Reglement für seine Diözese eine Umgehung dieser gesetzlichen Vorschrift abringt, leitet den Widerstand des Episkopats ein. Einige Prälaten führen einen langen Abwehrkampf, so die Bischöfe von Agen, Mende, Châlons-sur-Marne. Andere beugen sich nur ge- und erzwungenermaßen. Einer der Entschlossensten, der Bischof von Tarbes, bittet schließlich seinen Klerus, gleichermaßen Milde und Härte zu beweisen, wie es der Papst verlangt: Leiht dem Bürgermeister den Schlüssel, weist er sie an, damit er einen Nachschlüssel anfertigen lassen kann, »wenn es eine Seitentür zum Glockenturm Eurer Kirche gibt«; »falls jedoch ein und dieselbe Türe zur Kirche und zum Glockenturm führt, überlaßt es dem obersten Gemeindebeamten, sich einen Schlüssel zu beschaffen, damit er allein die Verantwortung für etwas trägt, das Ihr nur hinnehmen könnt.«[59]

Man versteht jetzt die Konstellation der mit dem Schlüssel verbundenen Konflikte besser. Seit der unter der Revolution vorgenommenen laikalen Teilung waren sie hie und da immer wieder ausgebrochen. Es gab immer Bürgermeister, die trotz des Widerstandes des Klerus verlangten, einen Schlüssel für den Glockenturm zu bekommen oder zu behalten, um die zivilen Geläute durchführen zu können.[60] Zwischen der Revolution und der Abstimmung über das Gesetz von 1884, als der Klerus seine alte Stärke wiedererlangt, bekommt er dort, wo sie ihm verweigert worden waren, nach und nach die Duplikate der Kirchen- und Turmschlüssel wieder. Dieser Prozeß führt zur Vereinheitlichung der Bräuche auf dem gesamten nationalen Territorium. Aber er verlief nicht geradlinig. Dies wollen wir genauer betrachten.

Zu Beginn der Julimonarchie fühlten sich in der Tat sehr viele Bürgermeister stark genug, um in die Offensive zu gehen. Mehr als ein Jahrzehnt lang äußert der Generalrat der Hautes-Pyrénées jedes Jahr den Wunsch, den Zweitschlüssel zum Glockenturm in der Bürgermeisterei hinterlegt zu sehen. 1833 meldet der Magistrat von Lézignan mit Nachdruck diesen Anspruch an. In derselben Zeit maßen sich im Mosel-Département viele Bürgermeister, ohne sich auf ihre Fürsorgepflicht zu berufen, das Recht an, einen Schlüssel für den Glockenturm zu besitzen. In dieser Region geben sie nicht auf, ungeachtet der politischen Entwicklung. Ihre Forderungen kommen noch einmal mit Gewalt im Jahre 1835 zum Ausdruck. Der Präfekt unterstützt sie aktiv und lehnt es ab, die Schlüssel ausschließlich in die Hände des Klerus zu legen. 1840 muß der Pfarrverweser von Mainvillers (Moselle), nachdem er sich mit dem Glöckner geprügelt hat, der ihm die Schlüssel nicht geben wollte, die Tür zum Glockenturm eindrücken lassen, um zum Geläute zu gelangen. Im Jahre 1844 besitzt der Bürgermeister von Lengelsheim (Moselle) noch die Kirchenschlüssel und vertraut sie dem Lehrer und Kantor an, der auf seiner Seite steht. Der Pfarrer entreißt sie diesem zivilen Glöckner und beißt ihm

bei der Schlägerei in die Hand. Das Opfer zeigt den Bürgermeister und den Verwaltungsräten »den Zahnabdruck des
Pfarrverwesers auf seiner Hand«. Im April 1845 verlangt der
Bürgermeister von Morfontaine (Meurthe-et-Moselle), ein
Schankwirt, daß die Schlüssel in den Händen des Lehrers bleiben, der der alte, vom Pfarrer abberufene Glöckner ist. Dem
Pfarrer zufolge kann der Bürgermeister, der auf diese Weise
über freien Zugang zur Kirche verfügt und das *provokatori-
sche Läuten* vervielfacht, ungestört die Schätze der Pfarrei
stehlen. In derselben Diözese Metz sind solche Meinungsverschiedenheiten im Jahre 1847 vielfach anzutreffen.[61]

Es kommt vor, daß in diesen Fällen die Bürgermeister anderer
Regionen ebenfalls die Unterstützung der Präfektur erhalten.
Das ist 1834 im Seine-Inférieure und 1835 im Ille-et-Vilaine der
Fall. Nach Meinung des Präfekten des erstgenannten Départements, der sich anläßlich eines in Yvetot vorgefallenen Streits
äußert, liefe es auf eine Beeinträchtigung der Gemeindeobrigkeit hinaus, wollte man den Bürgermeistern den Schlüssel entziehen. Auch in dieser Region lehnen manche Bürgermeister
ein Nachgeben ab.

Umgekehrt erinnert ein Deputierter aus dem Mosel-Département an die *Demütigungstaktiken,* die damals von den Pfarrverwesern gegenüber ihren Widersachern angewandt werden.
Tatsächlich setzt, als die ersten Jahre des Juliregimes vorüber
sind, der Klerus seinerseits auf dem gesamten Territorium zu
einem kräftigen Gegenangriff an. Auch in Regionen, in denen
das nicht Brauch war, erhält er allmählich das Exklusivrecht
auf den Schlüssel. Mit Unterstützung des Ministeriums und
der Präfekturen bekommt er sie wieder, wo sie ihm entzogen
worden waren. Dieser Prozeß veranschaulicht die generelle
Politik der Umsetzung des Konkordats, die fortan von der Regierung betrieben wird. So wurde im Loiret traditionsgemäß ein
Schlüssel für den Glockenturm jeder Pfarrei in die Hände des
Pfarrers gelegt, ein zweiter in die des Glöckners; ein dritter
wurde im »Gemeindehaus« hinterlegt. Während der Julimo-

narchie gelingt es den Pfarrern und den Pfarrverwesern dieses Départements, den einzigen Schlüssel an sich zu bringen, den der Bürgermeister fortan im Pfarrhaus, in der Sakristei oder beim kirchlichen Glöckner abholen muß.[62]

Wie später der Sieg der Gemeindeverwaltungen, äußerte sich auch der Sieg des Klerus mitunter in einem Auswechseln des Schlosses. Das war 1845 in Courcelles (Oise) und zwei Jahre später in Dampierre (Haute-Marne) der Fall. Die fortgesetzte Demütigung, die 1847 der Bürgermeister von Metzeresche (Moselle) hinnehmen mußte, war symptomatisch für dieses neue Klima. Da der Erzbischof sich geweigert hatte, ihm einen für den Lehrer bestimmten Schlüssel zum Kirchturm auszuhändigen, ließ der oberste Gemeindebeamte eine Leiter an die Mauer der Kirche stellen. So gelang es ihm, »einen Mann durch ein offenstehendes Fenster oder eine Dachluke einsteigen zu lassen und die Eisenstange zu entfernen, die von innen gegen einen der Türflügel geklemmt war«. Stolz auf seinen Sieg, hatte der Bürgermeister die Glocke schwingend läuten und die Trikolore auf dem Glockenturm hissen lassen. Er postierte den Feldhüter an der Kirchentür, damit niemand die Aktion störte. Der Triumph der Gemeindeobrigkeit an diesem Tage war total. Doch der Erzbischof belegte die Pfarrei mit dem Interdikt, und der Unterpräfekt zwang den armen Bürgermeister, von ihm begleitet, dem Erzpriester den Schlüssel zurückzugeben. Gewiß, der Präfekt erreichte einen »Vergleich«: der Gegenstand des Streites wurde nunmehr dem Lehrer anvertraut. Die Schwierigkeiten waren damit aber noch nicht behoben. Der Pfarrer, weit davon entfernt, das Übereinkommen zu respektieren, hinterlegte den Schlüssel beim Vorsitzenden des Kirchenrates und zwang den Bürgermeister, ihn dort abzuholen.[63]

Konflikte dieser Art gab es episodisch im Zweiten Kaiserreich und zu Beginn der Dritten Republik, doch waren sie weniger zahlreich. 1861 weigerte sich der Pfarrer von Saint-Prest (Eure-et-Loir), dem Magistrat, der ihn darum bat, einen Satz

Schlüssel auszuhändigen. 1869 hatte der Bürgermeister von Colombey-les-deux-Églises (Haute-Marne) den Schlüssel zum Glockenturm aus dem Pfarrhaus »nehmen lassen« und weigerte sich nun, ihn zurückzugeben. Ein Streit vergleichbarer Art entstand 1871 in Giroussens (Tarn). 1883 wieder wechselte der Pfarrer von Cusey (Haute-Marne) das Schloß des Glockenturms aus, weil der Uhrenbeauftragte sich weigerte, ihm den von ihm benützten Schlüssel auszuhändigen.[64]

Nach 1884/86 – um die Formulierung der neuen Läutreglements war nämlich zwei Jahre lang gerungen worden – veränderte der plötzliche Sieg der Gemeinden die Situation in den Schlüsselaffären. Fortan zwang das Gesetz den Klerus zum Nachgeben. Doch um es zu wiederholen: in sehr vielen Orten strich der Klerus nur ge- und erzwungenermaßen die Segel. Der Widerstand war heftig, wenn ein und derselbe Schlüssel den Zugang zum Glockenturm und zur Kirche ermöglichte, was in den kleinen ländlichen Pfarreien oft der Fall war. Gleichzeitig begannen aus den Schlüsselaffären Türaffären zu werden. In den ersten Jahren nach Inkrafttreten dieses Gesetzes gab es zahllose Bürgermeister, die auf Wahrnehmung ihrer Rechte bedacht waren und gegen den Widerstand des Klerus Schlösser aufbrechen oder Türen eindrücken ließen. Man kann Konflikte dieser Art in den Départements Meuse, Puy-de-Dôme, Finistère und Tarn-Garonne nachweisen. Solche Streitigkeiten waren oftmals späten Datums. Im Jahre 1900 war der Bürgermeister von Relanges (Vogesen) gezwungen, den Pfarrer am Arm zu packen und zurückzuhalten, der sich dagegen wehrte, daß jemand sich dem Türschloß des Glockenturms näherte, um davon einen Abdruck zu machen.[65]

Bei solchen Streitigkeiten stand die Ehre des Magistrats auf dem Spiel. 1889 weigerte sich der Bürgermeister von Saint-Pierrevillers (Meuse), die Anfertigung des Turmschlüssels zu bezahlen, der in der Bürgermeisterei hinterlegt werden sollte. Er war nämlich der Ansicht, daß dies zu den Pflichten des Kirchenrates gehöre, der diese Ausgabe jedoch ablehnte. »Der

Magistrat *versteht sich nicht als Nullität*«, erklärte der Bürgermeister; er werde es nicht zulassen, daß der Pfarrer »das Gesetz macht«. Er lehnte es ab, vor seinem Gegner zu »katzbuckeln«. Der Gemeinderat, der vor der Wahl stand, sich zu beugen oder zurückzutreten, zog letzteres vor. Der Einzug des Vokabulars der nationalen Politik in diese Angelegenheit, in der es nur um lächerliche ein oder zwei Francs ging, verdient unsere Aufmerksamkeit. Der Präfekt gab in diesem Falle dem Bürgermeister recht.[66]

Der Priester auf dem Lande wurde bei solchen Anlässen vom Alptraum des Sakrilegs geplagt. Der Bürgermeister von Saint-Pierre-Quilbignon (Finistère) war sich dessen wohl bewußt. Er fürchtete, der Pfarrer seiner Pfarrei werde das Aufbrechen des Schlosses zum Anlaß nehmen, um »imaginäre Profanationen«, »übernatürliche Manifestationen« oder das »urplötzliche Verschwinden von Kultgegenständen« zu erfinden.[67]

Wenden wir uns nunmehr dem Türenstreit zu. Das Problem war weniger einfach, als es auf den ersten Blick scheinen mag. Manchmal war es nur ein Problem des Zugangs. Der Bürgermeister wollte dafür sorgen, daß dem Gesetz entsprechend der zivile Glöckner oder der Uhrenbeauftragte durch den Besitz eines Schlüssels ungehinderten Zugang zum Glockenturm bekamen. Manche Pfarrer versuchten damals, *durch Drohungen* oder *mit Gewalt* dem »Eindringling« die Treppe des Turms zu versperren. So kam es zu gegenseitigen Beschimpfungen, zu Zänkereien, Prügeleien und Schlägereien zwischen dem Pfarrverweser und dem zivilen Glöckner. Diese Art von Zwischenfällen war besonders im Ariège recht häufig.[68]

Eine der Lösungen, die den Stadtvätern zur Vermeidung solcher Konflikte schnell in den Sinn kam, war der Einbau einer neuen, eigenen Tür am Fuß des Glockenturms. Das erlaubte dem zivilen Glöckner den ungehinderten Zutritt zur Glocke oder zur Uhr. Diese sehr symbolträchtige *Trennung der beiden Zugänge* war der Lösungsvorschlag, der 1885 von der Gemeindeverwaltung von Bergères-les-Vertus (Marne) angenommen wurde. Aber diese Lösung reichte nicht immer aus, um Spannungen zu beseitigen. Es kam vor, daß jeder der beiden Glöckner frei über *alle Zugänge* zum Glockenturm verfügen wollte. In Velleron (Vaucluse) gab es eine Tür, die es dem Uhrenbeauftragten erlaubte, direkt von der Straße aus ins Innere des Glockenturms zu gelangen. Nun verlangte 1878 der kirchliche Glöckner den Schlüssel zu diesem Eingang, um ihn ebenfalls benutzen zu können. Seine Forderung schien wichtig genug, um die Aufmerksamkeit der Präfektur auf sich zu ziehen.[69]

Häufiger waren diejenigen Konflikte, die vom Wunsch des zivilen Glöckners ausgelöst wurden, seine Wirkungsstätte *durch das Hauptportal der Kirche zu betreten.* Es ging um seine Ehre und um die Anerkennung des Prestiges seines Amtes. Das muß man richtig verstehen: In diesen Fällen stand nicht einfach die Frage des Zugangs auf dem Spiel. Der zivile Glöckner, der – meistens – nicht die große Glocke benutzen und nicht schwingend läuten durfte und der von seinem Kontrahenten an Fest- und Feiertagen – außer am 14. Juli – fast an die Wand gedrückt wurde, litt oft darunter, keinen Schlüssel zur großen Kirchentür zu besitzen. So stellte sich der Administration ein heikles Problem: Es ging darum, festzustellen, wem die freie Wahl des Zugangs gebührte. Das war der Gegenstand des Streits, der die kleine Gemeinde Biesles (Haute-Marne) erschütterte. Dieser Konflikt hatte mehrere Wurzeln: die Ernennung des Glöckners, die Praxis des zivilen Läutens und die Wahl des Zugangs. Letztere scheint jedoch in dieser Sache eine besondere Rolle gespielt zu haben. Sie bestimmte die Konstellation dieses ominösen Konflikts, der sich mitten im Zweiten Kaiserreich abspielte.

Seit etwa zehn Jahren war die Gemeinde Biesles bereit gewesen, dem kirchlichen Glöckner für die gleichzeitige Betreuung des zivilen Läutens 240 Francs zu zahlen – eine beachtliche und ungewöhnlich hohe Summe. Jetzt bedrängte ihn Pfarrer Thabourin, eine Erhöhung seines Lohns zu fordern. Der Gemeinderat lehnte es ab, auf diese Forderung einzugehen. Der Glöck-

ner entschließt sich daher im August, vom Amt zurückzutreten. Er trifft diese Entscheidung in Abwesenheit seines Freun-
des, des Priesters. Die öffentliche Uhr bleibt stehen. Das Läuten wird unterbrochen. Nach zwei Tagen ruft das Ausbleiben
der Klangsignale eine »Gärung im Volk« hervor. Der Bürgermeister greift auf die Hilfe des alten Glöckners zurück, um den
zurückgetretenen zu ersetzen, und zwar »auf Kosten der Gemeinde«. Der Pfarrer, von seiner Reise zurück, weigert sich,
diese Ernennung anzuerkennen. Er fordert den Eindringling
auf, seine Tätigkeit einzustellen; dann setzt er ihn (am 19. September) vor die Kirchentür. Der Konflikt nimmt die klassische
Form des Streites an, der sich an der Wahl des Glöckners entzündet.

Die Entscheidung des Präfekten ist klar: Er erinnert den
Bürgermeister daran, daß er in solchen Dingen nicht entschei-
dungsbefugt sei; er gesteht ihm jedoch das Recht zu, den Auf-
zieher für die »seit unvordenklichen Zeiten« im Glockenturm
angebrachte Uhr zu bestimmen. Er billigt auch, daß der Bürgermeister für diese Hilfskraft auf einen freien Zugang zum
Glockenturm dringt. Das verschärft den Konflikt noch mehr.
Glücklicherweise führt eine Außentür direkt in den Turm.
Aber der Pfarrer sträubt sich dagegen, daß der Uhrenaufzieher
diesen Weg nimmt; er will, daß er durch die Kirche geht. Um
seiner Anordnung Geltung zu verschaffen, läßt er an der strittigen Tür ein neues Schloß anbringen. Gleichzeitig ließ der
Pfarrer, der den Zugang zum Gebäude dort verlangte, wo es
ihm richtig schien, eine Öffnung in das »Uhrenzimmer« der
Gemeinde brechen. Darüber hinaus wünscht der Pfarrer, daß
der Uhrenaufzieher *durch eine Seitentür der Kirche* geht und
nicht durch die große Tür. Der Bürgermeister seinerseits lehnt
es ab, den für das Gemeindeinstrument Verantwortlichen
durch einen anderen Zugang als *durch die große Tür* in die
Kirche gelangen zu sehen. Auch gibt er Weisung, die Uhr anzuhalten, was »für große Verwirrung in der Bevölkerung
sorgt, die zum großen Teil aus Arbeitern besteht, welche sich

zu ihrer nächtlichen Arbeit am Klang [dieses Instruments] orientieren«. Am 10. November erscheint eine »zahlreiche Abordnung der angesehensten Einwohner« auf der Bürgermeisterei, um »den regelmäßigen Gang der Uhr« anzumahnen. Am 13. November beschließen der Bürgermeister, sein Stellvertreter und diejenigen Mitglieder des Gemeinderats, die zwar nicht nachgeben wollen, aber die »Gärung im Volk« fürchten, bei der Präfektur ihren Rücktritt einzureichen.

Dem Pfarrer fehlt es nicht an Argumenten: Zunächst einmal hat der Bürgermeister selbst von ihm nichts gefordert. Wir begegnen hier einer typischen und wesentlichen Haltung in derartigen Konflikten: der Weigerung der Gemeindeverwaltung, ein Ersuchen zu stellen, was als demütigend empfunden wird. Außerdem pflegt der Pfarrer die große Kirchentüre nur zu feierlichen Anlässen zu öffnen. Der Lehrer, der kirchliche Glöckner, die Gläubigen, er selbst treten täglich durch die Seitentüren ein. Seiner Ansicht nach kann der Uhrenaufzieher das ebenso tun.

Der Präfekt ist sich des Ernstes einer Angelegenheit bewußt, »die schlimme Ausmaße anzunehmen droht«, und beschließt, sich an den Tatort zu begeben, um sich ein besseres Bild von der Verteilung der Zugänge machen zu können. Der Pfarrer weigert sich zunächst, zu seiner Begrüßung zu kommen, und empfängt ihn dann voller Herablassung. Den Schlüssel zur Außentür des Turms händigt er dem Präfekten erst aus, nachdem er eine unterschriebene Empfangsbestätigung erhalten hat. Der Bischof von Langres nimmt seinen Pfarrer am 22. November in Schutz, kritisiert aber zugleich die Respektlosigkeit, die er an den Tag gelegt hat. In den Augen des Prälaten steht es nicht dem Bürgermeister, sondern dem Priester zu, darüber zu befinden, »welche Tür zu öffnen und welche verschlossen zu halten ist«.

Am 11. Dezember verweigert der Pfarrer noch immer den Turmschlüssel und den Zutritt durch die große Tür der Kirche. »Um eine ziemlich große Zahl schreiender Gemeindemitglieder zu besänftigen, die den ganzen Vormittag in Wallung waren«, entschließt sich der Uhrenaufzieher an diesem Tag, nachzugeben und die Kirche durch eine Seitentür zu betreten, die sein Widersacher ihm bezeichnet hat. Der Bürgermeister bedauert diese Entscheidung und bittet den Präfekten um die Erlaubnis, einen Schlüssel machen zu lassen, um auch gegen den Willen des Pfarrers entweder die große Kirchentür oder die Tür zum Glockenturm zu öffnen.

Beunruhigt schreibt der Präfekt am 18. Dezember an den Kultusminister, daß die Affäre von Biesles »im Grunde genommen ziemlich gravierend« sei; die »Erregung der Gemüter hat den Siedepunkt erreicht«. Er für sein Teil gibt dem Bürgermeister recht, der doch nur »den bequemsten Zugang« fordere. Er verlangt Instruktionen aus Paris. Seiner Ansicht nach bedarf es einer schnellen »ministeriellen Lösung«.

Im Frühjahr 1857 verschlechtert sich die Lage. Am 1. März befiehlt der Pfarrer seinem Glöckner provokativ, das zivile Läuten einzustellen, oder vielmehr – um die öffentliche Meinung subtiler zu beeinflussen –, nur noch alle zwei oder drei Tage »die Mittage« zu läuten. Der Uhr und der Glocken zugleich beraubt, verfügt die Bevölkerung nun über keinerlei Zeitsignale mehr. In dieser Situation entschließt sich der Pfarrer, auch das Läuten zu den Sonntagsgottesdiensten zu unterbrechen.

Am 13. März dringen zwei Unbekannte in den Glockenturm ein und läuten mit Gewalt »zu Mittag«. Am 16. ist die ganze Gemeinde in Aufruhr. Dem Friedensrichter von Nogent-le-Roi zufolge, der in Begleitung des Kantonskommissars und der Gendarmeriebrigade gekommen ist, ist die Sache außerordentlich ernst geworden. Am Mittag werden die drei Glocken schwingend geläutet. Der Bürgermeister und der Gendarmerie-Unteroffizier, die sich zur Kirche begeben, um diesen Gewaltstreich zu unterbinden, treffen auf »eine beachtliche Menschenmenge, die den Charakter einer Empörung annimmt und aus Männern, Frauen und Kindern besteht, die sich rings um die Kirche und auf dem Kirchhof aufgestellt haben; sie besteht aus mindestens fünf- bis sechshundert Personen.« Im Inneren des Gebäudes hat sich darüber hinaus eine Ansammlung von »mindestens hundertfünfzig Personen« gebildet, die gekommen sind, um die Aushilfsglöckner zu unterstützen. Die Menge brüllt, daß sie wiederkommen werde, um mit Gewalt das abendliche Angelusgebet zu läuten. Die Gendarmen treiben die beiden Zusammenrottungen auseinander, während der Bürgermeister zum Klang der Trommel das Verbot eines gewaltsamen Läutens verkünden läßt.

Die Lage bleibt weiterhin verfahren. Am 22. Juni beklagen sich zwölf Bürger aus Biesles erneut beim Präfekten: »Unsere Glocken läuten nicht mehr, was während der Mahlzeiten der Arbeiter *auch zum Sittenverfall im Lande führt*«; außerdem ist die Gemeinde am Vorabend von Sonn- und Feiertagen »jenes mehrstimmigen Läutens« beraubt, das »*dem Arbeiter eine gewisse Hoffnung auf Erholung* am nächsten Tag gab«.

Man muß bis zum 19. Dezember 1857 warten, bevor sich – anderthalb Jahre nach Ausbruch der Affäre – der Kultusminister nach Konsultierung des Innenministers entschließt, dem Streit ein Ende zu machen. In seinen Augen überschreitet der Pfarrer nicht seine Machtbefugnisse, wenn er die Türe auswählt, durch welche der mit der »Betreuung der Uhr Beauftragte« gehen soll. Es gibt keinen Streit mehr, und der Bürgermeister muß sich beugen.[70]

Der Zugang zum Glockenturm sicherte jedoch dem Glöckner nicht automatisch die Macht, sein Amt auszuüben. In den meisten Gemeinden »wird das Läuten nicht im Glockenturm, sondern in der Kirche selbst mit Hilfe der Seile vorgenommen«.[71] Letztere waren den Arbeitern auf dem Lande ein vertrauter Gegenstand. Sie wurden meistens an Ort und Stelle aus einheimischem Hanf gefertigt. So war es auch mit den Seilen, die das Bewegen der Glocken ermöglichten. Im Glockenturm mußten diese Seile gewartet und bewacht werden, um jedes Risiko eines unzeitigen Läutens auszuschalten, mochte es ein Alarm-, ein Ehren- oder ein Spottläuten sein. In einer Gesellschaft, in der das Sich-Erhängen die von Männern bevorzugte Art der Selbsttötung war, begünstigte die Tatsache, daß der Glockenturm durchzogen war von Seilen, denen man zuweilen magischen Wert zusprach, die Aura des Beunruhigenden um diesen mysteriösen, dunklen Ort. Manche Glöckner schlossen die Seile nach Gebrauch vorsichtshalber in einen Kasten ein; andere zogen sie in die Höhe, damit sie nicht irgendeinen jugendlichen Übermut reizten.

Das Verstecken, das Hochziehen oder umgekehrt das Abnehmen der Seile waren von Fall zu Fall auch Taktiken, um dem Kontrahenten eins auszuwischen. Im Jahre 1847 wünscht der Pfarrer von Dampierre, dem zivilen Glöckner den Zugang sowohl zum Glockenturm als auch zur Kirche zu verwehren. Deshalb beschließt er, die Seile verlängern und in das Gewölbe der Kirchenvorhalle Löcher bohren zu lassen, um die Seile dort hinzuhängen. Zur Ausführung dieses Vorhabens hat er eine Hanfsammlung in der Pfarrei angeordnet. Der Bürgermeister macht ihn jedoch zu Recht darauf aufmerksam, daß die Seile fortan dem erstbesten Strolch zur Verfügung stehen werden, der sich einen Jux daraus machen kann, Sturm zu läuten.[72]

Die häufigste Methode bestand allerdings darin, die Seile hochzuziehen, um sie außer Reichweite des Gegners zu bringen. Wenn letzterer nicht im Besitze eines Turmschlüssels war, erwies diese Maßnahme sich als sehr wirksam. Wir sahen das traurige Schicksal des Bürgermeisters von Parnes, der sich bei dem Versuch verletzte, die Enden der Seile, die der Pfarrer hochgezogen hatte, im Sprung zu erhaschen. Es gab noch eine weitere Möglichkeit, die denselben Zweck erfüllte: Sie bestand darin, den Klöppel aus dem Inneren der Glocke(n) zu entfernen.[73] Es wäre ermüdend, weitere Beispiele für solche Operationen anzuführen; wir haben in den vorangegangenen Kapiteln bereits mehrere kennengelernt. Als noch radikaler erwies sich die Sabotage, genauer gesagt, die mutwillige Beschädigung der Glocken durch einen der Glöckner.

Kapitel 3 Die großen »Kollisionen«

»Stumme« Beisetzung

*A*n zwei Kategorien des Läutens entzündeten sich die Spannungen im Dorf. Um die Befugnis, über das Erklingen oder das Schweigen der Glocken bei den *rites de passage* zu entscheiden – oder, wenn man will, die Bemeisterung des *klingenden Standesamtes* – entbrannten das ganze 19. Jahrhundert hindurch immer neue Streitigkeiten. Das Läuten zu den »Souveränitätsfesten« und zu den verschiedenen nationalen Feiertagen löste ebenfalls viele solche Glockenkonflikte aus, die damals die ländlichen Gemeinschaften erschütterten. Diese letzteren Glockenkonflikte lagen aber auf einer anderen Ebene; sie signalisierten die Integration in das Leben der Nation. Bei diesen Gelegenheiten war das Läuten in der Tat ein Element in jenen großen politischen Kontroversen, die über den Bereich des Lokalen hinausgingen.

Die Konflikte um die Sterbe-, die Toten- und die Bestattungsglocke veränderten sich im Laufe des 19. Jahrhunderts. Doch verbarg sich dieser langsame Entwicklungsprozeß hinter dem fast unveränderten Erscheinungsbild der Streitigkeiten. Der vom Klerus beschlossenen Verweigerung des Läutens stand der Wille der Gemeindeobrigkeit entgegen, dieses den Familien und der Gemeinschaft aufgezwungene Schweigen der Glocken zu brechen.

Bis zum Sieg der Dritten Republik gehörte die von der Kirchenführung beschlossene Verweigerung des Läutens zu einer langen Tradition im Rahmen des kanonischen Rechts. Das Schweigen der Glocken ging einher mit der Verweigerung der religiösen Zeremonie und jedweder Sakralisierung des Todes, was durch die Schließung des Gotteshauses noch unterstrichen wurde. Alle diese Maßnahmen waren eine furchtbare Waffe in den Händen des Priesters.

Manche Pfarrer verweigerten zum Beispiel das Läuten beim Tod von Kindern, die gar nicht oder nicht innerhalb der kanonischen Frist von drei Tagen getauft waren.[1] Der Klerus läutete auch nicht für Selbstmörder oder für Sünder, die vor ihrem Tode keine Reue gezeigt und nicht die Sterbesakramente empfangen hatten. Viele Pfarrer oder Pfarrverweser bestraften mit dem Schweigen der Glocken das für unmoralisch erkannte Leben ihrer Pfarrkinder, zumal wenn diese in wilder Ehe lebten. Wir schlagen hier eine der letzten Seiten der großen Geschichte der Schandmale und der Zeichen der demonstrativen Ausschließung von Mitgliedern ländlicher Gemeinden auf, die sich am längsten gegen die Autonomie des privaten Lebens sperrten. So gesehen, kann das dröhnende Schweigen der Totenglocke nicht genug betont werden.

»Die Gesetze der Kirche«, führt der Erzbischof von Amiens 1833 aus, verwehren die *Aufbahrung in der Kirche* und den *Klang der Glocke* »solchen Verstorbenen, die sich bis zum letzten Augenblick geweigert haben, *einen öffentlichen Verstoß* gegen die Sitten oder die Gerechtigkeit *zu mißbilligen*, oder die sich bis zuletzt offen und hartnäckig zu gottlosen Grundsätzen bekannt haben«.[2] Die Strafe traf also, von Fall zu Fall verschieden, einen mehr oder weniger breiten Personenkreis. Anfang des 19. Jahrhunderts verweigerten einige Pfarrer solchen Menschen die Glocke, die sich während der Revolution als Anhänger der »bösen Priester« zu erkennen gegeben hatten. In den ersten Jahren der Julimonarchie verboten Pfarrverweser hier und dort die Sterbeglocke für Republikaner, Offiziere der Nationalgarde und im weiteren Sinne für Personen, die sich eine Äußerung des Widerstandes gegen eine klerikale Entscheidung hatten zuschulden kommen lassen. Im Jahre 1831 weigerte sich der Pfarrer von Dingé (Ille-et-Vilaine) zur großen Empörung des Bürgermeisters, die Glocken läuten zu lassen, um die Beisetzung eines Gemeindebeamten bekanntzumachen. Ein Jahr darauf lehnte es der Pfarrer von Villeréal (Lot-et-Garonne) ab, beim Tode eines Leutnants der Nationalgarde der Gemeinde zu läuten. Genauso handelte er bei einem einfachen Unteroffizier dieser Truppe, der »bis zu seinem letzten Atemzug« unaufhörlich wiederholt hatte, »daß er als wahrer Republikaner sterben wolle«. Manche Seelenhirten bestraften auf diese Weise Pfarrkinder, die es unterlassen hatten, sich am Ankauf oder am Neuguß des Kirchengeläutes zu beteiligen. Selbstverständlich traf das Schweigen der Glocken auch die »Ungläubigen«. Wenn wir nur den Osten des Landes ansehen, so verursachte diese Verweigerung des Läutens 1833 Konflikte in Phalsbourg (Moselle), 1837 in Giromagny (damals Haut-Rhin) und 1847 in Weyersheim (Bas-Rhin).[3]

Indessen darf man auch nicht übertreiben. Sehr oft zogen Pfarrer und Pfarrverweser es vor, ein Auge zuzudrücken, und kamen dadurch möglichen Streitigkeiten zuvor. Im Orne war es während der Julimonarchie Brauch, daß der Pfarrer, der es ablehnte, bei der Beisetzung von Personen zugegen zu sein, die ohne den Empfang der Sterbesakramente dahingegangen waren, dennoch erlaubte, daß für sie geläutet wurde.[4]

Am 1. Juli 1837 prüft die Deputiertenkammer die Eingabe eines Monsieur Pichon. Dieser »bittet darum, daß erlaubt werde, auch gegen den Widerstand der Pfarrer die Glocken zu läuten, um einen Todesfall *bekanntzumachen,* wenn die Angehörigen des Verstorbenen darum ersuchen, und daß zu diesem Zweck die Kirchenschlüssel in der Bürgermeisterei hinterlegt werden.« Der Berichterstatter, der Deputierte und Bürgermeister von Chartres, Chasles, ist gegen die Petition: »Es ist nicht einzusehen«, meint er, »warum die Glocken der *individuellen Konvenienz* zur Verfügung stehen sollen und warum zum Beispiel die Familie des Verstorbenen das Recht haben soll, das Begräbnis ihres Verwandten mit einem der *Bestandteile der kirchlichen Feier* zu begehen, wenn diese Feier gar nicht stattfindet.«[5] Das zweite Argument, nachgerade dazu berufen, immer von neuem wiederholt zu werden,[6] ist stark; unterstreichen wir lieber das erste: Es artikuliert die Weigerung, den Klang der Glocke in die Privatsphäre zu integrieren, und den Wunsch, ihn im Bereich des Öffentlichen zu halten.

Die Bitte des Monsieur Pichon ist erklärlich. Tatsächlich stellte sich seit den ersten Jahren des Juliregimes beharrlich das Problem des Läutens bei weltlichen Beerdigungen. Im Oktober 1830 verwarf ein Bürgermeister aus dem Loiret, gestützt auf den Präfekten und den Anwalt des Königs, die Bitte eines Monsieur Gauthier. Dieser verlangte, daß das Ableben seines Sohnes geläutet werde, obwohl dieser darauf bestanden hatte, »auf einem seiner Besitztümer« begraben zu werden, »ohne jede religiöse Zeremonie, ohne den Beistand der Kirche« und ohne daß sein Leichnam in der Kirche aufgebahrt worden war. 1834 beklagte sich der Pfarrer von Viviers-le-Gras (Vogesen) über den Bürgermeister der Gemeinde, der für einen Verstorbenen läuten ließ, dem das kirchliche Begräbnis verweigert worden war und der in seinem Garten begraben zu werden wünschte. Eine zusätzliche Herausforderung in den Augen des Priesters: Der Bürgermeister, der am Morgen geläutet hatte, wurde am Abend rückfällig, nachdem der Pfarrer sich in der Predigt über das Verhalten seines Kontrahenten beklagt hatte. Der Bürgermeister seinerseits meldete dem Präfekten die *Beleidigung*, die »dem Verstorbenen und seiner Familie« angetan worden war.[7]

Die Frage des Läutens zur Beerdigung berührt die Ehre der betreffenden Person und ihrer ganzen Verwandtschaft [vgl. o. S. 209 ff.]. Am 13. April 1837 schreibt der Bürgermeister von Belval (Vogesen) an den »Schulmeister« von Saint-Jean-d'Ormont, damals Glöckner der Pfarrkirche: Monsieur Joseph Fister »bittet Sie durch mich inständig, die Glocken läuten zu lassen, um den Tod seines Vaters David Fister bekanntzumachen, meiner Meinung nach, weil der Verstorbene für die Glocken bezahlt und die gleichen Rechte darauf hat wie wir [...]. Empfangen Sie, Monsieur le Maître, den Ausdruck meiner Hochachtung, mit welchem ich die Ehre habe Sie zu grüßen. J. B. Pierron«, und weiter unten: »Der endesgefertigte Bürgermeister der Gemeinde Le Mont erklärt sehr gern sein Einverständnis, daß David Fister geläutet werde. J. B. Charpentier.« Es sind nämlich drei Gemeinden (Belval, Le Saulcy, Le Mont) Filialen der Pfarrei Saint-Jean-d'Ormont; alle drei Bürgermeister sind einverstanden, »daß der Leichnam beim Begräbnis die Ehrenbezeigungen durch den Klang der Glocke erhalte«, und zwar trotz der Weigerung des Pfarrers. David Fister hat ein Recht *auf die Nutzung* des Instrumentes, das er mitbezahlt hat. Die Entscheidung des Priesters, bestätigt durch den Kultusminister, »befremdete alle andächtigen Gläubigen der *angegliederten Gemeinden,* die die sterblichen Überreste des allgemein bedauerten Verstorbenen begleiteten«.[8] Dieses Unverständnis drückte das Aufeinanderprallen zweier Denkweisen aus: Der Logik des Priesters stand die der Gläubigen entgegen, für die es sich darum handelte, einen moralischen Vertrag zu respektieren; in ihren Augen stellten solche Verweigerungen des Läutens die Gleichheit unter den Pfarrkindern in Frage. Die Verweigerung der Glocke wurde außerdem von den Mitgliedern jener Gemeinschaften schmerzlich empfunden, die nur den Status eines Anhängsels hatten und gezwungen waren, die Entscheidungen des Pfarrers der Pfarrkirche hinzunehmen, die in einer anderen Gemeinde lag [vgl. o. S. 85 ff.].

Exemplarisch ist der Fall Belval; denn die Konflikte, die aus der Weigerung entstehen, die Toten zu läuten, laufen fast alle nach dem gleichen Szenario ab. Wenn die Familie von der Weigerung des Pfarrers erfährt, wendet sie sich an die Gemeindeverwaltung. Manchmal entscheiden dann der Bürgermeister oder sein Stellvertreter, mit Gewalt zu läuten oder läuten zu lassen. Das geschieht in Villeréal in dem schon zuvor erwähnten Streit. Im Dezember 1832 erklärt der Pfarrer: »Nicht genug damit, daß er sich mit Gewalt der Schlüssel zum Glockenturm bemächtigte, um entgegen unserem ausdrücklichen Verbot [...] Trauer läuten zu lassen, gestattete der Bürgermeister einer Rotte Banditen, mir am Abend mit einem Charivari aufzulauern, welches mit der höchst strafwürdigen Untat endete, daß meine Haustüre mit allem möglichen Unrat beworfen wurde.« 1835, anläßlich des Ablebens des Unteroffiziers der Nationalgarde, »warf sich der Bürgermeister erneut zum Herrscher über den Glockenturm auf und tat trotz meines Verbots mit den Glocken, was er wollte«. 1840 sorgt der Tod eines Mannes, der tags zuvor seinen achtzehnjährigen Sohn verloren hatte, für große Aufregung in der Pfarrei Récanoz-Lombard (Jura). Trotz Verbotes durch den Pfarrer läutet der stellvertretende Bürgermeister dreimal. Er wird dafür gerügt. Die Familie schaltet den Bürgermeister und mehrere Angehörige ein, die Honoratioren sind. Letztere beklagen sich bitter über den Affront, der dem Verstorbenen und seinen Nächsten angetan worden ist. 1838 gibt der Bürgermeister trotz des Verbots des Pfarrverwesers von Fays (Haute-Marne), »die Glocken für einen Mann zu läuten, der beim Sturz von einem Baum zu Tode kam und der im Konkubinat lebte«, die Anweisung, den Wunsch der Familie zu respektieren.[9]

Angesichts der Weigerung des Pfarrers von Giromagny, zum Tode einer achtundzwanzigjährigen Protestantin zu läuten, läßt der Bürgermeister seinen Parteigängern freie Hand. »Sonntag morgen«, berichtet der Priester, »gegen sieben Uhr, haben sich fünf männliche Personen – darunter ein Metzger – unmittelbar nach dem Angelusgebet *der Glocken bemächtigt* und trotz der Mahnungen des Küsters bis Viertel vor acht geläutet. Folglich war es unmöglich, zur ersten Messe zu läuten, die gegen halb acht gelesen werden muß [...]. Als der Trauerzug sich entfernte, brachen sie die Tür zum Kirchturm ein, um sich der Glocken zu bemächtigen, und haben dann wieder, so laut sie wollten, geläutet.«[10]

Es kommt vor, daß der Konflikt nicht der Verweigerung, sondern der Dauer des Läutens entspringt. »Man behauptet in Marcilly (Haute-Marne)«, bemerkt der Pfarrverweser im Februar 1848, »daß das Totengeläute Sache des Gemeinderates sei [...]. Nach diesem Grundsatz läutet man, wenn jemand aufgebahrt worden ist, fünfmal pro Tag und jeweils für eine halbe Stunde, ohne Rücksicht auf mich, was die Zeit der Gottesdienste an den Sonntagen betrifft. Bei jedem Todesfall glaubt man sich an den Allerseelentag versetzt und sieht die heilige Stätte zu einer Art Pferdestall gemacht.« Der Priester rächt sich, indem er beschließt, in Zukunft zum »Sonnenuntergang« nur noch mit einer Glocke zu läuten, obwohl es doch »seit unvordenklichen Zeiten« mit zwei Glocken geschah. Die »gesamte Gemeinde, jung und alt«, schreibt der Bürgermeister, »sieht mit einer gewissen Empörung den Entzug einer Glocke, die man alle Abende zum Angelus geläutet hat.«[11]

Unmittelbar nach dem Sieg der Dritten Republik, als die antiklerikale Politik Gestalt gewann und sich dann verschärfte, traten Vorfälle dieser Art, die die Gemeinschaft gegen die als mißbräuchlich empfundene Bevormundung durch den Klerus aufbrachten, hinter Fällen zurück, die aus der Verweigerung des Läutens bei zivilen Begräbnissen entstanden. Dieser Umstand veränderte auch den Sinn des Glockenentzugs. Er verlor einen großen Teil seiner Bedeutung für die Gemeinschaft. Die Forderung der Familie oder der Freunde des Verstorbenen nach dem Läuten der Glocke ging nur noch selten mit dem Wunsch einher, den Tod durch das Abhalten einer religiösen Zeremonie zu sakralisieren. Die Einstellung des Klerus ordnete sich einem breiteren Kampf unter; sie hatte etwas von einer umfassenden Abwehrstrategie. Mehr als den Wunsch nach Sanktionen verriet sie fortan den Wunsch, jede eventuelle Desakralisierung der Glocken auszuschließen.

Gleichzeitig wurde das Totengeläute zu einem theoretischen Problem. Die Argumente, mit denen die Atheisten Anspruch auf die Glocken erhoben, bewegten sich auf zwei Ebenen. Sie bekundeten zunächst einmal den Willen, den Tod des Menschen von dem des Tieres zu unterscheiden. »Wir sind keine Hunde«, läßt Fonsegrive diesbezüglich den Helden und Freidenker seines Buches sagen, der trotzdem in den Genuß der

Totenglocke zu kommen wünscht.[12] Diese Sorge entsprang
dem gleichen Gefühl wie der von den dechristianisierten Be-
völkerungsschichten geäußerte Wunsch, ihre Kinder taufen zu
lassen, um sie durch diese Zeremonie definitiv dem Tierreich
und der Einflußnahme des bösen Geistes zu entziehen.[13] Die
Antiklerikalen, oder besser die Atheisten, bewiesen durch
ihren Wunsch nach einer Mindestsakralisierung des Todes,
daß sie sich dem Argument des Klerus nicht verschlossen, für
den das zivile Begräbnis ein bloßes »Verscharren«, ähnlich dem
eines Tieres, war.

Für eine große Anzahl von Agnostikern oder Freidenkern
bewegte sich die Debatte auf einer anderen Ebene. Das Totengeläute wurde von ihnen in erster Linie als Todesanzeige verstanden. Es wurde also als ein Recht empfunden, das sich aus
dem einfachen Prinzip der »Gemeindegleichheit« herleitete.
So kam es in einem Antrag zum Ausdruck, der im November
1908 dem Kongreß des französischen Freidenkerverbandes zur
Abstimmung vorlag. Das Verbot des Läutens bei zivilen Taufen, Trauungen und Beerdigungen »macht aus den Freidenkern *wahre Parias*«. Zwei Monate später übermittelte Francis
de Pressensé, Deputierter für das Rhône-Département und
Präsident der französischen Liga zur Verteidigung der Men-
schen- und Bürgerrechte, dem Innenminister den Wunsch der
Sektion Saint-Pierre-de-Chandieu (Rhône) nach Gleichheit
der »Ehrenbezeugungen durch Glockenläuten«. In demselben
Jahr 1909 hieß *La Lanterne* die Entscheidungen der Gemeindeverwaltung von Rivesaltes gut und führte eine Kampagne zu
ihren Gunsten. Die Zeitung fügte ein Argument hinzu, das an
frühere Zeiten anknüpfte: Die Freidenker haben bei ihrem
Tode ein Recht auf Gleichheit der Behandlung ohne Ansehen
der Person. »Man läutet für den katholischen Verstorbenen,
man läutet nicht für den ungläubigen Verstorbenen. Daraus
ergibt sich, daß der Tod des letzteren nicht wie der andere *einer*
allgemeinen Trauer würdig zu sein scheint.« Nur vom Tod des
Katholiken »setzt man die Gemeinschaft der Einwohner in

Kenntnis«. Die Haltung des Gemeinderates von Rivesaltes, der die Gemeindeglocke in ein neues ziviles Totenritual zu integrieren wünschte, erscheint als exemplarisch. Sie wurde aber, wie gesagt, vom Ministerium als Verstoß gegen das Gesetz vom 15. November 1887 mißbilligt, das die Neutralität der Gemeindeverwaltungen vorsah. Grundlage für die Einführung eines Gemeindeläutens bei allen Begräbnissen war das Entfallen »jeder Unterscheidung im Hinblick auf den Glauben des Verstorbenen«. Nun beabsichtigte der Bürgermeister von Rivesaltes aber, die Gemeindeglocke zivilen Begräbnissen vorzubehalten.[14]

Die Argumente des Klerus gründeten sich auf die Notwendigkeit, den Tod zu sakralisieren. Die Glocke war ein geweihter Gegenstand, und die klerikale Presse wurde nicht müde, die Freidenker, die sich Glockenläuten zu ihrem Tode wünschten, mit Spott zu übergießen. Am 6. Dezember 1907 macht sich *Le Journal de Chartres* über die atheistischen Bürgermeister lustig, die für sich Trauergeläute fordern. Der Verfasser des Artikels fragt sich, ob sie nicht demnächst Weihwedel und Weihwasser zur »zivilen, laikalen Sündenvergebung« verlangen werden. Die Katholiken bemühten die Geschichte der Glocken. Sie erinnerten daran, daß allein der Pfarrer das religiöse Geläute zu regeln hatte. Wenn man die im Anschluß an das Gesetz von 1884 unterzeichneten Reglements durchliest, findet man auf der Liste der Geläute, die der Initiative des Bürgermeisters obliegen, weder zivile Trauungen noch Bestattungen.[15] Entgegen den Wünschen der Freidenker wurde die Rechtsprechung nicht geändert.

Der Klerus verfügte darüber hinaus über eine weitere wirksame Replik, nämlich die, aufsässige Gemeinden mit dem Interdikt zu belegen und jedes kirchliche Läuten zu unterbinden. Im Juli 1884 bestrafte der Erzbischof von Annecy auf diese Weise die Gemeinde Ville-en-Sallaz (Haute-Savoie), deren Bürgermeister die Glocken bei der Beerdigung eines Selbstmörders hatte läuten lassen. Zwei Jahre später belegte derselbe

Prälat die Pfarrgemeinde Bonne mit dem Interdikt, weil man
dort zu einer zivilen Bestattung geläutet hatte.[16]

Liest man nur die Archivdokumente, scheinen derartige
Konflikte unzählig und monoton gewesen zu sein. Man darf
sich jedoch von der asymmetrischen Erhaltung der historischen Spuren nicht täuschen lassen. Die Glockenaffären än-
derten am Ende des 19. Jahrhunderts ihren Status. Sie gingen
über das Lokale hinaus und waren fortan eng mit den großen
Debatten der nationalen Politik verwoben. Die Zentralverwaltung zeigte in dieser Hinsicht nicht mehr die ironische Herablassung, mit der sie früher diese Manifestationen ephemerer
Leidenschaften betrachtet hatte. Es war neu, daß gewisse
nationale Presseorgane fortan eine Rubrik mit »Glockenaffären« enthielten. Gleichzeitig laufen die Historiker Gefahr,
als plötzliche Zunahme der Quantität anzusehen, was nur eine
Zunahme der Sichtbarkeit ist.

Wie dem auch sei, die Masse der auf nationaler Ebene ge-
sammelten Dokumente trotzt jedem Versuch einer Einord-
nung.[17] Solche Vorfälle waren in den letzten zwei Jahrzehnten
des Jahrhunderts besonders häufig. Ihre Zahl nahm in der
Folge noch zu, vor allem zwischen 1908 und 1911. Davon zeugt
der Fall aus dem Département Eure-et-Loir, den wir als Beispiel wählen wollen. Am 28. Juni 1891 läßt der Bürgermeister
von Nogent-sur-Eure ein ziviles Begräbnis durch den Feldhüter läuten. Am 6. August 1891 tut sein Kollege aus Saint-Arnoult es ihm gleich. In den ersten Jahren des neuen Jahrhunderts verschärft sich der Ton. 1908 erklärt der Bürgermeister
von Châtillon, daß er ungeachtet des Verbots durch die Präfektur weiterhin zu zivilen Trauungen und Beisetzungen läuten
werde. Der Bürgermeister von Marboué – »offen republika-
nisch« nach Aussage des Unterpräfekten von Châteaudun –
nimmt dieselbe Haltung ein. Ihm zufolge ist die Masse der Bevölkerung seiner Gemeinde indifferent oder antiklerikal. Sie
ertrage das ganze Jahr hindurch das ihr vom Klerus aufgezwungene, übertriebene Glockenläuten. Um so dringender

wünsche sie, daß die Totenglocke für alle Verstorbenen geläutet werde. Im übrigen handele es sich um einen lokalen Brauch. Außerdem sei die Gemeinde sehr weitläufig; wenn die Glocke stumm bleibe, erfahre die Mehrheit der Einwohner von Marboué nichts vom Tod eines Mitbürgers. Im Eure-et-Loir geht dem Bürgermeister zufolge der Wunsch, zu zivilen Begräbnissen zu läuten, nicht von einer Handvoll von Freidenkern aus, er entspricht vielmehr den tiefen Überzeugungen der dörflichen Gemeinschaften.[18]

Um jeden etwaigen Handstreich der Gemeindeverwaltung zu verhindern, hat der Pfarrer von Marboué den Klöppel der großen Glocke entfernen lassen. Aber was tut's: der Bürgermeister läutet die zivilen Beisetzungen mit der kleinen Glocke ein. Dann läßt er, des Streites müde, das Schloß an der Tür zum Glockenturm auswechseln (am 12. Mai 1907). Der Pfarrer bereitet den Gegenschlag vor, und er siegt: »Da ich nicht mehr zu den Glocken gelangen kann«, schreibt er, »versuche ich, Herr über die Seile zu bleiben. Infolgedessen schließe und verbarrikadiere ich die Türen ganz fest.« Der Bürgermeister kann also am 16. Juli nicht läuten, um ein ziviles Begräbnis bekanntzugeben. Die Antwort des obersten Gemeindebeamten läßt nicht lange auf sich warten. Am 21. entscheidet er per Erlaß, daß die Tür der »kommunalen« Kirche von sechs Uhr morgens bis sechs Uhr abends im Sommer und von sieben bis acht Uhr im Winter offenzubleiben hat. Kraft dieses Erlasses läßt die Gemeindeverwaltung (am 9. August) die Schlösser, Klinken und Sperriegel der Kirche aufbrechen und glaubt, so dem Priester das Abschließen verwehrt zu haben. Am 9. September läßt der Pfarrer auf eigene Kosten an der Tür des Gotteshauses ein neues Schloß einsetzen. Am 13. entfernt der Magistrat gewaltsam diese neue Absperrung. Am 2. Dezember beschreibt der Pfarrer seine neue Taktik, stolz auf seinen listigen Einfall: »Ich verbarrikadiere einfach die Tür mit einigen Bänken und einer Eisenstange.« Er freut sich zu früh. Auf Geheiß des Magistrats bricht der Feldhüter, unterstützt von einem Arbeiter, die Kirchentür auf ...[19]

In manchen Fällen begnügen sich die Bürgermeister nicht damit zu läuten. Getreu der Tradition und obwohl es sich um zivile Begräbnisse handelte, betrat zum Beispiel der Bürgermeister von Touvérac (Charente) zusammen mit dem Trauerzug die Kirche, nachdem er die Kirchentür mithilfe eines Nachschlüssels hatte öffnen lassen. Sein Kollege aus Bédeilhac (Ariège) ließ 1895 das Totengebet sprechen, was Pfarrer und Pfarrverweser natürlich als eitle Profanierung ansahen.[20]

Der Pfarrklerus erweiterte jedoch die Liste der Motive für den Glockenentzug. Im Département Meuse weigerte er sich fortan, zum Tode von Personen zu läuten, die es unterlassen hatten, den Kultpfennig zu bezahlen, also das, was der Bürgermeister von Bulainville die »Kultsteuer« nannte. Am 22. Juni 1909 verweigert aus diesem Grund der Pfarrer von Came (Basses-Pyrénées) einem Gemeinderat Totenglocke und kirchliches Begräbnis. Am Tag des Leichenbegängnisses geleitet ein Trauerzug, angeführt von dem mit der Schärpe gegürteten Bürgermeister, dem Feldhüter und dem Lehrer, den Sarg zur Kirche. Die Trauernden sprechen Gebete, stimmen die üblichen Trauerlieder an und läuten die Glocke. Das Gericht in Bayonne verurteilt den Bürgermeister und den Feldhüter – nicht jedoch den Lehrer – wegen Machtmißbrauchs.[21]

Zwischen 1908 und 1911 begleiteten diese Glockenaffären den zuvor erwähnten Streit um das Angelusläuten. Die Debatte drehte sich nämlich um die Gültigkeit von Gemeindebestimmungen, die die Dauer des kirchlichen Läutens und zugleich die Liste der zulässigen zivilen Geläute festlegten. Laut diesen (vom Klerus angefochtenen) Bestimmungen machten sich Pfarrer und Pfarrverweser schuldig, wenn sie zu lange läuteten oder wenn sie das Läuten bei zivilen Begräbnissen und Trauungen verweigerten. Die Bürgermeister ließen die Verstöße durch den Feldhüter oder durch den Gendarmen feststellen, dann zitierten sie ihre Kontrahenten vor den Kadi. Die Mitglieder des Klerus ihrerseits versuchten, die Aufhebung der Gemeindebestimmungen zu erreichen.

Das Ergebnis war eine große Konfusion, die von der Presse der beiden Parteien ausgeschlachtet wurde. Versuchen wir, die wichtigsten Etappen dieses lange Zeit unentschiedenen Kampfes zusammenzufassen! Der Bürgermeister trug oft – aber nicht immer – den Sieg davon, wenn er den Pfarrer wegen Verstoßes gegen das kommunale Läutreglement vor ein erstinstanzliches Gericht brachte. Die Presse kommentierte die Entscheidungen der Gerichte von Angoulême, Narbonne, Neufchâteau, Châtillon und namentlich Épinal – wie man sieht, spiegelt diese Liste die Geographie der campanologischen Gefühlskultur wider und deckt den größten Teil der östlichen Mitte Frankreichs ab. Der Klerus verlor die Partie auch vor dem Kassationsgericht. Bereits am 21. Dezember 1907 befand diese oberste Instanz, daß in Ermangelung des vom Gesetzgeber vorgeschriebenen Kultusverbandes niemand solche Gemeindebestimmungen anfechten könne. Unter Berufung auf die lokalen Bräuche gestand das Kassationsgericht andererseits – gestützt auf den Artikel 51 des Dekrets vom 16. März 1906 – dem Bürgermeister das Recht zu, zivile Hochzeiten und Begräbnisse in die Liste der Anlässe aufzunehmen, die seiner Initiative oblagen.

Dagegen trugen die Mitglieder des Klerus den Sieg vor dem Staatsrat davon. Am 5. August 1908 annullierte dieser den Artikel 3 des Erlasses des Bürgermeisters von Vendeuvre-sur-Barse (Aube), der vorsah, bei weltlichen Begräbnissen dreimal – am Vorabend der Beisetzung, am Morgen der Beisetzung und unmittelbar nach dem Hinablassen des Sarges in das Grab – und bei zivilen Trauungen auf dem Bürgermeisteramt schwingend zu läuten. Der Staatsrat befand, daß der Bürgermeister »beim Reglement des Glockengebrauchs gehalten ist, die Forderungen nach Ordnung und öffentlicher Ruhe mit der Respektierung der Freiheit der Religionsausübung in Einklang zu bringen«.[22] Er weigerte sich also, das Recht auf Läuten bei zivilen Hochzeiten und Begräbnissen anzuerkennen. Die lange Serie der vom Staatsrat verfügten Annullierungen scheint allmählich die antiklerikal gesinnten Stadtväter entmutigt zu haben. Nach 1911 nimmt die Intensität dieser auf nationaler Ebene geführten Schlacht stark ab.

Nationale Glocken

Diese letzteren Affären manifestierten noch einmal die Verzahnung von Lokalem und Nationalem. Es gab jedoch ein Läuten, das diese Horizonterweiterung noch deutlicher zum Ausdruck brachte: jenes zu den Souveränitätsfesten. Manche Pfarrer glaubten, den Gebrauch der Glocken allein regeln und die vom Bürgermeister geforderten Geläute nach Gutdünken bewilligen oder ablehnen zu können. Indessen sahen sämtliche durch die Präfekten und Bischöfe ausgearbeiteten konzertierten Reglements das Begehen der »Souveränitätsfeste« vor, die ab 1830 »Nationalfeiertage« genannt wurden. Der Pfarrer, der zu diesen Anlässen die Glocken verweigerte, verstieß gegen Grundsätze des Konkordats.[23]

Niemals zuvor wohl ist bei derartigen Feiern die Bronze so machtvoll erklungen wie zur Zeit der Restauration. Jedes Jahr am 21. Januar erscholl von allen Kirchen des Königreichs das schmerzliche »Jahresendgeläute«, um an den Königsmord zu erinnern und ihn zu sühnen. In Montauban beispielsweise setzte man bereits am 20. Januar 1830 abends alle Glocken »der Stadt und der Vororte« in Gang. Am folgenden Tag wurde das Totengeläute von Tagesanbruch bis Mittag »von Stunde zu Stunde« wiederholt. Mit derselben Regelmäßigkeit läutete man das Fest des Königs: für Saint-Louis am 25. August und für Saint-Charles am 4. November. So sah in Montauban das Programm des Festes am 4. November 1829, wie es der Präfektur am 30. Oktober übermittelt wurde, das Läuten *aller* Glocken am Vorabend und am Tage des Festes vor.[24] Wenn es einen Konflikt gab, dann nicht, weil der Klerus sich in irgendeiner Weise gesträubt hätte; die Behörden stritten sich lediglich um die Ehre, die Glocken zu läuten. Das war der Fall in Dol-de-Bretagne am 25. und 26. August 1821, wie auch in Montréal (Gers) am 20. Januar 1829. An dem Tag stritten sich die beiden Glöckner, der des Bürgermeisters und der des Pfarrers, am Vorabend »des Geburtstages des Märtyrerkönigs« um die Glocken.[25]

Unter den Bourbonen führten Umfang und Dauer des Läutens zu den Souveränitätsfesten nicht zu Konflikten. Die Restauration war auf diesem Gebiet die Zeit der Aufmerksamkeit für das Erbe der Gemeinden, der Wiedergewinnung der Symbole, der Wiederherstellung der Schatzkammern, der Neusetzung der Embleme. Sie war auch eine Epoche intensiver Gedächtnisarbeit. Wie wir sahen, kam dies damals auch in der Erbitterung der interkommunalen Kämpfe zum Ausdruck, die sich zuweilen in den Zyklus altüberkommener Fehden einordneten. Das für die Glockengeschichte Wesentliche betraf damals die Identität der ländlichen Gemeinschaften, die sich oft gleichgültig oder ablehnend gegen das Erbe des Adels und der Kongregationen verhielten. Die Restauration im Dorf bestand also aus der Spannung zwischen der Sorge um Erhaltung und dem Vandalismus der schwarzen Banden.

Radikal anders erscheint die Glockengeschichte unter der Julimonarchie, obwohl auch diese sich um die Wiederherstellung des Glockenerbes bemühte [vgl. o. S. 72]. Damals zeichnete sich nach und nach die Konstellation der durch die nationalen Glocken verursachten Konflikte ab, die bis zum Ersten Weltkrieg fortbestehen sollte. Betrachten wir die beiderseitigen Positionen. Sehr viele Gemeindeverwaltungen sahen in den Souveränitätsfesten eine Gelegenheit, die wiedergewonnenen Freiheiten zu preisen, die Charta und den nationalen König zu feiern, ostentativ die Trikolore zu entrollen und damit den Primat der zivilen Behörden über die kirchliche Macht zu proklamieren. So erklärt sich der Wille zahlreicher Bürgermeister, die festlichen Aktivitäten zu vervielfachen. Die ersten zwei Jahre der Julimonarchie sahen den Höhepunkt des politischen Banketts im Dorf. Nie zuvor im 19. Jahrhundert haben sich die Nationalgarden so stolz in den ländlichen Gebieten gezeigt wie damals. Diese Jahre waren auch die Zeit einer symbolischen Markierung des Gemeindeterritoriums, was zum Ausdruck kam nicht in der Errichtung von Baudenkmälern – der Bau von ländlichen Bürgermeistereien begann später –, sondern durch die Vervielfachung der Embleme. Königsbüsten, Freiheitsbäume, Kirchturmhähne, Trikoloren kennzeichneten mit ihrer Überfülle den Einzug des neuen Regimes auf dem Lande. Seit 1831 unterstrich, wie wir sahen, die Zeremonie der politischen Wahlen diesen Aufstieg, diese verstärkte Zurschaustellung des Kommunalen. Das kam auch auf dem Gebiet der Glocken zum Ausdruck. Die »Fahnenumzüge«, die »improvisierten Feste«, die so bezeichnend waren für diesen kurzen, aber entscheidenden Moment in der Geschichte der öffentlichen Meinung, wurden begleitet von unablässigen zivilen und politischen Geläuten, die der Präfekt des Départements Ille-et-Vilaine rückblickend als mißbräuchlich ansah.[26]

Die Nationalfeiertage stellten die Hoch-Zeit dieser demonstrativen Haltung dar. Es waren drei an der Zahl: die Trauerfesttage am 27. – 29. Juli, das Königsfest am 1. Mai sowie der Jahrestag des Eides auf die Charta (am 9. August), der bald wieder abgeschafft wurde.[27]

Der Pfarrklerus verfolgte all diese Aktivitäten mit kritischen Augen. Die schmerzliche Erinnerung an die Zeit der Revolution und also das Gefühl, einer Rückkehr der revolutionären Gesinnung beizuwohnen, das Fehlen von Vertretern der Kirche bei der Zeremonie vom 9. August sowie eine unübersehbare Treue zu den Bourbonen – die dazu ansporonte, den König der Franzosen als monströsen Usurpator zu betrachten – riefen bei sehr vielen Priestern auf dem Lande eine ablehnende Haltung hervor. Die Heftigkeit der antiklerikalen Bekundungen, die das erste Jahr der Herrschaft begleiteten, die Intensivierung der politischen Diskussion auf dem Dorf, die Zunahme der kommunalen Herausforderungen, die Teilnahme der Jugend an diesen Festtagskundgebungen, die als lauter Exzesse empfunden wurden, der Mißbrauch des zivilen Läutens und die Forderung der Stadtväter nach Herausgabe der Schlüssel zum Glockenturm – dies alles beunruhigte viele Pfarrverweser und reizte sie zum Widerstand.[28]

Insgesamt war die Julimonarchie auf lokaler Ebene gekennzeichnet durch die Häufigkeit der Kompetenzprobleme zwischen der zivilen Macht und der kirchlichen Autorität. Sie zeichnete sich in dieser Hinsicht durch den bedeutsamen Rückgriff auf jene Taxonomie der Gebräuche aus, die es der Administration erlaubte, sich als Wortführer der dörflichen Gemeinschaft aufzuspielen. In diesem Umfeld geriet der Bezug auf das Lokale ins Schwanken – und mit ihm auch die Elemente des Identitätsbewußtseins. Einst auf die Evokation symbolischer Gegenstände gegründet, stützte dieses Bewußtsein sich nunmehr auf den unvordenklichen Charakter der Gebräuche. Das von der Keltischen Akademie und den in ihr versammelten Eliten ausgearbeitete Beurteilungssystem wurde dem breiten Publikum zugänglich gemacht, faßte Wurzeln, fand Eingang in die lokalen gelehrten Gesellschaften (mit vielerlei Kuriositäten) und vor allem in die Gemeinderäte der ländlichen Gebiete, die das Registrieren der Gebräuche als wirkungsvolle Waffe nutzten. Das wurde besonders auf dem Gebiet der Glocken deutlich.[29]

In einem solchen Kontext war die Zahl der durch die nationalen Glocken verursachten Affären Legion. Dafür ein Beispiel: Am 8. März 1831 läßt der Hauptmann der Nationalgarde von Meyras (Ardèche) ein Pikett aufmarschieren, um dem Hissen einer neuen Fahne auf dem Glockenturm der Kirche beizuwohnen; die vorige ist nämlich »böswillig« entfernt worden. Der Friedensrichter des Kantons, der Bürgermeister, der stellvertretende Bürgermeister der Gemeinde sitzen der zivilen Zeremonie vor. »Einige junge Leute«, führt der Bericht der Gendarmerie aus, »versetzten zum Zeichen der Freude die Glocke in Schwung.« Der Pfarrverweser, der »die Glocke hörte,

stieg auf den Glockenturm und wollte das Läuten beenden
[…].« Der von »diesem Widerstand in Kenntnis gesetzte« Bürgermeister schickt mehrere Nationalgardisten »mit der Anweisung, auch gegen den möglichen Widerstand des Herrn
Pfarrers [mit dem Läuten] fortzufahren; letzterer steigerte sich
in eine solche Wut, um zu verhindern, daß die Anordnungen
des Herrn Bürgermeister befolgt würden, daß einer der Gardisten gezwungen war, über ihm das Bajonett zu fällen. Als der
Herr Pfarrer heruntergestiegen war, ging er fort, um sein Prie-
stergewand anzulegen, und wandte sich an den Herrn Bürgermeister, mit dem er einen Wortwechsel hatte, indem er ihm
sagte, daß er in seiner Eigenschaft als Bürgermeister nicht das
Recht habe, die Glocken zu läuten oder ohne seine Erlaubnis
eine Fahne auf dem Glockenturm zu hissen.« Am Abend ist ein
Charivari die Antwort auf den Widerstand des Pfarrverwesers;
»eine Gruppe bewaffneter Leute formierte sich vor der Tür des
Pfarrhauses; es wurden einige Gewehrschüsse abgefeuert …«[30]

Halten wir von den zahlreichen Vorfällen jene fest, die sich
im Calvados ereigneten. »In einer großen Zahl von Gemeinden des Départements«, schreibt der Präfekt am 16. August
1832, »ließen die Bürgermeister, um den Julifeiern mehr Fest-
lichkeit zu verleihen, die Glocken läuten. In den Städten gab es
keine Schwierigkeiten. Nicht so in den ländlichen Gemeinden.
Pfarrer und Pfarrverweser gingen klar in Opposition dazu.«
Diese Art von Vorfällen sei, präzisiert er, neu für das Calvados.
Im Jahre 1832 brechen anläßlich der Julifeiern Unruhen in
Aulnay aus. Am 26. dieses Monats »gibt der Bürgermeister
dem *custos* Order, am 27. zum Zeichen der Trauer *von sechs
Uhr morgens bis zur Nachtruhe zu läuten*«, also *fünfzehn
Stunden ohne Unterbrechung*. Er will mit dieser Ehrung für
die Opfer von Paris »unsere unsterbliche Revolution« und
»den Sieg der Freiheit« verherrlichen. Der Pfarrer widersetzt
sich dem Vorhaben. Am 27. morgens läßt der Bürgermeister
die Turmtür durch zwei Schlosser aufbrechen. Seine Männer
läuten den ganzen Tag, »mit unharmonischem Klang, bald

voller Trauer, bald derart auf die Glocken schlagend, daß sie diese, dem Pfarrer zufolge, an mehreren Stellen schartig machten«. Der Gemeinderat seinerseits findet dieses Trauergeläute sehr harmonisch; »wenn einige Ohren den Klang mißtönend fanden«, liest man im Sitzungsprotokoll, »dann aufgrund ihrer legitimistischen Einstellung«.[31]

Wenn man demselben Dokument glauben will, blieb der Feldhüter den ganzen Tag bei den Glöcknern, um ihr Verhalten zu beobachten. Am folgenden Tag läßt der Bürgermeister erneut ab vier Uhr morgens läuten; dieses Mal werden die drei Glocken »schwingend« geläutet, was dem Pfarrer zufolge »allen Personen des *Marktfleckens*« äußerst ärgerlich war. Er unterstreicht so, in Sachen Toleranzschwelle, eine Spaltung, die noch im Jahre 1958 die Ursache für die Vorfälle von Lonlay-l'Abbaye ist. Bereits in der Morgendämmerung des 29. Juli nehmen die Gemeindeglöckner ihre Tätigkeit wieder auf. Der Bürgermeister, um Versöhnung bemüht, bittet sie gleichwohl, um sechs Uhr morgens aufzuhören. Er ordnet erneut an, ohne Unterbrechung von sechs Uhr nachmittags bis neun Uhr abends mit allen Glocken zu läuten, während er auf der Spitze des Glockenturms eine Trikolore aufpflanzen läßt. In allen diesen Tagen hat der Bürgermeister darauf geachtet, daß die Bekanntmachung der Gottesdienste nicht unterbrochen wurde. Ziviles Läuten und kirchliches Läuten konnten so drei Tage lang einander ablösen. Wenn am 29. Juli das Angelus nicht geläutet werden konnte – ein gravierender Vorfall –, so ganz einfach deshalb, weil sich ein Seil gelöst hatte.

Zugegeben, der Kampf zwischen dem Pfarrer und dem Bürgermeister dieser Gemeinde ist nicht neu. Wenn man dem zitierten Gemeinderatsbeschluß vom 19. August 1832 glauben darf, war es der Priester, der die Feindseligkeiten eröffnet hatte, »indem er die Ehrenbank aus der Kirche entfernte, die seit unvordenklichen Zeiten den Mitgliedern des Rates diente«. Trotzdem muß man sich das einmal vorstellen: Die Glocken von Aulnay läuteten *zwischen dem Morgen des 27. Juli und dem Abend des 29. Juli ungefähr sechsunddreißig Stunden lang!*

Auch im Département Loir-et-Cher sind Glockenvorfälle in den ersten Jahren der Julimonarchie häufig anzutreffen. Der Bürgermeister von Nourray hatte nach Aussage des Bischofs von Blois die Angewohnheit, »an bestimmten, von ihm festgesetzten Tagen eine Fahne auf der Galerie der Kirche anbringen zu lassen, um sie dann wieder wegzunehmen und sie bei einer anderen Gelegenheit erneut dort anzubringen; und jedesmal, wenn man die Fahne anbringt und sie wieder entfernt, versäumt es der Bürgermeister nicht, mit allen Glocken läuten zu lassen: Er hat zu diesem Behufe ein paar junge Leute zur Verfügung, die geflissentlich seine Anordnungen ausführen.« Der Unterpräfekt von Vendôme unterstreicht, daß sich »diese *sehr ernste* Frage sehr häufig stellt«.[32]

Der Bischof von Châlons-sur-Marne mißbilligt die Trauergeläute vom Juli, und der Bischof von Périgueux protestiert gegen die vom 1. Mai 1833. Im Département Dordogne kam es bei dieser Gelegenheit zu »Kollisionen« zwischen Bürgermeistern und Pfarrern. Die Gemeindebehörden bleiben dagegen dabei, daß ohne den Gebrauch der Glocken es unmöglich sei, »die Bewohner an der öffentlichen Freude teilhaben zu lassen« und »diesen außergewöhnlichen Tagen einen größeren Grad von Feierlichkeit zu verleihen«.[33]

Am 5. Juni 1833 versucht Graf d'Argout, Innen- und Kultusminister, die Gemüter zu besänftigen. Er stellt klare Grundsätze auf. Der Klerus hat nicht das Recht, das Läuten zum Königsfest zu verweigern, da er es »unter den vorangegangenen Regierungen« immer akzeptiert hat. Doch die Bürgermeister müssen sich an die Art halten, wie es damals praktiziert wurde. Sie müssen vermeiden, »eine ganze Gemeinde zu quälen, um sich für die Böswilligkeit des Pfarrers durch verlängertes Läuten zu rächen, wie es in vielen Orten geschehen ist«. Dagegen hält es der Minister »für unangemessen [...], das Läuten zum Feiern des Jahrestages der Julitage von 1830 zu fordern«, da es sich »gegenwärtig« um einen »rein zivilen Feiertag handelt, in den einzugreifen der Klerus in keiner Weise berufen ist«. Das feierliche Begehen durch schwingendes Läuten ist also ab 1833 dem Königsfest vorbehalten. Dieses ist gleichzeitig auf dem Wege, seinen Konkurrenten an Feierlichkeit zu übertrumpfen.[34]

Trotz der ministeriellen Anweisungen fahren sehr viele Bürgermeister *aus Trotz* fort zu läuten. In dieser Hinsicht bildet der Fall von Aulnay keine Ausnahme. Zwölfstündiges Läuten ist an den Nationalfeiertagen keine Seltenheit. Am 23. Juni 1835 schreibt der Kultusminister Persil, daß es in diesen Glockenaffären zumeist die Bürgermeister sind, die den Streit anfangen. So »fanden sich [in jenem Jahr] genügend unvernünftige, die anläßlich des Königsfestes eine ganze Bevölkerung zehn oder zwölf Stunden lang mit Läuten betäubten, einzig und allein, um dem Klerus eins auszuwischen«.[35]

In Pontacq (Basses-Pyrénées) nimmt der Konflikt eine etwas andere Form an. Der Bürgermeister, ein Oberst a.D., Generalrat, ausgezeichnet mit dem Juli- und dem Orden der Ehrenlegion, hat 1835 per Erlaß entschieden, das Fest des Königs auf Sonntag, den 3. Mai, zu verlegen. Er hofft, so den Landwirten die Teilnahme an dem Freudenfest zu erleichtern. Der Text des Erlasses ist »zum Klang der Trompete und der Trommel« in allen Straßen von Pontacq bekanntgegeben und an den Wänden des Rathauses angeschlagen worden. Der Pfarrer, der am 30. April und am 1. Mai mit allen Glocken hat läuten lassen, weigert sich, das Läuten zu wiederholen. Der oberste Gemeindebeamte, in Begleitung zweier Gardisten der Gemeinde, läßt die Tür zum Glockenturm noch am Abend des 2. Mai eindrücken. Dann läßt er durch seine Männer läuten, und das in Gegenwart des Pfarrers und seiner beiden Vikare. Dieser Vorfall ist in den Augen des königlichen Anwalts »in hohem Maße bedeutsam«; als kultivierter Mensch sieht er darin eine Transposition des Streits »zwischen Priesterstand und Kaiserreich« ins Lokale. Er befürchtet, das gegen den Bürgermeister von Pontacq einge-

leitete Verfahren könne »die Gemüter erregen«, und rät seinerseits zu einer diskreten Absetzung.[36]

Diese Art Affären verschwindet auch nach der Neuorientierung und Stabilisierung des Regimes im Jahre 1835 nicht
völlig. Ein Jahr darauf will der Bürgermeister von Pleine-Fougères (Ille-et-Vilaine), unzufrieden darüber, daß der Pfarrer
anläßlich des Königsfestes nur am Abend des 30. April und
Morgen des 1. Mai läutet, auch zu Mittag und zu Abend läuten.
Der Priester lehnt ab, läßt die Seile in den ersten Stock des
Turms hochziehen und verschließt den Turm. Der Bürgermeister, mit Schärpe, befiehlt einem Schlosser, die Tür zu öffnen,
und läutet eine Stunde lang. Wir sahen, daß noch 1845 der
Feiertag des Königs Glockenunruhen in Vahl-lès-Faulquemont
auslöste [vgl. o. S. 155 f.]. Am Ende der Herrschaft ist die Konjunktur für die Bürgermeister gleichwohl weniger günstig, als
sie es vorher war. 1847 wiederholt der Kultusminister mit
Entschiedenheit die von Argout 1833 formulierte Ansicht. Er
tadelt den Bürgermeister von Givry (Saône-et-Loire), der die
Absicht hat, zu den Julifeiertagen zu läuten. Er erinnert daran,
daß letzterer kein Recht hat, anläßlich eines rein zivilen Festes
»um den Klang der Glocke zu ersuchen«. Der Präfekt ist darüber verwundert. »Seit 1830«, schreibt er, »hatte der Klang der
Glocke das Feiern der Julifesttage in der kleinen Stadt verkündet.« In jenem Jahr setzte sich der Bürgermeister über die Weigerung des Priesters hinweg. In Anwesenheit einer beachtlichen Menschenmenge läutete er selbst am Vorabend des
Festes. Am folgenden Tag weigerte sich der Pfarrer, als Gegen-
maßnahme, der Gemeindeobrigkeit *die große Tür* der Kirche
zu öffnen. Die Männer waren geschlossen anmarschiert, um
am Trauerakt zu Ehren der ruhmreichen Opfer der Juliereig-
nisse teilzunehmen. Diese Affäre verursachte dem Präfekten
zufolge »eine ziemlich heftige Gefühlsaufwallung in der Gegend«. Sie hat in seinen Augen politische Bedeutung. Er verlangt dem Bürgermeister das Versprechen ab, 1848 nicht zum
Ersten Mai zu läuten.[37]

Nach den Junitagen zeigen die Führer der Zweiten Republik eine gewisse Scheu auf dem Gebiet der nationalen, zivilen Geläute. Alles verläuft so, als ob sie befürchteten, den Klerus zu schockieren und revolutionäre Gefühle zu wecken. Im Frühjahr übersendet einer der »Kommissare« des Départements dem Bildungs- und Kultusminister ein begeistertes Schreiben. In fast allen Gemeinden der Vogesen, schreibt er, hat man die Revolution gefeiert und *geläutet*. Einige Pfarrer weigerten sich jedoch, mit allen Glocken zu läuten, »andere gaben unwillig [den Bitten der Bürgermeister] nach«. »Bei den Festen, die in Zukunft die Ära unserer jungen Republik markieren sollen, wäre es ärgerlich, wenn die Grillen eines Priesters diese patriotische Harmonie stören könnten.« Die Antwort des Ministers vom 21. Juli ist abschlägig. In dieser Sache hat man sich an die 1840 vom Legislativausschuß des Staatsrates formulierte Stellungnahme zu halten: »Die Bestimmung der dem Kult gewidmeten Glocken ist im wesentlichen eine religiöse, und allein der Seelsorger jeder Pfarrei regelt das Läuten.«[38]

Im folgenden Jahr wurden der 24. Februar und der 4. Mai, der Jahrestags der Proklamation der Republik, als Nationalfeiertage eingeführt. Man ordnete an, sie in allen Kirchen mit einem *Te Deum* zu begehen und zu den *Feierlichkeiten zu läuten*. Eine im Département Meuse durchgeführte Umfrage zeigt, daß in diesen drei Jahren (1849 – 1851) das Gesetz ohne Zwischenfälle und mit der Zustimmung durch die Diözesanbehörden befolgt wurde.[39] In den meisten Gemeinden der Meuse scheint man diese beiden Nationalfeiertage gefeiert und eingeläutet zu haben. Nicht so in allen Départements. 1849 gab der Präfekt mehreren Pfarrern aus den Vogesen recht, die sich weigerten, mit dem Klang der Glocke den 24. Februar zu begehen. 1850 brachte ein Konflikt den Bürgermeister und den Pfarrer von Tréguier gegeneinander auf. Der Bürgermeister forderte »Leute an, um angesichts der Weigerung des gewohnten Glöckners die Glocken schwingend zu läuten«. Er wurde heftig getadelt. Der Präfekt und nach ihm Prieu – der Innen-

und Kultusminister – waren der Ansicht, daß ein Bürgermeister nicht vorschreiben dürfe, die Artilleriesalven und Illuminationen »am Nationalfeiertag« von Glockengeläute begleiten zu lassen.[40]

Man begreift nun besser, warum das Zweite Kaiserreich in dieser Sache erfolgreicher war. Wir haben nirgends die Spur einer Weigerung gefunden, am 15. August zu läuten. Etwa acht Jahre nach dem Sturz des Regimes, 1878, weigert sich der Pfarrer von Vaucouleurs (Meuse), zum republikanischen Feiertag des 30. Juni zu läuten. Der Bürgermeister protestiert: »In der Kaiserzeit«, schreibt er, »war das ganz selbstverständlich, da mußte man nicht erst daran erinnert werden, und niemandem fiel es ein, dagegen zu sein.«[41] Man muß sagen, daß es in jener Epoche, die vom Umsichgreifen des Marienkults und der Verkündung des Dogmas von der Unbefleckten Empfängnis gekennzeichnet war, schwer zu verstehen war, daß am Vorabend und am Tag von Mariä Himmelfahrt, einem der vier beibehaltenen Feiertage, die Glocken verboten sein sollten.

Diese Klangfülle des 15. August berechtigt umgekehrt dazu, die Unterbrechung der Souveränitätsfeste und der nationalen Glocken zwischen dem 15. August 1870 und den republikanischen Feierlichkeiten des 30. Juni 1878 und besonders des 14. Juli 1880 hervorzuheben. Nichts zeugt so deutlich von der langen Unentschlossenheit des Regimes als diese Unterbrechung. Dieses seit der Revolution noch nie dagewesene symbolische Vakuum muß stark empfunden worden sein, wenn man den Stellenwert des Glockenklangs in der Gefühlskultur der Landbewohner bedenkt. Das läßt zugleich erahnen, welche Bedeutung die Wiederkehr der zivilen, nationalen Glocken in sehr vielen Gemeinden Frankreichs am 14. Juli 1880 hatte.[42]

An jenem Tag fehlt es den Verweisen auf die Glockengeschichte nicht an Würde. Im Juli 1776 hatte die Freiheitsglocke die Unabhängigkeitserklärung der amerikanischen Kolonisten eingeläutet. Am 14. Juli 1790 hatten alle Glocken Frankreichs, das damals auf dem Gipfelpunkt der Revolution stand, zum Föderationsfest geläutet. Im Jahre 1880 aber ist von einer solchen Einmütigkeit kaum noch etwas zu spüren. Bevor wir die Situation vor Ort betrachten, ist es angebracht, die theoretische Debatte zu verfolgen.

Das Neue für den Klerus bestand nicht darin, zu einem Nationalfeiertag, noch dazu einem republikanischen, zu läuten, sondern darin, durch schwingende Glocken ein Datum feiern zu sollen, das für viele Angehörige des Klerus verabscheuenswert war. Dieser Jahrestag der Revolution, »die die Altäre gestürzt hat«, preist in ihren Augen »eine Revolte, einen Verrat, eine Blutorgie«. Mit einem Wort, diese Feier zielt darauf ab, »eines schrecklichen Tages« zu gedenken. Im Unterschied zum 15. August oder zu den Souveränitätsfesten, die auch die Feste ihres heiligen Schutzpatrons waren, hat das Datum des 14. Juli keinerlei Bezug zum religiösen Kalender. Darüber hinaus beinhaltet, im Gegensatz zum festlichen Programm der Nationalfeiertage des 24. Februar, 4. Mai oder 15. August, die Feier des 14. Juli keine religiöse Zeremonie.[43] Sie schreibt Glockenschwünge vor, weil diese Manifestation der Freude einen uralten Brauch darstellt. Wenn der Pfarrer sich sträubt, kann der Bürgermeister diesmal zwangsweise läuten lassen.

Für viele Pfarrer und Pfarrverweser ist der 14. Juli kein Tag kollektiver Freude. Es handelt sich um eine streng parteiliche Feier. Die Glocken bei diesem Anlaß zu verweigern heißt, das »politische Läuten« zu verbieten, zu verhindern, daß der Glockenschwung säkularisiert und das Läuten entsakralisiert wird. Bei den durch diesen Tag ausgelösten Konflikten stehen die Politisierung der Klangbezüge und also die Verkehrung des Sinns des Glockenjubels auf dem Spiel. Im übrigen wollen die Angehörigen des Episkopats Klugheit beweisen: Dieser Nationalfeiertag, der ohne religiöse Bedeutung ist, der sich auf den politischen Kalender bezieht, könnte sehr leicht das Datum wechseln. »Wer weiß, was uns die Zukunft bringen wird«, schreibt vorsichtig der Bischof von Mende an den Präfekten des Départements Lozère, »[diese Feste] werden später viel-

leicht die Verherrlichung der Pariser Commune oder irgend-
eines anderen für Kirche und Gesellschaft unheilvollen Ereignisses zum Gegenstand haben.«[44]

Das Gespenst der Profanierung und des Sakrilegs zeichnet
sich ab: Das rein bürgerliche Läuten am 14. Juli wird, befürchten sehr viele Pfarrverweser, Scharen von Eindringlingen Gelegenheit bieten, Kirchen zu überfallen. Die Glocken werden
nicht mit dem ganzen diesen geweihten Objekten geziemen-
den Respekt behandelt werden. »Ich kann nicht zulassen, daß
der erstbeste Trunkenbold oder der erstbeste Strolch in die Kirche kommt und unter dem Vorwand, die Glocken zu läuten,
Unordnung stiftet,« schreibt der Pfarrer von Fouesnant (Finistère) am Vorabend des 14. Juli 1891 an den Bürgermeister
seiner Gemeinde. Er fordert, daß sein Briefpartner ihm den
Namen seines bestallten Glöckners mitteilt.[45]

Die Anwesenheit der Männer vom Magistrat im Glockenturm am Vorabend und am Tag des Nationalfeiertages wird,
über den Verlust des Sakralen hinaus, oft als ein Sieg des Bürgermeisters und als Sinnbild für die symbolische Enteignung
des gemeinsamen Eigentums empfunden. »*Heute abend gehören mir die Glocken!*« ruft, an den Pfarrer gewandt, der Bürgermeister von Brénod (Ain) am 13. Juli 1891 aus; »und ohne
mich auch nur zu Wort kommen zu lassen«, berichtet der Pfarrer, »tritt er mit Getöse in die Kirche, ruft schreiend nach
seinen Männern und führt sie zum Glockenturm, wobei er
irgendwelche Unanständigkeiten sagt.«[46]

So also werden die Glocken des 14. Juli von der anderen Seite
empfunden. Der diesem Thema in *La République* am 29. Juli
1884 gewidmete Artikel zeigt das klar. Das nationale Läuten
wird darin als ein Sieg des Bürgermeisteramtes, als ein Zeichen
der Säkularisierung der Glocken und vor allem der Inbesitz-
nahme des Glockenturms durch die Gemeinschaft auf Kosten
der klerikalen Autorität dargestellt. Die Republikaner – hier
Opportunisten – fordern die Aktivisten auf, die emotionale
und symbolische Gewalt der Glocken zu erkennen und sie in

den Dienst der Republik zu stellen. Offensichtlich stand sehr
viel auf dem Spiel.

Wie wurde das von den Bürgermeistern in der Provinz empfunden? Wir heben einige Elemente der 1884 beschlossenen
Untersuchung heraus, die diesbezügliche Wünsche und Gepflogenheiten der Gemeindeverwaltungen erfassen sollte. Diese
Dokumente lassen vermuten, daß die Anziehungskraft des
Läutens am 14. Juli von Region zu Region unterschiedlich groß
war. Im Département Côtes-du-Nord beschäftigt die Funktion
der Glocken kaum jemanden. Der Unterpräfekt des Arrondissements Dinan wünscht zwar, daß man die Glocken am 14. Juli
betätigt, aber er weiß, daß »diese Art des Läutens in der Bretagne noch nicht zur lokalen Tradition geworden ist«. Jener des
Arrondissements Guingamp erklärt, daß es sich um einen
»jungen Brauch« handele, der »auf eine kleine Zahl von Gemeinden beschränkt ist«. Der Unterpräfekt von Lannion hat
die Bürgermeister der Kantonshauptorte und der wichtigsten
Ortschaften konsultiert. Er kommt zu der Schlußfolgerung,
daß »allein die republikanischen Bürgermeister der Ansicht
sind, daß die Zivilbehörde das Recht haben muß, am Nationalfeiertag läuten zu lassen«. Dagegen scheinen im Arrondissement Saint-Brieuc alle Bürgermeister dieser Praxis wohlgesonnen zu sein. Von 26 Bürgermeistern aus dem Département
Ille-et-Vilaine, deren Antworten erhalten geblieben sind, wünschen lediglich sieben, am 14. Juli läuten zu dürfen. Im Eure-
et-Loir hingegen betätigen 80 Magistrate die Glocken an
jenem Tag, was eine starke Minderheit darstellt.[47]

Wie dem auch sei, die Kämpfe sind zahlreich vor Ort. Am
14. Juli wird der größte Teil der Konflikte durch die Glocken
verursacht. Von 482 Streitfällen zum Nationalfeiertag, die in
41 Départements bekannt wurden, betreffen 110, also 23 Prozent, den Glockengebrauch.[48] Über die Hälfte dieser Glockenkonflikte spielen sich in den Jahren 1881 und 1882 ab, das heißt
vor der Abstimmung über das Gesetz von 1884 und seines
Artikels 101. Von 1883 bis 1888 geht die Zahl der durch den

14. Juli verursachten Glockenaffären zurück. Nach einem neuen Schub zwischen 1889 und 1892 hören diese Konflikte im Gefolge der Aussöhnung der Kirche mit dem republikanischen Regime allmählich auf. Natürlich variiert ihre Häufigkeit je nach Region. So sind sie besonders zahlreich im Département Maine-et-Loir, das damals Monseigneur Freppel untersteht.[49]

In diesen Affären führen die Bürgermeister, ihre Stellvertreter und die Gemeinderäte die Offensive, wie das schon in den Jahren 1830 und 1831 der Fall war. Ihr »unbändiger Wille, den Glockenturm den republikanischen Riten einzuverleiben«, paßt zu dem Unterfangen der symbolischen Eroberung des kommunalen Territoriums, wovon der Bau von Bürgermeistereien und verschiedener anderer Baudenkmäler zeugen. Während viele republikanische Stadtväter noch versuchen, soviel wie möglich von den konstitutiven Elementen der Sakralisierung des Raums zu erhaschen, die dem Klerus so sehr gelungen war, denken sie schon daran, neue Festtagsverläufe auszuarbeiten, neue »Marschgewohnheiten« zu konstituieren, die »Topographie des Mißtrauens« zu verändern, die Anziehungskraft von Gegenständen und Orten wiederherzustellen, die dem Pfarrer zur Abrechnung mit den Pfarrkindern dienen. Sie suchen offensichtlich die symbolische Konfrontation, woher denn auch der große Stellenwert des Emblems im Laufe dieser Fehden herrührt. Am 14. Juli sind die Glockenaffären oft mit Streitereien um die Fahne verbunden. Die Gemeindebehörden müssen natürlich die Pfarrhäuser respektieren, aber, wie im Jahre 1830, erhalten sie das Recht, den Kirchturm zu beflaggen, selbst wenn der Pfarrer das verweigern will. Doch darf diese Markierung des religiösen Gebäudes keine ständige sein. Die Kirchenräte von Moissac (Tarn-et-Garonne) protestieren gegen den Bürgermeister, der »*die dauernde Beflaggung* ihrer Glockentürme und der Fassaden ihrer Kirchen anordnen« will, während das Rundschreiben des Präfekten zu diesem Thema nur die Beflaggung am 14. Juli vorsieht.[50]

Der Glockengebrauch an diesem Tag entspricht den republikanischen Klängen (beziehungsweise ersetzt sie), die manche Bürgermeister durch Fanfaren zu befördern sich bemühen. Der Unterpräfekt von Louviers notiert 1902, daß man in Surtauville (Eure) seit zwanzig Jahren zum 14. Juli läutet, und zwar nachmittags, vor und nach der Verteilung der Preise der öffentlichen Schule. Die Glocken läuten, »um dem Fest trotz des Fehlens eines Musikvereins mehr Feierlichkeit zu verleihen«.[51]

Frappierend an diesen 14. Julis auf dem Lande sind die Ordnung, der Umfang, die Haltung der Gemeindedelegationen, die gekommen sind, um zu läuten oder Fahnen anzubringen, die Feierlichkeit der Gesten, die ostentativen Insignien und Uniformen. Man erlebt bei dieser Gelegenheit auch sehr viel Triumphalismus. Nach dem langen Glockenentzug, nach all den erlittenen Demütigungen ist für die Bürgermeister die Versuchung zur Überschwenglichkeit groß. Jener der Gemeinde Blosville (Manche) erlaubt, *am 14. Juli 1882 den ganzen Tag* zu läuten. In Tauriac (Lot) läßt im gleichen Jahr der Bürgermeister eine ganze Stunde lang zum Nationalfeiertag läuten. Am 14. Juli 1885 hatte jener der Gemeinde Mézières (Ille-et-Vilaine) nach Ansicht des Präfekten ebenfalls unrecht, so zu übertreiben und sich zu notorischen Trinkern zu gesellen. Wenn wir dem Bischof von Nevers glauben dürfen, so hatten alle mit dem Nationalfeiertag in Verbindung stehenden Glockenkonflikte im Département Nièvre die Dauer des Läutens zur Ursache. Aus diesem Grund belegt 1888 der Prälat die Gemeinde Fourchambault für acht Tage mit dem Interdikt. Der Präfekt des Départements Tarn-et-Garonne empfiehlt seinerseits den Bürgermeistern, Exzesse zu vermeiden. Der Pfarrer von Montbazin (Hérault) ließ zum 14. Juli 1893 um fünf Uhr morgens, zu Mittag und um sieben Uhr abends die Glocken erklingen. Der Bürgermeister hält das für zu wenig; fünfmal bittet er den Pfarrer um die Schlüssel zum Glockenturm, um noch mehr zu läuten. Der Bürgermeister von Ménarmont (Vogesen) weist am 13. und 14. Juli 1903 »die jungen Leute, die keine Glöckner sind« an, alle Schwünge zu wiederholen, die der Küster auf Anordnung des Pfarrverwesers ausgeführt hat. Wenn man diesem glauben darf, haben die Ungeschickten die Seile ruiniert. Daher sorgt der Kultusminister noch 1884 dafür, daß die Dauer des genehmigten Läutens präzisiert wird.[52]

Die Debatte dreht sich vor allem um die Dauer des abendlichen Läutens an diesem Festtag. Der Klerus, der einverstanden ist, am Vorabend und am Morgen des 14. Juli zu läuten, lehnt das neuerliche nächtliche Geläut ab, das Gefahr läuft, Ausschweifungen und die Immoralität nächtlicher Lustbarkeiten zu begleiten. Es kommt in der Tat vor, daß der Bürgermeister bei der Gelegenheit provokativ beschließt, seinem Gegner ein wahres »Glockencharivari« zu bereiten. »Am 13. Juli [1905]«, schreibt der Vorsitzende des Kirchenrates von Saint-Sulpice (Tarn), »drangen zu Mittag und am Abend, am 14. Juli um zehn Uhr morgens und am 15. Juli mittags und um neun Uhr abends etwa zwanzig kirchenfremde Personen in den Glockenturm ein, um mit vollem Schwung und in *sinnloser* Weise alle Glocken der Kirche zu läuten.« »Die Personen, die in den Glockenturm eingefallen waren, haben die Seile und Ketten zerstört, die die Klöppel in Bewegung setzen; haben diese Klöppel ausgehakt und sich ihrer bedient, um mit verdoppelten Schlägen auf die Außenfläche der Glocken zu schlagen«, die sie auf diese Weise schartig gemacht haben.[53]

Ein solcher Vorfall gehört zu den antiklerikalen Maskeraden, die denen der Revolution und jener Spottprozession nachempfunden waren, welche die Plünderung des Erzbistums Paris im Jahre 1831 begleitete. Unmittelbar nach der Niederlage des »reaktionären« Kandidaten bei den Parlamentswahlen von 1893 werden die Glocken der Kirche von Phalempin (Nord) mit der Erlaubnis des frischgewählten Bürgermeisters in Gang gesetzt. Es formiert sich ein Umzug, der eine Prozession mimt. »Männer haben Frauenkleider an, die wie Chorhemden aussehen; Kinder tragen Kruzifixe und Flaggen und defilieren trommelnd durch die Straßen des Marktfleckens. Die Menge kniet aus Verhöhnung vor einer Kapelle nieder und schreit ›Nieder mit den Pfaffen! Nieder mit den Hostien!‹, dann hält sie vor dem Pfarrhaus an und beschert dem Pfarrer wie auch den Nonnen der katholischen Schule ein furchtbares Charivari.«[54]

Man merkt einigen Stadtvätern das offensichtliche Vergnügen an, das es ihnen bereitet, mit Hilfe des Feldhüters, des Gendarmerieunteroffiziers und einiger Gemeinderäte die Türen der Glockentürme, die der Klerus sich weigert zu öffnen, mit einem Nachschlüssel aufzuschließen oder feierlich einzudrücken. Am 13. Juli 1881 läßt der Bürgermeister von Saint-Marcel (Saône-et-Loire), als er feststellt, daß es unmöglich ist, die Tür des Glockenturms einzudrücken (die der Pfarrer mithilfe einer angenagelten Bank verbarrikadiert hat), mit Axthieben und Eisenstangen eine Öffnung unten in die Tür schlagen. Diese Arbeit kostet den Feldhüter, der während dieser Operation zwei Axtstiele zerbricht, gut eine dreiviertel Stunde. Die Sache lockt jede Menge Neugierige an. Nachdem er das Holz der Tür zum Weichen gebracht hat, schlüpft er durch die Öffnung. Er öffnet dem Bürgermeister und seinen Mannen, und diese setzen alle fünf Glocken auf einmal in Gang.[55]

Die Häufigkeit und *die stilistische Feierlichkeit der Korrespondenz* zwischen den beiden Autoritäten über solche Zwistigkeiten verändern nach und nach die Konstellation der Konflikte. Sie bezeugen die Zunahme des schriftlichen Verkehrs zwischen Menschen, die Seite an Seite leben und die sich gut kennen. Einige Bürgermeister erachten es, wie gesagt, als demütigend, zum Pfarrhaus zu gehen und um den Schlüssel zum Glockenturm zu bitten. Das Risiko ist zu groß, sich eine Abfuhr zu holen. Andere wurden in der Vergangenheit unwirsch empfangen oder, schlimmer noch, vor die Tür gesetzt. Für sie kommt es nicht mehr in Frage, durch den Garten des Pfarrers zu gehen. Sie ziehen es vor zu schreiben. So erklärt 1900 der Bürgermeister von Aunay-les-Bois (Orne) dem Präfekten, daß er es von nun an ablehne, sich »zu erniedrigen« und den Pfarrverweser um das Läuten zum Nationalfeiertag zu bitten.[56]

Der Klerus, in der Defensive, greift zu vielfältigen Taktiken.
Manche Pfarrer weigern sich zu läuten, fehlen am Tag des
Festes oder setzen auf die Zurückhaltung der Gemeindebehörden. Andere Pfarrverweser entscheiden sich dafür, die Tür des
Glockenturms zu verschließen; sie nehmen den Schlüssel mit,
verschanzen sich – wie der Pfarrer von Bolazec (Finistère) am
14. Juli 1881 – im Pfarrhaus und verabsäumen es, an dem Tag
zu den Angelusgebeten zu läuten, wie z.B. der Pfarrer von
Allons (Lot-et-Garonne) im Jahre 1882. Andere, die weniger
Vertrauen haben, beschließen, wie gesehen, die Turmtür fest
zu verbarrikadieren. Der Pfarrverweser von Sublaines (Indre-
et-Loire) entfernt den Schließmechanismus, um den Zutritt
zum Glockenturm unmöglich zu machen. Andere endlich entfernen die Seile oder ziehen sie – wie in Vigneul (Meuse) 1904 –
mit Hilfe ihres Glöckners hoch, lockern die Knoten oder haken
den Glockenklöppel aus. Dem Bürgermeister, der ihn fragt,
warum das Seil heruntergefallen ist, als man zum 14. Juli läuten
wollte, antwortet der Pfarrer von Saint-Père (Ille-et-Vilaine)
nur mit ironischer Verwunderung. »Nun, es ist immerhin zweiundzwanzig Jahre her«, erklärt er, »daß dieser Knoten gemacht
wurde.« Im Oktober 1891 wird der Glöckner von Harnes (Pas-
de-Calais) vom Gericht in Béthune dafür verurteilt, daß er die
Kirchenglocken absichtlich beschädigt hat, um so das Läuten am
14. Juli unmöglich zu machen.[57]

Doch darauf beschränkt sich der klerikale Widerstand nicht.
Wenn sie zum Läuten gezwungen werden, tun es verschiedene
Pfarrverweser in unverschämter Weise. Am 14. Juli 1882 läßt
der Pfarrer von Saint-Vincent (Lot-et-Garonne) die Totenmesse
läuten. Ein Jahr darauf läutet der Pfarrverweser von Bethincourt (Meuse) »ding dong«, um sich über den Bürgermeister
lustig zu machen. 1886 beschließt der Pfarrer von Murvaux
ebenfalls, die Totenglocke zu läuten, und zwar auf eine lächerliche Art und Weise. Olivier Ihl betont zu Recht diese Zuflucht

zum Grotesken, zur Übertreibung und zum Spott. »Klerikale Unverschämtheit«, schreibt er, sei an diesem Tag die Antwort der Geistlichkeit auf die Exzesse der Zivilbehörden.[58]

Die antiklerikale Politik der Regierung reizt einige mutige Priester so weit, daß sie eine neue Symbolik und Nutzung der Glocken vorschlagen, die ihnen in diesem Kampf wertvolle Hilfsmittel zu sein scheinen. Im Jahre 1902, als die antiklerikale Politik ihren Höhepunkt erreicht hat, ruft Pater Léon dazu auf, diese machtvollen Bronzeklänge mutig zu nutzen. Er betrachtet sie als »Schildwachen Gottes«, aufgehängt in einem Glockenturm, der zum »Hauptquartier« der Schutzengel geworden ist. Er empfiehlt, so sehr es nur geht, diese »anklagenden Stimmen«, aufgestellt »in Schlachtordnung«, erklingen zu lassen, die besser als jedes andere Instrument die Rechte Gottes verkünden; um so mehr als ihr wahres Vaterland, wie jeder weiß, jenes Rom ist, in dem der Papst gefangengehalten wird.[59]

Auch über die Nationalfeiertage und die zivilen Geläute hinaus vervielfachen manche Mitglieder des Klerus die klingenden Herausforderungen und das schwingende »Protestläuten«[60]. So gibt es Pfarrer wie jenen von Le Vigan (Gard) 1883 oder von Salon-la-Tour (Corrèze), die sich weigern, am 14. Juli zu läuten, dafür jedoch am 15. läuten, dem Tag des Saint-Henri. 1892 läßt der Pfarrer von Arbois (Jura) die Kirchenglocken läuten, um die Preisverteilung der Schule der Brüder der christlichen Lehre zu verkünden. 1901 versucht der Pfarrer von Garennes (Eure), die Preisverteilung der öffentlichen Schule zu stören, »indem er genau in dem Augenblick, wo die Zeremonie beginnen sollte, zum Tod seiner Frau läuten ließ, der auf dem Bürgermeisteramt noch gar nicht gemeldet war. Man mußte mit der Preisverteilung aufhören«, erklärt der Bürgermeister, »und warten, bis das Läuten zu Ende war, um fortfahren zu können.« Am 13. Juli 1901 hat der Pfarrer die Kirche zugeschlossen, um den Bürgermeister zu zwingen, sich zu ihm in das Pfarrhaus zu begeben – als Bittsteller. Seit zwei Jahren läßt er am Tag des Fronleichnamsfestes gegenüber dem Bürgermeisteramt *einen Ruhealtar* errichten, um die Mehrheit des Gemeinderats zu verhöhnen.[61]

Manche Priester bedienen sich der Ironie, des Scherzes, des hochmütigen Tons und versuchen so, ihre Widersacher zu demütigen. Die Abgesandten des Bürgermeisters, die gekommen sind, um den Schlüssel zum Glockenturm zu erbitten, damit sie am 14. Juli 1886 läuten können, werden vom Pfarrer von Laville-aux-Bois (Haute-Marne) gefragt, ob es sich etwa um eine Feuersbrunst handele. Im Jahre 1881 antwortet der Pfarrer von Curtil-sous-Burnand (Saône-et-Loire) dem Bürgermeister der Gemeinde, »daß er diesen Schlüssel nur einem Mann seines Vertrauens aushändigen werde«. »Das Mißtrauen, das [in dieser Antwort] zum Ausdruck kam«, schreibt der zutiefst gekränkte Beamte, »war eine schwere Beleidigung.« Am 13. Juli 1888 tadelt der Pfarrer von Le Faou (Finistère), der sich im Glockenturm eingerichtet hat, nach Aussage des Opfers mehr als eine Stunde lang den Bürgermeister, der am Vorabend des Nationalfeiertags hat läuten lassen.[62]

Die Geistlichen belassen es manchmal nicht bei verbaler Gewalt. Das Läuten zum 14. Juli führt auch zu physischen Konfrontationen. Manchmal handelt es sich um ein klassisches Aug' in Auge der beiden Glöckner oder der beiden Glöcknermannschaften. In Beauvin (Orne) will der Küster persönlich zum Nationalfeiertag läuten, um den vom Magistrat gewählten Glöckner zu »demütigen«. Am 14. Juli 1891 stürzt sich der Kirchenpedell von Pleyben (Finistère) auf den Sekretär der Bürgermeisterei, der vom Magistrat zum Glöckner bestimmt worden und »mit seinen Männern« gekommen war, um um halb sechs Uhr früh den Nationalfeiertag einzuläuten. Er packt ihn an »Jacke und Schulter« und zwingt ihn zum Rückzug. Er »entfettet außerdem die Drehzapfen der großen Glocke«, um sie unbrauchbar zu machen. Ein Jahr später ist dieser Streitfall, den der Bürgermeister als eine »elende Geschichte« bezeichnet, noch immer nicht gelöst.[63]

Es ist nicht selten, daß es zwischen dem Priester und den Beauftragten des Magistrats zu direkten Handgreiflichkeiten
kommt. In Germainvilliers (Haute-Marne) nimmt 1880, anläßlich der ersten feierlichen Begehung des 14. Juli, die Sache
schlimme Ausmaße an. Am 13. dieses Monats schickt sich
Clémentin Jacquot, Gastwirt und Mitglied des Gemeinderats,
eigenmächtig an, »mittags durch Läuten das Fest bekanntzumachen«. Der Pfarrer greift zur Gewalt, um zu beenden, was er
als eine Provokation empfindet. Tags darauf beschließt der
Bürgermeister, zusammen mit seinem Sohn und zwei Gehil-
fen, persönlich zu läuten. Nachdem er mit einem Nachschlüssel die Kirchentür, die der Pfarrer verschlossen hatte, geöffnet
hat, stellt er fest, daß sein Gegner »die Seile auf den Glocken-
stuhl befördert hat«. Er bittet den Schmied, das Turmschloß
mit einem Dietrich zu öffnen. Doch der Pfarrer »hat sich mit
dem Rücken gegen die Tür des Turms gestellt, damit man sie
nicht aufbekäme«. Angesichts eines so entschiedenen Widerstands ziehen es die Zivilbehörden vor aufzugeben.

Als der Priester wenig später wieder in seinem Pfarrhaus
ist, gibt der Bürgermeister erneut die Anweisung, die Tür
zum Glockenturm zu öffnen und zu läuten. Schon bei den ersten Schwüngen kommt der Pfarrverweser herbeigeeilt. Er
versucht, das Läuten zu verhindern, indem er die Seile packt;
dann wirft er sich auf den Glöckner des Bürgermeisters,
Henri Molard, und »versetzt ihm einen Schlag«. Er »stellte
ihm ein Bein, um ihn zu Fall zu bringen, aber vergeblich.
Dann ergriff Molard den Herrn Pfarrer mit beiden Händen
am Hinterkopf, ohne ihn zu schlagen, und ließ ihn dann los.
Der Herr Pfarrer versuchte sodann, ihn am Hals zu packen,
um ihn zu Boden zu werfen; dies gelang ihm jedoch nicht.
Daraufhin packte Henri Molard den Pfarrer an der Soutane
über der Brust, um ihn, an das Turmgebälk gedrückt, für
einige Sekunden in Schach zu halten.« Der Pfarrer stieg nun
den Turm hinab, schloß die Glöckner ein und »verbarrika-
dierte« die Kirchentür, trotz des heftigen Einspruchs des Bür-

germeisters, der offensichtlich mit weniger Körperkräften ausgestattet war. Der Konflikt, notiert der Unteroffizier der Gendarmerie in seinem Rapport, »hat im Kanton schon für viel Aufsehen gesorgt«. Die Details der Rauferei erlauben eine Einschätzung der Art und Weise, wie es der zivile Glöckner verstand, den Wunsch, sich dem Priester körperlich zu widersetzen, mit dem schuldigen Respekt vor dem unantastbaren Charakter des Hochwürdigen Herrn zu verbinden.

Am 14. Juli 1888 erhält der Präfekt aus dem Finistère vom Bürgermeister von Plougastel-Saint-Germain ein Telegramm, dessen Wortlaut jeden Kommentar überflüssig macht: »Glockenläuten unmöglich [,] Pfarrer zieht Revolver.«[64]

Einige Priester, von weniger heftigem Wesen, ziehen es vor, die dämonische Einmischung zu exorzieren oder das, was sie für ein Sakrileg halten, zu sühnen. Der Pfarrer von La Châtaigneraie (Vendée) entfernt am 14. Juli 1883 die Eucharistie aus dem Tabernakel. Ein Jahr darauf ignoriert der Pfarrer von Magnac-Bourg (Haute-Vienne) die Glocke, die zum Nationalfeiertag geläutet hat, und verkündet einige Tage lang die Messe mit einer Klapper. Es kommt vor, wie wir sahen, daß die Gemeinde mit dem Interdikt belegt wird und daß die Glocken am Tag nach dem 14. Juli schweigen. Im Jahre 1884 verhängt der Bischof von Verdun ein vierwöchiges Interdikt über die Glocken der Kirche von Aulnois-sous-Vertuzey (Meuse), weil der Bürgermeister am Nationalfeiertag zur Eröffnung des Balls hat läuten lassen. Der Pfarrer von Queyssac (Dordogne), der die Geläute nicht untersagen durfte, belegt *die Gemeindeverwaltung mit dem Bann*, weil sie in seinen Augen nichts weiter ist als ein »Haufen *Brandstifter*«. Andere Seelsorger verweigern den Glöcknern, die am Nationalfeiertag läuten, das Sakrament. Die Retourkutsche kann sich als noch schäbiger erweisen: Am 14. Juli 1885 verbietet der Pfarrer von Nestier (Hautes-Pyrénées) für den verstorbenen »Läuter« zu läuten. Daraufhin kommt es zu einem Auflauf auf dem Friedhofsplatz. Der Bürgermeister setzt schließlich seine Autorität durch, und die Glockenschwünge werden, wenn man ihm Glauben schenken darf, mit dem Ausruf »Es lebe die Republik!« begrüßt. Aus Rache schließt der Pfarrer die Tochter des Glöckners vom Religionsunterricht aus.[65]

Die Intensität dieser Kämpfe zeigt, wieviel für alle Beteiligten auf dem Spiel stand. Bei diesen Glockenaffären des 14. Juli erlebt man eine spannende Kontroverse auch diesseits des politischen Konflikts, der sich auf nationaler Ebene abspielt. Es ging damals um die Macht im Dorf oder, noch genauer, um die Wortführerschaft in der Gemeinde, die Bemeisterung der Zeichen ihrer Identität und selbstverständlich um die Verteidigung ihres heiligen Erbes und ihrer Klangrhetorik. Das Studium der Konstellation dieser Kämpfe am Ende des Jahrhunderts bestätigt die eingangs aufgezeigte Sinnentleerung. Sie zeigt eine partielle und zeitweilige Säkularisierung und Entsakralisierung der Glocken, bevor eine langsame Rückbesinnung auf ihre religiöse Funktion stattfand, zu Lasten ihrer Funktion als Gemeingut. Sobald nach der Trennung von Kirche und Staat diese Rückbesinnung eingesetzt hat, hat das Läuten nicht länger die frühere symbolische Bedeutung und die alte Identifikationsfunktion; die Gemeindeverwaltungen schenken ihm seitdem keine große Aufmerksamkeit mehr. Die Konflikte, an die wir gerade erinnert haben, sind charakteristisch für den Zeitraum vom 14. Juli 1880 bis zum Vorabend des Ersten Weltkrieges.

In den vorangegangenen Kapiteln haben wir der Klarheit wegen davon abgesehen, die Entwicklung der Toleranzschwelle gegenüber dem Umfang der Klangeinwirkung zu analysieren wie auch alles, was zur evokativen Kraft der ländlichen Glocken gehört. Nun muß man sich jedoch davor hüten, von einer Permanenz der Bewertungssysteme auszugehen. Die Geschichte und die Schlacht der Glocken, die wir nachvollzogen haben, ist nicht von der Geschichte der Gefühlskultur zu trennen. Dies gilt es nun aufzuzeigen.

Teil IV   HISTORISCHER KONTRAPUNKT

Wandlung der Sensibilität

*I*m Bewußtsein der Unmöglichkeit, den Stellenwert der Glocken und seinen Entwicklungsgang anhand direkter Zeugnisse zu erfassen, haben wir versucht, ihn zu erschließen: durch die Untersuchung der gesellschaftlichen Praktiken, des Umgangs mit dem Symbolischen, der Konstellation der Konflikte und der Zeichen kollektiver Emotion. Diese Untersuchung hat die starke Anhänglichkeit an einen sakralen Gegenstand gezeigt, der die Identität und den inneren Zusammenhalt einer Gemeinschaft symbolisiert. Glockenturm und Glocken werden spontan als wesentliche Komponenten einer tradierten Landschaft empfunden. So wie der Friedhof, der sich damals wandelt, lassen Glocken die Kette spürbar werden, die Tote und Lebende miteinander verbindet. Ohne ein gründliches Studium der Geläute ist es unmöglich, den Lebensrhythmus der Landbevölkerung, die Konstellation in den einzelnen Territorien, die Zustimmung zu hierarchischen Ordnungen oder den Widerstand gegen sie und vor allem die Subtilitäten einer Rhetorik zu erfassen, die in demselben Ausmaß wie das Gerücht die Formen der Kommunikation bestimmt.

Die Auswertung der Archive gibt Veranlassung, die Lebhaftigkeit der Empörung zu betonen, die der Entzug der Glocken verursachte. Die Verweigerung des Läutens verletzt das Individuum und tastet die Ehre der Familie an. Das Schweigen der Glocke in einem Weiler wird als Angriff auf die Existenz der Gruppe empfunden. Das Verbot oder schon die Einschränkung des Läutens, von der Diözese, der Pfarrei oder der Gemeinde angeordnet, stiftet Verwirrung, ruft Murren hervor, führt zum Auflauf.

Schließlich haben wir die emotionale Gewalt der Glocke feststellen können. Das Schwingen der Glocke verleiht einem

Ereignis Feierlichkeit, erzeugt Jubel oder spiegelt ihn wider, mehr als jedes Lärmen und jedes Charivari. Ob es um Feuersnot oder Lebensgefahr geht, die die Alarmglocke bekanntgibt, oder um das Erschrecken, das die Pestglocke bewirkt: es gibt keine tiefe kollektive Emotion, die nicht den Rekurs auf die Glocke einschlösse. Die Bemeisterung der Geläute, der Besitz des Schlüssels zum Glockenturm, der Zugang zu den Seilen: dies alles stand bei den Machtkämpfen auf dem Spiel, die diesen sozialen Mikrokosmos erschütterten. Zuweilen spiegeln diese Zwistigkeiten auch die Weigerung oder die Bereitschaft wider, sich in übergreifende Strukturen integrieren zu lassen.

Parallel zu einer dieserart aus kollektiven Gesten und Verhaltensweisen deduzierten Geschichte der Sensibilitäten gibt es noch eine andere mögliche Geschichte, die aus Dokumenten von außenstehenden Beobachtern zu rekonstruieren ist, welche den Dorfglocken ebenfalls ihre Aufmerksamkeit geschenkt haben. Natürlich geben solche Quellen in erster Linie über das Darstellungs- und Bewertungssystem des jeweiligen Sprechers Auskunft. Das von der Sensibilität des Anderen dekretierte Bild wird nach den Logiken konstruiert, die das soziale Imaginäre strukturieren. Trotzdem empfiehlt es sich, einmal in großen Zügen jenen vertikalen Blick zu analysieren, den Reisende, Touristen, Antiquare, Publizisten und auch Volkskundler haben, ohne darüber die campanologische Sensibilität zu vergessen, wie sie sich im dichterischen Diskurs niederschlägt; hat dieser doch ziemlich oft über die Einschätzung der ästhetischen Qualität der Geläute entschieden.

Die Glocke der Romantik

Es ist dabei nicht unsere Absicht, die Kultur der Eliten gegen die volkstümliche Kultur auszuspielen. Im Verlaufe der vorangegangenen Kapitel war es aber nicht möglich, immer ganz ohne Vermittlung auszukommen; die Geschichte der Sensibi-

litäten, die wir zu schreiben unternommen haben, verdankt
dem prüfenden Blick von Administratoren, Beamten, Priestern
und Gendarmen sehr viel. Darüber hinaus bezeugt das Studium des Glockengeläutes, daß die Kulturgeschichte von
einem ewigen Austausch bestimmt ist. In der Tat – und das ist
das Hauptanliegen dieses Schlußkapitels – haben die Romantiker ausdrücklich diesen sozialen Kreislauf der Gefühle für
sich reklamiert. Die Feier der ländlichen Glocken bedeutete für
sie, einen Einklang und eine Begegnung zu rühmen: die Begegnung von Volk und Dichter, vereint in der gemeinsamen
Bewunderung und Bemühung in bezug auf die Ästhetisierung
dieser Klangrhetorik. Abschließend bleibt noch der logische
Zusammenhang zu entdecken, der nach 1860 zwischen dem
Verblassen dieser romantischen Figur und dem Aufkommen
der Intoleranz gegenüber Klängen bestand, die auf einmal für
viele bedeutungslos und unerträglich geworden waren.

Die Genealogie des Gefühls weist in diesem Falle auf ger-
manische Ursprünge. Ende des 18. Jahrhunderts – genauer
gesagt im Jahre 1797, dem Jahr der feierlichen Verteidigung
der Glocken durch Camille Jordan – entstehen große Texte
von Goethe und vor allem von Schiller,[1] die für mehr als ein
halbes Jahrhundert die Stereotype der Glockenliteratur prä-
gen. Sie verändern tiefgreifend ein Wertsystem der Schätzung, das zuvor von religiöser Symbolik bestimmt war und
sich seit der Renaissance auf den Lobpreis der »klingenden
Städte« gründete.

Das romantische Bild von der Glocke entspringt dem Kontrapunkt und der Spannung zwischen mehreren Hauptthe-
men. Wir wissen von dem Zauber, dem die deutschen Romantiker erlagen beim Anblick tiefer Schluchten.[2] Was Schiller
betrifft, so preist er *das Band zwischen Glocke und Erde*. Er
feiert die chthonische, irdische Natur des heiligen Erzes, das
aus dem unterirdischen Feuer geboren ist, durchdrungen von
den tellurischen Kräften, die bei seiner Geburt walteten.

Das Glockenmotiv gibt dem Dichter auch Gelegenheit, die

Etappen im Schicksal des einzelnen zu rekapitulieren, seinen Text durch die Evokation der *rites de passage* zu gliedern. Das Reifen der Glocke in ihrer unterirdischen Form, das Verschmelzen der Legierung, die Glocke als Symbol der Vermählung, die Sturmglocke, die die Härte der Lebenskämpfe anzeigt, die Totenglocke, die den Verlust eines geliebten Menschen und seine Rückführung zur Erde bekanntgibt – all dies ruft das Schillersche Lied von der Glocke ins Gedächtnis. Dies entspricht der neuerlichen Auseinandersetzung mit dem Thema »Lebensalter« am Ende des 18. Jahrhunderts.

Beim Lesen des Textes wirkt das machtvolle Läuten der Glocke als Sieg über das Chaos, als Symbol der wiedergefundenen Zusammengehörigkeit der Gemeinschaft; es ist das Instrument der Sammlung, das Zeichen einer Gesellschaftsordnung, die auf der Harmonie der kollektiven Rhythmen beruht. Als eine Stimme von oben sichert die Glocke den Triumph der Zivilisation über die Revolution. Goethe wiederum macht in einem weniger eindeutigen Text aus der Glocke ein Instrument, das der Verinnerlichung von Regeln und Ordnungen dient. Ihr schweres Erz erdrückt schier das Kind, das sich in seinen Angstträumen von der furchterregenden Masse der Glocke verfolgt glaubt, die es an elterliche Ermahnungen erinnert.[3]

Die französischen Autoren heben hingegen die beschwörende Kraft des Glockenläutens hervor, welches das Herz höher schlagen und die Träne rinnen läßt. Die Erinnerung an den Klang der Heimat verschmilzt mit dem Bewußtsein, zu leben, mit den ersten Äußerungen eigenen Rückerinnerns. Der Glockenklang ist Verwurzelung: »Die Erde hat mich wieder.« Dies gilt auch bei Fausts Verdammnis. Wie der Duft der Blume bewirkt er augenblickliche Reminiszenz,[4] fordert heraus zu einer Synthese des Daseins, einem Sammeln der Erinnerungen. Er zeugt von der Unmöglichkeit des Vergessens. Er vereint Gegenwart des Vergangenen und – wiederum: auch für Faust – Vorahnung. Mit einem Wort, er bewahrt den Zauber des *nevermore*.[5]

Die romantische Glocke, die man in der Ferne vernimmt, ist zunächst einmal die des Heimatdorfes; sie ist Erinnerung an erste Weiblichkeit, die der Mutter oder der Schwester. Der Klagelaut der Totenglocke, der das Tal mit Trauer erfüllt, »verleiht noch dem Stein ein Herz«, »dem Grabmal eine Melodie«. Er schafft einen poetischen Raum und bestärkt die Harmonie, in der sich die ganze Lamartinesche »méditation« entfaltet, welche geistige Übung, wehmütiges Gebet und inwendigen Gesang in sich schließt.[6]

Chateaubriand läßt uns, diesmal im *Génie du christianisme*, der der englischen Romantik nähersteht als den deutschen Dichtern, die Kosmisierung der Botschaften des heiligen Erzes verspüren. Die Klangwellen der Glocke sind wie ein uferloses Meer; ihre mächtigen und erhabenen Schwünge, von Wind und Wolken getrieben, verwandeln sich in den Laut der Natur. Dieser Klang, gleichzeitig »innere Stimme« und Verzauberung der Welt, geht zuweilen über in das Brausen des Windes, das Krachen des Donners, das Rauschen der Wasserfälle oder den Lärm der Menge. Die gebieterische Kraft der Glocke ist von all dem geprägt. Ihre nächtliche Stimme ruft zur Besinnung. Sie wiederholt ihre Todesmahnung für das Ohr des Atheisten; sie beunruhigt den Tyrannen; sie redet der Ehebrecherin ins Gewissen.[7]

Gern führt man Napoleon I. als großen Heros dieser Glockensensibilität an. Zwei Texte werden immer wieder bemüht: ein Auszug aus Bourriennes Memoiren und eine Stelle aus dem *Mémorial*: »Der Klang der Glocken machte auf Bonaparte einen eigentümlichen Eindruck, den ich mir nie habe erklären können: Er vernahm ihn mit Entzücken. Wie viele Male hat nicht die Dorfglocke unsere ernstesten Gespräche unterbrochen, wenn wir in Malmaison waren und durch die Allee promenierten, welche zur Ebene von Rueil führt! Jedesmal blieb er stehen, damit unsere Schritte ja nichts von dem ihn bezaubernden Widerhall der Glocken verlorengehen ließen. Fast war er mir gram, daß ich davon nicht ebenso beeindruckt war wie er. Die Wirkung, die auf sein Gemüt ausging, war so stark, daß seine Stimme zitterte, als er zu mir sagte: ›Das erinnert mich immer an meine frühen Jahre, die ich in Brienne verbracht habe. Damals war ich glücklich!‹«[8]

»Der Klang des Angelusläutens fehlt mir auf Sankt Helena«, erklärt sehr viel später der Inselgefangene, »und ich kann mich nicht daran gewöhnen, es nicht mehr zu hören. Niemals drang der Klang der Glocken an mein Ohr, ohne daß meine Gedanken zu den Erlebnissen meiner Kindheit zurückwanderten. Wenn ich ihren Klang in den Wäldern von Saint-Cloud vernahm, glaubte man oft, ich grübele über einen Schlachtplan oder ein kaiserliches Gesetz nach; aber ich gönnte meinen Gedanken ganz einfach eine Pause und ließ sie um meine frühen Kindertage kreisen.«[9]

1831 erweitert Victor Hugo das Netzwerk bekannter Klischees, die das Bild von der Glocke ausmachen, um die historische Funktion der Glocken, *die Mannigfaltigkeit der Zeiten zu verkünden.* Notre-Dame wäre ohne ihre Glocken stumm, und ihr guter Geist Quasimodo könnte sich nicht verständlich machen. Ohne die Gegenwart zu verlassen, rechtfertigt das Anhören der großen Glocke einen Sprung ins 15. Jahrhundert; er führt in die Verschränkung der zeitlichen Ebenen ein, welche die Stärke des Romans ausmacht.

Die Glocke läßt die Nähe des Volkes spüren. Zumindest läßt sie auf Entdeckung und mögliche Begegnung hoffen. Davor verschwindet die Verachtung, die einst Jean-Baptiste Thiers bekundete, für den »die gemeinsten Leute jene [waren], die mehr als alles andere die Glocken und den Klang der Glocken lieben«; das bewiesen ihm zufolge mit ihrer Glockenverehrung die Deutschen, die Flamen und die »Bauern und Leute niederen Standes, die Kinder, die Narren, die Tauben und Stummen.« Das Dröhnen der Glocken ist für seine Ohren nicht mehr als lästiger Lärm, der dem Zartsinn auf die Nerven fällt. Nachdem Camille Jordan sie im Prairial des Jahres V (Juni 1797) vor dem Rat der Fünfhundert bekundet hat, wird die Anhänglichkeit des Volkes an die Glocke immer wieder wahrgenommen, ausgesprochen und gerühmt. Komponisten wie Rossini, Meyerbeer oder Verdi greifen zu diesem Instrument, wenn es darum geht, die innere Entwicklung einer Masse nachzuzeichnen.[10]

»Der Landbewohner liebt gewöhnlich den Klang der Glocken; bei den vom Belfried hallenden Klängen sammelt und regt sich sein Geist. Bei feierlichen Anlässen liebt er es, seine eigenen Begeisterungsrufe unter den lauten Ton des Erzes zu mischen«, schreibt noch 1848 ein Kommissar der Republik aus den Vogesen.[11]

Die Glocke wird damals zu Recht als *kollektive Gedächtnisstütze* verstanden. Das Volk bewahrt die prägende Kraft ihrer Klanggewalt lange in sich auf. Man sagt, daß alte Leute sich nicht nur an entschwundene Klänge, sondern auch an Glockengüsse und -gießer, an Glockenweihen, Taufpatenschaften und auch an die gelegentliche Entführung einer Glocke erinnern können. Auffällig ist hier, wie wir gesehen haben, das Vorhandensein eines langen Gedächtnisses, das besonders lange anhält beim Schweigen der Glocken, das mit Niederlage, Demütigung, Gotteslästerung, Geißel und Interdikt in Zusammenhang gebracht wird.[12]

Das intensive Erleben dieses Klang-»Vakuums« in der Seele und die Hartnäckigkeit der Erinnerung daran sind nicht unerklärlich. Das flache Land kannte damals noch nicht die Konkurrenz des »profanen Lärms«, der konstitutiv ist für das dem Städter an die Ohren dringende Störgeräusch. Die klingende Umwelt, unterbrochen von weiten Zonen des Schweigens, bestand hier aus dem leicht lokalisierbaren Hämmern und Klopfen, dem Aufschlagen von Metall auf Metall, von Holz auf Holz, und aus Menschenstimmen, wobei das Ohr all das nur in den Grenzen der eigenen vier Wände wahrnahm und den Lärm der Nachbarschaft nicht mehr hörte. In dieser klingenden Landschaft hoben sich das Ertönen der Glocke und der Trommelwirbel deutlich von allem anderen ab. Das Läuten machte das Ereignis, das es vermeldete, in besonderer Weise bewußt. Um so heftiger wurde sein Ausbleiben empfunden.[13]

Die im Gedächtnis des Volkes verankerte Glocke war, zusammen mit Brunnen, Teichen und Schluchten, von allen legendenbildenden Gegenständen und Orten der fruchtbarste. Versteckte Glocken, vergrabene Glocken und versunkene Glocken, die nicht aufhörten, unter der Erde oder unter Wasser zu tönen und zu klingen, entsprachen der Kosmisierung der Klangwellen und bestrickten jeden, der auf der Suche nach der Volksdichtung war.[14]

Die Glocke rief die ersten Kindheitstage wach; den Zeugnissen zufolge zog sie vor allem Kinder in ihren Bann. Diese begleiteten spontan ihren rhythmischen Klang mit Liedern und Reimen. Auf dem Lande hörte man Wörter aus dem Läuten heraus und glaubte, daß die verschiedenen Instrumente miteinander sprächen. Die Glockenschläge hatten etwas von der ursprünglichen Volkssprache, nach der die Romantiker suchten. Die vielfältigen Bezüge auf die Glocke in Wiegenliedern, Sprichwörtern, Rätseln und Redewendungen, ihr Vorkommen auf Hausschildern, der volkstümliche Wunsch, den Glocken einen Namen zu geben, dies alles unterstrich dieses Gefühl von spontaner Anhänglichkeit.[15]

Wir wissen, daß die Verbundenheit mit der Glocke eng mit der Heiligenverehrung zusammenhing. Sie wurde darüber hinaus hier und da durch den Glauben an die magische Kraft der Glocke genährt. Für die Ohren des Volkes hatte das Läuten prognostische Kraft; von diesem Glauben zeugte vor allem das ängstliche Horchen auf die Koinzidenz der Glocken. »In Gomelange (Moselle)«, schreibt Samuel Bour, »war einst das Zusammenfallen des Angelusläutens mit dem Läuten des Nachbarortes oder einfach das Läuten der Stunde mit dem Angelusläuten das unfehlbare Zeichen für den bevorstehenden Tod eines Menschen in der Gegend.« Genauso war es in Bacourt. »In anderen Orten (Morville, Xocourt) zeigte der letzte Schlag des Klöppels die Richtung an, in der das nächste Begräbnis stattfinden würde.« Man sagte auch, wenn die Glocken »hell« oder »sonderbar« oder »traurig« klängen, müsse man sich in naher Zukunft auf einen Todesfall in der Gegend gefaßt machen. Anderswo war es das Zeichen für einen bevorstehenden Todesfall, »wenn die Uhrglocke während der beiden Wandlungen in der Messe oder der Segnung der Hostie schlug«.[16]

Alle diese im Laufe des letzten Jahrhunderts zusammengetragenen Tatsachen geben uns also Auskunft über die Modalitäten der Aufmerksamkeit und über die Intensität der durch die Glocke ausgelösten Emotion. Sie bezeugen außerdem, daß es bei den Forschern einen breiten *Fächer von Erwartungshaltungen* gibt. Sie zeigen ein Suchen nach Sprechweisen, Glaubensüberzeugungen und Emotionen auf, welche die Glocke mit dem Ursprünglichen verbinden. In dieser Hinsicht bestand trotz des zeitlichen Abstands für eine Weile ein enger Zusammenhang zwischen dem Bild der Romantiker von der Glocke und den Methoden der campanologischen »Forschung« und »Befragung«. Eben diese Praxis, beflügelt von Nostalgie und zugleich einhergehend mit der Desorganisation einer poetischen Figur, welcher sie doch weiterhin unterworfen ist, gilt es nun zu betrachten.

Glockenkunde und Glockensymbolik

Die Glockenforschung erweitert das schon früher und umfassender betriebene Unternehmen, das namentlich zu Beginn der Julimonarchie die Registrierung der Sitten und Gebräuche zum Ziele hatte.[17] Die Bedeutung, welche die Behörden den »seit unvordenklichen Zeiten« vorhandenen Geläuten beimaßen, regte zu einer besonders aufmerksamen Sammlung an. Die Glockenforschung entstand Mitte des 19. Jahrhunderts aus verschiedenen anderen Bedürfnissen heraus. Sie ergab sich aus dem Bewußtsein einer Bedrohung, eines Verlustes, eines polymorphen Vandalismus, der das Erbe verwüstete. Arcisse

de Caumont, um nur den bedeutendsten »Antiquar« zu nennen, meinte, daß der Neuguß einer Glocke genauso zerstöre-
risch sei wie die von den Revolutionsregierungen ausgelöste
Katastrophe – die »Sintflut« des Dr. Billon. In einer Zeit, da es
den Glockengießer und den Glockenguß im Dorf nicht mehr
gab, weckte der Einbruch neuer, mächtiger Klänge, die nicht
mehr die des heiligen Erzes waren, in der Welt der Antiquare
eine neue Neugierde auf die Klänge von einst. Die »Glocken-
forscher« taten von nun an alles, um die alten Glocken zu erhalten und vor allem, um in ihrer Phantasie den Reichtum der
Klanggewalten von einst zu rekonstruieren. Dr. Billon bemühte
sich, verlorene Läutweisen nachzuvollziehen, so wie Esseintes,
der Held bei Huysmans, versucht, die Düfte von einst neu zu
komponieren.[18] Diese Gelehrten teilen die Überzeugung Jules
Corblets, für welchen eine alte Glocke mehr als jeder verstüm-
melte Stein über die Geschichte der Vergangenheit sprechen
kann.

Bereits im Jahre 1844 widmete Arcisse de Caumont den alten
Glocken im *Bulletin monumental* einen kurzen Artikel. Aber
es war ein anderer Mann aus der Normandie, nämlich Dr. Billon, der als Initiator der Glockenforschung gelten sollte. »An
einem schönen Apriltag [im Jahre 1853] [...] [das heißt zu der
Zeit, als die Geschichte der Glocken ins Schwanken gerät]«, berichtet einer seiner Freunde, »machten wir uns unter Führung
von M. Billon auf, um einen Teil dieses schönen Tals von Pont-
l'Evêque zu durchforschen [...]. Wir waren zu Fuß, liefen nach
rechts und nach links vom Wege ab, um eine Blume zu
pflücken, ein Spitzdach zu beschauen oder einen Schornstein,
der auf eine alte Wohnstätte hinzuweisen schien.« Im Laufe
dieses Erkundungstages ersteigt Dr. Billon auch den Glockenturm der Kirche von Coquainvilliers (Calvados). Er findet dort
eine alte Glocke. »Es war eine Offenbarung [...]. Niemand
hatte vor ihm an den Wert dieser Art Denkmäler gedacht [...].
Der Geist von M. Billon brauchte unerforschte Wege. Er
machte sich an das Studium der Glocken.«[19] Bis zu seinem

Tode im Jahre 1866 erforscht der gelehrte Arzt das alte Bistum
Lisieux. »Wenn bei seinen archäologischen Streifzügen«,
schreibt Arcisse de Caumont, »die von den Hügeln zurück-
geworfenen Klangwellen zu ihm drangen, blieb er stehen und
sammelte sich, um ihr Timbre und ihre Harmonie besser erfassen zu können. Er wollte diese Instrumente von nahem be-
sehen, von denen er solche melancholischen und religiösen
Eindrücke empfing, und hatte die wunderbare Idee, die Inschriften auf diesen Instrumenten festzuhalten [...]. Er wies
damit, unter der Überschrift Glockenepigraphik, der historischen Forschung *einen neuen Weg...*«[20]

Dr. Billon unternahm es, im Laufe seiner nostalgischen Suche
die alten Klanggewalten »dem Vergessen zu entreißen« und sie
zugleich zu »restituieren«. »Wir fragten die alten Leute nach
ihren Erinnerungen. Sobald wir die alten Belfriede wiedergefunden hatten, konnten wir leicht die Anzahl der Glocken feststellen, indem wir die Stellen zählten, die sie eingenommen
hatten. Wir maßen sorgfältig den Durchmesser der kreisför-
migen Öffnungen, die ihnen Durchlaß gewährt hatten.«[21] Es
ist nicht unsere Absicht, die Methoden und Erträge dieser Aus-
grabungen in der Höhe zu analysieren, die geradezu gefährlich
und heldenhaft waren durch die Allgegenwart des Schwindel-
gefühls. Das Wesentliche für uns gehört zur Geschichte der
Emotion. Im Jahre 1877 verfaßte J. D. Blavignac das erste
Glockeninventar. Er beschwor das Vergnügen, »das Gebälk
knarren zu hören«, wenn im Abendnebel der Forscher in dem
Mysterium der Glockentürme »die Kirche atmen« zu hören
glaube.[22]

In den 1860er Jahren intensivierte sich die Erkundung der
Glocken. Dieudonné Dergny durchwanderte das Bray in der
Normandie. Graf Toulouse-Lautrec erzählte bereits 1863 von
den Strapazen und Emotionen bei der Erforschung des Haut-
Comminges. »Ich wollte diese Glocken«, schreibt er, »von na-
hem sehen, denen ich so manches religiöse und melancholische
Erlebnis verdankt hatte.«[23]

Nach der Niederlage, als die Geschichtswissenschaft sich neuen Herausforderungen stellte, trat die campanologische Forschung hinter der systematischen Bestandsaufnahme zurück. Vorbild war von nun an nicht mehr der gute Dr. Billon, sondern der Archivar Joseph Berthelé, der mit Unterstützung des Domherrn Brugière das vollständige Verzeichnis der Glocken des Périgord unternahm. Am 1. Oktober 1874 wurde ein doppelter Fragebogen an Bürgermeister, Pfarrer, Volkschullehrer und »aufgeklärte Einwohner« verteilt. 1881 veröffentlichte Michel Hardy eine Liste von Ratschlägen, ein erstes Vademecum des Glockenkundlers. Dieser soll systematisch Maße und Form der Glocke, die Art des Metalls, die Verzierungen, den Wortlaut der Inschriften und, wenn nötig, die »Tauf«-Akte erfassen, die sich in den Kirchenbüchern findet.[24] Zugleich war die Forschung bestrebt, Sitten und Gebräuche sowie die Gefühlskultur zu ignorieren; sie wurde streng archäologisch und schloß sich den Fortschritten der Epigraphik an. Gleichwohl unterscheidet sich die Zusammensetzung dieser wachsenden Gemeinde der Campanologen nicht spürbar von jener am Ende des Zweiten Kaiserreichs: Gelehrte Geistliche, von Altertümlichem begeisterte Mediziner, Aristokraten der Gelehrtengesellschaften, Professoren und Archivare forschten den Glocken nach.

Ende des Jahrhunderts war die Glockenforschung eine Modeerscheinung geworden. Fachleute hielten Kolloquien ab und verfügten über Fachzeitschriften. »Niemals«, schreibt Henri Jadart, ein Historiker des Erbes der Ardennen, »hat man sich soviel mit Glocken befaßt wie zu unserer Zeit.« Er sprach gar von »Glockenmanie« und träumte seinerseits von einer Großbefragung in sämtlichen Départements. Die Glockenkunde war ihm zufolge ein *riesiger Bauplatz* geworden. Man erkennt hier die Verwendung eines Terminus, der kennzeichnend für eine sogenannte positivistische Geschichtsauffassung ist. Jadart versagte es sich einstweilen, an die erträumte Synthese zu denken.[25] Letztere sollte natürlich niemals zustande kommen. Die Glockenumfrage ist Geschichte.

Parallel zu dem Kampf, der zwischen 1853 und dem Ersten Weltkrieg um die Bewahrung und imaginäre Rekonstruktion der alten Geläute geführt wurde, versuchten verschiedene Geistliche, wie gesehen, die Symbolik der Glocken wiederzubeleben und sie für ihre militanten Ziele zu nutzen. Nach Huysmans, einem Konvertiten, besteht von nun an die Aufgabe der Glocken darin, das Schweigen der menschlichen Stimmen zu kompensieren, die die Gewohnheit des Betens verlernt haben.[26]

Zu derselben Zeit – und mehr als alles andere ist hier die Synchronie wichtig – streiten sich republikanische, agrarische und nationalistische Ideologen um eine nostalgisch gefärbte Glockensymbolik. Françoise Cachin hat aufgezeigt, wie sich auf dem Gebiet der Landschaftsmalerei eine »Neuzentrierung durch den Glockenturm« vollzog, wofür das Werk Corots das charakteristischste Beispiel darstellt. Die dörfliche Landschaft verwirklichte damals das klassische Schema einer »bequemen Schlußsicht«, die es jedem gestattete, visuelle und auditive Erinnerungen wiederzufinden. Diese Erschleichung des »Erbschmucks«, diese Symbolisierung der Dauer, Solidität und Stabilität der Umwelt passen zur Harmonie des *Frankreichbildes*, das 1906 Vidal de la Blache zeichnete.[27]

Solcherlei Gefühle inspirierten einige Jahre später zu den schönsten Seiten, die dem dörflichen Glockenturm gewidmet sind: jene Seiten, die die Beschreibung Combrays im ersten Band der *Suche nach der verlorenen Zeit* eröffnen. In dem »Erguß ihrer Turmspitze« schien sich die Kirche ihrer selbst bewußt zu werden, »eine individuelle, verantwortungsbewußte Existenz zu bestätigen. Er war's, der für sie sprach. Es war der Glockenturm von Saint' Hilaire, der allen Beschäftigungen, allen Stunden, allen Gesichtspunkten der Stadt ihr Gesicht, ihre Krönung, ihre Weihe gab.«

Der Glockenturm erwies sich, wie wir sahen, als wichtiges Motiv im Bild eines republikanischen Frankreich, das als ein Organismus aus ländlichen Zellen wahrgenommen wurde. Die

Integration dieser beherrschenden Vertikalität in die Horizontalität der Skala der Gemeindesymbole erschien vielen republikanischen Stadtvätern als wesentlich. Zur gleichen Zeit profitierte die Kirchturmspitze als privilegiertes Zeichen unter den Orientierungspunkten, die das Territorium markieren, von der Anziehungskraft der Panoramen und der damals so beliebten »Aussichtspunkte«. Ob aus dem Eisenbahnabteil oder aus dem Automobil wahrgenommen, der Kirchturm war die Ankündigung des Dorfes.

Die Agrarier, Apostel des kleinen Vaterlandes und der Rückkehr zur Scholle, wie auch die Regionalisten sahen im Lobpreis des Kirchturms die Gelegenheit zu bequemer Überhöhung. »Hört [...] den Klang der Glocken, die euch wieder von den heroischen Taten unserer Väter künden«, rät der Glockenkundler Henri Jadart; »lesen wir auf dem heiligen Erz wieder die Namen jener, die uns vorangingen und deren freudiges Echo in unseren Ohren widerhallt.« Die Aufgabe dieses klingenden Friedhofs ist es, »die Ideen des Pessimismus, der Dekadenz, des Rückzugs, des Verzichts« zu verbannen; Jadart empfiehlt nachdrücklich, »sein Vaterland nicht im Stich zu lassen noch *die ruhige Welt*, wo, wie wir selber, so viele Generationen von Vorfahren lebten und arbeiteten«.[28]

Die Feier dieser ruhigen Solidität des Glockenturms und seiner Klangbotschaften leitet den Kult um die Verbindung zu den Toten ein. Die Verteidigung der Dorfkirche durch den Verfasser des *Roman de l'énergie nationale*, vorgetragen am 17. Januar 1911 vor den Deputierten, ist in dieser Hinsicht der Referenztext. Bereits der Sar Peladan hatte den Glockenturm als die »andere Flagge Frankreichs« gerühmt. »Sein Schatten [...] begleitet uns auf unseren öffentlichen Plätzen [...] wie der Schatten der Bäume in unseren Gärten.« Diese »luftige Spitze [schreibt] auf das blaue Blatt unseres Firmaments die lebensvollsten Regungen«. Der Klang der Glocken, ruft Maurice Barrès aus, beschwört *die Kräfte der Tiefe*. »Es gibt in unserem Innersten einen dunklen Bereich, den die wissenschaftlichen Psychologen als die Tiefenschicht ansehen, aus welcher unsere hellen Gedanken sich speisen.« Die Dorfkirche und ihre klingenden Glocken regen »diese große innere Aktivität [...], dieses *dunkle Bewußtsein*« an; sie helfen, die »tiefe Angst zu befrieden«, die »Abgründe des unterbewußten Lebens« zu überbrücken. Ebenso »tut die Dorfkirche dem Boden gut, in dessen Mitte sie steht«. Indem er das Unbewußte *à la française*, das sich damals unter der Ägide von Pierre Janet entfaltete, für die Verteidigung gegen die Barbarei der Seele vereinnahmt, schließt Maurice Barrès den Kreis. Wie einst Schiller und Goethe, macht er aus dem Glockenturm und seinem Läuten Instrumente der Disziplin; doch diesmal handelt es sich darum, die »furchtbare Tiefe der Seele« zu bändigen.[29]

Es geht gewiß nicht darum, die Folgen solcher Verweise auf die emotionale Gewalt des dörflichen Glockenturms für das Aufkommen und die Verbreitung nationalistischen Gedankenguts zu verharmlosen. Nichtsdestoweniger kann keine Arbeit zur Archäologie und Symbolik der Glocke den vollständigen Zerfall des romantischen Glockenbildes verhehlen. Als das Gießen der Glocke im Dorf aufhörte und die Industrialisierung der Glockenproduktion begann, verloren die Geläute zunehmen ihren Sinn. Die wachsende Intoleranz gegenüber dem Lärm der Glocken ist dafür überaus bezeichnend. Um sie richtig zu analysieren, macht sich hier ein kleiner Exkurs in das städtische Milieu notwendig.

Lärmempfindlichkeit und das Recht auf Schlaf

Die Geschichte der Sensibilitäten basiert auf dem Studium der unterschiedlichen Toleranzschwellen. Wir haben dies am Beispiel des Prozesses der Desorodorisierung zu zeigen versucht, der am Ende des 18. Jahrhunderts einsetzte.[30] Ganz anders verlief die Entwicklung des Einschätzungssystems auf dem Gebiet des Auditiven. Ein jeder kennt die moderne Spannung zwischen der Sorge um Lärmbekämpfung, um Diskretion der Klangbotschaften, von der die Allgegenwart elektronischer Signale oder den gefilterten Stimmen der Flughäfen zeugen, und dem Wunsch nach »voller Dröhnung«, der alle minder lautstarken Klangquellen disqualifiziert. Mit einem Wort, es gibt heutzutage keine erkennbare Toleranzschwelle, die unabhängig von den Umständen meßbar wäre. Die einst signifikanten sozialen Unterschiede – das laute Spektakel war lange Zeit das Monopol des Volkes – sind auf diesem Gebiet unwirksam geworden.

Im 19. Jahrhundert war, wie wir schon betont haben, Lärmfeindlichkeit viel weniger zu spüren als die Angst vor schlechten Gerüchen. Dieses Jahrhundert hat neue Arten von Lärm ertragen müssen, die ungefährlich schienen; und viele Hörer scheinen sich an dem bis zum Vorabend des Ersten Weltkrieges immer mehr wachsenden Klangvolumen des romantischen Orchesters delektiert zu haben. Es kann also nicht darum gehen, eine globale Zunahme des Zartgefühls zu konstatieren. Im Gegenteil muß man eventuell eine Erhöhung der Wahrnehmungs- und Erträglichkeitsschwelle annehmen. Freilich verlief die Entwicklung des Einschätzungssystems je nach Art der Geräusche und Töne unterschiedlich.

Die Kritik an der durch den Lärm der Glocken bewirkten Belästigung ist eine sehr alte *städtische Tradition*. Sie gehört zu dem wohlbekannten Thema »Mühsal des Stadtlebens«. Sie ist ein Teil des Kampfes, den die nach Delikatesse und harmonischer Ordnung der Geräusche lechzenden Eliten gegen das Getöse, das Charivari, den Radau des Volkes führen. Namentlich Théodore de Bèze (bereits 1560), Ménage und Benserade haben an dieser Diatribe mitgewirkt.[31] Boileau legt sich in seiner sechsten *Satire* mit den Glocken an, die »um die Toten zu ehren, die Lebenden töten«. Auch Pater Carré erwähnt 1757 die Unannehmlichkeiten des Läutens. Unter der Revolution wird das Argument der Belästigung von jenen vorgebracht, die die Geräusche des Aberglaubens beendet sehen möchten und die lieber wollen, daß die Bronze der Glocken sich künftig gegen die Verteidiger der Tyrannen richte. Einige Jahrzehnte später drückt auch Musset seinen Abscheu vor den lästigen Glocken aus.

Dagegen besagt einer der Topoi der Glockenliteratur des 19. Jahrhunderts, daß im ländlichen Raum die Glocke niemals etwas Unangenehmes ist. »Sie lieben den Klang der Glocken«, schreibt der Bischof von Blois am 25. Oktober 1802 an den Präfekten des Départements Loir-et-Cher. »Ihnen kommt er niemals ungelegen.« Im Jahre 1884 betont der Präfekt des Départements Haute-Savoie den Graben, der in dieser Hinsicht die Bewohner der ländlichen Gebiete von denen der Städte trennt. Erstere können auf die Glocken nicht verzichten; in der Stadt dagegen gibt es ihm zufolge Bewohner, »die darauf Wert legen, vom Ton der Glocken nicht vor halb fünf im Sommer und vor fünf Uhr im Winter gestört zu werden«. Unsere Untersuchung bestätigt diesen Satz – und wir glauben, auch die Gründe dafür aufgezeigt zu haben. Mit Ausnahme der weiter oben erwähnten Umstände haben wir nur drei Fälle von Intoleranz im ländlichen Raum festgestellt: den ersten in Courlon [vgl. o. S. 176], den zweiten in Raon-l'Etape (Vogesen): Im Jahre 1832 »beklagen sich« die Bewohner dieser Gemeinde »täglich darüber, daß viel zu lange geläutet wird«. Das stört die Kranken und auch die Ruhe der gesunden Menschen. Eigenmächtig ordnet der Bürgermeister an, das Läuten in der Nacht zu Allerheiligen einzustellen. Ein Erlaß der Gemeindeverwaltung von Labresse aus dem Jahre 1839 verbietet dieses Läuten für die Toten. Der stellvertretende Bürgermeister, der sich bemüht, die Maßnahme durchzusetzen, beschwört die Lage der Kranken, für welche die Glocke »die Leiden noch verschlimmert«, die Respektierung der »öffentlichen Ruhe« und die »Unverschämtheit« der jungen Glöckner, die in jener Nacht aus der Kirche einen »Ort für ihre Schmutzereien« machen. Der Bischof bedeutet dem Präfekten jedoch, daß es diesen Brauch in allen Gemeinden der Vogesen gibt und daß die ländlichen Bewohner sehr daran hängen.[32]

Vorbehalte gegen das Glockenläuten im ländlichen Raum zeigten sich gleichwohl bei zwei präzisen Gelegenheiten. Die erste betraf zugegebenermaßen hauptsächlich die Behörden. Mit Cabanis von der engen Wechselwirkung zwischen dem Physischen und Moralischen im Menschen überzeugt, untersagen die Administratoren zu Beginn des 19. Jahrhunderts das Läuten der Totenglocke in Zeiten der Epidemie. Dieses Verbot findet sich in zahlreichen konzertierten Reglements. »Man hatte bemerkt«, schreibt am 16. Frimaire des Jahres XIV (7. Dezember 1805) ein Einwohner der Gemeinde von Longny (Orne) an den Kultusminister, »daß [bei einer verheerenden Epidemie] das Glockenläuten, das den *Todeskampf der Sterbenden* und den *Tod* der Erlegenen verkünden soll, die unheilvollsten Wirkungen auf die der Krankheit Gewärtigen erzeugt hatte und daß sich dieser Tatbestand noch verschlimmert hatte durch die Grabgesänge, die von den Straßen zu hören waren, wie auch durch den Lärm der Schellen, die den Beisetzungszeremonien vorausgingen [...]. Die Ecole de médecine in Paris, der ich meine Beobachtungen hierzu mitgeteilt habe, ist ebenfalls der Meinung, daß in bezug auf die Gesundheit und die Wiederherstellung der Kranken bei einer Epidemie das Erklingen der Glocken und jedes andere Trauerzeichen, *das die Sinne reizt*, nur sehr gefährliche Schrecken bewirken, den Verlauf der Krankheiten beeinträchtigen und diese mitunter zu tödlichen werden lassen kann.« Um »den Kranken gefährliche Schrecken zu ersparen«, ordnet der Bischof von Valence 1806 an, daß unter solchen Umständen »die Gebete bei den Begräbnissen mit leiser Stimme zu erfolgen haben«. Im Jahre 1832, auf dem Höhepunkt der Choleraepidemie, beschließt der Bürgermeister von Bettancourt (Haute-Marne) per Erlaß, den Gebrauch der großen Glocke wie auch das Läuten mit mehreren Glocken zu untersagen. »Nur die Angelusgebete oder die Arbeitszeiten« können bekanntgemacht werden, »aber so kurz wie möglich. [...] Zur Messe am Sonntag wird mit zwei Schlägen geläutet, der erste mit der kleinen Glocke und der zweite mit der zweiten Glocke, ohne das Schwingen der großen Glocke.« Der Präfekt findet diese Beschlüsse übertrieben, außer in bezug auf die Totenglocke, die seiner Ansicht nach »die Epidemie durch den Schrecken noch mehr verbreiten kann«. Mit einem Wort, der Glockenton als solcher scheint ihm nicht gefährlich, auch hinsichtlich seiner Intensität nicht störend; allein der Sinn, den man ihm verleiht, kann sich als schädlich erweisen.[33]

Ebenfalls geeignet, die Landbewohner zu stören, war zwar nicht das morgendliche Läuten, das sie unbedingt brauchen, aber das *abendliche im Sommer*. Hierin kommt in diesem Raum, noch tastend, die Forderung nach einem echten Recht auf Schlaf zum Ausdruck. Ein Präfektoralerlaß von 1851, gefolgt von einem Rundschreiben zur Ausführung im Jahre 1852, führte zu einer wahren Schilderhebung in den ländlichen Gemeinden des Départements Meuse. »Um die Bevölkerung des Départements zur Ordnung zu rufen« und die Bräuche zu vereinheitlichen, hat der Präfekt in Übereinstimmung mit dem Bischof nämlich beschlossen, daß die Feierabendglocke in allen Gemeinden des Départements im Sommer künftig um zehn Uhr zu läuten sei. Nun war es auf dem Lande aber Brauch, die Glocke um neun Uhr und in einigen Gegenden sogar um halb neun zu läuten. Im Sommer ging der Arbeiter früh schlafen, damit er um vier Uhr – oder in der Hochsaison auch schon um halb vier – leichter aus dem Bett fand. Läuten um zehn Uhr unterbrach den Schlaf und erschreckte denjenigen, der gerade eingeschlafen war.

Am 16. April 1852 protestiert der Bürgermeister von Ancerville: »Wegen einiger Müßiggänger, einiger junger Leute, die ihre Eltern bestehlen, muß die Öffentlichkeit um zehn Uhr abends geweckt werden.« Im Sommer, präzisiert der Bürgermeister von Contrisson, »gehen die Arbeiter gewöhnlich um halb neun schlafen«; man weckt sie um zehn Uhr auf; »man glaubt dann fast«, fügt er hinzu, »ein Feuer wäre ausgebrochen. Ich habe das selber erfahren«. Der Bürgermeister von

Longeville bringt ein weiteres Argument: Man muß das Läuten der Feierabendglocke im Sommer unterlassen »mit Rücksicht darauf, daß der Glöckner sich darüber beklagt, bis um zehn Uhr abends aufbleiben zu müssen, nachdem er schon ein ermüdendes Tagewerk hinter sich hat«. Es ist schwer, einen Freiwilligen für das Läuten zu solch einer späten Stunde zu finden, versichert seinerseits der Bürgermeister von Salmagne. Im Sommer, schreibt jener der Gemeinde Velaines, haben die Landbewohner die Gewohnheit, ihre Arbeiten »*fast* bei Sonnenuntergang zu beenden, um rechtzeitig nach Hause zu kommen und kein Licht mehr zu benötigen, sowohl um ihr Mahl einzunehmen als auch das Vieh zu versorgen und sich unverzüglich gegen neun Uhr schlafen zu legen«.[34]

Außerdem scheint die Feierabendglocke im Sommer unnütz: »Die Reisenden, die von der Feierabendglocke profitieren könnten, haben saisonbedingt nichts von Wetterunbilden zu befürchten«, argumentiert der Bürgermeister von Longeville, und die Wirtshäuser auf dem Lande sind zu dieser Stunde leer, »um so mehr«, präzisiert der Bürgermeister von Saint-Laurent, »als dies eine Weinbaugegend ist und jedermann Wein bei sich zu Hause hat«. Das Läuten im Winter dagegen scheint den Bürgermeistern unerläßlich: Es meldet noch lange nach Sonnenuntergang die Uhrzeit, es leitet den Reisenden; es verkündet das Schließen der Wirtshäuser, die zu dieser Jahreszeit ziemlich stark besucht sind; es stört die Arbeiter nicht, da diese zur Abendrunde versammelt sind. Auch andere Bürgermeister reagierten so wie jene der Meuse. 1838 beschwert sich der Bürgermeister von Saint-Sauvy (Gers) darüber, daß der Pfarrer am 12. Juli abends um dreiviertel zehn schwingend hat läuten lassen, als alle schon schliefen. Die Leute »wurden unsanft geweckt«.[35]

In der Stadt hingegen wurde das Ertönen der Glocke *am Morgen* als immer lästiger empfunden. Das Einschätzungssystem offenbart hier einen anderen Tagundnachtrhythmus und in noch größerem Maße einen fundamentalen Unterschied des chronobiologischen Verhaltens. Außerdem gewöhnt sich der Städter leichter daran, daß sommers wie winters zum selben Zeitpunkt geläutet wird. Der Landbewohner wünschte sich mehr Flexibilität; einige verlangten sogar, wie wir gesehen haben, eine ständige Anpassung an den Sonnenstand. Die Verschiebung der Zeit um eine Stunde, die allmählich zwischen Sommer und Winter üblich wurde, scheint vielen Landbewohnern gleichermaßen unzureichend und zu rigide. Im Februar 1858 bat der Gemeinderat von Brizeaux (Meuse), »in dem Wunsch und Willen, daß das zivile Geläute in etwelcher Form auch als Zeitangabe diene«, folgendermaßen zu läuten: zwischen dem 1. März und dem 1. Mai um fünf Uhr morgens; zwischen dem 1. Mai und dem 1. September um vier Uhr morgens und zwischen dem 1. September und dem 1. November um fünf Uhr morgens. Ferner wünschte der Gemeinderat, daß zwischen dem 1. März und dem 1. November um elf Uhr vormittags und um sechs Uhr abends geläutet werde. Der Bischof lehnte die Bitte ab, weil er gegen eine solche Entsakralisierung des morgendlichen Läutens war. Die Bitte des Gemeinderats verrät auch den neuartigen Wunsch nach exakter Zeitangabe in einer Gemeinde ohne Uhr. 1885 variierte der Gemeinderat von Domptail (Vosges) kraft einer Verfügung den Zeitpunkt des morgendlichen Läutens: »In den Monaten Juni und Juli wird die große Glocke um drei Uhr morgens geläutet, um vier Uhr in den Monaten Mai und August; um fünf Uhr in den Monaten März, April und September; um sechs Uhr in den übrigen fünf Monaten des Jahres, alles wie zuvor.«[36]

Die Schmähungen der Glocke durch die Städter nahmen im Laufe des 19. Jahrhunderts gewaltig zu. Die 1860er Jahre waren hier ein Wendepunkt. Von dieser Zeit an wurde die Forderung nach Morgenschlaf immer entschiedener gestellt. Denn zur gleichen Zeit veränderten die Fortschritte in der Beleuchtung, die Haussmannisierung, die Herrschaft der Ware, der bei den gehobenen städtischen Schichten eingetretene Wandel der Selbstdarstellung und des sozialen Umgangs sowie endlich die neuartige Präsenz der Frauen in der Öffentlichkeit allmählich die nächtlichen Gepflogenheiten. Ein gewachsenes Verlangen nach individueller Freiheit reizte dazu, die Einförmigkeit der Abläufe in Frage zu stellen. Dieses zunehmende Bedürfnis nach morgendlicher Ruhe ließ jenes Modell in Vergessenheit geraten, das – einst vom klösterlichen Leben inspiriert und von den Pensionaten übernommen – das Bett, die Nacht und den Schlaf als Domänen gefährlicher Phantasmen hinstellte und der Morgenglocke den Sinn eines Aufrufs verlieh, Gott für die Behütung vor den Versuchungen der Nacht zu danken.

Noch vor Ende des Jahrhunderts finden sich hie und da Zeichen von Intoleranz. Der Gemeinderat von Chartres beschloß 1832, das Läuten weniger lästig zu gestalten. Er verlangte, die Glocken im Sommer nicht vor sechs Uhr und im Winter nicht vor sieben Uhr läuten zu lassen. Er wünschte darüber hinaus, daß das schwingende Läuten fünf Minuten nicht überschritt. Im Jahre 1837 löste das übertriebene Läuten im Marktflecken von Courlon eine Auseinandersetzung aus. »Die Kranken«, schreibt ein Gemeindebewohner, »werden davon schwer betroffen, und die gesunden Leute sind manchmal gezwungen wegzulaufen« [vgl. o. S. 176]. 1831 und 1832 gingen in Paris die Bewohner der Rue du Bac, unterstützt von Präfekt Gisquet, gegen die Nonnen von Saint-Vincent-de-Paul vor, von denen sie morgens um vier Uhr geweckt wurden, während die Pariser Pfarrer erst zwischen halb sechs und sechs Uhr läuten. Die Oberin sah im Eingreifen des Stadtbezirkskommissars ein politisches Manöver. In der Babylonkaserne, führte sie aus, sei jeden Morgen »gegen vier Uhr« Trommelwirbel zu hören. Der Kultusminister gab ihr recht und bemerkte, daß in sehr vielen Orten das Angelus zu dieser frühen Stunde geläutet werde.[37]

Im Laufe der 60er Jahre spitzte sich die Polemik zu. Bevorzugte Schauplätze dieser Konfrontationen waren die Thermalkurorte, die damals expandierten. Seit dem Sieg der Republik gehörte diese Debatte zu dem von den Antiklerikalen geführten Kampf [vgl. o. S. 372 ff.]. So untersagt der Bürgermeister von Douarnenez (Finistère) 1881 das mehrstimmige Läuten vor dem Zeitpunkt des Angelusgebets. Der Pfarrer läutet nämlich zur Feier der Mission in seiner Gemeinde jeden Morgen um halb fünf Uhr mehrstimmig. Der Bürgermeister hingegen wünscht, daß der Pfarrer sich vor halb sechs Uhr (Zeitpunkt des Angelusgebets) mit dem Läuten einer einzigen Glocke begnügt. Der Pfarrer gibt jedoch nicht nach. Der Bürgermeister behauptet, daß der Pfarrer »absichtlich mehrstimmig läutet, um seine Pfarrkinder zu wecken«. Hier stand als ausdrücklich das *Recht zum Wecken* zur Diskussion. Der Kultusminister gab dem Bürgermeister recht (12. April 1881). Des ewigen Läutens in Aix-les-Bains müde, schrieb Nadar dem Kultusminister 1883 einen gepfefferten offenen Brief, der bald ein wichtiger Bezugstext wurde. Er beschwor das *Recht auf Muße* und das *Recht auf Ruhe*, »das natürlichste aller Rechte«. Er warnte vor der Gefahr der Neurose und verlangte, das Glockenläuten in die Kategorie der gesundheitsschädlichen Gewerbe aufzunehmen. »Der Fall der Glocken«, schrieb er, »ist eine Frage des *allgemeinen Schutzes* für all jene, die Frieden und Ruhe haben wollen.« Nadar zog zu Felde »gegen diesen mißbräuchlichen Lärm, der durch nichts gerechtfertigt ist und unvereinbar mit jedem Recht und unserer Freiheit«. »Ich habe mit eigenen Augen gesehen«, fügt er hinzu, »an Ort und Stelle, wie sogar Hunde dagegen protestieren, die von der plötzlichen Lärmattacke überrascht werden, enerviert bis zum Paroxysmus, und von einem Jaulen ins andere fallen.« Dieser »Aufstand der Kesselschmiede«, ein »brutaler, dummer Lärm wie jeder Lärm«, sei, schrieb er weiter, ein »Anschlag auf die Freiheit meiner Ruhe«. Der Klerus habe nicht das Recht, »mir den freien Genuß meines Hörsinns« durch diese scheußliche Stimme zu vergällen, die einst »zu den Scheiterhaufen von Sevilla Feuer läutete ...«[38]

Am 21. Oktober 1886 forderte *La Lanterne*, berühmt für die Wirksamkeit ihrer Kampagnen, die Respektierung des Schlafes der Einwohner und das Verbot des Glockenläutens vor acht

Uhr; die Redaktion empfahl statt dessen den Gebrauch … eines Weckers. Die Zeitung macht sich stark für die »friedliebenden Menschen [die in der Nähe von Kirchen wohnen], die alles andere zu tun haben, als vor Sonnenaufgang durch die Straßen zu laufen, um sich eine Brustfell- oder Lungenentzündung zu holen in diesen unhygienischen Einrichtungen, die man Kirchen nennt«.[39] Zehn Jahre später veröffentlichte *L'Avenir du Cantal* eine Petition von Frauen aus Aurillac, die im Namen aller »feinfühligen, sensiblen und zerbrechlichen Menschen« verlangten, von dem unheimlichen und furchtbaren Gedröhne der großen Glocke der Notre-Dame-aux-Neiges verschont zu bleiben. Dieses Geläute habe das doppelt Unangenehme, schrieben die Klägerinnen, daß es »einem den Kopf platzen läßt und Trübsinn und Schmerz in unsere Herzen bringt, während es die süßen Gedanken und zärtlichen Gefühle, die wir für die Liebe hegen, aus diesem Organ verscheucht«.

Unter dem Ministerium Combes verschärften sich die Schmähungen. Im Jahre 1902 brachte eine lange Debatte den Gemeinderat von Vals-les-Bains (Ardèche) und den Bischof von Viviers gegeneinander auf. Sie führte zum Präfektoralerlaß vom 7. März 1905, der für alle Thermalbäder des Départements Ardèche galt. Man durfte fortan zwischen dem 1. Mai und dem 1. Oktober, das heißt während der Saison, vor sechs Uhr nicht mehr mit mehreren Glocken und auch nicht schwingend läuten. Die Messen wurden durch ein einfaches Anschlagen angekündigt, das nicht länger als eine Minute dauerte. Zuvor hatte man zum Angelusgebet um halb fünf geläutet, was den Zorn der Badegäste hervorrief. Der Gemeinderat seinerseits wollte sogar, daß das Verbot das ganze Jahr hindurch gelte. Am 3. Februar 1903 stimmt *Le Radical* dem Staatsrat in dessen Weigerung zu, den Erlaß des Bürgermeisters von Limoges zu annullieren, durch den das Läuten vor sechs Uhr morgens untersagt worden war. »Es gibt keine Strafe, die mit der vergleichbar wäre, neben einem Kloster zu wohnen«, schreibt der Journalist, der sich ebenfalls über den Lärm der *Savoyarde* beklagt, der wuchtigsten Glocke von Sacré-Cœur. Der Bürgermeister von Romainville beklagte, die Glocken seiner Gemeinde machten das Arbeiten im Rathaus unmöglich. 1903 übergab – eine Tatsache von größter Tragweite – die Französische Liga zur Verteidigung der Menschenrechte dem Präfekten der Seine eine Petition von Einwohnern Pantins, die gegen die zu früh läutenden Glocken protestierten. Im Namen des Rechtes auf Ruhe verlangten sie, für Glocken dieselben strengen Auflagen zu erlassen wie für die Signalpfeifen und Sirenen von Industrieanlagen. Fünf Jahre später, als die Schlacht um das Angelusläuten tobte, unterstützte Henry Nadal den Bürgermeister von Salins (Jura) und klagte seinerseits in *L'Aurore* das an, was er als »Glockenfolter« tituliert. »Nichts ist wirklich so unerträglich, aufreizend und qualvoll wie dieses Ding, Ding, Dong der ersten Morgenmessen [...], diese *Tonschläge*, die einem das Trommelfell einschlagen und vollhämmern. [...] O ja! Die Glocke ist eine Marter, und der Beweis dafür ist, daß die Chinesen sie auf den ersten Rang jener Instrumente erhoben, die ein vergreistes Volk ob ihrer ausgesuchten Grausamkeit erdacht hat: Im Garten der Foltern nimmt der Tod durch die Glocke den Ehrenplatz ein.« Heute, wo es »zahllose Menschen gibt, die bis um Mitternacht herum aufbleiben« in den Theatern oder Konzertcafés, sei es eine »schreiende Absurdität« zu läuten, um »einige sehr wenige Gläubige zur Frühmesse zu rufen«.[40]

Hinter dieser Episode des antiklerikalen Kampfes, der auch die Prozessionen und alle Manifestationen außerhalb des Gottesdienstes betraf, zeichneten sich die Forderungen nach einer neuen Ordnung ab. Sie zeugten von den Wandlungen der Gefühlskultur, dem neuartigen Anspruch auf individuelle Freiheit der Alltagsgestaltung, dem Wunsch nach einer gewissen Lebensqualität und vor allem dem Verlorengehen des Sinns für das Glockenläuten.

Das Verblassen des Modells der romantischen Glocke – die, so spotteten die Antiklerikalen, nur aus der Ferne geschätzt wurde – war offenkundig. Zola, Verfasser des *Rêve*, beschrieb mit Genauigkeit die Skala der Empfindungen und Gefühle, die das Getöse des Läutens auslöste: die Erwartung des göttlichen Opfers, das Erbeben des Hauses der Huberts vom Schwingen der großen Glocke der Kathedrale von Bourges, die kollektive Freude, die Lobpreisung und den Aufstieg Augustines beim himmlischen Ruf des Engels, der auch der der Hochzeitsglocke war. Doch die Analyse ist hier distanziert, wie ein klinischer Befund. Die emotionale Gewalt der Glocke ist nackt und bloß, desakralisiert, nur noch traumerzeugend; sie hat etwas mit der Halluzination gemeinsam. Die religiöse Symbolik ist gewissermaßen in ihr Gegenteil verkehrt.[41]

Der Verlust des Sinns für die Glockenbotschaften kann hier und da festgestellt werden, aber eine systematische Untersuchung ist nicht möglich. Der Schauspieler Charles Flechter schreibt bereits am 18. April 1852 an seine Mätresse Valérie Déjazet: »Es ist scheußliches Wetter, es regnet, wir haben Sonntag und die Glocken tönen traurig; weißt du, welche Wirkung auf nervöse Naturen die melancholischen Glockenspiele haben, die sich anmaßen, die Gläubigen zum Gebet zu rufen? Nun ja, ich stehe hier unter diesem *schmerzlichen Eindruck*, und ich kann mich einer gewissen Unruhe deinetwegen nicht erwehren.«[42]

Ein solches Eingeständnis deutet voraus auf den von Baudelaire herausgeschrieenen Sinnverlust. »Denn jählings tanzen Glocken wütend in den Türmen, / Zum Himmel schleudern sie ein wüst Geheul empor, / Wie Geister ohne Heimat irr im Lande stürmen, / Aufstöhnend eigensinnige, ein ganzer Chor.« Der Stadtbewohner hat das Gefühl für die Zeit verloren. Der *Un-Sinn des Läutens* verweist auf dieses Manko, das in dieser Umgebung das Erschlaffen des Gehörsinns begründet.[43]

Die Nostalgie, die zum Registrieren und zur Wiederherstellung der Geläute reizt; der Versuch, die Glockensymbolik wiederzubeleben; die wachsende Intoleranz gegenüber dem Lärm der Stadtglocken, die in bezug auf Glocken empfundene und ausgedrückte Absurdität – sie alle bezeugen die Auflösung der vorherigen Modalitäten der Einschätzung und des Hörens. Das Rühmen des dörflichen Glockenturms ist nur ein Rückzugsgefecht und kann den Zerfall des Bildes von der romantischen Glocke kaum kompensieren.

In der Tat verarmt seit den 1860er Jahren eine ganze Seite der Gefühlskultur, zerfällt ein ganzes Klangnetz. Wenn es erlaubt ist, eine Landschaft als eine Lektüre zu sehen, eine Art, ins Auge zu fassen oder zu hören, so ist das langsame Verblassen dieser Landschaft, die von den ländlichen Glocken gezeichnet wurde, dem Schweigen und dem Untergang der Glockentürme vorangegangen.

Mein Ziel war es, die Geschichte dieser klingenden Landschaft zu erzählen; sie in ihrer ganzen Erhabenheit zu beschreiben, dann ihr sodann in den Zerfall zu folgen. Dieser hängt nicht, wie man glauben könnte, mit einer schwindenden Klanggewalt der Geläute zusammen. Im Gegenteil, Macht und Qualität der Dorfglocken waren im Jahre 1880 höher als zu Beginn der Wahlmonarchie. Es handelt sich vor allem um ein Verblassen des Sinns, um ein Ins-Wanken-Geraten der Modalitäten der Aufmerksamkeit, um einen Rückgang der Glockennutzung und -rhetorik – um die fortschreitende Disqualifizierung eines ganzen Spektrums ihrer Klangbotschaften.

Es gibt zahlreiche Faktoren, die diesen Verlust erklären können. In der zweiten Hälfte des 19. Jahrhunderts fanden die Dorfgemeinschaften andere Symbole für ihre Identität; der Aufschwung der Kommunen, der Rückzug auf die religiöse Botschaft erschütterten das Prestige der Glocken. Die Entzauberung der Welt, die Desakralisierung des Lebens und der Umwelt haben das Hören der Glocke in Mißkredit gebracht. Die Glocke hat allmählich aufgehört, Zeichen, Vorbedeutung, Talisman zu sein. Die Dechristianisierung hat die Andacht in Vergessenheit geraten lassen, zu der die Glocke mit ihrem Ruf zum Gebet einlud. Das Vordringen anderer rhetorischer Systeme hat Schritt für Schritt die Glockensignale im Kommuni kationsprozeß verdrängt. Mit den Jahrzehnten drückte Autorität sich immer weniger durch den klingenden Befehl und immer mehr durch den geschriebenen Text aus. Im Laufe des 19. Jahrhunderts haben das Plakat, die gedruckte Ein- und Vorladung, das Zifferblatt der eigenen Uhr, der Kalender allmählich die Vorherrschaft des Visuellen gesichert. Die Funktion der Glocke geht zurück, wie gleichzeitig der Primat des Gerüchts schwindet und die Interpretationsbreite von Ereignissen geringer wird. Die Glockengeschichte gerät justament mit dem Siegeszug der Lese- und Schreibfertigkeit ins Abseits.

Das Hören der Glocke leidet darüber hinaus unter der Bereicherung und der Erneuerung des Klangpanoramas. Die Dampfmaschine und ihr Keuchen, das Aufkommen des Explosions- und des Elektromotors, vor allem jedoch die Sirene und die neuen Signalmethoden haben der Glocke nach und nach das Siegel der Modernität genommen, das sie anfangs auszeichnete.

Im Laufe des 20. Jahrhunderts hat der Verstärker dem Glockenschwung das Monopol auf Feierlichkeit streitig gemacht. Die Funktion der Ehrerbietung ist allmählich vergessen worden. Das mögliche Bündnis des Volkes mit der Elite in der gemeinsamen Wertschätzung der Glocke und ihrer Klanggewalt interessiert nicht mehr; sie bleibt zugunsten anderer Übereinstimmungen unbeachtet. Es wäre unter diesem Blickwinkel interessant, über die Funktion der Massierung einfacher Rhythmen nachzudenken, die heute zu Ehren kommen: die harten Rhythmen des Rock, die schwerfälligen Stakkati der *Country music.*

Es gibt heute, im Zeichen gewandelter Modalitäten, eine Sehnsucht nach dem Lande. Der Erfolg des Landhäuschens und der Ferien auf dem Bauernhof scheint das zu bestätigen. Diese Tendenz könnte aus dem Verständnis für die Landbewohner von einst viel gewinnen. Mir hat es geschienen, als habe sich die gewissenhafte Untersuchung der ländlichen

Glocken und ihres heute vergessenen Prestiges förmlich aufgedrängt. Die Auferstehung einer verlorenen Welt ereignet sich vor allem im Erfassen dessen, was im Innersten heute als das Allerungewohnteste wirkt.

Nachbemerkung des Übersetzers:

Ich danke meinen Kollegen Helmut Kühnel (Leipzig) und Christina Mansfeld (Neuss) für ihre wertvolle Hilfe und Beratung.

ANHANG

Anmerkungen

Die Erforschung des Unzeitgemäßen

1 Auszug – wie auch die folgenden Zitate – aus den Beratungen der Gemeindeverwaltung des Kantons Brienne. Archives départementales (A. D.) Aube, L354. Die Hervorhebungen stammen, wie auch auf den folgenden Seiten, vom Autor.

2 Auszug aus den Beratungsprotokollen des Gemeinderats von Brienne, 6. Dezember 1830. A. D. Aube, 2 o 774.

3 Tatsächlich bewogen dann die Einwände des Kirchenvorstands den Gemeinderat, sein Vorhaben zu ändern und vom Erlös aus dem Verkauf der Glocke eine Anleihe zugunsten der Kirche zu finanzieren. Dafür sollte der Gemeinderat von der jährlichen Zuwendung an die Kirche absehen dürfen. Der Kirchenvorstand bestellte ein Gremium aus Geistlichen und Laien, das mit der Verwaltung der für die Pfarrkirche bestimmten Fonds und Einkünfte verantwortlich war.

4 Brief des Bürgermeisters von Brienne an den Unterpräfekten von Barsur-Aube, 10. Januar 1833. A. D. Aube, V41.

5 Brief des Bischofs von Troyes an den Bürgermeister von Brienne, 15. Dezember 1832, von letzterem zitiert. *Ebd.*

6 Bericht des Unterpräfekten des Kreises Bar-sur-Aube an den Präfekten der Aube, 2. Februar 1833. *Ebd.*

7 *Ebd.*

8 Siehe hierzu auch Alain Corbin, *Les Temps, le désir et l'horreur*, Paris 1991, S. 230.

9 Wir bemühen uns, das Vokabular der Protagonisten des damaligen Konflikts beizubehalten.

10 Die Bemerkung fiel im März 1933 im Rahmen eines Seminars der Universität Paris I zur Sozial- und Kulturgeschichte.

Unmögliche Revolution einer Sinneskultur

1 Über die während der Revolution entstehende Spannung zwischen dem Schutz der Privatsphäre in Anerkennung der individuellen Freiheit einerseits und den Gefährdungen und Anfechtungen des Priva-

ten infolge der veränderten Familienstrukturen andererseits unterrichtet der Beitrag von Lynn Hunt im 4. Band der von Philippe Ariès und George Duby herausgegebenen *Geschichte des privaten Lebens*, (Bd. 4 hg. von Michelle Perrot), dt. von G. Krüger-Wirrer und H. Fliessbach, Frankfurt / Main 1992, Bd. 4, S.19 – 49.

2 Philippe Ariès, *L'homme devant la mort*, Paris 1977.

3 Vgl. A. Corbin, »Histoire et anthropologie sensorielle«, in: *Le Temps, le désir et l'horreur*, Paris 1991, S. 227 – 244.

4 Bezeichnend ist in dieser Hinsicht die Beachtung, die der junge Mgr. Pie der Sinnlichkeit der Glocken schenkte. Siehe zum Beispiel: Mgr. Pie, *Notice historique concernant la sonnerie ancienne et moderne de l'église cathédrale de Chartres*, Chartres 1841.

5 Schmit, *Les Églises gothiques*, zitiert in Mgr. Pie, Notice, S. 22.

6 Vgl. J. D. Blavignac, *La Cloche. Étude sur son histoire et sur ses rapports avec la société aux différents âges*, Genf 1877, S. 24, Dr. Michel Brocard, *Études campanaires. Les cloches de la cathédrale Saint-Mammès de Langres*, Langres 1924, S. 5, oder aus neuerer Zeit Antoine Trin, *Les Cloches du Cantal. Archéologie, histoire, folklore*, Aurillac 1954, S. 13. Die Ansprache findet sich im 19. Kapitel der *Vie très horrifique du grand Gargantua* von François Rabelais. *La Satyre Menippée* ist eine antikatholische Flugschrift aus dem Jahre 1594. Die *Gallia Christiana* ist eine aus dem frühen 17. Jahrhundert stammende Kompilation von Daten über das christliche Gallien.

7 Über die Nichtbeachtung dieser Normen im Bray vgl. Dieudonné Dergny, *Les Cloches du pays de Bray avec leurs dates, leurs noms, les inscriptions, leurs armoiries, leurs fondeurs*, Paris 1865, Bd. 1, S. 8.

8 Paluel-Marmont, *Cloches et carillons. Leur histoire, leur fabrication, leurs légendes*, Paris 1953, S. 147.

9 Dr. Billon, *Campanologie. Études sur les cloches et les sonneries françaises et étrangères*, Caen 1866, S. 7 – 29.

10 *Saint-Pierre-sur-Dives / Lisieux*: Ders., S. 12ff. und 77 – 89. – *Saint-Mammés*: M. Brocard, *Etudes*, S. 5. – *Cambrai:* Dr. Billon, *Campanologie*, S. 160f. Bedenken wir dabei den ungewissen Charakter einer Schätzung des Gewichts von Glocken, die häufig nicht mehr existierten.

11 Vgl. hierzu A. Trin, *Les Cloches*, S. 13.

12 D. Dergny, *Les Cloches*, Bd. 1, S. 11, und Bd. 2, S. 412.

13 A. Trin, *Les Cloches*, S. 35. Schätzungsweise hingen also in dieser kleinen Region durchschnittlich vier Glocken pro Pfarrkirche in den Türmen. Die Untersuchungen über die Nationalgüter, obgleich andere Ziele verfolgend, präzisieren diesen Glockenreichtum.

14 Wenn man glauben darf, was J.-P. Jessenne über das Artois berichtet, vermischten sich die beiden Versammlungen häufig. – Zur Empfind-

samkeit vgl. die Verweise in Alain Corbin, *Pesthauch und Blütenduft*, *passim*.

15 *Bernay:* V. E. Veuclin, *Quelques notes inédites sur les cloches de Bernay*, Bernay 1888, S. 9–12. – Im *Haut-Maine* wurden die Bemühungen bis zum September 1793 fortgesetzt. 1790 gab es in dieser Gegend vier Gemeinden, in denen während der Revolution Glocken geweiht wurden, 1791 eine und 1792 und 1793 fünf. (Henry Roquet, *Les Vicissitudes de cloches ecclésiastiques et d'objets du culte dans le département de la Sarthe sous la Révolution et le Consulat.* 1790–1814, Le Mans 1942.)

16 Von Alphonse Aulard bis zu Michel Vovelle gibt es viele Historiker der Revolution, die auch den Glocken Beachtung geschenkt haben. Von besonderer Bedeutung sind die einschlägigen Seiten in Mona Ozouf, *La Fête révolutionnaire*, Paris 1988, S. 374–387.

17 Zu diesen Punkten sowie zum folgenden Absatz vgl. die Aufstellung bei Paluel-Marmont, *Cloches*, passim; Samuel Bour, *Études campanaires mosellanes*, Colmar 1947, Bd. 1, S. 45f.; J. D. Blavignac, *La Cloche*, S. 46f., Dr. Billon, *Campanologie*, S. 214, und D. Dergny, *Les Cloches*, Bd. 2, S. 15.

18 Jean Nanglard, *Les Cloches des églises du diocèse d'Angoulême*, Angoulême 1922, S. 63. In seinem *Traité des cloches* besteht der Abbé Jean-Baptiste Thiers ausdrücklich auf dieser Form der Bestrafung. Ein Beispiel aus der Zeit der Revolution: Am 4. Mai 1793 ordnete der Generalrat des Département Tarn an, in den Bezirksstädten *alle* Glocken derjenigen Gemeinden sammeln zu lassen, in denen die Rekrutenaushebung zu Unruhen geführt hatte (Graf R. de Toulouse-Lautrec, *Les Cloches dans le Haut-Comminges*, Paris 1863, S. 33).

19 Von den vielen Arbeiten, die sich mit den ersten Monaten der Glockenpolitik der Revolution befassen, zitieren wir wegen seiner großen Genauigkeit einen alten Aufsatz von L. A. Hustin, »Le sort des cloches«, in: *Bulletin de la Société historique du Raincy*, Oktober 1924. Diese Arbeit ist die Frucht einer sehr sorgfältigen Auswertung der Parlamentsarchive und macht die anfänglichen Bedenken der Revolution sehr deutlich. So war im Januar 1791 beschlossen worden, die Glocken ebenso wie die anderen Nationalgüter zu verkaufen. Zu den Gutachtern zählten Condorcet, Fourcroy und Tillet. Bei diesen Diskussionen wurden andere Verwendungsmöglichkeiten für die Glocken erörtert, vor allem ihre Umarbeitung zu Mörsern, Stößeln, Ventilen und Rollen. Zu dieser Politik vgl. auch S. Bour, *Etudes*, Kap. 3, »La Révolution française et son œuvre«, Bd. 1, S. 15ff. – Dank des Metallgemisches in den Glocken – gelbes Kupfer und rotes Kupfer – wurden Münzen zu 5 Sou, 2 Liard und 1 Liard geprägt (August 1792),

später solche zu 1 Décime, 5 Centime und 1 Centime. Die Glocken spielten also eine nicht unwesentliche Rolle bei der Verbreitung des »Volksgeldes«, wie Bernard Traimond es nennt (*Ethnologie historique des pratiques monétaires dans les Landes de Gascogne*, Thèse, Universität Paris I, 1992), das in gewissen ländlichen Gegenden auch von jenen akzeptiert wurde, die bis dahin im wesentlichen Tauschhandel getrieben hatten und nur ausnahmsweise Gebrauch von der Gold- oder Silberwährung machten, die in ihren Augen das Geld der Grundbesitzer und der Kaufleute war.

20 S. Bour, *Etudes*, Bd. 1, S. 17. Im Bezirk Bernay wurden die Glocken ebenfalls in großer Eile entfernt. Allein im Monat Juli schaffte man 61 Glocken in die Kupfergießerei in Romilly-sur-Andelle (Eure). Allerdings scheint dieses Verhalten untypisch gewesen zu sein. (Philippe Duval, »La Révolution et la dispersion du mobilier des communautés religieuses de l'Eure«, in: *A travers la Haute-Normandie en Révolution 1789–1800*, Comité régional d'Histoire de la Révolution française, 1992, S. 239.) Im Bezirk Amiens wurden alle einschlägigen Maßnahmen zwischen dem 19. September 1791 und dem 23. Mai 1792 durchgeführt; dann waren 61 Glocken abgehängt. Reibungslos ging die Entführung der Glocken in den aufgehobenen und später versiegelten Kirchen sowie in den Männerklöstern vonstatten, die bereits alle von den Mönchen verlassen worden waren; anders muß es in den Frauenklöstern gewesen sein, die noch immer bewohnt waren. In diesen Einrichtungen konnte die Entfernung der Glocken erst Ende Mai 1792 abgeschlossen werden. (René Vaillant, »Archives campanaires. Le sort des cloches d'Amiens pendant la Révolution«, in: *Bulletin de la Société des antiquaires de Picardie*, 1. Trimester 1985, S. 49–64.)

21 Abbé Barraud, *Notice sur les cloches*, Caen 1844, S. 11f.

22 J. Berthelé / H. Jadart / P. Gosset, *Enquêtes campanaires rémoises*, Reims 1905, S. 27; S. Bour, *Etudes*, Bd. 1, S. 19, und R. Vaillant, »Archives ...«, S. 59.

23 Standesamtsregister aus dem Bürgermeisteramt zu Moncé-en-Belin. Pfarrer Lelardeux hatte den Vorfall bereits am 6. Januar 1792 berichtet. Zitiert nach H. Roquet, *Les Vicissitudes*, S. 14ff.

24 Vgl. Roger Caillois, *L'Homme et le sacré*, Paris 1950, S. 62. Wer die Einstellungen zur Requirierung der Glocken kartographieren wollte, wüßte damit erst wenig über die Unterstützung der neuen Ideen. Aufgrund der Ambivalenz der Risiken wäre dies ein schlechter Indikator. Die Bindung an die Glocke schloß nämlich den Wunsch nicht aus, sie zum Instrument einer Säkularisierung der zeitlichen und räumlichen Signale und zur Stimme der Gemeindeautorität gemacht zu sehen.

25 Boulay: S. Bour, *Etudes*, Bd. 1, S. 27. – Vgl. auch die allgemeineren

Feststellungen bei Michel Vovelle, *La Révolution contre l'Église, de la raison à l'Etre suprême*, Paris 1988, S. 259ff.

26 Vgl. R. Vaillant, »Archives ...«, S. 51ff.

27 In den folgenden Monaten nahm die Zahl dieser Opfer noch zu. Der Generalrat des Département Sarthe verfügte am 21. Juli, die Gemeinden sollten ihre Glocken abnehmen lassen, damit sie zu Kanonen umgegossen werden konnten. (H. Roquet, *Les Vicissitudes,* S. 27.)

28 Zitiert nach D. Dergny, *Les Cloches*, Bd. 1, S. 35.

29 Vgl. M. Vovelle, *La Révolution contre l'Église* ..., S. 96, 99.

30 Ders., S. 53 und 88. Schon 1922 schrieb Jean Nanglard, daß man in der Charente »oft bereit war, heilige Gefäße und Reliquiare zu opfern«, nicht aber die Glocken (*Les Cloches*, S. 30).

31 Elizabeth Liris, »Vandalisme et régénération dans la mission de Fouché à l'automne 93«, in: *Révolution française et vandalisme révolutionnaire*, Paris 1992, S. 222. Zum Thema Loudéac: A. D. Côtes-du-Nord, 15L14, zitiert in Yves Tripier, »Vandalisme révolutionnaire en Bretagne ou imposition par le pouvoir républicain d'une nouvelle culture? 1793–1795«, *ebd.*, S. 149. Im Ardèche ging das Abhängen der Glocken sehr schnell vor sich. Vgl. Jean-Louis Issartel, *Bourg-Saint-Andéol, cité carrefour et centre révolutionnaire dans la moyenne vallée du Rhône*, Thèse, Universität Paris I, 1991.

32 *Boulay:* S. Bour, *Etudes*, Bd. 1, S. 27. – *Echallon*: Louis Trenard, »Le vandalisme révolutionnaire dans les pays de l'Ain«, in: *Révolution française et vandalisme*, S. 256.

33 *Beaulieu:* H. Roquet, *Les Vicissitudes*, S. 18ff. – *Bernay*: V. E. Veuclin, *Quelques notes inédites* ..., S. 18. *Lisieux*: Dr. Billon, *Campanologie*, S. 84ff.

34 Alain Corbin, *Le Village des cannibales*, Paris 1990. – Wir wollen hier nicht zum wiederholten Mal die Frage stellen, ob die Dechristianisierung damals diktatorisch oder spontan erfolgte. Aber da nun einmal die Glocken der Erde unser Thema sind, so pflichten wir den Historikern bei, die, von Albert Mathiez bis zu Richard Cobb, zu der Ansicht gelangt sind, daß die Dechristianisierung in diesem Milieu überwiegend von außen, durch Angehörige der städtischen Unterschichten, durchgesetzt worden ist.

35 Die Zitate zum Bezirk *Bernay* stammen aus V. E. Veuclin, *Les Grands Événements au village sous l'Ancien Régime. La fonte des cloches*, Bernay 1888, S. 41ff. – *Aisne*: Yves Dreux, *Religion et révolution en Picardie et dans le district de Saint-Quentin*, Magisterarbeit, Universität Paris I, 1985, S. 135. – *Charente*: J.Nanglard, *Les Cloches*, passim. – *Amiens*: R.Vaillant, »Archives ...«, S.63. – *Bezannes, Cernay, Reims*: J.Berthclé/H. Jadart/P. Gosset, *Enquêtes*, S.30f. – *Marolles*: II.Ru-

quet, *Les Vicissitudes*, S. 28. – *Homblières*: Y. Dreux, *Religion*. – *Bourg-Saint-Andéol*: J. L. Issartel, *Bourg-Saint-Andéol*, S. 474.

36 Das heißt mitten in den Diskussionen um den Artikel 101 des Gesetzes von 1884 [vgl. u. S. 334ff.]. Abbé L. Berthout, Pfarrer von Yvrandes, *Les Cloches imprenables. Épisode de la Révolution à Saint-Cornier-des-Landes (Orne). 1793–1794*, Paris 1887.

37 *Ladinhac*: A. Trin, *Les Cloches* , S. 36. – *Moselle*: S. Bour, *Etudes*, Bd. 1, S. 28. – *Schweizer Grenze*: M. Brocard, *Etudes*, S. 24.

38 *Le Fleix*: Henri Brugière / Joseph Berthelé, *Exploration campanaire du Périgord*, Perigueux 1907, S. 271. – *La Goulafrière*: V. E. Veuclin, *Les Grands Événements …*, S. 41.

39 A. Trin, *Les Cloches*, S. 35f. – Auch beim Herannahen der Aufständischen aus der Vendée wurden Glocken vergraben – ebenfalls aus Furcht vor einer »Entführung«. Im Dezember 1793, am Vorabend der Einnahme von Le Mans durch die Aufrührer, wurden einige Glocken des Bezirks in einen Brunnen geworfen, aus dem man sie einige Zeit später wieder hervorholte, um sie, in Fässern versteckt, nach Paris zu verfrachten (H. Roquet, *Les Vicissitudes*, S. 31.).

40 *Montsaugeon*: M. Brocard, *Etudes*, S. 24. – *Illhäusern*: Rodolphe Reuss, *La Constitution civile du clergé et la crise religieuse en Alsace (1790–1795)*, Paris 1922, Bd. II, S. 249. – *Gerstheim*: Alexandre Bande, *Déchristianisation et résistance populaire en Alsace pendant l'an II*, Magisterarbeit, Universität Paris I, 1987, S. 61. – *Beaumont*: Jean-Claude Meyer, *La Vie religieuse en Haute-Garonne sous la Révolution. 1789–1801*, Toulouse 1982, S. 396.

41 In diesen beiden Hauptdepots lagerte man die Glocken, die für öffentliche Gebäude bestimmt waren. So wurde die Glocke von Saint-Germain-l'Auxerrois, die in der Bartholomäusnacht geläutet hatte, auf Verlangen Marie-Joseph Chéniers dem Requisitenfundus des *Théatre de la Nation* zugewiesen.

42 Zwischen Januar und August 1792 wurden 200 Glocken von *Saint-Jean* aus zur Münze in Lille transportiert; die übrigen wurden nach Épernay geschafft: R. Vaillant, »Archives …«, S. 60. – *Reims*: J. Berthelé / H. Jadart / P. Gosset, *Enquêtes*, S. 26. – 142 Glocken wurden in der Folge von *Langres* nach Paris oder Metz geschafft, 99 nach Besançon: M. Brocard, *Etudes*, S. 24f. – *Cantal*: A. Trin, *Les Cloches*, S. 34f. – *Roanne*: J. Déchelette, *Inscriptions campanaires de l'arrondissement de Roanne*, Montbrison 1893, S. 34.

43 Die Glocken des Bezirks Amiens wurden im Pariser Quartier Saint-Maurice eingeschmolzen; die des Bezirks Reims wurden nicht mehr nach Paris, sondern nach Metz gebracht. Die Glocken des Bezirks Roanne wurden von November an nach Le Creusot expediert.

44 Die Glocken, die am Vorabend der Unterzeichnung des Konkordats noch nicht eingeschmolzen waren, hatte man an Schrotthändler verkauft, und diese hatten sie in einem weiten Umkreis verstreut. Am 23. Nivôse des Jahres VI (12. Januar 1798) hatte nämlich das Direktorium per Dekret den Verkauf der beschlagnahmten Glocken angeordnet, und der Staatsrat hatte dieser Maßnahme am 25. Brumaire des Jahres IX (16. November 1800) zugestimmt (vgl. S. Bour, *Etudes*, Bd. 1, S. 23). Die Experten der Glockengeschichte haben sich bemüht, jeweils für ihre Region eine Bilanz der Requirierungen zu erstellen. Leider wurden diese Berechnungen jedoch nach unterschiedlichen Gesichtspunkten durchgeführt; die Ergebnisse sind also nicht kumulierbar. Beispielsweise lagen Ende Brumaire des Jahres II (am 20. November 1793) allein im Bezirk Chauny (Aisne) 129 675 Pfund Glockenmetall zum Einschmelzen bereit (vgl. Y. Dreux, *Religion*, S. 137). Von Oktober 1791 bis zum 27. Januar 1792, das heißt innerhalb von gut drei Monaten, hatte das Département Meuse 60 376 Pfund Bronze an die Münze zu Metz geliefert. (Ch. Aimond, *Histoire religieuse de la Révolution dans le département de la Meuse et le diocèse de Verdun* [*1789–1802*], Paris 1949, S. 204.)

45 Schätzung v.a. durch J. D. Blavignac, *La Cloche*, S. 418 sowie im folgenden Jahrhundert durch A. Trin, *Les Cloches*, S. 34.

46 Beispielsweise geht dies aus den Berechnungen Jean Nanglards über die Glocken der Charente hervor (*Les Cloches*, S. 31ff.). So besaß Angoulême am Vorabend der Revolution 34 Glocken, von denen 1802 nur noch vier übrig waren.

47 *Condrieu*: M. Vovelle, *La Révolution contre l'Église* …, S. 240. – *Meymac*: Louis Pérouas / Paul d'Hollander, *La Révolution française, une rupture dans le christianisme? Le cas du Limousin, 1775 – 1822*, Les Monédières 1988, S. 183.

48 Auch hier gilt es zu differenzieren. Albitte war überzeugt, für das Verschwinden aller Glockentürme in diesem letztgenannten Département gesorgt zu haben. In Wirklichkeit war es ihm hier, wie übrigens auch in Savoyen, nur gelungen, daß die Türmchen von nicht mehr benutzten Kapellen abgerissen wurden. Seit dem Frühjahr 1794 war er überdies genötigt, seine Politik zu mäßigen, um der starken Abwanderungsbewegung ins Piemont zu wehren. Festzuhalten bleibt, daß er laut Philippe Boutry auch prachtvolle romanische Glockentürme abtragen ließ (»Le Clocher«, S. 78). – Zu Albitte vgl. François Burckard, »Six destins«, in: *A travers la Haute-Normandie en Révolution* …, S. 414–417; M. Vovelle, *La Révolution contre l'Église* …, S. 81f. Philippe Boutry (»Le clocher«, in: *Les lieux de Mémoire*, »Les Frances«, Bd. 2, S. 88) bringt eine erschöpfende Liste der Arbeiten über Antoine-Louis Albitte, na-

mentlich über die »hundert Tage« im Département Ain (22. Januar –
30. April 1794). Des weiteren findet sich auf S. 87 (*ebd.*) eine gute
bibliographische Studie zum revolutionären »Vandalismus«. Erwähnt
sei ferner das interessante Buch von Serge Bianchi *La Révolution culturelle de l'an II. Élites et peuple (1798–1799)*, Paris 1982.

49 *Oise*: Maurice Dommanget, *La Déchristianisation à Beauvais et dans
l'Oise (1790–1801)*, Besançon 1918, S. 41. – *Straßburg*: R. Reuss, *La
Constitution civile du clergé…*, Bd. II, S. 293ff. – *Toulouse*: J.-C.
Meyer, *La Vie religieuse en Haute-Garonne*, S. 294.

50 A. D. Aube, L1625.

51 Vgl. Maurice Agulhon (Hg.), *Les Maires du Consulat à nos jours*, Paris
1986, S. 70f.

52 Wir denken hier an die Grenzen eines Vorgehens, das darin besteht,
Korrelationen durch Kartographie aufdecken zu wollen.

53 Zitiert nach Mona Ozouf, *La Fête révolutionnaire*, S. 379. Wir haben
in diesem Zusammenhang die Serien C und F 19 in den Archives Nationales sowie die Serie V und speziell die Serie L in den Archiven von
14 stichprobenartig ausgewählten Départements ausgewertet; Mona
Ozouf gelangt bei ihrer Analyse der Serie F [1] cIII in den Archives Nationales zu denselben Resultaten. Sie hebt hervor, daß Glockenzwi-
schenfälle im Doubs besonders häufig waren.

54 *Sancerre*: Olivier Planchon, *Le Déchristianisation post-thermidorienne dans le département du Cher. 1794–1799*, Magisterarbeit, Universität Paris I, 1985, S. 176. – *Aumale*: D. Dergny, *Les Cloches*, Bd. 1,
S. 36. – *Saint-Pierre*: A. D. Eure, 53V1.

55 Ferdinand Saurel, *Histoire religieuse du département de l'Hérault
pendant la Révolution*, Paris 1896, Bd. III, S. 296, und Bd. IV, S. 43.

56 Zu allen diesen Punkten: L. Pérouas / P. d'Hollander, *La Révolution*,
S. 257f. – *Ladinhac*: A. Trin, *Les Cloches*, S. 37.

57 J.-C. Meyer, *La Vie religieuse*, S. 394ff., 397f. und 518. In dieser Region signalisierte das Nicht-Verstummen der Glocken eine weitergehende Verweigerungshaltung, eine Dissidenz, die sich namentlich
in einer Welle von Desertionen ausdrückte. Zum Begriff der Dissidenz
und dem Spektrum seiner Bedeutungen vgl. Jean-François Soulet,
»Dissidence et histoire«, *Revue historique* 2 (1987), S. 429–441.

58 *Moselle*: S. Bour, *Etudes*, Bd. 1, S. 25. – A. D. Aube, L1625, und A. D.
Eure, 53V1. – *Le Sap*: A. N. F[19] 458. Orne.

59 *Cherré*: H. Roquet, *Les Vicissitudes*, S. 33f. – *Pavilly*: Guy Lemarchand, »La Seine-Inférieure: un département sous le Directoire au
calme relatif«, in: *A travers la Haute-Normandie en Révolution*,
S. 353. – *La Chapelotte / Châteaumeillant*: O. Planchon, *La Déchristianisation*, S. 178/183. – A. N. F[19] 462. Hautes-Pyrénées.

60 A. N. F[19] 405. Ariège.

61 Ch. Aimond, *Historie religieuse*, S. 394, und O. Planchon, *La Déchristianisation*, S. 184f.

62 Verzeichnis der Verfügungen des Départements Maine-et-Loire, öffentliche Sitzung vom 2. Pluviôse des Jahres IV (22. Januar 1796), A. N. F[19] 445. Eine weitere Verfügung vom 2. Germinal des Jahres V (22. März 1797) bekräftigte diese Unerbittlichkeit. Vgl. zu allen diesen Punkten auch das Dossier A. N. F[19] 447.

63 A. N. F[19] 467. Saône-et-Loire. – A. N. F[19] 430. Hérault. – A. N. F[19] 425. Finistère.

64 A. N. F[19] 414. Charente. – A. N. F[19] 451. Meurthe.

65 Camille Jordan, »Rapport sur la police des cultes«, Rat der Fünfhundert, Sitzung vom 29. Prairial des Jahres V (17. Juni 1797), in *Discours de Camille Jordan*, Paris 1826, S. 37, 39, 40 und 41. »Nur Zeichen sprechen das Volk an«, ergänzt Camille Jordan (S. 43), von dem Gerando uns berichtet, daß er schon mit kaum zwanzig Jahren seinen Locke in- und auswendig kannte. Mona Ozouf (*La Fête révolutionnaire*, S. 375) unterstreicht die Bedeutung des Begriffes »Zeichen« bei diesen Debatten. Ballanche erinnert in der Totenrede auf Camille Jordan, die er am 27. August 1823 verlesen ließ, an die ungeheure Popularität, die diese Rede dem Verstorbenen einst eingetragen hatte.

66 A. N. F[19] 44. Lot, und O. Planchon, *La Déchristianisation*, S. 180. – Kommissar des Direktoriums beim Département Seine-et-Marne, 7. Vendémiaire des Jahres VI (28. September 1797), A. N. F[19] 473. Seine-et-Marne.

67 A. N. F[19] 462. Hautes-Pyrénées.

68 Für diese Festigkeit ein spätes Beispiel: Am 27. Nivôse des Jahres IX (17. Januar 1801) wurde der Pfarrer von Villespassans (Hérault) zu einem Jahr Haft verurteilt, weil er die Glocken benutzt hatte. Das Urteil wurde »auf großformatigen Plakaten« in allen Gemeinden eines Départements angeschlagen, »wo ständig die Glocken gingen«. In der Tat scheinen die Verstöße gegen das Läuteverbot im Département Hérault besonders häufig gewesen zu sein. Immer noch in demselben Geist der Festigkeit brachte der Präfekt am 21. Prairial des Jahres X (10. Juni 1802) ein Rundschreiben in Umlauf; unterstützt wurde er von Portalis, der (am 28. Juni) verlangte, das Läuten »bis zur Errichtung des Bischofssitzes« zu unterlassen (F. Saurel, *Histoire religieuse*, Bd. 4, S. 41 und 73).

69 A. N. F[19] 463. Pyrénées-Orientales. – A. N. F[19] 442. Lot. – *Saint-Maixent*: H. Roquet, *Les Vicissitudes*, S. 42, außerdem A. D. Aube, L1625 und L354.

70 *Chaumont*: Maurice Gobillon, *Le Blésois entre la fin de l'Ancien*

Régime et le second Empire, Habilitationsschrift Universität Paris X –
Nanterre 1992, Bd. 2, S. 453. Brief des Kommissars bei der Kantons-
verwaltung Onzain, 11. Mai 1800. – Der Polizeiminister an den
Präfekten des Département Tarn, 23. Floréal des Jahres IX (13. Mai
1801). A. D. Tarn, 1V8, und Brief des Präfekten des Département
Eure-et-Loir an alle Bürgermeister des Départements, 25. Floréal des
Jahres IX / 15. Mai 1801. A. D. Eure-et-Loir, V8. Geläutet wurde na-
mentlich in La Chaussée und den Nachbargemeinden. – A. D. Ille-et-
Vilaine, 1V12. Beschwerde vom 10. Floréal des Jahres VIII (30. April
1800).

71 A. D. Eure, 58V1. – Rundschreiben des Unterpräfekten des Arrondissements Argentan an alle Bürgermeister, 4. Messidor des Jahres VIII
(23. Juni 1800). A. D. Orne, 9V1. Ferner der Unterpräfekt von Domfront an den Präfekten, 13. Ventôse des Jahres IX (4. März 1801). *Ebd.* –
Der Unterpräfekt (Dinan) an den Präfekten, 2. Nivôse des Jahres IX
(23. Dezember 1800). A. D. Côtes-du-Nord, V31.

72 A. D. Orne, 9V1.

73 Bedeutungsvoll hierzu: J. D. Blavignac, *La Cloche*, S.35.

74 Der zulässige Gebrauch der Glocke impliziert also, daß der Bischof
seine Diözese wieder in Besitz genommen hat. Halten wir gleichwohl
fest, daß diese feierliche Inthronisation gewöhnlich zum Klang der
Glocken erfolgt … So war es in Grenoble am 30. Oktober 1802 (Jean
Godel, *La Reconstruction concordataire dans le diocèse de Grenoble
après la Révolution (1802–1809)*, Grenoble 1968, S. 95) sowie in
Agen im Département Lot-et-Garonne am 3. Messidor des Jahres X
(22. Juni 1802) (Brief des Präfekten an Portalis, A. N. F[19] 5659).

75 A. N. F[19] 5659. Portalis war damals Staatsrat und für alle Kultusange-
legenheiten zuständig.

76 Der Bürger Moulinneuf, ehemaliger Notar, an den Präfekten des
Départements Eure-et-Loir, 12. Prairial des Jahres XI (1. Juni 1803).
A. D. Eure-et-Loir, V8.

77 Brief des Bürgermeisters von Montchevrel an den Präfekten, 12. Germinal des Jahres XI (2. April 1803). A. D. Orne, 9V1.

78 Am übernächsten Tag schrieb der Bischof von Saint-Brieuc, der die
Unterzeichnung einer Verhandlungslösung erwartete, dem Präfekten,
daß er beschlossen habe, die Sainte-Cécile um 9 Uhr, 9:30 Uhr und
10 Uhr läuten zu lassen, um den Einwohnern eine Freude zu machen.
Der kollektiv geäußerte Wunsch nach dem Glockengeläute ist hier
ebenso interessant wie die Rücksichtnahme des Prälaten auf admini-
strative Gepflogenheiten. A. D. Côtes-du-Nord, V31. Brief des Bischofs von Saint-Brieuc an den Präfekten, 28. Brumaire des Jahres XI
(19. November 1802).

79 Dazu im einzelnen die folgenden Nachweise: *Côtes-du-Nord*: A. N. F[19] 4375. – *Sarthe*: H. Roquet, *Les Vicissitudes*. – *Manche* (14. Prairial des Jahres XI / 3. Juni 1803): A. N. F[19] 4376. – *Eure* (28. Messidor des Jahres X / 17. Juli 1802): A. D. Eure, 53V1. – *Loir-et-Cher* (3. Brumaire des Jahres XI / 25. Oktober 1802 und 24. Frimaire des Jahres XI / 15. Dezember 1802): Maurice Gobillon, *Le Blésois*. – *Aube* (16. Prairial des Jahres X / 5. Juni 1802) und *Seine-et-Oise* (17. Messidor des Jahres X / 6. Juli 1802): A. D. Aube, V34. – *Pas-de-Calais*: A. N. F[19] 4375. – *Hautes-Alpes* (27. Floréal des Jahres XI / 17. Mai 1803): A. N. F[19] 402. – *Drôme*: A. N. F [19] 4375. – *Hérault* (27. Frimaire des Jahres XI / 18. Dezember 1802): F. Saurel, *Histoire religieuse*, Bd. IV, S. 122f. (offenbar eine durch bischöfliche Anordnung vom 27. Februar 1806 ohne Rücksprache mit den Behörden veränderte Regelung). – *Hautes-Pyrénées* und Diözese *Bayonne* (27. Pluviôse des Jahres XI / 16. Februar 1803): A. N. F[19] 462. – *Tarn* (10. und 13. Fructidor des Jahres XII/ 27.-31. August 1804): A. D. Tarn, 1V8.

80 Der Präfekt des Départements Eure, Rundschreiben an alle Bürgermeister, 18. Ventôse des Jahres XI (9. März 1803), A. D. Eure, 53V1, ebenso der Brief des Präfekten des Départements Eure an den Bischof von Évreux, 13. Germinal des Jahres XII (3. April 1804). – A. N. F[19] 4376. Pas-de-Calais.

81 Siehe hierzu Thierry Gasnier, »Le local«, in Pierre Nora (Hg.), *Les Lieux de mémoire*, Bd. III, Paris, »Les France«, Bd. 2, »Traditions«, S. 463 – 525.

82 So überstiegen beispielsweise in den Départements Gironde und Les Landes (Armande Fourcade, *De la mise en valeur des landes de Gascogne*, zitiert nach Bernard Traimond, zitierte Dissertation, S. 294f.) die zwischen 1854 und 1877 aufgewandten Ausgaben der Gemeinden für den Bau von Kirchen und Pfarrhäusern (3 Millionen Francs) bei weitem die durch den Bau von Bürgermeisterämtern und Schulen verursachten Kosten (1,6 Millionen Francs); diese Relation dürfte in der ersten Jahrhunderthälfte noch ausgeprägter gewesen sein. An derartige Zeugnisse sei ausdrücklich erinnert, weil ihre Aussagekraft zu oft unterschätzt wird. Zu den finanziellen Aufwendungen der Pfarreien, der Kommunen und des Staates siehe auch die genauen Zahlenangaben von Philippe Boutry in den unten, Anm. 89, zitierten Werken und von Claude Langlois, *Le Diocèse de Vannes au XIXe siècle, 1800 – 1830*, Paris 1974, S. 361f. Langlois konstatiert eine wahre »Bauwut«. Er hebt die Rolle der Präfekten auf diesem Gebiet und das direkte Engagement des Klerus hervor. Auch Michel Lagrée (*Mentalité, religion et histoire en Haute-Bretagne au XIXe siècle*, Paris 1977, S. 277f.) unterstreicht die finanziellen Anstrengungen, die zugunsten

des Kirchenbaus unternommen wurden. Nicht anders Yves-Marie Hilaire in bezug auf die Diözese Arras (*Une chrétienté au XIXe siècle? La vie religieuse des populations du diocèse d'Arras. 1840–1914,* S. 66 f. und 374 ff.). Der Autor betont vor allem die Anstrengungen, die zwischen 1850 und 1880 unternommen wurden, in seinen Augen »die hohe Zeit der Landpfarrer« (S. 306). Nadine-Jossette Chaline (*De catholiques normands sous la Troisième République. Crises. Combats. Renouveaux,* Roanne 1985, S. 33) stellt in der Normandie eine mächtige Bautätigkeit auf sakralem Sektor zwischen dem Beginn des Zweiten Kaiserreichs und dem Ende des Jahrhunderts fest.

83 In einem Brief vom 17. Fructidor des Jahres XIII (4. September 1805) hat Portalis das Prinzip dieser Überwachung definiert.

84 Ein knappes Dossier zu den Vorgängen in *Brest* in A. N. F^19 4373. – *Langres*: M. Brocard, *Etudes,* S. 28.

85 Vgl. A. D. Finistère, 1 V 232.

86 Das Zweite Kaiserreich stand derartigen Gesuchen aufgeschlossener gegenüber.

87 J. Déchelette, *Inscriptions,* S. 5–33.

88 Philippe Boutry, »Les mutations du paysage paroissial, reconstructions d'églises et translations de cimetières dans les campagnes de l'Ain au XIXe siècle«, *Ethnologie française* Bd. 14 (1985) Nr. 1, S. 7–35. Der Verfasser unterscheidet zwei Perioden eines besonders regen Wiederaufbaus von Glockentürmen: Die erste (1800–1820) verfolgte das Ziel, die von Albitte angeordneten Zerstörungen rückgängig zu machen; die zweite (1850–1880) entsprang dem Wunsch nach Erhöhung der Türme. Siehe auch Philippe Boutry, *Prêtres et paroisses au pays du curé d'Ars,* Paris 1986, Erster Teil »Modernité paroissiale«, S. 17–185.

89 Parallel zu den Bemühungen um die Glocken verliefen die Fluktuationen bei der Rekrutierung des Klerikernachwuchses. Vgl. hierzu Claude Langlois, »Permanences, renouveau et affrontements (1830–1880)« in François Lebrun (Hg.), *Histoire des catholiques en France,* Toulouse 1980 und Le Livre de Poche, S. 321–406.

90 Bei genauerer Prüfung der Diagramme zeigen sich kurze Unterbrechungen der Glockenaktivitäten in den Jahren 1830/31, 1848/49 und 1870/71, was jedoch nicht überrascht. Die Verteilung der Glocken innerhalb eines Départements war oft sehr ungleich. So verhielt es sich beispielsweise mit den insgesamt 675 Glocken, die 1922 in den 450 Kirchen und Kapellen des Départements Charente hingen (J. Nanglard, *Les Cloches,* passim). Eine Korrelation zwischen der Dichte des Glockenbestandes, dem Grad der Frömmigkeit und dem Reichtum der Gemeinde ist dabei nicht zu erkennen. Die Gegensätze gehen vor

allem auf historische Umstände zurück, konkreter gesagt auf den Umfang der Zerstörungen im 15., 16. und ausgehenden 18. Jahrhundert.
So erklärt sich das Glockendefizit im Süden des Départements Charente, der durch die genannten Episoden stärker in Mitleidenschaft
gezogen worden war als der Norden.

91 J. Nanglard, *Les Cloches*, S. 25.

92 S. Bour, *Etudes*, Bd. 1, S. 31f.

Die »Glockenentführer«

1 Das ist der – sexuell getönte – Begriff, den die Betroffenen selbst in
   ihren in den Archiven deponierten Klageschriften gebrauchen.

2 Man darf nicht aus dem Auge verlieren, daß die Konzeption des »Erbes« im Milieu der Antiquare und Volkskundler einer anderen Logik
   gehorcht als in ländlichen Gemeinden.

3 François Ploux, »Rixes intervillageoises en Quercy (1815–1880)«, in:
   Ethnologie française, Bd. 21 (1991), Nr. 3, S. 269–276.

4 Ebenso – aber das ist hier nicht unser Thema – wie das Abnehmen
   eines Kruzifixus oder die Entführung der Statue des Schutzheiligen
   einer Gemeinde. In der eingangs erwähnten Affäre Lonlay-l'Abbaye,
   die sich bis 1958 hinzog, war dem Konflikt, den die Nutzung der
   Glocken ausgelöst hatte, eine derartige Krise vorausgegangen. Der
   Gemeindepfarrer, der der Kirche ihren rein gotischen Charakter
   zurückgeben wollte, ließ aus dem Kirchenschiff die Standbilder der
   zwölf Apostel entfernen. Jedes der Standbilder war jedoch einst von
   einem der Hauptdörfer der Gemeinde gestiftet worden. Die Beseitigung der Heiligenbilder stieß daher auf heftigen Unmut und trug dem
   Pfarrer für einige Zeit die Feindschaft der »Leute vom Land« ein.

5 Zu der immensen Bedeutung, die diese Art der Konfliktregelung im
   19. Jahrhundert auf dem Lande hatte, siehe François Ploux, »L'arrangement dans les campagnes du Haut-Quercy. 1815–1850«, in: *Histoire de la Justice* Nr. 5 (1992), S. 95–117.

6 Dieser Verkapselung des Bewußtseins der Zugehörigkeit entsprach
   oft die Mannigfaltigkeit der sozialen Sitten und Gebräuche der Zeit.

7 Henri Brugière und Joseph Berthelé haben allein im Département
   Dordogne einundzwanzig »umgesetzte« Glocken nachgewiesen;
   nicht berücksichtigen konnten sie dabei alle jene Glocken, die in der
   Zeit zwischen der Revolution und dem Datum ihrer Erhebung eingeschmolzen worden waren. Um den Umfang der »Umsetzungen« ermessen zu können, muß man unter anderem die Gelegenheitskäufe
   und -verkäufe von Glocken berücksichtigen. Die im gesamten Territo-

rium vorgenommenen Transfers werden wir daher niemals genau beziffern können. Die einschlägigen Untersuchungen zeigen jedoch, daß ihre Zahl größer ist als die Zahl der Konflikte, die durch sie ausgelöst wurden. Das läßt darauf schließen, daß die Menschen sich in sehr vielen Fällen über das Gefühl des Verlustes hinweggesetzt haben – aber um den Preis welchen Grolles?

8 Bericht an den Ersten Konsul, 27. Ventôse des Jahres XI (18. März 1803), A. N. F[19] 4373.

9 *Brié*: J. Nanglard, *Les Cloches*, S. 91. – *Croix-Dalle*: D. Dergny, *Les Cloches*, Bd. 1, S. 271.

10 Zur Bibliographie über diese Vorgänge, namentlich über die Arbeiten Colin Lucas', vgl. A. Corbin, *Le Village des cannibales*, S. 189f. – *Zitat*: Der Präfekt des Départements Deux-Sèvres an den Innenminister, 30. September 1819. A. N. F[19] 4373.

11 Der Unterpräfekt des Arrondissement Mauriac an den Präfekten des Départements Cantal, 13. Januar 1815. A. D. Cantal, 1 V 126.

12 *Lencloitres, Wailly, Saint-Martin, Chaillac, Assigny*: A. N. F[19] 4373. – *Trévérien*: A. D. Ille-et-Vilaine, 1 V 684. – Im Gegensatz zu anderen Départements kam es in Gers recht oft zur Rückgabe der Glocken. A. D. Gers, V 841.

13 Dossier über diese Angelegenheit: A. N. F[19] 4373.

14 Brief des Bischofs von Blois an den Kultusminister, 20. August 1851. A. N. F[19] 4373.

15 Der Kirchenrat an den Kultusminister, 21. März 1852. *Ebd.*

16 Nach Marcel Launay (*Le Bon Prêtre. Le clergé rural au XIXe siècle*, Paris 1986, S. 114ff.) belief sich die Anzahl der Pfarrstellen in den letzten Jahren vor der Französischen Revolution auf 34 868. Rund 27 000 (Pfarrstellen in der Kantonshauptstadt und Filialkirchen in den meisten übrigen Gemeinden) wurden während des Konkordats wiederhergestellt. Am Ende des Kaiserreichs gab es 2855 Pfarrstellen und 26 000 Filialkirchen (insgesamt 28 855). In der Folge wurden mehrere tausend zusätzliche Pfarreien geschaffen. 1848 gab es 3350 Pfarrstellen und rund 29 000 Filialkirchen (also insgesamt 32 350). Am Ende des Zweiten Kaiserreichs belief sich die Anzahl der Pfarreien auf 34 031. Doch hatten während dieser Zeit viele Gemeinden nicht den Status einer Pfarrei. Pierre Pierrard (*La Vie quotidienne du prêtre français au XIXe siècle, 1801–1905*, Paris 1986, S. 66) geht praktisch von identischen Zahlen aus, wenn man davon absieht, daß seines Erachtens die Anzahl der Pfarreien 1793 bei 40 000 lag. Philippe Boutry (»Le clocher«, S. 65) geht von 36 000 Pfarreien und 5500 Filialkirchen im Jahre 1789 und 29 000 Pfarreien im Jahre 1814 aus. Übrigens ermächtigte eine Verfügung vom 28. März 1820 die Kirchenräte jener

Filialkirchen, die seit der allgemeinen Neuordnung der Pfarreien am 28. August 1808 errichtet worden waren, sich wieder in den Besitz der Güter zu setzen, die ihrer Kirche früher gehört hatten. Eine Verfügung vom 8. August 1842 bezog ausdrücklich auch die Glocken in diejenigen Güter ein, die zurückgefordert werden konnten – lauter Maßnahmen, die ihrerseits neuen Konfliktstoff schufen.

17 Vgl. hierzu auch Maurice Halbwachs, *Les Cadres sociaux de la mémoire*, Paris 1925.

18 Das definitive Auflassen des Friedhofs war etwas völlig anderes als dessen bloße Verlegung, die damals in vielen ländlichen Gemeinden vorkam.

19 A. N. F[19] 4373 und Brief des Bürgermeisters von Monclar an den Unterpräfekten des Arrondissements Condom.

20 Genauere Angaben hierzu bei Jean Godel, *La Reconstruction*, S. 133 und 135. Auch Philippe Boutry (»Le clocher«, S. 68) hat das »Klagelied der verwaisten Gemeinden« analysiert. Wir weisen auf diesen Text hin, der nach Abschluß des vorliegenden Kapitels erschienen ist. Nach Boutry machte vor allem die Dringlichkeit der letzten Ölung das Fehlen eines ortsansässigen Priesters zur Tragödie. Michel Lagrée wiederum (*Mentalités, religion et histoire en Haute-Bretagne au XIXe* *siècle*, Paris 1977, S. 262) ist der Ansicht, daß die Annahme eines kollektiven Bewußtseins dieser Größenordnung vor allem für kleine Gemeinden gilt und daß bei den enteigneten Kirchenräten der Groll besonders stark war. Sowohl Charles Ledré (*Le Cardinal Cambacérès. La réorganisation d'un diocèse français, au lendemain de la Révolution*, Paris 1943, S. 234f., 277) als auch Philippe Papet (*Cléricaux et anticléricaux dans l'arrondissement de Senlis. 1870–1914*, Thèse, Universität Paris IV, 1992, S. 51f.) heben die Not von Gemeinden hervor, die ihre »liturgische Selbständigkeit« eingebüßt und häufig nicht einmal die Hoffnung auf eine spätere »Pfarrei-Existenz« hatten.

21 Brief des Bürgermeisters von Saint-Christophe an den Präfekten, 19. Mai 1819. A. D. Ille-et-Vilaine, 1 V 15.

22 *Les Landes*: Der Präfekt des Départements Seine-Inférieure an den Kultusminister, 1. April 1819. A. N. F[19] 4373. – *Mervilliers*: Bericht des Präfekten des Départements Eure-et-Loir, 8. Oktober 1821. *Ebd.* – Brief des ehemaligen Bürgermeisters von Cuigny an den Innenminister, 22. Januar 1822. *Ebd.*

23 Brief des Präfekten des Départements Eure an den Innen- und Kultusminister, 14. Mai 1831. *Ebd.*

24 Der Unterpräfekt des Arrondissements Louviers an den Präfekten des Départements Eure, 28. März 1831. *Ebd.*

25 Brief des Präfekten des Département Eure an den Kultusminister,

29. März 1831. *Ebd.* – Petition der Einwohner Neuvilles an den Kultusminister, 29. März 1831. *Ebd.*

26 Zahlreiche Dokumente zu diesem Konflikt in den Archiven des Département Gers (V841) und in den Archives Nationales. Zitate: Bericht des Unterpräfekten des Arrondissements Condom, 11. März 1831. A. N. F[19] 4373.

27 A. D. Gers, V841.

28 Konflikte zwischen aufgehobenen Pfarreien und den Pfarreien, denen sie angegliedert worden waren, scheinen in der Region Limousin besonders zahlreich gewesen zu sein. Louis Perouas und Paul d'Hollander zählen neun solche Konflikte bzw. 18 betroffene Gemeinden auf, wobei sie betonen, daß es sich dabei nur um Beispiele handelt (*La Révolution*, S. 336).

29 Beschluß des Kirchenrats von Lavignac, 2. März 1849. A. N. F[19] 4373.

30 *Ebd.*

31 Brief des Bischofs von Limoges an den Präfekten des Départements Haute-Vienne, 19. Mai 1849. *Ebd.*

32 Brief des Kultusministers an den Präfekten des Départements Haute-Vienne, 19. Mai 1849. *Ebd.*

33 *Morainville*: A. D. Eure-et-Loir, V8. – *Goupillières*: Notiz des Unterrichts- und Kultusministers über die Angelegenheit vom 28. September 1858. A. N. F[19] 4373.

34 Beschluß des Gemeinderats von Aize, 27. Mai 1868. *Ebd.*

35 Bericht des Bischofs von Châteauroux, 27. Mai 1872. *Ebd.* Über die diesbezügliche Politik im Département Indre zur Zeit des Ersten Kaiserreichs vgl. A. N. F[19] 432. Indre.

36 Dieser Untersuchungstypus unterstreicht die Feststellung, die wir schon früher, anläßlich einer 1967 vorgenommenen mündlichen Befragung, getroffen haben. (Alain Corbin, *Prélude au Front populaire. Contribution à l'histoire de l'opinion publique dans le département de la Haute-Vienne*, Poitiers 1968, S. 6.)

37 Stellungnahme des Ministers für Handel und Öffentliche Arbeiten, M. d'Argout, 30. Mai 1831. A. N. F[19] 4373.

38 Der Unterrichts- und Kultusminister, 17. Mai 1831. *Ebd.*

39 Zitierter Brief (Anm. 37). Nachdem 1807 das Projekt eines Gesetzbuches für die Landbevölkerung gescheitert war, schien zu Beginn der Julimonarchie der Augenblick gekommen, alle den Alltag regelnden Gepflogenheiten und die sozio-ökonomischen Beziehungen in den ländlichen Gemeinden zu *registrieren*. Diese – zweifellos herablassende – Beachtung für etwas, das von anderer analytischer Größenordnung war als das, womit die Mitglieder der Regierung sich befaßten, stellt für den Forscher, der die Landbevölkerung des 19. Jahrhunderts

verstehen will, ein bedeutendes historisches Faktum dar. Paradoxerweise erzeugte übrigens die schriftliche Registrierung dessen, was bis dahin einmütigem Konsens entsprungen und in gewisser Weise selbstverständlich gewesen war, eine geschriebene und willkürliche Verteilung von Erlaubtem und Unerlaubtem, die langfristig das System des Gewohnheitsmäßigen aus den Angeln hob. Wie wir sehen werden, war auch beim Glockenläuten ein solcher Prozeß zu verzeichnen. Die Musterung und Registrierung lokaler Gebräuche erlaubte es schließlich, Regelungen zu fixieren und, unter dem Deckmantel scheinbarer Konzessionen an lokale Gegebenheiten, einer generellen Einheitspraxis zum Sieg zu verhelfen.

40 Der Präfekt des Départements Drôme an den Unterrichts- und Kultusminister, 3. November 1849. A. N. F[19] 4373. Die folgenden Zitate sind Auszüge aus diesem Dossier, das in den Archives Nationales aufbewahrt wird.

41 Der Pfarrer von Mirmande an den Ministerialdirigenten im Kultusministerium, 31. Juli 1849.

42 Beschluß des Kirchenrats, 14. Juli 1849.

43 Bericht des Präfekten des Départements Drôme an den Kultusminister, 17. Juli 1849. Hervorhebungen im Text vom Autor.

44 Bericht des Präfekten des Départements Drôme an den Unterrichts- und Kultusminister, 3. November 1849.

45 *Ebd.*

46 *Ebd.*

47 Eigenhändiger Brief des Präfekten des Départements Drôme an den Präsidenten des Kassationsgerichts, Bérenger de la Drôme. 27. März 1850.

48 *Ebd.*

49 Den Ausdruck »Glockenentführer« benutzt der Vorsitzende des Kirchenrats von Mirmande in einem Brief an den Kultusminister vom 30. Mai 1850.

50 Beschluß des Kirchenrats von Mirmande, 7. Juli 1850 (ebenso die folgenden Zitate).

51 Der Bischof von Valence an den Kultusminister, 10. Juni 1850.

52 Philippe Vigier, *La Seconde République dans la région alpine. Étude politique et sociale*, Paris 1963, Bd. 2, »Les paysans«, vor allem S. 288f.

53 Brief des Kirchenrats an den Unterrichts- und Kultusminister, 6. Oktober 1850.

54 Der Unterrichts- und Kultusminister an den Präfekten des Départements Drôme, 17. September 1850.

55 Bericht des Unteroffiziers der Gendarmerie von Loriol, 3. November 1850.

56 Der Präfekt des Départements Drôme an den Unterrichts- und Kultusminister, 20. November 1850.

57 Wir entlehnen diesen Ausdruck Alphonse Dupront, *Du sacré. Croisades et pèlerinages. Images et langages*, Paris 1987, passim.

Die Gemeinde und ihr Geläute

1 So war es in den Ardennen, im Artois, im Département Yonne und
in der Tourraine. Vgl. H. Jadart/P. Laurent, *Épigraphie campanaire
ardennaise. Les cloches du canton d'Asfeld*, Sedan 1896, S. 9. Jean-
Pierre Jessenne, *Pouvoir au village et Révolution. Artois, 1760–1848*,
Lille 1987, S. 39f. Charles Porée, *Cloches et fondeurs de cloches. Enquête campanaire dans l'Yonne*, Paris 1911, S. 5. (In Crain beschlossen
die Einwohner 1787, 25 Sous pro Herd für den Erwerb einer Glocke zu
stiften.) Brigitte Maillard, *Les Campagnes de Tourain au XVIIIᵉ siècle*,
Thèse, Rennes II, 1992.

2 H. Jadart/F. Baudemant/J. Carlier, *Épigraphie campanaire ardennaise. Les cloches du canton de Château-Porcien*, Paris 1899, S. 36.

3 Beachtung verlangte die strenge Hierarchie städtischer Geläute, die
im 16. Jahrhundert Karl Borromäus festgelegt hatte (vgl. u. S. 142)
und die seither unablässig wiederholt worden war.

4 Gesuch des Pfarrers von Lencloître, 1809, an den Kardinal-Bischof
von Poitiers. A. N. F ¹⁹ 4373.

5 D. Dergny, *Les Cloches*, Bd. 2, S. 53. – Maintru: *Ebd.*, S.299.

6 Der Bürgermeister von Gahard an den Präfekten, 24. April 1821. A. D.
Ille-et-Vilaine, 1V684.

7 Vgl. S. Bour, *Etudes*, Bd. 1, S. 43. Die Bemerkung bezieht sich auf das
Mosel-Département. Gérard Bouchard (*Le Village immobile. Sennely-
en-Sologne au XVIIIe siècle*, Paris, S. 319) betont, ebenfalls mit Blick
auf das 19. Jahrhundert, was ein Zeitgenosse »die Ehre, große Glocken
zu besitzen« genannt hat.

8 Beispiele für solche Klagen: Abbé Jules Corblet, *De la liturgie des
cloches à propos d'une bénédiction de cloches à Saint-Germain
d'Amiens*, Amiens 1854, S. 62. Arcisse de Caumont, *Annuaire des
cinq départements de la Normandie*, 27. Jahrgang, 1861, S. 448f.,
zitiert in H. Brugière/J. Berthelé, *Exploration*, S. 50.

9 A. D. Tarn, 1V8. 1881 beschwerten sich die Protestanten von Nègrepe-
lisse, daß die Katholiken läuteten, während sie ihren Gottesdienst fei-
erten. Der Streit währte mehrere Jahre. A. D. Tarn-et-Garonne, 30V2.
– *Aubais*: Ratsältester der Präfektur des Départements Gard an den
Innen- und Kultusminister, 29. März 1845. A. N. F ¹⁹ 4373.

10 Roger Devos, Charles Joisten, *Moeurs et coutumes de la Savoie du Nord au XIXᵉ siècle. L'enquête de Mgr Rendu*, Annecy 1978, S. 329. Halten wir trotzdem fest, daß Savoyen zu diesem Zeitpunkt nicht französisch war, sondern es erst 1860 wieder wurde. D. Dergny, *Les Cloches*, Bd. 2, S. 183.

11 H. Jadart / F. Baudemant / J. Carlier, *Epigraphie*, S. 28.

12 A. D. Ille-et-Vilaine, 1V12.

13 A. D. Finistère, 1V276. – *Saumont-la-Poterie*: D. Dergny, *Les Cloches*, Bd. 2, S. 202. – *Neuville-au-Pont*: A. N. F [19] 4374. – *Noyers*: A.N.F [19] 4373.

14 Schon am 17. Fructidor des Jahres XIII (2. September 1805), das heißt zu einer Zeit, da die Geläute gerade erst begonnen hatten, den Raum Frankreichs wieder mit ihrem täglichen Klangnetz zu überspinnen, las man in einem Bericht des Kultusministers, daß viele Gemeinden bereits an den Neuguß ihrer Glocken dachten, um deren Anzahl zu erhöhen, auch auf die Gefahr hin, ihre Reichweite zu verringern und sie damit weniger tauglich zu machen für zivile Zwecke, die bis dahin die einzig anerkannten waren. Eine solche Einstellung – bemerkt der Verfasser des Textes – zwinge die Administration zu aufmerksamer Beobachtung der Neugüsse. Bericht vom 17. Fructidor des Jahres XIII (2. September 1805), Kultusminister, A. N. F [19] 4373.

15 Dossier über diese Angelegenheit: A. N. F [19] 4373. Die folgenden Zitate sind diesem Dossier entnommen.

16 Das war z.B. 1885 in Scrignac (Finistère) der Fall. Vgl. A. D. Finistère, 1V276.

17 J. Corblet, *De la Liturgie*, S. 51.

18 Vgl. J. D. Blavignac, *La Cloche*, S. 262.

19 Beschwerde des Bürgermeisters von La Croix-aux-Mines an den Unterpräfekten von Saint-Dié, 7. Oktober 1884, A. D. Vosges, 14V5.

20 A. Trin, *Les Cloches*, S. 41.

21 Zitate aus der Beschwerde des Bürgermeisters und des Gemeinderats. A. N. F [19] 4376. Pas-de-Calais.

22 Hierauf macht S. Bour, *Etudes*, Bd. 1, S. 108, aufmerksam.

23 Man müßte in demselben Sinne auch über das gewollte Nebeneinander von Glocken reflektieren, deren Nacheinander Permanenz bekundet und einem politischen Willen entspringt. Die Mischung der Klänge strahlt mitunter eine starke Symbolik aus. Nehmen wir zum Beispiel das Bittgesuch, welches der Pfarrer und die Kirchenräte von Saint-Quentin am 28. November 1866 an Kaiser Napoléon III. richteten: ein aufschlußreiches Zeugnis für den Willen, die Dynastie der Bonapartes in die Kette jener einzureihen, die ihr vorangegangen sind, und ihre Dauer zu festigen durch die vermutete Dauer des soliden

Glockenmetalls: »Die großen Herrscher Frankreichs, die Vorgänger Ew. Majestät, haben nacheinander dieser antiken Basilika die Zeichen ihres wohlwollenden Schutzes angedeihen lassen. Wie es Chlodwig, Karl der Große, der hl. Ludwig und Napoléon I. getan haben, so haben auch Ew. Majestät bereits das Grab des Apostels des belgischen Galliens besucht [...]. Als nach dem Brande, welcher 1669 den Dachstuhl und die Glockentürme dieses gewaltigen Baudenkmals verschlungen hatte, das Kapitel der Kirche zu Saint-Quentin die alten Glocken neu gießen ließ, da gaben König Ludwig XIV. und seine Gemahlin, die Königin, der größten Glocke den Namen, den sie noch heute trägt: ›Nomen mihi impositum a Ludovico Magno et Maria Theresia ejus sponsa‹.« Der Kirchenrat hatte soeben für den Erwerb einer neuen, noch voluminöseren Glocke votiert, »welche, nachdem sie bei der Weltausstellung von 1867 zu sehen gewesen, in unserem Belfried Platz finden wird an der Seite der Glocke Marie-Thérèse. Indem wir dem Beispiel des Stiftskapitels folgen, erlauben wir uns, Sire, Ew. Majestät untertänigst zu bitten, die Namen dieser neuen Glocke gütigst bezeichnen zu wollen [...]. Die heilige Bronze, die das Zeugnis davon durch die künftigen Jahrhunderte verewigen wird, sie wird auf diese Weise die gebenedeiten Namen Napoléons und Eugénies tragen, nebeneinander graviert, so wie ihre Liebe für immer in unsere Herzen graviert ist.«

24 *Boulange*: S. Bour, *Etudes*, Bd. 1, S. 56. – *Charente*: J. Nanglard, *Les Cloches*, S. 19.

25 Joseph Berthelé, *Enquêtes campanaires. Notes, études et documents sur les cloches, du VIIIe au XXe siècle*, Montpellier 1903, S. 13f.

26 Zu dieser Frage und über die alten Techniken des Glockengusses vor Ort siehe Joseph Berthelé, *Une fonte de cloches au temps jadis*, Poitiers 1890. Auszug aus den *Bulletins de la Société des Antiquaires de l'Ouest*, 4. Trimester 1889.

27 Vgl. Joseph Berthelé, *Notes et études campanaires. Cloches diverses de l'arrondissement de Château-Thierry*, Château-Thierry 1900, S. 69ff.

28 Vgl. Jean Salmon, *Au pays des cloches. De Choiseul à La Mothe, du XIe au XXe siècle*, Langres 1978, S. 35 und J. Nanglard, *Les Cloches*, S. 19f.

29 Die Archives Départementales von Gers (V841) besitzen eine schöne Sammlung solcher mit Glockengießern unterzeichneter Verträge. Gleichwohl scheint der Glockenguß vor Ort in diesem Département weniger häufig gewesen zu sein als im Norden Frankreichs. Seit Beginn der Julimonarchie waren hier eine Reihe von Glockengießern im Dorf ansässig – namentlich in Auch.

30 Vgl. H. Brugière / J. Berthelé, *Exploration*, S. 323. Gegenüber man-

chen Abmachungen aus dem 18. Jahrhundert sind die Klauseln vereinfacht, aber nicht radikal anders.

31 Die campanologischen Untersuchungen des 19. Jahrhunderts erteilten hierzu Ratschläge von erstaunlicher Präzision.

32 D. Dergny, *Les Cloches*, Bd. 2, S. 270.

33 S. Bour, *Etudes*, Bd. 1, S. 55.

34 J. Nanglard, *Les Cloches*, S. 99. 1819 und 1820 ließen sich die beiden Lothringer Prosper Mutel und François Peigney, die das Geläute von Notre-Dame-la-Grande in Poitiers erneuern wollten, am Pont Jaubert nieder. 1830 nahmen derselbe François Peigney und sein Bruder Nicolas den Neuguß der Glocken von Notre-Dame in Niort vor, und zwar in einer Ecke der Place de la Brèche. Gewisse Glockengießer hatten, wie wir sahen, ihre besonderen Gewohnheiten: Sie kamen jedes Jahr wieder, um an demselben Ort zu gießen. Zwischen 1830 und 1840 kamen Vater und Sohn Petitfour, in der Nachfolge ihres Onkels Cornevin, zu regelmäßigen Glockengüssen nach Nevers, ins städtische Eichamt, und nach Bourges zur Witwe Mousse, die die Pension »Cheval Blanc« unterhielt. Zu allen diesen Punkten vgl. J. Berthelé, *Enquêtes campanaires*, S. 16f., und J. Berthelé, *Une fonte*, S.6f.

35 *Marigné*: A. N. F ¹⁹ 4373 (Brief vom Januar 1870). – *Luppy* u.a.: S. Bour, *Etudes*, Bd. 1, S. 84.

36 Formulierung des Bürgermeisters von Durban, 15. November 1843, A. D. Gers, V841.

37 S. Bour, *Etudes*, Bd. 1, S. 83.

38 A. Trin, *Les Cloches*, S. 40, und zum folgenden S. 41ff.

39 1857 rundeten »die Beschäftigten und Arbeiter von Stiring« (Moselle) (S. Bour, *Etudes*, Bd. 1, S. 82) eine Summe auf, die der Kaiser zum Ankauf der großen Glocke gestiftet hatte. 1892 sammelten die Bergleute von Algrange (Moselle) die notwendige Summe zum Erwerb einer Glocke zu Ehren der hl. Barbara.

40 S. Bour, *Etudes*, Bd. 1, S. 83.

41 H. Brugière / J. Berthelé, *Exploration*, S. 303.

42 S. Bour, *Etudes*, Bd. 1, S. 54. – J. Berthelé, *Cloches diverses*, S. 77f.

43 J. Nanglard, *Les Cloches*, S. 22.

44 J. Berthelé, *Enquêtes*, S. 39. Denselben Brauch gab es im Cantal: vgl. A. Trin, *Les Cloches*, S. 40.

45 In der Stadt waren diese Aktivitäten eingeschränkt; hier waren es meistens Lohnarbeiter, die dem Glockengießer zu Hilfe kamen. In den Archives Départementales von Gers (V841) wird der Brief eines Grundbesitzers und Landwirts aufbewahrt, der 1816 44 »Pfund« (sic) und 16 Sous dafür verlangte, daß er 1813 32 Tage lang »dem Gießer zu Diensten war, ihm bei der Vorbereitung für das Gießen der Glocke

[von Averon] zu helfen«. Dieses Schreiben gibt eine Vorstellung von der Zeit, die für die Prozedur des Glockengusses aufzuwenden war.

46 H. Jadart / F. Baudemant / J. Carlier, *Epigraphie*, S. 25. D. Dergny, *Les Cloches*, Bd. 2, S. 270. Am 17. August 1826 wurde das Geläute von Rethel in Gegenwart einer großen Menschenmenge gegen Mitternacht auf der Place des Capucins neu gegossen. (H. Jadart / P. Laurent / A. Baudon, *Les Cloches*, S. 21.)

47 J. Berthelé, *Fonte de cloches* ..., S. 10.

48 So zum Beispiel in Nolléval im Bray, D. Dergny, *Les Cloches*, Bd. 2, S. 49.

49 H. Brugière / J. Berthelé, *Exploration*, S. 293.

50 L. Breton, *Les Cloches de la cathédrale de Bourges*, Bourges 1934, S. 46f.

51 *Espaon*: A. D. Gers, V841. – *Nastringues*: H. Brugiere / J. Berthelé, *Exploration*, S. 290. – *Hannogne*: Zitiert in H. Jadart / F. Baudemant / J. Carlier, *Epigraphie*, S. 19.

52 Wir fassen unter diesem Begriff (»communauté«) die beiden Instanzen des Kirchenrats und des Gemeinderats zusammen, trotz der nicht unwesentlichen Zahl von Konflikten, die diese beiden in Glockendingen entzweiten (vgl. u., Teil III).

53 Bericht des Präfekten der Sarthe an den Justiz- und Kultusminister, 18. Dezember 1868, A. N. F [19] 4373. Die Weihe der Glocke bedurfte der Mitwirkung des Bischofs; dieser delegierte jedoch häufig die Betreuung dieser Zeremonie. Von 74 Glockenweihen, die im 19. Jahrhundert in der Dordogne gefeiert und von H. Brugière und J. Berthelé festgestellt worden sind (*Exploration*, S. 78), wurden neun vom Bischof gefeiert, neun von einem Generalvikar, sechs von einem Titularbischof, fünf vom Archipresbyter des Arrondissements, vierzehn vom Kantonsdekan, neunzehn vom Gemeindepfarrer und zwölf von anderen Kirchenmännern unterschiedlichen Ranges.

54 Beispielshalber zeugt die Inschrift der Glocke, die 1836 in Hodengen-Bray (Seine-Inférieure) gegossen wurde, von dieser Praxis. (D. Dergny, *Les Cloches*, Bd. 2, S. 342.)

55 Vgl. S. Bour, *Etudes*.

56 Die Entwicklung, die wir hier feststellen, entspricht den Schlußfolgerungen von Marie-Hélène Froeschlé-Chopard (*Recherches sur les mutations de l'espace sacré, l'iconographie paroissiale et les confréries en Provence et en France du XVIe siècle au XIXe siècle*, Thèse, Universität Paris I, 1993). Die Autorin konstatiert nämlich durch eine Analyse des Bestands an Heiligenfiguren im Laufe des 19. Jahrhunderts eine Aufteilung des sakralen Raums zwischen nachtridentinischer Heiligenverehrung und Kult der Heiligenanrufung – zwischen

der oberen und der unteren Hälfte des Kirchenschiffs. So gesehen, unterstreichen unsere Beobachtungen die Zusammengehörigkeit von Glockenturm und unterem Teil des Kirchenschiffs.

57 Es sei erinnert an die »Mademoiselle Turmel« in Metz und an die »Kaufmannsglocke«, die im Turm der Kirche zu Argentan hängt.

58 *Forges-les-Eaux*: D. Dergny, *Les Cloches*, Bd. 2, S. 140. – *Guernes*: *Bulletin religieux* ... *de la ville et du diocèse de Versailles*, 2. Jg., 26. September 1864. 1897 beschäftigte die Weihe der Glocken von Bergerac (H. Brugière / J. Berthelé, *Exploration*, S. 251) mindestens neun Presseorgane, darunter zwei überregionale.

59 Wann genau diese Praxis verbreitet war, bleibt unklar. Es kam vor, daß das Gewicht dieser Süßigkeiten beeindruckend war. So wurden 1922 in Lixheim (Moselle) (S. Bour, *Etudes*, Bd. 1, S. 139) 248 Kilogramm Bonbons verteilt.

60 Dom Remi Carré, *Recueil curieux et édifiant sur les cloches de l'église avec les cérémonies de leur bénédiction à l'occasion de celle qui fut faite à Paris le jeudi 3 juin 1756* ..., Köln 1757, S. 76f.

61 Die Glocke von La Feuillade (Dordogne) war noch im Jahre 1881 nicht »getauft«; der Pfarrer hatte diesen Akt »wegen des Unglaubens des ersten Würdenträgers der Gemeinde« verweigert. (H. Brugière / J. Berthelé, *Exploration*, S. 77.) Trotzdem wird man vermuten dürfen, daß zu diesem Zeitpunkt diese Waffe bereits ein wenig stumpf geworden war.

62 Pierre Laurence, »Cloches, grelots et sonnailles«, in: *Terrain* 16 (März 1991), S. 29.

Glocke, Raum, Territorium

1 Dies werden diejenigen nicht müde zu wiederholen, die den Verlust des territorialen Rahmens beklagen, in dem sich das Gedächtnis von Individuen oder Gruppen konstituiert und die Repräsentationen der Gesellschaft Gestalt gewinnen. Vgl. das schon ältere Werk *Les Cadres sociaux de la mémoire* von Maurice Halbwachs. Über die perzeptorische Strukturierung des Raumes, das »Territorialgefühl« und die Unterscheidung zwischen Territorialität und Verwurzelung siehe Marcel Roncayolo in *Territoires* Nr. 1 (Paris 1983), S. 4–21; namentlich die Reflexionen über die Beiträge von Marcel Mauss zu diesem Thema.

2 Vgl. alle einschlägigen Arbeiten von Jacques Rancières.

3 Marcel Maget, »Remarques sur le village comme cadre de recherches anthropologiques«, *Bulletin de psychologie*, Bd. VIII, Sondernummer 7–8 (April 1955), S. 376–382. Zur Markierung der Territorien und zur Bezeichnung der Grenzen siehe auch die Ausführungen von Jac-

ques Boutier, in: *Territoires*, S. 42f. Marcel Maget untersucht andererseits die Art, in der jede Gruppe gekennzeichnet wird. Auch in diesen Vorgang spielt die Glocke herein.

4 Vgl. zu diesem Thema Christophe Studeny, *Le Vertige de la vitesse. L'accélération de la France (1830–1940)*, Thèse, EHESS 1990, 5 Bände. Ferner Jacques Léonard, *Archives du corps. La santé au XIXe siècle*, Universität Rennes II, Rennes 1986, namentlich S. 18ff.

5 Vgl. zu diesem Thema Olivier Ihl, »Du politique au sacré: les fêtes républicaines dans les campagnes de la Creuse (1870–1914)«, *Mémoires de la Société des sciences naturelles et archéologiques de la Creuse* (erscheint demnächst), und vor allem Olivier Ihl, *La Citoyenneté en fête: célébrations nationales et intégration politique dans la France républicaine, 1870–1914*, Thèse, EHESS 1922, betreut von Mona Ozouf.

6 »In Städten, die mehrere Pfarreien aufweisen«, liest man in dem Läutreglement, das 1885 zwischen dem Erzbischof von Rennes und dem Präfekten des Départements Ille-et-Vilaine vereinbart wurde, »wird beim Durchzug der Prozession über das Territorium einer dieser Pfarreien in der Kirche dieser Pfarrei geläutet« (A. N. F[19] 4375. Ille-et-Vilaine).

7 Zum Gefühl des Lokalismus, zum Diskurs und Territorium des Besonderen, zur lokalen Erinnerung und zur Kultur des lokalen Raumes vgl. Thierry Gasnier, »Le local. Une et indivisible«, in: Pierre Nora (Hg.), *Les Lieux de mémoire III*, »Les France«, Bd. 2, »Traditions«, S. 463–525.

8 Daher die Uferlosigkeit des Unterfangens, das vorliegende Buch zu schreiben, welches diese so üppig ins Kraut schießende Geschichte des Kleinen zu organisieren sucht.

9 Zum Inventar dieser Geräusche vgl. die bahnbrechende Arbeit von Guy Thuillier, »Les bruits«, in: *Pour une histoire du quotidien au XIXe siècle en Nivernais*, Paris – Den Haag 1977, S. 230–244.

10 A. Dupront, *Du sacré*, S. 447.

11 Vgl. zu diesem Thema J. D. Blavignac, *La Cloche*, S. 22f.

12 Was durch die Ritenkongregation am 21. März 1606 und am 9. Februar 1608 bestätigt wurde.

13 Vor 1240 konnten die Franziskaner überhaupt keine Glocken haben; später besaßen ihre Klöster zum Zeichen der Demut sehr oft nur eine einzige.

14 Nach dem alten Recht (vgl. J. D. Blavignac, *La Cloche*, S. 256) bestimmte sich umgekehrt die Abgrenzung einer Zuständigkeit mitunter nach der Reichweite der Glocke.

15 R. Carré, *Recueil*, S. 7.

16 A. N. F[19] 4373 und A. N. F[19] 4377. Haute-Savoie.

17 *Ouessant*: A. D. Finistère, 1V9. – *Plouider und Plounéour-Lanvern*: Ebd., 1V276. – Ein weiteres Beispiel für diese Art von Klagen findet sich 1863 in der Dordogne. A. N. F¹⁹ 4373.

18 A. D. Haute-Marne, 48V2.

19 A. N. F¹⁹ 4377. Tarn. Die Affäre erinnert an den Konflikt in Lonlay-l'Abbaye im Jahre 1958.

20 D. Dergny, *Les Cloches*, Bd. 2, S. 18; *Auvergne* auch: A. Trin, *Les Cloches*, S. 13.

21 A.D. Meuse, 37VI. In der Normandie wird behauptet, Wilhelm der Eroberer sei 1044 in der Nähe von Bayeux durch das Läuten einer Abendglocke gerettet worden. Er soll auch die Anweisung gegeben haben, in allen Städten und allen Dörfern des Herzogtums die Sperrstunde zu läuten, um den verirrten Wanderer auf den rechten Weg zu leiten.

22 Zu allen diesen Beispielen vgl. D. Dergny, *Les Cloches*, Bd. 2, S. 21. – *Ile-Tudy*: A. D. Finistère, 1V276.

23 Jean-Baptiste Thiers, *Traité des cloches*. Zu den Absichten Thiers' siehe Jean-Marie Goulemot, Einleitung zu J.-B. Thiers, *Traité des superstitions. Croyances populaires et rationalité à l'âge classique*, Paris 1984. Was die Kraft der Glocken angeht, wie sie zu Beginn der Neuzeit anerkannt wurde, bezieht sich J.-B. Thiers namentlich auf das Provinzialkonzil von Mailand 1565, auf das römische Pontifikat Clemens' VIII. und Urbans VIII., auf das Rituale Romanum Pauls V. und auf eine Reihe von Diözesanritualien.

24 J.-B. Thiers, *Traité des cloches*, S. 136.

25 Vgl. A. Dupront, *Du sacré*, S. 72. – *Essai sur la symbolisme de la cloche dans ses rapports et ses harmonies avec la religion*, Poitiers 1859 – ein anonymes Werk, das allgemein dem Abbé Sauveterre zugeschrieben wird –, S. 89. Der Verfasser ist ein glühender Verteidiger der These, wonach die Glocke ein »heilsamer Schutz« ist (S. 90). – J.-B. Thiers, *Traité des cloches*, S. 136 und 142.

26 *Vebret*: A. Trin, *Les Cloches*, S. 51. – *Saccourvielle / Sulac*: Fernand Pottier, *La Voix du Seigneur dans nos cloches*, Montauban 1895, S. 5. – Die Beispiele zur *Dordogne* stammen aus H. Brugière / J. Berthelé, *Exploration*, S. 70f.

27 M. Brocard, *Etudes*, S. 38–40.

28 Zitiert in J. D. Blavignac, *La Cloche*, S. 164f.

29 A. Trin, *Les Cloches*, S. 49, und G. Bouchard, *Le Village immobile*, S. 318.

30 *Metz* und *Plappeville*: S. Bour, *Etudes*, Bd. 1, S. 262. – *Cormicy*: J. Berthelé/H. Jadart / P. Gosset, *Enquêtes*, S. 21. – *Auzouer*: B. Maillard, zitierte Thèse.

31 A. Dupront, *Du sacré*, S. 431. – Vgl. J. M. Goulemot, zitierte Einleitung, S. 18.

32 Abbé Pluche, *Le Spectacle de la nature*, Bd. VII, 1746, S. 324.

33 Zitiert in J. D. Blavignac, *La Cloche*, S. 157.

34 A. Corbin, *Pesthauch und Blütenduft*.

35 Abbé Pluche, *Le Spectacle*, Bd. VII, S. 325. – Vgl. J. D. Blavignac, *La Cloche*, S. 257.

36 Zu allen diesen Angaben vgl. J. D. Blavignac, *La Cloche*, S. 155f. und S. Bour, *Etudes*, Bd. 1, S. 261. – *Pariser Gerichtshof*: A. N. F[19] 4373.

37 *Essai sur le symbolisme de la cloche*, S. 95.

38 »Notion scientifique de la foudre«, zitiert in Dom Jules Baudot, *Les Cloches*, Paris 1913, S. 53. Andererseits publizierte der Apotheker Charles Le Maout 1861 in Saint-Brieuc ein Werk mit dem Titel *Météorologie, effets du canon et du son des cloches sur l'atmosphère*, worin er die verderblichen Eigenschaften der Kanone und der Glocke · anprangert. Glocken und Kanonen bringen in seinen Augen eine ernsthafte Gefährdung des klimatischen Gleichgewichts mit sich. Für den Gebrauch von Glocken fordert Le Maout drakonische Regelungen. Er hat namentlich beobachtet, daß auf Feste, zu denen geläutet worden ist, furchtbare Unwetter folgen. Sobald man jedoch »aufhört, die Glocken zu läuten, wenn der Himmel bewölkt oder bedeckt ist, erheitert sich das Wetter, der blaue Himmel kommt heraus, die Sonne scheint und die Wolken lösen sich auf oder runden sich« (S. 13).

39 J. D. Blavignac, *La Cloche*, S. 157. – D. Dergny, *Les Cloches*, Bd. 2, S. 18. – A. N. F[19] 4374.

40 A. Trin, *Les Cloches*, S. 49 und 50.

41 Brief von M. du Miral an den Justiz- und Kultusminister, 20. Juni 1846, A. N. F[19] 4374.

42 A. D. Gers, V841. Rundschreiben des Präfekten an alle Bürgermeister des Départements, 1839. – Der Pfarrer von Lavardens an den Präfekten, 25. Juni 1839. A. D. Gers, V841.

43 Antwort des Pfarrers Birraux, 31. Mai 1845, zitiert in R. Devos und C. Joisten, *Mœurs et coutumes*, S. 248. Über die Einverleibung der Reliquien des hl. Theodul in die Glocke siehe S. 44 und 261 (Aussage des Pfarrers von Saint-Nicolas-la-Chapelle). Zu La Chapelle-d'Abondance vgl. die Antwort des Pfarrers, 16. Mai 1845, zitiert auf S. 291.

44 Christiane Marcilhacy, *Le Diocèse d'Orléans au milieu du XIXe siècle*, Paris 1964, S. 264 und 390.

45 Vgl. Dossier: A. N. F[19] 4374.

46 A. D. Haute-Marne, 48V2.

47 S. Bour, *Etudes*, Bd. 1, S. 265.

48 J. Nanglard, *Les Cloches*, S. 223.

49 S. Bour, *Etudes*, Bd. 1, S. 263 und 264.

50 Die Rolle der Glocke ist hier in ein System von Glaubensüberzeugungen integriert, das heiligen Gegenständen die Kraft zuschreibt, eine Logik des Unheils zu durchkreuzen.

Verquickte Rhythmen

1 Vgl. zu diesem Thema das grundlegende Werk von Krzystof Pomian, *L'Ordre du temps*, Paris 1984. Wir haben bereits in *Le Temps, le désir et l'horreur*, S. 9–22, von der »Arithmetik der Tage im 19. Jahrhundert« gehandelt.

2 1869 schreibt der Unterpräfekt von Neufchâteau (Vosges), daß es in seinem Arrondissement »über hundert Gemeindeuhren« gebe. A. D. Vosges, 14V3. So weit, so gut, doch der Pfarrer von Autrécourt (Meuse) läßt 1866 durchblicken, daß die öffentliche Uhr »normalerweise über die Obstgärten vor den Dörfern hinaus nicht zu hören ist«. A. D. Meuse, 174M1.

3 *Velaines*: A. D. Meuse, 37V1. – *Recoubeau*: A. D. Drôme, 48V2. Zitiert nach Olivier Ihl, *La Citoyenneté*, S. 379. – Der Bürgermeister von Les Bottereaux, 25. August 1907. A. D. Eure, 53V1. – Brief des Pfarrers von Autrécourt an den Präfekten, 1. August 1866. A. D. Meuse, 174M1.

4 Vgl. zu allen diesen Punkten in bezug auf den Nivernais den schönen Artikel von Guy Thuillier, »Le temps«, S. 205–229 und 407–420. – A. N. F[19] 4377, Tarn. – *Aire*: A. N. F19 4376, Basses-Pyrénées.

5 *Montpellier*: F. Saurel, *Histoire religieuse*, Bd. IV, S. 260. – Brief des Bürgermeisters von Breuvannes an den Präfekten, 28. Dezember 1844, A. D. Haute-Marne.

6 A. D. Eure, 53V1.

7 Zu diesem Thema Alain Corbin, »L'arithmétique des jours«, in *Le Temps, le désir et l'horreur*, S. 13, und Stephen Kern, *The Culture of Time and Space, 1880–1918*, Cambridge (Massachusetts) 1983.

8 C. Demai, »La sonnerie pour les vignerons et les laboureurs à Auxerre«, *Bulletin de la Société des sciences historiques et naturelles de l'Yonne*, Bd. 41 (1887), S. 129–147.

9 A. D. Ille-et-Villaine, 1V12.

10 Die heutige Praxis, das abendliche Angelusläuten auf sieben Uhr oder sieben Uhr dreißig gesetzliche Zeit (fünf Uhr oder fünf Uhr dreißig Sonnenzeit) zu legen, hat keinen Bezug mehr zum Kosmischen. Die Reglements des 19. Jahrhunderts schoben im Sommer das abendliche Angelusläuten hinaus, um es besser der Sonnenbewegung anzupas

sen. Die Erfindung der Freizeit aber hat zu einer Neudefinition des Begriffs »abendlich« und der Nutzungsmöglichkeiten der Nacht vor allem in der schönen Jahreszeit geführt. Die von Rechts wegen eingeführte Diskrepanz zwischen kosmischen Daten und legalem Zeitrhythmus nötigt uns zu absurden Verrenkungen, die darin bestehen, daß wir dauernd in Sonnenzeit umrechnen müssen, bevor wir zum Beispiel die Stärke der Sonneneinstrahlung oder die voraussichtliche Dauer des Tages abschätzen können.

11 Fast vollständig gesammelt in A. N. F^{19} 4375, 4376 und 4377.

12 Wir haben nicht mehr als sechzehn Reglements ausfindig machen können, die in dem genannten Zeitraum ausgearbeitet worden sind. Zwei von ihnen (Départements Basses-Pyrénées und Marne) legen den Zeitpunkt des morgendlichen Läutens auf fünf Uhr im Sommer und sechs Uhr im Winter fest.

13 *Charente-Inférieure*: A. N. F^{19} 4375. Übrigens gilt noch heute auf der Insel Molène (Finistère) die Sonnenzeit; damit existiert ein Zeitunterschied von zwei Stunden zwischen dieser Gemeinde und dem nur wenige Kilometer entfernten Festland. – *Loire-Inférieure*: A. N. F^{19} 4376. – A. D. Eure, 85V1, und A. D. Eure-et-Loir, V10. Das Archiv des Départements Meuse (174M1) enthält ebenfalls eine schöne Sammlung von Gemeinderatsbeschlüssen aus dem genannten Zeitraum; hier begnügten sich jedoch die meisten Bürgermeister damit, das Modell des Präfekten zu übernehmen.

14 Das war zum Beispiel im Limousin der Fall. Vgl. Alain Corbin, *Archaïsme et modernité en Limousin au XIXe siècle*, Paris 1975, Bd. 1, S. 299–301.

15 A. N. F^{19} 4374. Wie man bemerken wird, ist hier der jahreszeitliche Unterschied am Morgen sehr ausgeprägt.

16 A. Dupront, *Du sacré*, S. 530.

17 Ders., S. 422 und 531.

18 Klare Darlegung dieser Politik in A. N. F^{19} 4376, Dossier aus dem Département Meurthe-et-Moselle.

19 Das ist die Liste der »Andachtsfeste«, die der Bischof von Saint-Dié für den Präfekten des Département Vosges am 6. Februar 1832 aufstellte. A. D. Vosges, 14V1. Das Fest Mariä Geburt wurde vom Bischof nicht erwähnt.

20 Brief von Pourtalis an den Bischof von Le Mans, 16. Januar 1806, A. N. F^{19} 4377. Der Kaiser maß in der Tat der Arbeit an »aufgehobenen Festtagen« große Bedeutung bei. Am 1. Juni 1811 griff er mit unerhörter Heftigkeit den Bischof von Séez an, der sich in dieser Hinsicht zu tolerant gezeigt hatte. Der unglückliche Prälat fiel fortan »absolut in Ungnade« (C. Ledré, *La Cardinal Cambacérès*, S. 296).

21 A. N. F^{19} 4374. Hervorhebung vom Autor.

22 *Loir-et-Cher*: A. N. F^{19} 4374. – A. D. Finistère, 1V29. – Brief des Bürgermeisters von Saint-Chinian an den Unterpräfekten, 7. Juli 1806,
A. N. F^{19} 4374. – *Saint-Juéry*: A. D. Tarn, 1V8.

23 *Metz*: A. N. F^{19} 4377. – *Saint-Georges-sur-Eure*: A. D. Eure, 53V1. –
Brief des Bürgermeisters von Rugles an den Präfekten, 19. September
1834, und Brief des Pfarrers von Rugles an den Präfekten, 7. Oktober
1834. A. D. Eure, 53V1. Über die »Kirchenstiftungen« von Rugles vgl.
Jean Vidalence, *Le Département de l'Eure sous la monarchie constitu-
tionnelle*, Paris 1952, S. 452. – Zu den Bruderschaften in der Normandie: Michel Bée, *La Croix et la bannière. Confréries, Église et société
en Normandie du XVIIe siècle au début du XXe siècle*, Habilitationsschrift, Universität Paris IV, 1991. Zu unserem Leidwesen geht der
Autor nicht auf das Thema Glockengeläute ein.

24 Dossier über den Konflikt von *Landivisiau* in: A. D. Finistère, 1V29. –
Saint-Dié: A. D. Vosges, 14V1.

25 Mitteilung zum Départment Finistère (1831) (A. D. Finistère, 1V29),
zum Départment Seine-et-Marne (1832) (A. N. F^{19} 4374), zu den
Départments Sarthe und Mayenne (1836) (A. N. F^{19} 4377, Sarthe),
zum Département Orne (1840) (A. D. Orne, 9V1).

26 A. D. Orne, 9V1.

27 Arnold van Gennep, *Manuel du folklore français contemporain*, Paris
1958, Bd. I, Teilbd. 6, S. 2841 und 2842.

28 *Chaudes-Aigues*: A. Trin, *Les Cloches*, S. 48. – *Tourniac*: Brief des
Bischofs von Aurillac an den Präfekten des Départementes Cantal,
1. Juni 1842. A. D. Cantal, 1V76. – *Aiguines*: P. Pierrard, *La vie quotidienne*, S. 230.

29 *Silvester*: J. D. Blavignac, *La Cloche*, S. 67. – *Blangy, Amiens, Seine-
Inférieures*: D. Dergny, *Les Cloches*, Bd. 2, S. 12f. – *Parnes*: A. D. Oise,
1V15, zitiert in Barnett Singer, *Village Notables in 19th Century
France. Priests, Mayors, Schoolmasters*, Albany 1983, S. 81.

30 Vgl. zu diesem Thema Robert Sauzet, *Les Visites pastorales dans le
diocèse de Chartres pendant la première moitié du XVIIe siècle. Essai
de sociologie religieuse*, Rom 1975, S. 263, »Les cloches de la Tous-
saint«. Der Verfasser erwähnt daneben auch die »Ungehörigkeiten«,
Zechgelage und Tanzveranstaltungen in der Nacht der Toten, die aus
der Diözese Meaux bekannt wurden (R. Lecotté, *Recherches sur les
cultes populaires dans l'actuel diocèse de Meaux*, 1954, S. 27, 72, 182).
Zur Ablehnung des Allerheiligenläutens durch den damaligen Klerus
siehe auch Didier Pasquet, *La Réforme catholique et la mentalité populaire dans le diocèse de Tours au XVIIe siècle*, Magisterarbeit, Tours
1984, S. 103f. Erwähnt sei noch, daß der Bischof von Angers im Jahre

1670 das Allerheiligenläuten nach neun Uhr abends untersagt hatte (vgl. François Lebrun, *Le Diocèse d'Angers*, Paris 1981, S. 488).

31 Nach Dominique Julia war dieses Läuten dazu bestimmt, die Seelen der Entschlafenen zu besänftigen. Vgl. »Discipline ecclésiastique et culture paysanne aux XVIIᵉ et XVIIIᵉ siècles«, *La Religion populaire*, Paris 1979, S. 208. Julia betont – wie Jean-Baptist Thiers und die Volkskundler des 20. Jahrhunderts –, daß es den Brauch des Glockenläutens auch in der Johannisnacht gegeben habe. Diese Praxis hätte den Zweck gehabt, das ganze Jahr lang böses Hexenunwesen »fernzuhalten«. Indessen haben wir in den zahlreichen von uns konsultierten Dokumenten, die das 19. Jahrhundert behandeln, diesen Brauch nirgends erwähnt gefunden. – *Courlon*: A. N. F¹⁹ 4374. – *Mosel-Département / Seille-Tal*: S. Bour, *Etudes*, Bd. 1, S. 237.

32 Brief des Bischofs von Évreux an den Präfekten. A. D. Eure, 53V2. – Konzertiertes Reglement zwischen dem Präfekten von Korsika und dem Bischof von Ajaccio, 2. Mai 1886. A. N. F¹⁹ 4375.

33 Dossier zu diesem Konflikt in A. N. F¹⁹ 4374, besonders der Bericht des Unterpräfekten von Gourdon an den Präfekten des Départements Lot, 2. November 1808, und die Denkschrift des Kirchenvorstands.

34 A. N. F¹⁹ 4377. Somme. – Brief des Schatzmeisters des Kirchenvorstandes von Commana an den Bischof von Quimper, November 1842, und Brief des Bürgermeisters an den Unterpräfekten von Morlaix, 1. Dezember 1842. A. D. Finistère, 1V29. – Brief des Bischofs von Quimper an den Präfekten, 16. Dezember 1842. A. D. Finistère, 1V29.

35 Der Präfekt des Ardennen-Départements an den Unterrichts- und Kultusminister, 24. August 1886, A. N. F¹⁹ 4374.

36 A. Dupront, *Du sacré*, S. 530.

37 Nach L. Breton, *Les Cloches*, S. 27f.

38 *Cosnes*: A. N. F⁷ 12389. 1909 führte der Bürgermeister von Les Arcs (Var) dieselbe zeitliche Begrenzung ein. – *Montagnac*: A. N. F¹⁹ 4374.

39 Eugen Weber, *France fin du siècle*, Paris 1986, S. 93.

40 Vgl. Demay, »La sonnerie . . .«.

41 P. Pierrard, *La vie quotidienne*, S. 250.

42 Zu dieser Frage vgl. J. Baudot, *Les Cloches*, S. 56.

43 A. Dupront, *Du sacré*, S. 529.

44 *Aveyron / Les Landes*: A. N. F¹⁹ 4375 und 4376. – Beschwerde der Mitglieder des Kirchenrats von Pin-la-Garenne, 5. November 1832. A. D. Orne, 9V1. Gewisse Gemeinden waren stolz auf Dank- oder Totengeläute, die ihre Besonderheit waren. In Courlon (A. N. F¹⁹ 4374) läutete man seit mehreren Jahrhunderten am 23. November von sechs Uhr bis acht Uhr abends und am 24. November von fünf Uhr bis neun Uhr morgens, um den Trauergottesdienst zur Erinne-

rung an die Ermordung der Stadtbewohner durch die Hugenotten anzukündigen. Eine vergleichbare Zeremonie spielte sich am Vorabend in Pont-sur-Yonne ab; auch sie wurde vom Klang der Glocken angekündigt.

45 Brief des Pfarrers von La Baussaine an den Bischof von Rennes, 15. April 1842, A. D. Ille-et-Vilaine, 1V12. – *Marseille*: D. Dergny, *Les Cloches*, Bd. 2, S. 12.

46 A. Dupront, *Du sacré*, S. 433.

47 Vgl. zu diesem Thema Abbé Sauveterre, *Essai*, passim.

48 A. Dupront, *Du sacré*, S. 431.

49 Vergessen wir in diesem Zusammenhang nicht das Gewicht der Eschatologie im 19. Jahrhundert.

50 Der Präfekt des Départements Seine-Inférieure an den Unterrichts- und Kultusminister, 25. April 1857, und Brief des Pfarrverwesers von Cottévrard, 24. Februar 1857. A. N. F[19] 4374.

51 Vgl. J. Baudot, *Les Cloches*, S. 48.

52 *Lot*: Reglement vom 5. Juli 1833. A. N. F[19] 4376. Lot. – *Guindrecourt-sur-Blaise*: A. D. Haute-Marne, 48V3. – *Blangy*: D. Dergny, *Les Cloches*, Bd. 2, S. 20.

53 Beschwerde an den Unterpräfekten von Mirecourt, 8. April 1891. A. D. Vosges, 14V5.

54 Dossier zu dieser Angelegenheit: A. N. F[19] 4374.

55 *Les Grandes Chapelles*: A. N. F[19] 4376. Nord und A. D. Aube, V34. – Brief des Bürgermeisters von Autrécourt, 2. August 1866, und Brief des Pfarrers an den Präfekten, 1. August 1866. A. D. Meuse, 174M1. – Brief des Unterpräfekten von Mirecourt an den Präfekten des Départements Vosges, 8. Juli 1884. A. D. Vosges, 14V4.

56 Zitate aus: A. D. Haute-Marne, 48V3. Humberville. Brief des Präfekten des Départements Haute-Marne an den Bischof von Langres, 16. Dezember 1843.

57 Dossier zu dieser Serie von Affären in A. N. F[19] 4375. Côte-d'Or.

58 Der Präfekt des Départements Eure an den Justiz- und Kultusminister, 9. August 1884. A. D. Eure, 53V2. – *Provais*: A. D. Eure-et-Loir, V11.

59 Dossier zu diesem Konflikt. A. D. Eure-et-Loir, V11.

60 Mit dieser Begründung annullierte der Staatsrat am 24. November 1911 die Beschlüsse der Gemeindeverwaltungen bezüglich des zivilen Läutens der »Tagespunkte« (vgl. den Rechtsstreit um den Pfarrverweser von Cursan [Gironde]). Vgl. A. D. Meuse, 174M1. Auf diese Weise verfiel dem Verdikt, was in vielen Gegenden ein lokaler Brauch gewesen war.

61 Der Karton A. N. F[19] 5650 enthält ein Konvolut von Zeitungsausschnitten aus den Jahren 1908 bis 1912 über derartige Streitigkeiten,

namentlich aus *L'Univers*, *Le Matin*, *La Croix*, *Le Figaro*, *La Libre Parole*, *La Lanterne*, *Le Siècle*, *Le Rappel*, *L'Éclair*, *Le Gaulois*, *Le Temps*, *L'Aurore* und *La Gazette du Palais*, um nur die nationale Presse zu nennen. Der Karton A. N. F^7 12389 enthält eine reichhaltige Sammlung von Einsprüchen in solchen Angelegenheiten. Wir versagen uns eine ins einzelne gehende Analyse dieser immer gleichen Debatten und begnügen uns auf die Darlegung der großen Linien.

62　So verlangte der Gemeinderat von Cirfontaines-en-Azois (Haute-Marne) am 9. Februar 1883 vom Präfekten, das zum »Wecken«, zu »Mittag«, zur »Sammlung« und zur »Nachtruhe« geläutet werde.

63　A. D. Vosges, 14V6. Bittschrift der Schankwirte von Arches, 29. Dezember 1859.

64　*Suriauville*: A. D. Vosges, 14V6. – A. N. F^{19} 4377. Haute-Saône.

65　A. D. Meuse, 174M1. – Brief des Bürgermeisters von La Martyre an den Unterpräfekten von Brest, 22. Juni 1862, A. D. Finistère, 1V29.

66　J. D. Blavignac, *La Cloche*, S. 59. – *Paris*: R. Carré, *Recueil*, S. 79. – *Straßburg*: Dr. Billon, *Campanologie*, S. 155.

67　*Sarlat*: H. Brugière / J. Berthelé, *Exploration*, S. 75. – Der Präfekt des Départements Drôme an den Unterrichts- und Kultusminister, 2. Februar 1844. A. N. F^{19} 4374. In einigen Gemeinden läuteten die Bürgermeister mit dem Einverständnis der Pfarrverweser zur Heimkehr, obwohl diese Praxis im Läutreglement von 1. April 1839 nicht vorgesehen war. – Der Bürgermeister von Mont-Saint-Jean (Aisne) an den Prinz-Präsidenten, 15. November 1852. Er beschwert sich darüber, daß der Pfarrer – »und dabei stehe ich auf recht gutem Fuße mit ihm« – ihm verbiete, zur »Nachtruhe« zu läuten, wie es in den Nachbargemeinden geschehe. A. N. F^{19} 4374. – *Consigny*: A. D. Haute-Marne, 48V2, Bittschrift vom 5. November 1848. – *Ploudaniel*: A. D. Finistère, 1V29. – *Grand*: A. D. Vosges, 14V5. – *Cotes-du-Nord*: Brief des Bürgermeisters von Saint-Caradec an den Präfekten, 7. Dezember 1896. Die Sperrstunde wurde an Sonn- und Feiertagen um neun Uhr geläutet. Der Pfarrer lehnte es ab, das Läuten um eine Stunde vorzuverlegen, um es mit dem gesetzlich vorgeschriebenen Zeitpunkt des Schließens der Wirtshäuser (der Polizeistunde) zur Deckung zu bringen, wie dies in den Nachbargemeinden üblich war. A. D. Côtes-du-Nord, V2941.

68　So erhielt der Bürgermeister von Plounérin am 27. Februar 1895 die Erlaubnis, an Sonn- und Feiertagen zur Heimkehr zu läuten. (A. D. Côtes-du-Nord, V2557).

69　D. Dergny, *Les Cloches*, Bd. 2, S. 21. Dafür kam dieses Läuten nach 1870 in der Haute-Saône außer Gebrauch. Der Präfekt an den Kultusminister, 15. November 1884. A. N. F^{19} 4377. Haute-Saône.

70 Der Bürgermeister von Senon, 3. Dezember 1849, und Brief des Pfarrers von Senon, 20. Januar 1850. A. N. F[19] 4373.

71 *Giey-sur-Aujon*: A. D. Haute-Marne, 48V3. – *Ceffons*: A. D. Haute-Marne, 48V2.

72 Dossier zu diesem Glockenstreit in Chatonrupt in A. D. Haute-Marne, 48V2. Darin Brief des Bürgermeisters an den Präfekten, 12. November 1867, Bericht des Kommissars der Kantonspolizei Joinville an den Präfekten, 9. Januar 1868, und Brief des Präfekten an den Unterpräfekten, 17. Januar 1868.

Ausdruck sozialer Abstufungen

1 Diese Lesart wird um so deutlicher bestätigt, als man im nördlichen Frankreich mehr oder weniger »von dem alten Brauch der Legenden und Devisen abgekommen ist, welche die Glocke in irgendeiner Weise sprechen und beten ließen«; man vergaß sogar den Schutzheiligen der Kirche, wodurch die Namen der Taufpaten und Taufpatinnen der Glocke um so besser zur Geltung kamen. (Vgl. H. Jadart / F. Baudemant / J. Carlier, *Epigraphie*, S. 66) Im Midi hielt man hingegen daran fest, die Funktion der Glocke durch Texte zu bezeichnen, die man aus frommen Büchern entlehnte oder von Dichtern und Epigraphikern *auf lateinisch* und auf französisch verfassen ließ (vgl. o. S. 149, und als besonders charakteristisches Beispiel die Sammlung von Glockeninschriften bei Gustave Vallier, *Inscriptions campanaires du département de l'Isère*, Montbéliard 1886).

2 Wie wir sehen werden, waren ausgerechnet im Orne, der vielleicht frömmsten Region des Landes und einst Epizentrum der Erhebung der Chouans in der Normandie, die Gemeinschaften am wenigsten bereit, die mitten in der Julimonarchie erfolgenden Angriffe des Klerus gegen bestimmte zivile Geläute (namentlich das Läuten bei Wahlen und bei der öffentlichen Verlesung amtlicher Texte) abzuwehren. Man muß sich hier vor der allzu einfachen Vorstellung einer »klerikalen Demokratie« hüten, die André Siegfried vertreten hat.

3 Vgl. die zitierten Arbeiten von H. Jadart, D. Dergny, G. Vallier, A. Trin, J. Nangland, H. Brugiere und J. Berthelé sowie von D. Billon und von R. de Toulouse-Lautrec. Damit sind die wichtigsten Arbeiten genannt. Gegenwärtig widmet sich Eric Sutter von der Société Française de Campanologie einer umfassenden Inventarisierung. »Er hat eine Datenbank zu den Glocken angelegt, die nahezu 6000 von insgesamt schätzungsweise 100 000 Glocken erfaßt.« Vgl. Jean-Baptiste de Montvalon, »Les cloches«, *Trouvailles* 98 (Juli-August 1992).

4 D. Dergny, *Les Cloches*, Bd. 2, passim. *Dordogne*: H. Brugière / J. Berthelé, *Exploration*, S. 81.

5 Michel Denis, *Les Royalistes de la Mayenne et le monde moderne (XIXᵉ–XXᵉ siècle)*, Paris 1977. Claude-Isabelle Brelot, *La Noblesse réinventée. Notables de Franche-Comté de 1814 à 1870*, Besançon 1992, S. 617f. Zur Zeit der Restauration wurden die Prinzen der königlichen Familie mit schmeichelhaften, aber nicht uneigennützigen Bitten um Übernahme einer Glockenpatenschaft überschüttet. Später verriet hie und da das Herantreten an den Grafen von Chambord die Treue zum Legitimismus. – S. Bour unterstreicht, wie wir sahen, die Kontinuität in der Glockenepigraphik: *Etudes*, Bd. 1, S. 108.

6 »Mich dankt man der Hochherzigkeit aller Einwohner von Saint-Paul-Laroche, vor allem der Mademoiselle Moreau aus La Peyzie, des Herrn Baron Maurice Dubut de Saint-Paul aus Lavallade [...], der Madame Quainsac aus Le Pairier«, liest man auf einer Glocke in Saint-Paul-Laroche (Dordogne), die 1894 getauft wurde und deren Bronze sich wie ein veritabler Regional-Gotha ausnimmt (vgl. H. Brugière / J. Berthelé, *Exploration*, S. 316). Manchmal erscheint auf der Glocke eine Liste mit den Namen von Weilern und dann von Menschen, die den Marktflecken bewohnen. Hervorgehoben sei die sehr verbreitete und bedeutsame Gewohnheit von Leuten aus ein und demselben Weiler, ihre Spenden zusammenzulegen und ihre Identität in derjenigen der Gemeinschaft aufgehen zu lassen, während die Gaben der Leute aus dem Marktflecken individualisiert sind.

7 D. Dergny, *Les Cloches*, Bd. 2, S. 51f.

8 Die Glockenpatenschaft forderte von den Notabeln eine offensichtliche Generosität, nicht zuletzt im Hinblick auf die Kosten der »Taufe«, namentlich für das zu diesem Anlaß veranstaltete Festessen. Die neue Glocke von Sepvret (Deux-Sèvres), geweiht am 23. Juli 1866, hatte zum Taufpaten Monsieur Gaborit aus Montjou und zur Taufpatin Madame d'Herveault aus Pleumarin. Ein Bankett mit 68 Gedecken, arrangiert »unter einem Strohdach, das mit Blattwerk, Blumen und Lilienbannern geschmückt war«, bildete im Anschluß an den Bonbonregen die Fortsetzung der Feier. Vorangegangen war »ein schönes Freudenfeuer [...], entzündet von dem Taufpaten und der Taufpatin zum Klang der Fanfare von Saint-Sauvan« (J. Berthelé, *Enquêtes campanaires*, S. 200f.).

9 Petition der Einwohner von Marignié, Januar 1870, A. N. F[19] 4373. Der Text trägt dreihundert Unterschriften, darunter auch solche von Frauen.

10 A. D. Gers, V841. Auszug aus den Sitzungsprotokollen des Gemeinderats von Lombez.

11 A. Trin, *Les Cloches*, S. 41.

12 J. Berthelé, *Enquêtes campanaires*, S. 179 und 198.

13 Der Begriff »Landwirt [»cultivateur«] war damals allerdings recht vieldeutig. *Compainville*: D. Dergny, *Les Cloches*, Bd. 2, S. 155.

14 *Hannogne / Taizy*: H. Jadart / F. Baudemant / J. Carlier, *Epigraphie*, S. 29/64. Vgl. auch: H. Jadart / P. Laurent, *Epigraphie*, S. 7.

15 S. Bour, *Etudes*, Bd. 1, S. 110.

16 *Nanteuil / Périgord / Mauzac*: H. Brugière / J. Berthelé, *Exploration*, S. 376/93. – *Bassing*: S. Bour, *Etudes*, Bd. 1, S. 110.

17 H. Jadart / F. Baudemant / J. Carlier, *Epigraphie*, S. 47.

18 *Jussy*: S. Bour, *Etudes*, Bd. 1, S. 110. – *Saint-Fergeux*: H. Jadart / F. Baudemant / J. Carlier, *Epigraphie*, S. 42. – *Grumesnil*: D. Dergny, *Les Cloches*, Bd. 2, S. 167. – *Gomont*: H. Jadart / P. Laurent, *Epigraphie*, S. 24.

19 *Avaux:* H. Jadart / P. Laurent, *Epigraphie*, S. 14. – *Guessling*: S. Bour, *Etudes*, Bd. 1, S. 110. – *Thil*: D. Dergny, *Les Cloches*, Bd. 2, S. 204.

20 H. Jadart / P. Laurent, *Epigraphie*, S. 32.

21 *Ebd.*, S. 35.

22 H. Jadart / P. Laurent / A. Baudon, *Les Cloches du canton de Rethel*, S. 21f.

23 *Haudricourt*: D. Dergny, *Les Cloches*, Bd. 2, S. 69. – *Magny-en-Vexin*: A. N. F[19] 4373. Bericht des Unterpräfekten des Arrondissements Mantes an den Präfekten, 16. November 1864.

24 Beschwerde des Bürgermeisters von Libaros an den Kultusminister, 30. März 1872, Beschluß des Kirchenrats von Libaros, 14. Januar 1872, Brief des Ministers an den Präfekten, 28. April 1872. A. N. F[19] 4373.

25 D. Dergny, *Les Cloches*, Bd. 2, S. 7, und H. Jadart / F. Baudemant / J. Carlier, *Epigraphie*, S. 34.

26 A. Trin, *Les Cloches*, S. 40.

27 *Quimper*: A. D. Finistère, 1V9. – *Avranches*: Dr. Billon, *Campanologie*, S. 270.

28 *Napoleon*: A. N. F[19] 4377. Somme. – Der Präfekt der Côtes-du-Nord nahm am Vorabend der Unterzeichnung des Läutreglements von 1884 eine Umfrage vor, um sich über die Wünsche der Bürgermeister bezüglich des Gebrauchs der Glocken zu informieren. Allein der Bürgermeister von Lamballe wünschte ausdrücklich, daß bei der Durchreise des Präsidenten der Republik die Glocken geläutet würden (A. D. Côtes-du-Nord, V32, V33). Im Eure-et-Loir (A. D., V9) sind die Dokumente im Zusammenhang mit einer ebenfalls 1884 vorgenommenen Umfrage über den Gebrauch der Glocken besonders gut erhalten. Die Frage, die den Gemeindebeamten gestellt wurde, lautete: »Anzugeben, welches entsprechend den derzeitigen lokalen Ge-

pflogenheiten die Fälle sind, in welchen durch die Gemeindeautorität Gebrauch von der Glocke gemacht wird.« Die offizielle Durchreise des Staatsoberhauptes durch die Gemeinde wird in 22 Listen des Arrondissements Chartres erwähnt. Dieser Fragebogen über den Gebrauch der Glocken wurde in der Tat nach der Geographie der Präsidentenreisen eingerichtet … – *Poincaré:* Vgl. Juliette Didierjean, *Les Voyages de Poincaré dans les départments français. 1913–1914*, Magisterarbeit, Universität Paris I, 1993. Das Dekret vom 16. Juni 1907 (*Journal officiel*, 20. Juni 1907, S. 4274–4279) entsprang dem Wunsch, das Dekret vom 24. Messidor des Jahres XII zu erneuern.

29 *Saint-Riquier:* D. Dergny, *Les Cloches*, Bd. 2, S. 129. – *Nancy:* Lysiane Lafond, *Le Voyage de Charles X dans les départements de l'Est* (Magisterarbeit), Universität Paris I, 1991.

30 A. N. F^{19} 4374. Dossier über diese Sache: namentlich der zitierte Brief des Bischofs von Poitiers an den Kultusminister, 13. Juli 1835. Der Minister seinerseits spricht von der »großen Frage des Läutens«.

31 S. Bour, *Etudes*, Bd. 1, S. 265.

32 *Vogesen:* Brief des Bürgermeisters von Saint-Dié an den Unterpräfekten, A. D. Vosges, 14V6. – *Maure / Pleurtuit:* Brief des Erzbischofs von Rennes an den Unterrichts- und Kultusminister, 23. August 1859; Brief von Minister Rouland an den Präfekten, 27. August 1859. A. N. F^{19} 4374. – *Fontaine l'Abbé:* A. D. Eure, 53V1.

33 *Parnes:* Barnett Singer, *Village Notables*, S. 86. – A. N. F^{19} 4376. Manche. Konzertiertes Läutreglement. 11. Juni 1885.

34 Brief des Bürgermeisters von Pont-Croix an den Präfekten des Départements Finistère, 31. Oktober 1831. A. D. Finistère, 1V29. – Brief des Bürgermeisters von Créancey an den Präfekten des Départements Haute-Marne. A. D. Haute-Marne, 48V2.

35 Brief des Bürgermeisters von Lannilis an den Unterpräfekten, 7. September 1860. A. D. Finistère, 1V29.

36 Der Präfekt des Départements Orne an den Innen- und Kultusminister, 15. Januar 1833, A. N. F^{19} 4374. – A. N. F^{19} 4376. Manche. Debatte über dieses Thema zwischen dem Präfekten und dem Bischof.

37 *Brasparts:* Brief des Unterpräfekten des Arrondissements Châteaulin an den Präfekten des Départements Finistère. A. D. Finistère, 1V29. – Brief des Bürgermeisters von Milizac an den Unterpräfekten, 12. Januar 1875, und Brief des Unterpräfekten an den Präfekten, 14. Januar 1875. A. D. Finistère, 1V46. –

38 Brief des Bürgermeisters von Kernével an den Unterpräfekten des Arrondissements Quimper, 17. Januar 1881. *Ebd.*

39 Brief des Bürgermeisters von Esquibien an den Präfekten des Départements Finistère, 25. Januar 1881. *Ebd.* – Beschwerde des Pfarrers von

Saint-Uniac, 30. Juni 1881. A. D. Ille-et-Vilaine, 1V12. – Brief des stellvertretenden Bürgermeisters von Landudal an den Präfekten des Départements Finistère, 21. Mai 1896. A. D. Finistère, 1V46. – Beschwerde des Pfarrverwesers von Moyemont an den Präfekten des Départements Vosges. A. D. Vosges, 14V5.

40 Brief des Präfekten des Départements Haut-Rhin an den Polizeiminister, 19. Juni 1812. A. N. F[19] 4374. Zur Rolle der Glocken im barocken Pomp: Michel Vovelle, *Piété baroque et déchristianisation en Provence au XVIIIᵉ siècle*, Paris 1973, S. 87–98 und S. 399, sowie François Lebrun, *Les Hommes et la mort en Anjou aux XVIIᵉ et XVIIIᵉ siècles*, Paris 1971, S. 467ff. Im Jahrhundert zuvor (1629) verlangte der Archidiakon von Vendôme, man solle die Glöckner anweisen, »mehr und besser zu läuten, als sie es für unsere jüngst entschlafenen Herren Mitbrüder getan haben«. Zitiert nach Robert Sauzet, »Autour d'une pompe funèbre à Chartres au début du XVIIᵉ siècle«, *Mémoires de la Société archéologique d'Eure-et-Loir*, 1969, S. 8.

41 Brief des Bürgermeisters von La Roche an den Unterrichts- und Kultusminister, 1872. A. N. F[19] 437. Wie wir sehen werden (vgl. u. S. 230ff.), schlug man in einigen Gemeinden des Départements Seine-Inférieure beim Tod des Pfarrers »Klageglöckchen«.

42 Brief vom 26. August 1886. A. D. Hautes-Pyrénées, V90.

43 A. N. F[19] 4375. Ille-et-Vilaine.

44 Dossier zu diesem Konflikt: A. D. Meuse, 37V1.

45 A. D. Lot, 3U2953 (Strafkammer des Landgerichts Figeac).

Verdichtete Wahrheit

1 »Zeit, Stunde und Art des Läutens«, schreibt Remi Carré 1757 (*Recueil curieux*, S. 83), »müssen in jeder Kirche geregelt und allen Gläubigen bekannt sein.« In der Pariser Pfarrei Saint-Gervais zum Beispiel wurde »die Fünf-Uhr-Messe durch fünfzig Glockenschläge angekündigt, die Messe um halb sechs Uhr durch vierzig Schläge und die Sechs-Uhr-Messe durch dreißig Schläge.« Das Angelus wurde je nach Pfarrei mit der kleinen, der mittleren oder der großen Glocke geläutet, manchmal auch mit einem eigenen Instrument (vgl. J. D. Blavignac, *La Cloche*, S. 139).

2 A.N.F[19] 4375. Dordogne. – Brief des Präfekten des Départements Loiret-Cher an den Kultusminister, 4. Juli 1889, und der Minister an den Präfekten, 12. Juli 1889, A.N.F[19] 4376. Loir-et-Cher.

3 Generalsekretär der Präfektur des Départements Orne an den Unterpräfekten von Domfront, 3. Juli 1840, A.D. Orne, 9V1. Zur Zeit der

Revolution hatte diese Unterscheidung die Glockenpolitik bestimmt.
– A.N.F[19] 4376. Haute-Marne.

4 Der Bischof von Langres an den Präfekten des Départements Haute-
Marne, 30. März 1846, A. N. F[19] 4376. Haute-Marne.

5 Vgl. S. Bour, *Etudes*, Bd. 1, S. 307 f. – *Guerville*: D. Dergny, *Les Cloches*, Bd. 2, S. 13.

6 Vgl. Ferdinand Farnier, *Notice historique sur les cloches suivie des
prières et cérémonies pour la bénédiction des cloches,* Robécourt 1882,
S. 74.»Wenn die Glocke aufhören soll, oder wenn ihre fortgesetzten
Schläge aufhören sollen, hält man sie sachte an, indem man mit seinem Körpergewicht der schwingenden Bewegung der Glocke folgt,
ohne sich vom Boden zu entfernen und ohne sich in die Höhe ziehen
zu lassen.«

7 D. Dergny, *Les Cloches*, Bd. 2, S. 13 f.

8 Vgl. hierzu Dr. Billon, *Campanologie*, S. 146.

9 Dossier zu der Affäre in Appenay in A.N. F[19] 4374, namentlich der
zitierte Bericht des Präfekten des Départements Orne an den Kultusminister, 2. Messidor des Jahres XIII (21. Juni 1805) und der Bericht
des Staatsanwalts an den Justizminister, 2. Thermidor des Jahres XIII
(21. Juli 1805). – Im Französischen ist von ›carilloner‹ die Rede [hier
mit ›schwingend läuten‹ übersetzt], was aber hier nicht das Turm-
glockenspiel meint. Man muß stets auf die Vieldeutigkeit des Be-
griffsfelds ›Carillon‹ achten.

10 *Rétiers*: A. D. Ille-et-Villaibe, 1 V 12. – Brief des Bürgermeisters von
Clinchamp an den Präfekten des Départements Haute-Marne, 15. Januar 1893, A. D. Haute-Marne, 48 V 2.

11 Bei einer mündlichen Umfrage unter der Landbevölkerung im Département Haute-Vienne über die Art ihrer Zeitungslektüre im Jahre
1936 teilten uns die Befragten mehrheitlich mit, sie hätten als erstes
die Seite mit den Geburts-, Hochzeits- und Todesanzeigen gelesen.
Diese Art des Lesens entspricht dem, was wir über das Vernehmen der
Glocken gesagt haben (A. Corbin, *Prélude au Front Populaire*, S. 48).

12 A. N. F[19] 4376. Manche.

13 Bittschrift von Einwohnern von Longny-au-Perche, 12. November
1840 – A.D. Orne, 9 V 1. zu dieser Deutung der Taufe im Leben des
Kindes vgl. Françoise Loux, *Le Jeune Enfant et son corps dans la médecine traditionelle*, Paris 1978.

14 Arnold van Gennep, *Manuel du folklore*, Bd. 1.1, S. 135 f.

15 R. Devos / C. Joisten, *Mœrs et Coutumes*, S. 108, 109, 150 und 321.

16 J. D. Blavignac, *La Cloche*, S. 115.

17 Vgl. Läutreglement, Oise, 29. Mai 1840. A. N. F[19] 4376. Die Meß-
bücher der verschiedenen Diözesen enthielten Gebete für diese An-

lässe. Vgl. auch die zitierte Bittschrift der Einwohner von Longny-au-Perche. – Außerdem: Michel Vovelle, *Piété baroque.*

18 S. Bour, *Etudes,* Bd. 1, S. 228f.

19 Diese wie auch die folgenden Angaben: D. Dergny, *Les Cloches,* Bd. 2, S. 8–11.

20 Reglement vom 20. Mai 1886. A. N. F[19] 4374 und Streit um diese Übung.

21 Verfügung des Bürgermeisters von Beaubray, 12. Juni 1908. A. D. Eure, 85V1.

22 Vgl. die Retrospektive zu dieser Frage im *Ami du clergé* vom 18. Juni 1885. Zur Geschichte der Normen über Bekanntmachungen in der Pfarrei vgl. Jean Kerlévéo, *L'Église catholique en régime français de Séparation,* Bd. 2, Paris 1956, S. 259–264. – M. de Parieu, Rundschreiben vom 25. Juni 1850, zitiert in *L'Ami du clergé,* zitierte Ausgabe, und J. Karlévéo, *L'Eglise,* Bd. 2, S. 262.

23 Brief des Bürgermeisters von Coësmes an den Unterpräfekten, 21. Mai 1812, A. D. Ille-et-Vilaine, 1V12. – Rundschreiben des Präfekten des Départements Ille-et-Vilaine an alle Bürgermeister des Départements, Januar 1851. A. D. Ille-et-Vilaine, 1V12. – Brief des Bürgermeisters von Lannilis an den Unterpräfekten des Arrondissements Brest, 7. September 1860 und 11. Juni 1861. A. D. Finistère, 1V29.

24 *Boissy-Margis:* A. D. Orne, 9V1. »Die Glocke ziehen« bedeutet in der Lokalsprache »die Glocke läuten« (am Glockenseil ziehen, um die Glocke zu läuten). – Brief des Bürgermeisters von Monceaux an den Präfekten des Départements Orne, 24. September 1840. A. D. Orne, 9V1. – Brief des Bürgermeisters von Lonlay-le-Tesson an den Unterpräfekten, 15. November 1840, und Brief des stellvertretenden Bürgermeisters von Le Grais, 7. August 1840. A. D. Orne, 9V1. Hervorhebung im Text von A. C. – Der Bürgermeister von Verrières, 22. Juli 1840, und der Bürgermeister von Origny-le-Butin, 4. August 1840. A. D. Orne, 9V1.

25 *Hérault:* F. Saurel, *Histoire religieuse,* Bd. 4, S. 83. – *Moselle:* S. Bour, *Etudes,* Bd. 1, S. 196 ff., 235. Es muß erwähnt werden, daß beim Tode Ludwigs XV. die Glocken aller Kirchen von Périgueux und Umgebung vierzig Tage und vierzig Nächte lang ›klagend‹ geläutet wurden (H. Brugière / J. Berthelé, *Explorations,* S. 76).

26 *Schlachten:* J. Godel, *La Reconstruction,* S. 314, – *Herzog von Angoulême:* Brigitte Ferri-Dufour, *Le Rendez-vous manqué. Biographie politique de Louis-Antoine de Bourbon, duc d'Angoulême (1775–1844),* Magisterarbeit, Universität Paris I, 992. – *Moselle:* S. Bour, *Etudes,* Bd. 1, S. 198 f.

27 Brief des Präfekten des Départements Basses-Pyrénées an den Kultusminister, 20. Dezember 1834. A. N. F[19] 4376. Basses-Pyrénées.

28 Der Bürgermeister von Poullaouen, 16. März 1853. A.D. Finistère, 1V29. – *Côtes-du-Nord:* Der Unterpräfekt von Lannion an den Präfekten des Départements Côtes-du-Nord, V33. – A.D. Orne, 9V1.

29 *Orne:* Briefe der Bürgermeister von Sainte-Honorine-la-Chardonne (4. August 1840), Guêprei (8. August 1840), Les Préaux (12. August 1840) und Saint-Pierre-la-Bruyère (28. Juli 1840). A.D. Orne, 9V1. – *Charente:* Brief des Präfekten des Départements an den Unterrichts- und Kultusminister, 10. Januar 1832. A.N. F^{19} 4374. – Brief des Bischofs von Séez an den Präfekten des Départements Orne, 20. Juni 1840. A.D. Orne, 9V1.

30 Persil stützte sich auf die Schriften von Portalis und Bigot de Préameneu sowie auf zahlreiche im *Journal des conseils de fabrique* zitierte Texte (Brief an den Innenminister, 23. Juni 1835. A.N. F^{19} 4374).

31 Rundschreiben des Präfekten des Départements Ille-et-Vilaine an alle Bürgermeister seines Départements, Januar 1851. A.D. Ille-et-Vilaine, 1V12.

32 *Jura:* Der Präfekt des Départements an den Justiz- und Kultusminister, 14. März 1840. A.N. F^{19} 4375. Jura. – *Ansonsten:* A.D. Orne, 9V1. Brief des Bürgermeisters von Alençon an den Präfekten des Départements Orne, 13. Dezember 1839, und des Bürgermeisters von Bellême, 27. Juli 1840. A.D. Orne, 9V1. Hervorhebungen im Text von A.C.

33 Bischof von Vannes an den Kultusminister, 7. Juli 1846. A.N. F^{19} 4374. – Der Präfekt des Départements Sarthe an den Kultusminister, 20. Dezember 1831. – Brief des Bürgermeisters von Ségrie-Fontaine an den Unterpräfekten von Domfront, 4. August 1840. »Mittlerweile«, schreibt der Bürgermeister, »ist man in verschiedenen Gegenden des Arrondissements Saint-Lô des Klangs der Glocken überdrüssig, weil die Herren Pfarrverweser sie in vielen Fällen nicht genehmigen wollten.« A.D. Orne, 9V1.

34 Brief des Bürgermeisters von Gaillon an den Präfekten des Départements Eure, 21. November 1831. A.D. Eure, 53V1. – Brief des Bürgermeisters von Bellou-en-Houlme an den Unterpräfekten von Domfront, 9. Juni 1840. A.D. Orne, 9V1.

35 Briefe des Bischofs von Séez an den Gemeinderat von Argentan, 9. Januar 1849 und an den Präfekten des Départements Orne, 10. Februar 1849. A.D. Orne, 9V1.

36 Vgl. Patrick Lagoueyte, *Candidature officielle et pratiques électorales sous le Second Empire*, Thèse, Universität Paris I, 1990. – *Brest:* Der Bürgermeister von Lannilis an den Unterpräfekten von Brest, 22. Juni 1861. A.D. Finistère, 1V29. – *Manche:* A.N. F^{19} 4376. Manche. Der Generalvikar an den Präfekten der Manche, 12. Dezember 1884. –

Der Bürgermeister von Trévérec, Antwort auf eine Umfrage der Präfektur von 1884 über die Gepflogenheiten in bezug auf Glocken. A. D. Côtes-du-Nord, V32.

37 *Briey*: Brief des Unterpräfekten des Arrondissements Briey, 31. März 1844. A. N. F¹⁹ 4377. Dossier über die Diözese Metz. – *Tulle*: Bericht der Gendarmerie 8. Juli 1831. A. N. F⁷ 6779. Wie man bemerkt haben wird, wurde eine Wahl damals sehr oft als »Nominierung« bezeichnet.

38 P. Lagoueyte, zitierte Thèse. – Brief des Bürgermeisters von Celles an den Unterpräfekten, 13. Oktober 1885. A. D. Vosges, 14V4.

39 Brief des Präfekten des Départements Loiret an den Kultusminister, 16. März 1836, und des Bischofs von Orléans an den Minister, 10. März 1836. A. N. F¹⁹ 4374. – *Eure*: Brief des Präfekten an den Bürgermeister von la Chapelle-Réanville, 12. Juni 1861. A. D. Eure, 53V1.

40 Einlassung des Generalsteuereinnehmers, 18. Juli 1835. A. N. F¹⁹ 4376. Basses-Pyrénées. – Der Präfekt des Départements Landes an den Unterrichts- und Kultusminister, 10. Juli 1832. A. N. F¹⁹ 4374.

41 Brief des Bürgermeisters von Lascazères an den Präfekten des Départements Hautes-Pyrénées, 2. Juni 1828. A. D. Hautes-Pyrénées, V108. – Protest des Gemeinderats von Urgons, 2. November 1837. A. N. F¹⁹ 4373. – Brief des Bürgermeisters von Montgaudry, 12. Dezember 1839. A. D. Orne, 9V1. – A. D. Aube, V34 und A. N. F¹⁹ 4376. Pyrénées-Orientales. Das Reglement präzisierte den Gebrauch der Glocke bei den Rundreisen des Steuereinnehmers. – Der Bürgermeister von Montcharvot an den Präfekten des Départements Haute-Marne, 48V3. Die »Sorgen und Nöte« des Bürgermeisters und des Pfarrers sind historische Gegenstände von hervorragender Bedeutung für jeden, der sich für die ländliche Gesellschaft in Frankreich im 19. Jahrhundert interessiert.

42 Läutreglement. Département Doubs, Diözese Besançon, 15. Juni 1885. A. N. F¹⁹ 4375. Doubs. Reglement des Kirchenrats von Bouilly, 1828. A. d. Aube, V275. – *Sarralbe*: Brief des Präfekten des Départements Moselle an den Kultusminister, 27. März 1846. A. N. F¹⁹ 4377. Affäre Metz. – *Labarthe-de-Neste*: Dossier über diesen Konflikt in A. D. Hautes-Pyrénées, V108. – *Epfig*: Der Innenminister an den Justiz- und Kultusminister, 23. April 1844. A. N. F¹⁹ 4374. Der Minister gab dem Bischof von Straßburg recht, der gegen diese Übung protestiert hatte. – Briefe des Bischofs von Coutances an den Bürgermeister der Stadt, 10. September und 11. Oktober 1839. A. N. F¹⁹ 4374. Der Legislativausschuß gab dem Bischof recht.

43 *Almzeit*: Läutreglement vom 5. März 1885. A. N. F¹⁹ 4377. Savoie. – *Erntebeginn*: Vgl. Bemerkung des Barons Rendu, 8. Februar 1841 (zu

dem 1840 bekanntgemachten Reglement im Département Seine-et-Oise). A. N. F[19] 4374. – Eingabe des Bürgermeisters und der Gemeinderäte von Lesbœufs, 12. Oktober 1872. A. N. F[19] 4374. – *Oise*: Läutreglement, 27. Oktober 1884. A. N. F[19] 4376. Oise. – *Froyelles*: Brief des Präfekten des Départements Somme an den Minister für Unterricht, Kunst und Kultus, 27. März 1896. A. N. F[19] 4377. Somme. – *Marktstände*: Brief des Bischofs von Bayonne an den Kultusminister, 20. Dezember 1834. A. N. F[19] 4376. Basses-Pyrénées. Allerdings scheint es sich mehr um einen Anspruch als um eine Gewohnheit und eher um eine Neuerung als um eine Tradition zu handeln. – *Marktbeginn*: Der Präfekt des Départements Haute-Saône an den Kultusminister, 15. November 1884. A. N. F[19] 4377. Haute-Saône.

44 Entwurf eines konzertierten Reglements, aufgesetzt vom Bischof von Langres, April 1838. A. N. F[19] 4376. Haute-Marne. – Da der Pfarrer die Kirche gerade zu den Stunden verschließen lasse, wo man zur Schule läuten müsse, werde es – klagt der Bürgermeister von Cuves (Haute-Marne) in einem Brief vom 16. Mai 1882 an den Präfekten – »für die Kinder schwierig, *exakt* zum Unterricht zu erscheinen«. A. D. Haute-Marne, 48V2.

45 Brief des Bürgermeisters von Gourzon an den Unterpräfekten von Wassy, 17. März 1845. A. D. Haute-Marne, 48V3. – Brief des Bürgermeisters von Bouzancourt an den Unterpräfekten, 12. Dezember 1847, und Beschluß des Gemeinderats von Bouzancourt, 21. Dezember 1847. A. D. Haute-Marne, 48V2. – Der Präfekt des Départements Marne an den Kultusminister, 31. Dezember 1884. A. N. F[19] 4376. Marne. – *Rekruten* u.a.: Zeugnis des Unterpräfekten von Brest, zitiert vom Bürgermeister von Lannilis, 22. Januar 1861. A. D. Finistère, 1V29.

46 *Präfekt v. Sarthe*: A. N. F[19] 4374. – *Briefpost*: Roger Chartier (Hg.), *La Correspondance. Les usages de la lettre au XIXe siècle*, Paris 1991.

47 Brief des Präfekten des Départements Hautes-Alpes an den Unterrichts- und Kultusminister, 28. Mai 1840. A. N. F[19] 4373.

48 Brief des Bischofs an den Präfekten des Départements Hautes-Alpes, 23. Mai 1840.

49 *Orthez*: Umfangreiches Dossier mit Beschwerden der lokalen Verwaltungen. A. N. F[19] 4376. Basses-Pyrénées und Jean-François Soulet, *Les Pyrénées au XIXe siècle*, Toulouse 1987, *passim*. – Kollektive Beschwerde der Bürgermeister des Kantons Sauveterre. A. N. F[19] 4376. Basses-Pyrénées.

50 Zitierte Beschwerde des Gemeinderats von Urgons. In Saint-Aubin brach der Konflikt im Sommer 1832 aus.

51 Beschwerde der Bürgermeister der Kantone Maubeuge und Solre-le-Château, März 1844. A. N. F[19] 4376. Nord.

52 Protestschreiben des Bürgermeisters von Saint-Dié an den Präfekten des Départements Vosges, 3. Mai 1840. A. D. Vosges, 14 V 4. – Der Bürgermeister vom Rambervillers an den Präfekten des Départements Vosges, 21. Juli 1840. A. D. Vosges, 14 V 5. – Briefe des Bischofs von Metz an den Kultusminister, 5. April 1845, 23. Oktober 1845, 8. Juli 1847; sowie an den Präfekten des Départements Moselle, 18. März 1846. – Brief des Vikars von Kuntzig, 18. April 1847. Der Unterpräfekt von Thionville, Brief vom 7. Januar 1847. Alle. A. N. F[19] 4377.

53 Vgl. zu diesem Thema das Beispiel des Var, das Jocelyne George untersucht: *Les Maires dans le département du Var de 1800 à 1940*, Habilitationsschrift, Universität Paris I, 1987.

54 Konzertiertes Reglement zwischen dem Bischof von Aire und dem Präfekten des Départements Landes, 28. Januar 1837. A. N. F[19] 4373. – Zum Gebrauch der Schandglocke in Genf vgl. Michel Porret, *Le Crime et ses »circonstances«. Punir à Genève au XVIIIe siècle: institutions, discours, pratiques*, Habilitationsschrift an der philosophischen Fakultät der Universität Genf, 1992, S. 324. Zu Angers vgl. François Lebrun, *Les Hommes et la mort en Anjou*, S. 420.

55 Vgl. S. Bour, *Etudes*, Bd. 1, S. 192. Marc Guillaume, »La ville: nouveaux modes d'emploi«, Informationsfilm der Pariser Verkehrsbetriebe RATP (auf Videokassette), 1991. Mona Ozouf wiederum betont, wie sorgfältig die Behörden zur Zeit der Französischen Revolution zwischen »Versammlung« und »Menschenauflauf« unterschieden. (*La Fête révolutionnaire*, S. 374.) Die Sturmglocke löste also einen Auflauf infolge eines unvorhergesehenen Ereignisses aus.

56 S. Bour, *Etudes*, Bd. 1, S. 325.

57 S. Bour, *Etudes*, Bd. 1, S. 193. Diese Angaben beruhen auf einer über ein Lebensalter reichenden mündlichen Befragung im Mosel-Département.

58 Zu diesem Thema gibt es zwei grundlegende Arbeiten: John Merriman, »The Norman Fires of 1830: Incendiaries and Fear in Rural France«, *French Historical Studies*, 1976, S. 451–466, und Laurent Morin, *Les Incendies de 1830 en Basse-Normandie*, Magisterarbeit, Universität Paris I, Oktober 1992.

59 J.-B.Thiers, *Traité des cloches, a. a. O.*, S. 82–85. Hervé Goux, *L'Interprétation officielle du coup d'État du 2 décembre 1851*, Magisterarbeit, Universität Paris I, 1991, S. 61.

60 Janine Estèbe, *Tocsin pour un massacre. La saison des Saint-Barthélemy*, Paris 1968. Die Sturmglocke sollte den vor dem Rathaus aufgestellten bewaffneten Bürgern das Zeichen zu dem Massaker geben. Katharina von Medici ließ jedoch vor dem beabsichtigen Augenblick läuten. Dadurch wurden die Hugenotten geweckt, und das Über-

raschungsmoment war dahin (S. 128). – *Gazette des tribunaux,* 16. Juli 1848, zitiert nach Emmanuel Fureix, *Représentations de l'insurrection et des insurgés de juin 1848,* Magisterarbeit, Universität Paris I, Juni 1993, S. 58.

61 *Bocage*: Karine Dulong, »Regards en contraste sur le bocage normand«, *A travers la Haute-Normandie en Révolution,* S. 175–179. – »Limoges steht in Flammen«, »Bellac brennt« – das waren die Parolen, die unter den Banden bewaffneter Bauern zirkulierten, die am 6. Dezember 1851 die Basse-Marche unsicher machten. Bericht des Generalstaatsanwalts. A. N. BB³⁰ 396. – *Ajain*: Alain Corbin, *Archaïsme et modernité en Limousin au XIXᵉ siècle,* Bd. 2, S. 502–510. Über das Sturmläuten aus Anlaß von Steuerrevolten siehe auch Jean-François Soulet, *Les Pyrénées au XIXᵉ siècle,* Toulouse 1987, *passim.* – *Dreux*: Emmanuel Fureix, *Représentations de l'insurrection,* S. 43.

62 Denis Beliveau, der sämtliche dieser Erhebungen ausgewertet hat, teilt mit, daß die Menschenmenge in rund fünfzehn Fällen dabei die Sturmglocke geläutet hat. In Ermangelung von Glocken benutzte man auch »das Horn des Kuhhirten« (Charette, Saône-et-Loire, 1817), den Dudelsack (Souillac, Lot, 1817), die Trommel – Indre, 1847 – oder einfach Töpfe. Denis Beliveau, *Les Révoltes frumentaires en France dans la première moitié du XIXᵉ siècle,* Thèse, EHESS, 1992, S. 214. – Jüngste Synthese zu diesem Thema: Alain Corbin, »Histoire de la violence dans les campagnes françaises au XIXᵉ siècle. Esquisse d'un bilan«, *Ethnologie française* Bd. 21 (Juli–September 1991), S. 221–236.

63 Bericht des Unterpräfekten von Montargis an den Präfekten des Départements Loiret, 5. Juni 1817. Der Leiter des Polizeipostens von Montargis an den Präfekten des Départements Loiret, 5. Juni 1817. A. N. F¹¹ 728.

64 *Bettler u. a.*: Der Unterpräfekt von Gien an den Grafen de Choiseul, Präfekt des Départements Loiret, 6. Juni 1917. Das Komplott war vom Polizeiminister schon am 3. Juni 1817 erkannt worden. *Außerdem:* Aussagen von Angehörigen des Ausnahmegerichts, zitiert vom Rat der Präfektur des Départements Loiret gegenüber dem Polizeiminister. – Der Unterpräfekt von Montargis an den Präfekten des Départements Loiret, 6. Juni 1817. – Der Unterpräfekt von Gien an den Polizeiminister, 8. Juni 1817. – *Dammarie:* Bericht des Präfekten des Départements Loiret an den Polizeiminister, 10. Juni 1817. *Châteaurenard:* Oberstleutnant Vicomte de Courteilles, Chef der 4. Division, an den Kommandanten der 1. Militärdivision, 10. Juni 1817. – *Barlieu:* Der Präfekt des Départements Loiret an den Unterpräfekten von Sancerre (Cher), 5. Juni 1817. Alle: A. N. F¹¹ 728.

65 Der Präfekt des Départements Loiret an den Polizeiminister, 16. Juni 1817. *Ebd.*

66 Der Unterpräfekt von Gien an den Polizeiminister, 7. Juni 1817. Der Polizeiminister an den Präfekten des Départements Loiret, 5. Juni, 7. Juni und 10. Juni 1817. Anonymes Schreiben an den Innenminister, 18. Juli 1817. D. Beliveau, zitierte Thèse, S. 425.

67 *Cornac*: A. D. Lot, 4M14. Ich bedanke mich bei François Ploux, der mich auf die Vorgänge im Département Lot aufmerksam gemacht hat. – Gramat: A. D. Lot, 3U3, 854. – Touzac: A. D. Lot, 3U1, 1556, Gericht Cahors. – Thégra: A. D. Lot, 4M21. Bericht der Gendarmerie für die Woche vom 5. bis 10. Dezember 1836. – Marminiac: A. D. Lot, 2U168.

68 A. N. 374 F 35, zitiert nach Marie-Thérèse Bouyssy, *Trente ans après: Bertrand Barrère sous la Restauration ou la rhétorique du Ténare*, Thèse, Universität Paris I, 1993, S. 374.

69 Henry Houssaye, *1814*, Paris 1888, und *1815*, Paris 1893.

70 B. Ferri-Dufour, zitierte Magisterarbeit, S. 101 – 104.

71 Philippe Grandjean, *La Dynamique de la Séparation de l'Église et de l'État en Indre-et-Loire (1880–1908)*, Magisterarbeit, Universität Tours, 1991 (nach A. D. Indre-et-Loire, V12 – 17. März 1906).

72 Vgl. zu dieser Unterscheidung Georges Lefebvre, *Les Foules révolutionnaires*, wieder abgedruckt in *La Grande Peur de 1789*, Paris 1988, S. 243–264.

73 Zu diesem Thema finden sich zahlreiche Hinweise auf Glocken in: Alain Corbin / Noëlle Gerome / Danielle Tartakowsky, *L'Usage politique des fêtes*, Paris 1994.

74 A. N. F¹⁹ 4375, 4376 und 4377.

75 Zum Beispiel in den Auseinandersetzungen mit den Präfekten der Départements Aube, Ariège, Drôme, Loiret und Lozère.

76 Der Bischof von Mende an den Präfekten des Départements Lozère, 27. September 1884. A. N. F¹⁹ 4376. Lozère.

77 Brief des Bürgermeisters von Tréffiagat an den Präfekten des Départements Finistère, 2. Juni 1904. A. D. Finistère, 1V46.

78 Vgl. zu dieser Frage H. Polge, »Le dimanche et le lundi«, *Annales du Midi* (Januar–März 1975), S. 15–36.

Lokale Streitigkeiten und ihre Motive

1 Hierzu namentlich Barnett Singer, *Village Notables*, S. 68, und alle zitierten Arbeiten von François Ploux.

2 Siehe hierzu: Alain Corbin, »Histoire de la violence ...«

3 Wir denken namentlich an die Arbeiten von Gabriel Le Bras (*L'Eglise*

et le village, Paris 1976) und Maurice Agulhon, »La Mairie«, in Pierre Nora (Hg.), *Les Lieux de mémoire*, Bd. 1, »La République«, 1984, S. 167–195.

4 Vgl. zu allen diesen Punkten G. Le Bras, *L'Eglise*, S. 33–42.

5 Es wäre interessant, in diesem Zusammenhang den Umfang der Verweise auf das Mittelalter zu untersuchen, die das Herz der Gläubigen hierdurch ansprachen. Die Verbreitung eines historischen Bewußtseins ist allein Sache der Schule.

6 G. Le Bras, *L'Eglise*, S. 39. – *Prozessionsweg*: Abbé Gorse, *Au bas pays de Limousin*, Paris 1896, S. 58f. Über die Situation der Kirche in den Dörfern dieser Gegend schreibt er ausdrücklich: »Die Sauberkeit, in der sie erstrahlt, sticht ab gegen den Gestank und die Überreste der Misthaufen, die überall vor den Häusern des Dorfes herumliegen [...] man hat nie gehört, daß dies zu blutigen Auseinandersetzungen geführt hätte.« Vgl. zu diesem Thema auch Olivier Ihl, »Du politique au sacré...«

7 Zu den Merkmalen der Grenze vgl. Alain Corbin, *Le Territoire du vide*, Paris 1988, passim. Das vorliegende Buch, einem Symbol der Zentralität gewidmet, ist nämlich die Fortführung einer Arbeit über das Unbestimmte der Grenze, die zugleich bedrohlich und faszinierend ist. – *Zitat*: R. Caillois, *L'Homme et le sacré*, S. 67.

8 A. Dupront, *Du sacré*, S. 484. In Lonlay-l'Abbaye wurde nach dem Zweiten Weltkrieg und noch bei dem Glockenstreit von 1958 der »Rekrutenbaum« ohne jede böse Absicht in der Nähe des Eingangs zur Kirche aufgepflanzt. Vgl. auch Yves-Marie Hilaire, zitierte Thèse, über die Errichtung von Kalvarienbergen und Kapellen in der Diözese Arras im 19. Jahrhundert.

9 Vgl. P. Boutry, »Le clocher...«.

10 Y. Lambert, »L'évolution des rapports entre l'espace et le sacré à Limerzel au XXᵉ siècle, 1900–1982«, *Annales de Bretagne et des pays de l'Ouest*, Sonderheft *L'Espace et le Sacré*, 90 (1983).

11 Siehe zu diesem Punkt J. Silver, »French Peasants Demands for Popular Leadership in the Vendômois (Loir-et-Cher), 1852–1890«, *Journal of Social History* Bd. 4, Nr. 2 (1980), S. 277–293.

12 Wir beziehen uns hier auf die Arbeiten Michèle Grosjeans, der über den öffentlichen Raum und den Klang arbeitet, namentlich über den Zusammenhang des letzteren mit dem Sakralen, der Macht, den territorialen Konflikten. Michèle Grosjean plädiert für eine »Klang-Anthropologie« und die Erforschung von »Klang-Szenarien«. Es liegt auf der Hand, daß ein solches Unternehmen für den Historiker anregend sein muß.

13 Vgl. Marcel Roncayolo, »Reflexion über das Territorium«, in *Territoire*

et territorialisme, Paris, ENS Nr. 1, 1983. – Vor rund zwanzig Jahren hat Jean-Louis Flandrin diese Funktion illustriert – allerdings in visueller Hinsicht. 1850 erstieg der Pfarrer von Notre-Dame in Boisset (Loire) am Nachmittag nach der Vesper den Glockenturm seiner Kirche und überwachte von dort oben mit Hilfe eines Fernrohrs das Verhalten der Schäferinnen seiner Pfarrei (Jean-Louis Flandrin, *Amours paysannes*, Paris 1975, S. 126.)

14 Brief des Bischofs von Langres an den Präfekten des Départements Haute-Marne. A. D. Haute-Marne, 48V3 (Is).

15 Vgl. Marc Guillaume, »La ville: nouveaux modes d'emploi« (zitierter Dokumentarfilm), und vor allem von demselben Autor *La Contagion des passions. Essai sur l'exotisme intérieur*, Paris 1989.

16 Eingabe von vier Pfarrkindern von Saint-Martin-d'Oney, Mai 1834. A. N. F[19] 5709.

17 Hierzu Perrine Gonzalès de Linarès, *Le Banc d'honneur dans les églises au XIXe siècle: enjeu politique, révélateur social. 1800–1870*, Magisterarbeit, Universität Paris I, 1992. – Brief des Pfarrers von Frenelle-la-Grande, 16. März 1897. A. D. Vosges, 14V4.

18 Lucien Crouzil, *Le Droit de place dans les églises (bancs et chaises)*, Doktordissertation, Universität Toulouse, 1898. P. Gonzalès de Linarès, *Le Banc*, passim.

19 Wir entlehnen diese Formulierung Michel Bée, *La Croix et la bannière*, S. 201.

20 Zit.n. P. Gonzalès de Linarès, *Le Banc*, S.61 und 64.

21 Zu diesen Vorfällen: Dossiers in A. D. Ille-et-Vilaine, 1V16.

22 A. D. Orne, 9V1.

23 Brief des Bischofs von Montauban an den Bürgermeister von Monbéqui, 8. Mai 1847. A. D. Tarn-et-Garonne, 30V² 6. – Der Bürgermeister von L'Honor-de-Cos an den Präfekten des Départements Tarn-et-Garonne, 29. Februar 1840. A. D. Tarn-et-Garonne, 30V¹. – Dossiers zu den übrigen Fällen: A. D. Tarn-et-Garonne, 30V² 6. Im Grunde hingen die Probleme bei der Aufstellung der Gemeindebank mit den Modalitäten des Zugangs zur Kirche und eventuell mit der Trotzhaltung der Gemeinde zusammen. »Es sind die Bürgermeister«, schreibt der Bischof von Montauban am 6. Mai 1847 an den Präfekten (A. D. Tarn-et-Garonne. 30V² 6), »die manchmal nach dem Verlassen der Dorfschenke den Wunsch verspüren, sich in der Kirche zu zeigen, mit Schärpe und einer Art Schweizer, der ich weiß nicht welches Symbol der konsularischen Fasces vor ihnen herträgt.« Die Aufstellung der Bänke war eine Waffe in der Hand des Pfarrers, die der Verfügungsgewalt über die Glocken entsprach. 1866 entzog der Pfarrverweser von Socourt (Vosges) dem Volksschullehrer das Angelusläuten, weil er

diesen Verbündeten des Bürgermeisters nicht schätzte und seine Entfernung wünschte. Zu diesem Zweck wies er dem Lehrer einen anderen Platz in der Kirche an. Er hoffte nämlich, der Ärmste werde nach
dieser Demütigung freiwillig um seine Versetzung nachsuchen. (Umfangreiches Dossier zu diesem Fall: A. D. Vosges, 14V6.)

24 Notiz des Barons Rendu, 8. Februar 1841, Kultusminister. A. N. F[19]
4374.

25 A. D. Haute-Marne, 48V2 (Brief des Pfarrers, 25. November 1891).

26 Vgl. J. Silver, »French Peasants Demands ...«, S. 277. In bezug schon
auf das 18. Jahrhundert unterstreicht Jean-Pierre Jessenne (*Pouvoir
au village*, S. 40) unter denselben Gesichtspunkten die Bedeutung
dieser Lokalstreitigkeiten. – Das Gesetz vom 21. März 1831 legte das
Vertretungsprinzip auf Gemeindeebene fest; in den kleinen ländlichen Gemeinden dürfte es so gut wie alle Familienoberhäupter zu
Stimmberechtigten gemacht haben. Vgl. Rachel Gauducheau, *Le
Déroulement des élections municipales sous la Monarchie de Juillet,
en fonction de la loi du 21 mars 1831*, Magisterarbeit, Universität
Paris I, 1992. Für unseren Zusammenhang wichtig ist auch das Gesetz vom Juli 1837, das den Gemeinden den Status von juristischen
Personen verlieh.

27 Zu diesen Punkten: Adrien Dubief und Victor Gottofrey, *Traité de
l'administration des cultes*, 1891/92, Bd. 1, S. 295–308. Interessante
Ansichten, die zuvor schon M. Gaudry formuliert hatte: *Traité de la
législation des cultes et spécialement du culte catholique*, Paris 1854,
Bd. 1, S. 221, Bd. 2, S. 517ff. sowie, zum Thema Uhren, S. 520f. –
Landflucht: Eine Reflexion über diese Veränderungen in Form einer
Bilanz bietet Alain Corbin, »Regards croisés sur la société rurale
(1860–1900)«, *Bulletin de la Société d'histoire moderne* (1986),
S. 24f. – *Direktwahl der Bürgermeister*: Vgl. J. George, *Les Maires,*
und den von Maurice Agulhon herausgegebenen Sammelband *Les
Maires du Consulat à nos jours.*

28 Zitiert nach H. Jadart / P. Laurent, *Epigraphie*, S. VII.

29 Olivier Ihl, *La Citoyenneté en fête*, S. 385.

30 Eugen Weber, *La Fin des terroirs. La modernisation de la France
rurale. 1870–1914*, Paris 1983.

Bemeisterung der Klangbotschaften

1 Die Konflikte juristischer Natur konnten nur von der Verwaltungsbehörde oder von den Gerichten entschieden werden; aus diesem
Grunde sind sie für unser Vorhaben nicht von Interesse. Die Argu

mente, die das Bürgermeisteramt und das Pfarrhaus vorbringen, sind stereotyp: Die Bürgermeisterei betrachtet das Geläute als Gemeindeeigentum; Bürgermeister und Gemeinderat erinnern daran, daß die Glocken von der Gemeinde erworben oder aufgrund einer von den Einwohnern veranstalteten Subskription angeschafft worden sind. Sie reklamieren daher für sich die Entscheidungsbefugnis über einen eventuellen Neuguß, über den Ankauf einer neuen Glocke sowie über die Wahl der Taufpaten. Der Pfarrer und die Kirchenräte hingegen betrachten das Geläute als Eigentum der Pfarrei; sie verweisen darauf, daß die Bezahlung der Glocke durch den Kirchenrat oder die Gläubigen notwendig ist. Die Glocke ist ein geweihter Gegenstand; da der Pfarrer anerkanntermaßen der einzige ist, der das Läuten regeln darf, muß er die Entscheidungsbefugnis über Neugüsse, den Ankauf neuer und jede Harmonisierung der vorhandenen Glocken haben, selbst wenn die Glocken nachweislich Gemeindeeigentum sein sollten.

2 S. Bour, *Etudes*, Bd. 1, S. 174.

3 A. D. Gers, V841, Vertrag über die Anschaffung einer Uhr durch die Gemeinde Auradé, 18. Mai 1838.

4 Vgl. A. N. BB18, drei Kartons mit Akten über den Widerstand gegen die Volkszählung von 1841.

5 Auszug aus den Protokollen der Gemeinderatssitzungen der Gemeinde Tillac, 19. Mai 1839. A. D. Gers, V841. – Stellungnahme des Bischofs von Pamiers in einem Brief an den Präfekten des Départements Ariège, 17. März 1883. A. N. F[19] 4374. Auch an der Feier der Gottesdienste ging der wachsende Wunsch nach Pünktlichkeit nicht vorüber.

6 *Bulletin officiel du ministère de l'Intérieur*, 1858, S. 21, zitiert vom Innenminister am 10. November 1881. A. N. F[19] 4374. Vier Jahre zuvor hatte der Jurist Gaudry (*Traité*, Bd. 2, S. 520) eine nuanciertere Stellungnahme abgegeben. »Die Uhr«, erkannte er an, »gehört nicht dem Kirchenrat; sie gehört auch der Kirche selbst nur in dem Fall, daß ihre Installation und die Anbringung des Zifferblattes bauliche Maßnahmen an dem Gebäude erforderlich gemacht hätten, deren Beseitigung es in seinem Wert mindern würden. Obwohl jedoch die Uhr der Gemeinde gehört, gilt von dieser, daß sie sie für unbegrenzte Zeit an dem Bauwerk angebracht hat; sie könnte es daher nicht von dort entfernen lassen.« Überdies kann der Bürgermeister nicht ohne Einwilligung des Kirchenrats eine Uhr im Glockenturm installieren.

7 Brief des Unterpräfekten von Vitré an den Präfekten des Départements Ille-et-Vilaine, 25. Oktober 1851. A. N. F[19] 4374. Alle folgenden Dokumente sind Auszüge aus diesem Dossier.

8 Brief des Pfarrers von Rhétiers an den Erzbischof von Rennes, 25. November 1851.

9 Protestbriefe des Kirchenrats, 9. Februar 1848.

10 *Chancenay*: Brief des Bischofs von Langres an den Präfekten des Départements Haute-Marne, 6. Dezember 1853. A. D. Haute-Marne, 48V2. Der Prälat schloß sich den Beschwerden des Pfarrers an. – Der Bürgermeister von Chaumont an den Präfekten des Départements Haute-Marne, 3. März 1868. *Ebd.* – Brief des Bürgermeisters von Humbécourt an den Präfekten, 11. Januar 1877. *Ebd.* – Beschluß des Kirchenrats von Anbdelot, 1. August 1880. *Ebd.*

11 Dossier über *Estrennes*: A. D. Vosges, 14V3. – *Gard / Saint-Martin / Aubins*: A. N. F¹⁹ 4373. – *Saint-Gervais*: A. N. F¹⁹ 4374. – Brief des Bürgermeisters von Salmagne an den Präfekten, 11. Dezember 1865. A. D. Meuse, 174M1. Die Antwort des Pfarrers verrät, wie unsicher die Zeitmessung war, als es noch keine amtliche Zeit gab. Um die Genauigkeit einer Uhr zu beurteilen, mußte man sie mit anderen Uhren in der Umgebung vergleichen. So entgegnet der Pfarrer von Salmagne in einem Brief an den Bischof vom 19. Dezember, daß die Gemeindeuhr »fast nie genau geht«. »Seit einiger Zeit geht sie gegenüber Bar, Ligny und den angrenzenden Gebieten um zwanzig bis fünfundzwanzig Minuten vor.«

12 Das französische Wort für Glöckner (*sonneur*) hat einen größeren Bedeutungsumfang als das deutsche und kann alle Spieler von Musikinstrumenten meinen, wie zum Beispiel im Titel von George Sands Roman *Les Maîtres sonneurs*. Über die Beurteilung der Aufgaben des Glöckners vgl. J. Nanglard, *Les Cloches*, S. 23f.

13 Hervorgehoben von einem Einwohner von Serviès (Tarn) in einem Brief an den Präfekten vom 13. Mai 1841. A. D. Tarn, 1V8. Er folgert diese Eigenschaft aus der Liste der Aufgaben, die der Glöckner auf dem Lande hat. – Zur Person des Kantors, die in den Augen der französischen Volksmusikkundler eine so wichtige Rolle spielt, siehe Jacques Cheyronnaud, »Musique et institutions au village«, *Ethnologie française* Bd. 14, Nr. 3 (Juli–September 1984), S. 265–280. Dieser Beitrag enthält spannende Ausführungen über die Ausbildung des Sakristans und Kantors. Wie der Autor schreibt (S. 270), waren bis zum Sieg der Dritten Republik »viele Chorräume – neben den Glocken und dem *Domine Salvum fac* – das den Dimensionen des Dorfes entsprechende Theater, auf welchem sich auf lokaler Ebene die großen Akte des politischen Lebens der Nation abspielten«. Was den »Volksschullehrer im Kirchenchor« betrifft, so scheint er Jacques Cheyronnaud eine der letzten Reste eines »in die nachtridentinische Pastoral integrierten« Modells zu sein.

14 Nach Artikel 33 des Dekrets vom 30. Dezember 1809 sind Ernennung und Abberufung der Glöckner Sache des Kirchenvorstands, der auf

Vorschlag des Pfarrers oder des Pfarrverwesers handelt. Artikel 37 sieht vor, daß die Besoldung dieser Angestellten dem Kirchenrat obliegt. Die Ordonnanz des Königs vom 12. Januar 1825 präzisiert, daß in den ländlichen Pfarreien die Wahl des Glöckners ausschließlich dem Pfarrer obliegt, unbeschadet von der Herkunft der Glocken. M. Gaudry, *Traité*, Bd. II, S. 518.

15 *Hautes-Pyrénées*: Die Praxis der Wahl hebt bereits Dieudonné Dergny hervor (*Les Cloches*, Bd. II, S. 20); sie wird durch eine stichprobenartige Sichtung des Départementarchiv bestätigt. – *Souyeaux / Gardères*: A. D. Hautes-Pyrénées, V90.

16 Bericht des Pfarrrs von Andelot (1. Dezember 1848), der in einer Versöhnungsmission nach Consigny geschickt worden war. A. D. Haute-Marne, 48V2. In der Regel, fügt dieser Priester hinzu, werde in diesem Département das Läuten »teils vom Kirchenrat, teils von den Einwohnern« bezahlt. Der Bürgermeister von Consigny habe darüber hinaus einen »Club« abgehalten (man beachte diesen Begriff zur Bezeichnung der traditionellen Einwohnerversammlung), um seinen Forderungen Nachdruck zu verleihen: freie Wahl des Glöckners, der die Sperrstunde läutet, Besitz der Schlüssel zum Glockenturm, Ablehnung der vom Pfarrer festgesetzten Läutetarife.

17 *Braux*: A. D. Haute-Marne, 48V2. – *Meuse*: Bezeugt ist das Läuten zu Versteigerungen 1852 in Neuville-sur-Ornain und in Rumont. A. D. Meuse, 37V1. 1907 lehnte der Präfekt die Ausschreibung des Läutens ab, die vom Gemeinderat von Hattonchatel gewünscht worden war. – *Vogesen*: 1873 sah sich der Bischof genötigt, daran zu erinnern, daß die öffentliche Ausschreibung des Läutens nicht den Vorschriften entsprach. Man scheint ihn nicht verstanden zu haben. Im Arrondissement Neufchâteau war, dem Unterpräfekten zufolge, die Versteigerung des Läutens »allgemein« üblich (Brief an den Präfekten, 15. Mai 1889, A. D. Vosges, 14V6). 1892 war sie noch in Isches anzutreffen. A. D. Vosges, 14V5. – *Damrémont*: Beschluß des Gemeinderats vom 14. Februar 1875 über die Versteigerung des Kirchengeläutes an den Mindestfordernden. A. D. Haute-Marne, 48V3. In jenem Jahr (1875) war der glückliche Ersteiger ein in der Gemeinde ansässiger Messerschmied. – *Buchey*: A. D. Haute-Marne, 48V2. Dasselbe Verfahren findet sich 1889 in Recurt in den Hautes-Pyrénées. A. D. Hautes-Pyrénées, V90.

18 Ein solcher Konflikt entbrannte im Januar 1851 in Puylaroque. A. D. Tarn-et-Garonne, 30V2. Nach Artikel 7 der Ordonnanz vom 12. Januar 1825 und der Ministerentscheidung vom 28. Juli 1839 konnte nur der Pfarrer (oder der Pfarrverweser) den Glöckner absetzen. – *Dossier über Nontoussé*: A. D. Hautes-Pyrénées, V109.

19 Die Archive der Départements verfügen über eine Unmenge von einschlägigen Dokumenten, die von enormer Präzision sind. 1876 erläuterte der Bischof von Aire umständlich die Mechanismen der Ausarbeitung dieser Tarife. A. N. F^{19} 4376.

20 Das erlaubte es Samuel Bour, eine Erhöhung der Einkünfte der Glöckner des Mosel-Départements im Laufe des 19. Jahrhunderts, vor allem aber eine große Disparität der Entlohnung je nach Gemeinde zu konstatieren (S. Bour, *Etudes*, Bd. I, S. 292).

21 A. D. Gers, V841. Bericht des Bürgermeisters und des Unterpräfekten von Lombez.

22 Beschwerde des Bürgermeisters von Arthès, 10. Februar 1894. A. D. Tarn, 1 V8. – *Tauschhandel*: B. Traimond, *Ethnologie*.

23 Spendenaufruf, 21. November 1889. A. D. Ille-et-Vilaine, 1 V12. – *Tarn*: Bezeugt durch einen Einwohner von Serviès am 13. Mai 1841. A. D. Tarn, 1 V8. – *Cantal*: A. Trin, *Les Cloches*, S. 56. 1889 untersagte der Bürgermeister von Clavières diese Praxis, die in seiner Gemeinde noch im Schwange war. A. D. Cantal, V32.

24 Brief des Bürgermeisters an den Präfekten des Départements Tarn, 22. September 1893. A. D. Tarn, 1 V8. – *Bräuche*: Zeugnis des Erzbischofs von Albi, 15. November 1893. A. D. Tarn, 1 V8.

25 Brief des Bürgermeisters von Souyeaux, 18. Februar 1896. A. D. Hautes-Pyrénées, V90. – Ersuchen des Gemeinderats von Burg, Dezember 1898. *Ebd.* – Beschluß des Gemeinderats von Layrisse, 29. Mai 1895. *Ebd.* – Beschluß des Gemeinderats von Calavanté (26. Mai 1892). Die »akzeptable Kuppe Weizen« belief sich hier auf 12,5 Liter. – Brief des Bürgermeisters von Siarrouy an den Präfekten, 10. Februar 1899. – *Manoir*: A. D. Haut-Marne, 48V3. – *Damrémont*: Beschluß des Gemeinderats, 14. Februar 1875. A. D. Haute-Marne, 48V2.

26 Eine Reihe von Schriftstücken über diese Politik der Präfektur in A. D. Hautes-Pyrénées, V90.

27 A. D. Hautes-Pyrénées, V90. – *Saint-Pé*: A. N. F^{19} 4373.

28 Berichtet von H. Brugière / J. Berthelé, *Exploration*, S. 238.

29 *Serviès*: Brief des Pfarrverwesers an den Präfekten des Départements Tarn, 13. Mai 1841. A. D. Tarn, 1 V8. – *Rouffiac*: A. D. Tarn, 1 V8. – Brief des Bürgermeisters von Chambroncourt an den Präfekten, 23. Juni 1896. A. D. Haute-Marne, 48V2 (Chambroncourt). Wir merken an, daß es sich hier ausschließlich um Gemeindegeläute handelte.

30 Dossier zu diesem komplizierten Fall: A. D. Haute-Marne, 48V2 (Colombey-lès-Choiseul).

31 Frédéric Henriet, *Les Campagnes d'un paysagiste*, Paris 1891, S. 163–169, zitiert nach J. Berthelé, *Enquêtes campanaires*, S. 304. Außerdem: Paluel-Marmont, *Cloches*, S. 158f.

32 Brief des Präfekten des Départements Ille-et-Vilaine an den Erzbischof von Rennes, Juli 1885. A. D. Ille-et-Vilaine, 1 V 12.

33 Hier ist der Wille am Werk, die Spuren zweier verschiedener Geschichten zu hinterlassen: der der Glocken und der der Getreidepreise. – *Herpy*: H. Jadart / F. Baudemant / J. Carlier, *Epigraphie*, S. 34.

34 Der Pfarrer von Salmagne versichert in einem Brief an den Erzbischof vom 19. Dezember 1865, daß der Glöckner »zu einer der guten Familien von Salmagne« gehört; überdies ist er »eines ihrer wichtigsten Mitglieder«. A. D. Meuse, 174 MI. Man muß, wie der kirchliche Glöckner von La-Chapelle-aux-Bois (Vosges) 1886 betont, daran denken, »wie schwer es ist, die rechte Stunde zu läuten«, wenn man keine Uhr konsultieren kann. Die Glöckner kleinerer Gemeinden richteten sich häufig – sofern dies möglich war – nach den Glocken der wichtigeren Siedlungen. A. D. Vosges, 14 V 5. – Beschwerde des Bürgermeisters von Arthès an den Präfekten des Départements Tarn, 10. Februar 1894. A. D. Tarn, 1 V 8.

35 Artikel von Arthur Loch, *L'Univers*, 5. Juli 1892.

36 Beschwerde des Pfarrers, zitiert vom Kultusminister in einem Brief an den Präfekten des Départements Eure, 18. September 1832. A. N. F[19] 4375. Eure.

37 Beschwerde des Bischofs von Cahors an den Kultusminister, 18. April 1810. A. N. F[19] 4374.

38 *Trévoux*: Zitiert nach Philippe Boutry, »Le clocher«, S. 9. – *Mosel*: Brief des Unterpräfekten von Thionville an den Präfekten, 7. Januar 1847. A. N. F[19] 4377. – *Orne*: vgl. o. S. 240f.

39 Dossier: A. D. Ille-et-Vilaine, 1 V 12. Die Zitate entstammen dem Brief des Bürgermeisters von Saint-Aubin-du-Pavail an den Präfekten, 22. August 1816.

40 In einem Brief an den Präfekten, A. D. Meuse, 174 M 1. Die Gemeindeglocken faszinierten die Historiker des 19. Jahrhunderts und regten sie zu campanologischen Forschungen an.

41 Brief des Bürgermeisters von Choiseul an den Präfekten des Départements Haute-Marne. A. D. Haute-Marne, 48 V 2. – *Grandcourt*: D. Dergny, *Les Cloches*, Bd. II, S. 408. – *Humbécourt*: A. D. Haute-Marne, 48 V 3.

42 Zwei Jahre später [vgl. u. S. 354f.] wurde dieser Gemeindebeschluß wieder aufgehoben. (*Le Gaulois*, 12. Dezember 1909, und *Le Radical*, 12. Dezember 1909.) Dem Journalisten von *Le Radical* zufolge regten damals mehrere Gemeindeverwaltungen der Region an, auf den Rathäusern »einen Uhrturm mit den Glocken […] für die rein zivilen Geläute« zu errichten. Wir erinnern an dieser Stelle an die Arbeit von Louis Perouas über das Limousin: *Refus d'une religion, religion d'un*

refus en Limousin rural, 1880–1940, Paris 1985. Das Konvolut F[19] 5650 der Archives Nationales enthält Zeitungsausschnitte über diese Vorgänge. – *Rethel*: H. Jadart / P. Laurent / A. Baudon, *Les Cloches*, S. VII. – Beschluß des Gemeinderats von Vaubexy, 18. April 1894. A. D. Vosges, 14V4.

43 In dieser Gemeinde war es bis dahin Tradition gewesen, die zivilen Geläute der Feuerwehr zu übertragen. Vgl. Brief des Bürgermeisters an den Präfekten, 22. Juli 1897. A. D. Vosges, 14V4.

44 Zum Beispiel der Pfarrer von Gournay-sur-Marne (Seine-et-Oise) im Jahre 1886 (A. N. F[19] 4377) und der Bischof von Nancy im Jahre 1884 (A. N. F[19] 4376, Meurthe-et-Moselle).

45 Brief des Pfarrers von Mazères, 4. Februar 1901. A. D. Hautes-Pyrénées, V90. Um diesen Vorwurf besser zu verstehen, muß man bedenken, daß in manchen Regionen die Glockentürme zugleich als Taubenschlag benutzt wurden. So war es zum Beispiel in der Region Arras (vgl. Yves-Marie Hilaire, zitierte Thèse, S. 67). Man wundert sich, daß der Bischof eine solche Praxis duldete. – *Brillon*: Beschwerde des Pfarrers vom 6. Juli 1880. A. D. Meuse, 37V1. – *Relanges (1881)*: A. D. Vosges, 14Ve.

46 Dossier zu diesem Fall: A. D. Haute-Marne, 48V3 (Illoud).

47 Briefe des Bürgermeisters von Lézignan an den Präfekten des Départements Hautes-Pyrénées, 3. März 1833 (erstes Zitat) und 10. Mai 1833 (zweites Zitat). Eingabe von sechs Notabeln von Lézignan, 14. Juli 1833. A. D. Hautes-Pyrénées, V108. Man beachte diese Feier des 14. Juli im Jahre 1833 auf dem Dorf.

48 Bemerkungen zu dem Entwurf eines Läutreglements, gerichtet vom Bischof von Langres an den Präfekten des Départements Haute-Marne im April 1838. A. N. F[19] 4376 (Haute-Marne). Dieser Text legt den Akzent auf die Mechanismen der Auslösung eines innergemeindlichen Konflikts.

49 Gendarmerieprotokoll vom 17. März 1895 und Brief des Pfarrverwesers von Marseillan an den Präfekten des Départements Hautes-Pyrénées vom 3. März 1895. A. D. Hautes-Pyrénées, V90.

50 Brief des Pfarrverwesers von Souyeaux an den Präfekten, 12. Januar 1895. A. D. Hautes-Pyrénées, V90. – *Marac*: A. D. Haute-Marne, 48V3. 1884 vertraute die Gemeindeverwaltung »das Läuten in Gemeindebelangen« einem der Glöckner an, die der Pfarrer abgelehnt hatte, weil sie bereit gewesen waren, zum 14. Juli zu läuten. Auf der anderen Seite entzog der Bürgermeister das Aufziehen der Uhr einem anderen Sakristan und Glöckner, der sich geweigert hatte, zum nationalen Festtag zu läuten. Seither herrschte unversöhnliche Feindschaft zwischen den beiden Männern, woran auch »Vermittlungs«-Versuche

des Unterpräfekten von Langes und des Präfekten des Départements Haute-Marne nichts zu ändern vermochten. – *Tollaincourt*: Dossier in A. D. Vosges, 14V6. Das Fest am 5. Mai 1889 sollte an den 100. Jahrestag des Zusammentritts der Generalstände erinnern.

51 Brief des Vorsitzenden des Kirchenrates von Pouyastruc an den Präfekten des Départements Hautes-Pyrénées, 6. Januar 1885. A. D. Hautes-Pyrénées, V90. Dossiers zu *Betpouy* und *Bazus-Neste*: ebd.

52 *Gazette des tribunaux*, 19. Februar 1910. Bericht des Oberstaatsanwalts Feuilloley. A. N. F⁷ 12389. Man beachte dabei auch die Erwähnung von Frauen.

53 Meistens trat jedoch die Untersuchung dieser lokalen Konflikte hinter dem eigentlichen Forschungsgegenstand von nationalem Interesse zurück.

54 Das Bettlerunwesen hat damals zu einer nationalen Untersuchung geführt; die einschlägigen Unterlagen, die in den Magazinen der Départementsarchive ruhen, wären eine eigene Studie wert.

55 *Burgout-Bande*: Vgl. Philippe Grandcoing, *La Bande à Burgout*, Limoges 1991. Vgl. zur Frage des Vertrauens: Frédéric Chauvaud, *Tensions et conflits. Aspects de la vie rurale au XIXᵉ siècle d'après les archives judiciaires. L'exemple de l'arrondissement de Rambouillet (1811–1871)*, Thèse, Universität Paris X – Nanterre, 1989.

56 Eingabe der Gemeindeverwaltung Sorbets gegen den Pfarrverweser, 28. April 1883. A. N. F¹⁹ 5769.

57 Vgl. A.Dubief / V. Gottofrey, *Traité*, Bd. 1, S. 307.

58 A. N. F¹⁹ 4375–4377.

59 Brief des Bischofs von Tarbes (Prosper-Marie Billère) an die Pfarrer und Pfarrverweser, 15. April 1886. A. D. Hautes-Pyrénées, V105. – Brief von Monseigneur Freppel, 23. März 1885. A. N. F¹⁹ 4376 (Maine-et-Loire). Ein wichtiges Dokument, das die dogmatische Intransigenz in dieser Materie zum Ausdruck bringt. – Monseigneur Hasley, Erzbischof von Avignon, in einer Unterredung mit dem Präfekten, die dem Kultusminister am 26. Juni 1884 zur Kenntnis gebracht wurde. A. N. F¹⁹ 4377 (Vaucluse). – Die Geschichte der Opposition des Episkopats schildert Kultusminister Goblet in einem Brief an den Außenminister vom 29. April 1885. A. N. F¹⁹ 4374.

60 So war es seit 1808 in mehreren Gemeinden des Départements Deux-Sèvres. Brief des Präfekten an den Kultusminister, 17. Oktober 1808. A. N. F¹⁹ 4374.

61 *Hautes-Pyrénées*: Der Präfekt bestätigte die Rechtmäßigkeit dieses Beschwerdegrundes, der »in so hohem Maße der Fürsorge für einen bescheidenen Kreis« widerspreche. Brief an den Kultusminister, 9. November 1839. A. N. F¹⁹ 4374. – *Lézignan*: A. D. Hautes-Py-

rénées, V108. Der Bürgermeister weigerte sich kategorisch, dem Pfarrer den Schlüssel zum Glockenturm auszuhändigen. Er schrieb dem Präfekten am 8. April 1833, entgegen dessen Anweisungen: »Der Bürgermeister von Lézignan kann dieser Forderung des Priesters nicht stattgeben und wird ihr niemals stattgeben.« – *Mosel / Mainvillers*: Vermerk über diese in der Diözese Metz aufgetretenen Schwierigkeiten, Justiz- und Kultusministerium, 19. September 1845. A. N. F[19] 4374. – *Lengelsheim / Morfontaine*: Bericht des Präfekten des Mosel-Départements an den Innen- und Kultusminister, 5. Juni 1844. A. N. F[19] 4374.

62 Brief des Präfekten des Départements Loire an den Justiz- und Kultusminister, 15. Juni 1836. A. N. F[19] 4374.

63 *Courcelles*: Barnett Singer, *Village Notables*, S. 72, nach A. D. Oise, 1V15. – *Dampierre*: A. D. Haute-Marne, 48V2. – *Metzeresche*: Bericht des Unterpräfekten von Thionville an den Präfekten des Mosel-Départements, 27. April 1847. A. N. F[19] 4374. Hier entzündete sich der Konflikt an einem Sprachenstreit. Dem Pfarrer wurde vorgeworfen, die Bemühungen des Volksschullehrers um die Verbreitung der französischen Sprache zu behindern.

64 *Saint-Prest*: A. N. F[19] 4374. – *Colombey-les-deux-Églises / Cusey*: A. D. Haute-Marne, 48V2. – *Giroussens*: A. D. Tarn, 1V87.

65 A. D. Vosges, 14V4.

66 Brief des Bürgermeisters von Saint-Pierrevillers an den Präfekten des Départements Meuse, 15. Juli und 16. September 1889. A. D. Meuse, 37V1.

67 Der Bürgermeister an den Präfekten des Départements Finistère, 3. September 1884. A. D. Finistère, 1V46.

68 A. D. Ariège. Serie V.

69 *Bergères*: A. N. F[19] 4376 (Marne). – *Velleron*: A. N. F[19] 4374.

70 Dossier zu diesem langen Streit: A. D. Haute-Marne, 48V2 (Biesles). *Im einzelnen zitiert*: Brief des Bürgermeister von Biesles an den Präfekten des Départements Haute-Marne, 10. November 1856. Brief des Bischofs von Langres an den Präfekten des Départements Haute-Marne, 22. November 1856. Brief des Bürgermeisters an den Präfekten, 11. Dezember 1856. Protokoll des Gendarmerie-Brigadiers, 16. März 1857. Eingabe von zwölf Einwohnern Biesles' an den Präfekten.

71 Brief des Präfekten des Départements Haute-Marne an den Kultusminister, 15. Dezember 1885. A. N. F[19] 4376 (Marne).

72 A. D. Haute-Marne, 48V3 (Dampierre).

73 Dieses Vorgehen wählte der Pfarrer von Baleix (Basses-Pyrénées).

Die großen »Kollisionen«

1 Noch 1907 lehnte es der Pfarrer von Bure (Meuse) aus diesem Grunde ab, beim Tod eines Kindes zu läuten, was Proteste des Bürgermeisters auslöste. A. D. Meuse, 174M1.

2 Handschriftlicher Vermerk des Prälaten auf einem Brief vom Präfekten des Départements Somme, 28. Januar 1833. A. N. F^{19} 4377 (Somme).

3 A. N. F^{19} 4373. – *Dingé*: M. Lagrée, *Mentalités, religion et histoire en Haute-Bretagne*, S. 447. – Brief des Pfarrers von Villeréal an den Kultusminister, 15. Januar 1836 (Anspielungen auf zwei Todesfälle in den Jahren 1832 und 1835). A. N. F^{19} 4374.

4 Diese Gepflogenheit ist für Glos-la-Ferrière bezeugt; 27. Juli 1840. A. D. Orne, 9V1.

5 »Usages civils, solennités publiques …«A. N. F^{19} 4374.

6 Lange Ausführungen zu diesem Thema in Dubief / Gottofrey, *Traité*, Bd. I, S. 296.

7 Brief des Justiz- und Kultusministers an den Präfekten des Départements Vosges, 6. Februar 1835 (der Vorfall datierte vom Dezember 1834). A. D. Vosges, 14V6. Dokumente zu dieser Affäre: A. N. F^{19} 4377. – Brief des Präfekten des Départements Loiret an den Kultusminister, 27. Oktober 1830. A. N. F^{19} 4374.

8 Brief des Sohns des Verstorbenen an den Kultusminister, 18. Mai 1837. A. N. F^{19} 4377 (Vosges).

9 Solche Vorfälle wie in Fays waren dem Bischof von Langres zufolge in der Diözese nicht selten. Briefwechsel mit dem Präfekten des Départements Haute-Marne im Hinblick auf die Erarbeitung eines Läutereglements, Dezember 1838. A. N. F^{19} 4376 (Haute-Marne). – Zitierter Brief des Pfarrers von Villeréal, 15. Januar 1836 [vgl. Anm.3]. – *Récanoz-Lombard*: Brief des Präfekten des Départements Jura an den Kultusminister, 4. Mai 1840. A. N. F^{19} 4374.

10 Brief des Pfarrers von Giromagny an den Bischof von Straßburg, 30. Januar 1837. A. N. F^{19} 4373. Im November 1847 ließ der Bürgermeister von Weyersheim mit Gewalt zum Tod eines protestantischen Müllers läuten.

11 Briefe des Pfarrverwesers (6. Februar 1848) und des Bürgermeisters (10. Februar 1848) von Marcilly an den Präfekten. A. D. Haute-Marne, 48V3.

12 Jacqueline Lalouette, »Les enterrements civils dans les premières décennies de la IIIe République«, *Ethnologie française* (1983, 2), S. 122f. Zitat aus Fonsegrive, *Lettres d'un curé de canton*, Paris 1895.

13 Vgl. hierzu Françoise Loux, *Le Jeune Enfant et son corps*, und Alain Corbin, *Prélude au Front populaire*, S. 54.

14 Antrag von M. N. Simon (Publizist in Bar-sur-Seine) auf der Versammlung des französischen Freidenkerverbandes in Paris, Sitzung vom 2. November 1908. Dem Antrag folgte am 16. Februar 1909 ein Brief an Innenminister Clemenceau, in dem der Gebrauch der Glocken im geforderten Sinne verlangt wurde. Simon war nämlich von der Versammlung beauftragt worden, dem Antrag zu größtmöglicher Publizität zu verhelfen. Simon schrieb in ironischem Ton an Clemenceau: »Ich übersende Ihnen meine Broschüre. Sie werden sie lesen, sobald Sie nicht mehr an der Macht sind.« A. N. F[7] 12389. – *La Lanterne*, 13. Dezember 1909. A. N. F[19] 5650. – *Rivesaltes*: Stellungnahme des Départements Meuse, bestimmt für die Bürgermeister des Départements. A. D. Meuse, 174M1.

15 Nach der Abstimmung über das Gesetz zur Trennung von Staat und Kirche wurde das Argument der Antiklerikalen, das sich auf das Nichtvorhandensein von Kultusverbänden gestützt hatte, nicht mehr aufgegriffen. Das Gesetz von 1907 ignorierte das Problem, und eine Ausführungsbestimmung des Kultusministerium vom 21. Januar 1907 äußerte sich in diesem Punkt ganz klar: Das Läuten zu zivilen Taufen, Eheschließungen oder Bestattungen fiel unter keinen der vom Gesetzgeber berücksichtigten Fälle. (Vgl. Dossier: A. N. F[7] 12389.) Es befand sich nämlich nicht auf der Liste des Artikels 51 des Dekrets vom 16. März 1906. – *Zitat*: A. D. Eure-et-Loir, V11.

16 A. N. F[19] 4377 (Haute-Savoie). Festzuhalten ist, daß die Einwohner von Bonne trotz des vom Bischof verhängten Interdikts das Angelus läuteten.

17 Zum Beispiel enthalten die Kartons F[7] 12389 und F[19] 5650 des Nationalarchivs dicke Mappen mit Zeitungsausschnitten und Verfügungen zu diesen Affären.

18 Brief des Bürgermeisters von Marboué an den Präfekten des Départements Eure-et-Loir, 28. Februar 1907. A. D. Eure-et-Loir, V11. – Brief des Bischofs von Chartres an den Präfekten, 28. Juni (Nogent-sur-Eure) und 6. August 1891 (Saint-Arnoult). *Ebd.* – Der Bürgermeister von Châtillon ließ seit der Trennung von Kirche und Staat zu allen zivilen Beerdigungen und Eheschließungen läuten. Die Anordnung des Präfekten des Départements Eure-et-Loir, die dieses Läuten untersagte, datiert vom 24. Januar 1907. *Ebd.*

19 Bericht des Pfarrers an den Unterpräfekten von Châteaudun, 21. Dezember 1907. *Ebd.*

20 Brigitte Basdevant-Gaudement, *Le Jeu concordataire dans la France du XIXe siècle*, Paris 1988, S. 251. – *Touvérac: La Libre Parole*, 6. September 1908. A. N. F[19] 5650.

21 *Le Rappel*, 24. Juni 1909. A. N. F[19] 5650. Es versteht sich von selbst,

daß der Bericht über solche Vorfälle, wenn er sich auf Zeitungsausschnitte stützt, weniger glaubwürdig ist als jene, die aus dem Briefwechsel der Verwaltung hervorgehen. – Brief des Pfarrers von Bulainville an den Präfekten, 18. Januar 1906. Die Nichtbezahlung des Kirchgeldes wurde in diesem Département zum häufigsten Grund für die Verweigerung des Läutens. (Siehe die Fälle in A.D. Meuse, 174M1). Der Pfarrer von Bussy verweigerte das Geläute sogar (dem Bürgermeister zufolge, Brief an den Präfekten, 9. Mai 1907) denjenigen, deren Familie nicht im voraus bezahlt hatte.

22 *Le Droit. Journal des tribunaux*, 28. März 1909. Vgl. A. N. F^7 12389.

23 Eine Ausnahme waren nur die Jahre zwischen 1870 und 1880 [vgl. u. S. 370f.]. Zu diesen Souveränitätsfesten siehe den ersten Teil von: Alain Corbin, Noëlle Gerome, Danielle Tartakowsky, *L'Usage politique des fêtes. XIXe-XXe siècle*, Paris 1994, genauer gesagt die von Alain Corbin, Rosemonde Sanson und Olivier Ihl verfaßten Kapitel über die Julimonarchie, das Zweite Kaiserreich und die Dritte Republik. Es sei hervorgehoben, daß auf diesem Gebiet die Veränderung des Ausmaßes der Streitigkeiten nicht von dem Sieg der Dritten Republik und der Feier des 14. Juli datiert, wie es die vielen Studien über diesen Augenblick in der Geschichte der Glocken glauben machen könnten.

24 A. D. Tarn-et-Garonne, 30V1.

25 Der Bürgermeister und der Pfarrer von Dol stritten sich um den Augenblick des Läutens. A. D. Ille-et-Vilaine, 1V12. Beschwerde des Pfarrers von Montréal, 22. Januar 1829. A. D. Gers, V841. Der Pfarrer ließ, wie er schreibt, »den Jahrestag des Märtyrer-Königs und seiner erhabenen Gemahlin auf eine feierliche und besondere Weise läuten, wie ich es immer getan habe«. Darauf war jemand erschienen und hatte verlangt, *im Namen des Bürgermeisters* zu läuten.

26 Rundschreiben des Präfekten an die Bürgermeister des Départements Ille-et-Vilaine, Januar 1851. A. D. Ille-et-Vilaine, 1V15. Manchmal, schreibt er, ließen die Bürgermeister sogar des Nachts läuten. – Vgl. auch Frédéric Martin, *La Révolution de 1830 et son écho dans les campagnes. Août 1830–juillet 1831*, Magisterarbeit, Universität Paris I, 1990. Beispielsweise führte die Beflaggung des Glockenturms zu mehrfachem Streit im Département Ille-et-Vilaine. A. D., 1V15. 1831 äußerte der Dekan von Saint-Germain-du-Pinel ketzerische Ansichten zur Nationalflagge, die auf dem Glockenturm gehißt worden war. Der Präfekt verlangte seine Absetzung. Die Gemeindeverwaltung von Sens-de-Bretagne wünschte im Juli 1832 trotz der Proteste des Pfarrers, das Kreuz auf der Kirchturmspitze zu entfernen und durch eine »große und starke Flagge« zu ersetzen. Außerdem hatte die National-

garde auf einem anderen Turm der Kirche eine Flagge ersetzt, »da die im Jahre 1830 dort angebrachte verschlissen war«. Es handele sich nur um eine provisorische Maßnahme, »bis eine eiserne Fahne auf der Spitze dieses Turmes angebracht werden kann«. Am 29. Juli befestigten die Einwohner im Rahmen des Nationalfestes die neue Fahne an ihrem Platz, ungeachtet der konträren Stellungnahme der Präfektur. Am Abend fand ein Charivari gegen den Pfarrer statt. – Die Bankette der Nationalgarde und der Notabeln zur Feier des neuen Regimes waren von anderer Art als die späteren Bankette der Opposition. Vgl. zu letzteren Jacques Osinski, *Les Banquets d'opposition sous la monarchie de Juillet*, Magisterarbeit, Universität Paris I, 1991.

27 Vgl. Alain Corbin, »L'impossible présence du roi«, in *L'Usage politique des fêtes*.

28 Allerdings teilten nicht alle Pfarrer und Pfarrverweser diese Feindseligkeit. So tat es nach den Julitagen der Pfarrer von Saugnac (Landes) dem Bürgermeister zuvor und pflanzte als erster eine Trikolore auf der Spitze des Glockenturms auf; anschließend eilte er auf die Unterpräfektur, um den Bürgermeister als schlechten Staatsbürger absetzen zu lassen. Alles deutet darauf hin, daß der Pfarrer in diesem Falle die nationale Debatte instrumentalisierte, um sich seines Widersachers zu entledigen. (Beschwerde der Einwohner von Saugnac, August 1833. A. N. F[19] 5709.) – Vgl. auch Fabrice Lascar, *Cris et chuchotements. Démonstrations séditieuses et injures au roi à la famille royale sous la monarchie de Juillet*, Magisterarbeit, Universität Paris I, 1990.

29 Vgl. Mona Ozouf, »L'invention de l'ethnographie française: le questionnaire de l'Académie celtique«, *Annales. Économies, Sociétés, Civilisations*, 36. Jahrgang, Nr. 2 (März-April 1981), S. 210–230.

30 Protokoll des Unteroffiziers der Gendarmerie Largentière, 8. März 1831. A. N. F[19] 6779.

31 Beschlüsse des Gemeinderats von Aulnay, 14. August und 19. August 1832 und Beschluß des Kirchenrats von Aulnay über die Absetzung des Pfarrers, 10. August 1832. A. N. F[19] 4374. – Brief des Präfekten des Départements Calvados an den Unterrichts- und Kultusminister, 16. August 1832. A. N. F[19] 4374. – Aulnay heißt heute Aunay-sur-Odon und ist durch Pierre Rivière zu trauriger Berühmtheit gelangt.

32 Brief des Bischofs von Blois an den Unterpräfekten des Arrondissements Vendôme (25. August 1834) und Brief des Unterpräfekten des Arrondissements Vendôme an den Präfekten des Départements Loiret-Cher (3. Oktober 1834). A. N. F[19] 4374. Der Unterpräfekt bestritt indessen die Interpretation des Bischofs in bezug auf die Einstellung des Bürgermeisters von Nourray. Ihm zufolge hatte dieser lediglich »die Fahne schonen« wollen.

33 Briefe des Unterrichts- und Kultusministers an den Präfekten des Départements Marne (28. August 1832) und des Präfekten des Départements Dordogne an den Innen- und Kultusminister (22. Mai 1833). A. N. F¹⁹ 4374.

34 Diese Evolution in der Symbolik des Regimes, die in der Geschichte der Glocken zum Ausdruck kommt, entspricht jener, die Michael Marrinan im Bereich des offiziellen Porträts entdeckt hat. (*Painting Politics for Louis-Philippe*, Yale University Press 1988.) – *Zitat*: Antwortschreiben des Ministers d'Argout an den Präfekten des Départements Dordogne, 5. Juni 1833. A. N. F¹⁹ 4374.

35 Antwortschreiben auf die Bitte um Stellungnahme durch Innenminister Adolphe Thiers. A. N. F¹⁹ 4374.

36 Der Kronanwalt an den Oberstaatsanwalt, 15. und 21. Mai 1835. A. N. F¹⁹ 4376 (Basses-Pyrénées). Der Bürgermeister von Pontacq hatte darüber hinaus verboten, beim Eintreffen des neuen Bischofs zu läuten, außer bei seiner Pastoralvisite.

37 *Pleine-Fougères*: A. D. Ille-et-Vilaine, 1V12. – *Givry*: Depesche des Kultusministers an den Präfekten des Départements Haute-Saône (28. Juli 1847) und Brief des Präfekten des Départements Saône-et-Loire an den Kultusminister (29. September 1847). A. N. F¹⁹ 4374.

38 A. N. F¹⁹ 4377 (Vosges). Die Unterschrift ist nicht leserlich, so daß man nicht mit Sicherheit den Verfasser identifizieren oder seine Funktion bestimmen kann.

39 Der Karton A. D. Meuse, 73M5, enthält fast hundert Berichte über diese Festivitäten. Die Feier wurde durch den Umstand erleichtert, daß sowohl der 24. Februar 1850 als auch der 4. Mai 1851 auf einen Sonntag fielen.

40 Briefe des Präfekten des Départements Côtes-du-Nord an den Kultusminister (4. Juni 1850) und des Unterrichts- und Kultusminister an den Präfekten (15. Juni 1850). A. N. F¹⁹ 4374.

41 Brief des Bürgermeisters von Vaucouleurs an den Pfarrer, 3. Juli 1878. A. D. Meuse, 37V1.

42 Zu den Festen zum 14. Juli siehe Rosemonde Sanson, *Le 14 juillet, 1789–1975*, Paris 1976. Christian Amalvi, »Le 14 juillet. Du *Dies irae* à *Jour du fête*«, in Pierre Nora, *Les lieux de mémoire*, Bd. 1, »La République«, und neuerdings Olivier Ihl, *La Citoyenneté*. – Der Bürgermeister von Bolazec (Finistère) unterstreicht die Tragweite der Unterbrechung in einem Brief an den Unterpräfekten vom 26. Juli 1881. A. D. Finistère, 1V46. – Über die Feier des 30. Juni 1878 in der Provinz haben wir wenig Aufschlußreiches gefunden. Dagegen ist er in Vaucouleurs prächtig gefeiert worden, nachdem der Bürgermeister entschieden hatte, schon am Vorabend zu läuten.

43 Flourens, Ministerialdirigent im Kultusministerium, hat dies in einem Zirkular deutlich gemacht, das sich im Dossier über die Gemeinde Lannes befindet. A. D. Haute-Marne, 48V3. – Die Zitate stammen aus dem Artikel in *Le Monde*, Donnerstag, 23. August 1883.

44 Brief des Bischofs von Mende an den Präfekten des Départements Lozère, 20. März 1885. A. N. F[19] 4376 (Lozère).

45 A. D. Finistère, 1V46.

46 Der Pfarrer von Brénol (Ain) an den Bischof von Belley, 28. Juli 1891. A. D. Ain, 2V34. Das Schweigen der Kirche zu brechen und dadurch Aufsehen zu erregen stellte einen entscheidenden symbolischen Angriff dar.

47 A. D. Côtes-du-Nord, V32 (Arrondissement Saint-Brieuc), V33 (Arrondissement Loudéac, Guingamp, Lannion und Dinan). – A. D. Ille-et-Vilaine, 1V12. Ergebnisse der Befragung vom 22. Juli 1884. – A. D. Eure-et-Loir, V9. Die vom Präfekten am 12. Juli 1884 gestellte Frage galt der Ermittlung von Gepflogenheiten, nicht von Ansichten.

48 O. Ihl, *La Citoyenneté*, S. 683a. Der Verfasser berücksichtigt in der Gesamtzahl auch die seltenen Proteste, die sich gegen den Gebrauch der Kirchenfassade richteten.

49 Zu berücksichtigen wären bei der Gesamtzahl solcher Fälle auch diejenigen, die durch die Weigerung mancher Pfarrverweser entstanden, zu den Centenarfesten 1889 (4. und 5. Mai) und 1892 (21./22. September) zu läuten. Beispielsweise störte der Pfarrer von Remiremont (Vogesen) die Hundertjahrfeier der Republik dadurch, daß er zu den Zeiten läutete, die ihm gefielen, und nicht zu den Zeiten, die in dem vom Bürgermeister aufgestellten und an die Besucher verteilten Programm vorgesehen waren. A. D. Vosges, 14V4.

50 Brief des Bischofs von Montauban an den Präfekten des Départements Tarn-et-Garonne, 19. September 1881. A. D. Tarn-et-Garonne, 30V2. Vgl. auch O. Ihl, »Du politique au sacré …«, S. 15 (des Manuskripts) und ders., *La Citoyenneté*, S. 591.

51 Brief des Unterpräfekten des Arrondissements Louviers an den Präfekten des Départements Eure, 5. August 1902. A. D. Eure, 53V1. – Zu den Fanfaren vgl. das Beispiel des Départements Maine-et-Loire, das Olivier Bellier untersucht hat: *Les Sociétés de musique en Maine-et-Loire au XIXe siècle*, Magisterarbeit, Universität Tours, 1986.

52 Rundschreiben des Justiz- und Kultusministers an die Präfekten, 8. Juli 1884. – *Blasville*: O. Ihl, *La Citoyenneté*, S. 380. – Brief des Bürgermeisters von Tauriac an den Präfekten des Départements Lot, 23. Juli 1882. A. D. Lot, 1M228. – *Mézières*: Brief des Präfekten des Départements Ille-et-Vilaine an den Erzbischof von Rennes, Juli 1885. A. D. Ille-et-Vilaine, 1V12. – *Fourchambault*: Brief des Bischofs von

Nevers an den Präfekten des Départements Nièvre (7. April 1885) und
bischöfliche Anordnung vom 20. Juli 1888. A. N. F[19] 4376 (Nièvre). –
Brief des Präfekten vom 10. Juli 1884. A. D. Tarn-et-Garonne, 30V2. –
Montbazin: La Vérité, 26. Juli 1884. A. N. F[19] 4375 (Hérault). – Beschwerde des Pfarrers von Ménarmont, 21. Juli 1903. A. D. Vosges,
14V4.

53 Beschwerde an den Präfekten des Départements Tarn, 16. Juli 1905.
A. D. Tarn, 1V8. Es handelt sich hier natürlich um ein spätes Wieder-
aufleben des Charivari. Man beachte den Skandal, den der »sinnlose«
Gebrauch der Glocken verursachte. – Brief des Bischofs von Nancy an
den Präfekten des Départements Meurthe-et-Moselle, 1. Februar
1885. A. N. F[19] 4376. Meurthe-et-Moselle.

54 Nach *La Vérité*, 26. August 1893. A. N. F[19] 4376 (Nord). Zu dieser
»parodistischen Tradition« des Antiklerikalismus: Jean Faury, *Cléricalisme et anticléricalisme dans le Tarn (1848–1900)*, Toulouse 1980,
S. 436f. (Namentlich die Maskerade in Albi am Aschermittwoch 1851
und die Laienprozession von Cordes 1880.)

55 Bericht des Unteroffiziers der Gendarmerie Chalon-sur-Saône, 16. Juli
1881. A. D. Saône-et-Loire, M319.

56 Brief des Bürgermeisters von Aunay-les-Bois an den Präfekten des
Départements Orne, 15. Juli 1900. A. D. Orne, 9V1. Der Pfarrer hatte
es nämlich abgelehnt zu läuten, weil der Bürgermeister ihn nicht ausdrücklich darum gebeten hatte.

57 *Bolazec*: Brief des Bürgermeisters an den Unterpräfekten, 18. Juli
1881. A. D. Finistère, 1V46. Der Bürgermeister, begierig, diese
Demütigung wettzumachen, bat den Unterpräfekten, die Glocken mit
einigen Tagen Verspätung benutzen zu dürfen, was er als »Nachläuten
zum 14. Juli« verstanden wissen wollte. Er fügte hinzu: »Der Gemeinderat und die Einwohner erwarten das.« Man hat den Eindruck, daß
die Weigerung des Pfarrers ein Ereignis war, über das in Bolazec gere-
det wurde. – *Allons*: Brief des Bürgermeisters von Allons an den Unterpräfekten von Nérac, 15. Juli 1882. A. D. Lot-et-Garonne, 30M9. –
Vigneul: Eine Frau namens Merch, der das Läuten oblag, sah sich auf
einmal um die 40 Francs verkürzt, die sie bis dahin für das Angelusläuten bekommen hatte. Am 13. Juli nahm sie – ohne Zweifel im Einvernehmen mit dem Pfarrer – die Glockenseile ab und verwahrte sie
bei sich zu Hause. (Gendarmerieprotokoll, 17. Juli 1904. A. D. Meuse,
37V1.) – Zur Haltung des Pfarrers von *Sublaines* vgl. A. D. Indre-et-
Loire, 3V2, zitiert in Philippe Grandjean, *La Dynamique de la Séparation de l'Église et de l'État en Indre-et-Loire*, S. 52. – Bericht des Bürgermeisters von Saint-Père, 3. August 1889. A. D. Ille-et-Vilaine,
1V12. – *Harnes*: O. Ihl, *La Citoyenneté*, S. 391.

58 Die zitierten Fälle bei O. Ihl, *La Citoyenneté*, S. 389. *Bethincourt*: A. D. Meuse, 7V2a. *Saint-Vincent*: A. D. Lot-et-Garonne, 1M. *Murvaux*: A. D. Meuse, 17V3a.

59 P. Léon (Kapuziner), *L'Ame des cloches*, Paris 1902. Ansprache vom 18. Juni 1902 anläßlich der Weihe der Glocken der Basilika Saint-Donatien zu Nantes (S. 16, 23f.)

60 Ders., S. 14.

61 *Le Vigan*: B. Basdevant-Gaudemet, *Le jeu concordataire*, S. 252. – *Salon-la-Tour*: O. Ihl, *La Citoyenneté*, S. 408 (nach: A. D. Corrèze, 1M107) – *Arbois*: B. Basdevant-Gaudemet, *Le jeu concordataire*, S. 251 (nach: A. N. F[19] 6112). – Brief des Bürgermeisters von Garennes an den Präfekten des Départements Eure, 4. August 1901. A. D. Eure, 53V1.

62 Beschwerde des Bürgermeister von Laville-aux-Bois an den Präfekten, 15. Juli 1886. – Brief des Bürgermeisters von Curtil-sous-Burnand an den Kultusminister, 22. Juli 1881. A. D. Saône-et-Loire, M319. – Brief des Bürgermeisters von Faou an den Unterpräfekten, 15. Juli 1888. A. D. Finistère, 1V46.

63 Bericht des stellvertretenden Bürgermeisters von Pleyben vom 24. Juli 1891 und Beschwerde des Bürgermeisters und der Deputierten vom 28. Juni 1892.. A. D. Finistère, 1V46. Wie in den meisten dieser Fälle stammt das zitierte Schriftstück aus einem Dossier, das Rückschlüsse auf den Konflikt erlaubt. – *Beauvin*: A. D. Orne, 9V1.

64 Telegramm. A. D. Finistère, 1V46. – Bericht des Unteroffiziers der Gendarmerie Bourmont, nach dem Bericht des Bürgermeisters von Germainvilliers, 20. Juli 1880. A. D. Haute-Marne, 48V3 (Germainvilliers). Die folgenden Zitate entstammen diesem Schriftstück.

65 Brief des Bürgermeisters von Nestier an den Unterpräfekten von Bagnères, 14. Juli 1885. A. D. Hautes-Pyrénées, V90. Dem Pfarrer zufolge (15. Juli) waren der Bürgermeister und der Gastwirt bei diesem Zwischenfall »sturzbetrunken«. – *La Châtaigneraie*: O. Ihl, *La Citoyenneté*, S. 380. Dossier zu dieser Sache – darunter ein Artikel aus *La République française* vom 15. Juli 1883 – in A. D. Vendée, 1M533. – *Magnac-Bourg*: Ders., S. 391 (nach: A. N. F[19] 6059). – *Aulnois-sous-Vertuzey*: Das Interdikt war am 20. Juli 1884 vom Pfarrer von der Kanzel herab verlesen worden. Der Gemeinderat bestritt, daß der Bürgermeister mit den Glocken am Abend des 14. Juli zur Eröffnung des Balles habe läuten wollen. Ihm zufolge war es »die Musik«, die, »erst nach dem Trommeln und dem Läuten«, die Dorfjugend zusammengeführt habe, indem sie durch den Ort zog. (Beschwerde des Bischofs von Verdun an den Präfekten, 19. Juli 1884, und Brief der Gemeinderäte, 31. Juli. A. D. Meuse, 37V1.) Der Bürgermeister sei-

nerseits (Brief vom 26. Juli) gab zu, zur Eröffnung der Spiele geläutet zu haben, aber nicht zur Eröffnung des Balles. – *Queyssac*: O. Ihl, *La Citoyenneté*, S. 386 (nach: A. D. Dordogne, 1M102).

Historischer Kontrapunkt

1 Friedrich von Schiller, *Das Lied von der Glocke*; Johann Wolfgang von Goethe, *Die wandelnde Glocke* (»Es war ein Kind, das wollte nie / Zur Kirche sich bequemen«).

2 Namentlich Novalis, in jener Zeit, da die Geologie und die Ausarbeitung ihrer stratigraphischen Sprache ihren Anfang nahmen. Vgl. A. Corbin, *Le Territoire du vide*, S. 125 f.

3 Aus diesem Grund verfolgt diese Ballade von Goethe auch den Helden in Malcolm Lowrys Roman *Unter dem Vulkan*.

4 Zum Beispiel für Ramond de Carbonnières gegen Ende des 18. oder für George Sand zu Beginn des 19. Jahrhunderts; vgl. A. Corbin, *Pesthauch und Blütenduft*, S. 109 ff.

5 »Alles ist wieder da in den zauberischen Träumereien, in welchen wir dem Glockenklang unserer Kindheit lauschen: Glaube, Familie, Heimat, Wiege und Grab, Vergangenes und Künftiges.« François René de Chateaubriand, *René*, in: *Œuvres complètes*, Paris 1826, Bd. XVI, S. 44.

6 Alphonse de Lamartine, *Œuvres poétiques complètes*. Hg. Marius-François Guyard. Bibliothèque de la Pléiade, Paris 1963. »La cloche« (geschrieben 1835), S. 799, und »La cloche du village« (geschrieben im August 1838), in: *Recueillements poétiques, ebd.*, S. 1160–1163. Lamartine läßt sich hier von Henri de Lacretelles »L'angélus du matin à Saint-Point« inspirieren. Lacretelle seinerseits mahm Lamartines Text in seine Lyrikanthologie *Les Cloches, poésies*, Paris 1841, auf.

7 François René de Chateaubriand, »Des cloches«, *Le Génie du christianisme*, 4. Teil, 1. Buch, Kapitel 1.

8 *Mémoires* von Bourrienne, Paris 1829, Bd. III, Kap. 43, S. 222. Man hat lange Zeit kolportiert, Bonaparte habe ein Konkordat mit dem Vatikan angestrebt, »weil er beim Klang der Glocke von Rueil ins Träumen geriet«. Albert Mathiez hat diese allzu simple Erklärung überzeugend widerlegt. Dennoch bekräftigt diese Anekdote die Rolle, welche Bonaparte in der Geschichte der Wertschätzung des Glockenklanges gespielt hat. Vgl. Albert Mathiez, *La Révolution et l'Église*, Paris 1910, S. 283.

9 Zitiert nach F. Farnier, *Notice historique*, S. 9. »Ich habe den Klang der ländlichen Glocken immer geliebt«, erklärte Napoléon noch am

11. August 1816. Las Cases, *Mémorial de Sainte-Hélène*, Paris 1961, Bd. 2, S. 125.

10 Bei Rossini kommt die Glocke im 2. Akt des *Wilhelm Tell* vor, bei Meyerbeer im 4. Akt der *Hugenotten,* wo sie das Signal zum Massaker an den Protestanten gibt, und bei Verdi in der Miserere-Szene des *Troubadour.* Vgl. hierzu J. D. Blavignac, *La Cloche,* S. 453. – *Zitat*: Jean-Baptiste Thiers, *Traité des superstitions,* zitiert nach J. D. Blavignac, *La Cloche,* S. 443.

11 A. N. F[19] 4377 (Vogesen).

12 Im Vendémiaire des Jahres XII (Oktober 1803) ließ der Kirchenvorsteher der Gemeinde Castelsarrasin (Tarn-et-Garonne) im Turm der Kirche vermeintlich eine der alten Glocken der Pfarrei aufhängen, die gut zehn Jahre zuvor entfernt worden waren. Indes, so schreibt der Bürgermeister (18. Vendémiaire / 11. Oktober 1803): »Der hörbare Unterschied im Klang ließ erkennen, daß dies keineswegs eine der alten Glocken war.« A. N. F[19] 4373. Diese Fähigkeit, eine Glocke an ihrem Klang zu erkennen, erinnert an das, was Fachleute über die sensorische Beurteilung von Kuhschellen durch die Hirten berichten. (Vgl. Paluel-Marmont, *Cloches,* S. 98f.) Der Hirt hat das Instrument auf einem Markt unter freiem Himmel ausgewählt und dabei auf den gewünschten Klang geachtet, der »mit der Musik der Herde harmonieren soll« (S. 101). Ebenso Pierre Laurence, »Cloches . . .«, S. 28. Die Beachtung der »Klang-Performanz« dieser Objekte erfuhr ab etwa 1910 eine Veränderung durch die Herstellung von gegossenen Glöckchen und Schellen.

13 Abbé Sauveterre, *Essai,* S. 34. und G. Thuillier, »Les bruits«.

14 Vgl. S. Bour, *Etudes,* Bd. 1, S. 266f. und H. Berthelé / J. Brugière, *Exploration,* S. 310.

15 Im Mosel-Département hatte jede Gemeinde ihre eigenen Lieder und Reime. S. Bour, *Etudes,* Bd. 1, S. 200f. enthält eine überaus gewissenhafte Befragung zu diesem Thema. – *Hausschilder*: Vgl. J. D. Blavignac, *La Cloche,* S. 291 – 300.

16 S.Bour, *Etudes,* Bd. 1., S. 266.

17 Ein schönes Beispiel für dieses Bedürfnis, die Glockengebräuche zu registrieren, ist die 1838 vom Erzbischof von Bordeaux angeordnete Befragung. Rundbrief an die Priester seiner Diözese. A. N. F[19] 4375 (Gironde). Der verteilte Erhebungsbogen fragte nach Gewohnheiten, Etymologien, Antiquitäten, Geschichte und »Volkstraditionen«.

18 Kapitel X des Romans *A rebours.*

19 Dr. Billon, *Campanologie,* Lebensbild des Verfassers von seinem Freunde Ch. Vasseur, S. XI und XII. Ein schönes Beispiel für die Rolle

der Exkursion gelehrter Gesellschaften als Quelle der Sensibilität für die Kulturlandschaft.

20 Arcisse de Caumont, *ebd.*, S. XVI. Man beachte, daß der Verfasser den Wert vernachlässigt, den Glocken für die ländlichen Gemeinschaften besaßen.

21 *Ebd.*, S. 4.

22 J. D. Blavignac, *La Cloche*, S. 287. – Die Gefährlichkeit der Exkursionen unterstreicht Baron de Rivières, *Études campanaires*, Neue Serie, I, Caen 1891, S. 3; namentlich »die Schwindelgefahr beim Vorbeugen über die Glocke zum Abziehen der Inschrift«. Eine ähnliche Bemerkung bei H. Jadart / P. Laurent / A. Baudon, *Les Cloches*, S.1.

23 R. de Toulouse-Lautrec, *Les Cloches*, S. 2.

24 J. Berthelé/H. Brugière, *Exploration*, S. 10ff. Der Text von Michel Hardy findet sich auf S. 12.

25 H. Jadart / P. Laurent / A. Baudon, *Les Cloches*, S. I, und J. Berthelé/H. Jadart / P. Gosset, *Enquêtes*, S. 1f. Dieselbe Ansicht äußert Léon Germain, *Les Anciennes Cloches de Saugues (Haute-Loire) refondues en Lorraine*, Nancy 1890. »Niemals zuvor hat die Glockenforschung so in Ehren gestanden wie heute«, schreibt Germain (S. 4). Er fordert ein systematisches Inventar (Glockenatlas). Neben den von Fachleuten durchgeführten Erhebungen liefern die Monographien über einzelne Kantone oder Pfarreien eine Unzahl von einschlägigen Hinweisen. Léon Germain unterstreicht die Verbindung, die zwischen der Erforschung der Glockengeschichte und der Arbeit lokaler Heimatforscher besteht, deren Wirken von der damals wachsenden Neugierde der Menschen auf die Vergangenheit ihrer engeren Heimat zeugt.

26 Joris-Karl Huysmans, *La Cathédrale* (1964), S. 121. Abbé Plomb, einer der Helden dieses Romans, erinnert daran, daß die Glocken auch die Aufgabe einer »Predigt des Äthers« haben (S. 121). – Das ausgehende 19. Jahrhundert erlebte eine Inflation der Glockensymbolik, was einer Strömung in der Literatur und den bildenden Künsten jener Zeit entsprach. Père Léon wiederum träumte davon (*L'Ame des cloches*, S. 16f.), diese »machtvollen Töchter des Äthers«, diese »unerschütterlichen Apostel«, die es vermochten, das Ohr zu betäuben, den Widersacher zum Schweigen zu bringen und »die Meute der Gewissensbisse aufzustören«, in den Kampf der militanten Katholiken einzubeziehen.

27 Vgl. Jean-Yves Guiomar, »Le tableau géographique de la France de Vidal de La Blache« in: Pierre Nora (Hg.), *Les Lieux de mémoire*, II/1, S. 569–599; und Marcel Proust, *Auf der Suche nach der verlorenen Zeit*, »In Swanns Welt«. – Françoise Cachin, »Le paysage du peintre«, *ebd.*, S. 465.

28 J. Jadart / F. Baudemant / J. Carlier, *Epigraphie*, S. I. Zum Einfluß des

Regionalismus im damaligen Frankreich vgl. Anne-Marie Thiesse, *Écrire la France*, Paris 1991.

29 C. Quiévreux, *La Vie à l'ombre du clocher*, Paris 1911, S. 23ff. und Ansprache von Maurice Barrès, *ebd.*, Anhang S. 158ff. Es braucht wohl nicht betont zu werden, daß hie und da die Lobpreisung der Glocke im Dienste des Antisemitismus steht. Zum Beispiel: Paul Seymard (Altbürgermeister), *La Voix des cloches*, Auxerre 1904. Zu Pierre Janet vgl. Élisabeth Roudinesco, *La Bataille de cent ans. Histoire de la psychanalyse en France*, Bd. 1, »1885–1939«, Paris 1982, vor allem S. 181–257.

30 A. Corbin, *Pesthauch und Blütenduft.*

31 J. D. Blavignac, *Les Cloches*, S. 441, 442. Von den vielen glockenfeindlichen Epigrammen Ménages sei das folgende zitiert:
»Persécuteurs du genre humain
Qui sonnez sans miséricorde
Que n'avez-vous au cou la corde
Que vous tenez en votre main.«
[Ihr Verfolger des Menschengeschlechts, die ihr erbarmungslos läutet: hättet ihr doch den Strick am Hals, den ihr in der Hand haltet!]
Von Benserade gibt es folgende Grabschrift:
»Ci-gît qui vivait doucement
Sans être incommode à personne
A sa mort même, expressément,
Il a défendu que l'on sonne.«
[Hier ruht ein Mensch, der sanft gelebt und niemandem etwas zuleide getan hat, sogar das Läuten bei seinem Tode hat er sich ausdrücklich verbeten.]

32 *Bischof von Blois*: Zitiert in Maurice Gobillon, *Le Blésois*, S. 453. – Brief des Präfekten des Départements Haute-Savoie an den Kultusminister, 6. Dezember 1884. A. N. F[19] 4377. – Brief des Bürgermeisters von Raon-l'Étape an den Präfekten des Départements Vosges, 1. Dezember 1832. A. D. Vosges, 14V4. Bleibt zu sagen, daß in diesem Punkt auch in Courlon eine Kluft zwischen dem Marktflecken und dem flachen Land zu beobachten ist. – *Labresse*: Briefe des stellvertretenden Bürgermeisters, des Pfarrers (8. November 1839) und des Bischofs von Saint-Dié (10. November) im Dossier zu diesem Fall. A. D. Vosges, 14V5.

33 Seuchenbedingte *Läuteverbote* gab es beispielsweise in den Diözesen Besançon (1806), Rhône (1808) und Haut-Rhin (1812). A. N. F[19] 4374. – *Longny*: Brief an den Innen- und Kultusminister, 16. Frimaire des Jahres XIV (7. Dezember 1805). A. N. F[19] 4374. – Verfügung des Bischofs von Valence, 9. Februar 1806. A. N. F[19] 4375 (Drôme). – *Bett-*

ancourt: Erlaß vom 24. Juni 1832 und Brief des Präfekten des Départements Haute-Marne an den Bürgermeister, 25. Juni 1832. A. D. Haute-Marne, 48V2.

34 Brief des Bürgermeisters von Ancerville an den Präfekten des Départements Meuse, 16. April 1852. A. D. Meuse, 37V1. – Brief des Bürgermeisters von Contrisson an den Präfekten des Départements Meuse, 30. März 1853. *Ebd.* – Brief des Bürgermeisters von Longeville an den Präfekten des Départements Meuse, 1. April 1853. *Ebd.* – *Salmagne*: Brief an den Präfekten des Départements Meuse, 10. Juli 1852. *Ebd.* – Brief des Bürgermeisters von Velaines an den Präfekten des Départements Meuse, 28. März 1852. *Ebd.*

35 *Saint-Laurent*: Brief an den Präfekten des Départements Meuse, 24. Mai 1853. *Ebd.* – Brief des Bürgermeisters von Saint-Sauvy an den Präfekten, 16. Juli 1838. A. D. Gers, V841.

36 Beschluß des Gemeinderats von Brizeaux, 7. Februar 1858, und Brief des Bischofs. A. D. Meuse, 174M1. – Beschluß des Gemeinderats von Domptail, Juni 1885. A. D. Vosges, 14V5.

37 Beschluß des Gemeinderats von Chartres, 19. September 1832. A. D. Eure-et-Loir, V8. Dossier zum Fall *Rue-du-Bec*: A. N. F[19] 4374.

38 *Le Cas des cloches soumis par Nadar à M. le Ministre des Cultes – puisqu'il y en a un encore* [sic] *–, à tous maires, conseillers municipaux, députés et même sénateurs*, Chambéry 1883, S. III, 6, 15, 18 und 21. [»Die Glocken-Causa, unterbreitet von Nadar dem Herrn Kultusminister – da es noch einen gibt [!]- sowie allen Bürgermeistern, Gemeinderäten, Deputierten und auch Senatoren«] – Brief des Bürgermeisters an den Präfekten, 23. Januar 1881. A. D. Finistère, 1V46.

39 A. N. F[19] 4375 (Finistère): zitierte Ausgabe von *La Lanterne*.

40 Henry Nadal, »Le supplice des cloches« [Die Glockenfolter], *L' Aurore*, 21. August 1908. A. N. F[19] 5650. Bekanntlich war 1899 *Le Jardin des supplices* [Der Garten der Foltern] von Octave Mirbeau erschienen. – *Ardèche*: Die Initiative war vom republikanischen Ausschuß ausgegangen, der die Beschlußfassung des Gemeinderats vom 23. November 1902 betrieben hatte (die auch die Abschaffung der Prozessionen und der Besoldung der Vikare behandelte). Die Entscheidung der Präfektur vom 7. März 1905 trat schließlich ergänzend zu dem staatlichen Läutreglement für das Bistum Viviers vom 6. Juli 1885. A. N. F[19] 4375 (Ardèche). – Der Artikel aus *Le Radical* befindet sich in A. N. F[19] 4377 (Haute-Vienne). Ausgelöst hatte den Streit die *Savoyarde*, die 19 Tonnen schwere Glocke, die provisorisch am 5. Oktober 1895 und endgültig 1907 in der Basilika von Montmartre aufgehängt worden war. Sie war den Personen des Zolaschen Paris unerträglich. Umgekehrt erklärte Abbé Lemire vor der Deputiertenkam-

mer, diese Glocke sei das Symbol einer neuen Gesellschaft. Außerdem gebe das schiere Gewicht der größten noch benutzten Glocke Europas der Nation Grund dazu, stolz zu sein. Vgl. zu diesem Streit Jacques Benoist, *Le Sacré-Cœur de Montmartre de 1870 à nos jours*, Paris 1992, S. 615f. – Beschwerden des Bürgermeisters von Romainville, 23. Mai 1904. A. N. F[19] 4377 (Seine.) Umgekehrt hatte sich der Bürgermeister (am 27. Mai 1903) über die Abschaffung des »Läutens anläßlich der Musterungskommission« beklagt. – Von der Liga zur Verteidigung der Menschenrechte am 8. Juli 1903 eingereichte Beschwerde. *Ebd.*

41 Die Auswirkung der Glocke auf die Erscheinungsformen der Halluzination im 19. Jahrhundert könnte die Bedeutung bestätigen, die man damals diesem Instrument zuschrieb. Doch ist diese Untersuchung schwierig. »Der narkotisierte Kranke ist Spielball […] akustischer Halluzinationen, deren Ursache oft Träume sind, besonders aber metallische Klänge, das Geräusch der Glocken …« E. F. Buisson, *Traité théorique et pratique de la méthode anesthésique appliquée à la chirurgie …*, Paris 1850, S. 223f. Zitiert in Marie-Jeanne Lavillatte-Couteau, *Une douleur supprimée, oubliée, négligée, occultée? 1846–1896*, naturwissenschaftliche Diplomarbeit (DEA), Universität Paris I, 1991.

42 Zitiert in Simone Delattre, *Un amour en coulisse*, Magisterarbeit, Universität Paris I, 1991, S. 207.

43 Charles Baudelaire, *Les Fleurs du mal*, »Spleen« (zitierte Übersetzung: Wilhelm Hausenstein, 1946). Trotzdem sei bemerkt, daß der Dichter in »La cloche fêlée« (*Les Fleurs du mal*) [»Die gesprungene Glocke« – zitierte Übersetzung: Stefan George] diesen Sinnverlust beklagt, der seine Seele, die selbst gesprungen ist (»meine seele sprang«), daran hindert, sich an »ferner zeit erinnrung« zu erfreuen, die der Klang der Glocke in ihr aufruft. In dem Gedicht »Paysage« (*Tableaux parisiens*, LXXXVI) findet Baudelaire anscheinend einen neuen Sinn in der Betrachtung der Glockentürme, dieser »Masten der Großstadt«, die ihn lehren, auch die Fabrikschornsteine zu sehen. (Ich bedanke mich bei Claude Pichois, der mich auf die Bedeutung dieses Themas beim Autor der *Fleurs du mal* hingewiesen hat.) Von den Meisterwerken europäischer Literatur im letzten Viertel des 19. Jahrhunderts ist es ohne Zweifel *La Régente* von Clarin (Leopoldo Alas), das der Sensibilität für Glocken den größten Platz einräumt. – Walter Benjamin hat die Bedeutung der Glockenthematik in der Lyrik Baudelaires hervorgehoben.

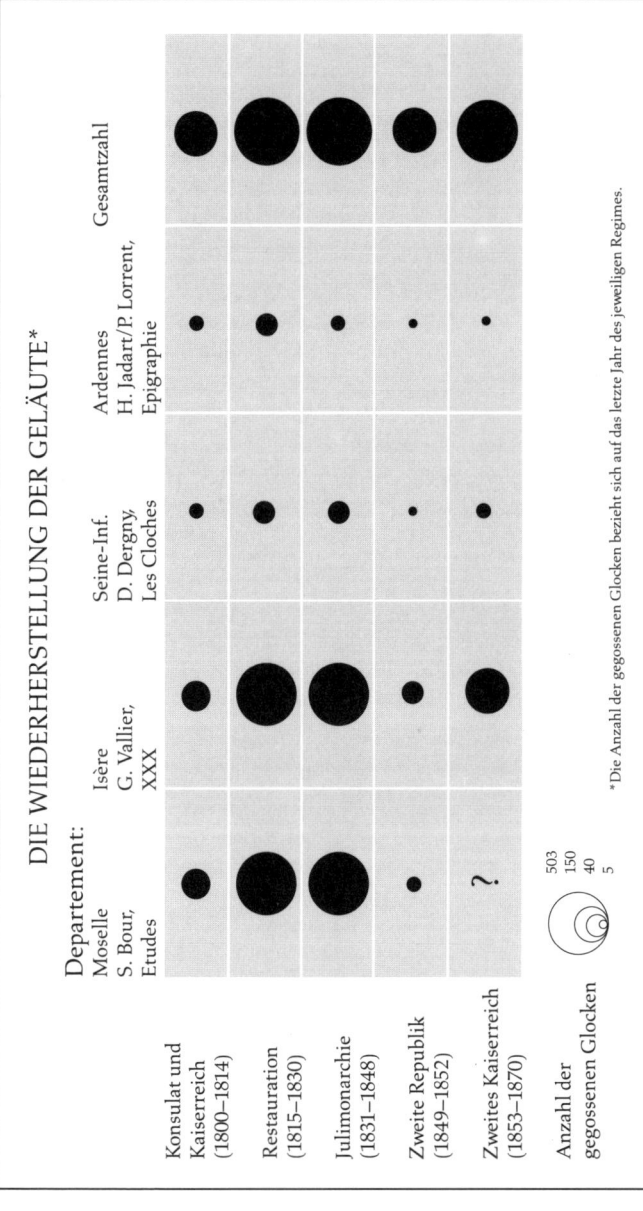

DIE WIEDERHERSTELLUNG DER GELÄUTE*

Departement:

	Moselle S. Bour, Etudes	Isère G. Vallier, XXX	Seine-Inf. D. Dergny, Les Cloches	Ardennes H. Jadart/P. Lorrent, Epigraphie	Gesamtzahl

Konsulat und
Kaiserreich
(1800–1814)

Restauration
(1815–1830)

Julimonarchie
(1831–1848)

Zweite Republik
(1849–1852)

Zweites Kaiserreich
(1853–1870)

Anzahl der
gegossenen Glocken

503
150
40
5

*Die Anzahl der gegossenen Glocken bezieht sich auf das letzte Jahr des jeweiligen Regimes.

Quellenverzeichnis

Handschriftliche Quellen

Archives nationales (A. N.): die Serien BB[18], F[7] und vor allem F[19]; genauere Nachweise in den Anmerkungen.

Archives départementales (A. D.): ausgewertet wurden die Serien L, M und vor allem V aus 14 Départements: Meuse, Vosges, Aube und Haute-Marne. Eure-et-Loir, Eure und Orne. Ille-et-Vilaine, Côtes-du-Nord und Finistère. Tarn-et-Garonne, Tarn, Gers und Hautes-Pyrénées.

Dagegen erwiesen sich Stichproben in den bischöflichen Archiven für unsere Thematik als unergiebig.

Dokumente aus anderen Archiven sind mir zur Kenntnis gebracht worden (vgl. Cantal, Corrèze, Lot, Lot-et-Garonne, Saône-et-Loire). Hierfür bin ich Olivier Ihl und François Ploux zu Dank verpflichtet.

Gedruckte Quellen

Die wichtigsten campanologischen Erhebungen in anderen Départements stellen wertvolle Quellen dar:
Aisne
Joseph Berthelé, *Notes et études campanaires. Cloches diverses de l'arrondissement de Château-Thierry*, Château-Thierry 1900.
Ardennes
H. Jadart und P. Laurent, *Épigraphie campanaire ardennaise. Les cloches du canton d'Asfeld*, Sedan 1896.
H. Jadart / F. Baudemant / J. Carlier, *Épigraphie campanaire ardennaise. Les cloches du canton de Château-Porcien*, Rethel 1899.
H. Jadart / P. Laurent / A. Baudon, *Les Cloches du canton de Rethel*, Rethel 1897.
Calvados
Dr. Billon, *Campanologie. Étude sur les cloches et les sonneries françaises et étrangères*, Caen 1866.

Cantal

Antoine Trin, *Les Cloches du Cantal. Archéologie, histoire, folklore*, Aurillac 1954.

Charente

Jean Nanglard, *Les Cloches des églises du diocèse d'Angoulême*, Angoulême 1922.

Dordogne

Joseph Berthelé/Henri Brugière, *Exploration campanaire du Périgord*, Périgueux 1907.

Isère

Gustave Vallier, *Inscriptions campanaires du département de l'Isère*, Montbéliard 1886.

Moselle

Samuel Bour, *Études campanaires mosellanes*, Colmar 1947.

Seine-Inférieure

Dieudonné Dergny, *Les Cloches du pays de Bray avec leurs dates, leurs noms, leurs inscriptions, leurs armoiries, leurs fondeurs*, 2 Bde., Paris 1865.

Die übrigen im Text zitierten Werke sind in der Bibliographie nachgewiesen.

Bibliographie

Agulhon, Maurice (Hg.), *Les Maires du Consulat à nos jours*, Paris 1986.

Aimond, C., *Histoire religieuse de la Révolution dans le département de la Meuse et le diocèse de Verdun (1798–1802)*, Paris 1949.

Amalvi, Christian, »Le 14 juillet. Du *Dies irae* à *Jour de fête*«, in: Pierre Nora (Hg.), *Les Lieux de mémoire* (III), Paris 1986.

Ariès, Philippe/Georges Duby (Hg.), *Geschichte des privaten Lebens*, Frankfurt/Main 1992.

Ariès, Philippe, *L'homme devant la mort*, Paris 1977.

Bande, Alexandre, *Déchristianisation et résistance populaire en Alsace pendant l'an II* (Magisterarbeit) Paris 1987.

Barraud, Abbé, *Notice sur les cloches*, Caen 1844.

Basdevant-Gaudemet, Brigitte, *Le Jeu concordataire dans la France du XIXᵉ siècle*, Paris 1988.

Baudot, Dom Jules, *Les Cloches*, Paris 1913.

Bée, Michel, *La Croix et la bannière: Confréries, Église et société en Normandie au debut du XXᵉ siècle*, (Thèse) Paris 1991.

Beliveau, Denis, *Les Révoltes frumentaire en France dans la première moitié du XIXᵉ siècle*, (Thèse) Paris 1992.

Bellier, Olivier, *Les Sociétés de musiques en Maine-et-Loire au XIXᵉ siècle*, (Magisterarbeit) Tours 1986.

Benoist, Jacques, *Le Sacré-Cœur de Montmartre de 1870 à nos jours*, Paris 1992.

Berthelé, Joseph, *Enquêtes campanaires: Notes, études et documents sur les cloches, du VIIIᵉ au XXᵉ siècle*, Montpellier 1903.

Ders., *Une font de cloches au temps jadis*, Poitiers 1890.

Ders., *Notes*: s. Quellenverzeichnis.

Berthelé, Joseph/H. Brugière, *Exploration*: s. Quellenverzeichnis.

Berthelé, Joseph/H. Jadart/P. Gosset, *Enquêtes campanaires rémoises*, Reims 1905.

Berthout, Abbé L., *Les Cloches imprenables. Épisode de la Révolution à Saint-Cornier-des-Landes (Orne): 1793–1794*, Paris 1887.

Bianchi, Serge, *La Révolution culturelle de l'an II: Élites et peuple (1789–1799)*, Paris 1982.

Billon, Dr., *Campanologie*: s. Quellenverzeichnis.

Blavignac, J.D., *La Cloche: Étude sur son histoire et sur ses rapports avec la société aux différent âges*, Genf 1877.

Bouchard, Gérard, *Le Village immobile: Sennely-en-Sologne au XVIIIᵉ siècle*, Paris o.J.

Boutry, Philippe, »Le clocher«, in: Pierre Nora (Hg.), *Les Lieux de mémoire* (III), Paris 1986.

Ders., »Les mutations du paysage paroissial, reconstructions d'églises et translations de cimetières dans les campagnes de l'Ain au XIXᵉ siècle«, in: *Ethnologie française* Nr. 1 (1985), S. 7–35.

Ders., *Prêtres et paroisses au pays du curé d'Ars*, Paris 1986.

Bour, Samuel, *Etudes*: s. Quellenverzeichnis.

Bouyssy, Marie-Thérèse, *Trent ans après: Bertrand Barère sous la Restauration ou la rhétorique du Ténare*, (Thèse) Paris 1993.

Brelot, Claude-Isabelle, *La Noblesse réinventée: Notables de Franche-Comté de 1814 à 1870*, Besançon 1992.

Breton, L., *Les Cloches de la cathédrale de Bourges*, Bourges 1934.

Brocard, Michel, *Études campanaires: Les cloches de la cathédral Saint-Mammès de Langres*, Langres 1924.

Brugière, H./J. Berthelé, *Exploration*: s. Quellenverzeichnis.

Burckard, François, »Six destins«, in: Comité régional d'histoire de la Revolution française (Hg.), *À travers la Haute-Normandie en Révolution 1789–1800* (1992), S. 414–417.

Cachin, Françoise, »Le paysage du peintre«, in: Pierre Nora (Hg.), *Les Lieux de mémoire* (II), Paris 1986.

Caillois, Roger, *L'Homme et le sacré*, Paris 1950.

Carré, Dom Remi, *Recueil curieux et édifiant sur les cloches de l'église avec les cérémonies de leur bénediction à l'occasion de celle qui fut faite à Paris le jeudi 3 juin 1756...*, Köln 1757.

Chaline, Nadine-Josette, *Des catholiques normands sous la Troisième République: Crises, Combats, Renouveaux*, Roanne 1985.

Chartier, Roger (Hg.), *La Correspondance: Les usages de la lettre au XIXᵉ siècle*, Paris 1991.

Chateaubriand, François René de, »Des cloches«, in: *Le Génie du christianisme*, o.O. o.J.

Ders., *René*, in: *Œvres complètes*, Paris 1826.

Chauvaud, Frédéric, *Tensions et conflicts: Aspects de la vie rural au XIXᵉ siècle d'après les archives judiciaires. L' exemple de l'arrondissement de Rambouillet (1811–1871)*, (Thèse) Nanterre 1989.

Cheyronnaud, Jacques, »Musique et institutions au village«, in: *Ethnologie française* Nr. 3 (1984), S. 265–280.

Corbin, Alain, »Histoire de violence dans les campagnes françaises au XIXᵉ siècle: Esquisse d'un bilan«, in: *Ethnologie française* (1991), S. 221–236.

Ders., »Regards croisés sur la société rurale (1860–1900)«, in: *Bulletin de la Société d'histoire moderne* Nr. 3 (1986).

Ders., *Archaïsme et modernité en Limousin au XIXe siècle*, Paris 1975.

Ders., *Pesthauch und Blütenduft. Eine Geschichte des Geruchs*, Frankfurt / M. 1988 (Paris 1982).

Ders., *Le Temps, le désire et l'horreur*, Paris 1991.

Ders., *Le Territoire du vide*, Paris 1988.

Ders., *Le Village des cannibales*, Paris 1990.

Ders., *Prélude au Front populaire: Contribution à l'histoire de l'opinion publique dans le département de la Haute-Vienne*, (Thèse de troisième cycle) Poitiers 1968.

Corbin, Alain / Noëlle Gerome / Danille Tartakowsky, *L'Usage politique des fêtes*, Paris 1994.

Corblet, Jules, *De la liturgie des cloches à propos d'une bénédiction de cloches à Saint-Germain d'Amiens*, Amiens 1854.

Crouzil, Lucien, *Le Droit de place dans les églises (bancs et chaises)*, (Thèse) Toulouse 1898.

Déchelette, J., *Inscriptions campanaires de l'arrondissement de Roanne*, Montbrison 1893.

Delattre, Simone, *Un amour en coulisses*, (Magisterarbeit) Paris 1991.

Demay, C., »La sonnerie pour le vignerons et le laboureures à Auxerre«, in: *Bulletin de la Société des sciences historiques et naturelles de l'Yonne* Nr. 41 (1887).

Denis, Michel, *Les Royalistes de la Mayenne et le monde moderne (XIXe–XXe siècle)*, Paris 1977.

Dergny, Dieudonné, *Les Cloches*: s. Quellenverzeichnis.

Devos, Roger / Charles Joisten, *Mœrs et coutumes de la savoie du Nord XIXe siècle: L'enquête de Mgr Rendu*, Annecy 1978.

Didierjean, Juliette, *Les Voyages de Poincaré dans les départements français: 1913–1914*, (Magisterarbeit) Paris 1993.

Dommanget, Maurice, *Le Déchristianisation à Beauvais et dans l'Oise (1790–1801)*, Besançon 1918.

Dreux, Yves, *Religion et révolution en Picardie et dans le district de Saint-Quentin*, (Magisterarbeit) Paris 1985.

Dubief, Adrien / Victor Gottofrey, *Traité de l'administration des cultes*, 1891/92.

Dupront, Alphonse, *Du sacré: Croisades et pèlerinages, Images et langages*, Paris 1987.

Duval, Philippe, »La Révolution et la dispersion du mobilier des communautés religieuses de l'Eure«, in: Comité régional d'histoire de la Revolution française (Hg.), *À travers la Haute-Normandie en Révolution 1789–1800* (1992).

Estèbe, Janine, *Tocsin pour un massacre: La saison des Saint-Barthélemy*, Paris 1968.

Farnier, Ferdinand, *Notice historique sur les cloches suivie des prières et cérémonies pour la bénédiction des cloches*, Robécourt 1882.

Faury, Jean, *Cléricalisme et anticléricalisme dans le Tarn (1848–1900)*, Toulouse 1980.

Ferri-Dufour, Brigitte, *Le Rendez-Vous manqué: Biographie politique de Louis-Antoine de Bourbon, duc d'Angoulême (1775–1844)*, (Magisterarbeit) Paris 1992.

Flandrin, Jean-Louis, *Amours paysannes*, Paris 1975.

Froeschlé-Chopard, Marie-Hélène, *Recherches sur les mutations de l'espace sacré, l'iconographie paroissial et les confréries en Provence et en France du XVIe siècle au XIXe siècle*, (Thèse) Paris 1993.

Fureix, Emmanuel, *Représentations de l'insurrection et des insurgés de juin 1848*, (Magisterarbeit) Paris 1993.

Gasnier, Thierry, »Le Local. Une et indivisible«, in: Pierre Nova (Hg.), *Les Lieux de mémoire* (III), Paris 1986, Band 2, S. 463–525.

Gaudry, M., *Traité de la législation des cultes et spécialement du culte catholique*, Paris 1854.

Gauducheau, Rachel, *Le Déroulement des élections municipales sous la Monarchie de Juillet, en fonction de la loi du 21 mars 1831*, (Magisterarbeit) Paris 1992.

Gennep, Arnold van, *Manuel du folklore français contemporain*, Paris 1958.

George, Jocelyne, *Les Maires dans le département du Var de 1800 à 1940*, (Thèse) Paris 1987.

Germain, Léon, *Les Anciennes Cloches de Sauges (Haut-Loire) refondues en Lorraine*, Nancy 1890.

Gobillon, Maurice, *Le Blésois entre la fin de l'Ancien Régime et le second Empire*, (Thèse) Nanterre 1992.

Godel, Jean, *La Reconstruction concordataire dans le diocèse de Grenoble après la Révolution (1802–1809)*, Grenoble 1968.

Gorse, Abbé, *Au bas pays de Limasin*, Paris 1896.

Goux, Hervé, *L'Interprétation officielle du coup d'État du 2 décembre 1851*, (Magisterarbeit) Paris 1991.

Grandcoing, Philippe, *La Bande à Burgout*, Limoges 1991.

Grandjean, Philippe, *La Dynamique de la Séparation de l'Église et de l'État en Indre-et-Loire (1880–1908)*, (Magisterarbeit) Tour 1991.

Guillaume, Marc, *La Contagion des passions: Essai sur l'exotisme intérieur*, Paris 1989.

Guiomar, Jean-Yves, »Le tableau géographique de la France de Vidal de La Blache«, in: Pierre Nora (Hg.), *Les Lieux de mémoire* (II), Paris 1986.

Halbwachs, Maurice, *Les Cadres sociaux de la mémoire*, Paris 1925.

Henriet, Frédéric, *Les Campagnes d'un paysagiste*, Paris 1891.

Hilaire, Yves-Marie, *Une chrétienté au XIXe siècle? La vie religieuse des population diocèse d'Arras: 1840–1914*, o.O o.J.

Houssaye, Henry, *1814*, Paris 1888.

Ders., *1815*, Paris 1893.

Hustin, L.A., »Le sort des cloches«, in: *Bulletin de la Société historique du Raincy* (1924).

Huysmans, Joris-Karl, *La Cathédrale*, Paris 1964.

Ihl, Olivier, »Du politique au sacré: les fêtes républicaines dans les campagnes de la Creuse (1870–1914)«, in: *Mémoires de la Société des sciences naturelles et archéologiques de la Creuse*, o.J.

Ders., *La Citoyenneté en fête: célébrations nationales et intégration politique dans la France républicain, 1870–1914*, (Thèse) Paris 1922.

Issartel, Jean-Louis, *Bourg-Saint-Andéol, cité carrefour et centre révolutionnaire dans la moyenne vallée du Rhône*, (Thèse) Paris 1991.

Jadart, H./P.Laurent, *Epigraphie*: s. Quellenverzeichnis.

Jadart, H./F. Baudemant / J. Carlier, *Épigraphie*: s. Quellenverzeichnis.

Jadart, H./P. Laurent / A. Baudon, *Les Cloches*: s. Quellenverzeichnis.

Jessenne, Jean-Pierre, *Pouvoir au village et Révolution: Artois, 1760–1848*, Lille 1987.

Julia, Dominique, »Disciplin ecclésiastique et culture paysanne au XVIIe et XVIIIe siècle«, in: *La Religion populaire*, Paris 1979.

Kerlévéo, Jean, *L'Église catholique en régime français de Séparation*, Paris 1956.

Kern, Stephen, *The Culture of Time and Space, 1880–1918*, Cambridge 1983.

Lafond, Lysiane, *Le Voyage de Charles X dans les départements de l'Est*, (Magisterarbeit) Paris 1991.

Lagoueyte, Patrick, *Candidature officielle et pratiques électorales sous le Second Empire*, (Thèse) Paris 1990.

Lagrée, Michel, *Mentalités, religion et histoire en Haute-Bretagne au XIXe siècle*, Paris 1977.

Lalouette, Jacqueline, »Les enterrements civils dans les premières décennies de la IIIe République«, in: *Ethnologie française* Nr.2 (1983).

Lamartine, Alphons de, »La cloche du village«, in: Marius-François Guyard (Hg.), *Œvres poétiques complètes*, Paris 1963, S. 1160–1163.

Ders., »La cloche«, in: Marius-François Guyard (Hg.), *Œvres poétiques complètes*, Paris 1963, S. 799.

Lambert, Y., »L'évolution des rapports entre l'espace et le sacré à Limerzel au XXe siècle: 1900–1982«, in: *Annales de Bretagne et des Payes de l'Ouest* Nr. 90 (1983).

Langlois, Claude, »Permanences, renouveau et affrontements (1830–1880)«, in: François Lebrun (Hg.), *Histoire de catholiques en France*, Toulouse 1980.

Langlois, Claude, *La Diocèse de Vannes au XIXᵉ siècle: 1800–1830*, Paris 1974.

Larcretelle, Henri de (Hg.), *Les Cloches, poèsies*, Paris 1841.

Lascar, Fabrice, *Cris et chuchotements: Démonstrations séditeuses et injures au roi ou à la famille royale sous la monarchie de Juillet*, (Magisterarbeit) Paris 1990.

Launay, Marcel, *Le Bon Prêtre: Le clergé rural au XIXᵉ siècle*, Paris 1986.

Laurence, Pierre, »Cloches, grelots et sonnailles«, in: *Terrain* Nr. 16 (1991).

Lavilatte-Couteau, Marie-Jeanne, *Une douleur supprimée, oubliée, négligée, occultée? 1846–1896*, (Mémoire de DEA) Paris 1991.

Le Bras, Gabriel, *L'Église et le village*, Paris 1976.

Le Maout, Charles, *Météorologie, effets du canon et du son des cloches sur l'atmosphère*, Saint-Brieuc 1861.

Lebrun, François, *Le Diocèse d'Angers*, Paris 1981.

Ders., *Les Hommes et la mort en Anjou aux XVIIᵉ et XVIIIᵉ siècles*, Paris 1971.

Lecotté, R., *Recherches sur les cultes populaires dans l'actuel diocèse de Meaux*, o.O 1954.

Ledré, Charles, *Le Cardinal Cambacérès: La réorganisation d'un diocèse français, au lendemain de la Révolution*, Paris 1943.

Lefebvre, Georges, »Les Foules révolutionnaires«, in: *La Grand Peur de 1789*, Paris 1988, S. 243–264.

Lemarchand, Guy, »La Seine-Inférieure: un département sous le Direction au calme relatif«, in: Comité régional d'histoire de la Révolution française (Hg.), *À travers la Haute-Normandie en Révolution 1789–1800* (1992).

Léon, Père, *L'Ame des cloches*, Paris 1902.

Léonard, Jacques, *Archives du corps: La santé au XIXᵉ siècle*, Rennes 1986.

Les Cases, *Mémorial de Sainte-Hélène*, Paris 1961.

Linarès, Perrine Gonzalès de, *Le Banc d'honneur dans les églises au XIXᵉ siècle: enjeu politique, révélateur social. 1800–1870*, (Magisterarbeit) Paris 1992.

Liris, Elisabeth, »Vandalisme et régéneration dans la mission de Fouché à l'automne 93«, in: *Révolution française et vandalisme révolutionnaire*, Paris 1992.

Loux, Françoise, *Le Jeune Enfant et son corps dans la médecine traditionnelle*, Paris 1978.

Maget, Marcel, »Remarques sur le village comme cadre de recherches anthropologiques«, in: *Bulletin de psychologie* Nr. 7–8 (1955).

Maillard, Brigitte, *Les Campagnes de Tourain au XVIIIe siècle*, (Thèse) Rennes II 1992.

Marcilhacy, Christiane, *Le Diocèse d'Orléans au milieu du XIXe siècle*, Paris 1964.

Marrinan, Michael, *Painting Politics for Louis-Philippe*, Yale 1988.

Martin, Frédéric, *La Révolution de 1830 et son écho dans les campagnes: Août 1830–juillet 1831*, (Magisterarbeit) Paris 1990.

Mathiez, Albert, *La Révolution et l'Église*, Paris 1910.

Merriman, John, »The Norman Fires of 1830: Incendiaries and Fear in Rural France«, in: *French Historical Studies* (1976), S. 451–466.

Meyer, Jean-Claude, *La Vie religieuse en Haute-Garonne sous la Révolution: 1789–1801*, Toulouse 1982.

Montvalon, Jean-Baptiste de, »Les cloches«, in: *Trouvailles* Nr. 98 (1992).

Morin, Laurent, *Les Incendies de 1830 en Basse-Normandie*, (Magisterarbeit) Paris 1992.

Nadal, Henry, »Le supplice des cloches«, in: *L'Aurore* (1908).

Nanglard, Jean, *Les Cloches*: s. Quellenverzeichnis.

Osinski, Jacques, *Les Banquets d'opposition sous la monarchie de Juillet*, (Magisterarbeit) Paris 1991.

Ozouf, Mona, »L'Invention de l'ethnographie française: le questionnaire de l'Académie celtique«, in: *Annales: Économies, Sociétés, Civilisations* Nr. 2 (1981), S. 210–230.

Dies., *La Fête révolutionnaire*, Paris 1988.

Paluel-Marmont, *Cloches et carillons: Leur histoire, leur fabrication, leurs légendes*, Paris 1953.

Papet, Philippe, *Cléricaux et anticléricaux dans l'arrondissement de Senlis: 1870–1914*, (Thèse) Paris 1992.

Pasquer, Didier, *La Réforme catholique et la mentalité populaire dans le diocèse de Tours au XVIIe siècle*, (Magisterarbeit) Tours 1984.

Perouas, Louis, *Refus d'une religion, religion d'un refus en Limousin rural, 1880–1940*, Paris 1985.

Pérouas, Louis / Paul d'Hollander, *La Révolution française, une rupture dans le christianisme? Le cas du Limousin: 1775–1822*, Les Monédières 1988.

Pie, Mgr., *Notice historique concernant la sonnerie ancienne et moderne de l'église cathédrale de Chartres*, Chartres 1841.

Pierrard, Pierre, *La Vie quotidienne du prêtre français au XIXe siècle: 1801–1905*, Paris 1986.

Planchon, Olivier, *La Déchristianisation post-thermidorienne dans le département du Cher: 1794–1799* (Magisterarbeit) Paris 1985.

Ploux, François, »L'arrangement dans les campagnes du Haut-Quercy: 1815–1850«, in: *Histoire de la Justice* Nr. 5 (1992), S. 95–117.

Ders., »Rixes intervillageoises en Quercy (1815–1880)«, in: *Ethnologie française* Bd. 21 (1991), S. 269–276.

Pluché, Abbé, *Le Spectacle de la nature*, o.O. 1746.

Polge, H., »Le dimanche et le lundi«, in: *Annales du Midi* (1975), S. 15–36.

Pomian, Krzystof, *L'Ordre du temps*, Paris 1984.

Porée, Charles, *Cloches et fondeur de cloches: Enquête campanaire dans l'Yonne*, Paris 1911.

Porret, Michel, *Le Crime et ses »circonstances«: Punir à Genève au XVIIIe siècle. Institutions, discours, pratiques*, (Thèse) Genève 1992.

Pottier, Fernand, *La Voix du Seigneur dans nos cloches*, Montauban 1895.

Proust, Marcel, *Du côté de chez Swann*, Paris 1954 (dt. *In Swanns Welt*, Frankfurt/Main 1964).

Quiévreux, C., *La Vie à l'ombre du clocher*, Paris 1911.

Rabelais, François, *Vie trés horrifique du grand Gargantua*, Paris 1955.

Reuss, Rodolphe, *La Constitution civile du clergé et la crise religieuse en Alsace (1790–1795)*, Paris 1922.

Rivières, Baron de, *Études campanaires*, Caen 1891.

Roquet, Henry, *Les Vicissitudes des cloches ecclésiastiques et d'objects du culte dans la département de la Sarthe sous la Révolution et le Consulat. 1790–1814*, Le Mans 1942.

Roudinesco, Élisabeth, *La Bataille de cent ans: Histoire de la psychanalyse en France*, Bd. 1 (1885–1939), Paris 1982.

Salmon, Jean, *Au pays des cloches: De Choiseul à La Mothe, du XIe au XXe siècle*, Langres 1978.

Sanson, Rosemonde, *Les 14 juillet, 1789–1975*, Paris 1976.

Saurel, Ferdinand, *Histoire religieuse du département de l'Hérault pendant la Révolution*, Paris 1896.

Sauveterre, Abbé [?], *Essai sur le symbolisme de la cloche dans ses rapports et ses harmonies avec la religion*, Poitiers 1859.

Sauzet, Robert, »Autour d'une pompe funèbre à Chartres au début du XVIIe siècle«, in: *Mémoires de la Société archéologique d'Eure-et-Loire* (1969).

Ders., *Les Visites dans le diocèse de Chartres pendant la première moitié du XVIIe siècle: Essai de sociologie religieuse*, Rome 1975.

Seymard, Paul, *La Voix des cloches*, Auxterre 1904.

Silver, J., »French Peasants Demands for Popular Leadership in the Vendômois (Loir-et-Cher), 1852–1890«, in: *Journal of Social History* (1980), S. 277–293.

Singer, Barnett, *Village Notables in 19th Century France: Priest, Majors, Schoolmasters*, Albany 1983.

Soulet, Jean-François, »Dissidence et histoire«, in: *Revue historique* Bd. 2 (1987), S. 429–441.

Ders., *Les Pyrénées au XIXe siècle*, Toulouse 1987.

Studeny, Christophe, *Le Vertige de la vitesse: L'accélération de la France (1830–1940)*, (Thèse) Paris 1990.

Thiers, Jean-Baptiste, *Traité de superstitions: Croyances populaires et rationalité à l'âge classique*, Paris 1984.

Thiesse, Anne-Marie, *Écrire la France*, Paris 1991.

Thuillier, Guy, »Les bruits«, in: *Pour une histoire du quotidien au XIXe siècle en Nivernais*, Paris – Den Haag 1977.

Toulouse-Lautrec, R. de, *Les Cloches dans le Haut-Comminges*, Paris 1863.

Traimond, Bernard, *Ethnologie historique des pratiques monétaires dans les Landes des Gascogne*, Paris 1992, S. 256.

Trenard, Louis, »Le vandalisme révolutionnaire dans les pays de l'Ain«, in: *Révolution française et vandalisme révolutionnaire*, Paris 1992.

Trin, Antoine, *Les Cloches*: s. Quellenverzeichnis.

Tripier, Yves, »Vandalisme révolutionnaire en Bretagne ou imposition par le pouvoir républicain d'une nouvelle culture? 1793–1795«, in: *Révolution française et vandalisme révolutionnaire*, Paris 1992.

Vaillant, René, »Archives campanaires: Le sort des cloches d'Amiens pendant la Révolution«, in: *Bulletin de la Société des antiquaires de Picardie*, 1. Trimester (1985), S. 49–64.

Vallier, Gustave, *Inscriptions*: s. Quellenverzeichnis.

Veuclin, V.E., *Les Grandes Évènements au village sous l'Ancien Régime. La fonte des cloches*, Bernay 1888.

Ders., *Quelques notes inédites sur les cloches de Bernay*, Bernay 1888.

Vidalenc, Jean, *Le Département de l'Eure sous la monarchie constitutionelle*, Paris 1952.

Vigier, Philippe, *La Seconde République dans la région alpine: Études politique et social*, Paris 1963.

Vovelle, Michel, *La Révolution contre l'Église, de la raison à l'Être suprême*, Paris 1988.

Ders., *Piété baroque et déchristianisation en Provence au XVIIIe siècle*, Paris 1973.

Weber, Eugen, *France fin de siècle*, Paris 1986.

Ders., *La Fin des terroirs: La modernisation de la France rural. 1870–1914*, Paris 1983.

Anlässe ziviler Geläute in Frankreich 1884–1886
(ohne Not- und Alarmgeläute)

Wahlen
Weinlese
Schulbeginn und -ende
Sperrstunde
Nächtliche Ausgangssperre
Vesper- oder Mittagspause
Ankunft des Steuereintreibers
Gemeinderatssitzungen
Holzauktion, Markt, Rekrutierung
Almauf- und abtrieb, Dienstverpflichtungen, öffentliche Proklamationen
Glockensignale aus zivilem Anlaß ungebräuchlich
Amtlich verordnetes (nicht konzertiertes) Läut-Reglement
Keine Angaben
1 Paris
2 Seine-Saint-Denis
3 Hauts-de-Seine
4 Val-de-Marne
0
300 km
Calvados
Manche
Orne
Finistère
Côtes-du-Nord
Ille-et-Vilaine
Mayenne
Sarthe
Morbihan
Loire-Atlantique
Maine-et-Loire
Vendée
Deux-Sèvres
Charente-Maritime
Charente
Gironde
Landes
Gers
Pyrénées-Atlantiques
Hautes-Pyrénées